通辽年鉴

2022

（总第23卷）

通辽市党史地方志研究室　编

方志出版社
Publishing House of Local Records

图书在版编目（CIP）数据

通辽年鉴. 2022 / 通辽市党史地方志研究室编.—北京：方志出版社，2022.12

ISBN 978-7-5144-5640-0

Ⅰ. ①通… Ⅱ. ①通… Ⅲ. ①通辽—2022—年鉴Ⅳ. ①Z522.63

中国国家版本馆CIP数据核字（2023）第122019号

责任编辑：范锐超
责任校对：刘玉霞
责任印制：梅中英
出 版 者：方志出版社
地　　址：北京市朝阳区潘家园东里 9 号（国家方志馆4层）
邮　　编：100021
网　　址：http://www.zgfzcb.cn
发　　行：方志出版社图书营销中心（010-67110500）
印　　刷：赤峰彩世印刷有限责任公司
开　　本：889毫米×1194毫米 1/16
印　　张：29.5　插页：1.5印张　地图：1幅
字　　数：968千字
版　　次：2022年12月第1版
印　　次：2022年12月第1次印刷
定　　价：320.00元

《通辽年鉴（2022）》编纂委员会

《通辽年鉴（2022）》编辑人员

主　　编　张岿松　乌力吉巴雅尔　孙　岩

执行主编　赵广雷

执行副主编　苏丽丽

责任编辑　赵广雷　苏丽丽　周红杰　金永波

图片编辑　赵广雷　苏丽丽　王宇峰

校　　对　（排名不分先后）

马兵兵　王晓芳　白丹丹　包永红　苏丽丽　苏雅拉其木格

吴智美　张东旭　陈晓琳　金永波　周红杰　宝音满都呼

赵广雷　黄思雨　梅志魁　曹琳琳　董　涛

目录蒙古文翻译　宝音满都呼

编辑说明

一、《通辽年鉴》是由中共通辽市委员会、通辽市人民政府主办，通辽市党史地方志研究室承编的年度资料性文献，2000年创刊，逐年编纂公开出版，《通辽年鉴（2022）》为第23卷。

二、《通辽年鉴（2022）》以马克思列宁主义、毛泽东思想、邓小平理论、“三个代表”重要思想、科学发展观、习近平新时代中国特色社会主义思想为指导，坚持辩证唯物主义和历史唯物主义的立场、观点和方法，全面、客观、系统地记载2021年通辽市自然、政治、经济、文化、社会和生态建设的概貌和发展情况，为广大读者认识通辽、了解通辽、研究通辽提供基本信息资料。

三、《通辽年鉴（2022）》记述时限为2021年1月1日至2021年12月31日（部分内容根据实际情况时限略有前后延伸）。凡在文中直书月、日的，均指2021年内的日期，文中“年内、年末、年底”指2021年，书中涉及其他年份的均标明年份。

四、《通辽年鉴（2022）》采用分类编辑法，由类目、分目、条目三级组成，部分类目增设次分目。条目为表现内容的基本形式。全书条目标题统一用黑体加“【 】”表示。少数包含多方面资料的条目则在段首加插楷体标题提示。

五、《通辽年鉴（2022）》卷首设特载、专记、大事记、市情概览；主体内容分设中国共产党通辽市委员会、通辽市人民代表大会、通辽市人民政府、政协通辽市委员会、中国共产党通辽市纪律检查委员会·通辽市监察委员会、民主党派 工商联、群众团体、法治、军事、经济管理、农业、工业、城市建设、乡村振兴、交通 邮政 通信、水务、金融业、旅游业、商贸服务业、经贸合作、科学技术、教育、文化、卫生健康、体育、民族 宗教、社会生活、应急管理、生态建设、旗（县、市、区）、人物和荣誉等31个类目，卷末设附录、索引。

六、《通辽年鉴（2022）》全书载录内容均由各撰稿单位审定提供。条目署作者名，同一分目的所有条目同为一作者的在最后一个条目后署名。《通辽年鉴（2022）》统计数据采用法定计量单位，全书“亩”“公里”“公斤”分别换算成“公顷”“千米”“千克”，个别情况例外。文中一些地区性、部门性数据，由于统计口径不一，个别数据可能不一致，使用时以通辽市统计局和国家统计局通辽调查队公布的数据为准。

七、《通辽年鉴（2022）》除“民主党派 工商联”类目外，未标明党派的“市委”均为“中共通辽市委员会”，“党员”均为“中共党员”，“党建”工作均为“中国共产党建设”工作，当地机关、单位名称采用规范简称；“简略语”随文注释，短“简略语”在文中括注，长“简略语”在段末注释，不重复注释。正文中根据需要插补小资料。

八、大事记中出现的同一日或同一月发生的两件或多件大事均用“同日”或“同月”表示。

九、《通辽年鉴（2022）》设“目录”“索引”双重检索系统。

通辽名片

TONGLIAO MINGPIAN

全国
文明城市

国家
卫生城市

全国民族
团结先进
地区

全国
双拥模范
城市

中国
优秀旅游
城市

国家
园林城市

中国金融
生态示范
城市

全国基层
蒙中医先进
城市

全国流通
领域现代物流
示范城市

中国
魅力中小
城市

中国安代艺术之乡
中国蒙医药文化之乡
中国版画艺术之乡
中国黄牛之乡
中国蒙古族民歌之乡
内蒙古粮仓
中国马王之乡
中国乌力格尔之乡
中国草原肉牛之都
中国民族曲艺之乡
中国蒙餐之都
中国蒙医药之都

通辽数字

TONGLIAO SHUZI

- 土地面积：58862平方千米
- 年末常住人口：285.31万人
- 地区生产总值：1411.44亿元
- 第一产业增加值：333.34亿元
- 第二产业增加值：449.91亿元
- 第三产业增加值：628.18亿元
- 人均地区生产总值：49346元
- 社会消费品零售总额：326.28亿元
- 全年全市公共财政预算收入：87.94亿元
- 全市公共财政预算支出：376.35亿元

- 金融机构本外币存款余额：1576.93亿元
- 金融机构本外币贷款余额：1213.26亿元
- 常住居民人均可支配收入：26657元
- 常住居民人均生活消费支出：17794元
- 城镇常住居民人均可支配收入：37475元
- 城镇常住居民人均消费性支出：21505元
- 农村牧区常住居民人均可支配收入：18405元
- 农村牧区常住居民人均消费性支出：14657元
- 全年全市粮食产量：898.32万吨
- 牧业年度牲畜存栏数：1143.9万头（只）

1 胜利路大桥全景 （侯大明 摄）

2 西拉木伦公园一角 （侯大明 摄）

1 扎鲁特旗誉州北自驾车露营地 （侯大明 摄）

2 科左后旗乌旦塔拉五角枫森林公园 （侯大明 摄）

3 扎鲁特旗阿日昆都楞草原 （侯大明 摄）

金禾湾：盐碱地上建起“桃花源”

金禾湾田园生态综合体（简称金禾湾）作为通辽市科尔沁区旅游脱贫的龙头企业，位于科尔沁区哲南农场五分场，紧邻大广高速余粮堡高速收费站，集农田、森林、湖泊、生态种植、生态养殖、农作物深加工、休闲观光为一体。金禾湾坚持农旅结合，以旅兴农，创新原乡概念，将艺术感融入乡村原貌，培育有机水稻，构建稻蟹共生的多元生态种植模式；发展林下经济，以及散养方式养殖黑猪、森林鸡。基地设有骑马、垂钓、果蔬采摘等田园休闲项目，年均接待游客5万人以上。金禾湾是生态科普研学基地，将课堂与自然实践结合，培养青少年的劳动能力。金禾湾创始人李洪武坚持田园梦想，以农为本，在保持农村田园风光的同时，保护好青山绿水，实现生态可持续发展，持续以生态农业的开发促进当地产业结构调整，转移农村剩余劳动力，增加农民收入，带动地方经济发展。

1 2 3 4
5 6

1 金禾湾田园生态综合体花卉区 （张启民 摄）

2 2021年7月27日，游客在亲子农场体验田园风光 （张启民 摄）

3 金禾湾田园生态综合体内的小卖店 （张启民 摄）

4 金禾湾田园生态综合体稻田 （陈艳玲 摄）

5 金禾湾田园生态综合体里的人工湖 （张启民 摄）

6 金禾湾田园生态综合体稻田里的“乡村振兴”造型 （张启民 摄）

永远跟党走
百年征程波澜

1 4
2 3
5

1 2021年6月30日，“草原儿女心向党”——通辽市举行庆祝中国共产党成立100周年文艺演出活动 （张启民 摄）

2 2021年，通辽市为6150名老党员颁发“光荣在党50年”纪念章。图为2021年6月28日，扎鲁特旗举行“光荣在党50年”纪念章颁发仪式

3 2021年，扎鲁特旗践行“学史力行促发展，奋发有为展新篇” 活动精神。图为“党员帮帮团”志愿服务队进稻田帮助农民插秧 （马志军 陈立鹏 摄）

4 通辽红军小学以“红色基因，代代相传”为校训，推进党史学习教育进校园、进课堂 （张启民 摄）

5 2021年6月26日，通辽市举行庆祝“建党百年”群众文艺演出 （吴迎春 摄）

2021年1月22日，通辽至北京开通高铁列车，通辽与北京的通行时间由7小时压缩至4小时以内，标志着通辽至周边中心城市间的“4小时交通圈”形成。京沈高铁的全线开通，对于通辽市畅通对外通道、深度融入国家“双循环”发展新格局、提升通辽市“国家级综合交通枢纽和区域中心城市”发展定位具有重要作用。

2021年1月22日，通辽至北京高铁G3662次列车首发仪式在通辽高铁站举行（张启民 摄）

乘坐通辽至北京高铁首发列车的乘客（郝曦辉 摄）

2021年4月22日，科左后旗肉牛养殖户在中国银行通辽分行科左后旗支行办理“惠牛贷”业务（张启民 管炜 摄）

中国银行通辽分行在科尔沁左翼后旗（简称科左后旗）设立全国首家牛产业金融中心，推出专门针对当地养殖户的“惠牛贷”业务，解决农户贷款无抵押、融资难、融资贵和肉牛养殖周期长、资金回笼慢等问题，助力通辽市肉牛产业发展。

通辽高铁站综合交通枢纽工程——南广场及配套市政工程项目位于通辽火车站铁路南侧，包括通辽高铁站南广场建设和配套提升改造科尔沁区昆都仑大街。南广场建设分综合布置广场区、社会车辆及出租车蓄车区、公交站场、地下集散大厅及商业区等功能区。该项目于2018年7月开工建设，截至2021年，昆都仑大街（民主路—永安路）提升改造完成；南广场地下主体完工，地下主体的装饰装修、管线安装和电梯安装等工作基本完成；南广场地面广场的硬化铺装、绿化栽植，公交站控制室的施工、广场地面各类管线的敷设和预埋件的安装基本完工。

2021年8月，通辽高铁站南广场施工现场（通辽日报社 提供）

通辽市晨跃生物能源有限公司70兆瓦生物质热电醛联产项目位于开鲁县，总投资4.5亿元，是集生物质发电、供热、供气、糠醛生产、光伏发电等可再生能源循环利用一体化示范项目。

2021年5月18日，通辽市晨跃生物能源有限公司70兆瓦生物质热电醛联产项目施工现场（张启民 管炜 摄）

2021年8月9日，国家能源集团内蒙古电力有限公司、内蒙古科尔沁牛业股份有限公司牧光互补项目合作开发签约仪式在通辽市举行。双方积极响应国家“双碳”目标，协同产业布局，共同打造绿色低碳的牧光互补新型产业。牧光互补项目建设，将太阳能光伏转换发电应用到促进肉牛养殖业转型、肉牛屠宰加工节能降碳上，实现养护牧场，为养殖提供充足饲料，改善园区周边生态环境，获取肉牛产业及光伏发电双份收益。

2021年8月9日，国家能源集团内蒙古电力有限公司、内蒙古科尔沁牛业股份有限公司牧光互补项目合作开发签约仪式在通辽市举行（通辽日报社融媒体中心 提供）

2021年9月28日，通辽籍奥运冠军陈云霞回到故乡。图为机场欢迎仪式（张启民 宋悦 摄）

陈云霞出生在通辽市奈曼旗六号农场。2009年，因其出色的运动天赋被上海市七宝中学选中，2011年进入上海市赛艇队。2021年7月28日，陈云霞等4人组成的中国组合夺得东京奥运会赛艇女子四人双桨项目金牌。这是中国队时隔13年再次在女子四人双桨项目夺得奥运冠军。陈云霞成为通辽市首位奥运冠军奖牌获得者。

奈曼旗玻纤及复合新材料产业园总面积3平方千米，重点承接京津冀地区转移的玻纤及复合新材料产业，可容纳项目80余个。截至2021年年底，产业园完成签约项目39家，其中开工建设17家。

玻丝特特种玻璃球及玻璃纤维项目生产车间一角　（王阳 摄）

明阳智慧能源集团股份公司开发建设的全国首个“火、风、光、储、制、研一体化”示范项目位于奈曼旗，也是国内首个开展定制化风机和大规模储能电池应用项目。项目总投资22.66亿元。

奈曼旗全国首个“火、风、光、储、制、研一体化”示范项目施工现场　（王阳 摄）

2021年11月5日至10日，通辽市遭受雪灾。通辽市中南部累计降雪量在30毫米以上。其中，最大降雪量科尔沁区丰田站，为102.9毫米；最大积雪深度在库伦旗本站，为68厘米。全市均出现积雪和道路结冰，降雪同时伴有大风天气，其中最大风速出现在扎鲁特旗誉泉山站，为26.3米/秒（10级）。该降雪导致8个旗（县、市、区）受灾，受灾人口98920人，造成直接经济损失94407.58万元。

1 2 6
3 4 7
5 8

1 2021年11月8日，和平路和霍林河大街路口出行的市民（张启民 摄）

2 2021年11月9日，市民步行出行（陈艳玲 摄）

3 2021年11月13日，通辽市组织机关干部职工开展除雪铲冰志愿服务行动（王利平 摄）

4 2021年11月9日，市民在清理路上的积雪（张启民 摄）

5 2021年11月10日，积雪清理后的东顺路正常通行（陈艳玲 摄）

6 2021年11月7日，除雪滚刷车在清理路面积雪（宋 悦 摄）

7 2021年11月9日，铲车在霍林河大街清理路面积雪（陈艳玲 摄）

8 2021年11月10日，赤峰市增援车队到达通辽市（刘增煜 摄）

2021年3月，世界首台百吨级纯电交流传动矿用自卸车研发项目在通辽市启动。该项目通过高效集成纯电动力系统、电驱动控制系统、能量管理系统、充电系统及其他配套系统，取代传统矿用自卸车燃油动力系统，新型百吨级纯电交流传动矿用自卸车将采用插电式充电方式。

2021年3月12日，国家电投集团内蒙古公司南露天煤矿与湘电重型装备有限公司签订百吨级自卸车电能替代研究与应用项目签字仪式 （霍林郭勒融媒体中心 提供）

2021年6月18日，通辽市肉牛产业协会成立。成立大会通过了通辽市肉牛产业协会章程和会费标准，选举产生了第一届理事会理事、会长。

2021年6月18日，通辽市肉牛产业协会成立大会暨第一届第一次会员大会在通辽市召开（宋悦 摄）

目 录

特 载

聚焦绿色转型 聚力高质量发展
为加快建设现代化区域中心城市而奋斗
——在中国共产党通辽市第六次
代表大会上的报告……………………1

专 记

商潮涌动能 通达百业兴
——2021年通辽市推动现代服务业提质
增效 打造高质量发展新引擎纪实
……………………………………13
通辽市2021年“11·5”特大暴雪灾害
救援纪实……………………………15

大 事 记

1月……………………………………18
2月……………………………………20
3月……………………………………20
4月……………………………………22
5月……………………………………24
6月……………………………………27
7月……………………………………30
8月……………………………………33
9月……………………………………35
10月……………………………………38
11月……………………………………41
12月……………………………………44

市情概览

地理环境……………………………48
地理位置……………………………48
地形地貌……………………………48
气候…………………………………48
山脉…………………………………49
水系…………………………………49
历史沿革……………………………49
历史源流……………………………49
建置沿革……………………………50
行政区划……………………………50
人口民族……………………………51
人口…………………………………51
民族…………………………………51
资源及特产…………………………51
野生动物资源………………………51
野生植物资源………………………51
林业…………………………………51
草原…………………………………51
矿产资源……………………………51
奈曼麦饭石…………………………51
通辽黄玉米…………………………51
地域文化……………………………52
乌力格尔……………………………52
好来宝………………………………52
安代舞………………………………52
科尔沁蒙古剧………………………53
科尔沁叙事民歌……………………53
哲里木版画…………………………54
蒙古四胡……………………………54

马头琴……55
蒙古族马具制作技艺……55
科尔沁那达慕……55
特色饮食……56
科尔沁牛肉干……56
科尔沁蒙古馅饼……56
科尔沁炒米……56
库伦饸饹……57
奈曼拨面……57
古迹名胜……57
哈民忙哈史前聚落遗址……57
库伦旗西汉长城……58
南宝力皋吐遗址……58
通辽—赤峰秦汉长城奈曼段……58
金界壕遗址……58
风景名胜……59
经济和社会发展……59
经济建设……59
生态建设……59
社会事业……60
人民生活……60
国家级荣誉称号……61

中国共产党通辽市委员会

综述……62
概况……62
中国共产党成立100周年庆祝活动……62
党史学习教育……62
生态文明建设……63
统筹城乡协调发展……63
保障和改善民生……63
巡视问题整改……64
政治生态修复净化……64
重要会议……64
中国共产党通辽市第五届委员会第十一次全体会议……64
中国共产党通辽市第五届委员会第十二次全体会议……65
中国共产党通辽市第五届委员会第十四次全体会议……65
中国共产党通辽市第五届委员会第十六次全体会议……65
中国共产党通辽市第六次代表大会……65
中国共产党通辽市第六届委员会第一次全体会议……66
中国共产党通辽市第六届委员会第二次全体会议……66
市委常委会会议……67
改革工作……69
概况……69
改革工作宣传……69
重要改革会议……69
组织工作……69
概况……69
市中心血站党支部获得“全国先进基层党组织”称号……70
县乡领导班子换届工作……70
选人用人……70
干部队伍建设培育……71
基层党建“百日攻坚”专项行动……71
抓党建促乡村振兴……71
基层组织建设……71
人才工作……71
公务员管理……71
宣传工作……71
概况……71
铸牢中华民族共同体意识宣传教育……72
新闻宣传……72
理论学习与宣讲……73
主题宣传……73
精神文明创建……73
对外宣传……73
全民阅读活动……73
统战工作……74
概况……74
民主党派工作……74
党外知识分子和新的社会阶层人士统战工作……74
非公有制经济工作……75
港澳台和海外侨统战工作……75
“光荣在党50年”纪念章颁发仪式……75

第三届“同心杯”语文朗读大赛……75
“学党史、知使命，书香进校园”暨通辽市统一战线铸牢中华民族共同体意识图书捐赠仪式举行……75
市直属机关党建……76
概况……76
思想政治建设……76
基层组织建设……77
建党百年庆祝活动……77
纪律作风建设……77
政策研究……78
概况……78
课题调研……78
《今日通辽》编印……78
网络和信息安全……78
概况……78
网上宣传……79
网络安全工作……79
机构编制管理……79
概况……79
政务机构与重点领域改革……79
事业单位改革试点……80
苏木乡镇和街道改革……80
综合行政执法改革……80
相对集中行政许可权改革……80
机构编制法治建设……80
老干部工作……80
概况……80
落实生活待遇……81
老干部活动场所建设……81
建党百年庆祝活动……81
离退休干部作用发挥……81
党校工作……82
概况……82
突出主业主课地位……82
创新培训方式方法……82
市委领导授课调研……82
科研项目建设……82
智库建设……82
在职研究生教育……83
庆祝建党百年系列活动……83
铸牢中华民族共同体意识培训……83
乡村振兴专题研修班举办……83

通辽市人民代表大会

综述……84
概况……84
人事任免……84
依法讨论决定重大事项……84
重要会议……84
第五届人民代表大会第四次会议……84
常委会会议……85
人大监督……89
经济社会高质量发展监督……89
贯彻新发展理念监督……89
民生和社会事业发展监督……89
依法行政和公正司法监督……89
代表工作……90
概况……90
代表履职成果转化……90

通辽市人民政府

综述……91
经济发展……91
数字通辽建设……91
三大产业发展……91
招商引资和项目建设……92
攻坚战役决战决胜……92
深化改革开放……92
城乡建设……92
民生保障……93
“十四五”规划编制……93
政府重要会议……94
政府常务会议……94
政府全体会议……96
政务服务……96
概况……96
优化营商环境……96
打造“通辽政务服务会客厅”……97

"一网办、掌上办、一次办、帮您办"……97
政务公开……97
政府网站建设……97
"12345"市民服务热线……97
外事及港澳台工作……97
概况……97
涉外及涉港澳台管理……97
信访工作……98
概况……98
信访改革……98
信访业务规范化建设……98
规范信访工作机制……98
《通辽市依法分类处理信访诉求清单汇编》印发……99
人事管理……99
概况……99
高技能人才培养……99
《通辽市事业单位岗位设置管理实施意见》出台……99
机关事务管理……99
机构改革……99
公车用车管理……99
规范办公用房……100
公共机构节能降耗……100
会议保障……100
安保工作……100
物业管理与服务……100

政协通辽市委员会

综述……102
概况……102
多党合作……102
通辽市文史馆建设……102
市政协书画院举行揭牌仪式……102
重要会议……102
政协通辽市第五届委员会第四次会议……102
常务委员会会议……103
参政议政……103
概况……103
社情民意信息工作……104
专门协商机构建设……104
民主监督……104
提案工作……104
以案促改工作……104
重大生态工程专题监督……104
调研视察……105
专项调研……105
全国政协民族和宗教委员会调研组到通辽市调研……105
专项视察……105
考察交流……106
委员工作……106
概况……106
经济人口资源环境委员会……106
教科卫体委员会……107
民族宗教港澳台侨委员会……107
文化文史和学习委员会……107
社会法制委员会……108
农牧委员会……108

中国共产党通辽市纪律检查委员会·通辽市监察委员会

综述……109
概况……109
纪检监察体制改革……109
中国共产党通辽市第五届纪律检查委员会第六次全体会议……109
中共通辽市第六届纪律检查委员会第一次全体会议……110
党风廉政建设……110
开展以案促改……110
纠治"四风"等问题……110
监督执纪……110
概况……110
政治监督……110
监督治理效能提升……110
巡察工作……110
概况……110
接续六届市委巡察……111
指导督导巡察工作……111
巡察问题整改……111

巡察工作责任落实……………………………112
健全完善巡察制度机制………………………112
巡察机构队伍建设……………………………112

民主党派　工商联

中国国民党革命委员会通辽总支委员会……113
组织建设………………………………………113
民革通辽市总支部委员会第五次代表大会……………………………………113
思想建设………………………………………113
参政议政………………………………………114
社会服务………………………………………114
中国民主同盟通辽市委员会…………………115
组织建设………………………………………115
思想建设………………………………………115
参政议政………………………………………115
社会服务………………………………………115
中国民主建国会通辽市总支部委员会………115
组织建设………………………………………115
思想建设………………………………………116
参政议政………………………………………116
社会服务………………………………………116
中国民主促进会通辽总支委员会……………117
组织建设………………………………………117
思想建设………………………………………117
参政议政………………………………………118
社会服务………………………………………118
农工民主党通辽市委员会……………………119
组织建设………………………………………119
思想建设………………………………………119
参政议政………………………………………119
社会服务………………………………………119
九三学社通辽市委员会………………………120
组织建设………………………………………120
思想建设………………………………………120
参政议政………………………………………120
社会服务………………………………………120
工商联…………………………………………120
概况……………………………………………120
促进非公经济发展……………………………121
履行社会责任…………………………………121
非公经济人士教育培训………………………121
非公经济党的建设……………………………121
招商引资………………………………………121
和谐劳动关系构建……………………………121
“万企帮万村”扶贫工作总结表彰……………………………………………122

群众团体

总工会…………………………………………123
概况……………………………………………123
职工思想政治引领……………………………123
庆祝建党百年系列活动………………………123
产业工人队伍建设改革………………………123
劳动和技能竞赛活动…………………………124
集体协商………………………………………124
服务职工………………………………………124
企业民主管理工作……………………………124
共青团…………………………………………124
概况……………………………………………124
青少年思想引领………………………………125
服务青少年成长………………………………125
基层团组织建设………………………………125
团员和少先队建设……………………………126
共青团通辽市三届四次全委（扩大）会议召开……………………………………126
通辽市青年工作联席会议第二次全体会议召开……………………………………126
妇联……………………………………………126
概况……………………………………………126
妇女宣传………………………………………126
妇女创业就业…………………………………127
妇女儿童权益保护……………………………127
家庭文明建设…………………………………127
科协……………………………………………128
概况……………………………………………128
科技经济融合发展……………………………128
科协系统深化改革……………………………129
“智慧科协”建设………………………………129
“百名专家走进盟市旗县科普传播行”春季活动——通辽站启动…………129
侨联……………………………………………130

概况……130
中秋茶话会……130
联络联谊……130
招商引资……131
维护侨益……131
参政议政……131
文化交流基地建设……131
文联……131
概况……131
文艺志愿服务活动……132
“哲里木版画全国巡展——南京站”展览开展……132
“百年丰碑——哲里木版画精品展”……132
通辽市摄影家协会协会之家成立……133
科尔沁文化文艺研讨交流活动……133
残联……133
概况……133
巩固脱贫攻坚成果……133
康复救助工作……133
残疾人教育……134
文化体育工作……134
残疾人综合服务……134
通辽市残疾人工作会议……134
全市残疾人就业创业推进会召开……135
全国第十一届残疾人健身周暨内蒙古自治区盲人那达慕在通辽举行……135
通辽市首届残疾人文化周系列活动……135
红十字会……136
概况……136
人道文化传播……136
备灾救灾……136
社会救助……137
应急救护培训……137
造血干细胞血样采集和捐献……137
遗体器官捐献……137
五届三次理事会召开……137
社科联……137
概况……137
社科普及……137
社科研究成果……138
从严管控意识形态阵地……138

法　　治

人大立法……139
概况……139
重点领域立法……139
规范性文件备案审查……139
政法委与综治……139
概况……139
社会治理……140
专项整治行动……140
开展法律“七进”活动……140
法院系统优化营商环境……140
检察系统优化营商环境……140
公安系统优化营商环境……140
司法行政系统优化营商环境……141
政法队伍教育整顿……141
政法系统“以案促改”专项行动……141
政法系统改革……141
法治政府建设……141
概况……141
政府服务效能提升……142
依法决策……142
规范政府权力运行……142
行政执法体制改革……142
清理规范性文件……142
行政执法监督……143
行政复议改革……143
全面依法治市……143
公安……143
概况……143
刑事犯罪案件侦查……144
治安管理……144
经济犯罪案件侦办……145
扫黑除恶专项行动……145
禁毒工作……145
新型网络违法犯罪案件侦办……145
道路交通安全管理……145
重点车辆管理……145
交通秩序整治……145

优化城区道路交通设施……………………146
多元化交通引导………………………………146
机动车管理……………………………………146
新冠肺炎疫情防控……………………………146
公安改革………………………………………146
"北疆云·智慧公安"建设……………………146
基层基础建设…………………………………147
检察…………………………………………………147
概况……………………………………………147
刑事检察………………………………………147
民事检察………………………………………147
行政检察………………………………………147
公益诉讼检察…………………………………147
未成年人检察…………………………………148
政法队伍教育整顿……………………………148
扫黑除恶专项斗争和反腐败斗争……………148
助力优化营商环境……………………………148
化解社会矛盾纠纷……………………………148
法院…………………………………………………149
概况……………………………………………149
刑事审判………………………………………149
民商事审判……………………………………149
环境资源审判…………………………………149
行政审判………………………………………150
执行工作………………………………………150
新建标准化诉讼服务中心……………………150
智慧法院全面升级……………………………150
优化营商环境…………………………………150
全市首起消费民事公益诉讼案………………150
首次采用网络方式召开破产案件债权人会议……………………………………150
市中级人民法院完成首例线上司法确认…………………………………150
通辽市首场网络债权人会议召开……………151
全市法院设立强制清算与破产审判团队……………………………………………151
司法协作框架协议签约仪式…………………151
"农资打假"典型案例新闻发布会……………………………………………151
司法行政……………………………………………152
概况……………………………………………152
普法宣传教育…………………………………152
人民调解工作…………………………………153
人民陪审员、人民监督员工作………………153
矛盾纠纷化解…………………………………153
安置帮教责任落实……………………………153
司法行政基层基础设施建设…………………153
社区矫正对象管理……………………………154
国家统一法律职业资格考试组织实施……………………………………………154
律师行业管理…………………………………154
司法鉴定行业…………………………………154
公证业务………………………………………154
法律援助………………………………………154
仲裁…………………………………………………155
概况……………………………………………155
劳动仲裁………………………………………155

军　事

通辽军分区…………………………………………156
概况……………………………………………156
党管武装………………………………………156
思想政治建设…………………………………156
建党百年系列活动开展………………………156
战备训练………………………………………157
征兵工作………………………………………157
双拥工作………………………………………157
抗击特大暴雪…………………………………157
基层风气监察联系点转点建点………………157
市乌兰牧骑民兵连成立………………………158
市乌兰牧骑民兵连政治教育…………………158
第二十一个全民国防教育日活动……………158
第四届群众性练兵比武竞赛活动……………158
党政领导干部"军事日"活动…………………158
"征兵宣传进校园"活动………………………158
武警通辽支队………………………………………159
概况……………………………………………159
后勤保障………………………………………159
基层建设………………………………………159
组织工作………………………………………159
人民防空……………………………………………159
概况……………………………………………159
"9·18"人防警报试鸣…………………………159

第二代人民防空机动指挥平台建设……160
退役军人事务……160
概况……160
权益维护……160
移交安置……160
褒扬纪念……160
优抚事业单位基础建设……160
双拥工作……160
军休工作……160
军供保障……161

经济管理

宏观经济调控……162
概况……162
区域中心城市建设……162
重点领域改革……162
统筹协调疫情防控和经济发展……162
固定资产投资……162
产业转型升级……163
重点项目建设……163
重大风险防范化解……163
自然资源管理……163
概况……163
矿山企业……163
土地供应……163
矿产资源开发……164
自然资源审批“放管服”改革……164
不动产登记……164
测绘管理……164
国有资产监督管理……164
概况……164
国资布局结构优化……165
国企改革……165
国资国企监管……165
煤炭领域国企专项整治……166
涉粮领域腐败问题专项整治……166
国企招商引资……166
财政……166
概况……166
积极财政政策落实……166
政府债务化解……167
保障民生支出……167
城乡建设投入……168
重大项目投入……168
财税体制改革……168
支持主导产业发展……168
税务……168
概况……168
减税降费……169
税收法治……169
税种管理……169
社保费征收和非税收入……170
纳税服务……170
征收管理……170
税务稽查……170
数据安全工作……170
风险管理……170
大企业税收服务与管理……170
金融监督管理……170
概况……170
分级分类监管……171
地方金融组织统计工作……171
金融组织监管……171
货币政策运用……171
特色行业信贷……171
社会融资成本下行……171
金融安全稳定维护……171
外汇管理服务……172
支付优化服务……172
信用体系建设……172
货币金银工作……172
金融消费者权益保护……172
审计……172
概况……172
重大政策措施落实情况跟踪审计……172
财政审计……172
民生资金审计……173
经济责任审计……173
环境资源审计……173
政府投资项目审计……173
专项审计……173
审计发现问题整改……173

统计……173
概况……173
统计数据质量……174
统计基层基础建设……174
统计法治建设……174
统计督察整改……174
统计重点领域改革……174
第七次全国人口普查工作……175
价格监管……175
概况……175
转供电价格监管工作……176
行业协会监督管理……176
商业银行收费监督管理……176
中小学服务性收费和代收费管理……176
公平竞争审查工作……176
供水供电供气供暖行业不正当竞争行为监管……177
打击传销规范直销宣传活动……177
市场监督管理……177
概况……177
商标、地理标志区域品牌培育行动……178
商事制度改革……178
中小企业质量管理水平提升行动……179
“衣食住行”领域专项整治……179
“双随机、一公开”监管……179
风险管控系统……179
消费维权……179
质量基础设施平台建设……179
放心消费创建……179
线下实体店七日无理由退换货启动仪式……179
食品药品监管……179
进口冷链食品监管……180
传统奶制品提升行动……180
“阳光监管”工程……180
海关……180
概况……180
打击走私违法犯罪……180
对外和对港澳贸易商品安全监管……180
跨境贸易……181
进出口及对港澳台贸易企业服务……181
进出口及对港澳台贸易商品服务……181
知识产权保护……181
概况……181
侵权假冒专项执法行动……181
知识产权宣传……181
知识产权侵权打击……181
中介服务机构建设……181
项目申报……181
信用体系建设……182
概况……182
重点领域失信行为专项治理……182
信用制度建设……182
信用信息归集共享……182
告知承诺制工作……182
信用分级分类监管……183
诚信典型选树……183
“信易贷”工作……183
诚信宣传……183

农 业

综述……184
概况……184
家庭农牧场建设……184
龙头企业……184
行业监管……184
气象服务农业……184
科技培训工作……185
全国“一村一品”示范村镇申报……185
产业化示范联合体……185
肉牛产业集群项目……185
政策性农业保险……185
粮食生产任务落实……185
种植业……185
概况……185
粮食种植……186
油料糖料作物……186
红干椒……186
荞麦……186
杂粮杂豆……187
增产增效技术……188
种植基地建设……188

科左中旗盐碱化耕地改良项目…………188
开鲁县果菜茶有机肥替代化肥项目…………188
标准化基地建设…………188
重大病虫害防控…………189
粮食生产科技试验示范基地建设…………189
化肥减量增效项目…………189
林业 草原…………189
概况…………189
林业草原有害生物防治…………189
林草产业…………190
特色经济林产业…………190
草原生态治理…………190
畜牧业…………190
概况…………190
肉牛育种…………190
肉牛标准化养殖…………190
肉牛交易…………190
家畜改良…………190
肉牛产业科技创新…………190
奶业振兴…………191
畜禽粪污处理…………191
特色畜牧养殖培训…………191
生猪产业…………191
马产业…………191
养殖保险…………192
饲草饲料…………192
畜牧业安全生产…………192
防疫监督…………192
兽医兽药管理…………192
畜禽屠宰…………193
渔业…………193
概况…………193
渔业生产…………193
养殖许可制度…………193
水产种业…………193
生态健康养殖…………194
养殖监管…………194
渔业执法…………194
渔业产业融合发展…………194
渔业安全生产…………194
农牧业产业园区…………194
科尔沁左翼中旗国家现代农业产业园…………194
开鲁县自治区现代农业产业园…………195
市级现代农牧业产业园…………197

工 业

综述…………198
概况…………198
产业集群建设…………198
重点工业项目…………199
产业链向高端化发展…………199
绿色农畜产品产业…………200
概况…………200
科尔沁肉牛产业集群获批复创建…………200
金玉锋生物科技大健康生物产业园项目…………200
华北制药华凯药业医药项目…………201
安洲药业高端医药原料药及中间体项目…………201
久鹏药业生物医药系列产品项目…………201
煤电铝产业…………201
概况…………201
创源合金轻质高强铝合金材料项目…………202
金辉粉体科技铝粉项目…………202
循环经济产业…………202
概况…………202
绿色铝基新材料…………202
旭阳新材料铜金粉和铝膏项目…………203
亚欧新材料科技铝型材和中间铝合金材料项目…………203
联晟高精宽幅超薄铝箔项目…………203
奈曼经安镍基合金新材料项目…………203
奈曼经安不锈钢生产线项目…………203
硅砂及铸造业…………204
中医药（蒙医药）产业…………204
概况…………204
尿毒清颗粒…………204
能源产业…………205
概况…………205
能源规划编制…………205
能源项目建设…………205

能源电力项目……205
能源煤炭工作……205
能源行业安全监管……205
山东龙马集团高端装备制造基地项目……205
新疆金风科技绿色智慧能源示范园区项目……206
明阳科技风光火储制研一体化示范项目……206
国家电投百万千瓦外送风电基地建设项目……206

城市建设

城市规划……207
国土空间规划编制……207
中心城区城市品质提升管控办法出台……207
中心城区详细规划编制实施方案……207
印发《通辽市新型城镇化发展规划（2021—2035 年）》……207
城市更新……208
城市基础设施建设……208
棚户区改造……208
老旧小区改造……208
老城区雨水防涝排放工程……208
城镇化建设……208
图书馆项目……208
科技馆项目……208
图书馆、科技馆市政配套附属工程……209
道路桥梁……209
新世纪大桥连接线及互通立交工程通过竣工验收……209
道路建设……209
公共交通……209
概况……209
资产情况……209
运营基础数据……209
公交专线开通……210
安全运营……210
公交卡办理……210
供水和排水……210
概况……210
主城区供水设施及消防设施 PPP 项目……211
科尔沁区城东水厂建设工程……211
“三供一业”分离移交供水管网建设……211
水表智能化改造工程……211
二次供水接收管理……211
水质检测……211
管道维修……212
供水服务信访工作……212
排水管理……212
供电……212
概况……212
电网建设与发展……213
安全生产……213
营销服务……214
供热……214
概况……214
清洁能源项目招商引资框架协议签约……215
通辽市供热有限责任公司……215
园林绿化……216
概况……216
园林绿化养护……216
摸排统计雕塑、雕像数量……216
绿地项目……217
城市管理……217
机构设置……217
碧桂园小区违法建筑整治行动……217
公共收费停车场专项整治……217
环境卫生管理执法……217
车辆停放管理……218
不文明遛犬行为整治……218
建筑行业管理……218

乡村振兴

脱贫攻坚成果巩固……219
概况……219
防贫监测……219
市乡村振兴局成立……219

干部培训……219
扶贫资产管理……219
“十四五”巩固拓展脱贫攻坚成果同乡村振兴有效衔接……219
内蒙古首家乡村振兴学院成立……220
村镇建设……220
概况……220
农村牧区危房改造……220
农村牧区生活垃圾治理……220
农村“厕所革命”……221
农村人居环境整治……221
美丽乡村建设……221
产业发展……221
概况……221
实施京蒙协作……221

交通 邮政 通信

公路……222
概况……222
省道工程……222
乡村公路建设……222
公路养护……222
优化审批提效能……223
“打非治违”行动……223
铁路……223
概况……223
铁路线路……223
航空运输……223
概况……223
通用机场建设……223
通辽机场……223
霍林河机场……224
邮政业……224
邮政业务……224
邮政网点……224
快递业务……224
快递进村……225
扩大“一市一品”项目……225
推进邮政综合服务平台建设……225
提升末端网点服务能力……225
推进绿色发展……226
中国邮政集团公司通辽分公司……226
通信业……226
中国电信通辽分公司……226
中国移动通辽分公司……226
中国联通通辽分公司……227

水 务

水利行业管理……228
水政工作……228
水价改革……228
水量调度……228
安全度汛……228
抗洪险情处置……229
通辽市水旱灾害监测预警平台建设……229
奈曼旗获得国家第四批节水型社会建设达标县称号……229
取水口核查登记……230
河（湖）长制……230
概况……230
河湖“四乱”整治……230
水利工程建设与管理……230
概况……230
水利建设投资项目……231
引调水工程前期工作……231
中小河流工程批复……231
小型病险水库工程……232
农牧水利……232
农村牧区饮水安全……232
农村牧区供水保障工程……232
农村牧区饮水安全保障排查整改……232
农村牧区饮水工程维修养护……232
国家水土保持重点工程……232
水土保持生态建设治理……232
生产建设项目水土保持遥感监管……232

金 融 业

综述……233
概况……233
金融服务实体经济……233

防控重点领域风险……233
推动机构合规发展……234
银行业……234
概况……234
银行机构服务实体经济……234
中国农业银行股份有限公司通辽分行……235
内蒙古银行通辽分行……235
蒙商银行股份有限公司通辽分行……236
保险证券……236
保险……236
暴雪雪灾理赔……236
政策性肉牛保险……236
证券……236
资本市场服务……236
概况……236
重点企业培育……237
推进企业上市工作……237
开展资本市场培训……237
其他非银行金融机构……237
小额贷款公司……237
融资租赁公司……237
典当行……237

旅 游 业

综述……238
概况……238
产业融合发展……238
对外交流合作……238
旅游资源……238
概况……238
旅游景区评定……238
大青沟自然保护区……239
库伦三大寺……240
孝庄园旅游区……240
敖包相会可汗山草原旅游区……240
奈曼旗孟家段湿地旅游区……240
奈曼王府……240
资源开发利用……240
旅游宣传……241
概况……241
库伦旗沙漠旅游系列文化周……241
旅游推介会……241
蒙东地区航线推广暨冬季旅游座谈会……241
旅游管理……241
概况……241
专项检查……242
扶持政策……242
旅游市场监管……242
旅游厕所管理……242
旅行社管理……242
导游管理……242
星级酒店管理……242

商贸服务业

商贸流通……243
概况……243
“2021 通辽网上年货节”……243
维多利摩尔城商业综合体项目运营……244
运达农产品批发市场……244
通辽万达广场创建全国绿色商场……244
农贸市场星级达标工作……244
报废机动车回收拆解企业升级改造……244
拍卖……244
消费促进……244
粮食和物资储备……245
粮食储备……245
物资储备……245
肉类储备……245
供销合作……245
概况……245
流通网络建设……245
社会化服务……246
烟草专卖……246
概况……246
烟草企业科技创新……246
烟草制品购销和烟草物流职业（岗位）技能竞赛……246
烟草法治建设……246
成品油销售……247

概况……247
加油站税务稽查和“三黑”整治专项行动……247
销售网络建设……247
盐业经营……247
概况……247
盐宝电商平台……247
为“五保户”赠送大青盐活动……247
电子商务……247
概况……247
通辽名优特品牌公益直播系列活动……248
“双十一”网络零售额……248
房地产业……248
概况……248
商品房销售……248
批准预售……248
房屋待售……248
二手房交易……249
商品房库存……249
物业管理……249
物流业……249
概况……249
物流园区……250
物流项目……250
物流企业……250
向北开放工作……250
居民生活服务业……250
通辽特色餐饮文化宣传……250
家政服务……250

经贸合作

东北陆海新通道建设……251
“东北陆海新通道”会议召开……251
锦州港（通辽）内陆港成立……251
招商引资……251
概况……251
全员招商……252
“项目管家”服务……252
委托招商……252
“鸿雁回通”工作……252
保障措施……252
对外及港澳贸易……252
概况……252
外贸转型升级基地建设……252
供港澳活牛任务……253
组织企业参加展会……253
对外贸易环境优化……253
开发园区……253
·通辽经济技术开发区·……253
概况……253
农业……253
服务业……253
社会事业……254
疫情防控……254
卫生健康……255
·工业园区·……255
概况……255
科尔沁工业园区……255
霍林郭勒高新技术产业开发区……256
开鲁生物医药产业开发区……256
通辽承接产业转移开发区……256
奈曼工业园区……257
通辽经济技术开发区……257
科左中旗产业园……257

科学技术

综述……258
概况……258
关键技术攻关……258
创新交流合作……258
通辽国家农业科技园区通过科技部综合评估……258
科技服务……260
概况……260
科技特派员……260
科技项目和成果……260
概况……260
中低压纯氢与掺氢燃气管道输送及其应用关键技术研发项目启动会……260
左明湖、鲍岩峰获三农科技服务金桥奖个人优秀奖……261

科学技术普及……261
概况……261
科普阵地建设……261
开展科普传播活动……262
科技平台……262
概况……262
重点实验室授牌仪式……262
气象服务……265
概况……265
气象预报预警……265
地震监测……266
概况……266
震害防御……266
地震知识宣传……266

教　育

综述……267
概况……267
教育督导……267
国家通用语言文字推广使用……267
学前教育……268
概况……268
学前教育优质普惠发展……268
学前教育内涵发展……268
初等教育……268
概况……268
“双减”政策全面落实……268
开发区新城二小低年级无纸笔测试探索……269
“阳光招生、均衡分班”成果巩固……269
控辍保学工作……269
通辽市第二届初中语文名师工作坊会议召开……269
普通高中教育……269
概况……269
普通高中育人方式改革……270
内蒙古第二届生涯教育高峰论坛……270
特殊教育……270
概况……270
特殊教育资源配置……270
高等教育……270
概况……270
内蒙古民族大学……271
通辽职业学院……273
科尔沁艺术职业学院……275
职业教育……277
概况……277
职业教育提质培优行动计划……277
教师培训……277
职业学校教师能力大赛……277
学生技能大赛……277
通辽市工业职业学校（通辽技师学院）……277
教师队伍建设……278
干部教育培训……278
宿金波入选“2021 年乡村优秀青年教师培养奖励计划”……278
校长“双减”政策培训……279

文　化

公共文化……280
文化场馆……280
通辽市图书馆新馆……280
通辽市文化馆……281
通辽市博物馆……281
哈民遗址博物馆……282
奈曼旗王府博物馆……282
流动文化服务……282
公共文化数字化建设……282
群众文化活动……282
社会力量参与公共文化建设……283
公共文化服务保障……283
杭州·通辽两地公共图书馆文旅交流周……283
文化遗产保护……283
概况……283
非遗文化传承……283
文物保护利用……284
国家级非物质文化遗产《巴拉根仓的故事》代表性项目传承人培训班……284
文学　艺术……288

概况……288
文学创作……288
艺术创作……288
新闻出版……289
概况……289
新闻出版行业管理……289
译制任务……289
通辽日报社……289
广播影视……290
概况……290
行业监管……291
广电设备维护管理……291
通辽广播电视台……291
纪录片《蒙古马》获奖……292
史志档案……292
·史志工作·……292
概况……292
《通辽年鉴（2020）》获评特等年鉴……293
《通辽年鉴（2021）》出版发行……293
党史宣传教育……293
党史展馆排查……293
部门志编修……293
乡镇村志编纂……293
地方志进军营活动……294
·档案管理·……294
馆藏档案鉴定服务……294
档案业务指导……294
国家试点工作……294
事业单位改革档案……294
档案信息管理……294
档案业务普法宣传……294
依法治档……294
档案征集收集……294
文化市场管理……295
概况……295
疫情防控工作……295
“扫黄打非”工作……295
卫星地面接收设施整治……296
文物执法监管……296
法治宣传教育……296
保障文化市场健康发展……296

卫生健康

综述……297
概况……297
医院改革……297
疾病防控……297
新冠疫情监测预警……297
重点传染病防控……297
免疫规划……297
地方病防治……297
慢性病防控……297
精神卫生工作……298
全国儿童青少年近视防控适宜技术试点县（区）……298
基层卫生……298
基本公共卫生服务……298
“优质服务基层行”活动……298
县域医共体建设……298
基层人才队伍建设……298
妇幼保健……298
危重孕产妇与危重新生儿救治中心建设……298
妇幼健康信息化建设……298
职业健康……298
职业健康促进活动……298
尘肺病防治……298
职业病病专项调查……299
职业病病技术职称体系建设……299
职业病防治项目……299
老龄健康……299
概况……299
医养结合……299
全国示范性老年友善医疗机构创建工作……299
爱国卫生……299
创建卫生城市宣传……299
控烟宣传……300
中医药（蒙医药）……300
概况……300
中医药（蒙医药）参与疫情防控……300
蒙医整骨传承发展……300

中医药（蒙医药）文化宣传……………300
中医药（蒙医药）学科建设……………300
人才队伍建设…………………………301
老中医药（蒙医药）专家学术经验继承
工作结业考核………………………301
卫生监督………………………………301
概况…………………………………301
疫情防控专项检查…………………301
卫生监督执法………………………301
医疗卫生行业综合监管……………302
培训宣传……………………………302
医政药政管理…………………………302
概况…………………………………302
合理膳食专项行动和国民营养
计划…………………………………302
食品安全风险监测…………………302
食品安全跟踪评价工作……………303
药政工作……………………………303

体 育

综述……………………………………304
体医融合……………………………304
体育产业……………………………304
体育彩票……………………………304
群众体育………………………………304
群众体育荣誉………………………304
“15 分钟健身圈”…………………304
第四届科尔沁运动大会……………304
冰雪运动……………………………304
青少年体育…………………………305
竞技体育………………………………305
备战自治区“十五运”……………305
通辽籍体育健儿……………………305
足球改革……………………………305
足球赛事活动………………………305
科尔沁长跑大会……………………305
通辽市青少年田径锦标赛…………305

民族 宗教

民族工作………………………………306
概况…………………………………306
“铸牢中华民族共同体意识”宣传教育
……………………………………306
学习宣传贯彻三级民族工作会议
精神…………………………………307
民族工作专项整改…………………307
民族法治宣传周活动………………307
市委民族工作会议召开……………307
民族文体活动………………………308
民族地区经济发展项目……………308
民品民贸工作………………………308
民族事务治理体系治理能力现代化
建设…………………………………308
民族语言文字活动…………………308
宗教工作………………………………308
概况…………………………………308
通辽市宗教工作“三级网络”信息
联络员培训班………………………309
宗教政策宣传活动…………………309

社会生活

人口家庭………………………………310
人口…………………………………310
家庭…………………………………310
婚姻登记……………………………310
殡葬管理……………………………310
就业创业………………………………310
概况…………………………………310
失业保险稳岗返还工作……………311
退役军人就业………………………311
高校毕业生就业……………………311
农牧民转移就业……………………311
职业技能提升行动…………………311
全国乡村振兴职业技能大赛通辽市
选拔赛………………………………311
就业公共服务………………………312
第三届马兰花全国创业培训讲师大赛
通辽市初赛…………………………312
创业服务工作………………………312
脱贫人口务工就业…………………312
残疾人就业…………………………312

收入消费……312
城乡居民收入……312
城乡居民消费……314
市场物价……314
社会保险……314
概况……314
退休人员待遇提高……315
社保费率降低……315
通辽市重点企业工伤预防项目启动仪式……315
社会救助……315
概况……315
最低生活保障……315
特困人员供养……315
临时救助……316
无着流浪乞讨人员救助……316
社会福利……316
概况……316
困境儿童关爱保护……316
养老服务体系建设……316
高龄津贴发放……316
残疾人两项补贴……316
慈善事业……317
住房保障……317
保障性住房建设……317
住房公积金管理……317
通辽市住房公积金管理中心启动"跨省通办"……317
社区建设……317
社区社会工作服务……317
社区治理……318
村（社区）换届选举……318
社工队伍建设……318
社会组织管理……318
概况……318
社会组织党建工作……318
社会组织年度检查……318
社会组织登记评估……318
社会组织等级评估……318
社会组织风险防控……319
社会组织监管……319
行业协会商会涉企收费整治……319
整治非法社会组织专项行动……319
社会组织培育扶持……320
社会组织参与社会治理现代化……320
社会组织参与脱贫攻坚……320
区划管理……320
地名管理……320
勘界工作……320

应急管理

综述……321
自然灾害综合风险普查……321
灾情核查调查……321
应急预案编修……321
森林火灾应急能力建设……321
应急指挥平台建设……321
安全生产培训教育……322
应急物资管护体系建设……322
防灾减灾……322
防汛抗旱工作……322
抗击特大暴雪灾害……322
加强地震和地质灾害工作……323
安全生产监督管理……323
概况……323
非煤矿山企业复工复产验收……323
推动安全生产专项整治三年行动各项任务落实……323
创新推进安全生产制度实施……324
消防……324
概况……324
火灾防控……324
消防队伍建设……324

生态建设

生态环境质量……325
概况……325
水环境质量……325
生态修复和保护工程……325
生态综合治理能力建设……325
声环境质量……325
土壤环境质量……325

水资源保护……325
概况……325
西辽河网格化管理……326
水资源管理监督检查……326
监测计量体系建设……326
水土保持治理……326
土地资源保护……326
概况……326
耕地保护……327
土地资源要素保障……327
科尔沁沙地综合治理……327
森林资源保护……327
概况……327
林长制工作……327
森林资源违法犯罪打击……327
森林防火……327
草原保护……328
概况……328
草原林地违规违法专项整治行动……328
草原保护管理……328
自然保护地保护……329
概况……329
大青沟自然保护区……329
内蒙古罕山国家级自然保护区……329
大青沟地质公园……329
敖伦国家级森林公园……330
内蒙古奈曼孟家段国家湿地公园……330
内蒙古霍林郭勒静湖国家湿地公园……330
内蒙古奈曼宝古图国家沙漠公园……330
内蒙古库伦银沙湾国家沙漠公园……330
生物多样性保护……330
自然保护区实地核查……331
“绿盾”行动……331
节能减排……331
能耗“双控”和“双碳”……331
建筑节能……331
污染防治……331
大气污染防治……331
水污染防治……331
土壤污染防治……332
固体废物污染防治……332
环境监管……332
概况……332
加强监测能力建设及辐射监管……332

旗（县、市、区）

科尔沁区……333
概况……333
经济发展……333
科技创新……334
项目建设……334
社会事业……335
民生保障……335
乡村振兴……335
卫生健康……336
霍林郭勒市……336
概况……336
经济发展……337
社会事业……337
民生保障……337
卫生健康……338
开鲁县……338
概况……338
经济发展……338
社会事业……340
卫生健康……340
城乡建设……340
中共麦新镇委员会获得“全国脱贫攻坚先进集体”称号……341
科左中旗……341
概况……341
经济发展……341
项目建设……343
社会事业……344
民生保障……344
卫生健康……345
中医药（蒙医药）事业……345
乡村振兴……345

巴彦塔拉东蒙军政干部学校复建项目……345
科左后旗……346
概况……346
经济发展……347
科技创新……348
项目建设……348
社会事业……349
民生保障……349
治沙绿化……350
乡村振兴……351
卫生健康……351
奈曼旗……352
概况……352
经济发展……353
科技创新……354
项目建设……354
社会事业……354
民生保障……354
卫生健康……354
库伦旗……354
概况……354
经济发展……355
社会事业……356
民生保障……356
扎鲁特旗……356
概况……356
经济发展……357
社会事业……357
乡村振兴……358
卫生健康……359

人物和荣誉

先进人物……360
·全国脱贫攻坚先进个人·……360
付永久……360
朱晓明……361
于艳春……361
何胜君……362
·全国五一劳动奖章获得者·……362
李山丹……362
·全国百大党旗下的社保人·……363
山　丹……363
·全国法院司法警察先进个人·……363
单丹丹……363
·人民法院扫黑除恶专项斗争先进个人·……363
包斯琴……363
·2021 年度新闻人物·……364
陈云霞……364
先进个人名录……365
·2021 年通辽市获全国性先进称号个人名单·……365
全国脱贫攻坚先进个人……365
全国五一劳动奖章获得者……365
全国百大党旗下的社保人……365
全国法院司法警察先进个人……365
人民法院扫黑除恶专项斗争先进个人……365
2021 年度新闻人物……365
·2021 年通辽市获自治区级先进称号个人名单·……365
全区脱贫攻坚先进个人……365
内蒙古自治区五一劳动奖章获得者……367
先进集体……368
·2021 年通辽市获全国性先进称号集体名单·……368
全国脱贫攻坚先进集体……368
全国五一劳动奖状……368
全国工人先锋号……368
全国公安机关扫黑除恶专项斗争先进集体……368
·2021 年通辽市获自治区级先进称号集体名单·……368
全区脱贫攻坚先进集体……368
内蒙古自治区五一劳动奖状名单……369
内蒙古自治区工人先锋号……369

附　　录

2021 年通辽市主要机构及负责人名单……370
文献资料……384

通辽市国民经济和社会发展第十四个
五年规划和 2035 年远景目标
纲要（摘录）……………………………384
政府工作报告（摘录）
——2022 年 2 月 12 日通辽市第六届
人民代表大会第一次会议…………423
统计资料…………………………………………431
2021 年通辽市经济社会主要指标
一览表……………………………431
内蒙古各市盟 2021 年地区生产总值
及增长情况表…………………………432
组织机构及单位简称、全称对照表…………433

索　引

索引…………………………………………………434

ᠭᠠᠷᠴᠠᠭ

ᠲᠣᠪᠴᠢ ᠮᠡᠳᠡᠭᠡᠯ

[illegible]

— [illegible] …… 1

[illegible] ᠮᠡᠳᠡᠭᠡᠯ

[illegible]
— 2021 [illegible] …… 13
ᠥᠪᠦᠷᠮᠣᠩᠭᠣᠯ ᠣᠷᠣᠨ ᠤ 2021 ᠣᠨ ᠤ 《11 · 5》 [illegible]
[illegible] ᠮᠡᠳᠡᠭᠡᠯ …… 15

[illegible] ᠤ ᠮᠡᠳᠡᠭᠡᠯ

1 ᠳᠦᠭᠡᠷ ᠰᠠᠷ᠎ᠠ …… 18
2 ᠳᠤᠭᠠᠷ ᠰᠠᠷ᠎ᠠ …… 20
3 ᠳᠤᠭᠠᠷ ᠰᠠᠷ᠎ᠠ …… 20
4 ᠳᠦᠭᠡᠷ ᠰᠠᠷ᠎ᠠ …… 22
5 ᠳᠤᠭᠠᠷ ᠰᠠᠷ᠎ᠠ …… 24
6 ᠳᠤᠭᠠᠷ ᠰᠠᠷ᠎ᠠ …… 27
7 ᠳᠤᠭᠠᠷ ᠰᠠᠷ᠎ᠠ …… 30
8 ᠳᠤᠭᠠᠷ ᠰᠠᠷ᠎ᠠ …… 33
9 ᠳᠦᠭᠡᠷ ᠰᠠᠷ᠎ᠠ …… 35
10 ᠳᠤᠭᠠᠷ ᠰᠠᠷ᠎ᠠ …… 38
11 ᠳᠦᠭᠡᠷ ᠰᠠᠷ᠎ᠠ …… 41
12 ᠳᠤᠭᠠᠷ ᠰᠠᠷ᠎ᠠ …… 44

ᠣᠷᠣᠨ ᠤ ᠶᠡᠷᠦᠩᠬᠡᠢ ᠪᠠᠢᠳᠠᠯ

[illegible] …… 48
[illegible] …… 49
[illegible] …… 51
[illegible] …… 51
[illegible] …… 52
[illegible] …… 56
[illegible] …… 57
[illegible] …… 59

[illegible] ᠥᠪᠦᠷᠮᠣᠩᠭᠣᠯ ᠣᠷᠣᠨ ᠤ [illegible]

[illegible] …… 62
[illegible] …… 64
[illegible] …… 69
[illegible] …… 69
[illegible] …… 71
[illegible] …… 74
[illegible] …… 76
[illegible] …… 78
[illegible] …… 78
[illegible] …… 79
[illegible] …… 80

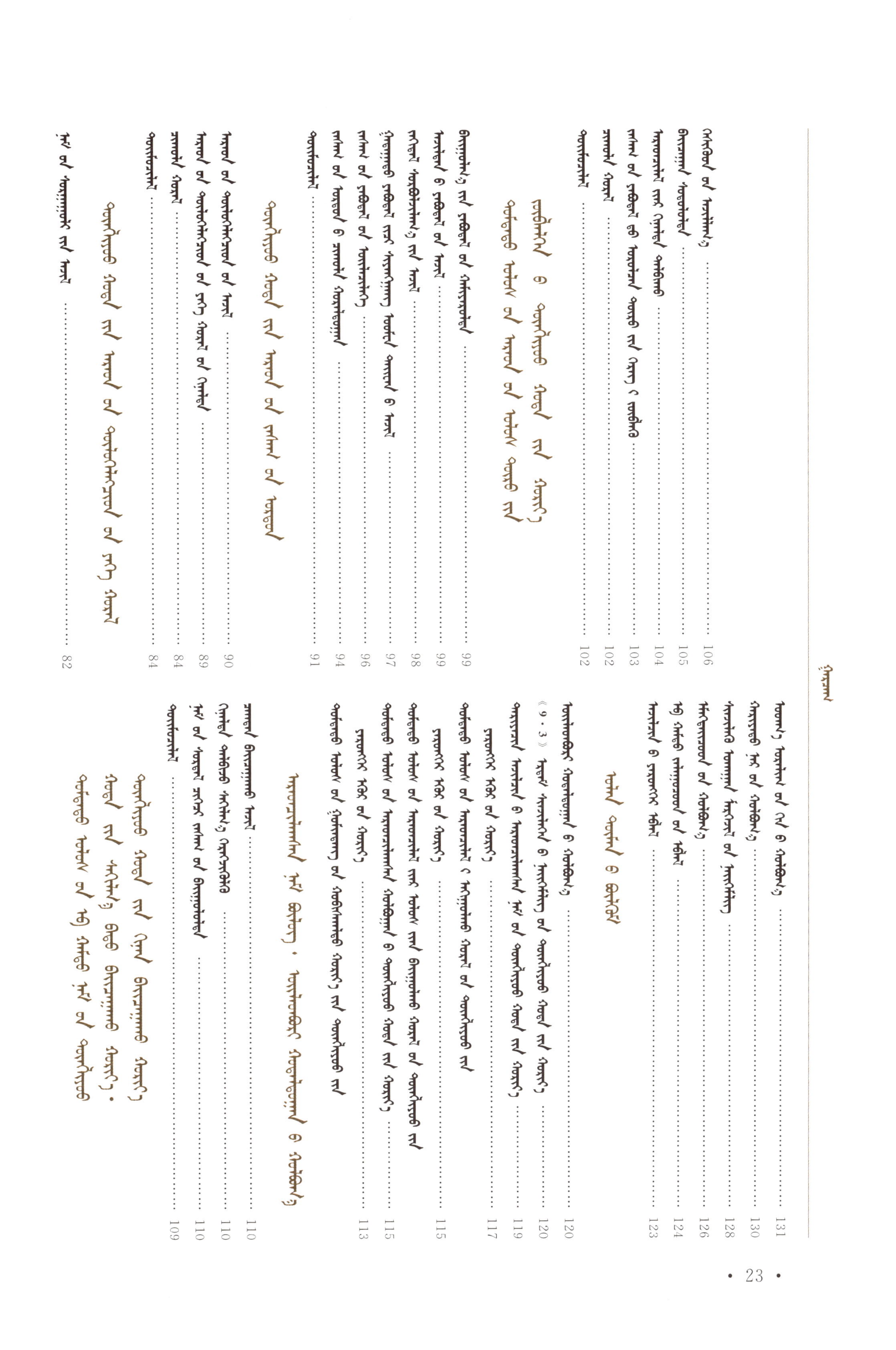

[illegible] ········ 82

[illegible]

[illegible] ········ 84
[illegible] ········ 84
[illegible] ········ 89
[illegible] ········ 90

[illegible]

[illegible] ········ 91
[illegible] ········ 94
[illegible] ········ 96
[illegible] ········ 97
[illegible] ········ 98
[illegible] ········ 99
[illegible] ········ 99

[illegible]

[illegible] ········ 102
[illegible] ········ 102
[illegible] ········ 103
[illegible] ········ 104
[illegible] ········ 105
[illegible] ········ 106

[illegible]

[illegible] ········ 109
[illegible] ········ 110
[illegible] ········ 110
[illegible] ········ 110

[illegible]

[illegible] ········ 113
[illegible] ········ 115
[illegible] ········ 115
[illegible] ········ 117
[illegible] ········ 119
《9·3》[illegible] ········ 120
[illegible] ········ 120

[illegible]

[illegible] ········ 123
[illegible] ········ 124
[illegible] ········ 126
[illegible] ········ 128
[illegible] ········ 130
[illegible] ········ 131

[illegible] …… 172
[illegible] …… 170
[illegible] …… 168
[illegible] …… 166
[illegible] …… 164
[illegible] …… 163
[illegible] …… 162

[illegible]

[illegible] …… 160
[illegible] …… 159
[illegible] …… 159
[illegible] …… 156

[illegible]

[illegible] …… 155
[illegible] …… 152
[illegible] …… 149
[illegible] …… 147
[illegible] …… 143
[illegible] …… 141
[illegible] …… 139
[illegible] …… 139

[illegible]

[illegible] …… 137
[illegible] …… 136
[illegible] …… 133

[illegible] …… 209
[illegible] …… 209
[illegible] …… 208
[illegible] …… 207

[illegible]

[illegible] …… 205
[illegible] ([illegible]) [illegible] …… 204
[illegible] …… 202
[illegible] …… 201
[illegible] …… 200
[illegible] …… 198

[illegible]

[illegible] …… 194
[illegible] …… 193
[illegible] …… 190
[illegible] …… 189
[illegible] …… 185
[illegible] …… 184

[illegible]

[illegible] …… 182
[illegible] …… 181
[illegible] …… 180
[illegible] …… 177
[illegible] …… 175
[illegible] …… 173

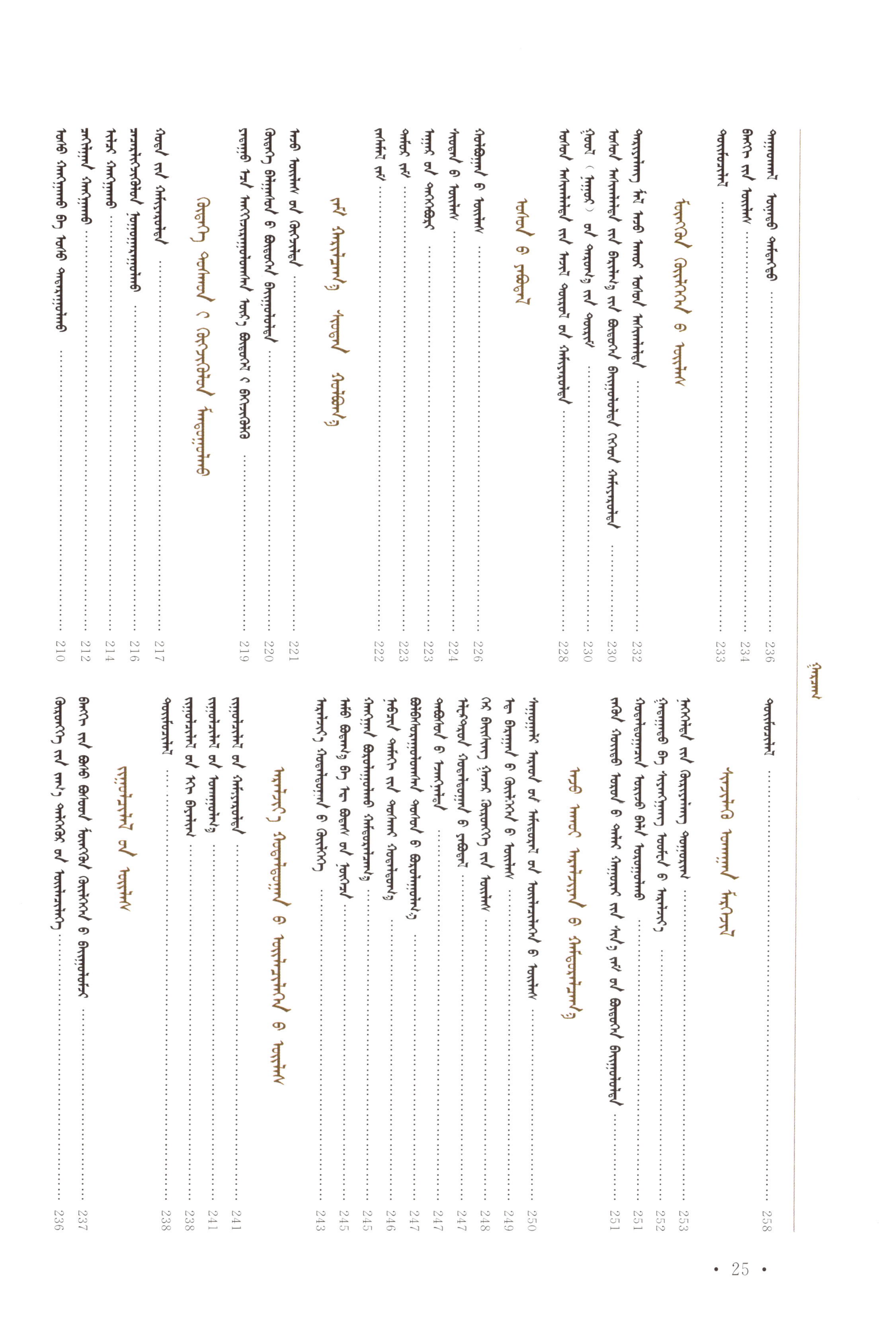

[illegible] ………… 210
[illegible] ………… 212
[illegible] ………… 214
[illegible] ………… 216
[illegible] ………… 217

[illegible]

[illegible] ………… 219
[illegible] ………… 220
[illegible] ………… 221

[illegible]

[illegible] ………… 222
[illegible] ………… 223
[illegible] ………… 223
[illegible] ………… 224
[illegible] ………… 226

[illegible]

[illegible] ………… 228
[illegible] ………… 230
[illegible] ………… 230
[illegible] ………… 232

[illegible]

[illegible] ………… 233
[illegible] ………… 234
[illegible] ………… 236
[illegible] ………… 236
[illegible] ………… 237

[illegible]

[illegible] ………… 238
[illegible] ………… 238
[illegible] ………… 241
[illegible] ………… 241

[illegible]

[illegible] ………… 243
[illegible] ………… 245
[illegible] ………… 245
[illegible] ………… 246
[illegible] ………… 247
[illegible] ………… 247
[illegible] ………… 247
[illegible] ………… 248
[illegible] ………… 249
[illegible] ………… 250

[illegible]

[illegible] ………… 251
[illegible] ………… 251
[illegible] ………… 252
[illegible] ………… 253

[illegible]

[illegible] ………… 258

[illegible] …… 260
[illegible] …… 260
[illegible] …… 261
[illegible] …… 262
[illegible] …… 265
[illegible] …… 266

[illegible]

[illegible] …… 267
[illegible] …… 268
[illegible] …… 268
[illegible] …… 269
[illegible] …… 270
[illegible] …… 270
[illegible] …… 277
[illegible] …… 278

[illegible]

[illegible] …… 280
[illegible] …… 283
[illegible] …… 288
[illegible] …… 289
[illegible] …… 290
[illegible] …… 292
[illegible] …… 295

[illegible]

[illegible] …… 297
[illegible] …… 297
[illegible] …… 298
[illegible] …… 298
[illegible] …… 298
[illegible] …… 299
[illegible] …… 299
[illegible] （[illegible]） …… 300
[illegible] …… 301
[illegible] …… 302

[illegible]

[illegible] …… 304
[illegible] …… 304
[illegible] …… 305

[illegible]

[illegible] …… 306
[illegible] …… 308

[illegible]

[illegible] …… 310
[illegible] …… 310
[illegible] …… 312
[illegible] …… 314
[illegible] …… 315
[illegible] …… 316
[illegible] …… 317
[illegible] …… 317

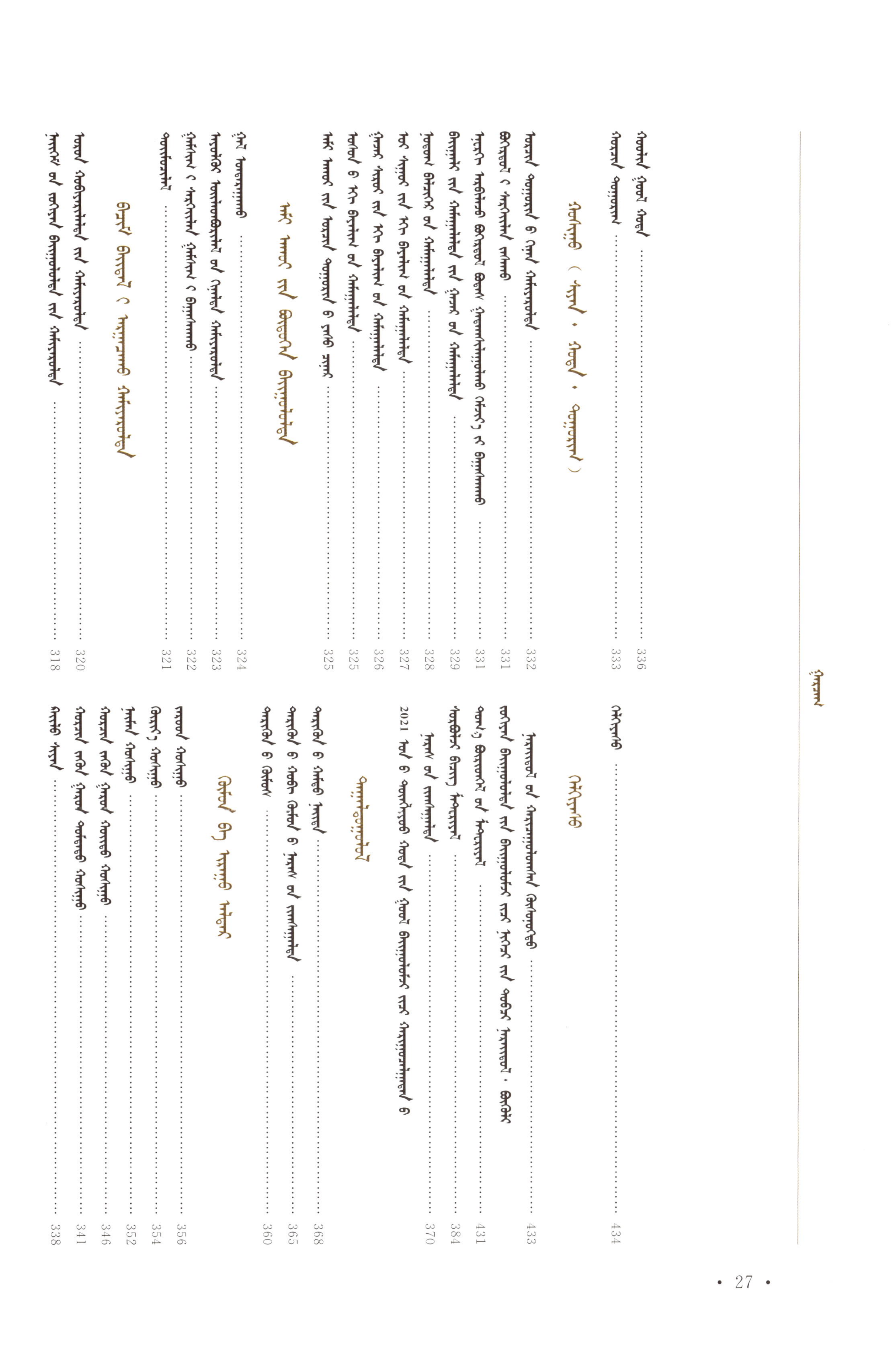

[illegible] 318
[illegible] 320

[illegible]

[illegible] 321
[illegible] 322
[illegible] 323
[illegible] 324

[illegible]

[illegible] 325
[illegible] 325
[illegible] 326
[illegible] 327
[illegible] 328
[illegible] 329
[illegible] 331
[illegible] 331
[illegible] 332

[illegible] ([illegible] ᠂ [illegible] ᠂ [illegible])

[illegible] 333
[illegible] 336
[illegible] 338
[illegible] 341
[illegible] 346
[illegible] 352
[illegible] 354
[illegible] 356

[illegible]

[illegible] 360
[illegible] 365
[illegible] 368

[illegible]

2021 [illegible] 370
[illegible] 384
[illegible] 431
[illegible] 433

[illegible]

[illegible] 434

聚焦绿色转型 聚力高质量发展
为加快建设现代化区域中心城市而奋斗

——在中国共产党通辽市第六次代表大会上的报告

（2021 年 9 月 27 日）

自治区党委常委 通辽市委书记 孟宪东

中国共产党通辽市第六次代表大会，是在我市“十四五”开局起步、开启现代化建设新征程的关键节点，召开的一次承前启后、继往开来的重要会议。大会的主题是：高举中国特色社会主义伟大旗帜，以习近平新时代中国特色社会主义思想为指导，动员全市各级党组织和广大党员干部群众，以强烈的使命担当落实习近平总书记和党中央为内蒙古确定的战略定位和行动纲领，落实自治区党委对东部盟市的发展要求，聚焦绿色转型、聚力高质量发展，为加快建设现代化区域中心城市而奋斗。

一、五年来的工作回顾

市第五次党代会以来，市委牢牢把握正确政治方向，坚决贯彻习近平总书记对内蒙古重要讲话重要指示批示精神，全面贯彻党中央和自治区党委决策部署，团结带领全市各族人民攻坚克难、砥砺奋进，各项事业取得新成就，与全国一道进入全面小康社会。

经济发展稳中有进。面对经济下行压力加大特别是新冠肺炎疫情的巨大冲击，我们全力做好“六稳”“六保”工作，经济逐步恢复、总体稳中有进，全市地区生产总值年均增长2.8%。粮食、畜牧生产连丰连稳，被确定为科尔沁牛中国特色农产品优势区。产业集群集聚效应彰显，“五大产业集群”产值占规模以上工业 85.4%。绿色发展、创新发展步伐加快，新能源发电装机占比提升到 43%，国家明确支持通辽开展现代能源领域试点建设，霍林河循环经济示范工程获得“国家优质投资项目奖”，国家农业科技园、现代农业产业园通过验收。

攻坚战役成效显著。我们在三大攻坚战、疫情防控阻击战中经受住了重大考验，交出了合格答卷。全市 22.49 万贫困人口全部脱贫，历史性地解决了绝对贫困问题。中央环保督察及“回头看”反馈问题全部完成整改，一批突出环境问题得到集中解决。坚决有效防范化解各领域重大风险，政府隐性债务压力得到总体缓解。常态化疫情防控工作深入开展，守住了人民群众生命健康安全防线。

生态环境明显改善。统筹推进山水林田湖草沙系统治理，“四个千万亩”生态保护修复工程基本完成，森林覆盖率达到 23.78%，草原植被盖度达到 62%，被授予“全国绿化模范城市”称号。深入推进矿山修复治理，建设绿色矿山88家。全面落实河湖长制，西辽河流域生态综合治理取得积极成效；建成高效节水高标准农田607万亩，农业水价综合改革启动实施，节水型农业迈出实质性步伐。

基础设施不断夯实。持续推进城市建设，一批市政工程投入使用，累计改造棚户区2.8万套、老旧小区565个，新增园林绿地面积1460余公顷，实现全国文明城市、国家卫生城市、国家园林城市“三城”同创。乡村振兴战略全面实施，农村牧区人居环境整治深入开展，三分之一以上农牧户用上了卫生厕所。交通体系不断完善，通辽至沈阳、北京高铁相继开通，霍林河支线机场通航运营，新增高等级公路867公里，行政嘎查村全部通硬化路。启动实施了引绰济辽等重大水利工程。

改革开放步伐加快。深化改革全面发力，重点推进了956项改革任务、21个自治区级以上改革试点，关键领域和重点环节改革实现新突破，企业减负增效工作获国务院第三次大督查通报表扬。“放管服”改革持续深化，市场主体由18.6万户增加到25.47万户。对外开放不断扩大深化，与长春、沈阳、温州、呼和浩特等城市结成战略合作关系，引进实施了一批重点项目。

民生福祉持续增进。深入落实促进居民增收政策措施，城乡常住居民人均可支配收入年均分别增长6.5%和9.2%。就业优先政策落地见效，城镇累计新增就业8.59万人。教育、卫生等社会事业稳步发展，旗（县、市、区）全部通过国家“义务教育发展基本均衡县”评估认定，基层公共文化服务体系标准化、均等化建设走在全区前列，社会保障、社会治理不断加强，被确定为第二批市域社会治理现代化试点创建城市。

民主法治深入推进。人大立法、监督等工作取得新成效，5部地方性法规颁布实施。人民政协工作取得新进展，爱国统一战线不断发展壮大，群团组织作用得到更好发挥。铸牢中华民族共同体意识教育深入开展，民族团结经受住重大考验。法治通辽、平安通辽建设扎实推进，扫黑除恶专项斗争取得重大成果，政法队伍教育整顿取得阶段性成效。持续巩固军政军民团结，荣获全国双拥模范城“五连冠”。

党的建设全面加强。“不忘初心、牢记使命”主题教育、党史学习教育扎实开展，思想政治建设持续深化，牢牢掌握意识形态工作领导权。坚持新时代好干部标准，领导班子和干部队伍建设不断加强，“科尔沁英才”等人才工程深入实施。“五面红旗”党组织、“最强党支部”引领示范作用明显提升。全面从严治党纵深推进，煤炭资源领域违规违法问题专项治理持续深化，重点行业领域专项整治取得实效，上级巡视反馈问题整改清仓见底，五届市委巡察实现全覆盖。

各位代表、同志们，五年来通辽发展建设之所以取得明显进步、发生可喜变化，最根本的在于习近平新时代中国特色社会主义思想的科学引领，得益于党中央和自治区党委的坚强领导，得益于历届市委和老领导、老同志打下的坚实基础，离不开全市各级党组织和广大党员干部群众的共同奋斗，离不开各民主党派、工商联、无党派人士和社会各界朋友的通力合作，离不开驻通军警部队官兵的拼搏奉献，离不开京蒙协作和中央帮扶单位、驻市中区直单位的鼎力支持。在此，我代表中共通辽市第五届委员会，向所有为通辽发展作出贡献的同志们、朋友们表示衷心感谢！

回首过去五年，成果令人鼓舞。经过持续努力，全市整体工作正在发生具有关键性作用、趋势性特征的积极变化。一是发展理念和思路方向更加清晰。这几年我们有效解决了思想认识和工作上的偏差问题，生态优先、绿色发展导向鲜明树立起来，在能耗“双控”约束下推动高质量发展的路径逐步明晰，新能源创新发展、国企优化重组、城市综合改革、通赤双城共建等重大策略将持续释放红利，为通辽今后转型跨越奠定了至关重要的基础。二是特色突出、集群发展的产业格局初步形成。绿色农畜产品、玉米生物科技、铝新材料等百亿级产业和科尔沁、霍林河等百亿级园区的支撑作用明显增强，一批补链延链强链的好项目落地开工，创新招商、抓实项目、支持重点园区等一系列补短板、锻长板的重大举措正逐步发挥效应，为我们稳住基本盘、打好主动仗提供了有力支撑。三是发展环境和政治生态等方面的突出问题正在得到有效解决。优化营商环境、解决房地产“三难”等工作取得明显成效，反腐败斗争取得重大成果，涉案干部遗留问题在这次换届中得到基本清理，通过启动以案促改专项行动修复政治生态、提振干部状态的工作正在有力有序有效推进。这些积极变化与现实机遇相叠加，为我们更好地推动高质量发展创造了良好条件，通辽发展再次站到了新的历史起点，全面推进现代化建设前景可期。

回首过去五年，成绩来之不易。面对严峻复杂的发展形势，市委始终强化政治站位，坚持底线思维，审时度势、总揽全局，集中力量谋划推动大事要事，团结带领全市人民共克时艰、渡过难关。实现稳增长保发展殊为不易，面对新冠肺炎疫情冲击等前所未有的困难挑战，我们守住了疫情防线，精准落实减税降费、助企纾困、提振消费等政策措施，全市经济在较短时间内得到有序恢复，稳中有进的态势得以延续。推动惠民生保就业十分不易，努力克服财力困难，一般公共预算支出七成以上用于改善民生，综合施策实现了稳就业、保就业目标，举全市之力打赢了脱贫攻坚战，集中力量加大农村牧区基础设施投入，推动乡村面貌发生历史性变化。全力防风险保稳定尤为不易，面对财政收支矛盾突出、债务负担沉重的客观现实，我们坚持开源节流、过“紧日子”，坚决兜牢“三保”底线，妥善化解政府债务，有效防范区域性金融风险；面对社会矛盾集中凸显、信访量居高不下的严峻态势，我们强化标本兼治，多元化解矛盾纠纷，推动信访减存量、遏增量，有力维护了群众利益和社会大局稳定。事非经过不知难。过去五年通辽经济社会发展能够在困境中稳住阵脚，充分说明我们有一支敢于担当、能打硬仗的干部队伍，有一方顾全大局、艰苦奋斗的纯朴群众，这是今后加快通辽高质量发展的最大底气。

回首过去五年，经验弥足珍贵。五年波澜壮阔的实践启示我们，必须坚持政治引领，坚决做到“两个维护”，这是确保各项事业始终沿着正确方向健康发展的关键保证；必须胸怀“两个大局”，牢记“国之大者”，在服务大局、融入大局中担当作为、推动发展，这是发挥好自身优势、实现地区更好发展的重要前提；必须坚持新发展理念，以生态优先、绿色发展为导向推进高质量发展，这是加快通辽现代化建设的必由之路；必须深化改革开放，优化营商环境，不断增强创新动力、激发市场活力，这是我们培育发展新动能的根本所在；必须坚持人民至上，不断造福人民，这是践行党的宗旨、做好一切工作的出发点和落脚点；必须坚持全面贯彻党的民族理论政策，以铸牢中华民族共同体意识为主线做好民族工作、加强民族团结，这是我们应变局、稳大局、开新局的重要基础；必须坚持全面从严治党，营造风清气正的政治生态，这是优化经济环境、改善社会环境、推动高质量发展的基本保障。这些宝贵经验需要我们深入总结，并在今后实践中长期坚持、发扬光大。

回首过去五年，问题必须正视。我们必须清醒地看到，通辽欠发达市情没有根本改变，发展不平衡不充分的问题比较突出，与先进地区的差距在进一步拉大，与兄弟盟市相比发展劣势更趋明显。尤其需要重视的是，新冠肺炎疫情发生以来，全市经济增长明显放缓，发展后劲严重不足，部分经济指标目前尚未恢复到合理区间，防范风险、解难纾困的压力居高不下。在疫情防控进入常态、外部环境深刻变化、能耗“双控”约束趋紧、区域竞争日益激烈的新形势下，我市倚能倚重产业结构暴露出的问题非常突出，传统产业发力受限、新兴产业作用有限，经济整体上陷入新旧动能接续不畅的两难境地。近一个时期以来发生的“塌方式”腐败，严重破坏了政治生态、经济生态和社会生态，一些干部精神状态出现滑坡，谋发展、抓发展的专注度和能动性明显弱化。现阶段面临的诸多困难挑战，决定了通辽发展正处在“滚石上山、不进则退”的紧要关头，我们必须找准问题根源、靶向应对发力，掌握工作主动权，打好发展主动仗。

各位代表、同志们，过去的五年是极不平凡、充满挑战的五年，全市上下付出了艰辛努力，经受住了严峻考验。我们要倍加珍惜来之不易的工作成绩和宝贵经验，认清现实机遇、直面矛盾挑战，在全面小康的新起点上接续奋斗，奋力开创通辽现代化建设新局面！

二、今后五年的指导思想和奋斗目标

今后五年是我市奋进“十四五”、开启新征程，推动高质量转型发展的关键时期。放眼国际国内发展大势，世界经济在深度调整中缓慢复苏，国内经济呈现“稳中加固、稳中向好”态势，以国内大循环为主体、国内国际双循环相互促进的新发展格局正加快构建，为我们调结构、转功能、提质量提供了难得的历史机遇。置身全区发展大局，习近平总书记和党中央赋予内蒙古的战略定位，为我们推动资源禀赋、区位交通、特色产业等比较优势转化为发展优势提供了根本遵循；自治区党委关于蒙东地区的发展要求，以及打造蒙东地区“双子星座”区域中心城市的战略决策，为我们实现高质量跨越追赶指明了前进方向。审视通辽所处方位，东北全面振兴、京津冀协同发展等战略的深入实施，为我们提供了最直接、最现实的参与区域协作的有利条件，也让我们深刻感受到区域竞争日趋激烈的巨大压力，全市上下人心思进、人心思变，抢抓机遇、加快补课赶队的紧迫感非常强烈。我们一定要认清这些现实机遇和积极因素，坚定实现高质量跨越追赶的信心和决心，以永不懈怠的精神状态和一往无前的奋斗姿态，在新征程上奋力书写通辽高质量发展新篇章。

今后五年工作的指导思想是：以习近平新时代中国特色社会主义思想为指导，深入贯彻习近平总书记对内蒙古重要讲话重要指示批示精神，弘扬伟大建党精神，深入贯彻党中央和自治区党委决策部署，准确把握新发展阶段，全面贯彻新发展理念，主动融入新发展格局，坚持党的全面领导，坚持以人民为中心，坚持深化改革开放，坚持稳中求进工作总基调，坚持系统观念、统筹发展和安全，坚持生态优先、绿色发展导向，深化落实习近平总书记和党中央为内蒙古确定的战略定位和行动纲领、自治区党委对东部盟市的发展要求，坚持扬长避短、培优增效，聚焦绿色转型、聚力高质量发展，坚定不移调结构、转功能、提质量，确保“十四五”期间高质量发展取得较大突破，为加快建设现代化区域中心城市努力奋斗。

新时代赋予新使命，新使命呼唤新作为。在新征程上推进高质量发展、建设现代化区域中心城市，必须在习近平总书记和党中央确定的蓝图和总纲指引下，定位坐标、把准方向、突出重点、保持定力，更好实现高质量跨越追赶的新目标。

要把绿色转型、开放创新作为推动高质量发展必须遵循的战略方向。坚定自觉地按照习近平总书记和党中央为内蒙古确定的战略定位和行动纲领、自治区党委对东部盟市的发展要求，谋划推进通辽工作，以绿色为底色，向开放求突破，彻底摆脱传统路径依赖、告别粗放发展方式，实现经济社会发展全面绿色转型，形成改革开放引路、创新驱动发展的新局面。

要把扬长避短、培优增效作为推动高质量发展必须坚持的重大原则。找准通辽在新发展格局中的定位，充分发挥“通达辽阔”的区位优势和丰富独特的资源优势，强化内引外联，积极参与区域经济分工协作，在更广阔的发展空间谋求更大发展，更好地扬优势、补短板、强弱项，全力以赴把结构调过来、功能转过来、质量提上来。

要把集群发展、做大做强主导产业作为推动高质量发展必须落实的关键举措。立足主体功能定位和比较优势，坚持突出特色、错位发展，注意保持专注、审慎多元，因地制宜选准主导产业，围绕高端补链、终端延链、整体强链，加强协作配套，推动产业培育更加集中、空间布局更加集聚、要素配置更加集约，加快形成产业集群效应和产业链优势，有效增强主导产业的核心竞争力和关键支撑作用。

要把人民至上、促进共同富裕作为推动高质量发展必须追求的核心目标。始终坚持把人民放在最高位置，把促进共同富裕作为为人民谋幸福的着力点，加快补齐民生短板、办好民生实事、增进民生福祉，建设平安通辽，不断提高发展的平衡性、协调性、包容性，在高质量发展中促进共同富裕。

要把加强民族团结、铸牢中华民族共同体意识作为推动高质量发展必须把握的基本前提。深入学习贯彻习近平总书记关于加强和改进民族工作的重要思想，把铸牢中华民族共同体意识这条主线贯穿民族工作全过程各方面，完善促进各民族交往交流交融的社会机制和政策措施，促进各民族共同团结奋斗、共同繁荣发展，构筑各民族共有精神家园，高质量创建全国民族团结进步示范市，让民族团结大局永驻永固。

要把修复净化政治生态、提振干部状态作为推动高质量发展必须强化的基础保障。坚决落实管党治党重大政治责任，坚决打好优化营商环境、净化政治生态攻坚战，坚决清除影响高质量发展的积弊沉疴，构建海晏河清的政治生态，全面提振干部精神状态，营造激情满怀、干事创业的良好氛围，形成跨越追赶、争先进位的生动局面，为推动高质量发展提供有力保证。

各位代表、同志们，目标引领方向，行动决定未来。站位全国全区发展大局，立足通辽市情实际，在服务和融入新发展格局的实践中，我们要锁定关键定位，聚焦重点目标，实施集中攻坚，在新一轮发展竞争中构筑高质量发展新优势。

推动现代化区域中心城市建设迈出坚实步伐。聚焦城市定位加快建设基础设施、改善公共服务、培育特色产业，尽快提升城市综合实力和内涵品质，进一步激发内生发展动力和活力，不断增强区域集聚、辐射和服务功能，推动形成高质量发展带动极。

推动绿色农畜产品生产基地建设取得更大进展。立足得天独厚的农牧业资源优势，围绕绿色兴农、科技强农、品牌富农，全力推动农牧业向优质高效转型升级，贯通融合产业链供应链，向价值链中高端攀升，向全国大市场进军，持续增强优质绿色农畜产品供给能力，不断提升农牧业产业综合效益。

推动玉米生物科技产业基地建设取得实质性突破。坚持以链式思维培育产业生态，向食品药品级高端终端延伸，强化产业配套，推动集中发展，壮大产业集群，打造世界级小品种氨基酸生产基地，建设全国原料药和医药中间体生产基地，培育成品药生产基地，尽快形成对地区经济的强力支撑。

推动铝镍硅绿色新材料基地建设加快提档升级。立足现有产能基础，推动煤电铝、镍合金产业绿色化改造，以超低能耗、超低排放为目标，推动铝精深加工和镍基循环新材料产业实现新突破，推动高端铸造、特种玻璃、新型材料等硅砂产品加快升级，全面提高新材料基地的竞争力。

推动国家承接产业转移示范区建设取得积极成效。主动参与“双循环”和区域协作分工，合理确定重点园区平台的产业承接方向，在严把环保能耗准入门槛的前提下，积极主动承接国内外产业转移，培育特色产业集群，推动非资源型产业和新兴产业成为转型发展的新引擎。

推动国家物流枢纽承载城市建设基础明显改善。科学规划功能定位，贯通陆海空网联运主通道，全面增强集散功能，系统优化空间布局，加快骨干物流园区建设，提升物流智能化、绿色化水平，努力拓展覆盖范围和辐射能力。

推动国家现代能源经济示范市建设全面启动破题。主动落实国家“碳达峰、碳中和”战略，深化现代能源领域改革创新，加快调整优化能源结构，稳步提高可再生能源比例，有序推进风光资源开发利用，统筹发展新能源装备制造产业，在打造新能源就地消纳示范基地和装备制造基地方面取得突破性进展。

各位代表、同志们，未来五年是通辽现代化建设的关键时期，前进道路上必将面临很多可预见和不可预见的风险挑战，只要我们准确把握发展大势，清醒认识通辽市情，顺势而为、趋利避害，把牢主攻方向、突出重点目标，咬定青山不放松，撸起袖子加油干，就一定能够交出高质量发展的优异答卷！

三、今后五年的重点任务

进入新发展阶段，我们面临的形势任务正在发生深刻变化，有效应对通辽发展面临的各种困难和挑战，必须完整准确全面贯彻新发展理念，精准聚焦牵引性、支撑性的战略任务，突出抓好全局性、关键性的重点工作，持续发力、久久为功，努力推动高质量发展、创造高品质生活、实现高效能治理。

（一）坚持生态优先、绿色发展，加快推动经济社会发展全面绿色低碳转型

绿色生态是通辽发展的根本依托。要坚定不移走生态优先、绿色发展之路，自觉担负起生态安全的重大责任，推进减污降碳协同增效、

经济社会绿色转型，守护好通辽的绿水青山，为筑牢我国北方重要生态安全屏障作出更大贡献。

严格落实主体功能定位。编制完善全市国土空间规划“一张图”，把“三区三线”作为调整经济结构、规划产业发展、推进城乡建设不可逾越的红线，按主体功能定位优化重大基础设施、重大生产力和公共资源布局。生态功能区要突出保护生态环境、提供生态产品，促进人口逐步有序向城镇转移，严禁各类开发性、生产性建设活动；农畜产品主产区要聚焦提供优质绿色农畜产品，推动农牧业向优质高效转型，禁止开展大规模高强度工业化、城镇化开发，禁止开发基本农田，严禁占用基本草原；中心城镇要围绕提供工业品和服务产品，高效集聚产业和人口，集中集约利用土地，严格禁止无序扩张；统筹北部、中部、南部区域差异化协调发展，构建国土空间开发保护新格局，最大限度保护生态环境，最大程度培植绿色发展优势。

着力改善生态系统质量。坚持人与自然和谐共生，整体提升生态系统质量和稳定性。全力推进科尔沁草原山水林田湖草沙一体化保护和修复工程，实行业务专班、专家团队专责推进，打造生态环境多要素系统治理样板。积极推进天然草原修复和国土绿化，积极申建国家草原自然公园、绿色矿山示范区，加快欧投行贷款造林、退耕还林还草等项目建设，加快西辽河流域综合治理，提升生态系统碳汇能力。不断深化生态文明制度改革，严格落实生态环境损害赔偿制度，深入落实生态保护补偿制度，探索生态产品价值实现机制，积极推动生态资源权益交易，让绿水青山变为金山银山，推进生态文明示范市建设取得明显成效。

持续打好污染防治攻坚战。按照保持力度、延伸深度、拓宽广度的原则，集中力量解决好群众身边的突出环境问题，守护蓝天碧水净土。进一步强化大气污染防治，深化工业污染源治理，建立“散乱污”工业企业动态监管机制，推进重点区域大气污染深度治理，强化多污染物协同控制，基本消除重污染天气。进一步强化水污染防治，推动水资源、水环境和水生态协同共治，加快提升工业园区污水处理能力，加强城镇再生水循环利用，抓好饮用水水源地保护，推动实现地下水采补平衡，全力保障水安全。进一步强化土壤污染防治，加强固体废物和新污染物治理，深入推进建设用地风险管控，常态化落实农业控肥、控药、控膜措施，推行垃圾分类和减量化资源化，从根本上减少土壤污染。

全面推动绿色低碳发展。落实“碳达峰、碳中和”目标既是艰巨的政治任务，也是推动经济结构战略性调整的重要机遇，必须坚决落实能耗“双控”任务，尽快迈过这道躲不开、绕不过的坎，努力争取高质量发展主动权。要突出结构节能重点，坚决淘汰落后产能、化解过剩产能、压减低效产能，坚决遏制“两高”项目盲目发展，推动新兴产业、高技术产业、现代服务业加快发展，提高可再生能源消费比例，千方百计在解决结构性问题中谋求发展。要坚持技术节能先导，在重点行业领域全面推行节能诊断、节能改造，设立节能低碳技术进步专项资金，提升产业链供应链绿色化水平，实施能效提升计划，推行绿色建筑，支持绿色交通，发展绿色金融，千方百计在节能技术改造中推动降碳。要强化管理节能基础，坚持严控增量、挖潜存量、优化变量，严格落实能耗“双控”预算管理，开展节能降碳三年行动，抓好低碳项目库建设，千方百计在约束性指标红线内培育壮大产业。要强化节能源头治理，加快制定实施覆盖经济社会各领域的节能降耗政策措施，实行全面节约战略，推动资源集约高效利用，千方百计加快资源节约型、环境友好型社会建设步伐。

（二）坚持扬长避短、培优增效，构建支撑高质量发展的特色优势现代产业体系

优势就是发展潜力，特色就是竞争力。要坚决贯彻扬长避短、培优增效原则，坚持有所为有所不为，集中力量把基础好潜力大带动强的产业立起来、做起来，培育形成具有本地特色优势的现代产业体系。

大力发展现代农牧业。以农牧业供给侧结构性改革为主线，聚焦品种培优、品质提升、品牌打造，突出抓好农牧业种子工程，推进标准化种养，发展智慧农牧业，完善全程可追溯质量安全体系，实施农牧业品牌提升行动，推

动农牧业调结构、提质量，加快高质量绿色农畜产品生产基地建设步伐，打造通辽产业发展最强引擎。要转变种植业发展模式，提升可持续发展能力，坚持量水而行、节水为重，持续实施“节水增粮”行动，建设高效节水农业示范区，增强粮食综合生产能力，调整优化粮经饲结构，大力发展设施农业，建设中蒙药材标准化种植基地。要突出养殖业补链延链强链，推动种养加一体化发展，增加终端产品供给，提高养殖业综合效益。特别要集中力量做大肉牛产业，加快补齐标准化育肥和规模化加工的短板，提升优质牛肉生产能力、牛副产品加工能力和区域公用品牌溢价能力，同步推进奶牛、生猪、禽类规模化养殖和就地加工，建设国家优质乳肉生产供应基地，走出一条“全产业链开发、全价值链提升”的农牧业现代化新路子。

加快推进工业转型升级。实施产业基础再造和产业链提升工程，推动产业集中集聚集约发展，加快改造升级传统产业，抓紧布局新兴产业，培优壮大主导产业，提升产业链现代化水平和工业整体竞争力。要做专做强做大玉米生物科技产业，科尔沁工业园区重点发展食品级高端终端产品，主攻小品种氨基酸研发生产，打造世界级小品种氨基酸生产基地；开鲁工业园区重点培育药品级产业集群，主攻原料药和医药中间体，提升玉米生物科技产业在全国的行业话语权和影响力。要大力发展新材料产业，增强产业配套保障和精深加工能力，推动霍扎园区重点发展绿色低碳的高端铝业，促进奈曼园区重点培育镍基循环新材料产业，支持开发区重点推动煤化工可降解材料延伸项目，引导科左后旗建设好硅砂精深加工产业园。要推动新能源全产业链发展，推进“源网荷储”一体化示范项目，大力提高新能源装机和消费占比，着力推进增量配电试点，加快风力发电核心设备系列配套和光伏组件等项目建设，探索统筹风光资源开发与装备制造产业协同发展的有效路径，打造全国先进的绿色能源装备制造基地。要加快培育新兴产业，重点发展现代医药、电子信息、节能环保和先进制造等产业，推动传统产业数字赋能，形成未来竞争新优势。

推动现代服务业提质增效。推进服务技术、理念、业态和模式创新，提升服务业发展能级和绿色发展水平，更好满足消费升级和高质量发展需求。加快构建现代商贸物流体系，优先推动城乡专业市场建设，促进商业集聚区提档升级，健全城乡物流配送体系，加快通辽国家级电子商务示范基地建设；大力培育现代物流企业，建强骨干物流园区，加快通辽保税物流中心建设，参与建设东北陆海新通道，打造国家物流枢纽承载城市和骨干冷链物流基地。促进生态文旅融合发展，推进景区景点和旅游服务体系提质升级，以完善基础配套、增加休闲体验为重点，提升科尔沁500公里风景大道内涵品质，打响科尔沁旅游文化节系列活动品牌，大力发展生态康养、蒙医康养等健康服务产业，建设全域旅游示范区和休闲康养度假基地。提高金融服务实体经济能力，积极引进金融机构，丰富金融产品，鼓励支持各类直接融资，构建多层次金融服务体系。

积极主动承接产业转移。自觉打破惯性思维，主动摆脱路径依赖，跳出自有资源和地域局限谋划经济发展，置身“双循环”和区域协作广阔空间谋划产业项目，在积极参与区域分工中引进培育特色产业。要突出抓好承载平台建设，特别是南部和中部旗县区，要通过市场化社会化途径推进园区基础设施和标准厂房建设，积极主动、理性有序承接发达地区产业转移，既要承接产业延伸、产业配套项目，推动优势产业转型升级、做大做强，也要注意做好“无中生有”的文章，大力引进加工制造、高新技术等非资源型产业和新兴产业项目，培育打造区域经济新的增长点。要把“专精特新”项目作为承接产业转移的主攻方向，严格落实能耗“双控”政策要求，坚决杜绝引进“两高”项目，通过有序理性承接产业转移，优化产业结构、推动经济发展。

（三）坚持改革开放、创新驱动，在服务和融入新发展格局中培育发展新动能

改革开放是实现高质量发展的必由之路，创新驱动是推动高质量发展的动力之源。必须一以贯之深化改革开放，凝神聚力狠抓创新驱动，通过优化环境、拓宽空间、做强引擎，切实推动全市高质量发展取得更好成效。

深化经济体制改革。要用好改革关键一招，破除影响经济活力的突出瓶颈，推动有效市场和有为政府更好结合、改革和发展深度融合。要聚焦优化营商环境深化改革，推进行政审批简约化、政务服务再优化，打造高效便捷的政务环境；继续放宽市场准入，强化市场监管，打造优质规范的市场环境；完善产权保护制度，提高司法审判和执行效率，打造公平公正的法治环境；加强诚信体系建设，构建亲清政商关系，打造亲商安商的社会环境。要聚焦重点领域和关键环节改革，深化国企改革三年行动，精准明确国有企业功能定位，调整优化国有企业资本结构，提高国有资本运营能力，使其在加强基础建设、引导产业发展、完善公共服务等方面发挥更大作用；深化财政金融改革，强化预算约束和绩效管理，统筹推进政府债务化解工作，加快农信社改制，推进国家产融合作试点，全力改善金融生态环境，坚定各类金融机构服务通辽发展的信心。

深入推进开放协作。坚持以开放促改革促发展，不断拓展对外开放的领域、空间和层次，为高质量发展蓄势聚能。要主动融入东北、深耕东北，发挥好邻近东北中心城市及港口群的区位优势，加快基础设施互联互通，促进功能互补、产业配套、要素融通。要主攻京津冀、面向环渤海，借助京津冀协同发展的辐射，利用好京蒙协作、高铁开通等机遇，全面加强对接合作，争取引入更多优质资源要素，全面拓展通辽产品市场，通过当好京津冀协同发展的配角，找到通辽发展的新机会。要积极对接长三角、粤港澳大湾区，利用发展梯差、选准对接方向，开展更加精准的产业链招商，大力引资引技引智，主动参与国内大循环。要认真落实自治区建设蒙东“双子星座”区域中心城市的工作要求，推动与赤峰市的生态环保互动共治、产业升级互促共进、基础设施互联共建、公共服务互通共享，在互利协作中促进共同发展。

常态坚持招商引资。要牢固树立“项目为王、招商为要”理念，把招商引资和项目建设作为增投资、稳增长、调结构的关键举措和推动高质量发展的主要抓手，明确任务、压实责任，选准方向、严控质量，围绕延链补链强链、承接产业转移、培育新兴产业，常态化抓好招商引资工作，集中力量把特色产业做起来。要创新招商方式，拓宽招商渠道，实行主责部门专业招商，组建专班团队常年招商，倡导党政群系统全员招商，鼓励社会各界参与招商，持续掀起全民招商热潮。要强化项目落地服务，进一步优化“项目管家”服务机制，实行重大项目领导包联、清单管理，全周期、全要素服务项目建设，推动项目建设工作迈上新台阶，为经济持续发展注入强劲动力。

强力推动科技创新。把科技创新作为走好高质量发展新路子的战略支撑，培优科技创新体系，提升科技创新能力。要突出企业创新主体地位，实施高新技术企业、科技型中小企业“双倍增”计划，推进研发机构、科技平台“双百”培育计划，推动科技创新能力实现跨越追赶。要围绕产业链供应链部署创新链，深入落实“科技兴蒙”行动，深化与高水平科研院所合作，加强重点科技创新平台建设，加快主导产业和重点领域技术攻关。要优化科技创新生态，完善“揭榜挂帅”等制度，实施研发投入攻坚行动，加快缩小与全区平均水平差距。要大力实施人才强市战略，出台更有针对性、更有吸引力的人才政策，健全人才引育留用全链条工作机制，柔性引进“高精尖缺”人才和高层次创新团队，深化“科尔沁英才”“鸿雁回通”等重点工程，统筹解决好人才短缺和人才外流问题，广聚英才为通辽服务。

（四）坚持城乡统筹、以城带乡，加快提升区域中心城市能级和乡村振兴成效

我市城镇化水平偏低，“三农”工作任务艰巨，统筹城乡发展尤为关键，必须坚持新型城镇化和乡村振兴战略一体推进、双轮驱动，充分激发内需潜力，提升基础设施保障能力，建设更有实力、更有品质的区域中心城市，打造新时代美丽乡村。

全面提升城市功能品质。按照建设好“城”、培育好“市”的总体思路，全面提升产业发展竞争力、市政基础支撑力、公共服务供给力，把中心城区打造成为引领带动全市发展的核心引擎。加快推动产城融合，提升商贸物流业、培育新兴服务业、引入都市型工业，重点建设

好科尔沁绿色食品创新产业园、高端装备制造产业园和高新技术产业园等产城融合发展先导区、示范区，增强城市集聚产业能力，提升中心城区龙头带动作用。持续完善城市功能，实施城市更新行动，推进老城区改造提档、新城区高端赋能，加大老旧小区改造力度，深入开展城市体检，有效解决各类“城市病”，建设智慧韧性安全城市。着力提升城市品质，增强重点商圈服务功能，优化教育资源配置，加强卫生基础设施建设，提高文化、体育、康养等方面的服务能力，让市民生活更加舒适便利。创新城市发展理念，推进城市管理体制和投融资改革，理顺市区两级事权，持续加强规划和建设执法，优化整体建筑风貌，提高城市精细化管理和市场化运营水平，盘活城市存量资产、搞活增量资产、激活无形资产，申报设立行政新区，建设功能集聚、要素齐全、设施先进、宜居宜业的百万人口中心城区。

深入推进城乡融合发展。健全城乡融合发展体制机制，重塑新型城乡关系，推动中心城区和城关镇、小城镇功能互补、协同发展，构建多中心带动、多层级联动、多节点互动的新型城镇化格局。要加快推进旗县城关镇建设，集聚发展县城产业，提升城关镇综合承载能力，增强对乡村的辐射带动功能。要因地制宜规划打造一批产业兴旺、业态集聚、基础完备、优势突出的特色小镇，助推特色产业发展，提高就业吸纳能力，促进农牧民就近就地城镇化。要促进城镇人口集聚，加快实现城镇基本公共服务对常住人口全覆盖，维护进城落户农牧民土地承包权、宅基地使用权和集体收益分配权，促进农牧业转移人口市民化，加快提高常住人口城镇化率。

大力实施乡村振兴战略。坚持农业农村优先发展，以乡村振兴统揽新时代“三农”工作。加快推进乡村产业振兴，因地制宜培育特色种养、林果蔬菜、庭院经济和乡村旅游、电子商务等产业，发展休闲观光农业，扶持农畜产品加工和营销企业，让农牧民更多分享产业增值收益。深化农村牧区综合改革，培育新型农牧业经营主体，完善农企利益联结机制，健全乡村治理体系，提高乡风文明、乡村善治水平。巩固拓展脱贫攻坚成果同乡村振兴有效衔接，完善防止返贫监测和帮扶机制，坚决守住不发生规模性返贫底线。深入实施乡村建设行动，加快补齐农村牧区基础设施短板，推动基本公共服务向乡村延伸、社会事业向乡村覆盖；开展人居环境整治行动，扎实推进厕所革命，全面改善农村牧区生产生活条件。

统筹推进基础设施建设。抓住国家支持“两新一重”建设机遇，加快建设布局合理、互联互通的现代基础设施体系。提升综合交通枢纽地位，积极配合推进通辽至齐齐哈尔、赤峰至通辽至长春等高铁项目，建设“两环八横六纵六出口”公路网络，推进通辽机场航站区改扩建，强化融入“双循环”的通道支撑。加强水利基础设施建设，推进“引绰济辽”二期、辽西北供水通辽支线、乌兰哈达水库等重大引调蓄水工程建设，实施病险水库除险加固工程。推进新型基础设施建设，推动5G建设及应用，支持大型企业数据中心建设，搭建智慧物流服务平台，建设国家政务云北方节点及绿色算力中心，以“新基建”催生新动能。提高园区集聚承载能力，按照优化调整要求修编相关规划，优化整合资源要素，完善基础配套设施，建设“智慧园区”，推动各类要素资源向园区汇聚，积极建设百亿级园区、培育千亿级产业，申报创建国家级高新区。

（五）坚持以人民为中心、促进共同富裕，更好满足人民日益增长的美好生活需要

人民对美好生活的向往，就是我们的奋斗目标。要强化民生牵引的决策思维和民生优先的工作导向，始终把群众安居乐业、安危冷暖放在心上，用心用情用力办好民生事业，在高质量发展中进一步增进民生福祉、促进共同富裕。

着力提高城乡居民收入水平。增收是改善民生的基本前提。要持续推动就业增收，强化就业优先战略，完善就业创业扶持政策，突出抓好重点群体就业，完善公益岗位托底安置制度，支持灵活就业，鼓励平台经济等新就业形态发展，健全公共就业服务体系，规划建设人力资源服务产业园，打造特色培训基地，加强职业技能培训，缓解结构性就业矛盾。要着力促进农牧民增收，加大农牧民转移就业支持力

度，进一步挖掘工资性收入增长潜力；引导推动为养而种、种养结合，大幅度提高农牧民经营性收入，全面落实惠农支农政策，综合夯实农牧民增收基础，逐步缩小城乡居民收入差距。要深化分配制度改革，推进企业工资集体协商，健全最低工资调整机制，拓宽居民财产性收入渠道，千方百计提高低收入群体收入、扩大中等收入群体，鼓励辛勤劳动、合法经营、敢于创业的劳动者先富起来。

切实增强公共服务保障能力。加强普惠性、基础性、兜底性民生建设，不断提高人民群众获得感幸福感。办好人民满意的教育，深入落实义务教育阶段“双减”政策，促进义务教育优质均衡、学前教育普及普惠、高中教育特色多样、民族教育高质量发展，实施职业教育提质培优行动计划，深化产教融合、校企合作，培养适应市场、服务地方的高素质技能人才队伍。全方位全周期保障人民健康，深化“三医”联动改革，健全疾病预防控制和重大疫情救治体系，抓好常态化疫情防控，加快城市医疗集团、旗县域医共体建设，提升基层医疗卫生服务能力，完善分级诊疗体系，促进中蒙医药传承创新发展；实施健康通辽行动，倡导科学的生活方式，推动全民健身深入普及，全面增强人民体质。健全多层次社会保障体系，实施全民参保计划，完善社会救助制度，保障妇女、儿童和残疾人合法权益。聚焦“一老一小”，重点发展社区养老托幼服务，落实好“三孩”生育政策及配套支持措施，减轻家庭生育养育教育负担。

不断丰富群众精神文化生活。共同富裕既要“富口袋”又要“富脑袋”，以高质量文化供给更好满足人民对美好生活新期待。要坚持以社会主义核心价值观引领文化建设，持续巩固全国文明城市创建成果，实施公民道德建设工程，打造“温暖通辽”系列志愿服务品牌，常态化开展最美家庭、通辽好人等评选宣传活动，拓展新时代文明实践中心建设，倡导全民阅读，普及科学知识，提高全民素质。要提高公共文化服务水平，大力发展文化事业，创新各类文化院团惠民演出形式，广泛开展群众性文化活动，满足人民文化需求，增强人民精神力量；推动媒体深度融合，建立全媒体传播体系；实施重大文物保护工程和非物质文化遗产活化利用工程。要大力发展文化产业，规划创建自治区级文化产业园区，支持新型文化业态发展，推动群众体育、竞技体育和体育产业协调发展，积极培育文体消费新的增长点。

（六）坚持系统观念、统筹发展和安全，加快推进市域治理体系和治理能力现代化

安全是发展的前提，发展是安全的保障。必须在经济社会发展实践中深入贯彻总体国家安全观，坚持系统观念和底线思维，把安全发展贯穿通辽发展各领域和全过程，构建大安全格局，完善大平安体系，以高水平安全护航高质量发展。

切实筑牢安全稳定屏障。坚决维护政治安全，强化风险研判和协同防控，加强维稳处突力量和手段建设，严厉打击敌对势力渗透破坏颠覆活动。全力维护社会稳定，构建数字化社会治安防控体系，依法打击和惩治违法犯罪活动，完善扫黑除恶常态化机制，建设更高水平的平安通辽。充分发挥法治保障作用，深化普法教育，增强全民法治意识，落实法治建设“一规划两纲要”，用足用好地方立法权，加强法治监督和公共法律服务，提升执法效能和司法水平。全力防范化解重大风险，落实好重大决策社会稳定风险评估制度、重大涉稳风险隐患排查制度和重大不稳定问题清单制度，健全突发事件应急处置机制，提升生产安全、食品安全、环保安全等保障能力，有效防控金融、债务和网络安全等各类风险，坚决守住不发生系统性、区域性风险的底线，创建国家安全发展示范城市。

着力提升社会治理效能。深入推进“清风引领”系列行动，完善共建共治共享治理体系，创建国家市域社会治理现代化试点合格城市。提升基层治理能力，推动治理重心下移，向基层放权赋能，强化基层工作力量，增强基层组织动员能力，健全基层群众自治制度，依法保障基层事务全周期民主参与，统筹发挥自治、德治、法治作用。推动社会治理创新，加强智能治理基础建设，健全完善群众诉求一号通办、快速响应、统筹联动机制，创新网格化、精细化管理服务。有效化解矛盾纠纷，常态化开展

大走访、大排查、大化解活动，加强“一站式”纠纷调处平台建设，实施信访办理质效提升行动，健全社会心理服务体系，以实际行动解民忧暖民心。

巩固发展民族团结大局。深入贯彻习近平总书记关于加强和改进民族工作的重要思想，以铸牢中华民族共同体意识为主线，坚定不移走中国特色解决民族问题的正确道路，深入开展“四史”“五观”教育，让“三个离不开”“五个认同”在各族干部群众心中深深扎根，构筑各民族共有精神家园。要促进各民族交往交流交融，深入贯彻自治区民族团结进步条例，深化民族团结进步创建活动，推动建立各民族相互嵌入式的社会结构和社区环境，突出抓好推广普及国家通用语言文字工作，全面推行使用国家统编教材，破除语言文字交流障碍。要加强和改善党对民族工作的全面领导，加强民族工作力量，健全民族工作机制，高度重视民族领域意识形态工作，提升民族事务治理法治化水平，依法依规管理宗教事务，坚决防范民族领域各类风险隐患，推动新时代党的民族工作高质量发展。

各位代表、同志们，今后五年是通辽转型发展、跨越追赶的关键时期，改革发展稳定任务十分繁重。全市各级党组织和广大党员干部要始终坚持发展第一要务不动摇，勇于担当、实干争先，只争朝夕、攻坚克难，为实现更高质量、更有效率、更加公平、更可持续、更为安全的发展不懈努力，用实实在在的发展业绩回应群众期盼和时代重托！

四、全面加强党的建设

党政军民学、东西南北中，党是领导一切的，党的建设水平对通辽经济社会发展全局有着决定性影响。要深入贯彻新时代党的建设总要求，坚持和加强党的全面领导，落实从严管党治党政治责任，不断提高党的建设质量，为通辽现代化建设提供坚强保证。

（一）把政治建设摆在首位

党的政治建设是党的根本性建设，决定党的建设方向和效果。健全完善以政治建设统领党的各项建设的制度机制，不折不扣落实习近平总书记重要指示和党中央决策部署，更加坚定做到“两个维护”。严明政治纪律和政治规矩，严肃党内政治生活，严格执行党内各项制度，强化政治监督，推动党员干部经常接受政治体检，不断提高政治判断力、政治领悟力、政治执行力。健全用党的创新理论武装全党、教育人民工作体系，深入学习贯彻习近平新时代中国特色社会主义思想，深化党史学习教育成果，推动思想政治工作守正创新。牢牢把握意识形态工作领导权和主动权，落实意识形态工作责任制，加强阵地建设和管理，坚决守好意识形态安全底线。

（二）加强党的基层组织建设

基层是党的执政之基、力量之源，必须牢固树立大抓基层的鲜明导向，以提升组织力为重点，突出政治功能，统筹加强各领域党组织建设，构建上下贯通、执行有力的严密组织体系，推动基层党组织全面进步、全面过硬。强力推进抓党建促乡村振兴，实施基层党建整乡推进行动，选优配强基层党组织书记，实施“领头雁”素质提升行动，鼓励引导党组织和党员创办领办合作社，持续发展壮大嘎查村集体经济，推动农村牧区党建工作与乡村振兴深度融合。加强和改进城市基层党建，深入实施党建引领“幸福社区”建设工程，提升机关党建“双融双促”水平，充分发挥党建示范园区和示范楼宇带动作用，推进全市“两新”组织党建工作高质量发展，筑牢基层党组织战斗堡垒。全面提升基层党建工作质量，推进“五面红旗”和“最强党支部”创建工作，培育一批“四强四优”国企先进党组织和优秀党员，常态化整顿软弱涣散党组织，加强党内激励关怀帮扶，从严抓好党员教育管理，强化基层基础保障，建好用好各级党群服务中心，全面增强基层党组织服务能力。

（三）锤炼高素质干部队伍

“政治路线确定之后，干部就是决定的因素”，党要管党，首先是管好干部。坚持新时代好干部标准，突出实践实干实绩导向，选优配强各级领导班子特别是党政正职，大力选用经过实践考验的优秀年轻干部，统筹做好女干部、少数民族干部和党外干部的培养使用，努力做到人岗相适、人事相宜，以正确用人导向引领干事创业导向。精准加强干部教育，实施干部专业化能力提升和新时代基层干部培训行动计划，注重在急难险重一线培养、考察和识别干部，加强思想淬炼、政治历练、实践锻炼、专业训练，着力建设忠诚干净担当的高素质专业化干部队伍。激励干部担当作为，健全完善容错纠错机制，优化完善考核评价体系，强化考核结果的指挥棒作用，对中心工作敢担当、项目招商有作为、急难任务冲在前的干部要撑腰鼓劲、褒奖重用，坚决对混日子、不作为的干部打板子、挪位子，让干部能上能下成为常态，切实将发展导向、实干导向真正树立起来。

（四）全面修复净化政治生态

政治生态与发展环境密切相关，直接影响和决定着干部的工作状态。全市上下必须深刻反思这方面付出的沉重代价，深入推进以案促改全面修复净化政治生态集中专项行动，坚定不移以案促改、以案促建、以案促治，标本兼治重塑政治生态、优化发展环境。强化“一把手”和领导班子监督，加强日常监督和专项检查，强化党组织自上而下监督，严格落实主体责任，完善“三重一大”决策监督机制，严格执行各项监督制度，做到真管真严、敢管敢严、长管长严。坚决匡正选人用人风气，严格规范干部选任制度和程序，加强事前、事中、事后监督，健全选人用人失误失察、干部“带病提拔”问题倒查机制，校正校准选人用人导向。坚决纠治“四风”，特别是紧盯形式主义、官僚主义新表现，持续为基层减负松绑，杜绝劳民伤财的政绩工程、形象工程，严厉整治群众身边腐败和作风问题。加大案件查办力度，精准运用监督执纪“四种形态”，发挥巡察利剑作用，保持反腐败高压态势，以更大力度一体推进不敢腐、不能腐、不想腐，更好发挥全面从严治党引领保障作用，确保广大党员干部以崭新姿态走好新的赶考之路。

各位代表、同志们，党作为各项事业的领导核心，自身建设一刻都不能放松和懈怠，我们必须坚决响应习近平总书记向全党发出的伟大号召，教育和激励全市广大党员干部弘扬伟大建党精神，牢记初心使命，坚定理想信念，始终同人民想在一起、干在一起，风雨同舟、同甘共苦，在新时代新征程上为党和人民争取更大光荣！

各位代表、同志们，实现未来五年的奋斗目标，推动通辽高质量发展，必须广泛凝聚起团结奋进的强大合力。要继续加强党对人大和政协工作的领导，支持和保证人大及其常委会依法行使职权，不断加强和改进人大监督工作，健全人大讨论决定重大事项工作机制；坚持和完善中国共产党领导的多党合作和政治协商制度，充分发挥民主党派、工商联和无党派人士作用，找到“最大公约数”、画出“最大同心圆”，巩固和发展最广泛的爱国统一战线。要充分发挥工会、共青团、妇联等人民团体作用，发挥党代表联系群众的桥梁纽带作用，支持老干部积极发挥作用，推进军民融合深度发展，调动一切积极因素，团结一致汇聚干事创业正能量，齐心协力唱响高质量发展主旋律。

各位代表、同志们，蓝图已经绘就，奋进正当其时。让我们更加紧密地团结在以习近平同志为核心的党中央周围，在自治区党委的坚强领导下，切实树牢“四个意识”、坚定“四个自信”、做到“两个维护”，守望相助、团结奋斗，锐意进取、勇开新局，在新征程上书写好新时代通辽发展新篇章，为加快建设现代化区域中心城市而努力奋斗！

商潮涌动能　通达百业兴

——2021年通辽市推动现代服务业提质增效打造高质量发展新引擎纪实

刚刚走过的2021年，是通辽服务业面临重重挑战，又不断迎难而上的一年。

在新冠肺炎疫情防控进入常态化的背景下，通辽服务业迸发的活力令人心潮鼓舞、倍感珍惜。

2021年，通辽市社会消费品零售总额326.28亿元，比2020年增长6.1%。全年外贸进出口总额55.26亿元，比2020年增长65.3%。其中：出口36.43亿元，增长32.5%；进口18.83亿元，增长217.0%。

2021年，全市牢牢坚持自治区党委对东部盟市的发展要求，聚焦绿色转型、聚力高质量发展，充分发挥自身独特区位和资源优势，推进服务技术、理念、业态和模式创新，不断提升服务业发展能级和绿色发展水平，打造高质量发展新引擎。

这一年，通辽经济技术开发区首家大型商业综合体——维多利摩尔城项目正式运营。彩虹桥下一片人声鼎沸、龙狮舞动，商场内入驻全品类主力店160余家，填补了开发区商业综合体的空白，在推动商业集聚、带动消费本地化等方面作用显著。

2021年，通辽市城乡市场体系建设日趋完善，金叶广场、欧亚购物中心等主城区和旗县商圈服务功能不断提升，通辽万达广场成功创建为全国绿色商场……“时髦”的大型商超一片繁华，“亲民”的农副产品市场也同样蓬勃发展。

在通辽运达绿色农副产品批发市场，蔬菜区、水果区、粮油区、冻货区、百货区划分井井有条，前来批发的客商络绎不绝。建筑面积13万平方米的通辽运达绿色农副产品批发市场自2018年建成至今已吸纳530名商户入驻，主营果蔬、米面、粮油、蛋肉、冻货、百货、生鲜等近千种农副产品，平均每天人流量达万余人，交易额突破千万元，成为了名副其实的“菜篮子”“果盘子”“米袋子”。

2021年，通辽市在运达农产品批发市场建成冷库7148平方米、保鲜库3496平方米。在丰盛农产品批发市场改扩建冷库4420平方米，并投入使用。这一年，更多线上线下消费深度融合的新业态为拉动经济增长注入了新活力。

在通辽名优特品牌公益直播助力乡村振兴的直播现场，20余种通辽名特优品牌系列产品走入“云端”。“沙棘面膜，这是咱们通辽的特色产品，沙棘与恐龙同期，蕴含丰富氨基酸、维生素等营养成分……还等什么，快来抢购吧！”在主播们的热情介绍下，越来越多来自科尔沁草原的特色产品成为网友们的“心头好”。

乘着通辽市打造国家高质量绿色农畜产品生产基地的“快车”，越来越多的农畜产品生产企业掌握了线上线下“两条腿”走路的本领，拿到了品牌塑造、营收跃升的“金钥匙”。

通辽市塞外天润食品有限公司自2020年起开始招兵买马，组建团队开启线上销售模式。在原有现代肉羊产业链条的基础上，积极瞄准线上商机，进一步延伸产业链、拓宽产品种类。如今，公司日销售量可达上千单，日交易额达10万元以上，已一跃成为抖音直播平台里同品类别销售第二名。

2021年，科左中旗等6个电子商务进农村综合示范项目投入运营。“2021通辽网上年货节”活动线上销售额达7000余万元。成功举办6场通辽名优特品牌公益直播系列活动，赤峰·通辽助力乡村振兴携手公益直播活动，两地20家企业、19位主播参与。“双十一”网络零售额实现5.1亿元，同比增长13.7%，自治区排名第二位。

2021年，通辽市开展电子商务培训53场次，培训6587人次，全市电子商务交易额292.7亿元，位居全区第四，同比增长12.7%；电子商务网络零售额实现59.4亿元，位居全区第二，同比增长18.7%，农产品网络零售额17.6亿元，同比增长28.2%。电商新业态蓬勃发展，2021年网络交易额全区排名第4位，网络零售额全区排名第2位。线上线下融合的消费新业态初具规模。科尔沁电子商务产业园发展态势良好，科左中旗等6个电子商务进农村综合示范项目投入运营。

电商热度更上一层的同时，外向型经济也一路稳中向好。随着一辆辆货车满载而去，来自内蒙古澳丰食品有限公司的九匠牛牛肉干再次开启“赴港之旅”。来自科尔沁草原的牛肉产品成为“优质”的代名词。

据统计，至2021年，通辽活牛供应港澳市场有23个年头，累计供应活牛11万余头，约占全国供港澳活牛总量的四分之一。2021年，全市供港活牛出口配额4086头（完成1833头），占全国供港活牛配额总数的19.2%，位居全国首位，成为其他省市重要的优质肉牛生产及出口基地。

同时，自治区级外贸转型升级基地——通辽杂粮杂豆基地、开鲁红干椒产业基地、霍林郭勒高端铝材产业基地等基地建设水平不断提升，集聚效应逐步凸显。通辽市友邦报关代理有限公司被自治区认定为第三批外贸综合服务企业培育对象。

2021年，通辽市物流业继续巩固优势，持续发挥区域中心城市带动辐射作用。主城区五大重点物流园区建设稳步推进。通辽多式联运海关监管中心项目总投资2亿元，主体工程完成80%。通辽保税物流中心（B型）工程建设基本完成。同时，加强与锦州市、赤峰市等区域合作，签订战略合作框架协议，设立了“东北陆海新通道锦州港驻通辽办事处”，成立内蒙古通锦陆地港物流有限公司，实现两地互联互通。

（2022年1月24日《通辽日报》
记者　许媛媛）

通辽市 2021 年"11·5"特大暴雪灾害救援纪实

2021 年 11 月 5 日至 10 日，通辽市遭遇特大暴雪极端恶劣天气。此次降雪是通辽市 1951 年有气象记录以来出现的最强暴风雪天气，平均降雪量 52.6 毫米，是通辽历史最高纪录的 1.9 倍，其中科尔沁区本站、库伦旗本站、科左中旗本站、科左中旗舍伯吐站、科左后旗本站、开鲁县本站和奈曼旗青龙山站 7 个国家站突破日降雪量历史极值。最大降雪量在科尔沁区丰田站，为 102.9 毫米；最大积雪深度在库伦旗本站，为 68 厘米。全市均出现积雪和道路结冰，在强降雪同时，伴有 6 级以上大风，科左中旗、库伦旗突破本站历年 11 月极值，其中最大风速出现在扎鲁特旗誉泉山站 20—21 时，为 26.3 米 / 秒（10 级）。导致全市 2.2 万千米公路遭受雪灾，始发列车、客运班车、客运包车全部停运，所有进出航班全部停飞。部分企业停产、项目建设停工，原材料和产品运输受到较大影响。

截至 11 月 14 日 17 时，经统计，降雪导致 8 个旗（县、市、区）及 1 个经济技术开发区，130 个苏木乡镇（街道、国有农牧场）受灾，受灾人口 98920 人，因灾死亡 1 人；严重受损房屋 3 户 13 间、一般受损房屋 102 户 161 间；死亡牲畜 11240 头、家禽 1473 只；受损棚舍 19831 座、草料库 548 座、大棚 5850 座、仓房 1077 座、玻璃阳光房 1901 座；未收仓粮食作物 13955.94 公顷；受灾企业 278 家、粮库 17 家，受损工厂厂房 467 座（797604.07 平方米）。造成直接经济损失 94407.98 万元。

一、未雨绸缪，提前做好应对准备

（一）前期会商研判，强化预案管理

自 11 月 3 日接到气象部门气象灾害预警，通辽市应急管理局按照市委、市政府防范应对特大暴雪灾害工作统一部署要求，第一时间响应，进行工作安排。11 月 4 日，组织召开强降雪降温天气防范应对工作部署会议，及时印发《关于做好降雪降温天气防范应对工作的紧急通知》（通减委办〔2021〕17 号）。11 月 5 日上午，在通辽市极端天气防范应对工作通报新闻发布会上通报了前期会商研判、应急物资储备、应急救援队伍准备、信息统计和值班值守等方面工作情况。

同时为做好应对，市应急管理局组织市住建局、市水务局、市城市综合执法局、武警通辽支队、市森林消防支队、市消防救援支队、武警第一机动总队某支队、蓝天救援队、国网供电通辽分公司等部门和单位召开防范应对暴雪天气应急准备工作会商会议，围绕水、电、气、热，紧急医疗求助保障等基本民生问题，安排部署暴雪天气应急处置和启动应急响应等工作，强调应急预案的重要意义，并要求各参会部门和单位将各自应急预案报送市应急管理局进行备案。

（二）实地调研指导，做好救援准备

为做好雪灾救援工作，11 月 5 日下午，市应急管理局局长宋建中、调研员梁宏利到武警第一机动总队某支队、通辽市森林消防支队、通辽市消防救援支队、通辽经济技术开发区消防救援大队等单位调研应对极端天气应急救援准备工作，了解各单位战备执勤工作安排和人员物资装备情况，并就极端气候下协同联动、信息沟通、应急保障、灾害救援等方面进行座谈，查看基层救援队伍战备值守情况。

各救援队伍提前准备，全天候处于备战状态，全体指战员时刻准备执行抢险救援任务，确保发生紧急情况能够迅速响应，快速有效应对。在物资保障方面加强帐篷、折叠床、棉被、棉大衣等救灾物资储备，并及时向自治区协调应急救灾物资，确保受灾救助人员第一时间得到妥善安置，全面做好救灾救援救助等应急准备工作，全力保障人民生命财产安全。

二、以雪为令，全力做好清雪救援工作

市应急管理局应急指挥调度中心为应对此次暴雪天气从 11 月 5 日起开启全天战备模式，提前应对准备、完善应急预案，并于 11 月 9 日启动《通辽市自然灾害救助应急预案》三级响应，统筹协调各方力量，克服各类困难，将暴雪灾

害造成的损失降到最低。

（一）高效运转指挥调度

市应急管理局应急指挥调度中心严格执行应急救援队伍联勤联动方案，协调调动全市各专业应急救援队伍开展救援工作。截至11月12日17时，调动武警第一机动总队某支队、武警通辽支队、通辽市森林消防支队、通辽市消防救援支队、通辽市蓝天救援队出动救援人员4800余人次、救援车辆370余车次、救援装备3110件套，成功解救被困群众1800余人、被困车辆1100余台、处置倒塌大型厂房和畜舍共157座，并对火车站、机场、主城区主要干道和乡道进行除雪，打通道路5.7公里，挽救经济损失约3亿元。

在开展雪灾救援同时，指挥中心督促各旗（县、市、区）应急部门加强值班值守，密切关注天气变化情况、及时跟踪灾害发生过程，确保通信联络畅通；不定期对全市降雪和受灾情况以及救援工作进行调度，实时掌握全市降雪情况，按时报送各类信息数据，为上级决策部署提供准确数据支撑。

（二）积极救援保障民生

在应急指挥调度中心调度下，通辽市各应急救援力量及时赶赴各受灾地点，多家受灾企业和被困村庄以及主要交通枢纽得到及时救援。

一是保障企业正常生产经营，最大限度降低财产损失。受持续暴雪天气影响，多家企业厂房受冰雪积压导致房屋变形，存在垮塌危险。武警第一机动总队某支队接到应急指挥调度中心商请后分赴福耀玻璃通辽公司、内蒙古蒙牛乳业科尔沁有限公司、金煤化工集团、泽强药业、现代牧业有限公司等企业开展救援，清理厂房积雪，抢救各类受灾物资、设备，从2000余平方米倒塌仓库中抢救粮食和牛奶各2000余吨，保护财产2亿元左右，有效降低了企业损失。

二是全力以赴保供应、保出行，驰援受灾群众。11月8日晚，通辽市运达绿色农副产品有限公司约2万平方米彩钢厂房因积雪造成房屋变形，如发生垮塌将会给全市百姓在暴雪期间正常生活物资保障造成巨大影响。应急指挥调度中心立即商请武警通辽支队连夜赶赴现场，同时由梁宏利调研员第一时间到达现场指挥调度，协调照明车辆等机械装备开展救援工作。经过连夜奋战，运达市场冷库转危为安。

面对大雪围困村庄的情况，武警第一机动总队某支队顶风冒雪，边清雪边推进，对东升村、平安堡村、查干村等受困、受灾村庄进行救援，确保外出通行道路畅通；通辽市森林消防支队、通辽市消防救援支队、通辽市蓝天救援队全天候闻令而动，出动救援力量解救被困人员和车辆，数天来解救被困群众1400余人，被困车辆900余台，为医疗救护车辆提供通行保障，护送病人50余人。

三是保证重要交通枢纽正常开通运行。为保障通辽火车站动车正常通行，武警第一机动总队某支队调动全部救援力量支援通辽火车站，260名官兵连续奋战7小时至凌晨1点，完成铁路抢通任务。同时为保障航空运输正常进行，武警通辽支队和通辽市森林消防支队共出动百余名救援人员和官兵，对通辽机场进行除雪作业，清理机场停机坪2座、5万平方米。

（三）积极统筹对接支援队伍，高效指挥调度清雪作业

一方有难、八方支援。连日大雪封堵了进出通辽市主城区的各条主干道路，严重阻碍各类生产生活和救援物资运输。11月9日，按照自治区政府援助通辽市抢险救灾工作统一部署，在自治区应急管理厅统一调动下，赤峰市、兴安盟、霍林郭勒市、扎鲁特旗紧急调动人员车辆等机械设备相继支援通辽。

11月10日9点，市应急管理局应急指挥调度中心在接到自治区调动兄弟盟市支援通辽通知后，及时与赤峰市、兴安盟等支援队伍进行对接，同时与交通管理部门沟通联系，按照交通管理部门指定路线打通前行道路，推进清雪作业，并协调人员为支援队伍安排好中途饮食保障。支援队伍凌晨2点相继到达通辽后，指挥调度中心开展支援队伍清雪作业安排部署工作直至凌晨3点。

11月11日凌晨，先期到达的赤峰市、兴安盟和霍林郭勒市、扎鲁特旗支援队伍按照指挥调度中心统一安排部署，一部分支援交通部门，打通国省主干道路，确保人员和重要物资

运输道路畅通；另一部分支援科尔沁区、开发区及奈曼旗清理主城区街道积雪。支援队伍抵达作业现场后不顾旅途劳顿，昼夜不停，全力投入清雪作业之中。为保障清雪作业正常进行，指挥调度中心与各支援队伍密切联系，最大限度解决救援队伍各种困难和诉求，统筹协调各部门做好饮食、住宿等后勤保障工作。

在历经 11 天的清雪作业后，在市政府和应急管理局统筹调度安排下，700 余人支援队伍以忘我的精神，连续奋战，动用 200 余辆翻斗车、170 余辆铲车和各种小型救援车辆，在最短时间内使通辽市各国省主干道路和主城区主要道路恢复畅通。保障暴雪期间各类紧急物资和重要生产生活资料的正常供应，减少百姓出行困难，有效缓解暴雪极端天气对主城区和受灾旗县造成不利影响，加快清雪除冰工作进度，保证人民群众正常生产生活秩序，为维护经济社会稳定提供了有力支援和帮助。

（四）成功处置危险化学品运输车辆侧翻事故

2021 年 11 月 16 日晚，因天黑司机路况不熟、操作不慎，内蒙古鄂尔多斯双欣环保材料股份有限公司 1 辆载有 32 吨乙酸乙烯酯油罐车在通辽经济技术开发区福安屯村北绕城线附近发生侧翻，导致罐内液体开始渗漏。16 日 17 时 17 分，开发区消防大队接到指挥中心派警后赶赴现场实施救援。

侧翻车辆罐体内乙酸乙烯酯属于易燃易爆液体，对眼睛、皮肤黏膜和上呼吸道有刺激性，长时间吸入有麻醉作用。事故发生地位于辽河镇福安屯村西侧，如不及时有效处置将造成大量泄漏并发生燃烧爆炸事故，严重阻碍国省主干道辅路通行，并影响到周边居民的生命财产安全，对周围生态环境造成一定污染破坏。

当时现场情况复杂，形势危急，处置难度很大，开发区应急管理局请求市应急管理局指挥调度中心进行统一调度，市应急管理局调研员梁宏利带领市危化科科长杨树江等人及时赶赴灾害现场，划定事故现场警戒区域，由交警部门对北绕城线（304—111 国道路段）进行双向封闭，疏散无关人员，禁止无关车辆和人员通行。同时现场成立临时指挥部，同属地政府、消防救援大队等相关部门和化工专家研判分析，制定初步救援方案，协调交通部门调集吊车和倒罐槽车，准备进行倒罐作业。倒罐车到达现场后，因现场缺少进行倒罐作业所需专业设备，应急管理局联系周边加油站提供危化品防爆输液泵，为倒罐作业正常开展提供必要设备支撑。

由于事故车辆侧翻位置特殊，罐体内部结构复杂，且铝制罐体在吊装过程中极易发生变形，产生裂缝，若吊装失败将导致罐体内液体大量泄漏，极易引发燃烧和爆炸，倒罐作业难度极大。凌晨 2 点，临时指挥部决定暂停倒罐作业，第二天早上立即会同属地政府、交通、环保、消防救援大队等部门，同化工专家、金煤化工企业负责人以及吊装专业人员等进行会商，在保证安全前提下制定出切实可行的倒罐和吊装方案。方案确定后，指挥调度中心人员同消防救援人员指挥倒罐和吊装工作，由于科学合理果断吊装操作指挥，截至 11 月 17 日下午 3 点 20 分左右，经过 20 多个小时紧张救援，危险化学品运输车辆侧翻泄漏事故得以成功处置，确保重要国省干道的正常通行，保障周边人民群众生命财产安全。

二、总结提升，不断完善应急指挥工作

在此次迎战暴雪极端天气的“大考”中，通辽市应急管理局周密安排部署、迅速行动准备、履职尽责，使雪灾救援工作成效显著。通过此次雪灾救援工作，也发现在指挥平台建设、部门沟通协调、救援机械装备等方面存在问题和不足。市应急管理局认真总结此次雪灾救援工作中的好经验，借鉴先进地区优秀做法，切实增强责任意识和使命意识，加强基础设施建设和救援队伍管理，不断提升通辽市应急救援指挥工作能力水平，保障人民群众生命财产安全和经济社会大局稳定。

（市应急管理局 张 彧）

大事记

1月

1日　中国人民银行征信中心的动产融资统一登记公示系统上线运行，中国人民银行通辽市中心支行在全市进行推广和指导。

3日　三义堂水源地正式投入使用。三义堂水源地置换通新水厂水源地，作为通辽经济技术开发区居民饮水的主要水源，标志着开发区进入新水源时代。该工程累计投资1.3亿元，总设计日供水能力4.84万吨。

7日　市委召开2021年全市经济工作务虚会，深入学习贯彻党的十九届五中全会和中央经济工作会议、中央农村工作会议精神，认真贯彻落实自治区党委十届十三次全会暨全区经济工作会议精神，研究谋划2021年度经济工作。

8日至9日　市委书记冯玉臻到科尔沁区、开鲁县、奈曼旗、库伦旗，调研乡村振兴和嘎查村“两委”换届工作。

9日　全市新冠肺炎疫情防控工作紧急电视电话会议召开，传达全区新冠肺炎疫情防控工作电视电话会议精神，安排部署当前重点工作。市疫情防控工作指挥部总指挥、市委副书记、代市长郭玉峰主持并讲话。市疫情防控工作指挥部副总指挥、副市长、市公安局局长王军，市疫情防控工作指挥部副总指挥、副市长赵白玉安排部署相关工作。

10日　通辽市举行首个“中国人民警察节”庆祝大会。市委书记冯玉臻出席并致辞，代表市四大班子和全市各族人民，向全市公安机关广大民警、辅警、离退休老同志、公安英烈家属致以节日的问候和崇高的敬意。市领导郭玉峰、杜汇良、梁志远、全党民、王军、刘文华、王彦春出席。

12日　市政协书画院揭牌仪式举行。市政协书画院是在市政协党组的领导下，按照“以文化人、以文育人”和建设“书香政协”工作的要求，由市政协文化文史和学习委员会具体负责，以通辽市政协历届委员、各民主党派、人民团体中的书画艺术家为主体，广泛团结社会各界及文化艺术界知名人士和广大书画艺术爱好者，自愿组成的文化艺术创作、交流的非营利性书画艺术联谊组织。

18日　2021年通辽市“红十字博爱送万家”活动启动仪式在奈曼旗东明镇东奈林村举行。市红十字会为贫困群众捐赠大米、毛毯、棉衣、棉被、糖果等生活物资。

同日　经内蒙古自治区政法委批准，授予市环卫处保卫科职工李连臣、林青二人全区见义勇为先进分子称号。李连臣、林青二人分别于2019年8月20日、2020年5月14日在辽河公园水中成功救出轻生者。

19日至20日　中国共产党通辽市第五届委员会第十　次全体会议暨全市经济工作会议召开。全会听取和讨论市委常委会工作报告，审议通过《中共通辽市委员会关于制定国民经济和社会发展第十四个五年规划和二〇三五年远景目标的建议》和《中共通辽市委员会关于推进“清风引领”创新社会治理的意见》，总结2020年经济工作，部署2021年经济工作。

19日　市委书记冯玉臻主持召开稳投资和能耗“双控”工作专题会议，强调要把固定资产投资和能耗“双控”作为全市工作的重中之重来抓，集中精力谋发展、抓落实，打好翻身仗，实现“开门红”。会议听取市发改委关于2021年固定资产投资、重点项目建设、能耗“双控”工作安排和各旗（县、市、区）相关情况汇报，研究部署下一步重点工作。各旗（县、市、区）、开发区党政主要领导和市直有关部门负责人参加会议。

20日 按照自治区党委、政府统一部署，内蒙古东部片区国家“三科”统编教材教师培训启动仪式在内蒙古民族大学召开。自治区“三科”教师培训东部工作组组长，内蒙古民族大学党委副书记、校长赵东海出席。相关高校培训机构负责人、教师代表、参训学员等500人参加。会议以视频连线方式召开。该次培训旨在贯彻落实中办、国办《关于加强和改进新形势下大中小学教材建设的意见》精神，提高中小学语文、道德与法治、历史“三科”统编教材授课教师使用国家通用语言文字开展教学的能力。

同日 通辽市政府、开发区管委会与通辽氢驱动力科技有限公司举行新能源汽车生产基地项目签约仪式。副市长郝明胜出席。该项目计划总投资10亿元，分三期建设，主要研发生产环卫、冷链物流车等新能源汽车和氢转子发动机及增程动力总成。项目全部建成后，年可实现销售收入10亿元，带动就业650人。

22日 中共通辽市委员会、中共内蒙古民族大学委员会市校共建研究机构揭牌仪式在内蒙古民族大学举行，并为铸牢中华民族共同体意识研究院、民族团结进步教育发展研究中心、廉政建设研究中心揭牌。

同日 通辽至北京高铁列车首发仪式举行。7时30分，通辽至北京首发高铁列车发车。11时19分到达北京朝阳站，历时3时49分。自1月23日起，北京朝阳站开行至通辽的G3661次列车，7时47分从北京朝阳站发车，11时44分到达通辽站，历时3时57分。通辽至北京朝阳站G3662次列车二等座票价为375元，一等座票价为601元。北京朝阳站至通辽G3661次列车二等座票价为333元，一等座票价为534元。

24日至2月10日 市商务局主办，各旗（县、市、区）商务局、通辽电商与流通业促进会承办的通辽市“直播科尔沁·消费促进季”暨“2021通辽网上年货节”活动在通辽运达绿色农副产品批发市场举办。活动以“线上为主，线下为辅，线上线下相结合”多种方式开展。并同步举办网上年货直播大赛。

28日 市市场监督管理局与中国电信通辽分公司共同举行“阳光监管”项目签约仪式。根据协议，中国电信通辽分公司将为通辽市餐饮服务单位和食品生产经营企业免费提供摄像头等设备及安装服务。该项目计划覆盖全市4.83万户经营户，安装摄像头点位近10万个，为政府节省开支820余万元。

31日 由通辽市委宣传部、通辽市文明办公室主办，内蒙古通辽市新华书店有限公司协办的“我帮你·书香伴你过大年”主题志愿服务和全民阅读启动仪式在新华书店举行。市委宣传部向奋战在一线的交警、环卫工人、快递员、出租车司机、学生、农民工、社区居民等代表捐赠图书。

1月 在由内蒙古自治区红十字会、内蒙古自治区教育厅联合开展的“2020年内蒙古自治区红十字示范学校”评比活动中，通辽市有7所学校入选，分别是科左中旗体育学校、科左后旗甘旗卡镇中心学校、扎鲁特旗职业教育中心、奈曼旗第四中学、开鲁县实验小学、科尔沁区清河中学和库伦旗茫汗苏木中心校。

同月 自治区政府、通辽市政府与欧洲投资银行签署《内蒙古通辽市科尔沁沙地综合治理项目贷款协议》，标志着通辽市争取欧洲投资银行3亿欧元贷款，实施科尔沁沙地保护治理项目取得成功。项目建成后可有效治理沙化土地面积13.8万公顷，全市森林覆盖率提升2.7个百分点，年增加蓄水量9157万立方米，固土231万吨，滞尘221万吨，增加碳储量237万吨，年固定二氧化碳35万吨。

同月 内蒙古自治区河长制办公室组织开展为期一个月的“寻找最美河湖卫士”活动。通辽市有3人上榜，分别是科左中旗胜利乡党委书记、乌力吉木仁河胜利乡河段总河长李延来获得“最美基层河湖长”称号；科左中旗努日木镇五间房村村级巡河员靳红波获得“最美巡（护）河员”称号；科左中旗河湖志愿者张增海获得“最美河湖志愿者”称号。

同月 全国妇联召开第十二届全国五好家庭暨家庭工作先进集体、先进个人表彰会，以及2020年全国最美家庭揭晓电视电话会举行，表彰第十二届全国五好家庭、家庭工作先进集体、先进个人，揭晓2020年全国最美家庭。通辽实验中学获“全国家庭工作先进集体”称号。

同月 内蒙古民族大学医学院人体生命科学馆举行开馆仪式并投入使用。该馆位于内蒙古民族大学西拉木伦校区医学楼7楼，总面积220平方米，分为生命起源与进化、人类生命的诞生展区——胚胎发育、人体九大系统标本、人体塑化及铸型标本、人体断层标本、人体病理标本、人体功能模拟7个展区。具有五大核心功能，即基础医学形态教学公共平台、科学研究基地、青少年科普教学基地、健康教育基地和对外学习交流平台。人体生命科学馆在内蒙古东部地区具有较高水准。该馆的建成，夯实了内蒙古民族大学医学教育的内涵，为医学人才培养奠定了坚实基础。

同月 国家药品监督管理局公示第二批重点实验室名单，内蒙古民族大学与内蒙古自治区东部区中心食品药品检验所联合申报的中药（蒙药）质量控制重点实验室位列其中，这是全国首个地级市、也是内蒙古自治区唯一获批设立的国家药品监督管理局重点实验室。

同月 市公共资源交易中心接入内蒙古公共资源交易中心自然资源交易系统，实现全区纵横贯通的自然资源交易“一张网”。

2月

1日 隶属内蒙古通辽市源源集团的内蒙古京科发电有限公司收到由内蒙古自治区科学技术厅、内蒙古自治区财政厅、国家税务总局内蒙古自治区税务局联合颁发的高新技术企业证书。

4日 “东北陆海新通道”建设协作联盟联席会议以视频形式召开。市委书记冯玉臻出席并作主旨发言。六市（盟）签署《东北陆海新通道沿线地方政府协作联盟协议》，与锦州港股份有限公司签署《东北陆海新通道协作联盟与锦州港战略合作框架协议》。

15日 通辽市2021年首批150名农牧民工乘坐3辆大客车奔赴青岛、南京两地就业务工。

21日至23日 中国人民政治协商会议通辽市第五届委员会第四次会议在市行政中心礼堂召开。会议选举吕永成为中国人民政治协商会议通辽市第五届委员会主席，布仁、朱瑞莲为副主席，于德泉为秘书长，王丽娟等11人为常务委员。

22日至24日 通辽市第五届人民代表大会第四次会议在市行政中心礼堂召开。会议选举纪强为通辽市第五届人民代表大会常务委员会主任，选举郭玉峰为通辽市人民政府市长，选举于沨为通辽市第五届人民代表大会常务委员会副主任，选举史厚纯为通辽市第五届人民代表大会常务委员会秘书长，选举王宏华等7人为通辽市第五届人民代表大会常务委员会委员。会议表决通过了“一府两院”工作报告等决议。

3月

5日 通辽市召开党史学习教育动员会议，深入贯彻习近平总书记在党史学习教育动员大会上的重要讲话精神，全面落实中央和自治区党委部署要求，对全市党史学习教育进行动员部署。

10日 内蒙古民族大学、通辽职业学院挂点帮扶通辽市民族学校支教活动启动仪式举行。启动仪式上，为扎鲁特旗支教团等6个支教代表团授旗。

14日 市委书记冯玉臻率队到北京拜访农牧业专家、中国农业科学院领导及相关研究所负责人。副市长张海峰及市直有关部门负责人参加活动。

16日 自治区党史学习教育第五巡回指导组到通辽市调研并召开座谈会。第五巡回指导组组长、赤峰市人大常委会一级巡视员程俊孝出席会议并讲话。市委常委、市委宣传部部长马慧吉代表市委党史学习教育领导小组向指导组汇报通辽市党史学习教育开展情况，交流经验做法，安排部署下一步工作。

18日 市委副书记、市长郭玉峰一行到北京市与奇安信科技集团就网络安全战略合作事宜进行深入会谈，并签订协议。市委常委、副市长鞠树文，副市长郝明胜及相关部门负责人，奇安信科技集团董事长齐向东、副总裁吴俣及相关人员参加会谈及签约仪式。

同日 通辽市首家专业生态环境损害司法鉴定机构——内蒙古质真生态环境损害司法鉴定所挂牌。

18日至19日 在内蒙古自治区温州商会会长邹招波带领，60多名温州企业家到通辽市考察交流。19日，市委、市政府举行温州商会通辽行恳谈会暨项目签约仪式，与温州企业家共叙友谊、共商合作、共谋发展。市委书记冯玉臻出席并讲话，市委副书记、市长郭玉峰介绍通辽市基本情况及产业发展情况。

19日 通辽市司法局和内蒙古民族大学法学与历史学院共建的内蒙古民族大学公共法律服务工作站揭牌仪式举行。内蒙古民族大学公共法律服务工作站下设法律咨询与调解、法治宣传教育、立法研究与创新、法律援助、法律诊所与案例研讨等五个中心，为广大师生和社会公众提供法律援助、咨询、调解、法治宣传等服务。

20日至21日 全市企业家大会召开。市委书记冯玉臻讲话。市委副书记、市长郭玉峰主持会议。市委副书记、政法委书记、科尔沁区委书记杜汇良，市人大常委会主任纪强，市政协主席吕永成出席会议。会议以视频形式召开，市直部门及各旗（县、市、区）设10个分会场，800余人参加会议，其中企业家500余人。市四大班子在家领导、法检两长，内蒙古民族大学、通辽职业学院、科尔沁艺术职业学院主要负责人，全市企业家、商协会、个体户代表在主会场参加会议。

20日至21日 内蒙古美术家协会第九届理事会第五次会议在通辽市召开。内蒙古文联党组成员、副主席艺如乐图，市委常委、市委宣传部部长马慧吉，市人大常委会副主任郭建伟，内蒙古美术家协会主席董从民等出席会议。会议听取内蒙古美术家协会五年工作报告，明确美术家协会今后的重点工作和主要任务；宣读《关于聘任内蒙古美术家协会兼职副秘书长的决定》，并向通辽美术家协会主席罗中伟颁发聘书。会议期间，举办“走进通辽”内蒙古美术名家作品邀请展，召开内蒙古美术家协会第九届主席团第九次会议。

23日至26日 2021年3月23日，内蒙古自治区“百名专家走进盟市旗县科普传播行”春季活动——通辽站启动仪式举行。市科协为中国科学院地球物理研究所高级工程师（地震）王成凤等专家颁发聘任证书。23日至26日，自治区、市、旗县三级科协联动，由13位国家、自治区、市级专家，27位旗县级专家组成专家服务团，到各旗（县、市、区）的34个苏木乡镇、55个嘎查村、13个街道、19个社区、13所中小学校，围绕地震、科学幻想、机器人、医学保健、农牧业适用技术等内容举办百场科普报告。

25日 科尔沁区实验小学、科尔沁区第四中学和开发区红军小学的9条“学生公交专线”开通。共配车20辆，惠及学生1700余人，学生乘坐公交专线执行学生半价优惠政策。其中，科尔沁区实验小学5条线路，配车12辆；科尔沁区四中4条线路，配车8辆；科尔沁区四中4条线路中有3条途经红军小学，每条线路配车2～3辆，首班6时50分发车，末班17时30分发车。

28日 通辽市2021年春季重点项目开工仪式在科尔沁工业园区举行。集中开工51个项目，涵盖绿色农畜产品、镍循环经济、现代能源、蒙中医药、文化旅游、健康医疗等领域，总投资391.6亿元。

同日 市农牧科学研究所挂牌仪式举行。市委书记冯玉臻出席仪式，市委副书记、市长郭玉峰致辞。冯玉臻、郭玉峰共同为市农牧科学研究所揭牌。市农牧科学研究所由原市农科院与市畜牧兽医研究所整合而成，是市政府直属正处级全额拨款事业单位，主要从事玉米、蓖麻、高粱及稻麦谷豆葵蔬等作物新品种选育与研究，以及畜牧、兽医、饲草料营养等各领域科研与推广工作。为全市高质量建设绿色农畜产品生产基地继续提供科技支撑。

29日至30日 中国民族贸易促进会和中国优质农产品开发服务协会道地药材分会组成联合考察团到通辽市考察并座谈。中国民族贸易促进会副会长、民族医药工委主任陶淑霞，中国民族贸易促进会民族医药工委医药产业联盟主席、中国优质农产品开发服务协会道地中药材加工分会会长万跃宁，上海市万兴中医村董事长张书鹏，副市长赵白玉出席座谈会。

30日 市农牧局、通辽经济技术开发区管委会主办，市畜牧业发展中心、科左中旗萨仁夫畜牧养殖有限公司承办的通辽市耐力型科尔沁马新品系培育项目启动仪式暨种公马展示会在那达慕文化园举行。耐力型科尔沁马新品系培育项目首席专家团队代表、内蒙古农业大学研究生院副院长白东义，通辽经济技术开发区管委会、市农牧局、市文化旅游广电局负责人出席仪式。各相关旗县农牧局负责人、畜牧工作站站长、马育种站点负责人和养马户300余人参加活动。

31日 内蒙古民族大学与科左中旗人民政府校地合作签约暨共建机构揭牌仪式举行。内蒙古民族大学党委副书记、校长赵东海出席仪式。

4月

6日 市委书记冯玉臻到市“12345”市民热线服务中心调研。他强调要深入学习贯彻习近平总书记对内蒙古重要讲话重要指示批示精神，牢记全心全意为人民服务宗旨，创新方式、丰富手段、完善机制，着力解决好群众的操心事、烦心事、揪心事，不断增强人民群众的获得感、幸福感、安全感。市领导杜汇良、马慧吉参加调研。

7日 通辽市境内大广高速奈曼—白家湾子（蒙辽界）正式开通运营。开通仪式在内蒙古公路交通投资发展有限公司通辽分公司新镇通行费收费所举行。奈曼旗至白家湾子（蒙辽界）高速公路是《国家公路网规划（2013年—2030年）》中第5纵大广高速奈曼旗至营口联络线（G4513）的重要组成部分，全长57.3千米，总投资约32亿元。奈白高速公路设计速度100千米/小时，全路段设有奈曼、新镇和扣河子3处互通立交，设奈曼南连接线17公里，扣青线20千米，设有2处收费站（新镇通行费收费所和扣河子通行费收费所）、1处服务区（白音昌服务区）、1处养护工区，管养皆由内蒙古公路交通投资发展有限公司通辽分公司负责。

8日 北京市—通辽市京蒙协作座谈会召开。市委书记冯玉臻，北京市扶贫支援办党组成员、副主任汪兆龙出席并讲话。副市长张海峰主持会议。自治区扶贫办和北京市扶贫支援办、教委、商务局、卫健委等相关部门及有关企业负责人参加。

9日 全区首家盟市级反洗钱工作站在通辽挂牌成立。

13日 欧洲投资银行贷款内蒙古通辽市科尔沁沙地综合治理项目乡土树种混交林建设工程国际竞争性招标项目在通辽市公共资源交易中心顺利完成招投标工作。该项目为通辽市首个国际招投标项目，标志着通辽市在招标投标领域向国际市场迈进。欧洲投资银行贷款内蒙古通辽市科尔沁沙地综合治理项目总投资49.99亿元，申请欧洲投资银行贷款3亿欧元，约22.80亿元人民币，项目建设期为2021年至2025年共计5年，运营期为2026年至2045年共计20年。项目建设总面积207万亩。

14日 市委宣传部主办、市文化旅游广电局承办的“永远跟党走”通辽市庆祝中国共产党成立100周年群众文化文艺活动在西拉木伦公园南广场启动。

15日 第十六届“东北法治论坛”组委会第一次会议在通辽市举行。自治区法学会专职副会长、秘书长苗孔连主持会议。辽宁省、吉林省、黑龙江省、内蒙古自治区法学会负责人以及市委政法委、法学会负责人参加会议。

16日 中国记者林·科尔沁新闻工作者培训基地揭

牌暨第一期培训班开班仪式举行。市委副书记、政法委书记、科尔沁区委书记杜汇良出席并讲话，市委常委、宣传部长马慧吉出席仪式。市委宣传部、市记协、通辽日报社、通辽广播电视台、《科尔沁都市报》、科尔沁区委宣传部等部门单位相关负责人参加。

20日 锦州港（通辽）内陆港揭牌仪式举行。市委副书记、市长郭玉峰，锦州港股份有限公司总裁刘辉共同为“东北陆海新通道锦州港驻通辽办事处”和“内蒙古通锦陆地港物流有限公司”揭牌，标志着锦州港（通辽）内陆港正式成立。

20日至21日 市委副书记、市长郭玉峰到科尔沁区调研经济社会发展情况。市委副书记、政法委书记、科尔沁区委书记杜汇良，副市长郝明胜陪同调研。郭玉峰一行先后到科尔沁区第四人民医院医养结合项目、科尔沁绿色食品创新产业园、金锣食品有限责任公司、科尔沁区高品质“菜篮子”保障工程项目、科尔沁绿色食品加工园区、现春食品加工有限公司、五洲国际商贸城、上药科园信海通辽医药有限公司、内蒙古蒙医药工程技术研究院、科尔沁工业园区、蒙古王实业股份有限公司、国能生物天然气项目、金麒麟新能源研发运维中心等地调研。

21日 2021年内蒙古自治区放心农资下乡进村宣传活动暨绿色食品宣传月启动仪式在科尔沁区大林镇农资市场举行。该活动以“放心农资惠万户千村 绿色发展助乡村振兴”为主题，旨在把优质农资送到农牧民家门口，引导农牧民科学选购、合理使用。中国绿色食品发展中心副主任陈兆云出席并讲话。自治区农牧厅党组成员、副厅长、一级巡视员贾跃峰宣布“2021年内蒙古自治区放心农资下乡进村宣传活动暨绿色食品宣传月”正式启动。

23日 内蒙古自治区党委宣传部主办，市委宣传部承办，通辽经济技术开发区党工委协办的永远跟党走·书香内蒙古——内蒙古自治区2021年草原阅读季启动仪式在通辽经济技术开发区辽河第一小学举行。草原阅读季活动以“永远跟党走·书香内蒙古”为主题，安排部署全民阅读全年工作，从4月至12月，将在自治区开展以“4·23”“七一”为时间节点的全民阅读月和主题阅读活动，以及青少年读书节、庆祝中国共产党成立100周年主题阅读活动、“新时代乡村阅读季”“我的书屋·我的梦”“中华民族一家亲 同心共筑中国梦”等多项阅读活动。

同日 通辽市首家消防主题影城依托恒大嘉凯影城正式亮相科尔沁区，以“科普+娱乐”“光影+实体”为主要表现形式。新成立的消防主题影城突出消防主题元素，打造出了吸引广大市民驻足的“消防宣传焦点”与“消防流动课堂”。消防主题影城的创建，使消防安全宣传工作更加贴近群众，实现寓教于乐，真正发挥出“小阵地、大宣传”的社会效果。打造“消防主题影城”是科尔沁区消防救援大队创新消防安全宣传路径的有益探索。

26日 通辽市首个使用政府采购“全区一张网”云平台系统的项目——通辽市财政局商务服务项目，在市公共资源交易中心顺利开评标。此项目分5个包，有47家供应商参与投标，标志着通辽市政府采购项目“全区一张网”实现流程标准化、运行电子化、信息公开化的阳光采购。政府采购“全区一张网”的建立，将形成纵向全面贯通、横向互联互通、覆盖全区、透明规范、运行有序的电子化交易管理。

同日 通辽市精神卫生中心成为全市首家“全国老年友善医院”。老年友善医院的投入使用，将促进通辽市老年健康服务体系建设，优化老年人就医环境，为老年人就医提供方便，更好地满足老年人的健康服务需求，增强广大老年人的获得感、幸福感、安全感。

28日 市委书记冯玉臻，市委副书记、市长郭玉峰率通辽市党政代表团赴北京市顺义区和怀柔区，学习先进经验，考察重大项目，深化京蒙合作，共商发展大计。深化京蒙协作助力乡村振兴（通辽—北京）项目对接会在北京举行。通辽市委书记冯玉臻，北京市扶贫支援办党组成员、副主任汪兆龙出席会议并讲话，通辽市委副书记、市长郭玉峰向与会人员介绍通辽市京蒙扶贫协作成果和通辽市基本情况。

30日 通辽市体育局主办，通辽市体育中学协办的“永远跟党走”——2021年“体彩杯”通辽市科尔沁长跑大会在科尔沁区莫力庙环湖赛道开幕，全市各旗（县、市、区）的189名长跑运动员参加比赛。该比赛赛程总长为58公里，分16个区段，各代表队分别派出9名男运动员与7名女运动员接力合作完成比赛全程，最终成绩以各区间和全程总成绩决定胜负。扎鲁特旗代表队以3小时27分27秒的成绩夺得了2021年通辽市科尔沁长跑大会的冠军，奈曼旗代表队、开鲁县代表队分别获得亚军、季军，包祥君、杨睿博、刘红霞、李佳等16人分别获得16个区间的第一名。

同日 建功“十四五”奋进新征程——通辽市总工会庆祝中国共产党成立100周年劳模工匠事迹展在市工人文化宫举行。市委副书记、政法委书记、科尔沁区委书记杜汇良，市人大常委会副主任、市总工会主席郭建伟出席事迹展启动仪式并共同为事迹展揭幕。市总工会选取具有一定代表性的100名劳模工匠的事迹，以图文并茂的形式进行展示。

同日 “青春向党·学史引航”暨《习近平与大学生朋友们》座谈会召开。市委副书记、政法委书记、科尔沁区委书记杜汇良，市人大常委会副主任李志刚，市政协副主席朱瑞莲出席。会上，表彰了全市五四红旗团委（团支部）、优秀团干部、优秀团员等6类奖项，优秀青年代表宣读了关于组织动员广大团员青年全面投身乡村振兴战略的倡议书，7名青年代表分别围绕《习近平与大学生朋友们》一书给予青年人的启迪、工作生活学习中如何践行习近平总书记对当代青年人的厚望、新时代赋予青年人的任务等内容作了交流发言。市委宣传部、市教育局、内蒙古民族大学、通辽职业学院、科尔沁艺术职业学院有关负责人，全市受表彰先进集体代表、先进个人代表、驻市高校师生代表，部分旗（县、市、区）团委、市直中区直团委负责人和基层团干部代表等80余人参加了会议。

同月 麦新烈士纪念碑入选自治区第一批不可移动革命文物名录。麦新烈士纪念碑碑身高11.4米，碑身的南北两侧有原麦新人民公社的题字“麦新烈士永垂不朽”，麦新烈士纪念碑北侧埋有10位革命烈士的英骨，他们是麦新、陈庆祥、闵思德、荀振谦、杨东胜、邢芳廷、王顺昌及3位无名烈士。1988年3月，麦新烈士纪念碑被内蒙古自治区人民政府列为自治区级保护单位。

同月 中华全国总工会公布《中华全国总工会关于表彰2021年全国五一劳动奖和全国工人先锋号的决定》，通辽金煤化工有限公司获得2021年“全国五一劳动奖状”。霍煤集团所属控股子公司霍煤通顺碳素有限责任公司焙烧车间获评全国“工人先锋号”荣誉称号。

同月 共青团中央2021年度“小平科技创新实验室”建设学校名单公布，通辽新城第一中学入选。在此次全国评选出的32个“援建支持”类“小平科技创新实验室”建设学校中，通辽新城第一中学是内蒙古自治区唯一入选学校。

同月 第七届中国书法兰亭奖评奖工作在浙江省绍兴市结束。内蒙古民族大学民族艺术科技研究院王力春教授的著作《中国古代早期石刻书人文献考辨》入选，王力春也是内蒙古自治区唯一入选的作者。兰亭奖是中国书法最高奖，由中国文联和中国书法家协会联合主办。

5月

7日 全市五一劳动奖表彰大会举行。市委书记冯玉臻作出批示，向全市广大劳动群众致以诚挚问候，强调要全面贯彻落实习近平总书记重要讲话重要指示批示精神，大力弘扬劳模精神、劳动精神、工匠精神，踊跃投身经济社会发展各项事业，当好主人翁、建功“十四五”，在新时代新征程中展现新面貌新作为。市委副书记、政法委书记、科尔沁区委书记杜汇良出席并讲话，市人大常委会副主任、市总工会主席郭建伟主持大会，副市长郝明胜、市政协副主席檀志军出席。大会授予福耀集团通辽有限公司等13个单位通辽市五一劳动奖状、王晨光等92名职工通辽市五一劳动奖章、内蒙古华电蒙东能源有限公司义和塔拉电场检修二班等20个集体通辽市“工人先锋号”称号、王德海等10名职工“科尔沁工匠”称号、张鹏林等19名职工“科尔沁能工巧匠”称号。

9日 位于通辽城区西南的通辽恒大嘉凯影城恒大城店开业。恒大嘉凯影城是高标准、超豪华、全数字的现代化国际影城，配备国际领先的视听系统和前沿数字技术。恒大城店影城空间面积6038平方米，与中影巴可、环球数码、鲁信睿浩、NEC等国内外行业领先供应商合作，全面采用高端观影配置及国际领先的硬件设施。

10日 市宣传文化系统“我为群众办实事”暨“我帮你”新时代文明实践志愿服务活动启动仪式在科尔沁区霍林河街道天蒙社区举行。活动现场，市委宣传部向社区离退休老党员赠送《论中国共产党历史》《中国共产党简史》《习近平新时代中国特色社会主义思想学习问答》等书籍，将理论、政策和关怀送到老党员身边。同时，入户走访慰问党龄50年以上的老党员，为他们送去党的关怀和温暖。理论宣传志愿者用通俗易懂的语言，以“学好百年党史，走好新时代长征路”为题，为党员干部和社区居民上了一堂生动的党史学习教育课，推动党史学习教育走深走实。

10日至11日 由《人民日报》、新华社、中央广播电视总台、《光明日报》等20多名中央媒体记者组成的中央媒体采访团，就蒙中药产业发展情况、预防未成年人犯罪和教育矫治“复苗工程”开展情况、社区养老建设以及生态文明建设等方面情况到通辽市采访。

10日至12日 自治区党委书记、人大常委会主任石泰峰深入通辽市调研东北振兴战略实施、脱贫攻坚与乡村振兴有效衔接等工作，并主持召开座谈会听取东部五盟市和自治区有关部门工作汇报。市政府领导郭玉峰、郝明胜参加座谈会。

12日 全市“5·12防灾减灾日”活动启动仪式在体育广场举行。该活动主题为“防范化解灾害风险，筑牢安全发展基础”，推进防灾减灾知识、应急救援技能进企业、进农村、进社区、进学校、进家庭。活动中，各应急救援队伍进行装备展示和器材演示，向群众开展防灾减灾救灾宣传。

同日 内蒙古温州商会赴通辽市投资考察座谈会在市行政中心举行，副市长郝明胜主持会议，内蒙古温州商会会长邹招波参会。与会人员观看宣传片《这里是通辽》，相关负责人介绍通辽市情及重点产业发展情况，企业家代表轮流发言。

同日 全市教育领域专项整治工作动员部署电视电话会召开。会议传达《通辽市教育领域专项整治工作实施方案》《通辽市教育系统专项整治工作方案》，对全市教育领域专项整治工作进行安排部署。市纪委监委、教育局有关负责人参加会议。

13日 市委统战部党史学习教育“同心”志愿服务活动暨民革通辽总支法律援助中心服务点揭牌仪式在开发区中信亚龙湾小区举行。市委统战部和民革通辽总支将在社区设立法律咨询点，通过法律咨询等形式为群众解答民生保障、社会服务等方面的问题，推动党史学习教育进一步走进人民群众，推进“我为群众办实事”实践活动取得实实在在的成果。活动现场设立律师解答点，为社区居民发放《〈民法典〉知识手册》与《民族团结一家亲宣传手册》；举行“学党史、践初心，志愿服务当先锋”主题活动文艺会演。

13日至17日 中央第四督导组下沉督导通辽市政法队伍教育整顿工作。督导期间，督导组召开会议，听取自治区政法队伍教育整顿第五指导组及通辽市政法队伍教育整顿工作情况汇报。随后，督导组到科尔沁区、开鲁县、扎鲁特旗及市委政法委、市公安局、市中级人民法院、市人民检察院、市司法局及各相关政法单位，通过暗访窗口部门、调阅案卷资料、开展群众调查问卷、开展个别谈话等方式，全面了解教育整顿情况。17日下午，中央第四督导组督导通辽市政法队伍教育整顿工作反馈会议召开。中央第四督导组副组长、全国政协民族和宗教委员会委员樊绪银出席并讲话。樊绪银通报了中央第四督导组在通辽下沉督导情况，肯定了通辽市前一阶段教育整顿取得的成绩，同时也指出了存在的突出问题，要求进一步把好方向、把好政策，确保教育整顿取得实效。

14日 “央行支付公益宣传站”在市老年大学挂牌成立。

16日 市疾病预防控制中心正式揭牌成立。重新组建的市疾病预防控制中心是市卫健委所属的公益一类事业单位，规格为正处级。按照系统重塑、预防为主、科学防控、协调高效的原则，市疾病预防控制中心整合了原市疾病预防控制中心、地方病防治站、结核病防治所、健康教育所、农村改水卫生项目办公室及市眼病防治医院的眼病防治功能。

17日 通辽市市场检验检测中心正式揭牌成立。根据自治区及通辽市事业单位改革相关文件要求，整合原市食品药品检验所、原市产品质量计量检测所、市发展和改革委员会所属的通辽市粮油检测中心，组建市市场检验检测中心。新组建的市市场检验检测中心为市市场监督管理局所属的公益二类事业单位，机构规格相当于正处级，承担药品、产品质量检验、计量检定、标准化体系编制等各项技术服务工作。

18日 市委副书记、市长郭玉峰到科左后旗调研文化旅游产业发展情况。郭玉峰先后到大青沟国家级自然保护区、乌旦塔拉五角枫森林公园、僧格林沁王府、东苏红刺榆旗级自然保护区、阿古拉景区，深入了解景区功能规划、资源优势、保护管理等情况。副市长张怡，市政府办、文旅广电局、林草局、科尔沁文旅集团有关负责人陪同调研。

19日 市文化旅游广电局、科尔沁区人民政府主办，科尔沁区文化和旅游局承办的“绿色发展 美好生活”——2021年“中国旅游日”内蒙古通辽主题活动在西拉木伦公园开幕。市人大常委会副主任希日巴拉、副市长张怡，驻市各旅行社、重点旅游景区和各相关协会负责人参加活动。现场设置文旅展区，科尔沁区乌兰牧骑、金铭艺术团表演了精彩的文艺节目。“科尔沁文旅志愿者骑游大会”同步启动，骑行爱好者们将沿303公路百公里自行车文化旅游线路进行游览观光、餐饮消费，打卡蒙古王酒业、施介烈士纪念馆等景区景点。

同日 通辽市举行2020年度全区“最美退役军人”颁奖仪式，对获得全区“最美退役军人”称号的退役军人金英新进行表彰。

同日 通辽市应急保障中心揭牌仪式举行。通辽市应急保障中心由原通辽市安全生产信息指挥调度中心、安全生产考务中心、防汛抗旱物资供应站（内蒙古自治区东部区防汛抗旱物资供应管理站）、抗旱服务中心、防汛机动抢险队五个部门整合组建。

22日 全市干部大会召开，宣布自治区党委关于通辽市委主要领导任职的决定：孟宪东任通辽市委委员、常委、书记，冯玉臻不再担任通辽市委书记、常委、委员职务。自治区党委常委、自治区组织部部长杨伟东出席会议并讲话。自治区党委常委、市委书记孟宪东作表态发言。会议由市委副书记、市长郭玉峰主持。

22日至28日 2021年通辽市科技活动周暨全区第26届科普活动宣传周启动仪式在通辽职业学院举行。2021年科技活动周的主题是“百年回望：中国共产党领导科技发展”。科技活动周将持续至5月28日。其间重点开展科技成就展、农牧业科技培训、科技服务进社区（农村、企业、学校、军营）、科技政策培训讲座等一系列活动，各科普示范基地、相关科研机构向公众免费开放科普设施和场所，参与科技活动周各项活动。各有关部门将结合自身行业特点和资源优势，举办各具特色的科技活动；各旗（县、市、区）同步举办具有区域特色的群众性科技活动，提升全民科学素质，使科技创新成果和科学普及活动真正惠及于民。

24日 市教育局主办，通辽市工业职业学校承办的2021年全市职业教育活动周举行。24日，启动仪式在通辽市工业职业学校（通辽技师学院）举行。活动主题是“技能，让生活更美好”。职业教育活动周包括启动仪式、线上活动、线下活动等内容。其中，线上活动包括各中等职业学校充分利用大数据、云计算、人工智能等现代信息技术，通过主题网站、线上展厅、开放资源等形式举办“云上活动周”“线上逛校园”“网上开放日”等活动，面向学生、家长和社区居民开展技能服务美好生活、职业教育办学成果以及职业学校招生等方面的宣传展示；线下活动包括各中等职业学校根据当地疫情防控要求，设置开放场地，利用专业技术技能开展“技能服务美好生活”活动，为社区居民、市民群众提供防疫知识宣传、健康护理、家电维修保养、传统工艺、职业礼仪、环境保护、进城务工常识普及等服务。

26日 相对集中行政许可权改革事项划转交接暨行政审批专用章启用仪式举行。相对集中行政许可权改革是通辽市深化“放管服”改革、优化营商环境、转变政府职能的一项重大举措，标志着通辽市步入了“一枚印章管审批”的新阶段，将对通辽市打造一流的营商环境、实现高质量发展产生积极的推动作用。

5月 通辽市网络安全及人工智能＋虚拟现实“产学研”一体化基地落户通辽职业学院。通辽市网络安全“产学研”一体化基地是通辽职业学院、通辽市委网信办、奇安信公司三方共同打造的网络安全实训演练中心和产学研一体的实践基地，在开设网络安全专业的同时为社会提供网络安全人才培养和相关技术服务支撑；通辽市人工智能＋虚拟现实“产学研”一体化基地是通辽职业学院、通辽市人社局、科大讯飞公司三方共建的人工智能与虚拟现实方向一体化创新基地，在服务教育教学的同时，三方将共同打造全市职业素养培训基地、人工智能成果转化基地和人工智能认证基地。

同月 由教育部、四川省人民政府主办的全国第六届大学生艺术展演活动中，内蒙古民族大学美育改革案例《民族地区高校美育服务社会的探索与实践——“暖阳”义教温润北疆大地贫困学子心灵》获一等奖。该案例由内蒙古民族大学“暖阳”义教公益助学团队指导教师尹科伟撰写，并受邀参会交流。该案例基于新时代高校美育工作背景，介绍了5年多来内蒙古民族大学“暖阳”义教公益助学团队扎根祖国北疆，为贫困家庭孩子和农民工子女开展义务教育帮扶的案例，阐述了团队通过开展“三馆”教育、文体活动、打造社区型教育等形式，将美育融入自主探索形成的“12345”教育帮扶体系中，引导广大义教师生在丰富多彩的活动中发现美、感受美、创造美，成为民族地区高校美育服务社会新路径的生动实践。

6月

2日 市乡村振兴局正式挂牌成立，标志着通辽市脱贫攻坚战全面胜利后，正式拉开巩固拓展脱贫攻坚成果同乡村振兴有效衔接帷幕，全面开启乡村振兴新征程。按照党中央统一安排部署，经市委、市政府批准，市扶贫开发办公室重组为市乡村振兴局，主要负责巩固拓展脱贫攻坚成果、统筹推进实施乡村振兴战略有关具体工作。

同日 通辽市“建党百年·追寻历史记忆　传承红色基因”大型主题采访活动启动仪式在科尔沁区人民公园烈士纪念碑前举行。该活动组建了集文字采写、图片拍摄、音视频报道、网络直播、新媒体产品制作于一体的全媒体采访报道团队，结合党史学习教育，以蹲点调研采访的形式，深入基层一线，沿着革命足迹寻访红色记忆，努力讲好党领导通辽革命、建设、改革发展的故事，多形式、多载体、多角度，全面展示建党百年来通辽发生的历史性变革和取得的伟大成就，为庆祝建党100周年营造良好氛围。

3日至4日 国务院发展研究中心党组书记马建堂率队到通辽市就经济社会运行及能耗双控等工作开展情况进行深入调研，并召开企业家座谈会。自治区副主席艾丽华参加调研并主持座谈会。市委副书记、市长郭玉峰，市委常委、副市长张鸿福参加调研和座谈会。

5日至6日 自治区党委常委、市委书记孟宪东到库伦旗、奈曼旗，围绕乡村振兴、产业发展、营商环境等重点工作开展调研。市领导马慧吉、张华、张海峰、布仁及市委办、农牧局、林草局负责人分别参加调研。

9日 全市革命文物工作会议召开。会议深入学习领会习近平总书记关于革命文物工作重要论述和重要指示批示精神，落实全区革命文物工作会议要求，对全市革命文物工作进行安排部署。市委常委、宣传部部长、库伦旗委书记马慧吉出席会议并讲话。副市长张怡主持会议。会上，市文化旅游广电局主要负责人通报并部署了2021年全市重点文物（革命文物）保护工作任务。科左中旗、扎鲁特旗、库伦旗，市财政局、住建局、公安局就文物保护工作开展情况、存在问题及下一步工作计划作交流发言。

10日 通辽市首个自治区内远程异地评标项目——通辽第五中学新建学生公寓楼项目监理顺利完成。市公共资源交易中心使用内蒙古自治区异地评标协调平台随机抽取自治区专家库呼和浩特市区域内3名技术类评标专家、通辽市区域内2名经济类专家，评标委员会成员使用远程异地评标系统、视频会议系统、多因子签章设备完成项目评标。本项目的顺利完成代表通辽市已经与自治区远程异地评标协调管理系统成功对接，可与完成对接的其他盟市进行远程异地评标。

11日 全市新冠肺炎和夏季重点传染病疫情防控工作电视电话会议召开，认真贯彻落实国家、自治区新冠肺炎和夏季重点传染病疫情防控工作视频会议的部署要求，坚决抓好新冠肺炎、夏季重点传染病及鼠疫防控工作，确保人民群众身体健康和社会秩序安全稳定。会上，对全市新冠肺炎、夏季重点传染病及鼠疫疫情进行了研判，对下一步全市疫情防控工作进行安排部署。

同日 市科技局在内蒙古汉恩生物科技有限公司举办通辽市企业科技特派员入驻企业启动仪式暨市级企业研究开发中心授牌仪式。认定内蒙古汉恩生物科技有限公司的“汉恩生物饲料研究开发中心”为通辽市企业研究开发中心，并授予牌匾和证书。通辽市首批企业科技特派员与入驻企业签订“通辽市企业科技特派员服务协议”。

16日 甘肃省政协副主席、平凉市委书记郭承录，中国农业科学院北京牧研所所长秦玉昌一行到通辽市就肉牛产业发展情况进行考察。副市长张海峰陪同考察。考察团先后赴内蒙古科尔沁牛业股份有限公司、伊胡塔黄牛交易市场、内蒙古科尔沁肉牛种业股份有限公司进行实地观摩。

17日至18日 全国人大常委会委员、全国人大农业与农村委员会副主任王宪魁一行到开鲁县就黑土地保护立法情况开展专题调研，并召开座谈会，听取通辽市黑土地保护利用情况汇报。自治区人大常委会副主任张院忠，市委副书记、市长郭玉峰，市人大常委会主任纪强，副市长张海峰，市人大常委会秘书长史厚纯等陪同调研并出席座谈会。

18日 “亮睛明眼”康复救治慈善医疗项目启动仪式在通辽朝聚眼科医院举行。该项目是由赤峰中慈国际交流中心捐资80万元，在通辽慈善总会设立的“亮睛明眼”康复救治慈善医疗基金，旨在对通辽市50岁以上相应病种的眼疾患者给予医疗补助，对50岁以下困难家庭同病种患者实施医疗救助。

同日 通辽市肉牛产业协会成立大会暨第一届第一次会员大会召开。会议审议通过了协会章程和会费标准，选举产生了第一届理事会理事，吴萌当选通辽市肉牛产业协会第一届会长。市农牧局、市农牧科学研究所负责人，内蒙古农业大学、内蒙古民族大学专家学者出席会议并致辞。肉牛产业协会与北京名蹊农业科技有限公司签订“数字化助力肉牛产业发展合作协议”，促进肉牛养殖走集约化、规模化和精细化的发展道路，将繁育、育肥、屠宰等各环节串联，提升产业链的整体效率，建设涵盖养殖、疫病防控、饲料、动保、检验检疫等产业数据平台，为肉牛产业发展提供数字化支撑。

19日 通辽市救助管理机构“开放日”活动暨民革法律援助工作站揭牌仪式在通辽市救助管理站举行。民革通辽总支部分党员、内蒙古润贤律师事务所全体员工、通辽市儿童福利院代表、内蒙古民族大学学生代表及各界群众代表参加活动。民革通辽总支在通辽市救助管理站设立法律援助工作站，为救助管理站依法解决救助工作中出现的法律问题，及时有效保护受助人员、未成年人的合法权益提供了坚强保障。

19日至21日 自治区党委常委、市委书记孟宪东带队赴浙江、江苏、河北等地考察对接项目、开展招商引资，为高质量发展赋能蓄力。市领导郝明胜及开鲁县、市直有关部门参加活动。

22日 自治区党委常委、市委书记孟宪东会见到通辽市考察的福耀集团董事长曹德旺，双方就加强交流、深化合作进行座谈。中国铸造协会会长张立波，市委常委、副市长张鸿福等参加。

同日 以“永远跟党走”为主题的通辽市庆祝中国共产党成立100周年群众大合唱活动，历经3个多月的筹备、排练和演出，在奥体中心广场举行集中展演。72支合唱团体、5000余名社会各界党员干部群众用音符编织岁月难忘的画卷，用歌声赞颂祖国辉煌的成就，赞美伟大的中国共产党，歌唱团结奋进的通辽儿女，表达对党的深情祝福，共同庆祝中国共产党百年华诞。

23日 自治区党委常委、市委书记孟宪东看望慰问新中国成立前老党员张桂兰和全国劳动模范、自治区优秀共产党员黄金峰，向他们致以亲切问候和崇高敬意。市委常委、组织部部长敖日格勒及有关地区和部门负责人参加。

24日 自治区政府金融工作办公室、通辽市政府主办，市金融办公室、中国人民银行通辽市中心支行、通辽银保监分局承办的金融支持通辽市高质量发展对接签约暨金融纠纷人民调解委员会及乡村振兴示范支行揭牌仪式举行。市委副书记、市长郭玉峰，自治区地方金融监督管理局副局长李国俭出席。会上，农业银行内蒙古分行、中信银行呼和浩特分行、上海浦东发展银行呼和浩特分行、兴业银行呼和浩特分行与通辽市签订战略合作协议，国开、浦发、中信、兴业4家自治区金融机构及8家驻市银行机构与通辽市56个项目，涉及金额279.41亿元的部分代表项目及企业签订了融资协议。农业银行内蒙古分行奈曼旗、开鲁县和科左后旗3家乡村振兴示范支行，通辽市金融纠纷人民调解委员会正式揭牌。与会领导为2020年通辽市金融支持地方经济社会发展先进单位颁奖，浦发银行等金融机构进行金融政策及产品发布。

同日 全市新冠肺炎疫情防控工作电视电话会议召开，贯彻落实国家、自治区新冠肺炎疫情防控工作电视电话会议精神，进一步科学精准做好常态化疫情防控，按计划扎实推进疫苗接种，确保人民群众身体健康和社会秩序安全稳定，为中国共产党成立100周年营造良好的社会环境。

26日至27日 自治区党委常委、市委书记孟宪东带队到山东龙马控股有限公司、中国东方电气集团有限公司，就风电装备制造基地项目进行考察对接。市委常委、副市长张鸿福及有关地区和部门负责人陪同考察。

27日 通辽日报社与科尔沁牛业智库战略合作伙伴签约仪式暨科尔沁牛品牌宣传专家座谈会在通辽日报社举行。根据协议，通辽日报社与内蒙古科尔沁牛业股份有限公司将本着“优势互补，互惠互利，协同发展”的原则，充分运用通辽日报社图、文、音、视各方面资源，依托报晓传媒智库，集中各方智慧、凝聚各方力量，为“科尔沁牛”商标品牌做好全媒体广告、宣传及策划服务。签约仪式上，正式聘任内蒙古科尔沁牛业股份有限公司董事长李和为通辽日报社报晓传媒智库专家。

28日 “百年丰碑——哲里木版画优秀作品展”开幕式在科尔沁版画艺术中心举行。市领导王琼、马慧吉、于沨、李艳荣出席活动开幕式。由50余位版画家根据题材进行主题创作，以建党百年为故事主线，以历史故事、英雄人物及时代楷模为主题，用版画形式表现中国共产党艰苦卓绝的斗争历史和取得的辉煌成就，分为南湖曙光、草原星火、热血北疆、万马奔腾、时代楷模、绿水青山、小康之路七个篇章。该作品展在通辽市是首次展出。

29日 中国共产党通辽市第五届委员会第十二次全体会议召开。会议审议通过《关于召开中国共产党通辽市第六次代表大会的决议》《中共通辽市纪律检查委员会关于李奎严重违纪违法问题的审查报告》《中共通辽市纪律检查委员会关于王会阁严重违纪违法问题的审查报告》，对市委常委会会议给予李奎、王会阁开除党籍处分的决定予以追认。会议由市委常委会主持。市委委员、候补委员出席会议。自治区党委常委、市委书记孟宪东讲话。

同日 通辽市塞外红苹果正式获颁中国森林认证证书，标志着塞外红苹果成为内蒙古自治区首个通过森林认证的经济林树种。森林认证的机构是中国森林认证委员会（CFCC），是中国森林认证体系（CFCS）最高管理机构，日常工作由国家林业和草原局科技发展中心认证处负责，技术及科研工作主要依托于全国森林可持续经营与森林认证标准化委员会（TC360）及中国林科院等科研院所。认证范围涉及通辽市科尔沁区信禾农机种植专业合作社、通辽市科尔沁区孙恒农牧业专业合作社等单位，69户种植专业户，总认证面积1737.9亩。

6月 著名书法家何奇耶徒将自己创作的巨幅书法《中国共产党人的初心使命就是为中国人民谋幸福为中华民族谋复兴》和大幅书法《人民有信仰 民族有希望 国家有力量》《浪淘沙·北戴河》《清平乐·会昌》《卜算子·咏梅》，五幅书法作品，无偿捐赠给通辽市。

同月 在2021年全国职业院校技能大赛吉林赛区农机维修项目比赛中，自治区农机维修参赛代表队队员、奈曼旗民族职业中等专业学校学生鲍国军在指导教师刘艳军的带领下，与来自全国各省、自治区、直辖市和新疆生产建设兵团中职学校的27名选手进行角逐，获三等奖。

7月

6日 中国海洋发展基金会捐建通辽第五中学海洋图书馆揭牌仪式在通辽第五中学报告厅举行。中国海洋发展基金会理事长吕滨出席活动。副市长张怡出席并致辞。通辽第五中学是基金会捐建的第30所海洋图书馆学校，为内蒙古第一所。仪式上，中国海洋发展基金会向通辽第五中学捐赠了价值20万元的海洋类图书，并为“通辽第五中学海洋图书馆”揭牌。

7日至9日 苏州市政协主席、党组书记周伟强率苏州市政协考察团到通辽市考察。自治区党委常委、市委书记孟宪东参加活动。市领导郭玉峰、吕永成、王琼、张鸿福、张海峰、盛勤等陪同考察或参加座谈会。考察团一行先后深入霍林郭勒市、扎鲁特旗、科左中旗，实地考察了通辽市铝后加工、生态建设及生物多样性保护、文化旅游等绿色特色产业发展情况，并就进一步深化交流合作召开座谈会。

8日 “礼赞建党百年 传承红色基因”红色历史进校园报告会在内蒙古民族大学举行。内蒙古骑兵革命史研究会会长阿木兰教授，兴安盟人大离休干部乌力吉图受邀作报告。市委宣传部、内蒙古民族大学、科尔沁文化发展传播基地有关领导及内蒙古民族大学学生代表200余人出席。报告会上，结合丰富的史料和生动的故事，阿木兰以“内蒙古骑兵的理想和价值”为题，深入解读内蒙古骑兵精神，讲述内蒙古骑兵的英雄事迹；92岁高龄的乌力吉图回忆内蒙古“五一大会”历史，讲述了1947年内蒙古自治政府成立时发生的红色故事。阿木兰还向全国社会科学普及基地——科尔沁文化发展传播基地赠送《孔飞风雨坎坷六十年——新中国开国蒙古族将军孔飞传记》。

同日 通辽市“光明行慈善医疗救助行动”项目捐赠仪式在通辽市举行。湖南爱眼公益基金会代表向通辽慈善总会捐赠人民币112万元。捐赠款项继续用于通辽市实施的“光明行慈善医疗救助行动”项目。该项目是由湖南爱眼公益基金会于2019年捐资发起，通辽慈善总会立项，惠及通辽市城乡贫困家庭白内障、胬肉、青光眼等眼疾的患者。

10日 市文化旅游广电局主办的“科尔沁非遗·传统美术展”在市乌力格尔艺术馆开展。该展览囊括科尔沁皮雕画、版画、蒙古文书法、科尔沁刺绣、科尔沁服饰、皮影、剪纸、蒙古族图案、毛雕画等通辽地区传统美术类非物质文化遗产代表性项目，其中包括通辽市铸牢中华民族共同体意识《党旗颂》蒙古文书法大赛中入围的100幅作品，展出美术作品130余幅（件）。

同日 2021年内蒙古网红打卡地发布会在呼伦贝尔大草原莫日格勒河举办，现场发布了66个“内蒙古网红打卡地”，通辽市有3处景点1条线路获评，即孝庄园旅游区、哈民遗址公园、麦新烈士纪念馆和科尔沁500千米风景大道。

12日 通辽乡村振兴学院暨旗（县、市、区）乡村振兴服务中心揭牌仪式在通辽职业学院举行。自治区乡村振兴局巡视员高洪飞，市委副书记、政法委书记方玉东共同为通辽乡村振兴学院揭牌。市领导郭建伟、张海峰、徐宝君等出席揭牌仪式。副市长张海峰讲话。通辽市通过整合各级涉农教育和培训资源，在通辽职业学院成立通辽乡村振兴学院，是全区首个地市级乡村振兴学院，是新时代创新“院校—地方”合作模式的一次积极探索，更是践行“乡村人才振兴”战略的重要举措。

同日 受国家档案局委托，自治区档案局局长、档案馆馆长张琛率试点项目验收专家组到通辽市开展档案工作服务农村基层社会治理全国试点项目验收。自治区档案局副局长、档案馆副馆长张帅参加验收。验收组一致同意试点项目通过验收。2019年10月，通辽市被选定为“档案工作服务农村基层社会治理”全国试点地区，具体地点设在扎鲁特旗乌力吉木仁苏木及苏布日根塔拉嘎查、白音图门嘎查、召日格村和乌日根塔拉农场及三分场。档案工作服务农村基层社会治理试点是由国家档案局会同民政部共同组织开展的，在全国共确定了7个整体试点地区和17个个别试点地区，通辽市是全区唯一入选的试点地区。

13日 市委副书记、市长郭玉峰深入科左后旗检查指导防汛工作。郭玉峰先后到查日苏镇东五家子水库、双胜镇东辽河三江渠首、陈斯岭险工、东西辽河河道堤防管理所，实地查看防汛情况，详细了解沿线水情汛情变化及防汛工程加固修缮等情况，并走上东辽河堤坝实地查看河流水位，仔细询问往年过境水位流量和现状、群众应急保障及防汛物资储备等情况，现场听取防汛工作准备情况汇报。市政府办公室、市水务局、市气象局、市财政局、市应急管理局及科左后旗有关负责人陪同调研。

13日至25日 由市政府主办，市委宣传部、市文化旅游广电局承办的庆祝中国共产党成立100周年全市乌兰牧骑文艺会演在辽河剧院举行。该演出活动围绕庆祝中国共产党成立100周年，学习贯彻习近平总书记“七一”重要讲话精神，促进乌兰牧骑创作创新能力和队员“一专多能”技能的提升，组织全市各国有文艺院团、乌兰牧骑精品节目开展专场文艺演出。会演包括开幕式文艺演出、旗县乌兰牧骑专场文艺演出、交流演出、颁奖晚会等11场文艺演出，以人民群众喜闻乐见的文艺形式，坚持创造性转化、创新性发展，使会演更加丰富多彩。特邀请赤峰市喀喇沁旗乌兰牧骑参与会演，以此加强区域间文化交流互鉴。

16日 内蒙古自治区卫生健康委员会和内蒙古云曙碧公益基金会在通辽市第二人民医院举行庆祝中国共产党成立100周年暨向援鄂抗疫医疗卫生人员颁发“云曙碧精神奖”大会，向通辽市49名援鄂医疗卫生工作者颁发“云曙碧精神奖”。内蒙古自治区卫生健康委员会、内蒙古云曙碧公益事业基金会、通辽市卫生健康委员会相关负责人及通辽市支援湖北医疗卫生队队员参加会议。

19日 市委统一战线工作领导小组召开2021年第一次会议，传达学习《中国共产党统一战线工作条例》和汪洋主席在内蒙古自治区民族工作座谈会上的讲话精神以及自治区党委统一战线工作领导小组有关会议精神，审议有关文件，研究部署下一阶段重点工作。自治区党委常委、市委书记、市委统一战线工作领导小组组长孟宪东主持并讲话。领导小组副组长王琼、希日巴拉、金孟和出席会议。会议审议了《中共通辽市委统一战线工作领导小组工作规则》《通辽市关于铸牢中华民族共同体意识大学习大培训大宣讲工作方案》，听取了《中央第八巡视组对内蒙古开展常规巡视反馈意见的整改方案》中关于加强和改进民族工作专项整改落实情况的汇报。

21日至22日 赤峰市委书记万超岐，市委副书记、市长王旺盛率赤峰市党政代表团到通辽市考察，共同谋划区域协作大计、共同商讨协同发展路径。自治区党委常委、市委书记孟宪东，市委副书记、市长郭玉峰，自治区发改委副主任张永军，自治区生态环境厅副厅长、一级巡视员杜俊峰，自治区交通运输厅副厅长李喜，自治区林草局副局长陈永泉参加有关活动。双方签署两地协同发展合作备忘录。根据双方签署的合作备忘录，通赤两地将坚持优势互补、互利合作、共同发展的原则，围绕生态环保方面互动共治、产业升级方面互促共进、基础设施方面互联共建、公共服务方面互通共享等4大领域开展29个方面的务实合作，共同推动两地经济社会实现高质量发展。

22日 世界首台120吨级纯电动交流传动矿用电动轮自卸车在国家电投内蒙古公司（内蒙古霍林河）南露天煤矿交付使用。这台120吨级纯电动交流传动矿用电动轮自卸车由湖南省湘潭市老牌国企湘电集团有限公司研制。该车集成纯电动力系统、能量管理系统和交流传动系统，使用动力电池替代传统柴油机为动力源，充电1小时可连续工作8小时，相比传统燃油百吨级车，能耗降低50%，运行维护保养成本降低20%，实现“零排放”。

22日至25日 内蒙古自治区教育厅、自治区体育局、共青团内蒙古自治区委员会主办，通辽市政府承办的内蒙古自治区第十五届中学生运动会在通辽实验中学举行。自治区副主席郑宏范出席开幕式并宣布运动会开幕。自治区教育厅厅长黄雅丽致开幕辞。历时两个阶段12天，来自12个盟市代表队的1700余名教练员、运动员参加田径、篮球、足球、排球、乒乓球、健美操、武术、搏克、毽球、跳绳10个大项的比赛。包头市、鄂尔多斯市、呼和浩特市、赤峰市、通辽市、呼伦贝尔市、兴安盟、乌兰察布市代表队获团体总分前八名。大会还为通辽市教育局、通辽一中、通辽实验中学、通辽五中、通辽市工业职业学校、新雅运动公园颁发了优秀组织奖，为呼和浩特市代表队、通辽市代表队等12支队伍颁发了体育道德风尚奖。

24日 通辽市政府、中国学生营养与健康促进会、内蒙古蒙牛乳业（集团）股份有限公司联合主办的2021中国学生营养与健康发展大会在通辽市举行。以“点滴营养，绽放每个未来；健康通辽，与你共筑明天”为主题。国家卫生健康委食品司副司长田建新，副市长缪增位，中国学生营养与健康促进会会长陈永祥，中国青少年发展基金会副理事长、秘书长梅峰，内蒙古蒙牛乳业（集团）股份有限公司高级副总裁、常温事业部负责人高飞等出席并致辞。会上，市政府、中国学生营养与健康促进会、内蒙古蒙牛乳业（集团）股份有限公司共同启动了学生营养普惠食育基地共建项目。来自北京、天津、重庆、河南、河北、浙江、云南、贵州、广州、陕西等20个省市学生营养与健康领域专家，教育、卫生、农业等部门负责人，高校、科研机构、社会组织、企业等相关专业人员以及市有关部门中小学负责人等400余人参加会议。

26日 由科左后旗消防救援大队与德克士餐厅联合打造的“消防主题餐厅”正式亮相，作为通辽市首家消防主题餐厅，“消防主题餐厅”整体设计紧扣“关注消防，生命至上”的主题，是一家集日常餐饮、消防元素展示、消防常识学习于一体的多功能餐厅，通过简单、直观、生动有趣的设计风格，实用的消防知识和可爱的消防卡通造型等消防元素随处可见。让顾客在品尝美食的同时，知晓更多消防安全知识。

26日至29日 第四届中国北方希望之星数学夏令营活动在通辽第五中学举行。北方希望之星数学夏令营是北方地区各优秀中学参与的一项全新的数学竞赛活动，由老一辈数学家裘宗沪先生倡议发起，旨在通过夏令营系列活动，促进北方地区各中学的数学交流与合作，提升北方地区中学的数学水平。

29日 市政府召开全市防汛救灾应急处置紧急视频调度会议。市委常委、常务副市长张鸿福讲话，副市长、市公安局局长王勇出席会议。会上，市气象局分析研判了未来几天天气情况，市住建局安排部署了城市排水抢险相关工作，市应急管理局安排部署了应急救灾相关工作。

同日 由中国美术家协会版画艺术委员会、通辽市委宣传部、通辽市文学艺术界联合会、通辽市委史志办主办，通辽市美术馆、通辽市美术家协会承办的“百年丰碑——哲里木版画精品展” 在中国美术馆开幕。这是哲里木版画继1983年第一次于中国美术馆展出之后，时隔38年，再一次荣登中国美术艺术最高殿堂。中国文联办公厅副主任汪泽，中国文联美术艺术中心副主任李伟，中国美术馆副馆长安远远等嘉宾出席开幕式。市政协主席吕永成，清华大学美术学院教授、中国美协版画艺委会副主任代大权等致辞。参展作品创作背景年代跨度大、题材较为丰富，共分为南湖曙光、草原星火、热血边疆、万马奔腾、时代楷模、绿水青山、幸福之路7个篇章，以建党百年为故事主线，以历史故事、英雄人物及时代楷模为主题，用版画的艺术形式再现中国共产党成立100年来取得的辉煌成就。在全国美术界，“百年丰碑”是首个以建党百年为故事主线，用版画艺术形式呈现中国共产党践行初心和使命，带领全国各族人民开创中国特色社会主义伟大事业的集体创作项目。同时，《百年丰碑——哲里木版画晋京优秀作品集》在全国各地发行。

同月 国家民委“一带一路”国别和区域研究中心内蒙古民族大学中东研究中心揭牌仪式暨中东区域国别研究学术研讨会在内蒙古民族大学举行。中国中东学会会长、清华大学国际与地区研究院院长、中国社科院西亚非洲研究所原所长杨光研究员，中国非洲研究院副院长、中国社科院西亚非洲研究所副所长、中国中东学会副会长兼秘书长王林聪研究员，中华人民共和国前驻埃及、驻沙特阿拉伯大使、前中国政府中东问题特使吴思科，中华人民共和国前驻土耳其大使、前中国政府中东问题特使宫小生，宁夏大学阿拉伯国家研究院院长、中国现代国际关系研究院前副院长李绍先等出席。来自北京、上海、西安、杭州等地及全国高校、研究机构、媒体的知名专家学者参加会议。 会上，与会嘉宾为国家民委“一带一路”国别和区域研究中心内蒙古民族大学中东研究中心揭牌，该校有关负责人为中心学术委员会委员颁发聘书。研讨会由内蒙古民族大学世界史研究所所长、中东研究中心主任王泰教授主持，分别邀请杨光、李绍先、王林聪作了题为《世界能源结构的变化对中东经济社会发展的挑战》《中东乱局及其应对》《中东国家的政治安全问题》的主题报告。该研究中心的获批，标志着内蒙古民族大学世界史学科在服务“一带一路”、智库建设等方面又取得了新的突破，是世界史学科坚持学术本位、发挥基础研究特色和优势、服务国家战略的重要成果。

8月

1日 全市新冠肺炎疫情防控工作紧急电视电话会议召开。会议贯彻落实全区疫情防控指挥部调度会议精神，通报近期疫情形势和市疫情防控指挥部察访的情况，对当前通辽市疫情防控工作进行再安排、再部署。市委副书记、市长、市疫情防控指挥部总指挥郭玉峰出席会议并讲话。市委常委、常务副市长、市疫情防控指挥部副总指挥张鸿福主持会议。副市长、市公安局局长、市疫情防控指挥部副总指挥王勇，副市长、市疫情防控指挥部副总指挥曹金山出席会议。市疫情防控指挥部成员单位主要负责人在主会场参会，各旗（县、市、区）相关人员在分会场参会。

4日 通辽市政府与内蒙古农业大学举行市校战略合作框架协议签约仪式。自治区党委常委、市委书记孟宪东，内蒙古农业大学校长高聚林出席并讲话，市委副书记、市长郭玉峰介绍通辽市经济社会基本情况。副市长曹金山主持。签约仪式上，高聚林、郭玉峰分别代表双方签署《市校战略合作框架协议》。根据协议，双方将围绕建设内蒙古农业大学乡村振兴研究院通辽分院、农牧业人才培养和玉米种源基地建设、培育壮大林果经济、发展旱作农业、农畜产品精深加工等方面开展务实合作。

6日 自治区党委常委、市委书记孟宪东到开鲁工业园区，就园区建设发展进行实地调研并现场办公。市领导郭玉峰、张鸿福、牛文俊等参加并提出具体意见和要求。孟宪东一行先后到开鲁工业园区管委会、凯源生物、污水处理厂、中水回用工程、圣雪大成热电联产项目等地，详细了解园区规划建设及项目推进等情况，现场研究解决园区建设、项目推进中遇到的具体问题，要求开鲁县及市直相关部门要按照商定解决方案，加强沟通协调，持续用力、一抓到底，确保问题限期解决到位。

同日 内蒙古自治区政府网站公布《内蒙古自治区开发区审核公告目录（2021年版）》。通辽市6家工业园区列入《公告目录》，其中一类工业园区2个、二类工业园区4个，是由通辽市原有独立运行并纳入自治区工信厅运行监测平台的园区优化整合而成。一类园区为内蒙古霍林郭勒高新技术产业开发区、内蒙古通辽经济技术开发区，二类园区为内蒙古通辽科尔沁工业园区、内蒙古通辽奈曼工业园区、内蒙古通辽承接产业转移开发区、内蒙古通辽开鲁生物医药开发区。

6日至8日 “政府和投融资新逻辑”视频讲座培训班举行。自治区党委常委、市委书记孟宪东，中国光大银行呼和浩特分行党委副书记、副行长李志强，市领导郭玉峰、方玉东、纪强、吕永成参加。市委副书记、政法委书记方玉东讲话。市委常委、常务副市长张鸿福主持。讲座培训班邀请薄著作专题辅导。薄著系国家发改委特许经营法立法专家组成员，财政部中国PPP基金投资审核委员会委员，国际信贷分析师协会标准委员会委员，全国银行审批人论坛创始召集人，工隆建通智库首席专家、研究院院长。培训班以课前闭门会和专题辅导讲座相结合的方式进行。

9日 国家能源集团内蒙古电力有限公司、内蒙古科尔沁牛业股份有限公司牧光互补项目合作开发签约仪式举行。国家能源集团内蒙古电力有限公司、内蒙古科尔沁牛业股份有限公司领导及有关方面专家出席签约仪式。国家能源集团内蒙古电力有限公司和科尔沁牛业合作开展“牧光互补”项目建设，将光伏发电应用到促进肉牛养殖业转型、肉牛屠宰加工节能降碳上，可以养护牧场，提供充足饲料，改善园区周边生态环境，获取肉牛产业及光伏发电双份收益，极大丰富绿色能源产业的内涵，实现合作双方的共赢。

10日 自治区党委常委、市委书记孟宪东到基层派出所、医疗机构等地，调研检查疫情防控工作，强调要深入学习贯彻习近平总书记关于疫情防控的重要指示精神，按照中央和自治区党委部署要求，把疫情防控作为当前工作的重中之重，从严从实从细落实各项防控举措，坚决守住来之不易的防控成果，全力保障人民群众生命安全和身体健康。市领导王勇、曹金山及科尔沁区、市直有关部门负责人参加。

16日 中国共产党通辽市第五届委员会第十四次全体会议举行。出席全会的市委委员30人，候补委员7人。市有关领导、纪委常委监委委员和有关方面负责人，部分市第五次党代会基层代表列席会议。会议由市委常委会主持。自治区党委常委、市委书记孟宪东讲话。全会审议通过了《中共通辽市委员会关于贯彻落实自治区党委〈决定〉推动学习贯彻习近平总书记在庆祝中国共产党成立100周年大会上的重要讲话精神走深走实的实施意见》，分析当前发展形势，部署下一阶段重点任务。孟宪东就《实施意见（讨论稿）》向全会作了说明。

18日 市农牧局、市科技局、中国农业机械化科学研究院呼和浩特分院有限公司签署农牧业科技战略合作协议。副市长缪增位出席签约仪式并致辞，中国农业机械化科学研究院呼和浩特分院有限公司党委书记、董事长王振华，市政府办公室、市科技局、市农牧局、市农牧科学研究所负责人参加签约仪式。该农牧业科技战略合作本着优势互补、共谋发展、互惠互利、实现共赢的原则，旨在推进通辽市现代农牧科技创新与机械化装备升级，全面提升农牧业科技创新水平，推动农牧业绿色高质量发展。

同日 通辽市乌兰牧骑民兵连组织整顿暨成立大会举行。通辽市乌兰牧骑民兵连正式组建完成，将肩负起“平时服务、急时应急、战时应战”的光荣使命，既是贯彻落实党中央、中央军委关于国防和军队改革决策部署的重要举措，也是通辽市委、市政府加强国防后备力量建设的又一项实际行动。

19日 通辽市志愿者商

佳丽在自治区红十字会造血干细胞捐献采集室顺利捐献造血干细胞。成为自治区第117例、通辽市第11例成功捐献造血干细胞的爱心志愿者。

24日 中国石油大学（华东）校长、中国科学院院士郝芳一行就定点帮扶工作到通辽市调研并召开座谈会。市委副书记、政法委书记方玉东，副市长缪增位陪同调研或参加座谈。双方签订《定点帮扶引进资金使用协议》及《定点帮扶专项资金使用协议》。

26日至27日 通辽市第四届群众性练兵比武竞赛活动举行。市委常委、常务副市长张鸿福出席开幕式并讲话。该比武竞赛设置3000米跑、实弹射击、手榴弹投远、单兵战术、军事教学法、野战炊事、卫生救护、装备维修、无人机侦查9个竞赛科目，来自全市8个旗（县、市、区）的人武部干部、专武干部、民兵干部和民兵应急班成员参加此次竞技。

8月 自治区公布国家乡村振兴重点帮扶县名单，通辽市库伦旗、呼伦贝尔市鄂伦春自治旗，兴安盟科右中旗、扎赉特旗、科右前旗，赤峰市巴林左旗，锡林郭勒盟正镶白旗，乌兰察布市商都县、化德县、四子王旗10个旗县入列国家乡村振兴重点帮扶县。

同月 市农牧局主办的第一届通辽市农村牧区创业创新项目创意大赛举行，全市农牧业合作社、农牧业龙头企业和返乡创业创新的新型农牧民等众多农村牧区创业创新者参赛。该赛项目涵盖种植养殖、农畜产品加工销售，也包括健康产业、休闲农牧业等新领域新业态。参赛选手们通过PPT展示、演讲、现场答辩等环节精彩演绎创新创业故事。大赛评出一等奖2名，二等奖6名，三等奖8名。

同月 自治区政府印发《内蒙古自治区人民政府关于2020年度自治区科学技术奖励的决定》，通辽市林业和草原科学研究所完成的“优质小苹果——塞外红选育及配套栽培技术研究”和辽河石油勘探局有限公司通辽铀业分公司、中油辽河油田公司勘探开发研究院、中核通辽铀业有限责任公司完成的“开鲁坳陷钱家店地浸砂岩型铀矿勘探关键技术与超大型铀矿床发现”两项科技成果均获得自治区科学技术进步二等奖。

同月 由全国少儿足球联盟执行委员会、山东省足球运动协会、辽宁省足球运动协会联合主办的2021年中国枣庄第十届“未来之星杯”全国少儿足球锦标赛暨首届全国小学生“坛山体育”足球夏令营在枣庄市峄城区体育场落下帷幕。通辽足球运动中心选派的通辽市足球小将精英队获得U7组别冠军、U7/U8混编组季军。

9月

1日 自治区党委常委、市委书记孟宪东会见金风科技公司董事长武钢一行，双方就项目合作框架协议的执行情况及加强其他领域合作交流进行了深入探讨。市领导张鸿福、莫日根巴图、牛文俊出席座谈会。

同日 自治区科技厅公布首批科技攻关类“揭榜挂帅”科技项目榜单。通辽氢驱动力科技有限公司的技术攻关需求项目《氢燃料转子发动机开发》进入榜单。

同日 全市银行现金消毒监测系统正式上线运行。

2日 全市以案促改全面修复净化政治生态集中专项行动动员会召开。自治区党委常委、市委书记孟宪东出席并讲话，自治区纪委副书记、监委副主任王月胜到会指导，市委副书记、市长郭玉峰原文传达《自治区纪委监委关于通辽市政治生态剖析报告》，市委副书记、政法委书记方玉东主持会议，市委常委、纪委书记、监委代主任亢永强解读《市委关于在全市深入开展以案促改全面修复净化政治生态集中专项行动的意见》。市委、人大常委会、政府、政协领导及法检两长出席会议。

3日 全市市域社会治理现代化暨社会心理服务体系建设现场会在库伦旗召开。市委副书记、政法委书记方玉东讲话，市委常委、库伦旗委书记马慧吉致辞，副市长曹金山主持会议并安排部署严重精神障碍患者管控工作。与会人员赴库伦旗矛盾纠纷化解服务中心、福缘寺社区、库伦镇小学、先进苏木等地进行实地观摩。

库伦旗、霍林郭勒市分别作典型发言；市卫健委汇报全市社会心理服务体系建设情况，市教育局汇报全市教育系统心理健康服务工作情况；为通辽市“知行”社会心理志愿服务队授旗，志愿服务队代表在大会上发言。

4日至6日 自治区党委常委、市委书记孟宪东率通辽市考察团赴赤峰市、朝阳市考察，学习先进经验、开阔视野思路、巩固深化友谊、共商合作发展。赤峰市委书记万超岐，赤峰市委副书记、市长王旺盛，朝阳市委书记、市人大常委会党组书记张淑萍，朝阳市委副书记、市长谢卫东等陪同考察。

6日至20日 市委、市政府及通辽经济技术开发区党工委、管委会上下联动、合力攻坚，对碧桂园小区占用公共空间违法建筑依法依规进行助拆。市城市管理综合行政执法局、市自然资源局、市住建局、市公安局及开发区相关部门组成碧桂园小区违法建筑集中整治行动拆除执行专班，按照市政府《关于碧桂园小区违法建筑集中整治行动方案》要求，先对居民群众反映强烈、占用公共用地和设施、影响公共和消防安全、不符合城乡规划的违法建（构）筑物开展助拆行动。小区内违法建筑涉及住户1000余户，面积达6万多平方米。

7日 自治区党委常委、市委书记孟宪东会见内蒙古能源发电投资集团党委书记、董事长何雨春，双方就加强能源项目建设事宜进行座谈交流。市委常委、常务副市长张鸿福出席。

同日 通辽市公益事业发展中心发起，市教育局、市文明办、共青团通辽市委员会、市红十字会联合主办，市公益事业发展中心、科尔沁艺术职业学院学生工作处、市青少年宫承办，市地震局、市食品药品监督管理局协办的2021通辽市“救在身边·校园守护”暨“平安校园·星光护航”大型公益活动在通辽五中启动。该公益项目实施时间为9月7日至12月31日。培训内容包括应急救护知识普及、地震知识普及、交通法规知识普及、网络安全知识普及、消防知识普及、禁毒知识普及、食品药品安全知识普及、心理健康知识普及。全市各中小学、幼儿园的校医或分管校园安全教师以及学生按照课程安排时间参与培训。

8日 内蒙古开鲁农村商业银行股份有限公司正式挂牌开业。内蒙古开鲁农村商业银行股份有限公司将恪守服务“三农三牧”、民营小微和社会民生的宗旨，聚焦主责主业，服务实体经济，履行乡村振兴金融主力军的使命担当，践行“融通千行百业、普惠小微万众”的经营理念。

9日 科尔沁牛业股份有限公司与内蒙古卫星科技股份有限公司签署青贮玉米收购战略框架协议。科尔沁牛业和内蒙古卫星科技强强联手，将在土地流转、玉米种植服务，青贮玉米收购、加工、存储等方面开展战略合作，通过将农民碎片土地流转成为大面积土地，为现代化农机作业做好基础工作。科尔沁牛业提供代种、代耕、代收等大型农机现代化作业服务，流转土地10万亩，带动周边农民统一种植青贮玉米，年收购青贮玉米饲料40万吨。每亩预期比种植玉米增收200～300元，惠及农牧民2000多户。

10日 全市中央定点帮扶单位助力乡村振兴工作座谈会在市行政中心召开。会议通报全市脱贫攻坚与乡村振兴相互衔接工作进展情况，听取挂职干部工作情况，研究部署下一步定点帮扶工作。市委副书记、政法委书记方玉东主持座谈会并讲话。市直有关部门汇报了中央各单位帮扶工作推进情况。国家自然科学基金委、中国科学院、北京交通大学、中国石油大学、中国政法大学、北京化工大学6家中央定点帮扶单位作交流发言。

同日 “通辽市重点实验室”授牌仪式暨“通辽市重点实验室”科技创新工作交流会在通辽职业学院举行。通辽市玉米育种重点实验室、通辽市抗旱作物遗传育种与种质创新重点实验室、通辽市耕地质量保护与提升重点实验室、通辽市动物疾病检验检疫蓝博动检实验室、通辽市“药食同源”功能性食品研究与开发重点实验室、通辽市铝及铝合金材料检测重点实验室、通辽市肉牛繁殖生物技术重点实验室、通辽市煤电铝绿色发展企业重点实验室、通辽市有色金属冶炼及铝压延加工联晟新材重点实验室、通辽市肉品加工与质量安全控制重点实验室等10家实验室被认定为“通辽市重点实验室”，涉及农作物、动检、肉牛繁育、有色金属冶炼、绿色能源等方面，将对优化通辽市技术创新平台建设，提高自主创新能力，加强人才培养和技术研发等起到积极促进作用。

11日 市科学技术协会联合市委宣传部、市教育局、科学技术局、市自然资源局、市生态环境局、市水务局、市农牧局、市卫生健康委员会、市应急管理局共同主办的2021年通辽市全国科普日活动启动仪式在市民广场举行。副市长缪增位出席启动仪式并讲话。活动主题为“百年再出发，迈向高水平科技自立自强”。9月11日至17日，全市各旗（县、市、区）将围绕会议主题，通过多方联合、线上线下融合、优质资源整合的方式，围绕碳达峰碳中和、青少年科技教育、科技资源科普化、水利、乡村振兴、卫生健康、应急等专题打造内容丰富的科普活动，掀起科普活动热潮。

13日 市残疾人联合会、市文化旅游广电局、市教育局主办的通辽市首届残疾人文化周系列活动——“携手新征程 书写新画卷”残疾人书画手工艺作品展开展。市领导方玉东、李志刚、檀志军出席开幕式并参观展览。来自全市8个旗（县、市、区）、1个经济技术开发区及通辽市特殊教育学校的艺术家、老师、学生、业余爱好者68人参展，最小年龄10岁、最大年龄69岁。共展出作品143件。作品立足当下、彰显自强、主题鲜明、风格多样，展现了残疾人对艺术的热爱、对生活的乐观、对未来的向往。首届残疾人文化周系列活动采用线上线下相结合的方式，将陆续开展残疾人文学作品线上朗诵展播、残疾人书画手工艺作品线上展播和残疾人文艺演出。

同日 市委农村牧区工作领导小组2021年第一次全体会议召开，传达学习习近平总书记关于农村厕所革命重要指示精神、全国农村厕所革命现场会精神和全区巩固拓展脱贫攻坚成果同乡村振兴有效衔接工作推进会精神，贯彻落实市委五届十四次全会精神，通报中央、自治区党委1号文件精神贯彻落实情况，全国农村牧区户厕问题排查整改工作进展等情况，审议相关文件，安排部署下一步工作。市委副书记、政法委书记方玉东主持并讲话。

15日 市政府与内蒙古淳点控股集团举行座谈会暨签约仪式。双方围绕开展沙棘项目合作进行深入交流。自治区党委常委、市委书记孟宪东，内蒙古淳点控股集团董事长毕书杰讲话并见证签约。内蒙古淳点控股集团总裁郝敏，市委常委、常务副市长张鸿福，市委常委、秘书长莫日根巴图出席。内蒙古淳点控股集团分别与通辽市政府、开鲁县政府、科左中旗政府签署合作协议，计划总投资12亿元建设沙棘健康生态全产业链综合利用开发、生物科技等项目，努力将沙棘健康生态全产业链综合利用开发打造成通辽市特色优势产业，助力乡村振兴、推动经济高质量发展。

同日 通辽辖区首家景区移动支付便民示范街在大青沟景区建成。

17日 通辽市举行“天涯共此时，同叙家国情”港澳台侨代表人士2021年中秋茶话会。驻市港澳台同胞及其亲属、归侨侨眷、归国留学人员等30多名代表人士欢聚一堂，喜迎国庆、中秋佳节。市委常委、统战部部长赵航，市政协副主席金孟和出席茶话会。

18日 通辽军分区、市退役军人事务局和开发区党工委、管委会联合举办的“迈向强军新征程 军民共筑强军梦”第21个全民国防教育日主题活动在通辽红军小学举行。参加人员参观通辽红军小学“红色文化育人长廊”，了解党的发展历程和英雄楷模的先进事迹，通辽军分区授予通辽红军小学“军民共建民族团结示范校”牌匾，并在通辽红军小学成立“八一爱民助学基金”。

25日 市委、市政府召开全市招商引资和项目建设暨优化营商环境推进大会。自治区党委常委、市委书记孟宪东出席并讲话，强调要突出针对当前通辽发展的现实困境、薄弱环节和迫切需要，进一步解放思想、更新观念，全面强化工作措施，充分调动各方力量，在经济建设主战场集中打一场扭转困局的反击战、盘活全局的突围战、开辟新局面的总体战。市委、市人大常委会、政府、市政协领导和法检两长出席。市委副书记、市长郭玉峰主持会议。市委常委、常务副市长张鸿福就下一步优化营商环境工作进行安排部署，副市长牛文俊就《通辽市2021—2022年招商引资和项目建设实施方案》作解读。会上，科尔沁区、科左中旗、科左后旗、奈曼旗主要负责人作表态发言。会议以视频形式召开，市直部门、国有企业、驻外机构主要负责人，中区直企事业单位及金融机构主要负责人，市区域经济合作局、行政审批和政务服务局相关干部，承担招商引资任务的市直部门工作专班人员在主会场参加会议，各旗（县、市、区）设分会场。

同日 维多利摩尔城开业。维多利摩尔城商贸综合体项目投资4亿元，建筑面积约8万平方米。该项目的投入使用，进一步提升了新城区群众的购物体验，丰富了市民的业余生活。

26日 自治区党委常委、市委书记孟宪东会见到通辽市考察的华润集团党委委员、副总经理陈小军。内蒙古环投集团党委书记、董事长李剑，市领导张鸿福、牛文俊、钟卫华出席。

同日 由通辽市民族事务委员会、通辽市教育局主办，通辽市书法家协会、通辽市蒙古文书法家协会、通辽市工业职业学校协办的通辽市首届铸牢中华民族共同体意识书法展览开幕式暨颁奖仪式在通辽市工业职业学校举行。该书法大赛收到各旗（县、市、区）、市直部门、驻市高校等相关单位和个人的300余幅参赛作品。这些作品多方位、多角度地反映了通辽市民族团结、社会和谐的良好局面，表达了蒙汉文书法爱好者歌颂祖国、崇尚自然、热爱生活、情系家乡的质朴情怀，表现了中华民族优秀传统文化的良好精神风貌。李金海、杨国中获得书法大赛一等奖，永胜、赛音花、赵秀春、张德会获得二等奖，那布其、白七斤半、白文华、常胜、高院生、李彦文获得三等奖。

27日至29日 中国共产党通辽市第六次代表大会在市行政中心大礼堂举行。孟宪东代表中国共产党通辽市第五届委员会向大会作了题为《聚焦绿色转型 聚力高质量发展 为加快建设现代化区域中心城市而奋斗》的报告。

30日 小微企业和个体工商户支付手续费降费政策在通辽全面落地。

同日 通辽市在市人民公园革命烈士陵园举行烈士纪念日公祭仪式，共同祭奠先烈英灵，缅怀英雄功绩，表达无限的敬仰和深切的哀思。自治区党委常委、市委书记孟宪东，郭玉峰、方玉东、纪强、吕永成等领导以及科尔沁区、开发区党政军领导出席烈士公祭仪式。老英雄、老军人代表，烈属代表，立功受奖退役军人代表，市区两级党政机关党员干部，公安、武警、消防救援指战员，中小学师生和各界干部群众代表等1100余人参加公祭仪式。

9月 “通辽职业学院乡村振兴服务站”“通辽职业学院乡村振兴书屋”挂牌仪式在库伦旗三家子嘎查举行。该活动是通辽职业学院服务乡村振兴、助力地方经济社会发展的有力举措，是校地合作的一次生动实践。

同月 自治区爱国卫生运动委员会办公室通报2021年国家卫生城市复审结果，通辽市以优异成绩再次荣膺“国家卫生城市”称号。这是通辽市自2017年成功创建国家卫生城市以来，首次迎接国家复审并顺利通过。

10月

10日至13日 自治区党委常委、市委书记孟宪东深入开鲁县、奈曼旗、通辽经济技术开发区和科尔沁区，调研招商引资和项目建设工作。市领导莫日根巴图及相关市直部门、旗县区负责人陪同。

11日至13日 市委副书记、市长郭玉峰率市政府考察团赴北京市、赤峰市、朝阳市考察，学习先进经验、开阔视野思路，巩固深化友谊、共商合作发展。赤峰市委副书记、市长王旺盛，朝阳市委副书记、市长谢卫东等陪同考察。市领导方玉东、张鸿福、牛文俊、钟卫华及相关市直部门、旗（县、市、区）政府主要负责人参加活动。

12日 由通辽市开发区消防救援大队与新雅运动公园联合打造的儿童消防体验馆正式亮相。新雅运动公园儿童消防体验馆，室内占地面积300多平方米，是全市首家针对儿童群体的智慧型消防安全体验场所。场馆以“生命、消防、责任”为主题，用丰富有趣的故事、高科技多媒体展项和冒险游戏闯关形式串联起游玩路线，构建寓教于乐、知识传播、拓展训练“三位一体”的消防安全学习体系，辅以卡通拟人化元素，再配以实景加以体验，从而达到科普育儿的教育诉求。场馆配备了专业消防装备器材展示，通过相应的图文说明向家长儿童科普设备的功能和使用场景。

13日 内蒙古民族大学附属医院内儿科门急诊医技综合楼落成启用仪式举行。副市长曹金山，内蒙古民族大学党委书记陈永胜，内蒙古民族大学党委副书记、校长赵东海出席启用仪式。总投资6.68亿元的内儿科门急诊医技综合楼建筑面积80910平方米，集内科、儿科、门诊、急诊、医技服务于一体。投入使用后，可明显改善医院诊疗环境，进一步满足通辽市及周边地区广大人民群众对优质医疗保障的需求。

同日 通辽市“马上学习·光影铸魂”电影宣讲启动仪式在通辽经济技术开发区举行。各旗（县、市、区）委宣传部、各级电影放映管理站负责人及市直单位总计130余人参加活动。

14日 由通辽市委宣传部、通辽市司法局、通辽市法律援助中心联合开展的“我帮你+七彩帮帮团”志愿服务活动暨法治进校园专题讲座第17站在通辽市实验小学举行。400余名师生参加活动。北京尚衡律师事务所通辽分所律师黄乌日娜从防范校园欺凌等涉及学生切身的法律常识展开讲解，结合身边的校园欺凌低龄化案例，引导学生们认识到什么是校园欺凌，怎样预防和应对校园欺凌。让学生们对切身相关的法律法规有更加清晰的认知，引导学生自觉抵制各种不良行为及违法犯罪行为的引诱和侵害，自觉遵守法律法规，提升自我保护意识，为创建安全文明校园环境奠定法律基础。

15日 “赤峰·通辽助力乡村振兴，携手公益直播活动”在奈曼旗举行，以“公益直播带货”的方式，宣传销售通辽、赤峰农特产品，创新助农、帮农、兴农新举措。活动中，赤峰和通辽两地企业与主播们签约，并为参加活动的主播们授予“名优特品牌公益直播推广大使”称号。赤峰、通辽两地主播通过快手平台，以主播带货、花样试吃、有趣互动等形式，宣传销售牛肉干、奶制品、粗粮等特色产品，吸引网友纷纷点赞下单。

同日 市卫健委在内蒙古民族大学附属医院整骨院区举行通辽市蒙医整骨人才进修培训基地挂牌暨蒙医整骨业务能力提升培训班开班仪式。作为国家级非物质文化遗产的蒙医整骨技术，以手法复位、夹板固定为主，辅之以按摩、药物、功能锻炼等疗法，具有不手术、不留痕，损伤少、愈合快等优势，长期以来以独特的疗法和高治愈率为广大患者带来福祉。

同日 2021年通辽市、呼伦贝尔市、兴安盟、赤峰市、满洲里市、二连浩特市“扫黄打非”跨区域联防协作+专项治理行动联席会议在通辽市召开。会议签署通辽市、呼伦贝尔市、兴安盟、赤峰市、满洲里市、二连浩特市“扫黄打非”跨区域联防协作+专项治理机制协议。

同日 通辽市开鲁县与郑州民众制药有限公司利福霉素生物发酵系列产品项目签约仪式在郑州市举行。项目总投资1.3亿元，建设年产利福霉素200吨、利福霉素钠100吨、利福喷汀80吨、阿昔洛韦800吨、吡罗昔康80吨、美洛昔康20吨生产线。项目全部投产后，可实现年销售收入2.1亿元，利税2600万元，安置就业300人以上。

同日 中国文物学会、中国文物报社主办的“2021全国文化遗产旅游百强案例”评选活动在广西桂林举行发布仪式。内蒙古哈民考古遗址公园主题旅游项目作为考古遗址主题旅游项目入选百强案例。

16日至20日 自治区党委常委、市委书记孟宪东带队赴浙江省嘉兴市、杭州市和山东省邹平市，围绕推进铝新材料和新能源项目建设、铝精深加工产业延链强链，拜访考察重点企业，开展招商引资工作，对接洽谈合作项目。市直相关部门及霍林郭勒市负责人参加相关活动。

18日　通辽市实现区内施工许可证核发与建设工程质量监督手续合并办理。通过工程建设项目审批系统，实行全程电子化申报核准，采用网上申报、不见面审批、系统生成电子证书的方式，审批部门在材料齐全情况下即时核发施工许可证。企业可以登录内蒙古自治区政务服务网或电子证照公众平台查看核发的施工许可电子证照，使施工许可证核发手续办理时限从7个工作日压缩到即时办结，所需资料精简至7份，方便企业和群众办事。

20日　通辽市住建局（人防办）在通辽军分区举行二代人防机动指挥平台启动仪式。该平台能够实现上下贯通、左右互联，更加适应战时防空和平时防灾的需要。活动现场通过与自治区人防办、北京大兴人防办的互联互通演练，展示了二代人防机动指挥平台的多种通信手段。

22日　通辽五中、通辽蒙古族中学的4名教练、29名运动员在内蒙古自治区高中男子组足球比赛中获亚军，通辽蒙古族中学获内蒙古自治区搏克锦标赛高中女子组冠军，男子组季军、高中女子组个人冠军及亚军、高中男子组个人冠军。

23日　市委副书记、市长、市新冠肺炎疫情防控工作指挥部总指挥郭玉峰立即召开全市新冠肺炎疫情防控工作视频调度会，贯彻落实国务院、自治区关于疫情防控紧急调度会议精神，对通辽市疫情防控工作进行再动员、再部署。市新冠肺炎疫情防控指挥部各成员单位、有关部门负责人参加会议。

25日至26日　自治区党委常委、市委书记孟宪东先后深入霍林郭勒市、扎鲁特旗、主城区，检查督导疫情防控工作，看望慰问一线医护工作者和防控人员。市领导郭玉峰、张鸿福、王玲、莫日根巴图、王勇、曹金山及相关市直部门、旗市区负责人参加专题调度会或陪同检查督导。

26日　通辽日报社专著出版资助项目《原野之上》新书发布会举行，通辽日报社、市图书馆、内蒙古民族大学、市文艺创编室、市作家协会、市文艺评论家协会及知名作家等文艺界各界人士出席发布会。《原野之上》是通辽日报社2021年推出的“通辽日报社专著出版资助项目”的成果。该书收录记者周静优秀新闻作品45篇，分为初心志、人物志、生活志三个篇章。其中多篇作品获国家级、自治区级新闻奖项，被“学习强国”学习平台、中国网、人民网等平台转载，长篇通讯《一个老兵的初心》在新华社客户端阅读量超过158万次。通过该书让世人看到一个血肉丰满的通辽，一方英雄气与烟火气并存的可敬可爱的土地。作品超越了新闻易碎的品质，成风化人，凝心聚力，是通辽媒体近年来一部反映时代的精品力作。

28日　通辽市向阿拉善盟和二连浩特市捐赠抗疫物资起运仪式在通辽机场举行。自治区党委常委、市委书记孟宪东，市委常委、常务副市长张鸿福，副市长曹金山等出席仪式。为支持兄弟盟市做好新冠肺炎疫情防控工作，同心抗疫、共克时艰，共同守护好人民群众的生命安全和身体健康，特向阿拉善盟额济纳旗、二连浩特市捐赠包括PCR快检设备、生物安全运输箱、N95口罩、防护服、护目镜以及生活物资等价值300万元的急需抗疫物资。

29日　全市以案促改全面修复净化政治生态集中专项行动工作推进调度会召开。自治区党委常委、市委书记孟宪东主持并讲话，强调要切实强化目标导向、问题导向、效果导向，坚持目标不变、标准不降、劲头不松、力度不减，以不达目的决不罢休的坚定决心和坚强意志，把集中专项行动抓深入抓到底，坚决把这场修复净化政治生态的硬仗打赢打好。

同日　通辽市首家金融教育示范基地正式成立。

同月　国家体育总局在西安召开全国群众体育工作表彰大会，对2017—2020年度在群众体育工作中做出突出成绩的单位和个人进行表彰。通辽市老年人体育协会、通辽体育总会、通辽市新雅运动公园、通辽市足球协会、通辽市奈曼旗教育体育局被授予“全国群众体育先进单位”称号。

11 月

1 日 通辽市建国街道政府专职消防站揭牌仪式举行，标志着科尔沁区首个政府专职消防站投入使用。建国街道政府专职消防站是集执勤、训练、办公和生活为一体的现代化消防站。项目于 1 月动工建设，9 月完成竣工验收。消防站占地面积约 2789.11 平方米，建筑面积 1370.82 平方米，营房建设、器材装备采购等项目投资近 1100 万元。消防站作为主城区首个投入使用的政府专职消防站意义重大，作为科尔沁区灭火救援力量的有力补充，将承担起辖区 12 万人口，232 平方公里范围的灭火救援任务，辐射建国街道、铁路街道、余粮堡镇的 38 个村屯、24 个社区，有效缓解主城区消防救援半径大、执勤力量薄弱等现实问题，满足铁南区域灭火、抢险救援等各项任务形势需要，为科尔沁区经济建设事业发展和人民安居乐业保驾护航。

5 日 全市应对极端天气和现阶段疫情防控工作电视电话会议举行。会议安排部署即将出现的大风、降温和强降雪极端天气防范应对工作，调度落实现阶段疫情防控工作。通辽市累计降雪量 30 毫米以上的气象站点达 24 个，科左中旗、科尔沁区、科左后旗、库伦旗、青龙山等 5 个气象站突破历年降雪量日极值。是有气象记录以来最强暴风雪天气。灾情发生后，自治区党委常委、市委书记孟宪东第一时间到主城区、科左后旗道路一线及供电、供水等民生保障单位，问雪情、看交通、查运转，看望慰问奋战一线的工作人员，现场督导检查除雪救灾工作。

6 日 科学技术部、中国科学技术协会主办的 TRIZ 杯第九届中国大学生创新方法大赛（以下简称“大赛”）进行线上比赛。经过 PPT 路演和评审问辩、专家评审等环节，通辽职业学院护理系教师魏巍、张春光的项目“基于 TRIZ 理论升降床挡对老年人坠床及心理的作用”获得一等奖；药品食品系吕帅、创业就业指导处朱琳老师“基于 TRIZ 理论新型中蒙药标本夹的研究”项目获得二等奖。

8 日 通辽市与内蒙古温州商会举行考察投资合作座谈会，双方就进一步深化合作进行座谈交流。自治区党委常委、市委书记孟宪东，内蒙古温州商会会长邹招波出席并讲话。来自上海、江苏和区内的 10 余名企业家及相关院校负责人，市领导莫日根巴图、牛文俊、钟卫华出席。

9 日 自治区党委常委、市委书记孟宪东到库伦旗、开鲁县的企业及村镇和境内国省干道、通乡通村道路一线，通辽机场、火车站、内蒙古公路交通投资发展有限公司通辽分公司等交通枢纽，实地检查督导抗灾救灾工作，连夜召开专题会议听取汇报、部署工作。市领导郭玉峰、王玲、莫日根巴图、王勇、缪增位、牛文俊及有关地区、部门负责人参加会议或陪同检查督导。

10 日 赤峰市运送物资设备的车队在赤峰南高速口集结，驰援通辽市抗击雪灾。赤峰市共计出动 150 人，救灾物资和设备包括 100 辆装载车、20 辆铲车、200 吨融雪剂，协助通辽市开展抗灾救灾工作。兴安盟组织应急清雪设备车辆 100 余辆，分批到通辽市配合通辽市清理道路积雪。

11 日 自治区党委常委、市委书记孟宪东到 111 国道、304 国道，亲切看望慰问支援通辽市的赤峰市、兴安盟抗灾救灾队伍；到国省干道、主城区街路、住宅小区等地，查看工作进度、督促任务落实；连夜主持召开专题会议，听取旗县区工作汇报和意见建议，研究解决存在的困难问题，有针对性地安排部署下步工作。市领导郭玉峰、张鸿福、马慧占、莫日根巴图、牛文俊、钟卫华及有关地区、部门负责人参加会议或陪同看望慰问、检查督导。

12 日 应急管理部防汛抗旱司副司长黄先龙率调研组到通辽市调研抗雪救灾应急救援和物资储备情况。自治区应急管理厅副厅长姜德明，市委常委、常务副市长张鸿福陪同调研。

14 日 自治区党委常委、市委书记孟宪东深入科左后旗、科尔沁区农村牧区，走访慰问受灾群众，实地查看抗灾救灾工作推进情况，召开座谈会听取干部群众意见建议。他指出，各地各部门要清醒认识抗灾救灾工作面临的形势任务变化，切实把工作重心转到生产救灾上来，克服厌战松劲心态，保持连续作战状态，以强烈的使命担当狠抓任务落实，最大限度减少农牧民损失，尽快恢复农牧业正常生产。市领导张鸿福、莫日根巴图、钟卫华及有关部门、地区负责人参加座谈会或陪同检查督导。

同日 市委副书记、市长郭玉峰深入科左中旗受灾地区、受灾企业、受灾牧户检查指导抗灾救灾工作。他强调，灾害无情、人可有为。要积极妥善应对暴雪大风极端天气造成的影响，加强全社会防灾减灾抗灾知识宣传普及培训，增强群众防灾减灾抗灾意识，不断提高自救和互助共济能力。

15日 自治区党委常委、市委书记孟宪东走访国电投内蒙古公司，与国电投内蒙古公司党委书记、董事长刘建平就深化地企合作、推动共同发展进行了座谈交流。市领导张鸿福、莫日根巴图，国电投内蒙古公司副总经理王铁军、刘凤友、袁广忠、赵义群、王振林、赵然、李国俭等出席座谈。

同日 通辽市举行“通辽暴风雪”灾害捐赠资金接收仪式，向在抗击暴风雪中给予通辽市大力支持和帮助的企业表示感谢，呼吁社会各界爱心人士伸出援手，助力通辽抗灾救灾。三峡集团新能源公司通辽奈曼公司、内蒙古蒙草生态环境（集团）股份有限公司、通辽市烟草公司分别捐赠救灾资金300万元、100万元、130万元。副市长曹金山出席仪式，代表市政府接受捐赠并向企业颁发捐赠证书。三峡集团新能源公司通辽奈曼公司、内蒙古蒙草生态环境（集团）股份有限公司通辽区域分公司、通辽市烟草公司和市红十字会、市慈善总会负责人参加仪式。

16日 “中国关心下一代教育基地——皇家马德里基金会通辽足球学校”开课仪式在开发区新城实验小学举行。中国关心下一代教育基地——皇家马德里基金会通辽足球学校是由皇家马德里基金会委托中国关心下一代工作委员会、中国社会福利基金会关心下一代基金共同实施的普及校园足球的公益项目，其在全球建有200多所公益足球学校，在中国只建有2所，开发区新城实验小学是内蒙古自治区首个。学校将按照统一标准，每周进行两次训练，侧重足球与课业结合，完成学生全面发展、品德教育、足球技战术、体能、规则五项指标。

17日 市委、市政府主办的“携手伴铝·相约草原”2021第六届国际（三亚）铝产业链绿色发展高峰论坛霍林郭勒专场推介会在三亚市召开。通辽市及霍林郭勒市委、市政府相关领导，有色金属行业协会相关领导，铝产业链上下游企业精英等一百余人参会。市委常委、常务副市长张鸿福致辞。该推介会是通辽市及霍林郭勒市招商引资和项目建设暨优化营商环境推进大会召开以来，首次在外地举办的专场招商推介会，也是历年来霍林郭勒市在外地举办的规模最大、参会范围最广的一次招商推介会。

同日 扎哈淖尔煤业公司向通辽地区农牧民供应首批平价煤工作启动。该批次计划供应平价煤28.08万吨，惠及全市7个旗县14.4万余户农牧民。

18日 市房产事务服务中心举行揭牌仪式。市房产事务服务中心是由市房产管理局、市房地产交易所、市房地产中介事务管理所等9家单位整合组建的隶属于市住建局的副处级事业单位，主要承担中心城区保障性住房和国家直管公房租赁、维修工作，中心城区房屋面积测绘成果核查的技术辅助工作，中心城区新建商品房预销售、物业、房地产中介市场、房屋租赁市场、房产交易监管等行政辅助性工作。

同日 国家电投内蒙古公司“红色百年”科左中旗花吐古拉镇综合智慧能源项目开工仪式在花吐古拉镇举行。该项目是国家电投内蒙古公司首批启动的“红色百年”特色行动项目之一。选址在科左中旗花吐古拉镇，占地面积约25.87万平方米，计划总投资1.32亿元，共建设8兆瓦分散式风电、11兆瓦分布式光伏及4.97兆瓦户用光伏项目，投产后每年将为社会贡献清洁电力约4991万千瓦时。作为国家电投样板工程，该项目利用当地丰富的太阳能及风能资源，以生态农业为设计背景，建设农光互补、牧光互补、户用光伏及风电项目，同步建设清洁供暖系统、光伏牛棚和光伏公园，打造乡村综合智慧能源服务体系，实现美丽乡村建设，助推革命老区乡村振兴。

同日 通辽市公交集团微信、支付宝双平台扫码乘车启动仪式举行，标志着主城区公交系统在原有云闪付、公交一卡通等支付手段基础上，实现多元化支付体系建设。“扫码乘车”服务覆盖市区32条公交线路，完成通辽市移动支付便民工程“全覆盖、双突破”的总体战略方针。

23日 通辽市双拥工作表彰大会召开。会议深入学习贯彻习近平总书记关于双拥工作的重要指示精神，表彰奖励双拥工作先进单位和个人，安排部署当前和今后一个时期全市双拥工作任务。会上，授予市委办公室等47个单位“全市爱国拥军模范单位”称号；授予科尔沁区人民武装部等14个单位“全市拥政爱民模范单位”称号；授予包兰芳等56人“全市爱国拥军模范个人”称号；授予丁金中等9人“全市拥政爱民模范个人”称号。

24日 市住建局（建设单位）组织召开新世纪大桥连接线及互通立交工程竣工验收会议。建筑工程质量综合行政执法支队、市政事业发展中心，施工、监理、设计、勘察等单位代表参加会议。新世纪大桥连接线及互通立交工程正式通过竣工验收。

25日 应急管理部消防救援局党委委员、副局长魏捍东到通辽市调研并慰问消防指战员。自治区消防救援总队相关领导，市委常委、常务副市长张鸿福陪同。

26日 在奥地利因斯布鲁克举行的钢架雪车世界杯赛中，奈曼旗运动员耿文强代表中国队出战，以1分46秒04的总成绩，与英国选手维斯顿、德国选手格罗瑟尔并列获得冠军。这是耿文强获得的首个世界杯冠军，也是中国钢架雪车项目首个世界杯冠军。

27日 通辽市国家医疗保障信息平台上线启动仪式在内蒙古民族大学附属医院举行。零时，通辽市成功完成系统切换，正式上线国家医疗保障信息平台。新平台上线后，将为参保群众提供线上线下就医购药服务。同时，保障医疗救助、异地就医、基金监管、大数据分析、医药招采、信用评价、支付方式管理等公共服务，对今后通辽市医保系统行政服务能力提升和为人民群众提供更加高效优质的服务具有重要意义。

同日 安顿心脑监测预警服务（通辽）中心启动仪式暨智能监测＋蒙医药大健康培训会举行。安顿心脑监测预警服务系统以采集检测和分析预测为基础，通过智能终端——安顿护心手表，对心率、血压、血氧进行24小时高频次监测，分析用户健康状态，提供有针对性的健康报告和有指导价值的健康提示和诊疗建议。同时，还将人工智能大数据和中医脉象理论相结合，建立了安顿生命健康预警系统，为用户提供心肌梗死、脑卒中疾病早预防、早发现、早介入的预警服务，防病于未然，实现了对用户健康全程可视化管理，以及自主监测、健康指导、互查互享、预警服务的全生态健康管理闭环。

28日 2021中国体育文化博览会、中国体育旅游博览会在广州闭幕。该届博览会特设中华体育文化优秀项目和中国体育旅游精品项目发布与展示。通辽“草原圣典·武林那达慕”获评中华体育文化优秀项目，也是内蒙古自治区唯一入选的民俗民间的优秀代表项目。

30日 通辽市主城区商品房预售审批业务接入由内蒙古自治区建设厅统建的通辽市房地产市场监管平台，并与内蒙古自治区政务服务平台实现对接，标志着商品房预售许可现实现“一网通办”。商品房预售许可实现“一网通办”，不仅真正做到信息实时推送和共享，而且减少房地产开发企业跑腿次数，减轻重复提交资料的负担，缩短办理时限，提高审批效率，得到企业的一致认可。

同日 全市12个牲畜交易市场全面完成“福农通”机具布放。

11月 教育部发布公示，拟认定1885所学校为第3批全国中小学中华优秀传统文化传承学校。通辽市共有7所学校入选。分别为扎鲁特旗蒙古族第一中学，传承项目为版画；扎鲁特旗鲁北第二小学，传承项目为古诗词诵读；开鲁县义和塔拉镇和平中学，传承项目为快板、剪纸；科左中旗宝龙山中心校，传承项目为民族民间音乐、民族民间体育；科左中旗花胡硕苏木中心校，传承项目为射箭；科尔沁区明仁实验小学，传承项目为京剧、马头琴；科尔沁区蒙古族中学，传承项目为摔跤、版画、书法。

同月 文化和旅游部下发关于命名2021—2023年度“中国民间文化艺术之乡”的通知，共命名全国183个县（市、区）、乡镇（街道）为2021—2023年度“中国民间文化艺术之乡”。通辽市库伦旗安代“榜上有名”。

同月 市微波总站五家子微波站被自治区党委宣传部授予第五届全区服务农牧民、服务基层文化建设先进集体称号。五家子微波站位于扎鲁特旗前德门苏木五家子嘎查。

同月 农业农村部发布第三批全国农民合作社典型案例，扎鲁特旗沃沙部落种植专业合作社联合社入选全国农民合作社典型案例，扎鲁特旗忠英家庭牧场入选全国家庭农场典型案例。

12月

2日 自治区党委常委、市委书记孟宪东到一线督导检查疫情防控工作，看望慰问一线工作人员，实地了解发热门诊建设、疫情指挥调度、物资保障供应、封控区管理和生活保障等情况。他强调要把良好的精神状态和工作作风保持下去，做实做细各方面工作，确保各项防控措施全面落到底、落到位，全力打好这场疫情防控阻击战、歼灭战。

5日 通辽市医护人员驰援满洲里出征仪式在通辽火车站举行。150名医护人员火速集结、整装出发，乘坐火车前往满洲里市抗击疫情。

6日至7日 自治区党委常委、市委书记孟宪东深入霍林郭勒市和扎鲁特旗，实地调研霍扎一体化发展工作。市领导郭玉峰、张鸿福、莫日根巴图、牛文俊及市直有关部门、霍林郭勒市、扎鲁特旗主要负责人参加调研。

7日 通辽市组织人员、车辆、物资，第四批（次）驰援满洲里市，开展疫情防控、医疗救治工作。通辽市向满洲里市派出10名核酸检测人员、15名流调人员、150名医护人员和3辆负压救护车。

8日 奈曼旗预防打击金融违法犯罪银警联勤联动中心揭牌仪式在奈曼旗公安局举行。该中心旨在加强人民银行奈曼旗支行、奈曼旗公安局、奈曼旗各银行业金融机构在“沟通协调、联合宣传、账户监测、双向培训、信息共享、工作会商”等方面全方位、全领域合作，成为奈曼旗打击金融违法犯罪的中枢和制高点。

9日 自治区党委常委、市委书记孟宪东到库伦旗，宣讲党的十九届六中全会精神和自治区第十一次党代会精神，调研巩固脱贫攻坚成果同乡村振兴有效衔接等重点工作。市领导马慧吉、莫日根巴图、钟卫华及市直有关部门、库伦旗相关负责人参加调研。

13日至16日 自治区党委常委、市委书记孟宪东率队到安徽省、河北省考察对接重点招商引资项目。市委常委、秘书长莫日根巴图及市委办、市区域经济合作局、科尔沁区、科左后旗、开发区负责人参加。

14日 通辽文旅集团与华为梦网签订合作协议，就文旅产业联盟入驻、“科尔沁特产馆”搭建等达成合作意向。通辽文旅产业联盟由通辽文旅集团牵头组建，整合涉及全市文旅行业的酒店、餐饮、演艺、农畜产品、文创产品生产研发等百余家企业形成联盟，进而发挥集聚效应，实现宏观优势互补，提高产业行业竞争力及通辽文旅产业影响力。华为服务号基于华为6亿手机用户，通过服务分发、用户互动连接及营销工具构建商业闭环。通辽文旅集团携文旅产业联盟入驻华为服务号，是华为梦网与全国地级城市文旅集团的首次合作。双方将在华为手机副屏，搭建“科尔沁特产馆”，打造“通辽好礼”品牌，共同致力于将通辽文旅资源、特色产品推向世界。此次战略合作伙伴关系的建立，将推动大数据、人工智能、云计算、移动互联等新兴技术与文旅业务应用深度融合，助力通辽文旅集团领跑文化旅游科技新时代。

同日 通辽市消防救援支队与神鹰通用航空有限公司召开座谈会并签订航空救援战略合作协议，双方将在应急救援、联勤联训、运输保障、信息互通、无人机操作使用培训等方面通力合作，这也标志着通辽消防空地一体救援体系建设有了初步成效。签订战略合作协议是双方主动适应“主力军、国家队”职能定位和“全灾种、大应急”任务要求的大胆尝试和创新之举，对双方深度构建战略合作伙伴关系，弥补通辽市消防救援空中力量的空白，对提升应急管理体系和能力现代化水平有着重要意义，标志着通辽市水、陆、空救援力量三位一体的应急救援体系初具规模。

17日 市住建局、科左后旗政府与内蒙古天幕新能源股份有限公司举行空气源热风机、热泵及阳台壁挂太阳能热水器生产项目签约仪式。市委常委、统战部部长赵航，内蒙古天幕新能源股份有限公司董事长赵全旗及相关部门负责人出席仪式。项目位于科左后旗工业园区（原南工业园区）。以生产制造空气源热风机、空气源热泵、阳台壁挂式太阳能热水器为主，总投资5.2亿元。其中，一期占地面积16000平方米、投资1.6亿元，计划2022年4月开工建设，2022年8月底投入运营，项目建成后，可年产20万套空气源热风机、9万套空气源热泵、20万套阳台壁挂太阳能热水器。

同日 市政府与内蒙古国有资本运营有限公司签订战略合作框架协议。副市长牛文俊、内蒙古国有资本运营有限公司董事长王力军代表双方签署协议。自治区国资委党委委员、副主任马焕龙，市国资委领导班子成员及相关人员出席签约仪式。

同日 赤峰市中级人民法院、通辽市中级人民法院在赤峰市法院举行服务保障蒙东地区“双子星座”区域中心城市建设司法协作框架协议签约仪式。赤峰市法院代院长梁建武，通辽市法院代院长宋建波参加签约仪式。两地法院将进一步加强司法交流协作，在跨域立案、诉源治理、党建融合、课题研究、人才培养、审判效率和执行机制建设等方面开展全方位合作，在促进两地法院司法资源跨域共享、优势互补、协同发展的同时，为两地群众在司法领域提供更加便捷、高效的诉讼服务。

同日 通辽市商务局、科尔沁区政府主办，科尔沁区商务局、通辽电商与流通业促进会承办的2021年通辽名优特品牌公益直播活动启动。20余种通辽名优特品牌系列产品走进“云端”，力争通过电商公益直播树立科尔沁热销网货品牌形象。

21日 市人力资源和社会保障局主办、成都易训企业管理咨询有限公司承办的通辽市2021年工伤预防项目启动仪式在梅花生物科技有限公司举行。

同日 “寻找中国年度益作家”公益活动结果揭晓。通辽作家金智为凭借原载于《草原》杂志的小说《为默尔根守灵》，当选为2021年“中国年度益作家”，获得大益文学院、大益爱心基金会提供的3万元无偿资助。“寻找中国年度益作家”公益活动由国内首个高端民营文学机构大益文学院联合大益爱心基金会共同启动，激励尚未被主流文学认可，长期坚持异质化写作，同时面临生活困难的写作者，每年评选出一位“益作家”，给予一次性3万元的无偿资助。金智为是通辽市文联《科尔沁文学》编辑部的小说编辑，同时也是一位作家。

同日 自治区党委常委、市委书记孟宪东会见到通辽市考察的辽宁省盘锦市委常委、辽河油田公司总经理、党委副书记孟卫工一行，双方就进一步深化合作进行座谈交流。市领导吕永成、张鸿福、莫日根巴图等参加。

22日 通辽市作家苏莉与许廷旺在内蒙古作家协会第九次代表大会上当选为内蒙古作家协会副主席，成为自治区“三少民族”文学创作的领军人物。苏莉是内蒙古自治区知名的达斡尔族女作家，曾获全国第七届少数民族文学“骏马”奖，多次获得自治区“索龙嘎”文学奖，并获得通辽市“科尔沁文化”政府奖。

同日 通辽市扫黑除恶专项斗争总结表彰大会举行。会议深入贯彻落实习近平法治思想，认真总结专项斗争取得的成绩，表彰先进典型，巩固拓展成果，常态化推进扫黑除恶斗争，加快建设更高水平的平安通辽、法治通辽。各旗（县、市、区）政法委书记、市旗两级扫黑除恶专项斗争领导小组各成员单位负责人及扫黑除恶专项斗争受表彰先进集体、先进工作者代表参加会议。会上，宣读了《通辽市关于扫黑除恶专项斗争先进集体和先进工作者表彰的决定》。

24日 通辽市禁毒志愿者先锋队授旗仪式暨禁毒主题党日活动在通辽职业学院举行。自治区禁毒委副主任、禁毒办主任、自治区公安厅副厅长张子军，内蒙古禁毒首席形象大使陶迎春，市领导郭玉峰、方玉东、王玲、王勇等出席仪式。活动由副市长、市公安局局长、市禁毒委副主任王勇主持。

28日 受著名作家魏巍子女的委托，通辽市社会组织党委副书记、通辽科尔沁商人协会党支部书记王景春代表著名作家魏巍的子女向孔家学校捐赠了魏巍作品，包括《谁是最可爱的人》《地球的红飘带》和《幸福的花为勇士而开》等作品，以及一部分家中藏书，共计40余册，用于传承红色基因。

29日 由市委宣传部、市委网信办主办，通辽市都市文化传媒有限公司承办的2021年度“大美科尔沁”优秀短视频评选活动颁奖典礼举行。活动累计收到短视频参赛作品450余部，活动最终评选出2021年度“大美科尔沁”优秀短视频第一季度前20名，第二季度前20名，第三、四季度前40名作品及优秀作品，并现场颁奖。

同日 国家能源局下发文件，宣布国家电投通辽2×350兆瓦智慧热电联产机组项目正式纳入国家“十四五”电力建设规划。国家电投通辽2×350兆瓦智慧热电联产机组项目是通辽发电总厂4台200兆瓦机组关停等容量替代煤电项目，是国家能源局“风、光、火”一体化首个试点项目。项目拟建设2台350兆瓦智慧热电联产机组。

30日 通辽市与北京市政路桥管理养护集团举行市中心城区市政园林设施一体化养护项目签约仪式。市委副书记、市长郭玉峰出席仪式并致辞，北京市政路桥管理养护集团董事长、总经理李青林出席仪式并致辞。市委常委、常务副市长张鸿福主持仪式。

31日 中国共产党通辽市第六届委员会第二次全体会议暨全市经济工作会议举行。出席全会的市委委员47人，候补委员10人。市有关领导、纪委常委监委委员和有关方面负责人、部分市第六次党代会基层代表列席会议。全会由市委常委会主持。自治区党委常委、市委书记孟宪东，市委副书记、政府市长郭玉峰分别讲话。会议听取和讨论《市委常委会工作报告》，审议通过《中共通辽市委员会贯彻落实〈内蒙古自治区党委关于深入学习贯彻党的十九届六中全会精神的决定〉的实施意见》，安排部署2022年经济工作。孟宪东就《实施意见（讨论稿）》向全会作说明。

同日 市文旅集团以“永葆童心”——沉浸式游玩冰雪嘉年华为主题，在薰衣草庄园举行首届冰雪嘉年华活动。该活动持续到2022年3月1日，设雪圈、雪地摩托、挖掘机戏雪、雪地转转等近30种冰雪娱乐项目，及体验冰上碰碰车、冰上卡丁车等冰上竞技活动。

12月 全国妇联命名的2021年度“全国巾帼现代农业科技示范基地”名单公布，内蒙古自治区4家企业榜上有名，位于通辽市库伦旗的内蒙古绿洲食品有限公司跻身其中。内蒙古绿洲食品有限公司是一家集果蔬良种繁育、示范种植、观光采摘、脱水蔬菜加工、技术推广等为一体的综合型食品加工企业，年可生产脱水胡萝卜、甘蓝等20余个品种脱水果蔬4000吨，其中4种产品被中国绿色食品发展中心认定为绿色食品A级产品，产品销往日本、韩国、美国及国内的大型方便面厂、超市。

同月 科技部公示2021年国家农业科技园区综合评估结果。全国77家第7批国家农业科技园区参加评估，通辽国家农业科技园区获得达标等次，通过科技部评估。通辽国家农业科技园区是全国唯一一家以玉米、肉牛为主导产业的国家级农业科技园区，于2015年被科技部批准建设，2019年建成并以优异成绩通过科技部考核验收。

同月 在第九批全国民族团结进步示范区示范单位

评选中，科尔沁区南门小学获评第九批全国民族团结进步示范单位。

同月 中国科协印发《关于表彰全民科学素质工作先进集体和先进个人的决定》，并在12月7日召开的2021年全民科学素质工作会议上，对全国166个单位和205名个人进行表彰，分别授予“全民科学素质工作先进集体”和“全民科学素质工作先进个人”称号。通辽市科学技术协会获“全民科学素质工作先进集体”称号。

同月 市公共资源交易中心联合市自然资源局、市林草局下发《关于通辽市林权交易进入市公共资源交易平台的通知》，联合市水务局下发《关于我市水权交易进入市公共资源交易平台的通知》。明确未达到自治区林权交易限额标准的通辽市国有林地、森林的使用权、租赁权和林木所有权出让以及未达到自治区水权交易限额标准的通辽市水权交易均可以进入市公共资源交易中心的交易平台进行交易且不收取相关交易服务费，进一步规范了通辽市林权、水权交易工作，促进了林地资源、水资源的优化配置和高效利用。

同月 通辽市首家尘肺病康复站落户霍林郭勒市人民医院，标志着通辽市尘肺病防治工作迈入科学化、规范化、标准化轨道。通辽市尘肺病康复站按照统一康复场所、统一康复团队、统一康复器材、统一康复制度、统一患者康复档案、统一健康宣传栏“六个统一”的标准，依托自治区平台，突出与周边地区协同合作、资源共享，体现康复公益性原则，开展尘肺病康复站建设工作。

市情概览

地理环境

【地理位置】 通辽市位于北纬42°15′~45°41′、东经119°15′~123°43′，地处内蒙古自治区东部、松辽平原西端、科尔沁草原腹地。东与吉林省接壤，南与辽宁省毗邻，西与赤峰市、锡林郭勒盟交界，北与兴安盟相连；南北长约418千米，东西宽约370千米，土地面积约6万平方千米。

【地形地貌】 通辽境内拥有沙漠、草原、湿地、湖泊、疏林、山地等地形地貌，是典型的科尔沁疏林草原，具有生物多样性强的特点。通辽市南部、北部地势高，而中部地势低平，整体呈马鞍形。北部为大兴安岭南麓余脉的石质山地丘陵，海拔400~1444米，约占全市总面积的23%；中部为西辽河流域沙质冲积平原，海拔120~320米，约占全市总面积的70%；南部为辽西山地边缘浅山、黄土丘陵区，海拔550~730米，约占全市总面积的7%。在西辽河流域冲积平原与山地、丘陵之间过渡地带分布有沙丘与沙地，海拔大多在200~400米。罕山吞特尔峰为通辽市最高峰，海拔1444.2米。通辽市最低点在科尔沁左翼后旗境内，海拔88.5米。科尔沁沙地在通辽区域内面积272.4万公顷，约占全市总面积的45%。

【气候】 通辽市地处亚洲大陆东部，远离海洋，属于干旱和半干旱地区，气候受海洋影响较小，受西伯利亚和蒙古冷高压及东南季风影响较大，属温带大陆性季风气候类型。春季干旱大风多，夏季炎热降雨集中，秋季凉爽短促，冬季漫长少雪寒冷。

主要气候事件 2021年夏季，扎鲁特旗西南部地区持续少雨，部分地区出现旱情。6月1日至7月30日，乌力吉木仁站监测到的总降水量66.2毫米，日降水量10毫米以上日数仅2天，无降水日数为44天，最长连续无有效降水日数达33天。1月7日，霍林郭勒站日最低气温为–33.5℃，超过1月极端阈值（–32.5℃）；奈曼站日最低气温为–27.4℃，达到年极端阈值（–27.4℃）。1月8日，霍林郭勒站日最低气温为–32.5℃，达到1月极端阈值，出现极端低温事件。2月11日，霍林郭勒日最高气温为7.3℃，超过2月极端高温阈值。6月13日20时至14日20时，通辽市扎鲁特旗降水量超过极端阈值，出现极端降水事件。9月21日，通辽市科左中旗站日降水量达81.2毫米，超过年极端阈值（77.1毫米），出现极端降水事件。11月5日至10日，全市范围出现强降雪天气，中南部累计降雪量在30毫米以上。其中，科尔沁区本站、库伦旗本站、科左中旗本站、科左中旗舍伯吐站、科左后旗本站、开鲁县本站和奈曼旗青龙山站7个国家气象站突破日降雪量历史极值。最大降雪量在科尔沁区丰田站，为102.9毫米；最大积雪深度在库伦旗本站，为68厘米。春季，全市出现5次大范围沙尘天气，分别出现在3月14日至16日、3月26日至29日、4月15日至16日、5月6日至7日和5月22日至23日，以扬沙为主，部分地区出现沙尘暴。

气温 2020年12月至2021年11月，全市各地平均气温在2.1℃～8.0℃，其中扎鲁特旗北部、霍林郭勒市为2.1℃～4.2℃，其余大部地区在6.3℃以上。与往年（1981年至2010年，下同）同期相比，科左中旗、科左后旗、库伦旗、奈曼旗接近往年，其余地区高0.6℃～0.9℃。

降水 2020年12月至2021年11月，全市各地降水量在418.2～823.1毫米。其中开鲁县、奈曼旗中北部418.2～492.4毫米，其余地区在547.5～823.1毫米。与往年相比，降水量偏多。

日照 2020年12月至2021年11月，全市各地年日照时数为2403～3306小时。与往年相比，库伦旗多291小时，其余地区少26～496小时。

【山脉】 通辽境内较大的山脉有特金罕山和青龙山等。特金罕山位于扎鲁特旗境内，属大兴安岭主脉南段、科尔沁沙地西北缘，被环保专家誉为内蒙古东部天然生态屏障。总面积91333公顷。平均海拔939米，高逾千米山峰10余座。其中，最高峰为吞特尔峰，海拔1444.2米，为通辽市第一高峰，是典型的山地向平原、森林向草原过渡地带。大兴安岭山地褶皱向南延伸，山体高度逐渐下降，坡度逐渐变缓，海拔由1444.2米逐渐降到244.6米，由中山到低山，再到丘陵。特金罕山是乌力吉木仁河、霍林河、阿日昆都伦河之源，有德斯泰湖，以吞特尔山为代表的5座山峰横亘在中国的北方。特金罕山自然保护区是嫩江和西辽河水源涵养地，平均海拔900多米。特金罕山动植物物种极其丰富，有大鸨、金雕、棕熊、雪兔、黄羊（大角羊）、马鹿等珍稀濒危动物。特金罕山森林覆盖率为54%，古老稀有的树种、花草、中草药上千种；栖息的珍稀动物、鸟类百余种。特金罕山被称为天然草原动植物园和现代草原博物馆。特金罕山自然保护区始建于1996年。由罕山林场直接划为旗级自然保护区。2000年被批准为自治区级自然保护区，同年9月正式成立“特金罕山自然保护区管理局”。2013年12月，被列为国家级自然保护区。

青龙山位于奈曼旗青龙山镇，距奈曼旗政府所在地大沁他拉镇85千米，距通辽市政府所在地科尔沁区265千米。青龙山是燕山余脉努鲁儿虎山系一部分，位于努鲁儿虎山脉东北末端、老哈河畔（努鲁儿虎山脉，是大凌河与老哈河分水岭）。青龙山呈南北走向，全长6千米。青龙山主峰老道山，海拔794.5米，在青龙山镇境内。青龙山南北起伏犹如青龙，故名青龙山。青龙山发现有古生物化石有新石器时代石器、秦汉长城、善宝营子古城等遗存。青龙山独特的区域性小气候，形成以松树、杨树、槐树等为主的森林自然景观。

【水系】 通辽市水系主要由西辽河、柳河、大凌河、嫩江及东辽河水系组成，其中西辽河流域在通辽地区流域面积35721平方千米，约占全市总面积的59.5%。流域面积在100平方千米以上河流47条，其中，辽河流域38条，松花江流域3条，大凌河流域5条，内陆河1条。主要河流有牤牛河、养畜牧河、教来河、老哈河、西拉木伦河、西辽河、东辽河、乌力吉木仁河和霍林河。全市多年平均地表水资源量7.99亿立方米，多年平均地下水资源量35.31亿立方米，全市多年平均水资源总量37.47亿立方米（扣除重复计算量5.83亿立方米）。自然湖泊600余个，大中小型水库共121座。湿地面积22.8万公顷，其中，河流湿地面积5.8万公顷，湖泊湿地面积2.3万公顷，沼泽和沼泽化草甸湿地面积6.5万公顷，库塘湿地面积8.2万公顷。

（市党史地方志研究室）

历史沿革

【历史源流】 通辽市作为西辽河流域文明的核心区域，因其特殊地理环境和特色考古学文化，成为中华民族多元一体格局和“中华文明文物基因库”重要组成部分。通辽地区最早人类活动遗迹是距今8000—7000年的库伦旗小奈林稿遗址，与哈民遗址、小河沿文化、南宝力皋吐类型等遗迹基本构建起通辽地区史前文化谱系。同时，通辽是兴隆洼文化、红山文化和富河文化等史前文化的发祥地之一。2021年，通辽市博物馆和奈曼旗非遗保护中心联合实地考察乌兰额日格西遗址、大沁他拉镇额布根包冷西北遗址、桃山塞址、三尾丝浮游生物化石遗址、新镇东井子遗址和新镇东沙力干图遗址、白音塔拉北包古图东遗址、白音塔拉北包古图东北遗址、白音塔拉北包古图西北遗址、白音塔拉北包古图西北1号遗址、白音塔拉北包古图西北2号遗址、八仙筒赛钦塔拉遗址等11处奈曼旗境内西辽河史前遗址采集不同时期的文化类型标本，如夹砂红陶片、灰陶片等，发现纹饰有"之"字纹、绳纹、素面纹等。经鉴定，该地区文化类型有兴隆洼文化、富河文化、红山文化、小河沿文化等。这些分布在不同地质地貌上的古遗址文化类型，证实西辽河流域出现早期文明。

通辽境内有战国时期草原古镇——奈曼土城子遗址，有秦汉长城的遗迹和开鲁县元代佛塔。通辽的蒙古孛额教（萨满教）、藏传佛教（喇嘛教）、道教文化历史悠久，有保存完好的清朝在库伦旗修建的兴源寺、福缘寺、象教寺，被称为库伦三大寺。

【建置沿革】 通辽市的前身哲里木盟建置始于清初，其地域北由索岳尔济山以南的洮尔河、嫩江流域起，南至乌哈那德山的东西辽河流域和养畜牧河，西起乌哈那山，东至松花江、伊敦河。

春秋时期（公元前770年至公元前476年），通辽市境内居住着东胡、室韦等游牧部落。秦王朝统一中国后，通辽的南部地区属辽东郡与辽西郡管辖，是秦的一部分，其他多数地区属东胡管辖区。西汉时期，东、西辽河以南部分地区归玄菟郡、辽东郡、辽西郡管辖。东汉时期，嫩江流域隶属于夫余，燕长城以南隶属于东汉的辽东郡、辽西郡。三国时期，东、西辽河流域隶属东部鲜卑的慕容部。东晋十六国时期起，北部隶属于契丹。南北朝至隋唐时期，南部隶属于室韦。唐代，在契丹地设饶乐都督府，后设松漠都督府；在室韦地设室韦都督府。唐末，嫩江流域部分地区归渤海夫余府管辖。辽代，嫩江流域和东、西辽河流域归上京道和东京道管辖。金代，归上京路临潢府及东北路招讨司、咸平路咸平府管辖。元代，归辽阳行省开元路、中书省泰宁路和宁昌路管辖。明代，属于兀良哈三卫，归大宁都司管辖。清代设哲里木盟，共辖4部10旗，其中，科尔沁部的6个旗受盛京（奉天）将军监督与节制，郭尔罗斯前旗受吉林将军监督与节制，郭尔罗斯后旗、扎赉特旗、杜尔伯特旗受黑龙江将军监督与节制。

1912年，哲里木盟10旗归北洋政府蒙藏院管辖，受东三省监督和节制。1914年，境域内正式建立通辽镇。1918年，建立通辽县。中华民国时期，改称哲里木省、哲里木盟，分别隶属于辽西省、辽吉省、辽北省。

1949年4月，哲里木盟划归内蒙古自治区。1953年3月，哲里木盟建制撤销，所属各旗（县、市）归内蒙古东部区行政公署管辖。1954年4月，内蒙古东部区行政公署撤销，哲里木盟建制恢复，管辖范围与撤销前相同。1969年7月，哲里木盟划归吉林省。1979年7月，哲里木盟复归内蒙古自治区。1999年10月，撤销地级哲里木盟建制，成立地级通辽市，辖科尔沁区、霍林郭勒市、科尔沁左翼中旗、科尔沁左翼后旗、开鲁县、库伦旗、奈曼旗、扎鲁特旗。

（市党史地方志研究室）

【行政区划】 2021年，通辽市辖1个市辖区、1个县级市、1个县、5个旗、1个经济技术开发区，即科尔沁区、霍林郭勒市、开鲁县、科尔沁左翼中旗、科尔沁左翼后旗、奈曼旗、库伦旗、扎鲁特旗、通辽经济技术开发区。通辽市有61个镇、26个苏木、4个乡、19个街道办事处。其中，科尔沁区辖15个街道，霍林郭勒市辖4个街道。全市有社区居民委员会253个，村（嘎查）民委员会2103个。

（市民政局　康清杨）

人口民族

【人口】 2021年，全市常住人口285.31万人，比2020年末减少1.44万人。其中，城镇人口144.45万人，乡村人口140.86万人；常住人口城镇化率达50.63%，比2020年提高0.6个百分点。男性人口143.94万人，女性人口141.37万人。全年，出生人口1.65万人，出生率为5.79‰；死亡人口2.38万人，死亡率为8.35‰；人口自然增长率为–2.56‰。

【民族】 根据通辽市第七次全国人口普查数据，截至2020年11月，全市常住人口中，汉族人口1438401人，占50.06%；蒙古族人口1325826人，占46.15%；其他少数民族人口108941人，占3.79%。与2010年第六次全国人口普查相比，汉族人口减少153878人，减少9.66%；蒙古族人口减少115449人，减少8.01%；其他少数民族人口增加3342人，增长3.16%。

（市统计局）

资源及特产

【野生动物资源】 通辽市野生动物大部分为典型北方类型，野生动物种类繁多，有国家一级保护野生动物丹顶鹤、白鹳、大鸨、梅花鹿、黄羊和紫貂等15种；国家二级保护野生动物灰鹤、蓑羽鹤、鸳鸯、天鹅、猞猁、马鹿和狼等52种。其他有重要生态、科学、社会价值的陆生野生动物遍布全市，包括鸟类18目57科321种、兽类6目14科47种。

【野生植物资源】 通辽市地处森林和草原的过渡地带，原始景观为榆树疏林草原，以草原植被为主，森林植被居其次。植被类型由干旱草原及旱生草本植物构成，野生植物丰富多样。山地和沙地适宜杨树、柳树、榆树、樟子松、山杏、锦鸡儿和黄柳等乔灌木生长。麻黄、甘草、山杏、沙棘等资源品种独特，质地优良。全市有木本植物52科107属558种、有草本植物112科446属1169种。其中，菊科种类数量最多，共43属175种；禾本科次之，共53属123种；豆科居第三位，共21属72种。在植物中有饲用价值的578种，其中主要饲用植物有185种。此外，有多种药用植物、蜜源植物、绿化固沙植物。

【林业】 截至2021年年底，通辽市完成林业生态修复面积202万亩。全市森林面积2100万亩，森林覆盖率为23.78%。

【草原】 2021年，通辽市基本草原面积3218万亩，草原类型有草甸草原、干草原、低地草甸、山地草甸和沼泽等5大类。天然草原植物有110科446属1169种，其中有饲用价值的植物578种。天然草地亩产干草20 ~ 40公斤，打草场亩产干草140 ~ 200公斤，年可利用牧草储量约为20亿公斤。

【矿产资源】 2021年，通辽市北部山区属大兴安岭成矿带中南段，面积19349平方公里。通辽市探明各类矿产63种（含亚种）。全市有规模的矿产地158家。煤炭、油页岩、水泥用灰岩、水泥配料用板岩、铸型用砂、玻璃用砂、麦饭石为通辽优势矿产。煤炭、石油、天然石英砂储量丰富。“八〇一”特大型稀有稀土矿为世界特大型矿床。

【奈曼麦饭石】 麦饭石因“状如握聚一团麦饭，有粒如豆如米，其色黄白”而得名。晋代葛洪的《肘后备急方》首次记载麦饭石，称之为“粗理黄色磨石”；1061年，北宋苏颂著《本草图经》中首次将该岩石命名为“麦饭石”；1590年，明代医药学家李时珍在《本草纲目》石部第十卷立名“麦饭石”。1985年11月，中国食品工业协会在北京召开研究开发麦饭石座谈会，将奈曼旗平顶山麦饭石初步定名为中华麦饭石，成为麦饭石品类代表。平顶山麦饭石储量丰富，含有锂、锶、锌、碘、溴等20种人体所必需的微量元素，被誉为“健康药石”，具有一定保健作用。

【通辽黄玉米】 通辽市玉米带与同纬度的美国玉米带、乌克兰玉米带并称为世界三大

"黄金玉米带"。通辽黄玉米是通辽市特产，有100多年种植历史，其外表色泽金黄、颗粒饱满紧实，淀粉含量高、角质率高、含水量低、霉变率低，富含多种氨基酸和微量元素，是玉米深加工业和饲料企业的优质原料。20世纪80年代起，通辽黄玉米出口日本、韩国、俄罗斯、东南亚、西亚等国家和地区。2017年12月22日，农业部批准对"通辽黄玉米"实施农产品地理标志登记保护。2018年2月14日，"通辽黄玉米"成功注册地理标志商标。2021年，通辽市玉米播种面积110.22万公顷，比2020年增加3.63万公顷，增长3.4%；产量837.43万吨，同比增长4.9%。

（市党史地方志研究室）

地域文化

【乌力格尔】 乌力格尔是蒙古语，乌力格尔汉译为"蒙古语说书"，俗称"蒙古书""蒙古说书""蒙古琴书"，是集蒙古说唱艺术发展之大成的一种曲艺形式，分"胡仁乌力格尔"和"雅巴干乌力格尔"两种。"胡仁乌力格尔"是用胡琴伴奏的说唱艺术，"雅巴干乌力格尔"是不用乐器伴奏，与评书类似的说唱艺术。主要流传于内蒙古自治区东部及相邻黑龙江省、吉林省和辽宁省等蒙古族聚集区。乌力格尔节目有长篇、中篇和短篇，讲述内容多是传说故事和历史演义。其中，反映蒙古族历史的书目有《格萨尔》《江格尔》《降服蟒古斯》等，还有大量汉译蒙古文书目如《唐代五传》《三国演义》《隋唐演义》《水浒传》《三侠五义》等。中华人民共和国成立后，通辽境内建立说书馆，艺人有固定演出场所，并且常在广播电台播音演出，使乌力格尔受众面更趋广泛。同时，出现反映现实生活的新作品，如蒙古族曲艺大师毛依罕等人创作演唱《铁牤牛》《党和母亲》等具有浓郁民族特点的歌颂祖国、歌颂党、歌颂家乡的作品。2006年5月20日，内蒙古自治区扎鲁特旗、科尔沁右翼中旗，辽宁省阜新蒙古族自治县，吉林省前郭尔罗斯蒙古族自治县联合申报的"蒙古族乌力格尔"经国务院批准，被列入第一批国家级非物质文化遗产代表性项目名录。

【好来宝】 好来宝又称"好力宝"，为蒙古语音译。好来宝是蒙古族曲艺之一，由1人或者多人以四胡等乐器自行伴奏，用蒙古语言进行"说唱"表演的曲艺形式。好来宝大约形成于12世纪前后，其用蒙古语演唱，有固定曲调和一定韵律。唱词初为即兴吟唱，后来开始创作，并出现一大批"好来宝"作家，如毛依罕、琶杰、色拉西、孙良，他们是深受蒙古族人民热爱的民间艺术家，20世纪60年代被誉为"内蒙古四大艺人"。好来宝演唱的形式多样，有单口、群口、对口问答式、对口论战式等演唱形式。演唱时，每位拉一把马头琴或四胡，自拉自唱，边唱边表演。唱词为四句一节，押头韵，或四句一押韵，或两句一押韵，也有几十句唱词一韵到底的情形。节目篇幅可长可短，艺人们往往即兴现场编词演唱。好来宝音乐变化多端，节奏轻快活泼，唱词朴实优美，语言形象动人；内容既可叙事又可抒情，既有赞颂也有讽刺。中华人民共和国成立后，产生许多反映社会主义建设作品，如艺术家毛依罕创作的《铁牤牛》《慈母的爱》《呼和浩特颂》等作品。通辽最著名的好来宝艺人有琶杰和毛依罕。2008年，好来宝被列入第二批国家级非物质文化遗产代表性项目名录。

【安代舞】 安代舞是蒙古族一种原生态舞蹈，于明末清初发祥于科尔沁草原南端的库伦旗。最初是一种用来医病的萨满教舞蹈，含有祈求神灵庇护、驱魔消灾的意思，后来演变成表达欢乐情绪的民族民间舞蹈。传统安代舞有准备、发起、高潮、收场等程序，均由"博"主持（博即萨满）。在科尔沁地区，逢年过节、在庆祝丰收日子里、在喜丧婚嫁和迎宾的宴会上，人们都会跳安代舞。舞蹈动作有甩巾踏步、绕巾踏步、摆巾踏步、拍手叉腰、向前冲跑、翻转跳跃、凌空踢腿、腾空蜷身、左右旋转、甩绸蹲踩、双臂抡绸等，这些优美潇洒的动作，融稳、准、敏、轻、柔、健、美、韵、情为一体。中华人民共和国成立后，安代舞逐渐变为自娱性民间舞蹈，经过不断完善和发展，由民间进入剧场，成为人们喜闻乐见的民族艺术形式。安代舞成为蒙古民族最为耀眼的文化标识。1996年，库伦旗被文化部命名为“中国安代艺术之乡”。2006年6月，“蒙古族安代舞”被国务院批准列入首批国家级非物质文化遗产代表性项目名录。库伦旗因安代舞，分别于2008年、2011年、2014年、2018年、2021年被文化和旅游部命名为“中国民间文化艺术之乡”。

【科尔沁蒙古剧】 科尔沁蒙古剧（简称蒙古剧）是在科尔沁蒙古族民间歌舞、民间音乐、民间文学基础上诞生的一个新剧种，是集蒙古族歌、舞、扮、诗于一体的综合艺术。1988年，库伦旗乌兰牧骑创作并演出的《安代传奇》受到文化部的高度赞扬，被内蒙古自治区文化厅命名为“科尔沁蒙古剧”。蒙古剧产生于20世纪20年代至30年代，属于民间歌舞剧类型的少数民族剧种，有《嘎达梅林》《达那巴拉》《陶克陶胡》《梅其其格》《金珠》等。它的诞生标志着蒙古族文化艺术的新发展，丰富了祖国灿烂的戏曲艺术宝库。科尔沁蒙古剧中大量采用好来宝、安代曲、民乐曲等，优美的民间音乐形成一个独特的民乐连缀体系，在主旋律的基础上根据人物性格和情节的感情色彩而起伏，变化无穷。语言上，采用蒙古族谚语、格言、成语、典故和歌谣等民间文学中的优美词汇，形成独特的语言风格；创作上也不只局限于历史题材；表演上趋于生活化，语言更加通俗化、口语化，念白不苛求韵律，舞台美术多采取实景与虚景互相补充、虚实相生的表现方法。民国初年，科左中旗的蒙古族艺人突破传统说唱形式，扮演成叙事民歌或者民间故事中的角色，以第一人称进行说唱。科右后旗“潮尔奇”（说书人）在说唱《蟒古斯故事》时，根据故事情节发展，夸张地增加表演动作，有时还改换装束，以伴奏乐器马头琴为道具，站起身来模仿人物，这种化装演唱，使说唱艺术戏剧表演内容得到加强。20世纪40年代，蒙古剧进入一个新发展时期。《诺丽格尔玛》《韩秀英》《达那巴拉》等叙事民歌，相继被改编成蒙古剧进行演出。1946年，内蒙古文工团成立。该团蒙古族艺人把反映蒙古族人民参加解放战争的《血案》《额尔登格》等新歌剧译成蒙古语，用蒙古剧形式进行演出，在蒙古族群众中引起强烈反响。

中华人民共和国成立后，内蒙古歌舞团（后合并到内蒙古民族歌舞剧院）于1953年创作演出小戏《慰问带》，被专家认为是一出有鲜明民族特点的蒙古剧。1953年，哲里木盟库伦旗业余剧团创作演出《汉城烽火》，该剧是表现抗美援朝时期的作品，在唱腔音乐上由专曲专用的单曲体，发展为一个剧种中多首民歌的联用，并且吸收说唱音乐和宗教音乐，标志着科尔沁蒙古剧逐渐走向成熟。

【科尔沁叙事民歌】 科尔沁叙事民歌主要流传在内蒙古自治区东部的科尔沁草原上。科尔沁叙事民歌多在真人真事基础上由民间艺人加工而成，所以绝大多数叙事民歌的歌名都是人名，如《达那巴拉》《乌尤黛》《哲德尔娜娜》《白虎哥哥》等。《诺恩吉雅》又译作《诺恩吉亚》《努恩吉亚》，是民间根据诺恩吉雅传说创作出来的，始传于奈曼旗老哈河一带，后广泛流传于内蒙古草原。歌中描述美丽善良的蒙古族姑娘诺恩吉雅远嫁他乡的凄婉故事，展示古老草原悠远的历史与独特的风俗民情。一首叙事民歌往往要经过几十个甚至几百个民间艺人的口头传唱和不断锤炼、加工，成为久唱不衰的好歌。因地域的不同，会出现多个版本、多种唱词唱法。如民歌《乌尤黛》就有科左中旗的《乌尤黛》、扎鲁特旗的《乌尤黛》和库伦旗《乌尤黛》3个版本，其内容大致相同，但故事发生的地点却各不相同。在科尔沁叙事民歌编唱、流传过程中，说唱艺人“胡尔奇”功不可没。他们在走村串户“说书”之余，把一首首美妙动听的民歌播撒到科尔沁草原的每一个角落，更多的是从蒙古族老乡们那里学唱新的民歌，再按照自己的艺术理念对新学唱的民歌进行润色和加工。如著名民歌《白虎哥哥》就是蒙古族曲艺大师——胡尔奇琶杰听到一个叫白虎的小伙子和美丽的姑娘鲁依玛的真挚爱情被拆散的悲剧故事后，即兴创作出来的。科尔沁叙事民歌戏剧价值被国内艺术家们看好。著名民歌《嘎达梅林》被多次改编成话剧、舞剧和电视剧。自20世纪80年代初起，文化出版部门对科尔沁叙事民歌进行系统的收集、研究和整理，较有影响的民歌集有民族出版社出版的《蒙古族民歌一千首》（该书近一半为科尔沁叙事民歌）、内蒙古文化出版社出版的《科尔沁叙事民歌》（上、中、下）和内蒙古人民出版社出版的《民歌——民间歌手查干巴拉演唱集》（大部分为叙事民歌）。

因旧时的科尔沁叙事民歌凭借口口相传而留存，科尔沁民歌艺人相继离世导致众多优秀曲目失传。为更好传承保护科尔沁叙事民歌，通辽市乌兰牧骑到农村牧区遍访民歌艺人，用录音和记谱等方式对这些珍贵艺术遗产进行记录，并归档保存。2016年至2021年，通辽市举办科尔沁叙事民歌培训班11次，培训学员近500人。

【哲里木版画】 哲里木版画兴起于20世纪50年代。中国已故著名版画家李桦曾把它誉为“草原之花”。哲里木版画作品以雄浑、大气、淳朴、高雅而著称，被美术界称为“科尔沁草原雄风”。1996年，通辽市被文化部命名为“少儿版画艺术之乡”。哲里木版画多取材于蒙古族人民的生产与生活，内容写实，风格质朴，线条粗犷，色彩鲜艳，民族和地区特色浓郁。通辽市版画家创作数千幅版画作品，出版《科尔沁版画》《哲里木版画》《扎鲁特版画》《奈曼版画》等各类画册书籍近50种。《新娘》《红云》《草原你早》《乌珠穆沁的傍晚》《秋风》等近百幅哲里木版画精品作品均成为中国当代美术名画，近百幅作品获国家级奖项，其中《乌珠穆沁的傍晚》获得第十三届全国版画金奖。中国美术馆、民族文化宫、中国对外展览公司、江苏画院、哈尔滨版画博物馆等单位收藏哲里木版画70多幅，并被编入《中国新兴版画五十年选集》《中国版画家新作品》《黑白版画选》等代表中国当代美术成就的大型画册。哲里木版画在中国美术馆、民族文化宫，以及天津、南京、深圳、台湾地区也举办过展览。哲里木版画还辐射到国外，在日本、韩国、德国、挪威等也举办过展览。2011年，哲里木版画进入上海世博会。全市有版画作者近千人，建成通辽市版画艺术中心、奈曼版画院、扎鲁特旗蒙古族一中版画和通辽市第二中学版画创作基地。

【蒙古四胡】 蒙古四胡蒙古语称“侯勒”“胡兀尔”“胡尔”，是具有蒙古民族特色的乐器之一，常使用红木、紫檀木制作，琴筒多呈八方形，以蟒皮或牛皮为面，弦轴和轴孔无锥度，利用弦的张力紧压轴孔以固定，琴杆、琴筒上镶嵌螺钿花纹为饰，细竹系以马尾为琴弓，弓杆中部包以长10厘米铜皮或镶钢片、象牙，根部装骨或木制旋钮，张丝弦或钢丝弦。蒙古四胡分高音四胡、中音四胡和低音四胡。多用于独奏、重奏、合奏，以及为科尔沁民族说唱艺术乌力格尔和好来宝伴奏，在蒙古族人民文化生活中和艺术表演中扮演重要角色。它旋律悠扬、古朴，具有极高的审美价值，在蒙古族历史学、蒙古族文化、民俗学、中外文化交流等方面都具有很高的学术研究价值。四胡源于古代北方库莫奚部人民创造的乐器——奚琴。元代以后，四胡艺术流传于内蒙古自治区、辽宁、吉林、黑龙江和华北等地区。其中，科尔沁草原腹地（现通辽市）的四胡最具代表性。经通辽市著名四胡演奏家吴云龙努力，蒙古四胡成为一门专业的、系统的艺术学科。2006年，蒙古族四胡音乐入选第一批国家级非物质文化遗产代表性项目名录。2010年，科左中旗“千人表演四胡”创造吉尼斯世界纪录。

通辽市乌兰牧骑作为国家级非物质文化遗产蒙古族四胡音乐的保护单位，2016年至2021年举办培训班18次，培训学员近1000人；多渠道保护传承有力推动科尔沁叙事民歌的长足发展，建立传习所4处。2016年，举办全市蒙古族四胡音乐大赛，并录制蒙古族四胡音乐专辑《天籁科尔沁》；2017年，内蒙古自治区级蒙古族四胡音乐传承人白乙拉以20首科尔沁叙事民歌为素材制作蒙古族四胡音乐专辑《草原琴声》。

【马头琴】 马头琴是蒙古族拉弦乐器，称为“毛林（仁）胡尔”。马头琴前身是“潮尔”。有学者认为马头琴和潮尔都是蒙古族古代宫廷乐器，马头琴适用于定居生活，潮尔多用于游牧生活。古代文献中多次记载“古琴”“胡琴”“潮尔”。中华人民共和国成立后，因该琴杆上端雕有马头，在民间俗称为“马头琴”。科尔沁著名民间艺人色拉西和他的徒弟齐·宝力高多次更新潮尔，使之成为真正的“马头琴”。改良后的马头琴统定弦高四度，既保留原来柔和、深厚的音色，又增强音量，增加音色的亮度。马头琴通过几次改革，将原有羊皮改为蟒皮，又改成梧桐木薄板，扩大音箱，弓子改为提琴弓子。可奏双音，发音圆润。改造后的马头琴声音厚重有力、洪亮清澈，善于表现深情乐曲，特别适合演奏悠长辽阔的旋律。在伴奏蒙古族民歌时，多用三度、四度的颤音来模仿演唱的特点。1985年，哲里木盟艺术学校（现科尔沁艺术职业学院）设立马头琴专业，第一任教师是壮子。马头琴用于独奏、合奏、伴奏。最大规模的马头琴演奏有1000名马头琴演奏员一起表演。著名演奏家、世界马头琴协会主席齐·宝力高创作的《万马奔腾》闻名世界，让马头琴在国内外引起众多的关注。

【蒙古族马具制作技艺】 马在蒙古族人民生活中，在民族成长发展中都起到重要作用。蒙古族人民对马有着特殊感情，并在蒙古民族生活中形成多姿多彩的马具装饰用品。马具是反映蒙古族传统文化特色的典型载体，是最具有民族文化特色的生活用具。例如，婚事、喜事、春节、那达慕等特殊活动中专用带花纹、镀金银、制作精细的马具。马具也是女儿出嫁时准备的嫁妆。马笼头、马鞭、褡裢、车马具等是用鬃毛、皮革、帆布以及玉石、金属等制作的。马具是集木工工艺、金属工艺、刺绣工艺及皮件编织等独特工艺于一身的蒙古族民间手工艺。科左后旗马具制作手工艺人制作的马具，技术精良、用料考究、装饰华丽、使用舒适，与其他民族和地区的马鞍具相比有突出的特点。鞍桥用科尔沁沙地百年以上树龄的干柳木或榆木根结部分制成，更加美观耐用。2008年，蒙古族马具制作技艺入选第二批国家级非物质文化遗产名录。

科左后旗有自治区级传统工艺工作站1处，市级蒙古族马具制作技艺传习基地1处，旗级套格敦白乙蒙古族马具制作技艺传习所1处，大青沟蒙古族马具制作技艺展示厅1处。套格敦白乙是科左后旗蒙古族马具制作技艺国家级非物质文化遗产传承人。2010年在上海举办的世界博览会上，套格敦白乙制作的6副蒙古马鞍代表内蒙古参展。他制作的蒙古族马鞍于2012年获得文化部举办的非物质文化遗产保护成果展手工技艺类金奖；2018年5月，在全国非物质文化遗产展示会上获得金奖，云南省博物馆永久性收藏1套马具；2018年8月，入选中国·通辽“一带一路·敖包相会”国际文化旅游节的主打产品；2021年，参加“百年百艺·薪火相传”中国传统工艺展；2021年，套格敦白乙被评为国家级非物质文化遗产优秀传承人。

【科尔沁那达慕】 “那达慕”，意为娱乐或游戏，是蒙古族喜庆丰收或欢度节日的聚会。作为蒙古族重要的传统节日，那达慕是以摔跤、射箭、赛马、歌舞等娱乐游艺项目为主要内容的集会。那达慕大会气氛隆重而热烈，充满着浓厚的民族传统色彩。早在13世纪初，蒙古族首领们就举行规模较大的那达慕。据史料记载，成吉思汗在征服花剌子模后，曾举行盛大的那达慕大会，主要进行射箭比赛。随着蒙古部落逐渐强大，各部落在举办那达慕时，大都进行以射箭、赛马、摔跤（俗称蒙古“男儿三艺”）为主要内容的竞技比赛，并逐步成为传统那达慕竞技固定形式。那达慕一般在每年夏末秋初举行。从季节上看，夏末秋初草原上水草丰美、牛羊肥壮，是家畜输出和贸易交流的旺季，因而那达慕又是蒙古族庆祝丰收的节日。从民族习俗上说，7、8月是蒙古族“招福”的季节，在这一时期举行那达慕，体现出蒙古族人招福祈祥的心愿。每逢那达慕大会，牧民们便穿上节日盛装，从四面八方涌向大会会场。绿色宽广的草原上，彩旗飘扬、车水马龙，场面极其壮观。牧民们喝马奶酒、唱草原歌、吃烤全羊、拉马头琴，通宵载歌载舞。那达慕大会是草原劳动人民庆丰收、庆团结、庆胜利的欢乐节日盛会；是以民族体育比赛为主，兼有文化娱乐、艺术欣赏、信息交流、经济贸易等内容的多功能文化体育盛会。1985 年 8 月 20 日至 23 日，首届大型那达慕大会在科尔沁草原举办。全盟 8 个旗县（市）、11 个代表团的 828 名运动员参赛。来自中央、自治区的领导，各省、自治区、直辖市及友邻地区地、县、市代表以及盟、旗县市负责人和 10 万余名观众观看开幕式和比赛。该届那达慕大会设蒙古式摔跤、中国式摔跤、赛马、掷布鲁、长跑等比赛项目，增设射箭、马术、赛骆驼、布鲁投准、武术、军事等表演项目。科尔沁那达慕和“8·18”哲里木赛马节，成为通辽市的著名文化品牌。

（市党史地方志研究室）

特色饮食

【科尔沁牛肉干】 科尔沁牛肉干在保留传统手工艺基础上，精选黄牛排酸肉，结合现代工艺配料、腌制、晾晒、油炸等工序，工艺规范，配料科学，风味独特。通辽市作为“黄牛之乡”，依托丰富的黄牛资源和传统手工艺基础，牛肉干产业迅速发展，成立牛肉干行业协会，建立健全牛肉干的生产加工企业行业标准。罕山肉食品加工有限公司生产的“罕山牌”牛肉干分别于 2002 年被评为内蒙古自治区名优小吃、2006 年被评为通辽市知名商标、2007 年获得内蒙古自治区著名商标、2009 年被评为中国牛肉干第一品牌“始创金质奖”。通辽新世纪大酒店制作的风干牛肉由于手法创新，口味地道，营养丰富，2012 年被中国烹饪协会评选为“中华名小吃”。

【科尔沁蒙古馅饼】 科尔沁蒙古馅饼历史悠久、制法独特，酥软香嫩、营养丰富，经过数代人传承发展，成为科尔沁草原各民族喜爱的美食。科尔沁蒙古馅饼面坯选用优质小麦粉，馅心料以科尔沁黄牛肉为主，也有素菜、羊肉或混合馅心，全部为绿色天然有机原料。面坯调制较软后经几十分钟饧面过程，制作分为辅以干面和辅以净油两种成型手法，两面烙制、两面刷油烙至金黄油亮，达到皮薄透明、质地酥软的品质指标。2002 年，科尔沁蒙古馅饼被评为内蒙古名点。2012 年，科尔沁蒙古馅饼在黄河美食节上获“中国名点”称号。2012 年 10 月 24 日，通辽市餐饮与饭店行业协会成功制作出中国最大的科尔沁蒙古馅饼，并获得上海大世界基尼斯总部颁发的证书。

【科尔沁炒米】 炒米蒙古语为“胡列巴达”。科尔沁炒米传承蒙古民族传统工艺，采用内蒙古科尔沁地区优质散糜子为原料经过选料、筛选、清洗、蒸煮、炒、碾等 10 多道工序精制而成，具有煳香酥脆可口、营养丰富、充饥耐饿、即食等特点，是健康绿色的传统食品。

散糜子为炒米的原料，其栽培历史悠久，是古老的杂粮作物之一。据《后汉书·乌桓传》记载，蒙古族先民东胡人在公元 200 年就食用炒米。波斯历史学家拉施特的《史集》中记载“蒙古部落被其他部落战败，逃到山林。林间有良好的草原，生长着茂盛的糜子，他们用散糜子制作食物，生息繁衍，代代相传”。蒙古族学者仁钦从蒙古语名词学术语形式的角度研究证实，蒙古族祖先早在数千年前就开始种植糜子。战国时吕不韦著的《吕氏春秋·本味篇》有“饭之美者，玄山之禾，不周之粟，阳山之穄”的记载。蒙古族人民的传统粮食大多以糜子、白面为主，散糜子主要用来制作风味独特的炒米，不但味道香浓、营养丰富、食储方便，而且耐饥，深受人们喜爱。

炒米具有很高的营养价值，其蛋白质含量接近于豆类蛋白，品质优于小麦、大米和玉米，并含有人体所必需的氨基酸和多种矿物质，脂肪和维生素 E、维生素 B_1、维生素 B_2 含量均高于大米，膳食纤维含量也非常丰富。加工好的炒米，色黄而不焦，米坚而不硬，晶莹明亮，泡在奶茶中色香味美，酥香可口。经过水浸，使糜子皮表层中的水溶性维生素渗透到米粒中，增加炒米中维生素的含量。蒸炒后迅速冷却干燥，使糊化后的淀粉固定在原有状态，食用时只需以茶水浸泡即可。炒米含水量低，耐储存，易携带，不易霉坏变质，而且味美耐饥，吃法简便，适应牧区生活需要。日常生活中，牧民们出牧、行猎（历史上），炒米是必备的食品。炒米具有一定药用价值和保健作用，是我国传统的中草药之一，具有补中益气、健脾益肺、除热愈疮之功效，适宜烫伤患者食用。糜子可以提取各种天然色素，是酿酒的好原料。糜子是优良饲料作物，籽粒、茎秆、颖壳、青干草是家畜、家禽的优良饲料。通辽人制作的科尔沁炒米因其做工精细而被列入非物质文化遗产保护项目。

【库伦饸饹】 饸饹面为北方及西北地区风行的面食，历史悠久。早在1400多年前，蒙古先人就用牛角钻6～7个小孔，孔如粗麻线大小，面糊放入牛角内，落入沸水中煮成面条。荞麦是库伦人主要的食用粮食之一。库伦荞麦面面细、色白、筋道、味美。库伦人用荞面制作多种食品，如面条、饸饹、拨面、馅饼、水饺、蒸饺、猫耳朵汤、拉拉汤、轮饼、葱花卷饼、刀削面等。

【奈曼拨面】 拨面是荞麦面在奈曼旗特有的一种制作方法。用当地人发明一种叫“拨面刀”（即把儿刀）的工具，将和好的荞麦面拨成横截面为扇形、长20厘米左右的面条，清水煮后浇入当地人特制的“卤子”（即调料）就好，“卤子”可选用蔬菜、豆腐、肉丁等食材。拨面软硬适度，筋力十足，味道鲜美，口感极佳。荞面含蛋白质10.3%～11.9%、淀粉63.3%～75%、粗纤维10.3%～13.8%，维生素B_1、维生素B_2、维生素E的含量均高于水稻、小麦、玉米等农作物，同时还有铁、钙、铜、锌、硼等微量元素和多种氨基酸，其中赖氨酸和精氨酸的含量均超过大米。芦丁是荞麦特有的成分，具有软化血管、降低血脂和胆固醇功能。

（市党史地方志研究室）

古迹名胜

【哈民忙哈史前聚落遗址】 哈民忙哈史前聚落遗址（简称哈民遗址）位于科左中旗舍伯吐镇东偏南约30公里，距通辽市约50公里。经过挖掘研究和碳十四测年可知，该遗址距今5500年至5000年，属于新石器时代中晚期大型史前聚落遗址。探明的核心区面积17万平方米，仅为该遗址总面积的1/4。该遗址是内蒙古及东北地区发掘面积最大的1处保存比较完整的大型史前村落遗址。西辽河流域是中华文明发源地之一，哈民遗址是西辽河流域标志性遗址。

2010年5月，经国家文物局批准，内蒙古文物考古研究所联合吉林大学边疆考古研究中心及国内几所知名高校，经过5年5次对哈民遗址进行大面积有计划的考古发掘工作。截至2014年，发掘总面积8200余平方米，共清理出房址81座、灰坑61座、墓葬14座、环壕2条，出土陶器、石器、骨器、蚌器、玉器等遗物2000余件，出土碳化的黍、粟、大籽蒿、大麻等植物种子80多万粒，在聚落房址、灰坑、环壕中出土各种兽骨25857件，人骨205例等。遗址保存有完整的史前房屋木质构架、麻点纹陶器、人骨遗骸等珍贵文物，房屋为半地穴式，是由柱、檩、椽等层层捆绑、咬合形成坡状的爬梁式，房屋构件保存较为完整，有东西长350米、南北宽270米、椭圆形封闭状的聚落环壕，且为双环壕。哈民遗址真实再现东北蛮荒地区史前文明，被考古学家命名为哈民文化。

2012年，哈民遗址被国家文物局评为2011年度“中国十大考古新发现”之一，被中国社会科学院评为“中国六大考古新发现”之一。2016年，被自治区文物局评为第五批自治区级文物保护单位，入选“自治区首批十大考古遗址公园”。2016年8月19日，内蒙古哈民考古遗址公园开园。该公园总面积206公顷，以核心遗址展示区、生活场景展示区、自然人文体验区、考古模拟体验区、耕作文化体验区为主导功能，以展示史前人类活动历史文化、生产、生活、社会环境等体验式场景为特色，年接待游客量25万人次，是通辽市科尔沁500公里文化旅游景观大道上的重要节点之一。2019年10月，哈民遗址被国务院核定并公布为“第八批全国重点文物保护单位”。2019年11月，被内蒙古自治区文化和旅游厅公布为国家AAA级旅游景区。2021年10月被中国文物学会评为“2021年全国文化遗产旅游百强案例”。

【库伦旗西汉长城】 库伦旗西汉长城位于通辽市库伦旗。库伦旗西汉长城墙体最南端发现于库伦旗白音花镇乃曼格尔村东北1.4千米，经东通什村东、色楞稿村西、敖和板村东、西牌楼村东、马营子村东，至东皂户沁嘎查东。认定长城24段，全长28058米。库伦旗西汉长城为土筑墙，与周边环境融为一体且共同构成独特的军事建筑景观。西汉长城是汉代防御外敌侵犯而修筑的军事防御工程，其发展历程见证汉代成长与衰败，见证古代军事防御体系发展，体现中国冷兵器时代军事防御思想，体现西汉社会、军事发展水平，反映了汉代军事防御体系和战略布局，是长城建筑技术、施工工艺重要实例，是通辽市重要历史文化旅游资源及历史文化教育基地，是认识中国传统军事思想、欣赏古代军事建筑艺术、提升民族自豪感的场所。2014年9月24日，库伦旗西汉长城经内蒙古自治区人民政府公布为第五批自治区级文物保护单位。

【南宝力皋吐遗址】 南宝力皋吐遗址位于通辽市扎鲁特旗鲁北镇东南约40公里处，是中国北方发现的最大型的古葬群遗址，2006年至2008年连续三年入围全国十大考古发现。墓地出土的随葬品十分丰富，如陶型圣母、高领双耳壶、尊形器、豆等陶器，具有小河沿文化的特征。出土的稀世珍宝骨朵，将骨朵出现的年代向前推进2000年。经勘查，南宝力皋吐墓地分为南北两区，南区现存面积7000平方米，北区现存面积5000平方米，两区相距280米，整个遗址及墓地面积约2平方千米。发掘面积总计达10000多平方米，清理墓葬395座，房址9座，出土陶器、骨器、玉器、蚌器、石器等各类精美随葬品1500余件。该遗址填补了中国史前时代文化考古的空白，在一定程度上促进新石器时代晚期的考古学研究，对整个东北地区乃至全国的史前考古学文化研究和认识产生深远的影响。

【通辽—赤峰秦汉长城奈曼段】 辽西地区北部地段的秦汉长城由东向西分布于通辽市奈曼旗和赤峰市敖汉旗、松山区境内。通辽—赤峰秦汉长城奈曼段主要分布在奈曼旗沙日浩来镇、土城子乡、青龙山镇、新镇境内，过牤牛河在新镇朝阳自然屯进入库伦旗，认定长城30段，在奈曼旗境内63586米。

燕长城始建于燕昭王时期（公元前311年至公元前279年），是历史上修建的早期长城。分燕北内长城和燕北外长城，主要防御东胡人侵扰，奈曼境内为燕北外长城。2011年8月，为便于更好地对奈曼境内燕长城的保护和管理，设立10个保护标志，奈曼境内燕北外长城西岗入口，朝阳沟出口，共分成10个段，横跨沙日浩来、土城子、新镇乡，每个段保存的状况基本相同，墙体有的在耕地里、有的被乡间路横穿，无明显区分。地处荒滩戈壁地段的长城其两侧以50米为保护范围，在保护范围基础上，外延两侧各100米为建设控制地带。长城两侧有耕地的，以10米为保护范围，在保护范围基础上，两侧外延各50米为建设控制地带。2014年9月，划入第五批自治区级文物保护单位。

【金界壕遗址】 金界壕又称金长城或兀术长城。《金史》对金长城记载为界壕、壕堑、壕垒、垣垒、垒堑、壕障、壕墙、界墙、边堡等。始建于金天会元年（1123），到1198年最终成形，是规模宏大的古代军事防御工程。金界壕构筑别具一格，由外壕、主墙、内壕、副墙组成，主墙墙高5～6米，界壕宽30～60米，主墙每60～80米筑有马面，每5～10千米筑一边堡。现存残墙高1.5～2.5米，壕墙与边堡旧址清晰可见。2001年6月25日，金界壕遗址被公布为第五批全国重点文物保护单位。

通辽境内金界壕多分布

在霍林郭勒市和扎鲁特旗。霍林郭勒市境内金界壕，东起达来胡硕街道宝日呼吉尔社区，向西南延伸，经珠斯花火车站、东和热木特社区、查格达社区，至锡霍5号界桩后入锡林郭勒盟，认定界壕16段，全长约22173米；扎鲁特旗境内金界壕，由科右前旗进入扎鲁特旗东北部的乌兰哈达苏木境内，沿乌布昆都郭勒河北岸向西南方延伸，经巴雅尔胡硕镇，至格日朝鲁苏木毕其格图伸入阿鲁科尔沁境内，认定界壕81段，全长88338米，现存边堡8座、马面242座。界壕基本为东北—西南走向。

【风景名胜】 2021年，通辽市接待国内游客1066.73万人次，实现国内旅游收入86.58亿元。全市有国家A级旅游景区23家。其中，通辽市大青沟自然保护区、通辽市库伦三大寺、通辽市孝庄园旅游区、通辽市敖包相会可汗山草原旅游区、通辽市奈曼旗孟家段湿地旅游区、通辽市奈曼王府等等国家AAAA级旅游景区6家。

（市党史地方志研究室）

经济和社会发展

【经济建设】 通辽历史悠久、文化厚重，天辽地阔、风光秀美，区位优越、交通便捷，资源富集、物产丰富，是中国重要的商品粮基地、畜牧业生产基地，是内蒙古的“粮仓”和“肉库”。近年来，通辽市扎实推动经济高质量发展，推动产业转型升级，初步形成一产生态、二产绿色、三产低碳的绿色循环发展格局。霍林郭勒市煤电铝一体化循环经济发展模式被联合国选评为“今日变革进步奖”。肉牛产业形成良种繁育、规模养殖、精深加工、市场交易、金融创新融合发展的新业态，被命名为“中国草原肉牛之都”。

2021年，通辽市全力推动经济恢复增长。多措并举助企纾困，为市场主体减税降费8.9亿元、缓缴税金12.05亿元，规模以上工业企业利润总额增长91.7%、利润率提高3.9个百分点。全市地区生产总值增长4%，一般公共预算收入增长14.95%，社会消费品零售总额增长6.1%，进出口总额增长65.3%。稳妥应对化解重大风险。“11·5”强暴风雪天气，全市上下以雪为令、浴“雪”奋战，兄弟盟市千里驰援，众志成城打赢抗雪救灾保卫战。部分旗县立项审批受限，市旗两级联手破困局，6个旗县全部退出中央预算内投资计划执行“黑名单”。努力改善城乡人居环境。实施市政基础设施补短板项目78个，启动中心城区市政园林管护市场化、环卫保洁一体化改革，开展违法建设专项整治，成功卫冕全国文明城市、国家卫生城市，深化改革扩大开放。出台优化营商环境服务项目建设26条措施，优化重组市属五大集团，签署《赤峰市 通辽市协同发展合作备忘录》，展开全员全域全季招商攻势，招商引资签约项目、到位资金分别增长86%和18%。打造高品质生活。市政府承诺办好的九件民生实事有效实施，“我为群众办实事”实践活动42项承诺事项全面完成，各项事业健康发展，社会大局保持稳定。

2021年，通辽市规模以上工业综合能源消费量比2020年增长0.3%，其中七大高耗能行业综合能源消费量增长1.4%。新能源发电量130.68亿千瓦时，比2020年增长8.9%，占规模以上工业发电量的20.3%，较2020年提高0.9个百分点。2021年，通辽市总用水量26.6亿立方米，比2020年下降2.4%。其中，生活用水增长11.2%，工业用水下降1.1%，农业用水下降3.4%。

【生态建设】 2021年，通辽市公共财政预算收入完成87.94亿元，比2020年同期增加11.44亿元，增长15.0%。其中，税收收入完成58.55亿元，增长7.0%；非税收入完成29.39亿元，增长35.1%。全市公共财政预算支出376.35亿元。

2021年，全市空气质量平均优良天数比例达89.3%。细颗粒物（$PM_{2.5}$）平均浓度为29微克/立方米，比2020年下降14.7%。

2021年，通辽市有66个自然保护区和14个自然公园，总面积77万公顷（含重叠面积13.99万公顷），主要为森林、湿地、荒漠、草原生态系统以及野生植物类型。国家级自然保护区2个：内蒙古大青沟国家级自然保护区和内蒙古罕山国家级自然保护区；自治区级自然保护区4个：内蒙古乌斯吐自然保护区、内蒙古乌旦塔拉自然保护区、内蒙古双合尔湿地自然保护区、内蒙古荷叶花湿地水禽自然保护区；市级自然保护区10个，旗县级自然保护区50个。国家级沙漠公园2个：内蒙古奈曼宝古图国家沙漠公园和内蒙古库伦银沙湾国家沙漠公园。森林公园7个，其中内蒙古敖伦国家森林公园为国家级森林公园。

2021年，通辽市着力推动绿色低碳发展，成立市生态保护修复重大项目推进中心，启动实施总投资近100亿元的科尔沁草原山水林田湖草沙一体化保护和修复工程、欧投行贷款造林项目。出台推进能耗“双控”促进高质量发展指导意见，完成自治区下达的节能降耗任务。

【社会事业】 2021年，通辽市参加养老保险人数为176.0万人，比2020年增长1.9%；参加失业保险人数为24.45万人，增长2.3%；参加工伤保险人数为25.15万人，增长0.6%；参加基本医疗保险人数273.82万人，增长1.2%。

2021年，城镇最低生活保障救济户2.19万户；城镇居民最低生活保障人数3.71万人，比2020年下降10.6%。农村定期救济户8.04万户；农村牧区居民定期救济人数14.38万人，下降5.9%。2021年，收养性福利事业单位36个，共有床位3400张，职工398人，医护人员424人。共有农村收养性老年福利机构26个，年末在院老人1761人；社会福利院8个，年末在院老人356人。

2021年，通辽市批发零售和住宿餐饮业增加值113.73亿元，比2020年增长7.0%；交通运输、仓储和邮政业增加值144.41亿元，增长8.4%；金融业增加值51.2亿元，增长5.7%；房地产业增加值44.32亿元，增长4.3%。

截至2021年年底，全市共有普通高等院校3所，全年共招生13874人；共有在校生39927人，其中全日制研究生2013人；共有教职工3051人，其中专任教师1940人。全市各级各类学校（幼儿园、中小学、职业中学、特殊教育学校，不含高校）1267所，招生10.92万人，在校学生41.14万人，专任教师3.61万人。其中，幼儿园879所，全年招生2.25万人，在校生7.08万人，专任教师0.59万人；小学220所，招生3.04万人，在校生17.16万人，专任教师1.48万人；普通中学141所，招生4.97万人，在校生15.33万人，专任教师1.38万人；职业中学19所，全年招生0.63万人，在校生1.46万人，专任教师0.13万人；特殊教育学校8所，招生160人，在校生1101人，专任教师252人。

截至2021年年底，全市有艺术表演团体9个，其中乌兰牧骑6个。拥有文化馆9座，公共图书馆9座，博物馆11座。全市广播节目综合人口覆盖率为99.82%，电视节目综合人口覆盖率为99.82%。有线电视覆盖用户286.81万户。年末全市共有医疗卫生机构4367个。其中，医院84个，基层医疗卫生机构4245个，专业公共卫生机构33个。医疗卫生机构编制床位19110张。其中，医院14650张，基层医疗卫生机构4203张，专业公共卫生机构257张。全市医疗卫生机构在岗职工28534人，卫生技术人员21606人。其中，执业（助理）医师9071人，注册护士8215人，药师（士）1108人，技师（士）1525人。

2021年，全市体育健儿在自治区级竞赛中获金牌21枚、银牌27枚、铜牌30枚。全市有全民健身站点1863个，全市123.4万体育人口开展全民健身活动130次。全市有社会体育指导员9400人，其中国家级体育指导员84人。

【人民生活】 2021年，通辽全体居民人均可支配收入26657元，比2020年增长8.8%。按常住地分，城镇常住居民人均可支配收入37475元，增长7.7%；农村牧区常住居民人均可支配收入18405元，增长10.4%。按主要收入构成分，工资性收入10780元，增长8.3%；经营净收入9498元，增长8.4%；财产净收入995元，增长12.3%；转移净收入5384元，增长9.8%。全体居民人均生活消费支出

17794元，比2020年增长14.9%。按常住地分，城镇常住居民人均消费支出21505元，增长14.4%；农村牧区常住居民人均消费支出14657元，增长15.6%。城镇常住居民人均拥有现住房建筑面积33.01平方米，比2020年增长1.4%；农村牧区常住居民人均拥有现住房使用面积32.24平方米，比2020年增长1.1%。城镇常住居民彩色电视机拥有量125.53台/百户；农村牧区常住居民彩色电视机拥有量120.81台/百户。城镇常住居民家用电脑拥有量92.53台/百户；农村牧区常住居民家用电脑拥有量53.32台/百户。

【国家级荣誉称号】 通辽市获得全国民族团结先进地区、全国社会治安综合治理优秀城市、全国“双拥”模范城市、中国蒙医药之都、中国草原肉牛之都、中国版画艺术之乡、中国民族曲艺之乡、中国蒙古族民歌之乡、中国乌力格尔之乡、中国马王之乡、中国安代艺术之乡、中国蒙餐之都、中国魅力中小城市、国家园林城市、宽带中国示范城市、中国优秀旅游城市、中国金融生态示范城市、全国基层蒙医院中医工作先进城市、全国流通领域现代物流示范城市、全国林业生态建设先进地区、全国平原绿化先进市、全国造林绿化模范城市、国家现代能源领域试点市等称号。

2017年，通辽市获得“国家卫生城市”和“全国文明城市”称号。

2018年5月，通辽市获得“全国优化营商环境优秀案例城市”称号。

2019年9月18日，2019全国经济发展与质量品牌市场评价活动在北京举行。通辽市获得“2019中国绿水青山宜居宜游城市”“2019中国特色草原体验旅游目的地”“2019中国优质营商环境典范城市”称号。

2019年9月20日，由中旅风景与国际旅游联合会主办的“2019文旅融合发展大会”在天津举行。通辽市获得“最美中国文化旅游城市”称号。

2019年11月，通辽市获得“2019中国文旅产业最具开发（投资）价值城市”称号。

（市党史地方志研究室）

中国共产党通辽市委员会

综　述

【概况】　2021年，市委坚持以习近平新时代中国特色社会主义思想为指导，团结带领全市各级党组织和广大党员干部群众，准确把握新发展阶段，全面贯彻新发展理念，主动服务和融入新发展格局，做好“六稳”“六保”工作，统筹疫情防控和经济社会发展，“十四五”开局之年各项工作取得积极成效。全年完成地区生产总值1411亿元，公共财政预算收入88亿元，社会消费品零售总额326亿元，城乡居民人均可支配收入分别达到37475元和18405元。

坚持把学习贯彻习近平新时代中国特色社会主义思想作为首要政治任务，及时跟进传达学习习近平总书记重要讲话重要指示批示精神，举办市委理论学习中心组学习会议13次，深入开展“七进”宣讲，开设“书记讲堂”，组织基层理论宣讲1.8万余场次，推动党的创新理论深入基层、深入人心。围绕贯彻落实党的十九届五中、六中全会精神和习近平总书记“七一”重要讲话精神，召开市委全会、市委常委会会议等专题研究贯彻落实措施。紧扣习近平总书记和党中央为内蒙古确定的“两个屏障”“两个基地”“一个桥头堡”的战略定位及自治区党委对东部盟市发展要求，科学编制“十四五”规划，召开市第六次党代会，明确提出今后五年高质量发展的奋斗目标和思路举措，确保通辽各项工作始终沿着正确方向向前推进。深入开展党史学习教育，举办专题读书班2期，组建10支宣讲队伍深入基层开展“四史”宣讲3200余场次，受众30余万人。开展“我为群众办实事”实践活动，党员干部走访群众2万余人，认领民生实事1.6万件，累计解决民生问题1.9万件次。

【中国共产党成立100周年庆祝活动】　2021年，通辽市委组织中国共产党成立100周年庆祝活动，推进全国全区全市“两优一先”推荐、评选、表彰工作，市中心血站党支部被评为全国先进基层党组织，35名优秀个人、12个先进基层党组织受到自治区表彰，为6150名老党员颁发“光荣在党50年”纪念章。开展党史学习教育，实现各级党校半个月以上班次100%举办党史学习主题活动、1个月以上班次100%开设党性分析学习单元、2个月以上班次100%到党性教育基地学习研讨、所有主体班次100%安排党史教育课程的目标。推进“我为群众办实事”实践活动，组织各级各部门细化梳理重点民生项目3812个，完成率和群众满意率均达99.5%以上。

【党史学习教育】　2021年，通辽市各级党组织和广大党员干部把党史学习教育作为一项重大政治任务。市委在学习教育中承担主体责任，成立党史学习教育领导小组，由市委书记担任组长，制定执行领导小组工作规则。印发全市党史学习教育实施方案，明确6个重点任务、21项具体内容、5个实施举措和步骤，对学习内容、进度安排、学习方式、指导督促等提出明确要求，层层压实各级党委（党组）主体责任。3月5日，市委召开全市党史学习教育动员大会。截至年底，市委先后召开7次常委会和领导小组会议、3次领导小组办公室主任会议、9次调度会议和分领域推进会议，推动党史学习教育不断取得新进展新成效。组建8个市委巡回指导组，在进行专题培训的基础上，开展常态化、不间断的督促指导，全年开展9轮巡回指导工作，加强对各地区各部门各单位党史学习教育的具体指导，全市学习教育取得实效。

探索建立“清风引领、四联四融”常态化办实事工作机制，坚持以“清风引领”为主导、群众需求为导向、多元联动为关键、社会协同为支撑，着力推进基层治理体系和治理能力现代化，将矛盾纠纷化解在基层，和谐稳定创建在基层。以党史文艺精品铸魂育人。创作推出《烽火安代》《大刀红》等精品舞台作品。创拍制作5集纪录片《我和我的父辈》，系统挖掘整理通辽红色历史文化、历史人物，为党史学习教育注入更加丰富生动的本土教材。音乐作品《红旗》入选中国音协“百年百首”优秀主题歌曲推荐展播曲目，《嘱托》等8首作品入选内蒙古音协同类曲目。打造“宣讲+电影”融合传播新模式。结合“永远跟党走”庆祝中国共产党成立100周年百部主题电影展播展映活动，建立“光影铸魂”电影宣讲特色品牌，探索理论宣讲、公益电影融合传播新模式，以“现场授课+视频讲座+公益广告+电影放映”为主要形式，坚持在每场电影放映前开展党史微宣讲，达到互融共促、提质增效的效果。累计开展电影宣讲18738场次，还专门创新推出党史学习微宣讲视频“‘马上学习’微课堂”，全面开展微宣讲和电影宣讲。

制定《“我为群众办实事”实践活动实施方案》，列出“我为群众办实事”项目清单，定期公开办理情况，主动接受社会监督，全市共确立重点民生项目4550个，其中市级领导干部认领完成73项，分层分级建立“我为群众办实事”任务、承诺、成效“三张清单”，累计解决急难愁盼问题4026个。

【生态文明建设】 2021年，通辽市委坚持以系统思维推进生态建设，总投资近100亿元的科尔沁草原山水林田湖草沙一体化保护和修复工程、欧投行科尔沁沙地治理项目启动实施，完成科尔沁沙地综合治理、天然草原恢复修复各200万亩，累计建成绿色矿山82家。系统开展西辽河流域生态修复，西辽河主河道、莫力庙水库时隔多年实现生态水量回补。持续打好污染防治攻坚战，累计完成电解铝企业无组织排放技术改造项目46项，电解铝烟气超低排放系统实现行业全覆盖。严格落实河湖长制，推动水资源、水环境、水生态协同共治，全市污水出厂尾水全部实现达标排放。统筹推进固废治理、垃圾分类、农业“四控”等措施，土壤环境质量得到进一步改善。严格落实能耗“双控”任务，能耗总量和强度均实现“由红转绿”，完成年度目标任务。

【统筹城乡协调发展】 2021年，通辽市委认真落实自治区打造通辽、赤峰“双子星座”部署要求，谋划推动产城融合发展，持续完善城市功能，开展城市更新行动，推进城市管理体制改革和城市体检试点。深入开展城区违建和房地产“三难”整治，解决房地产“三难”遗留问题项目2657套。努力补齐公共服务短板，市医院新院区、科技馆等公共服务设施建设加快推进。全国文明城市成功复牌、国家卫生城市通过复审。大力实施乡村振兴战略，确定279个乡村振兴重点帮扶嘎查村和68个示范村重点扶持建设。深入实施乡村建设行动，改造农村牧区危房1735户，完成1.05万户问题户厕整改。推进巩固拓展脱贫攻坚成果同乡村振兴有效衔接，建立健全防止返贫监测帮扶机制，整合投入13.69亿元重点支持脱贫地区发展特色产业，实施京蒙协作项目83个，选派1816名干部驻村帮扶，坚决守住不发生规模性返贫的底线。

【保障和改善民生】 2021年，通辽市委贯彻以人民为中心的发展思想，全年民生支出238.1亿元，占财政支出比重达70.5%。加强就业优先战略，新增城镇就业11371人，城镇登记失业率低于控制目标0.36

个百分点；深入实施农牧民转移就业三年行动计划，实现稳定转移就业38.14万人。提升社会保障水平，实施全民参保计划，累计发放救助补助资金7.4亿元。认真落实义务教育阶段"双减"政策，停业整顿校外培训机构304家，新建公立幼儿园12所，全市普惠性幼儿园覆盖率达到82.66%。全方位全周期保障人民健康，深化"三医"联动改革，基层医疗卫生服务能力不断增强，基本医疗保险参保率达95%以上。深入贯彻中央民族工作会议精神，严格落实自治区民族团结进步条例，制定推进新时代民族工作高质量发展工作方案，成立铸牢中华民族共同体意识研究院和民族团结进步教育发展研究中心，开展"四史五观"教育和民族团结进步创建"八进"等活动，促进各民族交往交流交融，积极创建全国民族团结进步示范市，创建1个国家级民族团结进步示范单位，完成100个市级示范单位验收。全力防控重大风险，常态化抓好疫情防控，全市核酸检测机构增加到39家，累计接种新冠病毒疫苗500万剂次，及时有效控制满洲里关联疫情扩散蔓延。积极应对有气象记录以来最强暴风雪天气，全力以赴保畅通、保运转、保民生，发动群众抗灾救灾，最大限度减少和挽回经济损失。着力提升市域社会治理现代化水平，深入开展治理重复访、化解信访积案专项行动，常态化推进扫黑除恶专项斗争，统筹抓好安全生产、食药安全等工作，全年未发生重特大安全事故。

【巡视问题整改】 2021年，中央第八巡视组移交的6批374件信访件全部办结，立案91件，给予党纪政务处分144人、组织处理44人，移送司法机关9人。认领自治区第三巡视组营商环境专项巡视反馈整改问题5个，其中追责问责问题2个，并全部整改。第13轮巡察发现问题299个，移交问题线索38件。

【政治生态修复净化】 2021年，通辽市委贯彻新时代党的建设总要求，坚持和加强党的全面领导，落实从严管党治党政治责任，推动政治生态全面重塑、根本好转。严明政治纪律和政治规矩，开展三轮市委巡察，发现问题874个，处置线索42件。严格落实党建工作责任制，制定市委落实全面从严治党主体责任清单，抓严抓实基层党建述职评议考核，层层压实各级党组织管党治党政治责任。深入开展以案促改全面修复净化政治生态集中专项行动，细化制定专项行动实施意见和6个专项方案，围绕"一把手"监督、优化发展环境等五项重点任务细化实施121项整改措施，启动开展金融领域专项整治，集中专项行动中排查起底党的十九大以来受理的问题线索2717件、立案345件、处分处理305人。围绕严肃党内政治生活、加强权力运行监督等建章立制2830项，以案促改、以案促建、以案促治取得阶段性成效。深入贯彻新时代党的组织路线，牢固树立大抓基层的鲜明导向，全面开展基层党建规范化建设"百日攻坚"专项行动，打造"最强党支部"2480个，完成市旗党委班子、苏木乡镇领导班子和嘎查村、社区"两委"换届。持之以恒正风肃纪反腐，查处违反中央八项规定精神问题56件，处分处理60人；查处形式主义、官僚主义问题线索87件，处分处理113人。持续加大案件查办力度，深入开展煤炭、林草、供销等领域专项整治，各级纪检监察机关累计立案976件，处分处理1171人，以更大力度一体推进不敢腐、不能腐、不想腐。严肃查处诬告陷害行为，为25名干部澄清正名，激励干部卸下包袱、轻装上阵、担当作为。

（市委办公室　佟阿斯根　金　莎）

重要会议

【中国共产党通辽市第五届委员会第十一次全体会议】 2021年1月19日至20日，中国共产党通辽市第五届委员会第十一次全体会议暨全市经济工作会议召开。出席会议的市委委员36人，候补委员7人。市有关领导、纪委常委监委委员、有关方面负责人和部分市第五次党代会基层代表列席会议。全会由市委常委会主持。市委书记冯玉臻，市委副书记、市政府代市长郭玉峰分别作讲话。会议听取和讨论市委常委会工作报告，审议通过《中共通辽市委关于制定国民经济和社会发展第十四个五年规划和二〇三五年远景目标的建议》和《中共通辽市委关于推进“清风引领”创新社会治理的意见》，总结2020年经济工作，部署2021年经济工作。冯玉臻就《建议》和《意见》讨论稿向全会作了说明。全会号召，全市各级党组织和广大党员干部要更加紧密地团结在以习近平同志为核心的党中央周围，全面落实党中央和自治区党委决策部署要求，不忘初心、牢记使命，守望相助、接续奋斗，在全面建设社会主义现代化国家新征程上书写通辽发展新篇章，以优异成绩庆祝中国共产党成立100周年。

【中国共产党通辽市第五届委员会第十二次全体会议】 2021年6月29日，中国共产党通辽市第五届委员会第十二次全体会议召开，市委委员、候补委员出席会议。会议由市委常委会主持。审议通过了《关于召开中国共产党通辽市第六次代表大会的决议》《中共通辽市纪律检查委员会关于李奎严重违纪违法问题的审查报告》《中共通辽市纪律检查委员会关于王会阁严重违纪违法问题的审查报告》，对市委常委会会议给予李奎、王会阁开除党籍处分的决定予以追认。自治区党委常委、市委书记孟宪东发表讲话。

【中国共产党通辽市第五届委员会第十四次全体会议】 2021年8月16日，中国共产党通辽市第五届委员会第十四次全体会议召开。出席全会的市委委员30人，候补委员7人。市有关领导、纪委常委监委委员和有关方面负责人，部分市第五次党代会基层代表列席会议。全会由市委常委会主持。自治区党委常委、市委书记孟宪东作了讲话。全会审议通过了《中共通辽市委员会关于贯彻落实自治区党委〈决定〉推动学习贯彻习近平总书记在庆祝中国共产党成立100周年大会上的重要讲话精神走深走实的实施意见》，分析当前发展形势，部署下一阶段重点任务。孟宪东就《实施意见（讨论稿）》向全会作说明。会议号召，全市各级党组织和广大党员干部要更加紧密地团结在以习近平同志为核心的党中央周围，传承弘扬伟大建党精神，始终保持赶考的历史清醒和坚定执着，不忘初心、牢记使命，真抓实干、埋头苦干，不断书写新时代通辽发展新篇章，为实现中华民族伟大复兴的中国梦而努力奋斗。

【中国共产党通辽市第五届委员会第十六次全体会议】 2021年9月22日，中国共产党通辽市第五届委员会第十六次全体会议召开。出席会议的市委委员30人、候补委员8人。全会由市委常委会主持。全会听取了中国共产党通辽市第六次代表大会筹备工作情况报告，讨论并通过了中共通辽市第五届委员会向中国共产党通辽市第六次代表大会的报告和中国共产党通辽市纪律检查委员会工作报告，决定提请市第六次党代会审查。全会酝酿了中国共产党通辽市第六届委员会委员、候补委员和中国共产党通辽市第六届纪律检查委员会委员候选人预备人选，表决通过了通辽市出席中国共产党内蒙古自治区第十一次代表大会代表候选人预备人选建议人选，研究审定了市第六次党代会有关事项，讨论通过了关于通辽市科尔沁区西辽河以北区域设立行政区的申报工作方案。全会决定，中国共产党通辽市第六次代表大会于2021年9月27日至9月29日召开。全会号召，全市各级党组织和广大党员干部要更加紧密地团结在以习近平同志为核心的党中央周围，不忘初心、牢记使命，锐意进取、担当实干，奋力开创通辽各项事业发展新局面，为“建设亮丽内蒙古，共圆伟大中国梦”作出新贡献。

【中国共产党通辽市第六次代表大会】 2021年9月27日至29日，中国共产党通辽市第六次代表大会在市行政中心大礼堂召开。该会议是在通辽市“十四五”开局起步、开启现代化建设新征程的关键节点召开的一次承前启后、继往开来的重要会议。大会的主题是高举中国特色社会主义伟大旗帜，以习近平新时代中国特色社会主义思想为指导，动员全市各级党组织和广大党员干部群众，以强烈的使命担当落实习近平总书记和党中央为内蒙古确定的战略定位和行动纲领，落实自治区党委对东部盟市的发展要求，聚焦绿色转型、聚力高质量发展，为加快建设现代化区域中心城市而奋斗。大会的主要任务是总结市第五次党代表大会以来的工作，科学确定今后五年的目标任务，选举产生中国共产党通辽市第六届委员会、第六届纪律检查委员会和出席中国共产党内蒙古自治区第十一次代表大会代表，动员全市广大党员和各族干部群众守望相助、团结奋斗，振奋精神、真抓实干，以崭新姿态和昂扬状态在新征程上奋力书写通辽发展新篇章。

自治区党委组织部第四现场指导督导组组长、自治区党委组织部副部长张秦，指导督导组成员尹存良、铁木尔到会指导。自治区换届第四督查指导组组长、自治区总工会副主席、一级巡视员苏日娜，成员郭宝柱、梁锐督查指导大会。大会由郭玉峰主持。大会应到代表417名，因事因病请假4人，实到代表413名，符合法定人数。孟宪东代表中国共产党通辽市第五届委员会向大会作题为《聚焦绿色转型 聚力高质量发展 为加快建设现代化区域中心城市而奋斗》的报告。报告共分四个部分：一是五年来的工作回顾；二是今后五年的指导思想和奋斗目标；三是今后五年的重点任务；四是全面加强党的建设。大会号召，全市各级党组织和广大党员干部，要更加紧密地团结在以习近平同志为核心的党中央周围，坚决贯彻落实党中央、自治区党委和市委各项决策部署，不忘初心、牢记使命，接续奋斗、跨越追赶，加快现代化区域中心城市建设步伐，奋力书写新时代通辽发展新篇章，为“建设亮丽内蒙古，共圆伟大中国梦”作出新的更大贡献。大会通过了中国共产党通辽市第六次代表大会关于中国共产党通辽市第五届委员会报告的决议；通过了中国共产党通辽市第六次代表大会关于中国共产党通辽市第五届纪律检查委员会工作报告的决议。

【中国共产党通辽市第六届委员会第一次全体会议】 2021年9月29日下午，中共通辽市第六届委员会第一次全体会议召开。出席会议的市委委员53人，候补委员10人，市纪委委员列席会议。孟宪东主持会议并讲话。会议选举产生了中共通辽市第六届委员会常务委员会委员、书记、副书记。孟宪东、郭玉峰、方玉东、饶崇书、张鸿福、马慧吉、王玲、莫日根巴图、亢永强、焦刚伟、赵航当选为中共通辽市第六届委员会常务委员会委员。孟宪东当选为中共通辽市第六届委员会书记，郭玉峰、方玉东当选为副书记。会议通过了中国共产党通辽市第六届纪律检查委员会第一次全体会议选举结果的报告；通过了中国共产党通辽市第六届委员会第一次全体会议公报。

【中国共产党通辽市第六届委员会第二次全体会议】 2021年12月31日，中国共产党通辽市第六届委员会第二次全体会议暨全市经济工作会议召开。出席全会的市委委员47人，候补委员10人。市有关领导、纪委常委监委委员和有关方面负责人，部分市第六次党代会基层代表列席会议。全会由市委常委会主持。自治区党委常委、市委书记孟宪东，市委副书记、市长郭玉峰，分别作了讲话。全会以习近平新时代中国特色社会主义思想为指导，深入学习贯彻党的十九届六中全会、中央经济工作会议和自治区党委十一届二次全会暨全区经济工作会议精神，全面落实自治区第十一次党代会和市第六次党代会决策部署，听取和讨论了《市委常委会工作报告》，审议通过了《中共通辽市委员会贯彻落实〈内蒙古自治区党委关于深入学习贯彻党的十九届六中全会精神的决定〉的实施意见》，安排部署了2022年经济工作。孟宪东就《实施意见（讨论稿）》向全会作了说明。全会号召，全市各级党组织和广大党员干部群众要更加紧密地团结在以习近平同志为核心的党中央周围，深入贯彻落实党中央和自治区党委决策部署，锐意进取、拼搏实干，更加信心满怀、奋发有为地做好全市经济工作，强力推动经济运行全面回到合理区间，加快通辽跨越追赶步伐，以优异成绩迎接党的二十大胜利召开。

【市委常委会会议】 2021年1月17日，中共通辽市委五届210次常委会会议召开。会议传达贯彻习近平总书记在省部级主要领导干部学习贯彻党的十九届五中全会精神专题研讨班上的重要讲话精神，研究召开市委五届十一次全会暨全市经济工作会议等事宜。市委书记冯玉臻主持会议并讲话。

1月22日，中共通辽市委五届212次常委会会议召开。会议传达学习习近平总书记对政法工作作出的重要指示精神，传达学习中央、自治区党委政法工作会议和全国、全区宣传部长会议精神，研究部署贯彻落实工作。市委书记冯玉臻主持会议并讲话。

2月2日，中共通辽市委五届213次常委会会议召开。会议传达学习习近平总书记重要讲话和中央、自治区有关会议文件精神，研究部署贯彻落实工作。会议听取市人大常委会党组、市政府党组、市政协党组、市中级人民法院党组、市人民检察院党组工作汇报，通报通辽市贯彻落实中央八项规定精神和深化拓展基层减负工作情况，研究市委常委会2020年度民主生活会对照检查材料。市委书记冯玉臻主持会议并讲话。

2月7日，中共通辽市委五届214次常委会会议召开。会议传达学习习近平总书记同党外人士共迎新春、春节前夕赴贵州看望慰问各族干部群众时的重要讲话精神，听取全市两会筹备情况汇报，研究部署有关工作。会议听取了市五届人大四次会议和市政协五届四次会议筹备情况汇报，讨论了拟提交两会审议的《政府工作报告》《通辽市国民经济和社会发展第十四个五年规划和二〇三五年远景目标纲要》等文件。会议传达学习了全区破坏草原林地违规违法行为专项整治行动动员部署会精神，审议通过了《通辽市破坏草原林地违规违法行为专项整治行动方案》。市委书记冯玉臻主持会议并讲话。

2月19日，中共通辽市委五届215次常委会会议召开。会议传达学习习近平总书记近期重要讲话精神，传达学习中央和自治区有关会议文件精神，安排旗（县、市、区）、苏木乡镇换届有关工作。会议听取了全市嘎查村、社区“两委”换届工作汇报，研究了“七一勋章”、全国“两优一先”推荐对象事宜。市委书记冯玉臻主持会议并讲话。

3月5日，中共通辽市委五届216次常委会会议召开。会议传达学习习近平总书记近期重要讲话和中央、自治区有关会议精神，研究部署贯彻落实工作。会议审议《通辽市委关于中央第八巡视组对内蒙古开展常规巡视反馈意见的整改方案》，研究部署全市政法队伍教育整顿工作。受市委书记冯玉臻委托，市委副书记、市长郭玉峰主持会议并讲话。

3月17日，中共通辽市委五届217次常委会会议召开。会议传达学习习近平总书记参加十三届全国人大四次会议内蒙古代表团审议时的重要讲话，进一步安排部署贯彻落实工作。市委书记冯玉臻主持会议并讲话。

3月29日，中共通辽市委五届218次常委会会议召开。传达学习习近平总书记在福建考察时的重要讲话精神，研究部署贯彻落实工作。会议听取了自治区党委优化营商环境专项巡视反馈意见整改工作进展情况汇报，审议通过了《通辽市关于中国共产党成立100周年庆祝活动的工作方案》。市委书记冯玉臻主持会议并讲话。

4月26日，中共通辽市委五届221次常委会会议召开。会议传达学习习近平总书记近期重要讲话重要指示精神，传达学习汪洋主席在内蒙古调研时的讲话精神，研究部署贯彻落实工作。市委书记冯玉臻主持会议并讲话。

5月14日，中共通辽市委五届222次常委会会议召开。会议传达学习习近平总书记在广西考察时的重要讲话精神和4月30日中央政治局会议、中央政治局第二十九次集体学习会精神，传达学习自治区党委书记、人大常委会主任石泰峰在通辽市调研讲话指示精神，研究部署贯彻落实工作。会议学习习近平总书记关于统计工作的重要论述，部署了国家统计督察反馈问题整改工作，审议《通辽市推进国有资本整合实施方案》《通辽市本级国有金融资本整合建议》等文件。市委书记冯玉臻主持会议并讲话。

5月26日，中共通辽市委五届226次常委会会议暨市委党史学习教育领导小组工作推进会议召开。会议传达学习习近平总书记在中央全面深化改革委员会第十九次会议上的重要讲话精神，研究部署党史学习教育和政法队伍教育整顿工作。自治区党委常委、市委书记、市委党史学习教育领导小组组长孟宪东主持会议并讲话。自治区党委党史学习教育第五巡回指导组组长程俊孝、副组长汪晶到会指导。

6月16日，中共通辽市委五届233次常委会会议召开。会议传达学习习近平总书记在青海考察时的重要讲话精神和对湖北十堰市张湾区艳湖社区集贸市场燃气爆炸事故作出的重要指示精神，研究部署贯彻落实工作。会议听取市第六次党代表大会有关事项汇报，研究召开市委五届十二次全会事宜。自治区党委常委、市委书记孟宪东主持会议并讲话。

7月2日，中共通辽市委五届236次常委会会议召开。会议学习习近平总书记在庆祝中国共产党成立100周年大会上的重要讲话，研究部署学习宣传贯彻工作。会议研究讨论了通辽市学习宣传贯彻习近平总书记重要讲话精神的初步安排意见，市四大班子领导、法检“两长”作了交流发言。自治区党委常委、市委书记孟宪东主持会议并讲话。

7月19日，中共通辽市委五届241次常委会会议召开。会议传达学习习近平总书记在日前中央政治局常委会会议、5月31日中央政治局会议、中央政治局第三十次和三十一次集体学习会、中央深改委第二十次会议、两院院士大会和中国科协第十次全国代表大会上的重要讲话精神和关于贯彻新发展理念的重要指示精神，研究部署贯彻落实工作。自治区党委常委、市委书记孟宪东主持会议并讲话。

8月3日，中共通辽市委五届243次常委会会议召开。会议传达学习习近平总书记近期重要讲话重要指示精神，传达学习自治区党委十届十四次全会精神，研究部署贯彻落实工作，安排疫情防控等重点工作。会议学习了《中国共产党组织工作条例》，部署中央巡视反馈意见整改落实、政法队伍教育整顿和全面依法治市等工作。自治区党委常委、市委书记孟宪东主持会议并讲话。

8月26日，中共通辽市委五届246次常委会会议召开。会议传达学习习近平总书记在中央财经委员会第十次会议上的重要讲话精神，研究部署深入开展以案促改全面修复净化政治生态集中专项行动。会议研究了成立市第六次党代会筹备工作领导小组及各工作机构事宜，审议通过了《全市2021年扶持发展壮大嘎查村集体经济总体方案》及各旗（县、市、区）《实施方案》。自治区党委常委、市委书记孟宪东主持会议并讲话。

9月2日，中共通辽市委五届247次常委会会议召开。会议传达学习习近平总书记在中央民族工作会议上的重要讲话精神，传达学习自治区党委书记、人大常委会主任石泰峰在通辽市调研指示精神，研究部署贯彻落实工作。自治区党委常委、市委书记孟宪东主持会议并讲话。

9月18日，中共通辽市委五届250次常委会会议召开。会议传达学习习近平总书记近期重要讲话重要批示精神，研究部署招商引资、优化营商环境和能耗“双控”等工作。自治区党委常委、市委书记孟宪东主持会议。

10月27日，中共通辽市委六届2次常委会会议召开。会议传达学习习近平总书记在中央人才工作会议、中央人大工作会议、中央政治局第三十四次集体学习会、深入推动黄河流域生态保护和高质量发展座谈会上的重要讲话精神，学习贯彻自治区有关文件精神，研究部署以案促改和户厕改造等重点工作。自治区党委常委、市委书记孟宪东主持会议并讲话。

11月8日，中共通辽市委六届3次常委会会议召开。会议审议并通过了《贯彻落实〈内蒙古自治区党委、自治区人民政府关于以铸牢中华民族共同体意识为主线推进新时代民族工作高质量发展的实施意见〉的工作方案》，研究部署当前除雪救灾工作。自治区党委常委、市委书记孟宪东主持会议并讲话。

11月15日，中共通辽市委六届4次常委会会议召开。会议传达学习党的十九届六中全会精神，研究部署贯彻落实工作。自治区党委常委、市委书记孟宪东主持会议。

12月20日，中共通辽市委六届6次常委会会议召开。会议传达学习中央经济工作会议精神，研究部署贯彻落实工作。自治区党委常委、市委书记孟宪东主持会议并讲话。

12月29日，中共通辽市委六届10次常委会会议召开。会议传达学习习近平总书记关于依规治党的重要指示精神，学习贯彻自治区党委十一届二次全会暨全区经济工作会议精神，听取全市2021年经济运行情况和2022年经济工作安排建议的汇报，决定召开市委六届二次全会暨全市经济工作会议。受自治区党委常委、市委书记孟宪东委托，市委副书记、市长郭玉峰主持会议。

（市史志研究室　苏丽丽）

改革工作

【概况】 2021年，通辽市确定144条改革要点任务，除13条须等待顶层设计外全部完成或深入推进，出台改革方案70件。市委主要领导亲力亲为抓改革、促落实，组织召开2次市委深改委会议专题研究部署全市改革任务、深化科技体制改革等全局性、系统性改革方案，召开市委常委会会议等研究改革重大事项，确保各项改革始终按照中央、自治区党委要求向前推进。各专项小组聚焦本领域改革任务，紧盯各领域改革工作堵点难点，召开推进会议42次，研究制定专项方案、组织推进改革攻坚、协调解决各类问题，推动各项改革举措落地见效。召开改革专项小组调度会议，制定年度改革工作要点分工方案和工作台账，逐条细化责任、明确时限，建立改革工作提醒催办督办制度，按月调度盘点改革进展情况。严把改革督察关，配合中央改革办、自治区党委改革办完成东北振兴专题督察，按自治区要求开展生态文明体制改革、计划生育协会改革自查，对国企改革等重大改革开展专项督察，就冷链物流发展、金融支农、基层社会治理等改革课题进行专题调研，形成一批高质量改革调研成果。

【改革工作宣传】 2021年，通辽市加强改革宣传工作，向自治区党委改革办推荐改革典型8个，推送改革信息27篇，在通辽改革公众号推送各类改革信息800余条，积极宣传通辽改革经验，营造改革氛围。

【重要改革会议】 2021年4月6日，市委书记、市委全面深化改革委员会主任冯玉臻主持召开市委全面深化改革委员会第七次会议。会议传达学习了中央全面深化改革委员会第十八次会议精神和自治区党委全面深化改革委员会第十三次会议精神，审议并通过了《市委全面深化改革委员会2020年工作总结报告》《市委全面深化改革委员会2021年工作要点》。10月27日，自治区党委常委、市委书记、市委全面深化改革委员会主任孟宪东主持召开市委全面深化改革委员会第八次会议，传达学习自治区党委全面深化改革委员会第十六次会议精神，审议并通过了《关于深入落实“科技兴蒙”行动促进科技创新发展的若干政策措施》《通辽市直属公立医院编制备案制改革试点工作方案》。

（市委全面深化改革委员会办公室　于鸿鸣）

组织工作

【概况】 2021年，通辽市有各级党组织8325个，党员179667人。新发展党员6600人。全市各级组织部门深入贯彻新时代党的组织路线，聚焦“三年打基础、五年争优先”工作目标，落实“组织工作提升年”部署要求，围绕全市中心大局，履职尽责，奋楫争先，各项重点工作任务圆满完成、取得良好成效。

坚持把学习贯彻习近平新时代中国特色社会主义思想作为首要政治任务，全年市级举办主体班次27期，培训干部3738人次。组织开展学习贯彻党的十九届五中、六中全会精神，铸牢中华民族共同体意识等专题轮训，抓好自治区第十一次党代会、市第六次党代会精神培训，培训县处级干部781人、苏木乡镇党政正职178人。

【市中心血站党支部获得“全国先进基层党组织”称号】2021年6月28日，全国“两优一先”表彰大会在北京人民大会堂举行。通辽市中心血站党支部被授予“全国先进基层党组织”称号。通辽市中心血站党支部党支部把基层党建深度融入业务工作全过程，凝聚人心，鼓舞干劲，建强领导班子、环节干部、党员和职工四支队伍。在全市用血量逐年加大的情况下，采取“巩固提升街头，稳定发展院校，开拓旗（县、市、区）和机关企事业单位”的招募策略，发扬千言万语作推介、千山万水跑宣传、千方百计搞服务、千辛万苦解难题的“四千”精神，为献血者提供“六个一”温馨优质服务，促进无偿献血者队伍不断扩大。心系输血患者的生命安危，数年如一日加班加点、无私奉献，全力以赴保障全市人民的用血需求和安全。

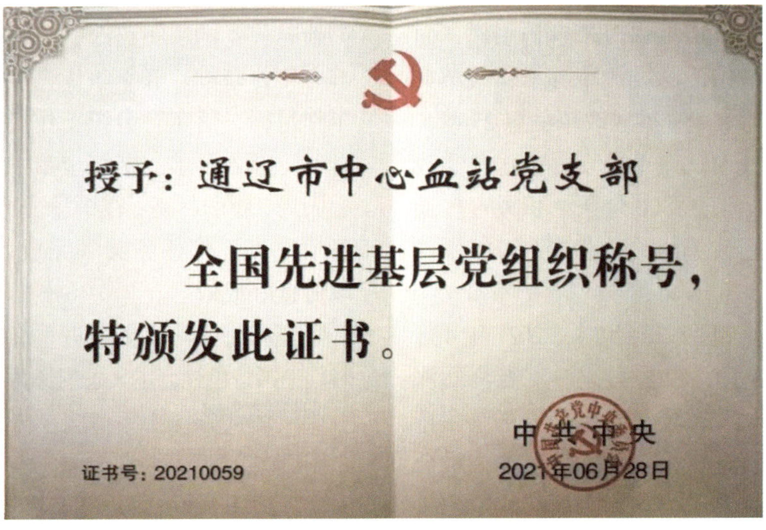

图1　2021年6月28日，通辽市中心血站党支部被授予全国先进基层党组织称号
（通辽市中心血站　提供）

【县乡领导班子换届工作】2021年，通辽市委坚持把党的领导贯穿换届全过程，对县乡领导班子提前开展三轮分析研判。把政治表现作为选人第一标准，设置干部政治素质考察鉴别小组和干部人事档案审核鉴定小组，对符合换届提拔条件干部提前做好核查工作，对政治上、廉洁上有问题的干部取消继续提名资格。抓实政策制定和组织指导，培训工作人员3863人次，选派4个督查指导组对基层进行全覆盖督导。严肃换届“十严禁”纪律要求，发出致旗县书记、纪委书记、组织部长的一封信，发放宣传资料20余万份，组织观看警示教育片、学习反面典型案例5.9万人次，“一对一”谈心谈话1.5万人次，实现重点对象全覆盖，保证了大会风清气正、胜利召开。把开好市党代会、两会作为换届重中之重，组建工作专班，细化任务分工，每日调度进展情况，立体推演查缺补漏，及时召开换届风气监督工作会议、推进会议和调度会议，完成全市县乡党委换届各项任务，人大政府政协换届工作有序推进。

【选人用人】　2021年，通辽市委以案促改匡正选人用人风气，成立由常委部长任组长的全市组织系统匡正选人用人风气工作领导小组，组建“一办四组”紧盯整改成效，构建起市县乡、各单位一体联动的工作格局。对照市委以案促改工作方案要求，明确18项整改任务、33项具体措施，全部整改完成。召开组织系统以案促改警示教育大会，编印警示教育读本，带动各级开展警示教育140场次、受众4000余人次。突出执行民主集中制教育，市委常委带头落实“领导干部上讲台”制度，对县乡换届后279名新任职干部进行封闭式培训，促进提升选人用人规范化水平。组织各级领导班子开好专题民主生活会、抓好查摆问题整改，推动政治生态逐步好转。

健全完善选人用人机制，成立11个选人用人专项检查组，到77个地区单位开展专项检查，督促整改存在问题。针对市直部门领导班子空缺现状，组建4个调研组，对91个单位开展专题调研，摸清领导班子运行情况，将一批优秀年轻干部纳入后备干部人才库，为干部的选任提供依据。修订市直机关事业单位工作人员调配办法，制定完善《干部选拔任用工作监督检查操作规程》等16项制度，带动各级制定完善216项制度，从根本上规范选人用人工作。与市纪委监委联合制定《对受到失实检举控告的干部澄清正名的实施办法》，作出有关书面认定24人次，充分保护干部工作热情。

【干部队伍建设培育】 2021年，通辽市委在深圳大学举办优化营商环境专题培训班，培训处级干部53人；依托网络平台培训专业技术人员2855人。深入实施年轻干部优选优育计划，选派35名科级年轻干部上挂下派，提拔使用“80后”处级干部36人，举办年轻干部培训班2期、培训114人。完成726名处级干部年度集中填报工作。完成全市76405名公职人员涉企事项填报工作。动态监管公务员职级职数，市直机关调研员配备比例86.19%，位列自治区第一。全面推开公务员平时考核工作，确定市妇联为中组部考核联系点，带动提升整体工作实效。

【基层党建“百日攻坚”专项行动】 2021年，通辽市委在全市全领域开展基层党建“百日攻坚”专项行动，对基层党组织按期换届、党的组织制度执行、“四个专项整治”推进、党群服务中心建设、基层经费待遇保障落实和发展党员工作6个方面存在的问题，进行大起底、大排查、大整改。派出6个督导组盯紧问题排查整改，着力堵漏洞、补短板、强弱项，提升基层党建工作质量。

【抓党建促乡村振兴】 2021年，通辽市委出台《通辽市抓党建促乡村振兴实施方案》，将抓党建促乡村振兴纳入年度绩效考核和基层党建述职评议内容，压实工作责任。树立基层导向，累计从脱贫攻坚、乡村振兴一线提拔处级干部145人。向全市826个乡村振兴重点嘎查村选派驻村第一书记和工作队。举办乡村振兴专题研修班，培训党员干部5100余人。抓好243个中央扶持集体经济发展项目建设，1598个嘎查村集体经济收入达到10万元以上。

【基层组织建设】 2021年，通辽市委嘎查村社区“两委”换届工作完成。“两委”平均年龄下降2.12岁。举办215期培训班，对11948名新一届嘎查村干部进行全员轮训。实施“一嘎查村班子一名大学生”学历教育培养计划，选派390名村干部参加大专及以上学历继续教育。制定印发《社区工作者职业体系建设实施方案》，建立“三岗十八级”薪酬体系。实施“幸福社区建设工程”，开展“两新”组织“两个覆盖”摸排工作，覆盖率分别达到52.7%和49.9%。深入推进“最强党支部”创建工作，创建比例达到35.1%。2个工业园区、1个社区楼宇、1个专业市场被评为全区示范典型。面对疫情防控、抗击雪灾等突发任务，第一时间动员党的组织和广大党员，发挥战斗堡垒和先锋模范作用。依托党群服务中心，全市划分城乡网格2.2万个、配备网格员3.4万人，推动基层治理延伸到户、服务到人。

【人才工作】 2021年，为融入“一心多点”新格局，通辽市委出台《蒙东博士创业园管理办法》《蒙东博士创业园拟入驻企业评审办法》等政策措施，吸引入驻博士创业企业8家，集聚创新创业博士人才11名。新建驻上海“通辽人才驿站”，驿站总数增加到8处，举办“鸿雁传音、守望乡情”区域性交流合作活动10场次。与中央民族大学签订《人才培养合作协议》，与内蒙古民族大学签订《全面战略合作框架协议》，强化人才交流合作。深化专家服务基层行动，市旗两级组建120多支专家服务团队，为基层提供专业技术服务1292批次，解决实际问题2635项，培训农牧民群众12600余人。

【公务员管理】 2021年，通辽市新考录选调生122人，新考录公务员538人。截至2021年底，通辽市有公务员（含参照公务员法管理人员）15722人。

（市委组织部　陈　希）

宣传工作

【概况】 2021年，通辽市宣传思想文化系统学习贯彻习近平新时代中国特色社会主义思想，特别是习近平总书记对内蒙古重要讲话重要指示批示精神，把学习宣传阐释习近平新时代中国特色社会主义思想作为首要任务。市委开展集中学习47次，举办中心组学习会13次，开展交流研讨10次。扩大媒体宣传，在各级各类媒体统一开设“在习近平新时代中国特色社会主义思想指引下新时代新作为新篇章”“学习贯彻习近平总书记‘七一’重要讲话精神”等专题专栏，充分展现全市上下的部署举措、热烈反响和生动实践。《通辽日报》在显著位置常年刊发《习近平谈治国理政》第三卷金句摘登；通辽广播电视台开设《学习有声》专栏，将习近平总书记系列重要讲话制作成图文，集纳总书记精彩原声，点击量40万+。创新宣讲方式，围绕学习贯彻习近平新时代中国特色社会主义思想以及习近平总书记对内蒙古重要讲话重要指示批示精神，持续开展示范式、分众式、创新式、常态式宣讲1.8万多场次，受众近290万人次。加强理论研究阐释，发布市级研究课题8项，编发成果要报4期。

深化细化中心组学习巡听旁听制度，相关经验做法在《实践》杂志刊登；《马上学习》电视栏目得到中宣部《新闻阅评》关注；编写《内蒙古自治区促进民族团结进步条例》辅导手册被列入自治区社科基金项目。季度媒体见面会被纳入中宣部《宣传思想工作案例选编》；12篇新闻稿件获第二十九届内蒙古新闻奖，其中3件为一等奖；市委宣传部获宣传内蒙古组织奖。通辽市成功恢复全国文明城市称号；2人入选中国好人榜、11人入选内蒙古好人榜。在全国“四个100”学雷锋志愿服务先进典型评选中，通辽市有1个组织、1个社区获国家级荣誉；市文明办公室被中国未成年人网评为“童心向党 梦想飞扬”2021年未成年人网络春晚优秀组织奖；6所学校获评全国文明校园先进学校；1个集体、5名个人获评自治区“学雷锋活动示范点”“岗位学雷锋标兵”“北疆楷模”“最美科技工作者”“最美消防指战员”等称号。

【铸牢中华民族共同体意识宣传教育】 2021年，通辽市委盯紧专题学习教育广度下功夫，组织各级党组织围绕中央民族工作会议精神及铸牢中华民族共同体意识开展学习研讨，组织4次市委中心组学习和常委会学习。盯紧专题宣讲深度下功夫，选派正处级党员领导干部分组宣讲，覆盖到全体县处级干部，并组建市委宣讲团对科级单位进行宣讲，迅速形成全覆盖的学习贯彻体系。全市共开展专题宣讲2400余场，受众23万余人，开展嘎查村“村村响小喇叭”宣讲5.2万余场次。盯紧宣传重点下功夫，持续办好“铸牢中华民族共同体意识”专题专栏，深入开展《内蒙古自治区促进民族团结进步条例》宣传教育，推出电视解读节目10期，编发条例宣传手册辅导读本。盯紧宣传重要时点下功夫，在群众中开展“爱国爱乡”教育活动、在机关干部中开展“四史五观”在学习活动、在青少年中开展“爱党爱国爱社会主义”主题活动、农牧民中开展“守望相助好家园”实践活动、在社区居民中开展“守望相助好邻居”实践活动、在企业职工中开展“爱国爱岗”实践活动，让守望相助理念和“三个离不开”“五个认同”在全市各族人民心中深深扎根。

【新闻宣传】 2021年，通辽市委紧扣全市集中专项行动目标要求，制定新闻宣传工作方案、宣传实施方案，出台“一把手”常态化工作制度，积极构建中央、自治区、市、旗四级媒体联动机制宣传活动，促进以案促改以案促建，共开设专题专栏12个，刊播发新闻报道2500余篇（条），制作新媒体产品130余个，90余篇重点报道被《人民日报》客户端、新华社等中央、自治区级媒体转发推送，集中反映全市各地区部门深入开展集中专项行动的生动实践。

加强疫情防控宣传教育、讲述抗疫感人事迹，做到“高效指挥、反应迅速、发布及时、稳定人心”。特大暴雪灾害发生后，第一时间启动新闻报道应急预案，及时、密集、持续、矩阵式发布新闻作品上万篇，直播20余次超过12小时，大力宣传市委、市政府保畅通保运转保民生的部署、全民扫雪除冰的行动、雪后减损保粮战的号召，汇聚起全市万众一心、砥砺前行的力量。聚焦群众关心关切热点，召开市级新闻发布会 54 场。

【理论学习与宣讲】 2021 年，通辽市委坚定不移举旗帜，始终用党的创新理论凝心铸魂。将市委常委会首个议题固化为学习贯彻习近平总书记重要讲话重要指示批示精神，中心组学习巡听旁听实现旗（县、市、区）全覆盖。开设“书记讲堂”，市、旗、镇、村四级党组织书记带头宣讲，以上率下推动习近平新时代中国特色社会主义思想深入群众、深入人心。制作电视栏目《马上学习》20 期，运用“村村响”开展音频宣讲 5.2 万次，举办“科尔沁大讲堂”5 期，打响“青年说”“光影铸魂”等宣讲品牌。定期发布理论研究课题，推动理论研究成果转化。

【主题宣传】 2021 年，通辽市委大力宣传习近平生态文明思想和习近平总书记对内蒙古重要讲话重要指示批示精神，为通辽坚持走以生态优先、绿色发展为导向的高质量发展新路子鼓与呼。在各级各类媒体开设《牢记习近平总书记嘱托·生态优先 绿色发展》等专题专栏，累计发稿 5500 余篇（条），其中 500 余篇（条）被自治区级以上媒体采用。大力宣传自治区、通辽市党代会精神，推动现代化区域中心城市发展定位的落实。全市各级各类媒体统一开设《喜迎党代会》《聚焦党代会》《学习贯彻党代会精神》等专题专栏，累计发稿 680 余篇（条），制作新媒体产品 230 余个，召开新闻发布会 1 次。

围绕重点工作、重大事件、重要活动汇集好声音，开展习近平总书记“七一”重要讲话精神、党的十九届六中全会精神、“十四五”规划，中央、自治区党委、市委民族工作会议精神，优化营商环境、扫黑除恶等重大主题宣传，组织“奋斗百年路　启航新征程”“追寻红色记忆”等主题采访活动，开设专题专栏 200 余个，发稿 12.6 万余篇（条）。

【精神文明创建】 2021 年，通辽市委推进新时代文明实践中心实体化建设，8 个旗（县、市、区）成立新时代文明实践服务中心，开展基层理论政策宣讲志愿服务 1054 场次。擦亮“我帮你”志愿服务品牌，全市 4700 余支志愿服务队伍、12.1 万多名志愿者常年活跃在基层一线。组织开展“永远跟党走”广场舞展演、安代舞展演、农牧民文艺会演等群众性宣传教育活动，受众 90 万人次。组织开展“请党放心　强国有我”——通辽市庆祝建党百年青少年儿童主题征文展播、新时代好少年学习宣传、心理健康服务活动，激励青少年不忘初心、紧跟党走。组织开展“好人之城”塑造行动，举办“榜样的力量”志愿者基层巡讲近 50 场，举办“永远跟党走”道德模范与身边好人宣讲报告会，正向引导见贤思齐。开展“文明健康、绿色环保”主题宣传和“文明有我”宣教系列行动，组建“我帮你 + 七彩帮帮团”，开展“我是共产党员（共青团员）我帮你”“包联社区办实事、志愿服务一小时”、文明环境、文明餐桌、文明旅游、文明交通系列行动，200 多万人次参与。实行全国文明城市创建党政同责、一岗双责、失职追责，开展 11 项专项整改行动，推进创建工作常态化、制度化、规范化，群众切身体会到环境更整洁、服务更快捷、生活更方便。

【对外宣传】 2021 年，通辽市委组织各旗县选送优秀外宣作品 18 个。全力配合自治区《再唱赞歌给党听》《康庄大道——走近乡村看小康》大型全媒体直播活动，10 余家网络媒体同步全网直播，总浏览量 640 万 +。采取上级媒体“画重点”、本级媒体“供资源”、地区部门“报选题”，召开季度媒体见面会 2 次，在中央、自治区媒体刊播重点报道 6900 余篇（条），点击量破百万稿件 290 余篇。展示宣传战线新形象，认真贯彻落实《中国共产党宣传工作条例》，提升宣传思想工作者的“脚力、眼力、脑力、笔力”。

【全民阅读活动】 2021 年，通辽市印发《“书香通辽”“阅读城”实施方案》，持续推进鸿雁阅读一体化改革，围绕“读书、讲书、荐书、展书”开展系列线上线下阅读活动，通辽市图书馆、通辽广播电视台等多家单位通过广播电台、微信公众号、手机 App 等线上方式，在全市范围内持续开展“马上学习”“书香奈曼晚 8 点”“科图姐姐讲故事”“科尔沁书虫”“老党员讲红色故事”等线上系列阅读等活动；建立“图书馆 + 新华书店”合作模式，将各大景区阅读书吧打造成“图书驿站”，实现通借通还；在全市各党政机关、企事业单位广泛开展以“百年党史”为主旨的“悦读红色经典喜迎建党百年”主题读书等活动。

（市委宣传部　王奕飞）

统战工作

【概况】　2021 年，通辽市委铸牢中华民族共同体意识宣传教育实现全覆盖。以《铸牢中华民族共同体意识大学习大培训大宣讲工作实施方案》为抓手，实现铸牢中华民族共同体意识宣传教育横向到边、纵向到底。将铸牢中华民族共同体意识纳入市委党校各类主体班次课程，设置课程占比提升至 10%。在全市各级机关干部中开展铸牢中华民族共同体意识宣讲活动 2400 余场、受众 23 万余人。在 10 所中小学开展铸牢中华民族共同体意识主题教育实践活动试点工作，推进中华民族共同体意识更贴近师生、贴近实际。

4 月 21 日至 24 日，通辽市委常委、市委统战部部长王琼率代表团到成都市参加成渝经济圈蒙商论坛并召开推介会。推介会上，代表团诚挚邀请全国各地企业家围绕“五大产业集群”建设，到通辽市投资兴业、共谋发展，共同建设好祖国北疆亮丽风景线，书写好新时代通辽发展新篇章。代表团先后到四川靓固科技集团有限公司、阳光大地置业集团有限公司、成都中九建工集团有限公司、明宇实业集团有限公司、中交疏浚（集团）股份有限公司、光控特斯联（重庆）建设有限公司、成实外教育集团，并召开招商引资座谈会，围绕节能项目和大型会展中心建设项目等达成投资考察意向。

9 月 26 日，通辽市首届“铸牢中华民族共同体意识”书法展览开幕式暨颁奖仪式在通辽市工业职业学校举行，旨在深入贯彻落实习近平总书记关于加强和改进民族工作的重要思想，积极推动和发展通辽市民族团结进步事业，展示当代书法艺术成就和独特风采。

【民主党派工作】　2021 年，通辽市委持续深化政党协商“2+3”工作机制。统筹安排 2021 年政党协商的方式、时间和内容，明确重点考察调研课题及课题调研成果落实工作分工，有效推动 31 个相关单位调研成果转化运用。发挥民主党派职能作用。开展党外干部工作“双走访”调研，细致掌握党外干部工作开展情况和民主党派成员现实表现情况及思想动态。组织各民主党派参加社会各界代表人士座谈会、征求意见会 5 次，为通辽市“十四五”规划、政府工作报告和党代会工作报告等重大事项广泛征求意见建议。市两会期间，各民主党派代表委员就医疗、卫生、文化、经济、民生等问题向大会提交提案议案 100 余项。高质量完成政协换届工作。按照市委安排部署，密切与政协机关、组织部门沟通协调，周密起草政协换届方案，精准深入预测分析政协委员人选，精心组织新一届市政协委员、常委的推荐、考察、协商等各项工作，从严从实、高质高效圆满完成政协换届工作。协助各民主党派完成换届工作。制定印发换届工作方案，成立民主党派换届工作专班，协助各民主党派市级（总支）组织召开代表大会，6 个民主党派选举产生新一届领导班子 23 人，委员 30 人，换届工作圆满完成。完成“统战之家”办公场所续签事宜，将各民主党派 10 万元工作经费纳入年度财政预算，并按照财务制度严格审批各项经费支出。

【党外知识分子和新的社会阶层人士统战工作】　2021 年，通辽市委在市委党校举办全市党外科级干部培训班，在市社会主义学院安排设置 5 个党外代表人士专题培训班，进一步增强党外代表人士能力素质。细致梳理、统计全市副科级以上以及副高级以上党外干部，精准掌握年轻党外干部底数，为做好党外干部工作提供源头活水。抓住旗（县、市、区）换届契机，积极向市委举荐党外干部，16名党外干部走上副处级领导岗位。建立全市无党派代表人士队伍，登记认定市级无党派代表人士245人，确定重点人选66人，加强组织建设。摸底统计留学人员20人，推荐1人参加全区留学人员培训、推荐1人加入自治区欧美留学人员同学会。引导新的社会阶层人士服务社会，大力开展“多兰新·汇众力·扬品牌”帮扶活动，为109家企业提供品牌策划服务。支持新阶层组织义工协会开展爱心捐赠，筹集善款5万元。各地新联会开展看望慰问资助困难学生、爱心捐赠助力乡村振兴等活动20余场。

【非公有制经济工作】 2021年，全市企业家大会召开，800余名党政领导干部和企业家代表参会，共同研究讨论市场主体发展中存在的突出问题，进一步统一思想，提高认识，牢固树立发展为要、项目为王的理念。联合市纪委监委召开党史学习教育暨亲商助廉座谈会，推动亲清政商关系构建。通辽市委深入落实领导干部联系走访要求，通过调研走访企业生产现场，了解企业基本情况，与企业深入交流，解决困难问题，提出发展建议。搭建通辽市非公经济综合信息服务平台，开发招商推介、金融服务、政策推送、企业维权“直通车”等十余个项目，发布各类信息577条，企业注册132家，收集企业诉求信息4条，均按程序办理。开展“亮康行动”白内障筛查活动，筛查520余人。

【港澳台和海外侨统战工作】 2021年，通辽市委加强港澳台和海外侨统战工作。建立通辽市港澳台统战工作与海外统战工作协作机制，印发《加强新时代海外统战工作的分工方案》等业务指导性文件，加强制度保障。摸底调研全市港澳统战工作资源，形成调研报告上报自治区。通过举办港澳台同胞和海外侨胞代表人士中秋茶话会、学习座谈会，推动其为通辽市经济社会发展建言献策。与自治区、市级统战、发改委、农牧局、林草局等部门联合调研通辽市3家台企，召开“台胞台企座谈会”，现场答疑解惑，推进惠台利民政策落实。接待台胞台企来信来访10人次，解决实际问题5件。开展“庆祝中国共产党成立100周年”主题学习教育活动，举办通辽市侨界群众庆祝中国共产党成立100周年文艺晚会、“中国改革开放史”主题党课等活动，进一步提升凝聚力。成立“通辽市涉侨法律服务工作站”，为侨胞、侨眷提供法律援助服务，保障其合法权益。

【“光荣在党50年”纪念章颁发仪式】 6月24日下午，通辽市民营企业党委举行“光荣在党50年”纪念章颁发仪式。市委统战部副部长、市工商联党组书记、市民营企业党委书记青格乐图出席并讲话。市工商联主席、总商会会长包凤英，市工商联党组成员、副主席张宝贵，市委组织部组织三科科长曲向前出席会议。市工商联四级调研员、民营企业党委委员郭志东主持会议。市工商联全体班子成员、市民营企业党委委员、部分获得“光荣在党50年”纪念章老党员代表，市民营企业党委所属党组织书记、党务工作者、2021年新发展党员和市工商联全体机关干部共计120余人参加活动。

【第三届“同心杯”语文朗读大赛】 2021年6月13日，红色经典诵读、永远跟党走暨第三届“同心杯”语文朗读大赛在通辽市科尔沁实验高级中学举行。市委统战部常务副部长王宏华、通辽市委宣传部副部长武随文、市委统战部副部长佟艳辉、通辽市民族事务委员会副调研员宝黎明、通辽广播电视台副台长关雪芹、科尔沁实验高级中学校长王海玲等领导出席开幕式。240多名优秀朗读选手参加了总决赛的角逐，《诗意中国》《珍贵的教科书》《祖国到底是什么》等朗读作品充分体现了“永远跟党走”的活动主题。“同心杯”语文朗诵大赛是在全市范围内有影响力的品牌赛事，经过三年推动，成为覆盖全市的权威朗诵赛事，三年来近两万名青少年参与大赛，在朗诵大赛中得到学习和锻炼。

【“学党史、知使命，书香进校园”暨通辽市统一战线铸牢中华民族共同体意识图书捐赠仪式举行】 2021年5月28日，市委统战部在通辽新城第一中学礼堂举办“学党史、知使命，书香进校园”暨通辽市统一战线铸牢中华民族共同体意识图书捐赠仪式。市委统战部联合市教育局偕同统一战线各界人士为市直属8所学校捐赠以“学党史、知使命，铸牢中华民族共同体意识”为主要内容的系列图书16000册。市委常委、市委统战部部长王琼出席仪式并讲话。市政府副市长张怡主持仪式。市委统战部常务副部长王宏华、市教育局局长薛静、市政府副秘书长董志光，各民主党派负责人、市新的社会阶层联谊会、市党外知识分子联谊会主要负责人及班子成员、受赠师生代表200余人参加活动。

（市委统战部　辛秋君）

市直属机关党建

【概况】　通辽市直属机关工委为市委派出机构。2021年，统一领导市直78个部门、单位党的工作，下辖47个党委、28个党总支、505个党支部，共有党员9890名。2021年，市直机关各级党组织坚持以习近平新时代中国特色社会主义思想为指导，深入践行新时代党的建设总要求和新时代党的组织路线，完成建党100周年系列庆祝活动各项任务，开展党史学习教育，深入开展最强党支部、北疆模范机关创建工作，全面推进机关党建规范化排查整改“百日攻坚”专项行动，市直机关党的建设各项工作全面加强，推动市直机关各项业务工作优质高效开展，为服务全市改革发展稳定大局作出了应有贡献。

围绕铸牢中华民族共同体意识，各部门开展“民族团结一家亲”活动，“结亲”236户、宣讲60次、受众2800余人，市直属机关工委成功创建“全市民族团结进步示范单位”。围绕优化营商环境，组织市直相关经济管理部门党组织书记参观市政务服务中心等单位，提升窗口单位工作效能。围绕市第六次党代会的召开，严格代表推荐选举程序，选举产生市直机关出席中国共产党通辽市第六次代表大会代表82名，完成市第六次党代会期间市直属机关代表团参会服务工作。围绕抗雪救灾，组织市直各部门义务清雪除冰，8000多名机关党员干部捐款106万元。围绕全国文明城市巩固提升，组建126支市直属机关党员志愿服务队、3072名党员志愿者下沉包联社区开展志愿服务活动1973次，助力全国文明城市、国家卫生城市通过复检验收。

【思想政治建设】　2021年，通辽市直机关坚持把党的政治建设摆在首位，认真学习贯彻党的十九届六中全会精神，忠诚拥护“两个确立”、坚决做到“两个维护”。认真贯彻落实新形势下党内政治生活若干准则，持续深入开展政治纪律和政治规矩教育，将以案促改全面修复净化政治生态专项行动融入党支部“三会一课”。全年，所属党组织开展中心组学习948次、支部集中学习9850次、专题研讨305次，对30家单位党组（党委）开展中心组学习巡听旁听。利用新媒体平台发布各类工作信息957条，开展市直属机关党组织宣传委员意识形态工作培训，加强和改进民族工作，组织铸牢中华民族共同体意识专题宣讲3场次、1170人。开展党史学习教育，开辟《党

图2　2021年11月11日，“雪灾无情　人间有爱”市直属机关抗雪救灾捐款仪式举行

（陈雷　摄）

史百年天天读》专栏，开展《我与党的情怀》党课展播，组织“听民声、解民忧、纾民困”为民办实事主题月活动，解决群众实际困难830件。

【基层组织建设】 2021年，通辽市委持续推进“最强党支部”建设，创建率达到32.3%。深入开展市直属机关党建工作规范化排查整改“百日攻坚”专项行动，共排查基层党组织换届等方面问题380个，下达整改通知书57份、按期换届提醒函21份。举办党员发展对象培训班1期，年内新发展党员195名。加强机关党建工作理论研究，课题《习近平总书记关于机关党建与业务深度融合重要论述的研究》获自治区机关党建研究课题成果一等奖。加强统战和群团工作，指导督促市直属机关党组织认真贯彻落实新修订的《中国共产党统一战线工作条例》，联合相关部门举办第四届科尔沁运动大会暨第一届市直属机关职工趣味运动会、“恰是风华 青春有约”市直属机关青年职工联谊会、“请党放心 强国有我”青年演讲大赛等活动，增强干部职工队伍的向心力、凝聚力。

【建党百年庆祝活动】 2021年，通辽市开展市直属机关庆祝建党百年群众大合唱专场、“永远跟党走 逐梦薪火传”等主题活动，组织市直属机关党员代表重温入党誓词，为新入党党员代表佩戴“第一枚”党徽。认真做好推荐表彰自治区级、市级和市直属机关“两优一先”工作，为300名党员发放“光荣在党50年”纪念章。开展“百年有我·万名党员有话说”刷爆“通辽圈”活动，收集感言8000余条、阅读量2.86万人次。开设《致敬身边的榜样》专栏，展播市直属机关优秀共产党员、优秀党务工作者先进事迹20期、“最强党支部”党建品牌83期，着力营造浓厚的迎庆氛围。

图3 2021年6月26日，“永远跟党走”通辽市庆祝中国共产党成立100周年群众大合唱市直属机关专场演出 （陈雷 摄）

图4 2021年6月28日，通辽市直属机关庆祝中国共产党成立100周年“永远跟党走 逐梦薪火传”主题活动 （陈雷 摄）

【纪律作风建设】 2021年，通辽市开展“以案促改治理年”活动，审理派驻纪检组移送的违纪违法案件6起，对涉案单位及时下发以案促改提醒函。购置警示教育片26套，对不同类型党组织有针对性地开展警示教育培训。制发机关纪委监督责任清单，督促指导市直属机关党组织建立廉政风险点及防控措施台账，健全干部廉政档案。认真落实中央八项规定精神，每逢关键时间节点下发党风廉政建设提醒通知。加强党风廉政教育培训。全年，向市直属机关纪检干部推送应知应会纪检业务知识31期、分享古今廉政故事39篇，举办市直属机关纪检干部党内法规知识竞赛。实行机关纪委履行党风廉政建设情况季报告制度，召开市直属机关纪委书记、纪检委员纪检业务座谈推进会，面对面解读党风廉政建设责任清单。结合“百日攻坚”专项行动对市直部门党组（党委）落实主体责任进行督查，压实党风廉政建设“两个责任”。

（市直机关党工委办公室　郭　鹏）

政策研究

【概况】　2021年，市委政策研究室（简称政研室）起草各类文稿45篇，其中重点课题调研报告10篇、政策性文稿10篇、领导讲话12篇、工作汇报8篇、书记署名文章及在全国两会发言建议等5篇，充分发挥以文辅政职能作用。起草《中共通辽市委关于制定国民经济和社会发展第十四个五年规划和二〇三五年远景目标的建议》、分工方案及有关领导在市委常委会、市委全委会上的说明，《中共通辽市委员会关于推进“清风引领”创新社会治理的意见》及有关领导在市委常委会、市委全委会上的说明，《中共通辽市第五届委员会第十六次全体会议关于第五届委员会报告的决议》《中国共产党通辽市第五届委员会第十六次全体会议公报》，市第六次党代会报告、分工方案及有关领导在市委常委会、市委全委会上的说明，《中共通辽市委员会关于推动学习贯彻习近平总书记在庆祝中国共产党成立100周年大会上的重要讲话精神走深走实的实施意见》。起草市委主要领导在市委推进“清风引领”创新社会治理工作领导小组会议上的主持讲话、在全市乡村振兴专题研修班上的讲话、在自治区东部五盟市座谈会上的汇报提纲等12篇。起草《通辽市推动东北振兴发展情况》《通辽市贯彻落实习近平总书记对内蒙古重要讲话重要指示批示精神存在问题自查材料》《对2022年党中央重点工作的建议》《通辽市重大项目建设情况》，对各旗（县、市、区）党代会报告进行把关。

【课题调研】　2021年，政研室围绕市委中心工作，聚焦领导关注、群众关心的重点课题开展调研，对制约通辽高质量发展、亟待市委研究解决的问题提出对策建议，及时将调研成果以专题调研形式专报市委主要领导，其中《我市冷链物流发展调研报告》《关于有效化解乡村矛盾纠纷 提升乡村善治水平的调研报告》《关于金融支持新型农牧业经营主体发展的调研报告》《通辽市林下经济发展情况调研报告》得到市委主要领导批示转化落实。

【《今日通辽》编印】　2021年，政研室围绕“十四五”目标任务、贯彻新发展理念、经济高质量发展、党史学习教育、乡村振兴、民族团结进步等主题，编印通辽党政机关刊物《今日通辽》6期（双月刊），刊发各类文稿60余篇。

（市委政策研究室　赵久昊）

网络和信息安全

【概况】　2021年，通辽市网信系统坚持以习近平新时代中国特色社会主义思想为指导，深入贯彻习近平总书记关于网络强国的重要思想，全面贯彻落实党的十九大和十九届历次全会精神，全面贯彻落实网络意识形态工作责任制和网络安全工作责任制，健全网络安全管理制度，提升网络安全保障能力，维护关键信息基础设施安全，推动网络安全工作高质量发展。坚持牢牢把握正确政治方向，严守政治纪律和政治规矩，加强党员干部党性教育和忠诚教育，增强“四个意识”、坚定“四个自信”、做到“两个维护”，始终在思想上政治上行动上同以习近平同志为核心的党中央保持高度一致。结合党史学习教育“我为群众办实事”实践活动，为群众办实事26件。持续服务保障新冠肺炎疫情防控、生态环境治理等，不断优化网络传播格局，巩固壮大网上主流思想舆论，大力整治“指尖上的形式主义”，依法管网治网，营造清朗的网络空间，有效防范化解网络领域风险。加快数字产业化和产业数字化步伐，推动数字经济和实体经济深度融合。不断加强网信系统队伍建设。召开市委网信委第三次会议，系统部署全市网信工作。开展全市网信工作督查，推动中央、自治区党委、市委决策部署落地见效。

【网上宣传】 2021年，市网信系统加强选题策划和议题设置加强主题宣传。围绕中国共产党成立100周年、党的十九届六中全会、铸牢中华民族共同体意识、疫情防控、创城等主题，通过设置议题、开设专栏等形式发布相关信息8.6万余条，累计阅读量1.2亿+，形成良好网上舆论氛围。撰写并发表原创网评文章900余篇。加强网络传播。在应对通辽市暴雪自然灾害期间，组织全网累计发布信息2.2万条，阅读量6300万+。组织召开新媒体大会，对全市各级各类政务新媒体进行表彰。积极推动“品牌通辽”建设，创新开展“大美科尔沁”优秀短视频评选活动，完成400余部作品的评选与展播，累计阅读量2300万+，为讲好通辽故事、传播好通辽声音作出积极贡献。开展“共话网络同心圆”网络文化传播志愿者沙龙活动，积极营造网络文化良好环境。举办“网络中国节”春节、元宵节、清明节、端午节和中秋节系列主题活动，阐释中华优秀传统文化蕴含的文化内涵、人文精神、道德规范。2021年，自治区党委网信办对2020年度正能量优秀新媒体账号进行通报表扬，“通辽发布”上榜。

严格防范化解网络意识形态风险，严格执行“日报告、周研判、半月调度、月会商、重大敏感舆情随时会商”的会商研判处置机制，及时深入分析研判网络意识形态和舆情风险，研究提出科学处置意见，推动网络意识形态工作落实落细落地。

【网络安全工作】 2021年，市网信系统严格落实网络安全工作责任制，进一步理顺互联网管理领导体制机制，积极发挥统筹协调作用，会同各有关部门推动形成“一张网”“一盘棋”工作格局。制定印发《2021年全市网络安全检查工作方案》，组织对各旗（县、市、区）和市直80余家单位开展网络安全检查，压实整改责任。组织召开全市网络安全检查情况反馈通报会暨网络安全专题培训会，对整改落实提出明确要求，全年无网络安全事故发生。开展网络安全专题培训，围绕如何提升网络安全风险意识和提高漏洞防护、监测预警、应急处置、网络攻击防御能力等方面进行培训和讲解。加强网络安全宣传教育，举办2021年国家网络安全宣传周活动，通过线上有奖答题、主题日等活动形式，发放宣传资料等载体大力普及网络安全知识。

（市委网络安全和信息化委员会办公室　李佳旭）

机构编制管理

【概况】 2021年，市委机构编制委员会办公室围绕服务全市发展大局，着力加强重点领域、重点部门、换届工作等用编需求。置换收回法律援助中心10名政法专项编制，解决重大改革用编问题，实现强戒所历史超编人员清零。将自治区置换下达的31名行政编制，全部用于加强林草和应急部门防火工作力量；结合事业单位改革试点，重新评估事业单位承担的职责任务，精简收回事业编制用于加强纪检监察、巡察、意识形态、信访、医疗卫生、公共文化、生态、社保、残疾人康复等重点领域、民生短板和基层一线，市直统筹调剂事业编制800余名。

全流程抓严抓实事业单位登记。事业单位法人登记严格执行网上申报、受理、审核、监督工作模式，完成199家市直事业单位年度报告网上审核公示工作。做好事业单位改革后续工作，积极推进涉改单位变更、注销、设立登记，完成注销241家、设立65家、变更151家。完成市直299家统一社会信用代码赋码发证工作。

【政务机构与重点领域改革】 2021年，市机构编制委员会办公室完成全市扶贫工作机构更名调整，市、旗两级扶贫工作机构更名为乡村振兴局，统筹推进实施乡村振兴战略有关具体工作，明晰由同级农牧部门统一领导和管理的机制体制；持续深化公安机关改革。调整优化市公安局6个内设机构设置；将森林公安局与食药环队伍融合设置为生态环境食品药品犯罪侦查支（大）队，列为公安局内设机构；重新印发开发区公安分局“三定”规定，优化职能职责和机构设置；全面完成科尔沁区公安分局机构编制上划管理及公安交警队伍管理体制改革工作。圆满完成行政复议体制改革任务。将市政府派出机关、市政府工作部门及其派出机构、市政府或部门管理的法律法规授权组织等承担的行政复议职责全部划入市司法局统一行使，优化司法局内设机构设置，增设行政复议机构。完成蒙中药产业发展办公室更名调整，将蒙中药产业发展办公室更名为中药产业发展办公室，进一步规范机构名称，引导民族医药事业健康发展；推动卫健委加挂中医药管理局牌子，进一步明晰市卫健委推进中医药事业高质量发展职能职责；开展机构改革成效评估，为市发改委、市住建局、市卫健委等10个部门优化内设机构设置、职能配置。全面清理规范开发区管理机构。全市开发区由18个整合为6个，全部为自治区级开发区。管理机构由16个缩减为6个，其中3个管理机构跨旗县综合设置。

【事业单位改革试点】 2021年，市机构编制委员会办公室严格按照中央和自治区党委决策部署，围绕工作目标，精心组织实施，完成各项改革工作任务，初步建立起功能明确、治理完善、运行高效、监管有力的管理体制和运行机制。改革后，涉改事业机构数较改革前减少854个，机构精减比例43.8%；涉改事业机构处、科级领导职数较改革前减少191名，领导职数精减比例7.5%。

【苏木乡镇和街道改革】 2021年，市机构编制委员会办公室推进赋权清单落实落地，全市91个苏木乡镇和4个具有管理农村牧区职能的街道，按照改革要求承接的自治区赋权事项超过70%，平均承接事项达到92项。

【综合行政执法改革】 2021年，市机构编制委员会办公室调整市工业和信息化支队、市文化市场综合行政执法局等单位的机构规格；重新核定市交通运输综合行政执法支队领导职数；重新划转市发改委的粮食执法和地震局的相关执法职能；各旗（县、市、区）生态环境综合行政执法大队整建制上划市本级；成立通辽市建筑工程质量综合行政执法支队、开发区城市管理综合行政执法分局和建筑工程质量综合行政执法大队，综合行政执法体系建设进一步完善，行政执法效率得到提高。

【相对集中行政许可权改革】 2021年，市机构编制委员会办公室按照通辽市权责清单，第一批将19个部门承担的101项行政许可事项、18项其他行政审批事项划转至市行政审批和政务服务局。按照“编随事走”原则划转编制158名。

【机构编制法治建设】 2021年，市机构编制委员会办公室深入贯彻落实中央编委《关于推进机构编制法规制度体系建设的意见》精神，重新修订完善《中共通辽市委员会机构编制委员会工作规则》《中共通辽市委员会机构编制委员会办公室工作细则》，重新修订《机构编制工作全流程管理办法》，制定《市直机关事业单位工作人员调配暂行办法》《机构编制实名制管理实施细则》等制度办法，提高机构编制管理科学化规范化制度化水平。

（市机构编制委员会办公室 纪 鹏）

老干部工作

【概况】 2021年2月4日至10日，市委老干部局统筹安排并协助市委、人大、政府、政协四大班子领导对市直、中区直厅级离退休干部进行慰问，慰问对象共计124人。4月13日，组织召开全市老干部工作会议，对2021年离退休干部工作进行部署。5月7日，组织召开市直老干部系统及老年大学铸牢中华民族共同体意识专题讲座，邀请“夕阳红”宣讲团成员岳占标为市直老干部系统全体党员、市老年大学学员党员代表近150人授课。6月19日，组织17位盟市级离退休干部到丹东考察，参观抗美援朝纪念馆，切身感悟抗美援朝精神。7月20日至22日，组织举办全市离退休干部党支部书记培训班。8月30日，组织厅级离退休干部到科尔沁艺术职业学院参观考察。9月7日，组织召开市直处级以上离退休干部情况通报会，市委常委、纪委书记、监委主任亢永强出席会议并传达全市以案促改全面修复净化政治生态集中专项行动大会精神。9月9日，组织召开市直老干部系统以案促改全面修复净化政治生态集中专项行动动员会暨警示教育大会，为开展好“以案促改”专项行动开好头、起好步。10月12日，组织召开市直离退休干部学习贯彻中央民族工作会议精神暨铸牢中华民族共同体意识宣讲会。12月21日，组织召开市直厅级离退休干部党的十九届六中全会精神宣讲会。围绕庆祝建党100周年走访慰问老干部23人。积极配合市委组织部、市直属机关工委做好“光荣在党50年”纪念章发放工作。

【落实生活待遇】 2021年，市委老干部局严格落实“三个保障”机制，确保离休干部离休费按时发放，医疗费及时报销；持续开展好离退休干部困难帮扶，为他们解决实际困难，全年累计帮扶困难离休干部和遗属42人次；严格审核申报，为抗战时期参加工作的11位离休干部提高医疗待遇；严格按要求，为离休干部调整离休费和提高生活补贴；认真做好市直公费医疗的离休干部就医交通补助发放、生活长期不能自理的离休干部护理费审批等工作；对25位去世离退休干部家属进行慰问以表达哀思，协助处理丧事，并做好政策解答；处理老干部来信来访26件次，耐心细致地做好信访答复，无越级上访情况发生。

【老干部活动场所建设】 2021年，市委老干部局加强基础设施建设。6月9日，市委常委、常务副市长张鸿福及政协主席吕永成到老干部活动中心等地调研。8月20日，市委常委、组织部长焦刚伟等领导先后到市老干部活动中心、市老年大学、市干休所调研指导工作。两次调研进行现场办公，帮助协调解决市老干部活动中心基础设施建设维修款55万元，对市干休所老干部活动站的各活动场所、活动设施进行全面更新，对市老年大学门球馆、网球馆环境进行改善，为老同志开展活动提供更好环境。9月13日，市老年大学开展秋季招生工作，开设专业35个，班次97个，学员突破4000人次，为全市老年朋友提供更加广阔的学习平台。9月23日，协调市交通运输局投资80余万元为市老年大学7000平方米的中心广场重新铺设地面。

【建党百年庆祝活动】 2021年，市委老干部局在全市离退休干部中广泛开展“庆祝中国共产党成立100周年”系列活动，通过文艺演出、书画摄影展、“我看建党百年新成就”主题调研等形式，为中国共产党成立100周年献礼。通辽市关工委动员全市“五老”开展“学党史、颂党恩、听党话、跟党走”红歌演讲比赛、书法书画比赛活动。科左中旗举办“桑梓情深传画艺·草原翰墨逸花香”书画展，用文艺作品向建党百年献礼。霍林郭勒市、库伦旗组织老干部开展党史知识竞赛。科左后旗老科协围绕“红色百年”主题，创作近100米长的历史画卷，在创作中学习历史、感悟初心。通辽市老年大学以《百年辉煌话党史》为题面向广大学员作党史学习教育主题宣讲。举办庆祝建党100周年书画展、摄影展，千人、百人大合唱，并组织两支由百名老人组成的合唱团，参加市委宣传部、市直属机关工委主办的“通辽市庆祝中国共产党成立100周年群众大合唱”活动。举办“热烈庆祝中国共产党成立100周年暨通辽市老年大学第二届校园艺术节”“铸牢中华民族共同体意识暨老年乌兰牧骑成立20周年庆典”和乒乓球、门球等大型比赛活动，展示当代老年人风采，表达老同志对党和国家的热爱，在社会上引起广泛好评。

【离退休干部作用发挥】 2021年，市委老干部局充分将离退休干部“正能量”发挥与党史学习教育工作紧密结合，市直退休干部岳占标、于艳君加入通辽市“夕阳红”党史宣讲团，库伦旗、奈曼旗、开鲁县组建“红色宣讲团”，扎鲁特旗成立“银发”宣讲团，为全市各单位、团体开展党史学习教育宣讲。科左中旗制作的“追寻红色足迹,听老兵讲故事”视频，观看阅读人数超1万人次。市老年大学学生党支部牵头组建25个临时党支部，通过对400余名党员学员的组织管理，辐射带动广大学员传播好声音、传递正能量。在疫情防控、乡村振兴、基层治理、关心下一代、基层组织建设、党史学习教育等工作中，涌现出92岁为抗击疫情捐款千元的老党员曹恒、56年党龄带领村民造林绿化5300多亩的老党员陈连举、退休后全心全意投入关心下一代工作中的梁立伟、梅景林等先进典型，努力在全市形成“莫道桑榆晚，为霞尚满天”的良好氛围，以先进典型的示范力量，带动更多的老同志为全市各项工作奉献余热。

（市委老干部局　赵　航）

党校工作

【概况】 2021年，市委党校坚持以习近平新时代中国特色社会主义思想为指导，深入贯彻党的十九大和十九届五中、六中全会精神，全面落实《中国共产党党校（行政学院）工作条例》《社会主义学院工作条例》，始终围绕中心、服务大局，推进教学、科研等各项工作，取得了优异成绩，全年举办主体班次19个（24期），培训学员7350人次。

市委党校完成机构改革工作，将校内15个职能科室调整为9个，外加老干部工作科，科室分工进一步合理化。

在全市开展党史学习教育期间发挥自身职能作用，主体班次全部安排党史学习教育相关课程，党校教师参加党史宣讲活动300余场，为4万余人提供宣讲服务。将“以案促改全面修复净化政治生态”纳入主体班教学内容，在8个主体班次开展教学，培训学员660人。严格落实全面依法治市工作各项要求，坚持将习近平法治思想纳入教学布局，作为主体班次的重要授课内容，在12个主体班次讲授相关课程29次，培训学员710人次。

【突出主业主课地位】 2021年，市委党校坚持以理论教育和党性教育为主业主课，设置习近平新时代中国特色社会主义思想、党的十九届五中全会精神、乡村振兴、铸牢中华民族共同体意识、马克思主义经典、能力和素质、区情和市情等十二个系列核心课程体系。与时俱进地将党史学习教育、习近平总书记“七一”重要讲话精神、中央民族工作会议精神、党的十九届六中全会精神等纳入培训重点内容。理论教育和党性教育课程比重超过总课时的80%，党性教育课程比重超过20%。

【创新培训方式方法】 2021年，市委党校坚持教学内容与教法创新相结合，开展应急管理桌面推演、法治沙龙面对面、党性教育情景模拟和案例教学、结构化研讨、新闻发布会、拓展训练、党史知识竞赛、红色教育和警示教育现场教学等多种创新课程64次。为应对新冠肺炎疫情防控情况，首次在主体班次开展网络直播课，有4个班次，5500余名学员接受网络培训，并进行网络结业考试。根据学员网络评课系统数据，学员对全部课程的满意率超过92%。

【市委领导授课调研】 2021年，市委、市政府领导到校讲话、授课、作报告或者调研座谈20人次。中央党校、中央社会主义学院、自治区党校和高等院校的专家学者到校授课26人次，市内各部门领导、客座教授到校授课21人次，创历史新高，提高了培训的针对性和实效性。

【科研项目建设】 2021年，市委党校完成科研项目48项。其中，包括内蒙古自治区社科规划项目2项，全区党校（行政学院）以上级别项目12项，市级项目34项。新立项科研项目69项。其中包括内蒙古自治区社科规划项目2项，全区党校（行政学院）以上级别项目27项，市级项目40项。科研项目在质量和数量上均取得重大突破。

【智库建设】 2021年，市委党校组织教师参与内蒙古党校和通辽市各单位组织的调研活动10余次，主动围绕市委、市政府重大决策部署和通辽经济社会发展重点问题开展研究，全年党校教师发表理论文章110篇，其中包括省级论文27篇、国家级论文16篇、编发《请阅件》4期、与市委宣传部合办的《成果要报》4期，为市委、市政府提供决策参考。

图5　2021年6月21日，“百年奋进、百年辉煌”——全市党校系统庆祝中国共产党成立100周年理论研讨会举办　　（市委党校　提供）

【在职研究生教育】　2021年，市委党校招收经济管理专业在职研究生80名，并根据标准化考场设置的要求，对教室监控设施进行重新安装，进一步严格考风考纪，在职研究生教育工作不断规范化。5月23日，内蒙古党校2021年度经济管理专业在职研究生（通辽班）入学考试在市委党校进行。该次考试设置标准考场17个，470名考生参加考试。自治区党校科研处处长陶克陶夫、教务处科级干部图门太到校巡视考试工作。

【庆祝建党百年系列活动】　2021年6月21日，市委党校举办全市党校（行政学院）系统“百年奋进、百年辉煌”——庆祝中国共产党成立100周年理论研讨会。研讨会征集文章54篇，评选出优秀文章22篇。6月22日至24日，市委党校举办以“奋斗百年路　启航新征程”为主题的教学能手比赛，来自全市党校（行政学院）系统的21名教师参加比赛。

【铸牢中华民族共同体意识培训】　2021年，市委党校将铸牢中华民族共同体意识纳入总体教学布局，做到了主体班次全覆盖。全年设置铸牢中华民族共同体意识相关专题10个，累计在主体班讲授相关课程31次，组织开展主题研讨活动15次，邀请中央社会主义学院、内蒙古党校、自治区政府等专家学者到校讲授相关专题4次。市委副书记、政法委书记方玉东到校为学员作铸牢中华民族共同体意识专题辅导3次。5位党校教师参加市委“中央民族工作会议精神”宣讲团，全年党校教师参加铸牢中华民族共同体意识有关宣讲活动200余场，为20万名干部群众提供宣讲服务。

【乡村振兴专题研修班举办】　2月25日至26日，市委党校举办全市乡村振兴专题研修班。市委书记冯玉臻出席开班式并讲话。市委副书记、政法委书记、市委党校校长、科尔沁区委书记杜汇良，市政府副市长张海峰分别以《习近平总书记关于“三农”工作的重要论述》和《以农牧业高质量发展为抓手，推动乡村全面振兴》作专题辅导。

（市委党校　黄　帅）

图6　2021年2月25日，市委党校举办全市乡村振兴专题研修班

（市委党校　提供）

通辽市人民代表大会

综　述

【概况】　2021年，通辽市有人大代表7989人。其中，全国人大代表4人，自治区人大代表60人，市级人大代表358人，旗县级人大代表1758人，镇级人大代表5809人。

通辽市人民代表大会设有法制委员会、财政经济委员会、教育科学文化卫生委员会及常务委员会。常务委员会为常设机构，内设代表资格审查委员会、办公室、民族侨务外事旅游工作委员会、监察和司法工作委员会、财政经济工作委员会、教育科学文化卫生工作委员会、农村牧区工作委员会、城乡建设与环境资源工作委员会、选举人事代表联络工作委员会、宪法和法律工作委员会、社会建设工作委员会11个机构。

【人事任免】　2021年，通辽市人大坚持党管干部与人大依法任免相统一，严格落实资格审查、任前公示、法律考试、供职发言、审议表决、宪法宣誓等制度，保证自治区党委和市委提名人选经法定程序成为地方国家机关的领导人员。全年任免国家机关工作人员169人，其中决定任命52人，任命40人，决定免职30人，免职34人，接受辞职6人，批准任命3人，批准辞职4人。

【依法讨论决定重大事项】　2021年，市人大常委会依照宪法法律规定，认真抓好讨论决定重大事项工作，制定实施讨论决定重大事项计划，进一步推进讨论决定重大事项工作向主动决定、实体性决定转变。坚持试点先行、逐步推开，探索开展民生实事项目人大代表票决制改革，全市县乡两级试点共计票决民生实事项目173项，涉及资金9.4亿元，深入践行“全过程人民民主”，解决了一批群众盼望解决的难题。围绕提升地区经济软实力和综合竞争力，依法作出关于进一步优化营商环境的决定，为全市优化营商环境提供保障和支撑。深入学习贯彻习近平法治思想，作出了开展第八个五年法治宣传教育的决议，推动形成全民普法工作新格局。

（市人大常委会办公室　赵海汀　夏青石）

重要会议

【第五届人民代表大会第四次会议】　2021年2月22日至24日，通辽市第五届人民代表大会第四次会议在市行政中心召开。通辽市第五届人民代表大会现有代表334人，出席本次全体会议的代表307人，符合法定人数。会议听取和审议通辽市代理市长郭玉峰关于政府工作的报告；审查《通辽市国民经济和社会发展第十四个五年规划和2035年远景目标纲要（草案）》，通辽市政府关于通辽市2020年国民经济和社会发展计划执行情况与2021年国民经济和社会发展计划草案的报告，批准2021年国民经济和社会发展计划；审查通辽市人民政府关于通辽市2020年财政预算执行情况和2021年财政预算草案的报告，批准2021年市本级预算；听取和审议市人大常委会主任梁志远关于通辽市人民代表大会常务委员会工作的报告；听取和审议市中级人民法院院长刘文华关于通辽市中级人民法院工作的报告；听取和审议市人民检察院检察长王彦春关于通辽市人民检察院工作的报告。会议选举纪强为通辽市第五届人民代表大会常务委员会主任，选举郭玉峰为通辽市人民政府市长，选举于沨为通辽市第五届人民代表大会常务委员会副主任，选举史厚纯为通辽市第五届人民代表大会常务委员会秘书长，选举王宏华、王颖轶、史艳春、包红梅、姜晓东、韩亚成、程志峰为通辽市第五届人民代表大会常务委员会委员。

会议表决通过《关于通辽市人民政府工作报告的决议》《通辽市国民经济和社会发展第十四个五年规划和2035年远景目标纲要的决议》《关于通辽市2020年国民经济和社会发展计划执行情况与2021年国民经济和社会发展计划的决议》《关于通辽市2020年预算执行情况和2021年预算的决议》《关于通辽市人民代表大会常务委员会工作报告的决议》《关于通辽市中级人民法院工作报告的决议》《关于通辽市人民检察院工作报告的决议》。

【常委会会议】 1月18日，通辽市第五届人民代表大会常务委员会第二十七次会议召开。会议听取和审议《通辽市第五届人民代表大会常务委员会主任会议关于提请接受冯万玉辞去内蒙古自治区第十三届人民代表大会代表职务的议案》；听取和审议《通辽市第五届人民代表大会常务委员会主任会议关于补选内蒙古自治区第十三届人民代表大会代表的议案》；听取和审议《通辽市第五届人民代表大会常务委员会第二十七次会议补选内蒙古自治区第十三届人民代表大会代表办法（草案）》；听取和审议《通辽市第五届人民代表大会常务委员会第二十七次会议监票人名单（草案）》。表决通过了《通辽市第五届人民代表大会常务委员会关于接受冯万玉辞去内蒙古自治区第十三届人民代表大会代表职务的决定》；表决通过《通辽市第五届人民代表大会常务委员会第二十七次会议补选内蒙古自治区第十三届人民代表大会代表办法》；表决通过《通辽市第五届人民代表大会常务委员会第二十七次会议监票人名单》。补选内蒙古自治区第十三届人民代表大会代表。

2月9日，通辽市第五届人民代表大会常务委员会第二十八次会议召开。会议听取和审议《通辽市第五届人民代表大会第四次会议议程（草案）》；听取和审议《通辽市第五届人民代表大会第四次会议日程（草案）》；听取和审议《通辽市第五届人民代表大会第四次会议主席团和秘书长名单（草案）》及说明；听取和审议《通辽市第五届人民代表大会第四次会议主席团常务主席名单（草案）》；听取和审议《通辽市第五届人民代表大会第四次会议大会执行主席分组名单（草案）》；听取和审议《通辽市第五届人民代表大会第四次会议副秘书长名单（草案）》；听取和审议《通辽市第五届人民代表大会第四次会议列席人员名单（草案）》及说明；听取和审议《通辽市第五届人民代表大会法制委员会主任委员名单（草案）》及说明；听取和审议《通辽市第五届人民代表大会第四次会议议案审查委员会组成人员名单（草案）》；听取和审议《通辽市第五届人民代表大会第四次会议表决议案办法（草案）》；听取和审议《通辽市第五届人民代表大会第四次会议代表提出议案截止时间的决定（草案）》；听取和审议《通辽市第五届人民代表大会第四次会议选举办法（草案）》及说明；审议了《关于市五届人大三次会议议案办理情况的报告》；听取和审议《通辽市第五届人民代表大会常务委员会代表资格审查委员会关于个别代表的代表资格的报告（草案）》；听取和审议关于提请该次会议职务任免的报告及说明；听取了相关人员任前供职发言。表决通过了《通辽市第五届人民代表大会第四次会议列席人员名单》；表决通过《通辽市第五届人民代表大会常务委员会代表资格审查委员会关于个别代表的代表资格的报告》；表决通过《关于授权主任会议决定市五届人大四次会议召开时间的决定》；表决通过有关人事任免事项。

3月9日，通辽市第五届

人民代表大会常务委员会第二十九次会议召开。会议听取和审议《通辽市人民代表大会常务委员会2021年工作要点》；审议《市人大常委会关于备案审查工作情况的报告》；听取和审议关于提请该次会议职务任免的报告及说明；听取相关人员任前供职发言。表决通过《通辽市人民代表大会常务委员会2021年工作要点》；表决通过了有关人事任免事项。

3月23日，通辽市第五届人民代表大会常务委员会第三十次会议召开。会议决定免去王军的通辽市政府副市长、市公安局局长职务。

4月29日至30日，通辽市第五届人民代表大会常务委员会第三十二次会议召开。会议听取和审议市政府关于提请审议《通辽市农用薄膜污染防治条例（草案）》的议案；听取和审议市人民政府关于提请审议《通辽市蒙药保护发展条例（草案）》的议案；听取和审议《通辽市人民代表大会常务委员会关于进一步优化营商环境的决定（草案）》及说明；审议《通辽市人民代表大会常务委员会财经咨询专家管理办法（试行）（草案）》；听取和审议关于《通辽市第五届人民代表大会常务委员会财经咨询专家推荐情况的报告》及说明；听取和审议市政府《关于提请审议通辽市城市总体规划（2015—2030年）局部修改方案》及说明；听取和审议市人民政府《关于2021年度市本级预算执行及其他财政收支审计查出问题整改情况的报告》；审议市政府关于《通辽市人民代表大会常务委员会对〈通辽市城市市容和环境卫生管理条例〉执法检查报告审议意见》落实情况的报告；审议市政府关于《通辽市人民代表大会常务委员会对市政府〈关于全市农业高效节水情况的报告〉的审议意见》落实情况的报告；审议市政府关于《通辽市人民代表大会常务委员会对〈关于主城区道路交通安全综合治理工作情况的报告〉的审议意见》落实情况的报告；审议市中级人民法院关于《通辽市人民代表大会常务委员会对〈全市法院刑事审判工作情况的报告〉的审议意见》落实情况的报告；听取和审议《通辽市第五届人民代表大会常务委员会代表资格审查委员会关于个别代表的代表资格的报告（草案）》；听取和审议了关于提请本次会议职务任免的报告及说明；听取和审议四名自治区人大代表的述职报告。会议表决通过《通辽市人民代表大会常务委员会关于进一步优化营商环境的决定》；表决通过《通辽市人民代表大会常务委员会财经咨询专家管理办法（试行）》；表决通过《通辽市第五届人民代表大会常务委员会财经咨询专家推荐情况的报告》；表决通过《关于批准〈通辽市城市总体规划（2015—2030年）局部修改方案〉的决议》；表决通过市政府关于《通辽市人民代表大会常务委员会对〈通辽市城市市容和环境卫生管理条例〉执法检查报告审议意见》落实情况的报告；表决通过市人民政府关于《通辽市人民代表大会常务委员会对市人民政府〈关于全市农业高效节水情况的报告〉的审议意见》落实情况的报告；表决通过市政府关于《通辽市人民代表大会常务委员会对〈关于主城区道路交通安全综合治理工作情况的报告〉的审议意见》落实情况的报告；表决通过市中级人民法院关于《通辽市人民代表大会常务委员会对〈全市法院刑事审判工作情况的报告〉的审议意见》落实情况的报告；表决通过《通辽市第五届人民代表大会常务委员会代表资格审查委员会关于个别代表的代表资格的报告》；表决通过有关人事任免事项；对四名自治区人大代表的履职情况进行测评；向市五届人大常委会财经咨询专家颁发聘书。

5月18日，通辽市第五届人民代表大会常务委员会第三十三次会议召开。会议听取和审议关于提请该次会议职务任免的报告及说明；听取相关同志任前供职发言。表决通过有关人事任免事项。

6月29日，通辽市第五届人民代表大会常务委员会第三十四次会议召开。会议听取《通辽市第五届人民代表大会法制委员会关于〈通辽市蒙药保护发展条例（草案）〉审议结果的报告》，审议《通辽市蒙药保护发展条例（草案修改稿）》；听取和审议市人民检察院关于《全市检察机关适用认罪认罚从宽制度工作情况的报告》；听取和审议关于提请本次会议职务任免的报告及说明；听取和审议自治区人大代表的述职报告。会议表决通过有关人事任免事项；对自治区人大代表履职情况进行了测评。

7月8日，通辽市第五届人民代表大会常务委员会第三十五次会议召开。会议听取和审议关于提请本次会议职务任免的报告及说明；听取相关同志任前供职发言。会议表决通过有关人事任免事项，并颁发了任命书。

8月13日，通辽市第五届人民代表大会常务委员会第三十六次会议召开。会议听取审议《通辽市第五届人民代表大会常务委员会代表资格审查委员会关于个别代表的代表资格的报告（草案）》，表决通过《通辽市第五届人民代表大会常务委员会代表资格审查委员会关于个别代表的代表资格的报告》。

8月24日，通辽市第五届人民代表大会常务委员会第三十七次会议召开。会议听取和审议《通辽市第五届人民代表大会常务委员会主任会议关于补选内蒙古自治区第十三届人民代表大会代表的议案》；听取和审议《通辽市第五届人民代表大会常务委员会第三十七次会议补选内蒙古自治区第十三届人民代表大会代表办法（草案）》；听取和审议《通辽市第五届人民代表大会常务委员会第三十七次会议监票人名单（草案）》。会议表决通过《通辽市第五届人民代表大会常务委员会第三十七次会议补选内蒙古自治区第十三届人民代表大会代表办法》；表决通过《通辽市第五届人民代表大会常务委员会第三十七次会议监票人名单》。会议补选内蒙古自治区第十三届人民代表大会代表。

8月30日至31日，通辽市第五届人民代表大会常务委员会第三十八次会议召开。会议听取《通辽市第五届人民代表大会法制委员会关于〈通辽市蒙药保护发展条例（草案修改稿）〉修改情况的报告》；听取《通辽市第五届人民代表大会法制委员会关于〈通辽市农用薄膜污染防治条例（草案）〉审议结果的报告》，审议《通辽市农用薄膜污染防治条例（草案修改稿）》；听取和审议《通辽市人民政府关于2020年市本级财政决算草案的报告》；听取和审议《通辽市人民政府关于2020年市本级预算执行及其他财政收支的审计工作报告》；听取和审议《通辽市人民代表大会财政经济委员会关于2020年市本级财政决算草案的审查结果报告》；听取和审议《通辽市人民政府关于2021年上半年国民经济和社会发展计划执行情况的报告》；审议《通辽市人民政府关于2021年上半年预算执行情况的报告》；听取和审议《通辽市人民政府关于全市无障碍环境建设情况的报告》；听取和审议《通辽市中级人民法院关于全市法院发挥审判职能优化营商环境工作情况的报告》；听取和审议《通辽市人大常委会关于〈中华人民共和国科学技术进步法〉和〈内蒙古自治区科学技术进步条例〉执行情况的检查报告》；审议《通辽市人大常委会关于全市老年人服务管理情况的调研报告》；听取和审议关于提请该次会议职务任免的报告及说明；听取相关人员任前供职发言。会议表决通过《通辽市蒙药保护发展条例（草案表决稿）》；表决通过《通辽市人民代表大会常务委员会关于批准2020年市本级财政决算的决议》；表决通过《通辽市人民政府关于全市无障碍环境建设情况的报告》；表决通过《通辽市中级人民法院关于全市法院发挥审判职能优化营商环境工作情况的报告》；表决通过《通辽市人大常委会关于全市老年人服务管理情况的调研报告》；表决通过有关人事任免事项，并颁发任命书。

10月11日，通辽市第五届人民代表大会常务委员会第三十九次会议召开。会议听取审议《通辽市人民政府关于提请审议通辽市科尔沁区西辽河以北区域设立行政区的议案》，表决通过《通辽市人民代表大会常务委员会关于批准〈通辽市人民政府关于提请审议通辽市科尔沁区西辽河以北区域设立行政区的议案〉的决议》。

11月2日至3日，通辽市第五届人民代表大会常务委员会第四十次会议召开。会议传达学习中央人大工作会议精神；会议听取《〈通辽市农用薄膜污染防治条例（草案修改稿）〉修改情况的报告》；听取《通辽市第五届人民代表大会法制委员会关于〈通辽市城市市容和环境卫生管理条例〉〈通辽市大气污染防治条例〉修正（草案）的说明》；听取和审议《通辽市人民政府关于“七五”普法决议执行情况的报告》；审议《关于提请审议〈通辽市人民代表大会常务委员会关于开展第八个五年法治宣传教育的决议（草案）〉的议案》；审议《通辽市人大常委会关于贯彻实施〈内蒙古自治区促进民族团结进步条例〉情况的执法调研报告》；听取和审议《通辽市人民政府关于2020年度环境状况和环境保护目标完成情况的报告》；听取和审议《通辽市人民政府关于全市不动产登记工作情况的报告》；听取和审议《通辽市人民政府关于全市农村牧区人居环境治理情况的报告》；听取和审议《通辽市人民政府关于全市脱贫攻坚与乡村振兴有效衔接情况的报告》；听取和审议《通辽市人民政府关于通辽市五届人大四次会议代表建议批评和意见办理工作情况报告》；听取和审议《通辽市人民政府关于2021年市本级预算调整方案（草案）的报告》；听取和审议《市人民政府关于〈通辽市人民代表大会常务委员会对市人力资源和社会保障局工作的评议意见〉落实情况的报告》；听取和审议《通辽市监察委员会关于开展反腐败国际追逃追赃工作情况的报告》；听取和审议关于提请该次会议职务任免的报告及说明；听取相关同志任前供职发言；听取5位自治区人大代表述职。会议表决通过《通辽市农用地膜污染防治条例（草案表决稿）》；表决通过《通辽市人民代表大会常务委员会关于修改〈通辽市城市市容和环境卫生管理条例〉等2件地方性法规的决定》；表决通过《通辽市人民政府关于“七五”普法决议执行情况的报告》；表决通过《通辽市人民代表大会常务委员会关于开展第八个五年法治宣传教育的决议》；表决通过《通辽市人民政府关于2020年度环境状况和环境保护目标完成情况的报告》；表决通过《通辽市人民政府关于全市不动产登记工作情况的报告》；表决通过《通辽市人民代表大会常务委员会对〈市人民政府关于全市农村牧区人居环境治理情况报告〉的审议意见》；表决通过《通辽市人民代表大会常务委员会对〈市人民政府关于全市脱贫攻坚与乡村振兴有效衔接情况的报告〉的审议意见》；表决通过《通辽市人民政府关于通辽市五届人大四次会议代表建议批评和意见办理工作情况报告》；表决通过《通辽市人民代表大会常务委员会关于批准2021年市本级预算调整方案的决议》；表决通过《通辽市监察委员会关于开展反腐败国际追逃追赃工作情况的报告》；表决通过有关人事任免事项，为新任职人员颁发任命书，举行了宪法宣誓仪式；并对5位自治区人大代表履职情况进行了满意度测评。

12月28日至29日，通辽市第五届人民代表大会常务委员会第四十一次会议召开。会议听取和审议《通辽市人民代表大会常务委员会工作规则（草案）》；听取和审议《通辽市人民政府关于优化营商环境工作情况的报告》并开展专题询问；听取和审议《通辽市人民政府关于国有资产管理情况的报告》；听取和审议《通辽市人民政府关于国有自然资源资产管理情况的报告》；听取和审议《通辽市人民代表大会常务委员会关于召开通辽市第六届人民代表大会第一次会议的决定（草案）》；听取和审议关于提请本次会议职务任免的报告及说明；听取相关同志任前供职发言。会议表决通过《通辽市人民代表大会常务委员会工作规则（草案表决稿）》；表决通过《通辽市人民代表大会常务委员会对〈市人民政府关于优化营商环境工作情况报告〉的审议意见》；表决通过《通辽市人民代表大会常务委员会对〈市人民政府关于国有资产管理情况报告〉的审议意见》；表决通过《通辽市人民代表大会常务委员会对〈市人民政府关于国有自然资源资产管理情况报告〉的审议意见》；表决通过《通辽市人民代表大会常务委员会关于召开通辽市第六届人民代表大会第一次会议的决定》；表决通过有关人事任免事项，并颁发任命书。

（市人大常委会办公室　赵海汀）

人大监督

【经济社会高质量发展监督】2021年，市人大高度关注经济运行情况，首次组建市人大常委会财经咨询专家组，制定财经咨询专家管理办法，指导7个旗（县、市、区）人大预算联网监督系统建设实现三级贯通，进一步加强和改进计划和预算审查监督工作，提高财经决策和政治决策的科学性、专业性和可行性。听取和审议关于2020年度财政决算草案、国有资产管理、国有自然资源资产管理、关于2020年度市本级预算执行及其他财政收支的审计工作、2021年上半年预算执行、2021年上半年国民经济和社会发展计划执行和审计查出问题整改等情况的报告，批准2020年市本级财政决算和2021年市本级预算调整方案，支持和推动政府应对经济下行压力，促进经济转型升级、高质量发展，加强对宏观经济运行的监督。

【贯彻新发展理念监督】2021年，市人大采取多种手段监督推动营商环境的优化，组织常委会相关人员对全市优化营商环境工作开展集中视察，听取市政府关于优化营商环境工作情况的专项报告，并对优化营商环境工作情况开展专题询问，进一步改善全市的营商环境。组织对《中华人民共和国科学技术进步法》实施情况开展执法检查，积极助力科技创新。围绕通辽在新发展格局中的战略定位，对绿色农畜产品生产基地建设情况开展人大主任集体视察，对现代能源基地建设情况开展调研，监督推动有关问题解决，助力打造“两个基地”。

【民生和社会事业发展监督】2021年，市人大坚持以人民为中心的发展思想，听取市政府《关于全市农村牧区人居环境治理情况的报告》和《关于全市脱贫攻坚与乡村振兴有效衔接情况的报告》，深入推动农村牧区人居环境整治，促进脱贫攻坚同乡村振兴的有效衔接，确保脱贫成果的稳定性与可持续性。听取和审议年度环境状况和环境保护目标完成情况的报告，依法有力地推进重点区域生态保护和重点领域、重点环境问题的深入治理。聚焦人民群众关注的热点难点问题，对全市老年人服务管理工作开展调研，听取和审议全市无障碍环境建设情况的报告，推动全市老龄事业和无障碍环境建设事业发展，提升城市文明水平。听取和审议不动产交易登记工作情况的报告，推动政务服务程序进一步简化优化便民。听取和审议市人民政府关于《通辽市人民代表大会常务委员会对市人力资源和社会保障局工作的评议意见》落实情况的报告，确保整改措施和要求落实到位，加强跟踪监督问效。

【依法行政和公正司法监督】2021年，市人大深入推进依法行政，听取市政府组成部门主要负责人述职报告，开展满意度测评，对其依法履职情况进行监督，监督和推动地方国家机关和工作人员履行好法定职责。听取和审议市政府关于通辽市人大常委会对《通辽市城市市容和环境卫生管理条例》执法检查报告、关于主城区道路交通安全综合治理工作情况的报告、全市农业高效节水情况报告等审议意见落实情况的报告，进一步增强跟踪监督实效。加强对法治通辽建设的监督，听取和审议市政府关于“七五”普法决议执行情况的报告，推动社会治理法治化水平提高，深入推进依法治市。首次听取和审议通辽市监察委员会专项工作报告《关于开展反腐败国际追逃追赃工作情况的报告》，加强人大对市监察委员会的工作监督。听取和审议市人民检察院关于全市检察机关适用认罪认罚从宽制度工作情况的报告、市中级人民法院关于全市法院发挥审判职能优化营商环境工作情况的报告、市中级人民法院关于对《全市法院刑事审判工作情况的报告》审议意见落实情况的报告，深入推进司法为民、司法公正。

代表工作

【概况】 2021年，通辽市加大代表履职培训力度，开展线上线下多种形式履职培训，组织开展铸牢中华民族共同体意识等专题培训，实现五级人大代表培训全覆盖。认真落实常委会组成人员联系代表、代表联系选民和代表列席常委会等制度，邀请部分代表参与人大调研、视察、执法检查等工作。加强对代表履职的监督管理，建立代表履职档案，积极开展代表回原选区或原选举单位述职工作，年内有12名自治区人大代表在市人大常委会会议上进行述职，62名市人大代表回原选举单位述职。持续巩固提升人大代表履职能力，组织开展“我是人大代表我帮你”主题活动，全市各级人大代表参与活动4372人次，为百姓办实事638件。

【代表履职成果转化】 2021年，通辽市抓好代表建议办理工作，坚持“既要重结果，也要看过程”要求，建立督办台账，加大代表建议督办力度，推动代表建议成果转化，确保建议件件有着落、件件有回音。市五届人大四次会议期间收到的114件代表建议，全部答复完毕，其中除2件建议因政策和条件限制暂时难以落实外，其他全部办结。

（市人大常委会办公室
赵海汀　夏青石）

通辽市人民政府

综　述

【经济发展】　2021年，通辽市政府坚持生态优先、绿色发展，做好“六稳”“六保”工作，经济逐步恢复、总体稳中有进。全市地区生产总值达到1411.44亿元，年均增长2.7%，三次产业比重调整为23.6∶31.9∶44.5。农牧业连稳连丰，粮食总产量达到898.32万吨，牧业年度牲畜存栏1143.9万头（只、口），通辽国家农业科技园区、现代农业产业园通过验收，通辽市被确定为科尔沁牛中国特色农产品优势区，农畜产品区域公用品牌价值位居自治区前列。主导产业聚链成势，绿色煤电铝、玉米生物制药、中（蒙）医药等产业稳步发展，镍基新材料、风电装备制造等百亿级项目落地实施，“五大产业集群”产值占到规模以上工业的94%。国家支持通辽在现代能源领域开展试点，新能源装机比重达到47%。现代服务业加快发展，通辽市被列入国家骨干冷链物流基地北部大通道承载城市，开发区综合物流园区获批全国第三批示范物流园区，科尔沁500千米风景大道获评“中国最受欢迎的十大自驾路线”，霍林郭勒市入选全区首个国家产融合作试点城市。

【数字通辽建设】　2021年，通辽市加强信息化工作统筹协调，发挥各相关部门职能作用，组织编制通辽市“十四五”数字经济发展规划，对通辽市数字经济、信息化发展、网络安全等内容进行顶层设计和系统谋划。印发《通辽市数字经济发展统筹协调工作机制暂行规定》《通辽市数字经济发展专家咨询机制暂行办法》，进一步理顺工作流程。印发《通辽市数字政府建设行动方案（2021—2023年）》《通辽市数字社会建设行动方案（2021—2023年）》《通辽市数字产业化和产业数字化发展行动方案（2021—2023年）》，推动数字政府、数字社会、数字产业化和产业数字化加快发展。新型基础设施建设不断完善，全市互联网出口带宽最高达2600吉字节。2021年，通辽市新建并开通5G基站806个，实现主城区、旗（县、市、区）政府所在地及重要商圈、交通枢纽、重点矿区、大型医院、热点景区等应用场景和5G网络全覆盖。全市5G用户数达108.75万人，5G用户普及率37.85%。通辽市政务服务事项网上可办率为83.32%，政府系统上云量为150个，政务数据归集量为3483万条。为更好推进“数字政府”建设，通辽市行政审批和政务服务局积极推进政务服务“一网通办”。召开数字经济发展统计监测工作调度会，积极协调相关部门统计报送数字经济发展监测数据指标。持续统筹协调好电子政务、公共信息资源开放、数字乡村、网信军民融合、IPv6规模部署等工作。

（市委网络安全和信息化委员会办公室　李佳旭）

【三大产业发展】　2021年，通辽市绿色农畜产品生产基地建设取得积极进展，编制完成国家高质量绿色农畜产品生产基地建设规划。年内，新增高标准农田20万亩、累计建成607万亩，粮食总产量898.32万吨，牧业年度牲畜存栏1143.9万头（只、口）；积极推动肉牛产业升级、参与奶业振兴，科尔沁肉牛获批国家级优势特色产业集群，新增国家级重点龙头企业2家。玉米生物科技产业基地建设加快推进，建成投产玉米生物企业20家，苏氨酸、土霉素等产品占全国市场份额进一步提升。积极通过新能源替代推动铝镍硅新材料基地绿色化改造，相应项目计划和支持政策加快落实。大力发展现代能源经济，实施“源网荷储”一体化示范、龙马风电装备制造等亿元以上项目30个，完成能源项目投资60亿元，争取新能源建设规模174.7万千瓦。出台文旅融合发展扶持奖励办法，不断提升500公里风景大道内涵品质。全面畅通现代物流循环，持续完善主城区五大重点物流园区功能。出台金融支持实体经济高质量发展若干措施，全市金融机构存贷款余额分别增长11.5%和14.95%。

【招商引资和项目建设】 2021年，通辽市牢固树立“项目为王、招商为要”理念，实行主责部门专业招商，专班团队常年招商，党政群系统全员招商，制定实施优化营商环境服务项目建设26条措施，组建招商工作队（专班）384个，新签约招商引资项目180个，总签约额1332.81亿元。启动招商引资“冬季攻势”，加强项目落地服务，优化“项目管家”服务机制，实现项目建设高质高效推进，新开工千万元以上项目112个，实际到位资金140.53亿元。启动实施优化营商环境三年行动计划，组织30个市直部门作出公开承诺。推行“24小时不打烊”自助政务服务模式，236项高频民生服务事项实现“指尖办”，4519件综窗事项实现“一网办”，103件“一次办”事项在全市推开，设立“帮您办”窗口32个、代办帮办事项达65项，在全区率先实现工程建设项目跨层级审批。

【攻坚战役决战决胜】 2021年，通辽市脱贫攻坚收官。全市22.49万建档立卡贫困人口全部脱贫，历史性解决了绝对贫困问题，巩固拓展脱贫攻坚成果同乡村振兴有效衔接取得初步成效。污染防治成效明显，中央环保督察及“回头看”反馈问题全部完成整改，霍林河露天煤矿被生态环境部列为矿山生态修复典型。“四个千万亩”生态保护修复工程有效实施，林长制、河湖长制全面落实，建成高效节水高标准农田585万亩、绿色矿山82家，完成科尔沁沙地综合治理1060万亩、天然草原修复1000万亩，森林覆盖率达到23.78%，草原综合植被盖度提高到62%。西辽河流域生态综合治理得到国家重视支持，西辽河“母亲河”时隔20年获得生态补水。坚决有效防范化解各领域重大风险，政府隐性债务规模持续下降、风险总体可控。科学精准开展常态化疫情防控，守住人民群众生命健康安全防线。

【深化改革开放】 2021年，通辽市新一轮政府机构改革顺利完成，农村牧区综合改革全面推进，国资国企等重点领域改革实现突破。挂牌成立市行政审批和政务服务局，取消下放市本级行政权力事项249项，市场主体由13.59万户增加到26.84万户。创新发展能力稳步增强，出台促进科技创新发展政策28条，各类科技创新平台218个，高新技术企业44家，获得国家和自治区科技进步奖33项，建成全区首个盟市级高分卫星应用中心，自治区玉米和肉牛种业技术创新中心、国家药监局中药（蒙药）质量控制重点实验室落户通辽。对外开放步伐加快，与沈阳、长春等城市建立战略合作关系，外引内联千万元以上项目675个，招商引资实现到位资金698亿元。

【城乡建设】 2021年，通辽市城镇市政基础设施累计投入52亿元，改造棚户区2.1万套、老旧小区560个，常住人口城镇化率达到50.03%。改造农村危房1.5万户，1/3以上农牧民用上了卫生厕所，行政嘎查村全部通硬化路，偏远农牧区用电升级改造全面完成。市县中心城区实现5G网络全覆盖，引绰济辽等重大水利工程启动实施，中俄东线天然气管道通辽境内工程建成投运，岷通天然气管道全线通气，建成高等级公路585公里，干线铁路电气化改造基本完成，通辽至沈阳、北京高铁相继通车，通辽市迈入“高铁时代”。

【民生保障】 2021年，通辽市公共预算支出75%以上用于保障和改善民生。累计实现城镇新增就业6.1万人、高校毕业生就业6.6万人，城乡居民人均可支配收入分别达到37475元和18405元，年均分别增长5.5%和10.1%。覆盖城乡的教育、卫生、文化、体育、住房、养老、社保等民生事业全面进步，全域通过义务教育发展基本均衡县评估认定，基层公共文化服务体系标准化均等化建设走在全区前列，获评全国无偿献血先进市，双拥模范城实现“五连冠”。民族团结进步创建工作深入开展，民族语言授课学校国家统编教材使用工作全面推开。扫黑除恶专项斗争取得重大成果，食品药品安全监管、安全生产、防灾救灾、应急救援能力有效提升，一批重点疑难信访事项得到解决，社会安全稳定局面进一步巩固，通辽市被确定为第二批全国市域社会治理现代化试点城市。国防动员、双拥优抚、退役军人、人民防空等工作取得新进步，外事侨务、统计调查、广播电视、地震气象、史志档案等事业实现新发展，工商联、工会、共青团、妇联、科协、文联、残联、红十字会、关工委、老年体协、老年科协等组织都有新气象。

【“十四五”规划编制】《通辽市国民经济和社会发展第十四个五年规划纲要》（简称《纲要》）共8篇37章115节32个专栏，7万余字，分三个板块。第一板块是总论，主要分析“十四五”发展环境、面临形势，明确“十四五”通辽发展的指导方针、发展目标和战略布局；第二板块是分论，主要提出“十四五”发展的重点任务；第三板块是结尾，主要阐明规划实施的保障机制。核心内容概括为“一个中心，两个高于，三个全面提升，六项重大战略任务”。

“一个中心”。《纲要》提出，努力把通辽市建设成充满活力、富有特色、宜居宜业宜游的现代化区域性中心城市。

“两个高于”。《纲要》指标设置坚持以人民为中心，充分考虑了基础条件和现实可能，也考虑到政策机遇和发展需要，提出“十四五”时期，全市地区生产总值增速高于自治区地区生产总值增速1个百分点，全市居民人均可支配收入增长高于地区生产总值增速2个百分点的目标，以鼓舞人心，引领发展。

《纲要》提出将与全国全区同步基本实现社会主义现代化。聚焦“十四五”，《纲要》围绕总目标设置20项指标，涉及经济发展、创新驱动、民生福祉、绿色生态、安全保障五个领域，其中12项为预期性指标，包括地区生产总值、全员劳动生产率分别年均增长6%左右，居民人均可支配收入增长8%左右，全社会研发经费投入达到1%，到2025年常住人口城镇化率达到60%、数字经济核心产业增加值占地区生产总值比重达到2.5%左右、每万人口高价值发明专利拥有量达到0.6件、每千人口拥有执业（助理）医师数达到3.6人、每千人拥有3岁以下婴幼儿托位数达到1.3个、基本养老保险参保率达到90%以上、人均预期寿命累计增加1岁，城镇登记失业率控制在5%以下；8项为约束性指标，包括到2025年劳动年龄人口平均受教育年限达到11年，森林覆盖率达到25%，粮食综合生产能力达850万吨，能源综合生产能力达到3200万吨以上标准煤，单位地区生产总值能源消耗降低，单位地区生产总值二氧化碳排放降低，地级及以上城市空气质量优良天数比率、地表水达到或好于Ⅲ类水体比例等指标达到自治区要求。

“三个全面提升”。《纲要》提出，全面提升产业转型发展、城乡融合发展和创新社会治理水平。“三个全面提升”是基于问题导向和目标导向相结合，在高质量发展中推动产业转型、城乡融合发展，在创新社会治理中解决好“以人为本”的核心问题，在建设现代化区域性中心城市的进程中，努力走出一条产城融合、城乡融合、人城融合的“产城人”融合发展新路子。

“六项重大战略任务”。按照走以生态优先、绿色发展为导向的高质量发展新路子来组织，分领域阐述“十四五”时期经济社会发展和改革开放的重点任务，安排了6项重大战略任务，主要明确重点领域的思路和重点工作。具体包括构建现代产业体系，推动绿色品牌引领“两个基地”和优势特色产业高质量发展。提升城乡发展品质，加快建设宜居宜业宜游的现代化区域性中心城市。深入推进开放协作，更好服务融入新发展格局和建设中国向北开放重要桥头堡。推进人才强市战略，打造各类人才辈出和重点领域独具优势的区域人才高地。提升创新引领能力，构筑改革创新提能优势和更加牢固的安全稳定屏障。加强生态文明建设，构建全域生态安全屏障和绿色低碳循环发展经济体系等内容。

（市政府办公室　李海江　马欣欣）

政府重要会议

【政府常务会议】　1月15日，市政府第1次常务会议召开。传达学习《内蒙古自治区人民政府关于印发重大行政决策执行责任制规定的通知》《内蒙古自治区重大行政决策程序规定》。研究追认奈曼旗周荣久为烈士；研究《通辽市“十四五”规划纲要》，通辽2021年能耗“双控”、主要经济指标计划、稳投资和市委五届一次全会经济工作会议讲话材料等事宜。

2月3日，市政府第2次常务会议召开。会议研究《政府工作报告（讨论稿）》《关于通辽市2020年国民经济和社会发展计划执行情况与2021年国民经济和社会发展计划（草案）的报告（送审稿）》《关于通辽市2020年预算执行情况和2021年预算草案的报告（送审稿）》《通辽市国民经济和社会发展第十四个五年规划纲要（送审稿）》等事宜。

2月7日，市政府第3次常务会议召开。会议研究《通辽市民族语言文字教育教学工作实施方案》等有关事宜。

3月2日，市政府第4次常务会议召开。会议学习贯彻中央和自治区党史学习教育动员大会、中共中央政治局第二十八次集体学习会议、全国脱贫攻坚总结表彰大会精神，通报2021年通辽市“三级”包联重点项目分工，听取五大产业集群发展规划进展情况及2021年度计划安排方案、能耗“双控”工作进展情况，研究《政府工作报告》重点任务分工方案、2021年全市城乡最低生活保障标准和特困人员救助供养标准、《通辽市能耗“双控”应急预案（2021年版）》《通辽市能耗“双控”三年行动计划》《关于推进科技支持农牧业发展的实施意见》《通辽市促进奶业振兴政策措施》等事宜。

3月22日，市政府第5次常务会议召开。会议调度并部署一季度能耗“双控”工作，研究审议《通辽市规上工业企业能耗“双控”分类管理办法》《通辽市天然石英砂矿专项整治工作方案》《关于进一步优化营商环境的决定》《通辽市政府投资项目库管理暂行办法》《全面实施乡村建设行动加快农牧业农村牧区现代化实施方案》《建设国家高质量绿色农畜产品生产基地打造现代化农牧业强市的实施方案》《通辽市关于巩固拓展脱贫攻坚成果同乡村振兴有效衔接工作的实施方案》《通辽市有关部门生态环境保护责任清单》，研究欧投行贷款造林项目等有关事宜。

4月19日，市政府第6次常务会议召开。会议听取并安排部署安全生产和信访工作，研究中央、自治区财政林业草原专项资金分配、新冠病毒疫苗及接种费用预算、《通辽市蒙药保护发展条例（草案）》《通辽市农用薄膜污染防治条例（草案）》《通辽市城市总体规划（2015—2030年）局部修改方案》《通辽市本级2021年政府债务化解行动计划》等有关事宜。

5月13日，市政府第7次常务会议召开。会议传达学习习近平总书记近期重要讲话及有关会议文件精神、习近平总书记关于统计工作重要论述及中央有关文件精神，听取通辽市落实国家统计局第十二统计督察组统计督察反馈意见整改工作情况，研究《通辽市推进国有资本整合实施方案》及相关配套实施方案、《通辽市本级国有金融资本整合建议》、进一步完善市以下财政管理体制、《关于加强全市煤田（煤矿）火区采空区灾害治理管理工作的实施方案》及配套《通辽市煤田（煤矿）火区采空区灾害治理项目验收管理办法（试行）》、市传染病医院和市蒙医医院项目建设、参加自治区民运会等有关事宜。

7月9日，市政府第8次常务会议召开。会议传达贯彻李克强总理关于促进粮食生产稳定发展提高粮食保障能力讲话精神、《内蒙古自治区党委办公厅 自治区人民政府办公厅关于印发〈防范和惩治统计造假、弄虚作假责任制规定〉的通知》文件精神；研究审议《通辽市优化营商环境三年行动计划（2021—2023年）》《通辽市城镇公共收费停车场建设管理领域腐败和作风问题专项整治工作方案》《通辽市量水而行实施意见》《通辽市金融财政进一步支持牛产业发展的若干政策》《科尔沁左翼后旗阿都沁苏木内蒙古金宝屯国家粮食储备库欧里分库"3·10"较大冻粮坍塌生产安全事故调查报告》《赤峰市人民政府 通辽市人民政府协同发展备忘录》《中共通辽市委员会、通辽市人民政府关于国家统计督察反馈意见整改落实情况的报告》、通辽市人民政府2021年度重大行政决策事项目录等有关事宜。

7月28日，市政府第9次常务会议召开。会议传达学习习近平总书记对防汛救灾工作作出的重要批示精神，研究《通辽市关于解决房地产历史遗留问题若干政策》《通辽市关于构建更加完善的要素市场化配置体制机制的实施方案》、防范和处置非法集资工作机制、公布文件清理目录等有关事宜。

8月9日，市政府第10次常务会议召开。会议传达学习习近平总书记关于疫情防控工作重要批示精神，听取全市疫情防控工作、民生实事进展、落实全市国企改革三年行动方案工作进展及城发集团、农投集团、文旅集团整合进展情况，安排部署下一步工作。

8月23日，市政府第11次常务会议召开。会议传达学习自治区党委副书记、代主席王莉霞在通辽调研和召开推行使用国家统编教材专题推进会东部片区会议精神，听取通辽市推行使用国家统编教材及秋季开学前准备工作情况、疫苗接种工作进展情况，研究审议《通辽市中心城区规划建设管理体制改革方案》《关于创新投融资方式推动中心城区基础设施建设增强服务保障能力的实施意见》，安排部署下一步工作。

8月25日，市政府第12次常务会议召开。会议传达学习李克强总理关于深化医改工作的批示和副总理孙春兰在2021年全国医改工作电视电话会议上的讲话精神、在赤峰、在自治区党委常委会会议上关于上半年经济形势的讲话精神、石泰峰在听取碳达峰、碳中和背景下新能源发展相关情况汇报时的讲话精神，研究《通辽市2021—2022年招商引资和项目建设实施方案》《通辽市有序有效推进能耗"双控"工作促进高质量发展的实施意见》《关于碧桂园小区违法建筑集中整治行动方案》，安排部署下一步工作。

9月10日，市政府第13次常务会议召开。会议传达学习习近平总书记在中央民族工作会议上的重要讲话精神、李克强总理关于上半年经济形势和做好下一步经济工作的讲话精神及有关会议和文件精神，听取全市固定资产投资、重大项目建设、能耗"双控"、违法用地整改、破坏草原林地违规违法行为专项整治等情况，研究《通辽市全面推行林长制实施方案》《通辽市公安局科尔沁区公安分局管理体制调整工作实施方案》《通辽市2021年市本级拟取消下放行政权力事项清单》及通辽市科尔沁区西辽河以北区域设立行政区有关事宜，安排部署下一步工作。

10月9日，市政府第14次常务会议召开。会议传达学习《国务院办公厅关于部分地区违规上马"两高"项目问题的通报》，研究《通辽市"十四五"消防救援事业发展规划》《通辽市关于减轻中小学教师负担工作方案》《关于深入落实"科技兴蒙"行动促进科技创新发展的若干政策措施》《通辽市直属公立医院编制备案制改革试点工作方案》《通辽市百亿级中医药（蒙医药）产业集群发展规划（2021—2022年）》，以及科尔沁区西辽河以北区域设立行政区、城东水厂建设工程、欧投行贷款科尔沁沙地综合治理项目与科尔沁草原山水林田湖草沙一体化保护和修复工程等有关事宜，安排部署下一步工作。

10月26日，市政府第15

次常务会议召开。会议传达学习《中共中央 国务院关于完整准确全面贯彻新发展理念做好碳达峰碳中和工作的意见》，研究《关于2021年市本级预算调整方案（草案）的报告》《通辽市招标投标监督管理和投诉处理办法》《通辽市“三线一单”生态环境分区管控的实施意见》，安排部署疫情防控工作。

11月19日，市政府第16次常务会议召开。会议听取1—10月经济运行情况，研究《通辽市加强和改进住宅物业管理工作的实施意见》《关于推进新时代基础教育高质量发展的实施方案》《通辽市“十四五”生态环境保护规划》等事宜。

12月9日，市政府第17次常务会议召开。会议研究审议《通辽市开发区以案促改工作方案》《通辽市金融领域专项整治工作方案》《通辽市人民政府关于开展财政资金股权投资改革试点的实施意见》《通辽市“十四五”体育事业发展规划》等事宜。

12月30日，市政府第18次常务会议召开。会议传达学习《住房和城乡建设部关于广州市大规模迁移砍伐城市树木有关问题的通报》，研究市级地方粮油（成品粮油）储备、改革完善社会救助制度、“智慧城市”建设事宜，审议《通辽市“十四五”卫生健康事业发展规划》等规划。

【政府全体会议】 10月26日，市政府全体会议暨以案促改优化发展环境工作电视电话会议召开。会议贯彻落实自治区党委和市委以案促改全面修复净化政治生态集中专项行动决策部署，纵深推进全市政府系统以案促改优化发展环境工作。市委副书记、市长郭玉峰出席会议并讲话。市委常委、副市长张鸿福主持会议。市政府领导王勇、缪增位、牛文俊、钟卫华出席会议。

（市政府办公室　李海江　马欣欣）

政务服务

【概况】 2021年，按照市委、市政府的决策部署，通辽市行政审批和政务服务局（以下简称市审批局）全面深化“放管服”改革优化营商环境工作，深入推进“四办”改革（一网办、掌上办、一次办、帮您办），深化工程建设项目审批制度改革。制定工程建设项目审批制度改革年度实施方案，公布111项告知承诺事项清单。在自治区率先实现工程建设项目跨层级审批，工程建设项目全流程审批实现60个工作日内办结。推进相对集中行政许可权改革。5月26日，市相对集中行政许可权改革事项划转交接暨行政审批专用章启用仪式在市政务服务中心举行。

首批确定划转的19个部门、135个行政审批事项全部完成对接，9个部门、70个行政审批事项完成划转。

推进落实“证照分离”改革。印发落实自治区“证照分离”改革的相关通知，梳理全市范围内“证照分离”改革涉企经营许可事项126项，实现“证照分离”全覆盖。集中开展全市重点项目“审批服务月”活动。通过分层级组建专班，开展重点项目集中审批服务月活动，完成80个项目、91项审批手续办理工作。做好权力事项承接下放工作。市级行政权力下放173项、取消76项。

【优化营商环境】 2021年，市审批局提请市政府印发《通辽市优化营商环境三年行动计划（2021—2023年）》《通辽市2021年优化营商环境工作实施方案》，并组织各地各相关部门推进实施，保证全市优化营商环境工作有序推进。提请市委办、市政府办印发实施《通辽市优化营商环境服务项目建设若干措施》，相关工作机制基本建立。认真推进整改中央第八巡视组和自治区第三巡视组巡视反馈问题17个，全部整改销号。7月下旬至8月初，对8个旗（县、市、区）及1个经济技术开发区和市直相关部门营商环境建设工作进行全面督查，及时下发督查通报和问题整改清单，推动问题整改落实。开展“办事难”问题专项整治、不动产登记、规范涉企行政执法、诚信政府建设、涉企规范性文件清理等五个专项行动。截至10月中旬，五个专项行动均取得阶段性成效。其中，“办事难”问题专项整治收集汇总问题

1431项，解决1420项。市本级实现不动产一般登记1个工作日办结。

【打造"通辽政务服务会客厅"】 2021年，市审批局打破传统"柜台式"布局，提供卡座式、敞开式服务，在市政务服务大厅打造"通辽政务服务会客厅"，通过增设"不间断服务窗口"、完善便民服务设施，提高企业群众的便利度。

【"一网办、掌上办、一次办、帮您办"】 2021年，市审批局提请市政府印发"四办"实施方案，建立推进专班，强化业务培训，实行定期通报，"四办"工作成效显著。"掌上办"方面，全市"蒙速办"注册用户量达96万人。"一网办"方面，启用"综合一窗受理"办件系统，入驻综窗服务事项4137件、办件数量达17689件。完成127类电子证照汇聚工作，电子签章系统已开通电子印章批量签章功能。截至12月底，完成签章数量226.4万件、汇聚证照数152.7万件，均位列全区第三位；"掌上办"方面，"蒙速办"注册用户超过100万人，位列自治区第三位；注册用户访问量累计1110万人次，位列自治区第二位；已有16个重点领域28个部门的246项高频民生服务、便企利民事项接入"蒙速办"，实现"指尖办"；"一次办"方面，市旗两级开展"一件事一次办"线上线下一窗受理，103项服务事项实现"一件事一次办"。截至12月底，受理办结"一件事一次办"联办主题事项6.4万件；"帮您办"方面，设立33个"帮您办"窗口、组建"帮您办"队伍，65项事项实现全流程代办帮办服务。截至12月底，为申请人提供工程建设项目指导、协调和领办等免费服务1150件次。

【政务公开】 2021年，全市主动公开政府文件1187件、政策解读319件。深入各旗（县、市、区）、市直部门就基层政务公开标准化规范化、政府信息公开平台建设情况进行专题调研指导，形成工作通报，对发现的问题督促整改落实。稳步推进"互联网＋监管"工作，全市认领、新增监管事项6888项，编制行政检查实施清单6476份，编制6215份，完成清单编制率96%。

【政府网站建设】 2021年，市审批局提升网站信息内容和质量，网站上传信息审核流程采取三审终审制，确保网站更新内容高质量、零差错。市政府门户网站累计发布信息1.46万条。全市政府网站连续10个季度在自治区季度通报中合格率100%，政务新媒体合格率超过90%。10月29日，组织全市32家政府部门网站顺利通过国家IPv6监测平台认证。

【"12345"市民服务热线】 2021年，市审批局完成归并部门政务服务热线41条，进一步畅通"一号响应"渠道。"12345"市民服务热线累计受理群众诉求22.9万件，综合响应率、解决率和群众满意率均在90%以上。

（市行政审批和政务服务局 柯宗元）

外事及港澳台工作

【概况】 通辽市委外事工作委员会办公室设在市政府外事办公室（简称市政府外事办），市政府办公室挂市政府外事办公室牌子，市政府外事办公室主任由关海峰担任。受疫情影响，全年未安排因公出访任务。在突发新冠肺炎疫情的形势下，努力保持对外交流不间断，与蒙古国驻呼和浩特总领事馆互致慰问电等。

【涉外及涉港澳台管理】 2021年，市政府外事办做好涉外疫情防控工作。作为通辽市新冠肺炎疫情防控指挥部涉外及涉港澳台事务工作组的牵头部门，市政府外事办加强政策指导与协调，摸清居留通辽市外国人及港澳台人员的底数，掌握第一手动态数据。做好在通辽市的外国人和港澳台同胞疫苗接种工作。有效部署和开展涉外疫情防控和服务保障工作；加强外事管理，加强涉外事务归口管理。严肃外事纪律，牢固树立总体国家安全观，高度重视意识形态领域对外安全工作，把维护政治安全放在首位，努力维护通辽市安全稳定的涉外环境。做好相关领事保护工作，加大对领事认证、领事保护相关政策的执行力度，在自治区外事办指导下妥善处理多起通辽籍人员在国外发生意外、滞留、违法等事件（包括通辽籍人员滞留阿富汗事件、疫情防控期间滞留俄罗斯的通辽籍中国留学生护照过期事件、协助驻瑞典使馆核实签证申请人情况事件），并配合公安部门处理肯尼亚籍人员非法在通辽市就业案件1起；外事工作服务经济社会发展的能力和成效不断提升。为外交部提供通辽市外交物资企业名单和特色产品介绍。10月，通辽市蒙古王实业有限公司被选定第一批外交物资提供企业。

（市政府外事办公室　张　德）

信访工作

【概况】　2021年，通辽市坚持以人民为中心的发展思想，发挥信访部门统筹协调作用，及时梳理交办重点信访事项，加大督查督办力度，有效推动信访矛盾化解工作。中联办第一批交办重复信访、信访积案817件，化解794件，化解率97.18%。第二批交办重复信访事项322件，上报待审核182件。13件省级领导包联信访事项办结化解11件，化解率84.62%。15位市党政领导包案督办信访事项75件，化解62件，化解率82.7%。自治区信访局交办、督办通辽市213件，全部办结。全力做好中央巡视组移交信访事项办理工作，十九届中央第六轮巡视第八巡视组在自治区巡视期间，向通辽市移交行政民生类信访件697件，化解率为100%。全市各级领导干部出席接访1517人次，累计接待群众2286批次8676人次。

【信访改革】　2021年2月，通辽市人民群众来访接待中心改为市信访局所属公益一类事业单位，机构规格为正科级。核定事业编制10名，科级领导职数2名（1正1副）。通辽市信访信息中心、信访投诉受理中心整合组建通辽市信访事务服务中心，为市信访局所属公益一类事业单位，机构规格为正科级。核定事业编制16名，科级领导职数3名（1正2副）。加强信访督查工作，开展大下访大督查大化解大干50天信访专项行动，对各地信访矛盾开展大起底、大排查，集中化解信访疑难复杂问题，推动“事要解决”，深化源头治理，把信访矛盾解决在基层，把问题化解在初期。继续推进诉访分离、依法分类处理信访诉求和逐级走访。进一步深化网上信访工作，打造“网上群众之家”，发挥网上信访主渠道作用，网上信访量明显提升，占三级信访总量的70%以上。实现“网上群众之家”标识、《网络信访“112346”工程》《网络信访网上信访事项办理流程图》和《网上信访标准化流程“九步”工作法》等制度上墙，并采取门户网站、微信公众号、服务窗口等多渠道多形式进行宣传推广。信访信息系统不断完善，长效维护更新视频接访系统。不断提升复查复核工作质量和水平，严格把好复查复核受理关口，确保经过复查复核的信访事项依法有序退出信访程序，真正实现案结事了。年内，市信访局召开案件协调会11次，听证会2次，审查复查复核事项95件。出台《关于进一步压实工作责任规范信访秩序的意见》，制发《关于进一步加强信访工作源头治理的通知》，建立市纪委监委与市信访联席办信访事项双向移送工作机制。

【信访业务规范化建设】　2021年，市信访局通过加强岗位练兵、技能比武，组织干部交流观摩，分级分类举办业务培训，进一步规范登记、分流、受理办理、转送交办、送达回执、督查督办、复查复核和网上录入、评价等各工作环节，提升信访干部基础操作水平，着力提升能力素质，增强做好群众工作的本领和驾驭复杂工作的能力。通过任职、轮岗等方式，促进信访干部的交流使用，提高工作积极性。

【规范信访工作机制】　2021年，市信访局落实市委《关于进一步规范信访秩序的意见》，压实属地和事权单位责任。加强初信初访化解，有效提高信访工作源头治理能力。坚持“周报告”“月通报”“季分析”“年总结”等行之有效机制，准确把握群众诉求的新变化新特点、信访形势的新动向新情况。进一步完善应急预案和应急处置工作机制，做到反应迅速、工作规范、方法妥当，确保各类隐患和问题得到及时处理。继续做好上行走访整治工作，有效遏制上行走访上升势头。顺利完成中国共产党成立100周年和全国、自治区、通辽市各级两会等重大会议、活动信访工作任务。

【《通辽市依法分类处理信访诉求清单汇编》印发】 2021年，市信访局坚持依法开展工作，坚持依法办事，加强信访法治宣传教育，印发《通辽市依法分类处理信访诉求清单汇编》，涵盖32家市直部门依法分类处理信访诉求清单。

（市信访局）

人事管理

【概况】 2021年，通辽市发布事业单位公开招聘计划3438人，完成招聘1587人，在东北师范大学、内蒙古民族大学等高校通过校园招聘引进教师344名；新增高技能人才1547人，总量达到5.1万人。技工院校招生879人，完成年度任务146.5%；开展新型学徒制培训598人，完成年度任务119.6%；举办全市煤电铝行业职工职业技能竞赛、乡村振兴技能竞赛、养老护理职业技能竞赛等赛事。

【高技能人才培养】 2021年，通辽组织技能鉴定13931人，获证11228人。新增技能人才9002人，新增高技能人才1547人，完成年度任务61.9%，总量达5.1万人。其中，技师和高级技师202人，完成年度任务44.9%。开展家政服务类技能人才评价771人，各类企业开展养老护理员、电工、家政服务员、公共营养师等工种自主人才评价5622人。举办全市煤电铝行业职工职业技能竞赛、乡村振兴技能竞赛、养老护理职业技能竞赛等赛事。

【《通辽市事业单位岗位设置管理实施意见》出台】 2021年，通辽市制定《通辽市事业单位岗位设置管理实施意见》，明确规范岗位设置、岗位聘用以及特设岗位聘用政策方面的规定，完成45个部门120家涉改单位岗位设置备案工作，实现职称评审全程监督。完成2021年度初、中、高级职称评审认定6314人。开展专业技术人员继续教育培训18345人。

（市人力资源和社会保障局 宋显涛）

机关事务管理

【机构改革】 2021年，根据《关于通辽市深化事业单位改革试点实施方案》和通辽市《关于深化事业单位改革试点工作的实施意见》，按照市委、市政府加快推进全市事业单位机构改革相关要求和《通辽市机关事务服务中心职能配置、内设机构和人员编制规定》的通知要求，整合通辽市政府直属机关事务管理局、市政府直属机关事务管理局车辆管理服务中心、市政府办公室房产管理所，组建通辽市机关事务服务中心。新组建的服务中心为市政府直属正处级公益一类事业单位，核定人员编制63名，内设机构9个，核定处级领导职数4名（1正3副）、科级领导职数18名（9正9副）。主要职责为贯彻落实国家、自治区机关事务工作政策、规划、制度和机关后勤体制改革政策、制度，承担党政机关办公用房和公务用车管理，指导、协调、监督、推进全市公共机构节能工作，承担市行政中心运转等。

【公车用车管理】 2021年，市机关事务服务中心按照自治区公务用车集中统一管理相关要求，保障公务用车集中统一管理前期工作，利用公务用车信息化监督管理平台，构建高效快捷的公务用车保障，推进形成公务用车申请便捷化、调度自动化、用车及时化、监督实时化的公务用车管理信息化模式，不断提高公务出行保障水平。实行“一统、两评、三规、四制、五严”的制度标准，不断提高公务用车服务标准。建立健全档案电子化、加油程序化、维保透明化、调控精准化的全过程监控、全维度管理。确立“公务需求优先、随机公平调派、任务统筹平衡、科学配置资源”调度原则，缩短管理链条，降低运行成本。按照中央、自治区公务用车改革相关制度要求，通辽市对市本级事业单位封停的公务用车和部分车辆档案不全、达到报废年限的车辆进行报废处理。

【规范办公用房】 2021年，市机关事务服务中心规范和加强国有资产管理，提高行政事业单位办公用房利用率，配合市委督查组对全市所有行政事业单位办公用房进行清查、核实、督查，为全市党政机关办公用房统一配置、管理、调剂工作提供有力依据。按照市委、市政府有关领导批示要求，加大力度巩固清理成果，优化和盘活存量办公用房，对腾退后存量办公用房进行科学调剂，采取整体迁出、部分腾退、个别调剂等措施。同时，依据自治区相关规定，严格审核办公用房维修改造项目，规范维修改造标准，确保维修改造项目程序依法依规，做好办公用房及国有资产管理工作。

【公共机构节能降耗】 2021年，市机关事务服务中心按照2021年能耗“双控”工作任务，认真开展全市公共机构节能降耗工作，强化部门联动，与市发改委联合开展全国节能宣传周宣传活动，紧扣“节能降碳、绿色发展”主题，将节能宣传与生态文明相结合，加强宣传教育，发挥党政机关在全社会节能减排中示范带头作用，教育普及节能知识，通过发放宣传单、张贴警示标语、投放展板、低碳出行、线上有奖竞答、绿色餐饮体验等一系列宣传活动，倡导勤俭节约、节能减排的生活方式。开展节能改造，实现节约型机关共建目标任务，严格执行节约用水的管理制度，张贴节水用水标识，使用节水型器具，更换水龙头起泡器，发挥模范带头作用。

【会议保障】 2021年，市机关事务服务中心承接各类会议、大型活动1600余次，提供会议保洁服务1300次。整合优化会务服务队伍，提升会场服务人员服务标准，定期开展服务技能培训，实行“统一服务思想、统一服务标准、统一工作服装”，强调“一丝不苟”的会务服务意识。

2021年，市机关事务服务中心按照第六次党代会后勤保障工作要求，制定会议后勤保障工作方案，梳理细化保障流程，实行“人员＋岗位＋责任”的精细化、规范化保障机制，全力做好做优后勤保障工作。会场搭建幕布、配齐桌椅、安装电视、调试系统、更新茶具，组织消防、供电、供水等部门对会场消防安保等设施设备进行全面检修，及时排除故障和安全隐患。完善基础设施，协调供电、供水、消防等相关部门，部署应急供电车保障应急用电，对水质进行安全检验，确保用水安全，全面排查消防设施，消除消防安全隐患，排查会场屋面防水，查漏补漏，修补破损墙面，清理走廊杂物和卫生。全面加强安保服务，强调“人防＋技防”相结合的安保模式，在重点区域布设安保人员，加强行政中心周边及内部区域实时巡查，严格控制人员进出，在代表通道设置安检门，对进出会场人员实行“360度”安保保障，在停车场预留会议专用停车场。做好疫情防控，高度重视大会期间疫情防控工作，认真落实疫情防控要求，确保会场消杀无死角，防控措施不缺项。全力保证餐饮服务，提升党代会餐饮服务档次，以精细、可口、健康为保障目标，完善细化食谱菜谱，并加强对食品采购和加工烹饪的安全管理工作，购置新鲜食材，保证菜品丰富多样，邀请市场监管部门对食堂操作间进行检查，不留卫生死角。

【安保工作】 2021年，市机关事务服务中心从“人防”层面加强门卫值勤、人员管控、院内巡逻、消防设备维护等安保工作，加强重点区域部位的安全防范工作，畅通院内车辆通行秩序，利用国庆假期维修院内停车场，考虑摩尔城开业实际，及时调整安保工作方向，加大西门管理力度，安装活动道闸门，引导社会车辆有序停放。

【物业管理与服务】 2021年，市机关事务服务中心全面加大物业基础设施、设备维护保养力度，更新净水设备添料，维修空调机组，紧盯屋面防水，加强院内卫生保洁，聘请空调维保队伍，保证供暖温度，保养1号楼大理石地面，高度重视电梯安全，科学管理电梯运行。建立健全物业维修台账，接报15分钟内必须到达现场，完成各类维修维护3000余次，排除网络、固话故障2000余次。在此基础上，利用国庆假期实施物业维修工作，克服施工期短、天气多变等因素，组织专业力量对停车场地砖进行全面维修，解决干部职工停车难问题；邀请自来水公司消杀专业队伍，消毒、清洗地下储水箱和顶楼储水箱，保证用水安全；拆除武警院内周转房小公园，修建停车场。同时，改造1楼卫生间作为会务服务人员淋浴间。老年人活动中心物业服务保持较理想水平。

（市机关事务服务中心　刘　巍）

政协通辽市委员会

综　述

【概况】　2021年，政协通辽市委员会（简称市政协）在市委的坚强领导下，坚定不移走以生态优先、绿色发展为导向的高质量发展新路子，围绕自治区加快建设“两个屏障”“两个基地”“一个桥头堡”的发展定位，聚焦市委市政府中心工作以及“十四五”规划确定的重点任务，立足政治协商、民主监督、参政议政三大职能，坚持建言资政与凝聚共识双向发力，推进专门协商机构建设，深化多党合作共事，坚定不移铸牢中华民族共同体意识，加强思想政治引领，广泛凝聚共识。创新搭建界别委员履职平台，推动政协协商向基层有效延伸，7个专委会各建成1个委员之家，建成界别活动室6个。启动建设通辽市政协文史馆，积极助力招商引资、文明城市创建等工作，为通辽加快建设现代化区域中心城市汇聚政协力量。

【多党合作】　2021年，市政协制定出台《通辽市政协关于支持民主党派、工商联和无党派人士履职的意见》，定期联系走访各民主党派、工商联和无党派人士，邀请参加市政协组织的调研、视察、考察等活动34次。围绕重大课题和重大项目进行民主协商、民主监督，累计提交大会发言9篇、提案9件，报送社情民意信息48条。

【通辽市文史馆建设】　2021年，市政协为进一步发挥文史资料“存史、资政、团结、育人”作用，着手策划通辽市政协文史馆建设，组织人员到自治区政协和浙江省有关地市学习经验。在市委、市政府的大力支持下，确定位于通辽经济技术开发区孝庄河B段国资委下属的城投公司26号和27号商业综合体，作为市政协文史馆馆址用房。

【市政协书画院举行揭牌仪式】2021年1月12日，市政协举行书画院揭牌仪式，市政协党组书记、主席全党民，党组成员、副主席李艳荣为书画院揭牌，党组成员、副主席王秉忠，秘书长米法兴出席揭牌仪式。市政协书画院是在市政协党组的领导下，按照“以文化人、以文育人”和建设“书香政协”工作的要求，由市政协文化文史和学习委员会负责具体工作，以通辽市政协历届委员、各民主党派、人民团体中的书画艺术家为主体，广泛团结社会各界及文化艺术界知名人士和广大书画艺术爱好者，自愿组成的文化艺术创作、交流的非营利性书画艺术联谊组织。

（市政协　陈永超）

重要会议

【政协通辽市第五届委员会第四次会议】　2021年2月21日至23日，政协通辽市第五届委员会第四次会议召开。会议应出席委员333人，实到295人。市政协副主席李艳荣主持开幕会，市政协党组书记全党民主持闭幕会并讲话。市党政领导列席开幕和闭幕会议，并分别参加专题会议，听取大会发言。

会议审议通过全党民代表市政协常务委员会所作的工作报告、盛勤代表市政协常务委员会所作的关于五届三次会议以来提案工作情况的报告。与会委员列席了市五届人大四次会议，听取并讨论市政府工作报告，讨论通辽市“十四五”规划和二〇三五年远景目标纲要草案、计划报告、财政报告、市中级人民法院工作报告、市人民检察院工作报告。与会委员围绕全面建成小康社会目标任务，坚持稳中求进工作总基调，做好“六稳”“六保”工作，统筹疫情防控和经济社会发展，全力打好三大攻坚战，加快产业转型升级步伐，提升基础设施支撑能力，持续优化营商环境，加大生态保护修复力度，保障和改善民生等内容，建言献策。会议审议通过了市政协五届四次会议决议。会议补选吕永成为市政协主席，会议增选朱瑞莲、布仁为市政协副主席。会议期间，收到提案327件，经审查立案295件。

【常务委员会会议】 2021年2月9日，市政协召开五届十六次常委会会议。会议传达学习自治区两会精神；审议通过有关人事事项；听取市政府副市长赵白玉代表市政府作关于政协通辽市第五届委员会第三次会议提案办理情况的通报；审议通过关于召开政协通辽市第五届委员会第四次会议的决定，政协通辽市第五届委员会第四次会议议程（草案）、日程、秘书长、副秘书长名单、编组办法和小组召集人名单；听取通辽市政协各专门委员会工作报告；审议政协通辽市第五届委员会《常务工作报告》和《提案工作报告》，并推举报告人。市政协党组书记、主席全觉民主持会议并讲话，市政府副市长赵白玉，市政协副主席王喜春、李艳荣、檀志军、盛勤、金孟和、徐宝君、王秉忠、白红梅，秘书长米法兴出席会议。

2月23日，市政协召开五届十七次常委会会议。会议听取市政协秘书长于德泉关于各讨论组讨论情况的汇报。审议通过人事事项，同意全觉民辞去政协通辽市第五届委员会主席职务。审议通过《中国人民政治协商会议通辽市第五届委员会第四次会议选举办法（草案）》。审议通过《中国人民政治协商会议通辽市第五届委员候选人建议名单（草案）》。审议通过《中国人民政治协商会议通辽市第五届委员会第四次会议总监票人、监票人名单（草案）》。审议通过政协通辽市第五届委员会第四次会议的各项决议和提案审查情况报告。

8月11日，市政协召开五届十八次常委会会议暨专题协商会议。会议围绕“关于进一步优化营商环境，充分激发市场主体活力”进行专题协商。市政协主席吕永成主持会议并讲话，市委常委、市政府常务副市长张鸿福出席会议并讲话，市政协副主席李艳荣、檀志军、盛勤、金孟和、徐宝君、王秉忠、白红梅、布仁、朱瑞莲，市检察院检察长王彦春，市政协秘书长于德泉出席会议。驻市自治区政协委员、市直有关部门负责人、各旗（县、市、区）政协负责人、部分市政协委员以及市政协全体机关干部参加会议。会议审议通过《关于进一步全面优化营商环境，充分调动和激发市场主体活力的调研报告》及有关人事事项；相关部门、部分旗县政协负责人、政协常委、委员分别作专题发言。

10月12日，市政协召开五届十九次常委会会议暨专题协商会议。会议围绕“加强和改进民族工作 铸牢中华民族共同体意识”开展专题协商。市政协主席吕永成主持会议。市委常委、统战部部长赵航，市政府副市长曹金山，市政协副主席李艳荣、檀志军、盛勤、金孟和、徐宝君、王秉忠、白红梅、布仁、朱瑞莲，市政协秘书长于德泉出席会议。驻市自治区政协委员、市直有关部门负责人、各旗（县、市、区）政协负责人、部分市政协委员及市政协机关全体干部参加会议。会议传达学习中央、自治区党委民族工作会议精神；审议通过科尔沁区西辽河以北区域设立行政区事宜及有关人事事项；市有关部门负责人，部分市、旗两级政协委员，部分旗（县、市、区）政协负责人分别结合各地、各部门、各自工作实际作专题发言。

（市政协　陈永超）

参政议政

【概况】 2021年，经市委研究同意，市政协确定优化营商环境、科技创新、节水农业等12个协商议题。年内，围绕加强卫生监测预警体系建设、繁荣文艺创作等议题开展视察调研和考察，形成报告16篇。经过市政协沟通协调，推动提案办理纳入党政年度绩效考核体系，强化提案培育，严把质量关口，坚持重点提案领导督办、“面对面”督办。全面征集提案345件、审查立案301件，均按时限办理完成。

【社情民意信息工作】 2021年，市政协向上级政协报送社情民意信息160篇，被采用54篇。其中，全国政协采用5篇，自治区党委采用7篇，向市委、市政府报送200余篇，多篇信息得到市领导批示。2021年，盟市级社情民意信息工作位列全区第一，并取得盟、市政协系统（包含旗、县、市、区政协）社情民意信息工作全区第二名的好成绩。

【专门协商机构建设】 2021年，市政协抓好总体规划。在充分借鉴吸收浙江省台州、湖州、嘉兴三市政协和自治区呼和浩特、包头、鄂尔多斯三市政协的先进经验基础上，结合通辽实际，制定印发《界别委员履职平台创建方案》，明确建设的目标、原则、要求、标准和方式，平台创建的目标是四新，即“学习交流新载体、联系群众新纽带、协商民主新路径、团结联谊新平台”；原则是“政治引领、服务委员、彰显特色、注重实效”；要求是“界别为主体、委室为依托、一年一协商、一季一活动”；标准是“六有”，即“有组织、有标识、有场地、有制度、有活动、有考核”；方式是“整合资源、一家多用，不为我有、但为我用”。经与市委、市政府主要领导汇报沟通，将委员履职平台管理运营经费列入年度财政预算，每个委员之家每年3万元、每个界别活动室每年2万元。10月下旬，召开全市委员履职平台建设推进会，总结建设经验，进一步提升平台建设的水平和成效，推动委员履职平台向基层推进。对履职平台使用明确基本工作量，委员之家要做到“四个一”，即至少开展专题学习1次、协商座谈1次、联谊交流1次、为民服务活动1次；界别活动室要做到“六个一”，即至少开展专题学习1次、提交社情民意信息1件、协商座谈1次、提交集体提案1件、专题调研1次、为民服务活动1次。

（市政协　陈永超）

民主监督

【提案工作】 2021年，市政协征集提案345件，经审查立案301件，分别送交62家承办单位办理，作为社情民意信息转有关部门研究参考的30件。建立“早提交、早审查”工作机制，鼓励、提倡提案者全年随时、动态化提交提案。加强集体、界别提案工作。政协通辽市第五届委员会第四次会议召开前，组织各参加单位、各界别和专门委员会提前筹划集体提案撰写工作。筛选出政协重点提案8件，由市政府分管战线工作副秘书长、副主任主持召开提案协商办理工作会，邀请市政协副主席、政协有关专委会、承办单位有关人员参加，政协各专门委员会具体组织实施，主办、协办单位具体办理提案，促进提案建议落实。构建“提案+宣传”工作机制，联合通辽广播电视台、通辽日报社等市级主流媒体，通过政协公众号平台，对提案建议以及办理落实情况进行追踪报道。

【以案促改工作】 2021年，为深入推进全市以案促改工作，市委成立三个督导组，市政协主席担任督导二组组长，各民主党派副主席均是相关督导小组组长，完成4个旗县、36个部门单位的督导任务，推动全市以案促改工作向纵深推进。发挥协商式监督作用，年内围绕优化政务服务环境、重大生态工程项目建设等议题，组织委员通过实地视察、协商议政等形式监督建言。

【重大生态工程专题监督】 2021年9月24日，市政协围绕“国家和自治区重大生态工程实施情况”召开专题监督式协商会。全国政协委员、自治区政协常委、农工党内蒙古区委主委云治厚出席会议并讲话，市政协副主席朱瑞莲主持会议。会议听取市政协调研组的专题调研报告和通辽市政府关于重大生态工程实施情况的汇报，各旗县区政协和市发改委、财政局、水务局、生态环境局、农牧局、林草局、自然资源局参会人员就“三北”防护林、天然林资源保护、退耕还林、退牧还草等国家和自治区重大生态工程实施情况分别作了介绍，调研组成员与各单位部门、政协委员、专家学者进行交流和研讨协商。

（市政协　陈永超）

调研视察

【专项调研】　2021年，为加强政务服务环境建设，助推营商环境优化，市政协成立由相关部门负责人、政协委员、专家学者组成的“优化政务服务环境”调研组，市政协副主席檀志军带队，5月31日至6月2日，先后到霍林郭勒市、扎鲁特旗和科左后旗，实地查看政务服务工作，通过召开座谈会、查阅文件资料等形式，对各地优化政务服务环境进行深入调研，对其余6个旗、县（区）通过书面形式进行调研。调研组广泛听取意见建议，深入讨论研究，详细了解分析各地在优化政务服务环境过程中存在的问题和不足，提出相应工作对策建议。

6月17日至27日，为深入学习贯彻中央和自治区党委关于政协工作的决策部署，学习先进推动工作，根据《通辽市政协工作2021年度考察工作计划》，市政协副主席檀志军带队，到新疆乌鲁木齐市、伊犁地区、阿拉泰地区三地学习考察公共安全与社会治理工作。重点学习新疆近年来贯彻落实中央治疆方略、保持公共安全、维护和谐稳定、完善社会治理方面的经验做法。就学习考察内容和政协工作进行讨论交流。

11月16日至18日，为进一步贯彻落实国家人民防空办公室印发的《人防工程维护管理办法》，着力提升人防工程设施维护管理效能，营造全社会了解人防、关注人防、支持人防的良好氛围，根据市委办印发的《通辽市2021年度政协协商计划》的总体要求，市政协组织部分委员和相关部门负责人，围绕“全市人防工程设施使用维护管理情况”开展调研视察。通过开展实地调研视察和召开座谈会的形式，对全市人防工程设施使用维护管理情况进行详细了解，并针对存在的问题提出相应的意见建议。

【全国政协民族和宗教委员会调研组到通辽市调研】　2021年7月19日至20日，全国政协民族和宗教委员会副主任齐同生率全国政协民族和宗教委员会调研组到通辽市开展“加强‘五观’教育，铸牢中华民族共同体意识”民主监督性调研。全国政协民族和宗教委员会分党组副书记、驻会副主任杨小波，全国政协民族和宗教委员会副主任罗黎明参加。自治区政协党组副书记、副主席罗志虎，市领导吕永成、王琼、张怡、盛勤等陪同。调研组到市蒙古族学校、科尔沁区东郊街道办事处哲建社区、奈曼旗白音塔拉苏木伊和乌苏嘎查等地，实地了解工作情况，与基层党员干部群众、师生代表进行座谈交流，听取意见和建议，并开展单独访谈，听取通辽市政协委员和相关领域党政干部、专家学者、各级各类学校师生、社区工作者、窗口单位工作人员、群众代表等有关代表性人员的意见建议。调研组对通辽市推进铸牢中华民族共同体意识教育全覆盖、创建全国民族团结进步示范市等方面工作取得的成绩给予肯定。调研组强调，要高度重视推动铸牢中华民族共同体意识纳入干部教育、青少年教育和社会教育，教育引导干部群众树立正确的国家观、历史观、民族观、文化观、宗教观，构建各民族共有精神家园，不断巩固和发展“中华民族一家亲、同心共筑中国梦”的良好局面。

【专项视察】　2021年，市政协组织农牧林界委员就冷凉地区绿色蔬菜基地建设、饲料产业发展进行专项视察2次，发挥委员视察资政建言、民主监督的功能作用。在视察的基础上，结合发现的突出问题，仔细研究解决问题的对策建议，形成《关于进一步加快我市饲料产业园区建设的建议》社情民意信息1篇。为进一步加快乡村振兴步伐，推动通辽市辣椒产业发展，市政协副主席徐宝君带队到贵州省遵义市参加“第6届贵州·遵义国际辣椒博览会”，对该市辣椒全产业链建设、深化农村集体产权制度改革等事宜开展学习考察。

【考察交流】 2021年4月18日至25日，市政协主席吕永成率团到浙江省湖州市、台州市、嘉兴市等地就政协机关建设、发挥委员主体作用、专门委员会建设以及政协创新特色工作等方面进行学习考察。市政协副主席盛勤、秘书长于德泉、各专门委员会主任参加学习考察。

7月7日至9日，江苏省苏州市政协主席、党组书记周伟强带领考察团到通辽市考察。自治区党委常委、市委书记孟宪东参加活动。市领导郭玉峰、吕永成、王琼、张鸿福、张海峰、盛勤等陪同考察或参加座谈会。考察团一行先后深入霍林郭勒市、扎鲁特旗、科左中旗，实地考察了通辽市铝业加工、生态建设及生物多样性保护、文化旅游等绿色特色产业发展情况，并就进一步深化交流合作召开座谈会，双方为实现务实合作，合作共赢，进行交流。

7月20日至22日，贵州省遵义市政协党组书记、主席，遵义市辣椒产业发展领导小组组长覃儒方一行13人到通辽市开展“第6届贵州·遵义国际辣椒博览会”嘉宾邀请及辣椒产业考察活动。市政协主席吕永成、副主席徐宝君陪同考察或参加座谈会。

9月7日至9日，自治区阿拉善盟政协副主席陈君来一行到通辽市考察新型农牧业经营主体建设情况。市政协副主席徐宝君陪同考察。

9月14日，湖南省岳阳市政协党组副书记、副主席秧励一行8人到通辽市就“发挥政协独特作用，为乡村振兴汇聚智力”开展学习考察。市政协副主席徐宝君，相关专委会负责人及开发区党工委相关负责人陪同考察或参加活动。

9月14日至16日，自治区锡林郭勒盟政协党组副书记、副主席赵生带队到通辽市，学习考察家长学校方面的工作经验和做法。通辽市政协副主席王秉忠、提案委员会主任方胜杰及相关部门负责人陪同。

9月24日至29日，市政协副主席徐宝君带队到贵州省遵义市参加“第6届贵州·遵义国际辣椒博览会”，并就该市辣椒全产业链建设、美丽乡村建设以及市政协特色工作等事宜开展学习考察。

11月15日至18日，市政协主席吕永成率团到苏州市开展招商考察。市政府副市长牛文俊、市政协副主席朱瑞莲，市区域经济合作局、工商联、驻呼办，科尔沁区、开鲁县、开发区有关负责人以及部分政协委员、企业家代表参加招商考察。通过实地考察及座谈，两市有关负责人以及企业家建立沟通联络机制，并就进一步对接交流以及到通辽实地考察达成共识，深化合作意向。

12月21日，在市政协的牵线搭桥下，辽宁省盘锦市委常委、辽河油田公司总经理、党委副书记孟卫工一行8人到通辽市座谈交流。自治区党委常委、市委书记孟宪东出席会议，市领导吕永成、张鸿福、莫日根巴图，市直有关部门以及相关旗县参加会议。

（市政协　陈永超）

委员工作

【概况】 2021年，市政协加强委员队伍建设，修订市政协《委员履职服务和管理办法》，在换届考核、履职管理、学习培训等方面均取得新突破。7个专委会各建成1个委员之家，建成界别活动室6个。10月下旬，自治区政协召开深入贯彻中央、自治区党委政协工作会议精神暨推进政协协商与基层民主协商有效衔接工作经验交流会，通辽市政协作典型发言。

【经济人口资源环境委员会】 2021年，市政协经济人口资源环境委员会组织开展“专题学习”“协商座谈”“专题调研”“为民服务”“社情民意信息”“集体提案”“联谊交流”“委员读书日”等各类活动10次100余人次，有效加强该委员会成员与有关界别的联系和沟通。走访政协常委、委员8人，深入21家民营企业，了解现状，征询改进工作的意见和建议。围绕“优化营商环境”“国家和自治区重大生态工程进展情况”“打造绿色工业园区”“加快智慧城市建设”等课题，经济人口资源环境委员会组成调研组，先后到奈曼旗、科尔沁区等地开展专题调研，形成《关于进一步优化营商环境充分激发市场主体活力的调研报告》《关于贯彻落实生态优先绿色发展理念推动绿色工业园区建设的调研报告》《关于大力实施智慧城市建设，不断提升城市治理水平的调研报告》等。根据自治区政协的统一部署和工作安排，成立国家和自治区重大生态工程完成情况专题调研组，全力配合推进此项工作，形成《通辽市政协关于国家和自治区重大生态工程实施情况的调研报告》，并报送自治区政协，为自治区和通辽市进一步贯彻落实生态优先绿色发展理念贡献政协智慧和力量。学习借鉴先进地区发展经验，促进产业对接合作。按照市政协主席会议的安排，经济人口资源环境委员会承担市政协招商引资工作领导小组办公室的具体工作，与市区域经济合作局、市工商联密切合作，邀请部分自治区、市政协委员企业家组团赴苏州，开展重点企业招商考察活动，先后走访5家企业，就加强项目合作交换意见，表达合作愿望，收到良好的效果。

【教科卫体委员会】 2021年，市政协教科卫体委员会组织全体委员围绕如何撰写提案、反映社情民意进行培训，加强与委员的沟通与交流，增强委员的参政意识，凝聚委员力量；结合调研视察活动，组织委员学习专业知识，进一步提高委员履职水平；鼓励委员结合自身工作实际，准确把握党和国家的方针政策，确保在建言献策时能够做到懂政策、讲实效。为加快职业教育发展，协调和组织旗（县、市、区）政协、部分职业院校和主管部门开展专题调研，形成《关于促进我市职业教育健康发展的调研报告》，报告经主席会审议报至市委、市政府，得到市委主要领导的高度重视，并签署落实意见。针对全市科技创新工作要点，组织相关委员和部分主管部门负责人，围绕“全市科技创新工作情况”课题，以旗（县、市、区）协同联动的方式开展专题调研，进行多次座谈讨论、交流后，形成调研报告上报市委。协助自治区政协，围绕“加强公共卫生监测预警体系建设刻不容缓”议题进行调研，形成调研报告，并与市政府相关部门召开协商会后，递交自治区政协。发动相关委员和委员所在的企业创建教科卫体委员会“委员之家”和“科技界别活动室”，为委员更好履职、促进新时代政协工作提质增效，搭建平台。参与对口部门举办的各类会议活动，如全市教育工作会议，阳光分班，卫生、体育工作相关会议等，为落实长效沟通机制、促进知情明政、有效推动工作奠定基础。

【民族宗教港澳台侨委员会】 2021年，市政协民族宗教港澳台侨委员会组织部分常委和少数民族界委员，深入科左后旗、科左中旗、科尔沁区和相关部门，就加强和改进民族工作、铸牢中华民族共同体意识情况进行专题调研，并于第三季度召开市政协议政性常委会，围绕“加强和改进民族工作，铸牢中华民族共同体意识”进行专题议政，建言献策、凝聚共识。组织该委员会成员及所联系的委员开展《内蒙古自治区促进民族团结进步条例》专题学习，加强“五观”教育，深化“三个离不开”“五个认同”理念。召开专题座谈会，传达学习习近平总书记在中央民族工作会议上的重要讲话精神，并围绕“以铸牢中华民族共同体意识为主线，加强和改进通辽市民族工作，统一思想、凝聚共识”谈想法、提建议。参加市委常委会和市委统战部组织的《中国共产党统一战线工作条例》学习会，认真做好条例的宣传贯彻工作。做好全国政协民族和宗教委员会到通辽市民主监督性调研服务工作，陪同调研组到市蒙古族学校、科尔沁区东郊街道办事处哲建社区、奈曼旗白音塔拉苏木伊和乌素嘎查等地实地了解情况，并与基层党员干部群众、师生代表开展座谈交流。

【文化文史和学习委员会】 2021年，市政协文化文史和学习委员会开展史料征集工作。向全体委员、各旗（县、市、区）政协、市政协离退休人员征集“三亲”（亲历、亲见、亲闻）

史料。完成自治区政协征稿任务和补充文史资料任务。筹建完成政协书画院。利用开发区滨河街道新天地社区图书室，政协组织委员、历届政协委员、文化艺术知名人士和广大书画爱好者开展庆祝建党百年、迎中秋庆国庆等联谊交流、作品展览、采风创作等活动10余次。完成委员之家和界别活动室建设。新建和改造提升市政协文化文史和学习委员会委员之家及界别活动室。启动通辽市政协文史馆建设。完成场馆选址和经费预算申请，做好规划设计和展品征集工作。围绕文化强市建设建言献策。组织委员和专家就非物质文化遗产保护与传承、繁荣文艺创作、铸牢中华民族共同体意识、校园文化建设等议题进行深入调研，查找存在问题，集思广益提出对策建议，助力文化强市建设。

【社会法制委员会】 2021年，市政协社会法制委员会成立“优化政务服务环境”调研组，到霍林郭勒市、扎鲁特旗和科左后旗，实地查看其政务服务大厅，就各地优化政务服务环境进行专题调研，广泛听取意见建议，深入讨论研究，详细了解分析各地存在的问题和不足，提出相应工作对策和建议。围绕“全市人防工程设施使用维护管理情况”开展调研视察，对全市人防工程设施使用维护管理进行详细了解，针对存在的问题提出相应的意见建议。组织部分市政协委员和有关部门负责人到新疆乌鲁木齐、伊犁、阿勒泰三地学习考察公共安全与社会治理工作，就学习考察内容和政协工作，进行广泛深入的讨论交流，取得良好的效果。多次选派委员参加政法队伍教育整顿会议及主题活动，发挥政协民主监督职能作用。

【农牧委员会】 2021年，市政协农牧委员会开展建设高标准农田、巩固拓展脱贫攻坚成果同推进乡村振兴有效衔接、引领规范社会资本进农村3项专题调研，形成《建设高标准农田 促进节水农业高质量发展》《集中各类资源 整合各方力量实现巩固拓展脱贫攻坚成果同推进乡村振兴有效衔接》《做大做强嘎查村集体经济引领规范社会资本进农村》3篇调研报告，均得到市委领导的认可，并批转给相关部门，解决相关问题。组织农牧林界委员就冷凉地区绿色蔬菜基地建设、饲料产业发展进行专项视察2次，发挥委员视察资政建言、民主监督的功能作用。在视察的基础上，结合发现的突出问题，仔细研究解决问题的对策建议，形成《关于进一步加快通辽市饲料产业园区建设的建议》社情民意信息1篇。到贵州省遵义市参加第6届贵州·遵义国际辣椒博览会，学习考察该市辣椒全产业链建设、深化农村集体产权制度改革等事宜，学习贵州遵义在农村集体产权制度改革中探索形成的“四确五定三分法”等经验。为委员履职搭建良好平台，报送社情民意信息12篇。

（市政协　陈永超）

中国共产党通辽市纪律检查委员会·通辽市监察委员会

综　述

【概况】 2021年，全市各级纪检监察机关坚持以习近平新时代中国特色社会主义思想为指导，全面深入贯彻落实党的十九大精神，牢固树立“四个意识”、坚定“四个自信”、坚决做到“两个维护”。按照自治区纪委监委和市委部署要求，围绕中心、服务大局，适应新形势新任务新要求，忠诚履行党章和宪法赋予的职责，推进监察体制改革，不断加强纪检监察队伍建设，提高监督执纪水平，充分发挥监督保障执行、促进完善发展作用，为推进全市经济社会发展提供坚强政治后盾。

突出政治引领，强化理论武装。始终把学习习近平新时代中国特色社会主义思想作为首要政治任务，将习近平总书记“七一”重要讲话精神、党的十九届六中全会等重要会议精神传达到位、学深悟透，教育引导广大党员干部不断提高政治判断力、政治领悟力、政治执行力。开展党史学习教育，着力推进“我为群众办实事”实践活动。

全市纪检监察机关受理信访举报6685件次，处置问题线索3949件，立案1112件，结案1115件，给予党纪政务处分1107人、组织处理60人，留置148人，涉嫌职务犯罪案件立案105件、170人，移送检察机关审查起诉53件、65人，审判机关判决24件。政法、煤炭、粮食购销、林草、公共收费停车场、供销、教育等领域专项整治均取得显著成效。

【纪检监察体制改革】 2021年，通辽市纪委监委结合全市投入资金量大、涉及部门多、廉政风险高的重大项目建设实际，创新监督模式，向市政府新成立的生态项目办专门派出纪检监察组，会同监督检查室、派驻市政府办纪检监察组建立协作机制，确保对存在的廉政风险点早发现早提醒早纠正，着力保障项目建设廉洁高效落实落地。建立领导班子成员分管派驻机构、监督检查室联系派驻机构工作机制，在案件监督管理室设督查指导科，专门负责派驻机构的管理和督查工作，致力提升派驻机构履职能力。实施“室、组协作”工作模式，制定出台《通辽市纪委监委派驻纪检监察组组团协作工作办法》，增强执纪监督、审查调查工作合力。

【中国共产党通辽市第五届纪律检查委员会第六次全体会议】 2021年2月6日，中国共产党通辽市第五届纪律检查委员会第六次全体会议召开。出席全会的市纪委委员27人，列席125人。市委书记冯玉臻出席会议并讲话。市委常委、市人大常委会、市政府、市政协和市中级人民法院、市人民检察院的领导出席会议。全会由市纪律检查委员会常务委员会主持。全会以习近平新时代中国特色社会主义思想为指导，深入贯彻党的十九大和党的十九届二中、三中、四中、五中全会精神，贯彻落实十九届中央纪委五次全会精神和自治区十届纪委七次全会部署要求，总结2020年纪检监察工作，部署2021年工作任务，审议通过市纪委常委会以《知责于心 担责于身 履责于行 推动新时代纪检监察工作高质量发展》为题的工作报告。

【中共通辽市第六届纪律检查委员会第一次全体会议】 2021年9月29日，中国共产党通辽市第六届纪律检查委员会第一次全体会议召开。市纪委书记亢永强主持会议。出席这次会议的市纪委委员29名。会议选举产生中国共产党通辽市第六届纪律检查委员会常务委员会委员；选举产生中国共产党通辽市第六届纪律检查委员会书记、副书记；选举亢永强为市纪委书记，李鹏、包灵、程鹏刚为市纪委副书记；通过中国共产党通辽市第六届纪律检查委员会第一次全体会议公报。新当选的中国共产党通辽市第六届纪律检查委员会书记亢永强作讲话。

党风廉政建设

【开展以案促改】 2021年，通辽市纪委监委针对党的十九大期间受理的问题线索开展全面排查，市旗两级纪委监委办结积压线索2515件，立案345件，处分处理305人。建立汇集110件案例的以案促改动态案例库，梳理出严重违纪违法典型案例21件，制作警示教育片《党员干部违纪违法案例警示录》《基层典型案例剖析汇编》，推动扎实开展警示教育。

【纠治“四风”等问题】 2021年，通辽市纪委监委围绕优化营商环境，严抓作风建设，制定《通辽市优化营商环境监督执纪工作方案》，加强优化营商环境工作常态化监督。深入开展“清风肃纪”专项行动、“亲商助廉”专项整治，发现营商环境方面问题299个，提出意见建议224条，督促整改问题268个，给予党纪政务处分12人，组织处理52人，移送司法机关1人，通报曝光9批次18人，全市营商环境明显改善，前三季度全市民间投资同比增长9.9%，占全部投资的68.3%，同比提高8.7个百分点。

（中国共产党通辽市纪律检查委员会　乔天木）

监督执纪

【概况】 2021年，通辽市纪委监委强化监督执纪问责，坚决整治“四风”问题。查处违反中央八项规定精神问题57件，给予党纪政务处分51人，组织处理10人，通报曝光26批次41件。深入整治贯彻党中央决策部署只表态不落实，维护群众利益不作为、慢作为、乱作为等困扰基层的形式主义突出问题，查处问题线索98件，给予党纪政务处分113人，组织处理16人，通报曝光13批次20件。

【政治监督】 2021年，通辽市纪委监委加强习近平总书记对内蒙古重要讲话重要指示批示精神、习近平总书记关于民族工作等重要论述贯彻落实情况的监督检查，对标对表、举一反三，严督严查换届风气、疫情防控等部署要求贯彻落实情况和国务院大督查等督察检查整改情况。立案查处违反政治纪律行为案件21件，给予党纪政务处分33人，回复党风廉政意见2738人次。立案查处违反换届纪律案件11件，给予党纪政务处分11人，组织处理8人。创新实施“421”工作法，推动政治监督具体化、规范化、常态化。

【监督治理效能提升】 2021年，通辽市纪委监委贯彻落实《中共中央关于加强对“一把手”和领导班子监督的意见》，全市575个部门单位全部建立“一把手”履职正负面清单。健全政治生态分析研判机制，建立政治生态档案720套。坚持“三个区分开来”，综合运用“四种形态”处理5089人次，四种形态分别占比76.4%、15.3%、3.4%和4.9%。严肃查处诬告陷害行为，制定《对受到失实检举控告的干部澄清正名的实施办法（试行）》，为24名干部澄清正名，激励干部卸下包袱、轻装上阵、担当作为。

（中国共产党通辽市纪律检查委员会　乔天木）

巡察工作

【概况】 2021年，通辽市委巡察办公室（简称市委巡察办）立足“统筹协调、指导督导、服务保障”职能定位，深入贯彻习近平总书记关于巡视工作的重要论述，认真落实党中央、自治区党委关于巡视巡察工作的决策部署，围绕完成一届党委任期巡察全覆盖的目标任务，有序开展五届市委第十三轮巡察工作，对6个市直部门单位党组织和4个国有企业党组织进行常规巡察，对2个旗（县、市、区）检察院党组织进行提级巡察，对全市供销合作社系统进行上下联动异地交叉巡察，高质量实现五届市委巡察收官。

五届市委开展13轮巡察，完成市本级91家部门单位党组织监督全覆盖，累计巡察党组织196个（次），发现问题3295个、移交问题线索299件，立案81人、给予党纪政务处分54人、组织处理11人、移送司法12人，向市委、市政府分管领导通报情况13次、向组织部门移交问题清单80余件、向有关部门移交问题线索100余件。

【接续六届市委巡察】 2021年，市委巡察办在总结五届市委巡察经验做法和查找短板不足的基础上，认真谋划六届市委巡察工作，结合机构改革实际，对市级巡察对象进行系统梳理，确定巡察对象94个，并根据自治区党委巡视办制定巡察工作规划专题辅导会议精神，编制《六届通辽市委巡察工作规划（2022—2026年）试行》，明确细化市委巡察工作的指导思想、工作方针、基本原则、总体目标和主要任务。按照党中央决策部署，以及中央巡视办和自治区党委巡视办关于巡视巡察上下联动的任务安排，结合习近平总书记对内蒙古重要讲话重要指示批示精神，以及“十四五”规划和市第六次党代会确定的重点工作、重要任务、重大事项，将绿色发展、民族团结、营商环境、乡村振兴等内容纳入监督重点，启动六届市委第一轮巡察工作，组建14个巡察组对教育系统、卫生系统和营商环境领域等12个市直部门单位党组织开展常规巡察，对2个基层党（工）委开展提级巡察，对6个市直部门单位党组织和国有企业党组织开展涉粮问题专项巡察，对8个旗（县、市、区）涉粮问题开展提级专项巡察。

【指导督导巡察工作】 2021年11月7日至12月30日，自治区党委第四巡察指导督导组对通辽市委巡察工作开展指导督导。市委巡察办始终坚持把自治区党委巡察指导督导作为一次检验工作成效、提高工作水平、改进工作作风的有利契机，积极配合、虚心接受、全力整改。在开展六届市委第一轮巡察工作期间，与自治区党委第四巡察指导督导组主动对接，及时提供资料、互通工作信息，对提出的意见建议采纳消化、认真落实，在文字表述、监督重点、工作流程、制度机制等方面得到了进一步规范。根据巡察指导督导任务安排，配合第四指导督导组分别与市纪委监委、市委组织部就纪检监察监督、组织监督与巡察监督贯通召开座谈会，到科尔沁区、科左中旗指导推动深化监督贯通融合，到3个涉粮问题巡察组了解监督情况、纠正存在问题。结合巡察中期调研指导，由市巡察办主任和副主任带队深入14个巡察组驻地进行服务指导，传导第四指导督导组指出的共性问题和意见建议，并到8个旗（县、市、区）及1个经济技术开发区，与巡察工作领导小组、巡察机构召开座谈会，就制定巡察规划、规范工作程序、提升巡察质效、加强机构建设等方面提出意见建议，现场推动解决一系列存在的实际困难和突出问题。截至2021年年底，市、旗两级共对3090个党组织进行巡察监督，发现问题23784个、移交问题线索1434条，给予党纪政务处分216人，移送司法17人，实现市级巡察、旗级巡察、村（居）巡察覆盖率3个100%。

【巡察问题整改】 2021年，市委巡察办坚持突出政治巡察效果，做好巡察“后半篇文章”，依据自治区党委巡视整改工作暂行办法，编印《巡察整改工作指导手册》，推动整改督查、成果运用不断规范深入推进，发挥巡察震慑遏制治本作用。在通辽市五届市委第十三轮巡察启动之后，协调市纪委监委、市委组织部等有关单位组成巡察整改督查组，对五届市委第十二轮被巡察的16个部门单位党组织落实巡察整改情况进行实地督查评估，督促被巡察党组织定期汇报、对账销号、公开公示，并在六届市委第一轮巡察工作启动前，组织开展“大起底、大整改、大督查”工作，对五届市委前十二轮巡察反馈意见整改落实情况进行督查。五届市委前十二轮巡察反馈意见整改完成率达到97.3%，出台制度性成果923个，追责问责党组织45个、党员干部892人，清退追缴资金6.62亿元。

【巡察工作责任落实】 2021年，市委巡察办严格落实市委主体责任，先后2次召开市委常委会会议、书记专题会议听取巡察工作汇报和整改情况汇报，研究部署巡察工作；市委副书记、市长郭玉峰代表市委在自治区党委第四巡察指导督导组专题培训“第一课”上，就配合巡察指导督导工作、做好政治巡察提出明确要求。严格落实巡察领导小组组织实施责任，及时召开会议研究巡察年度计划、安排巡察人选、督促整改落实、促进成果运用等工作，特别是在六届市委第一轮巡察前召开巡察工作联系会议，对贯彻落实《关于加强巡视巡察上下联动的意见》，构建系统集成、贯通融合、协同高效的巡察监督网进行安排。严格落实巡察办和巡察组直接工作责任，巡察办认真做好领导小组交办的会议组织、报告审核、日常运转等工作，对巡察工作全力投入、全程跟踪、全面服务，深入推进组办融合，及时协调有关部门单位帮助巡察组解决在巡察过程中遇到的困难和问题；巡察组严格落实“两不”规定，加强“两职”观念，依规依纪依法完成了巡察监督任务。

【健全完善巡察制度机制】 2021年，市委巡察办坚持抓制度建设和制度执行并重，在完成五届市委巡察全覆盖任务后的休整期内，对现行制度进行了全面梳理、修订完善，在自治区党委第四巡察指导督导组的指导下，对表中央巡视工作，对制度开展废改立工作，修订市委巡察工作领导小组层面制度10项、市委巡察办层面制度29项，制定《巡察作风纪律后评估制度》和通辽市贯彻落实《中央关于巡视巡察上下联动的指导意见》及自治区党委具体措施的实施细则，着力构建内容协调、程序严密、配套完备、有效管用的巡察制度体系。同时，按照上下联动、监督贯通的要求，在自治区巡察指导督导的推动下，正与市纪委监委、市委组织部和有关部门单位沟通协调，进一步建立完善巡察监督与纪检监察监督、组织监督以及人大监督、民主监督、群众监督等方面的贯通融合制度机制，畅通与政法、审计、财政、信访、统计等协作机制成员单位之间的联系渠道。

【巡察机构队伍建设】 2021年，市委巡察办坚持把加强队伍建设作为推动巡察工作高质量发展的有力举措，积极推进同级纪委班子成员担任巡察办主任，及时更新充实巡察“组长库”和“人才库”，通过考录、调训等方式新配备巡察干部12名，着力协调推动建立优秀年轻干部、后备干部到巡察办挂职、新提任领导干部至少参加两轮巡察的工作机制，特别是科尔沁区委巡察办申请批复了数据信息中心为副科级事业单位，其他旗（县、市、区）参照努力为事业编制干部寻求“出口”。突出“以干代训”“以巡代训”，根据巡视巡察任务需要抽调市旗两级巡察干部到区市两级参与巡视巡察工作，并开展了2次巡前集中业务培训和2期“巡察大讲堂”，实现全市在编在岗巡察干部、每轮抽调巡察专员培训全覆盖。

（市委巡察办公室　全　力）

民主党派 工商联

中国国民党革命委员会通辽总支委员会

【组织建设】 中国国民党革命委员会通辽市总支部委员会（简称民革通辽市总支委）下设市直支部、民大支部、科尔沁区支部、科教支部、新城支部 5 个支部。在册党员 80 人，担任各级人大代表、政协委员的人员 28 人，其中担任自治区政协委员 1 人，通辽市人大代表 1 人，通辽市政协常委 4 人，通辽市政协委员 9 人，自治区人民监督员 1 人。

按照《民革自治区委员会开展示范支部创建活动实施方案》要求，5 个支部规章制度健全、组织工作规范、履职能力突出、支部活动有序、特色工作明显。按照后备干部队伍建设制度化、规范化和程序化的要求，建立后备干部人才库，制定《后备干部培养规划方案》，党员年龄和知识结构不断改善，将 20 余名政治坚定、代表性强、有培养前途和发展潜力的人员纳入后备干部人才库。

2021 年，民革通辽市总支部获评民革中央助力脱贫攻坚工作先进集体，获民革内蒙古自治区助力脱贫攻坚工作贡献奖。民革科尔沁区支部获评民革内蒙古自治区助力脱贫攻坚工作先进集体。党员李国财获评民革中央助力脱贫攻坚工作先进个人，获民革内蒙古自治区助力脱贫攻坚工作贡献奖。党员王志杰、张立晔、陈万利、王丽娟获评民革内蒙古自治区助力脱贫攻坚工作先进个人。党员徐丰华获评全市民主党派参政议政先进个人，党员王志杰获评全市民主党派社会服务先进个人，党员张立东被通辽市委统战部授予优秀信息员称号。

【民革通辽市总支部委员会第五次代表大会】 2021 年 12 月 22 日，民革通辽市总支部委员会第五次党员代表大会召开。邬君明代表民革通辽市第四届委员会作工作报告。会议审议通过中国国民党革命委员会通辽市总支部第五次代表大会决议，选举邬君明、刘光宇、王丽娟、周利、胥雅丽、祁樵之、徐丰华、姚远方、张立东为民革通辽市总支部第五届委员会委员。选举邬君明为五届委员会主任委员，刘光宇、王丽娟、周利为副主任委员，任命徐丰华为秘书长。会议决定成立经济委员会，负责区域经济合作、招商引资等经济方面工作，任命刘丕智为经济委员会主任，李国财、李白、李令淼、张凤浩为经济委员会副主任。

【思想建设】 2021 年，民革通辽市总支委组织党员深入学习习近平新时代中国特色社会主义思想，跟进学习习近平总书记系列重要讲话，及时开展学习贯彻中共十九大精神、铸牢中华民族共同体意识等专题学习。组织专题学习 5 次，组织安排学习培训百人次，编辑印发学习资料，开展铸牢中华民族共同体意识学习培训班。组织学习《中国共产党统一战线工作条例》，开展党史教育活动，强化思想政治共识；选派骨干党员参加中央社会主义学院、民革区委、通辽市委各级各类党史学习教育培训班。向全体代表发放《新时代民族理论政策问答》辅导读本、《习近平在中共中央召开党外人士座谈会上重要讲话》等各类学习资料 300 余份。为代表订阅《团结报》，在“通辽民革E家”平台发布多党合作各项方针政策，对引导全体代表增进政治认同、思想认同、情感认同，增强“四个意识”、坚定“四个自信”、做到“两个维护”发挥重要作用。

开展“不忘合作初心，继续携手前进”主题教育实践活动。推进中国共产党党史学习教育，讲好新时代多党合作故事。组织民革通辽党员学习回顾中国共产党百年来的丰功伟绩和光辉历程，重温民革与中国共产党风雨同舟、肝胆相照的历史，进一步夯实思想政治基础，有效凝聚了全体党员新时代中国特色社会主义共识。通过召开座谈会、开展“参观红色基地 走多党合作之路”、“百年初心，典亮宪在”民革法援、“不忘初心跟党走 砥砺奋进踏征程”讲述民革故事、组织爱国主义教育主题观影活动、“学党史 践行动”民革科尔沁沙地跟踪调研等系列活动，把学习教育的成果转化为参政议政、干事创业的实际成效。

【参政议政】 2021年，民革通辽市总支委发挥民革的特点和优势，围绕中共通辽市委、市政府中心工作，围绕保障和改善民生、社会管理、生态文明建设等方面的热点、难点问题，精心选题，调研建言，不断提高参政议政的质量和水平。选派优秀党员并聘请内蒙古大学、内蒙古农业大学、内蒙古民族大学专家学者成立专项调研组，多次深入林场、农村、企业、学校等地做实地调研，多次召开座谈会、研讨会和恳谈会，掌握第一手资料，了解基层需求。完成高质量调研报告2份，《高质量发展蒙医药全产业链实现特色产业扶贫》《关于奈曼旗脱贫攻坚民主监督工作调研报告》入选民革区委调研文集，并印制《关于科尔沁沙地生态治理调研画册》，为区委和国家林草局治理沙地提供重要参考和借鉴。

创新参政议政工作的形式、内容与方法，把重点放在“三农”、祖统和社会法制等领域，树立参政议政品牌，打造精品提案。提交集体提案17篇，个人提案14篇，大会发言稿件9篇，累计向自治区政协提交9份提案。《关于实现巩固拓展脱贫攻坚成果与乡村振兴工作有效衔接的提案》获2021年自治区政协重点提案。《注重中等职业教育良性发展，为通辽市高质量发展提供人才支撑》调研报告在政协在自治区政协会议作主题发言。在科尔沁区两会上提交的《关于全面推进基层法律服务全覆盖工作的建议》《关于建立健全失独家庭帮扶常态化的建议》等材料受到领导和有关部门的高度重视并给予面对面答复，民革科尔沁区支部被评为“科尔沁区政协优秀提案单位”。

围绕群众关注的热点、难点问题及时提出合理化建议，为市委、市政府开展相关工作提供参考。起草《关于工业职业学校站点增加公交班次的建议》《关于更改辽河大街和建国路交会处路口西侧行车变道的建议》等建议20余篇，均被相关部门采纳并得到落实。《关于急需科学规范“防控”安全行为及重点强化保护防控参与人员的建议》《关于加强对未成年人文身进行立法干预的建议》等社情民意信息建议材料被自治区政协采纳。

【社会服务】 2021年，民革通辽总支委发挥民革自身优势，打造民革“博爱·牵手”“法律服务”“心理疏导”等社会服务品牌和“家庭教育服务中心”“民革助力脱贫攻坚”系列活动；开展“铸牢民族共同体意识，关注民族教育发展”活动，协助民革区委开展“精准扶贫·医疗百县行”活动，开展党史学习教育“我为群众办实事”实践活动，民革中央、民革区委给予高度评价。

通过产业扶持、智力支持、企业帮扶、送医送药、走访慰问等活动组织党员进行捐助。由民革党员张玉霞等内蒙古民族大学教授组成的专家团队，成立博士工作服务站，为农牧民义务提供智力支撑，帮助发展庭院经济，确保太平屯村75户贫困户实现增收脱贫。民革党员李国财参与筹建“爱心超市”“精准扶贫专业合作社”，组织捐助循环引导资金95万元。11月发生暴雪灾害后，民革党员李白通过民革组织向市红十字会捐助人民币10万元，用于救灾工作，出动5辆铲车助力清雪工作。累计开展爱心助学活动2场次，捐助助学资金1万余元。精准帮扶木里图镇、钱家店镇、莫力庙苏木等部分困难学生。关注和帮助自闭症儿童，将丑小鸭特殊教育学校作为通辽民革社会服务基地，实行常态化帮扶。

开展“百年初心，‘典’亮‘宪’在”民革法援系列活动。发挥民革党员法律专业优势，在中信亚龙湾小区、通辽市救助站等建立民革法律援助工作站，为全市广大弱势群体以及困难群众无偿提供法律援助。累计承接援助案件10余件，及时有效保护受助人员。开展普法宣传，到贫困旗县为近1万名农牧民进行法治宣讲，到“环哲文化讲堂”开办公益法律讲座，到通辽市女子监狱提供法律咨询，到机关、学校、企业、乡村进行普法宣传，累计开展普法讲座60余场次。

2021年，累计为大中专学校、中小学校、特教学校开展心理辅导健康讲座7场，在党员之家开展喜悦心灵系列讲座5场，在美达铝业公司开展心理沙龙10场，心理健康服务1场，专题讲座2场次。

（中国国民党革命委员会通辽市总支部委员会　徐丰华）

中国民主同盟通辽市委员会

【组织建设】　2021年，民盟通辽市委第五届代表大会召开，选举产生新一届领导班子5名，市委委员9名。白红梅当选为主任委员，塔娜、卢贵、韩刘、银海当选副主任委员，杨阳为秘书长，王浩然、陈丽梅为市委委员。召开领导班子民主生活会，班子成员在查摆问题、剖析根源、认真整改的基础上，不断加强自身建设，提高履职能力和水平。民盟通辽市委更新完善领导班子成员岗位责任制、领导班子理论中心组学习制度、内部监督制度。

【思想建设】　2021年，民盟通辽市委制定学习方案，通过多种形式，有计划、有步骤地开展中国共产党史、《中国共产党统一战线条例》、《内蒙古自治区促进民族团结进步条例》学习，让“三个离不开”“五个认同”在盟员心中深深扎根。选派盟员参加通辽市委统战部、社会主义学院举办的党外干部或民主党派培训班，让盟员对牢固树立“四个意识”，坚定“四个自信”，坚决做到“两个维护”的内涵有了更加深入的领会和坚定的信念。民盟通辽市委员会刘秉志获得由民盟中央颁发的“民盟脱贫攻坚先进个人”称号；卢贵、刘秉志获得“民盟内蒙古区委社会服务工作先进个人”称号；科尔沁区支部获得“民盟内蒙古区委社会服务工作先进集体”称号。

【参政议政】　2021年，民盟通辽市委关注民生，关注教育、文化等领域的发展，充分利用各级人大、政协委员平台，履职尽责，民盟通辽市委有自治区人大代表、自治区政协委员各1人。2021年，提交社情民意26篇，其中8篇被自治区政协采用并转全国政协。报送民盟区委约稿3篇。

发挥民盟在教育界别的优势，组织盟员开展关于通辽市三科统编教材师资队伍建设情况的调研。主委白红梅带队到科左中旗看望支教实习生，并在科左中旗教体局和各支教学校开展三科统编教材使用和推行国家通用语言文字调研活动。

【社会服务】　2021年，民盟通辽市委携手通辽红十字会走进新天地社区慰问困难群众；情系福利院，“六一”儿童节给孩子们送去学习用品50份；组织盟员为通辽五中捐赠图书计1000册。民盟通辽市委携泽强药业开展爱心助学活动，捐助10名贫困学生，每位学生获资助款2000元，金额共计2万元。

（中国民主同盟通辽市委员会　杨　阳）

中国民主建国会通辽市总支部委员会

【组织建设】　2021年，中国民主建国会通辽市总支部委员会（简称民建通辽市总支委）没有发展新会员。截至2021年底，民建通辽总委员会有会员94人。其中经济界人士63人，占总人数67%。会员中有男性71人，女性23

人，平均年龄54.7岁。大专以上文化87人，中级、高级职称46人。总支部设主任委员1名，副主任委员3名，秘书长1名，有各级人大代表、政协委员28人，设有4个基层支部，分别为：市直一支部、市直二支部、市直三支部、科尔沁区支部。

【思想建设】 2021年，民建通辽市总支委通过主委会议、全委会议、专题学习讲座、微信工作群推送等形式，组织和带领全体会员深入学习中共十九大和十九届二中、三中、四中、五中全会精神，学习《中共中央关于加强中国特色社会主义参政党建设的意见》，深入学习习近平总书记系列重要讲话和考察内蒙古重要指示批示精神，学习自治区、通辽市重要会议精神，引领全体会员在思想上、政治上、行动上始终与中共中央保持高度一致，增进会员对中国特色社会主义、中国共产党领导的多党合作和政治协商制度的政治认同、思想认同、理论认同、情感认同，毫不动摇地坚持中国共产党的领导，夯实团结奋斗的思想政治基础。

把学习中共党史教育活动与学习民建优良传统相结合，教育引导广大会员深刻铭记伟大中国共产党百年光辉历程，传承和弘扬民建“爱国、民主、建设、团结、创新、奉献”的优良传统，做到听党话、知党恩、跟党走，密切与中国共产党的合作，始终自觉做好中国共产党的好参谋、好帮手、好同事，积极组织会员参加各类学习、教育培训10余次。

团结和带领全体会员发挥党派优势，认真学习、准确把握习近平总书记关于经济工作的重要论述，学习相关方针政策、法律法规，鼓励企业坚定发展信心、保持战略定力、弘扬企业家精神，为通辽市发展积蓄强大动力。同时，加强与其他先进地区民建组织的沟通联系，为企业家搭建平台，组织参加各种考察学习，帮助会员企业家熟悉、掌握现代市场运行规律，通晓国内、国际形势，了解区情、市情，开阔眼界、拓宽思路，与山东高新区民建、安徽民建、辽宁民建等建立友好合作关系，使参政议政更具有针对性和实效性。

【参政议政】 2021年，民建通辽市总支委提交人大议案、建议2件，政协提案11件，社情民意信息5篇，大会发言1篇，其中《关于扶持通辽市新型农业经营主体的建议》《关于推进农村集体经济发展的几点建议》《关于大力支持普惠金融发展的建议》等提案，充分体现民建特点和优势。会员孙海民提出《关于推进通辽市天然气发电调峰项目及新能源开发的建议》《关于“气化通辽”和促进天然气市场开放发展的三点建议》等提案，为通辽市制定发展清洁能源政策、实现能耗双控政策提供具有前瞻性、可操作性的依据，2021年，孙海民被中共通辽市委党校、通辽经济技术开发区党工委聘任为客座教授和经济发展顾问。

围绕全市经济建设和社会发展的重大问题、群众普遍关心的热点难点问题深入开展调查研究和专题视察。先后就工业企业、脱贫攻坚、商贸物流、文化旅游、清洁能源等工作，组织会员深入科尔沁区、开鲁县、奈曼旗、扎鲁特旗、库伦旗等地，以实地走访、召开座谈会、听取汇报等形式开展调查研究，为地方发展把脉问诊。《加强旗县区文化事业发展，推动文化强国建设》调研报告得到通辽市主要领导批示，为推进通辽市经济高质量发展提供科学依据和智力支持。

【社会服务】 2021年1月29日，在新春佳节来临之际，民建通辽市总支委组织会员到科尔沁区木里图镇唐家窝堡村慰问部分老党员、残疾人家庭和五保户等10户家庭。为他们送上节日慰问与新年祝福。

11月，通辽遭受暴风雪，通辽市科左后旗胡吉尔嘎查29户102人不同程度受灾，房屋棚舍倒塌、牲畜伤亡、道路受阻，造成经济损失26万元以上。民建通辽市总支委协调北京缘梦基金会，无偿捐助装载机1台，用于破冰除雪，使农牧民尽快恢复正常生产生活。

民建通辽市总支委援建的“思源学校”项目先后为科尔沁区庆和镇学校捐款捐物100余万元，通过民建通辽总支的不懈努力，学校的基础设施和老师、学生们的办公、学习、住宿条件得到极大的改善。2021年，民建通辽总支委为困难家庭捐款捐物达50万元，帮助解决生产生活困难10多件，解决困难家庭人员就业100多人次。

（中国民主建国会通辽市总支部 李迎春）

中国民主促进会通辽总支委员会

【组织建设】 9月30日，中国民主促进会通辽市总支委员会（简称民进通辽总支）第五次会员代表大会召开。会议听取并审议通过了民进通辽总支工作报告。朱瑞莲当选民进通辽市总支第五届委员会主任委员，王晓红、徐寿军当选副主任委员，刘洋当选秘书长，邢晓冬、王汝昌、邹洪巍、华军当选总支委员。民进通辽总支市直支部、科尔沁区支部、内蒙古民族大学支部召开换届工作会议，选举产生新一届支部委员会成员。

全年有17名新会员、骨干会员、班子成员参加各级各类培训。2021年3月，选派1名会员参加内蒙古民进“健康·彩虹”公益医疗服务团暨医疗服务基地挂牌仪式。2021年4月26日至30日，民进通辽市总支选派9名骨干会员参加中共通辽市委统战部、通辽市社会主义学院举办的2021年度通辽市社会主义学院主体班暨全市民主党派骨干成员素质提升培训班。10月，选派1名会员参加民进内蒙古区委会新会员培训班。12月，选派6名会员参加科尔沁区委统战部组织的学习培训。

【思想建设】 2021年，民进通辽总支以习近平新时代中国特色社会主义思想为指导，围绕“民进中央2021年反映社情民意信息主题年”开展中国特色社会主义参政党建设，履行参政党职能。

民进通辽总支坚持领导班子理论学习制度，集中学习全国两会精神，学习中共十九大及十九届五中、六中全会精神，传达民进中央及民进内蒙古自治区七届六次全委会议精神。民进通辽总支创新学习方式，通过读书分享会、两会精神专题宣讲、民主生活会、走访红色教育基地、观看爱国主义影片等形式实现集中学习与分散学习结合、线上学习与线下学习结合，理论与实践结合，深入开展党史学习教育活动。发挥代表、委员的优势，由全国人大代表副主委王晓红宣讲全国两会精神；由自治区政协常委、主委朱瑞莲根据民进内蒙古区委会关于开展习近平总书记民族工作重要论述专题学习方案的要求，围绕铸牢中华民族共同体意识、促进民族团结进步，对《新时代民族理论政策问答》《中国共产党统一战线工作条例》《内蒙古自治区促进民族团结进步条例》进行读书分享；开展以党史为重点的四史学习教育活动，领学《党领导的爱国民主运动的新发展和民主党派的历史性选择》《中国共产党领导的多党合作局面的形成》《中国人民政治协商会议的召开和共同纲领的制定》等内容。

4月，通过“民进通辽”微信群组织会员完成党史教育百题问答。民进通辽总支班子成员及骨干会员代表到通辽市明仁实验小学吕明仁烈士纪念馆和科尔沁区爱国主义教育基地参观学习，开展“重温红色记忆，追寻光辉足迹”专题教育实践活动，重温吕明仁的革命历程，接受爱国精神和革命精神的洗礼。

4月13日，市直支部由主委领学，通过微信工作群开展“学习百年党史，传承红色基因”每日学党史活动，累计开展学习227次。6月，在“‘同心圆梦百年路，携手共迈新征程’暨通辽市各民主党派庆祝中国共产党成立100周年”活动中，主委朱瑞莲以《立会为公，以党为师，继续携手前进》为题作专题讲述，会员图雅、邹洪巍主持文艺演出活动，8位民进会员共同朗诵原创诗歌《中国！中国共产党！》，会员李冬梅倾情演唱肖勇作词的原创歌曲《我是母亲最美的颜色》。11月，民进通辽总支开展《长津湖》爱国主义教育观影活动，推动党史学习教育和爱国主义教育走深走实，重温红色记忆，铭记伟大胜利，弘扬革命精神，传承红色基因。12月，民进通辽总支民大支部、科尔沁区支部召开学习贯彻中共十九届六中全会精神、统一战线条例学习座谈会，围绕《中共中央关于党的百年奋斗重大成就和历史经验的决议》座谈交流，增强“两个确立”的政治自觉，践行“两个维护”。12月，民进通辽总支举办“学党史跟党走，同心聚力启征程”第六届玛拉沁杯团建活动。

5月，民进会员肖勇家庭获评2021年内蒙古自治区最美家庭标兵户。6月，民进会员、内蒙古民族大学声乐讲师李冬梅获第十届“神州唱响”全国高校音乐展演美声教师组银奖。

【参政议政】 2021年，民进通辽总支注重信息宣传队伍建设，动员骨干会员参与信息宣传工作，在“内蒙古民进”“通辽统一战线”等微信公众号发布民进通辽总支相关信息新闻稿件21篇，编印《参政议政有思有行》提案议案集、《同心聚力谱新篇》宣传画册及《民进通辽总支信息汇编2021》等。

民进通辽总支把社情民意信息工作作为民进参政议政工作的重头戏，畅通社情民意反映渠道，鼓励会员上报社情民意信息。民进通辽总支落实《关于加强社情民意信息工作的意见》，根据“民进中央2021年反映社情民意信息主题年”有关精神，将全年的各项工作融入主题年活动的各项部署中，推进社情民意信息报送工作。建立会内、会外相结合的信息员队伍，责成专人负责统筹信息收集、审核、上报工作。全年报送社情民意信息24篇。

2月，政协通辽市第五届委员会第四次会议和通辽市第五届人民代表大会第四次会议召开。民进通辽市总支委13名会员，围绕通辽市发展的现实情况，提交提案和建议25篇。民进通辽总支获评反映社情民意信息先进单位，徐寿军、孟祥军获评优秀委员，王彦春获评先进个人。孟祥军《关于降低医疗成本，提高服务质量的建议》提案被评为政协通辽市四届四次会议优秀提案。刘洋提交的《关于城市文明养犬的建议》和《关于居民拾荒乱堆乱放导致系列安全隐患的建议》2篇提案被通辽市政协列为重点提案。6月18日上午，民进会员、通辽市政协委员刘洋随同通辽市政协副主席盛勤一行实地调研，对涉及通辽市人居环境整治工作的重点提案进行面对面协商办理。

11月，民进通辽总支实地考察走访丰田中心敬老院、天颐老年公寓、科尔沁区委统战部、通辽市及科尔沁区民政局、卫健委、统计局、社会保险事业服务中心等部门，对通辽市老年人口的基本情况、通辽市养老服务现状、关于养老事业和养老产业发展的相关政策法规在通辽市的落地执行情况、通辽市养老事业和养老产业体系建设及“十四五”时期的规划情况、通辽市养老产业和养老事业现状、存在的问题和建议等方面开展“医养护结合，促进通辽市养老事业、养老产业发展”政党协商专题调研，完成《积极应对老龄化社会，促进养老事业养老产业发展》的调研报告。

民进通辽总支《保护科尔沁榆树疏林草原建议》以专报形式上报后，引起自治区党政领导的重视，自治区林草局将相关建议纳入《北方防沙带生态保护和修复重大工程建设规划（2021—2035年）》，为推进通辽市生态文明建设、提升生态安全建设水平作出积极贡献。

12月17日，在各民主党派、工商联、无党派人士为全面建成小康社会做贡献评选表彰大会上，民进通辽总支《关于科尔沁沙地治理与生态保护的建议》获评建言献策优秀成果。

【社会服务】 2021年，春节前夕，按照民进区委“春联万家”的统筹部署，民进通辽总支携手通辽市书法家协会开展“春联万家”进企业活动，为企业员工书写千余副对联及福字。

4月，民进科尔沁区支部结合党史学习教育，开展“我为群众办实事”活动，联合通辽市第二人民医院，为霍林河街道办事处天蒙社区居民免费诊察、测量血压、中医诊脉、用药咨询、发放健康知识宣传册60余份。6月，民进民大支部到丑小鸭特殊教育学校慰问，捐赠1000元红色经典图书。6月，会员李冬梅走进第183期“环哲文化讲堂”，为大家解读电影《闪闪的红星》中的三首主题歌，让听众重温经典，感受力量，燃起激情。会员韩洪彪情系贫困残疾学生，助力脱贫攻坚，三年累计为金宝屯镇、双胜镇和阿都沁苏木贫困残疾学生送教上门40多次，授课4000多课时，累计行程6万多公里。

（中国民主促进会通辽总支委员会　刘　洋　邢晓东）

农工民主党通辽市委员会

【组织建设】　2021年，农工民主党通辽市委员会（简称农工党通辽市委）贯彻农工党中央、农工区委有关组织发展的程序，严把入口关，掌握巩固、提高为主的原则，本着发展为更好工作、引进人才为建立后备干部队伍的精神，党员108人，其中新发展4名党员。同时考核一批具有较高政治素质、业务素质、代表性较强的活动骨干和基层组织工作积极分子，作为后备干部人选。也向中共通辽市委统战部推荐数位同志作为政府科级、处级的领导干部后备人选。

农工党通辽市委制修《农工党通辽市委员会会议制度》《农工党通辽市委员会议事程序》《农工党通辽市委员会文件收发制度》《农工党通辽市委员会领导班子理论学习中心组学习制度》《农工党通辽市委员会领导班子成员岗位责任制度》，同时又进一步完善《农工党通辽市委员会党员发展制度》。

【思想建设】　2021年，农工党通辽市委将加强政治理论学习与深化主题教育紧密结合，提高全体党员的政治素养，不断夯实多党合作的政治思想基础，努力践行中国共产党领导的多党合作和政治协商制度，不断拓宽平台、创新机制，在树立和践行社会主义核心价值体系、践行“同心思想”、坚持和发展中国特色社会主义学习实践各个阶段主题活动中，与时俱进开展思想建设工作，不断增进坚持走中国特色社会主义道路的政治共识。

农工党通辽市委通过召开主委会议、全委（扩大）会议、中心组理论学习会等，认真学习中国特色社会主义理论和重要会议精神，重温党史，深刻认识世情、国情、党情的变化对思想建设提出的严峻挑战，深刻认识新的历史时期参政党的履职要求，深化对参政党地位性质和历史使命的认识，巩固与中国共产党在思想上同心同德、目标上同心同向、行动上同心同行的信念。在深入学习的基础上，市委会对党员思想状况进行科学调查，摸清情况，明确工作思路，改革创新工作方法，组织“党史再教育”等活动，深入进行思想政治教育，正确回答新时期新老党员思想上的疑虑和困惑。

【参政议政】　2021年，农工党通辽市委在中共通辽市委、市政府、市政协召开的党外人士民主协商会、座谈会中，认真组织、精心准备、主动调研，注重发挥集体智慧，力求提出建设性的意见和建议。就通辽市重大决策、发展规划、重要人事安排及社会重大问题等内容充分发表意见，提出的意见建议具有针对性、可行性，得到与会领导的重视与肯定，发挥了市委会在多党合作制度中的应有作用。

农工党通辽市委依托市政协工作平台，总计提交党派提案和委员提案10篇，内容主要涉及社会生活、农牧、医疗改革、疾控体系建设等方面。充分发挥通辽农工在医务界人才的优势，在预防艾滋病、医保政策、身心健康建设等方面提出切实可行的具体建议，深受政协提案委的好评。其中，《全民健身与全民健康融合的提案》（2021年）被评为自治区政协优秀提案。

发挥民主党派重要渠道作用，反映社情民意信息。农工通辽市委会把做好社情民意信息工作，作为履行职能、发挥作用的重要手段，通过加强组织领导，为广大党员拓宽信息渠道、搭建信息平台，有力促进社情民意信息工作开展。

【社会服务】　2021年，农工党通辽市委会充分发挥人才智力优势，坚持长期开展“科技扶贫、健康扶贫”主题活动，以库伦旗前勿力布格村为包联村，针对性地进行脱贫技术培训，专门应当地的要求聘请蒙汉兼通的双语专家对畜业养殖、农作物培育进行科普培训，提高贫困地区脱贫致富的能力。在开展科技扶贫的同时，结合党派优势，送医送药，免费义诊，使得健康扶贫也深入扶贫村中，避免了因病致贫、返贫。

农工党通辽市委充分发挥在医药卫生等领域人才荟萃的优势作用，面向农村、社区、学校开展了送医送药、义诊咨询、技术培训、法律服务、科普讲座等特色突出、内容丰富的社会服务公益活动。全市各支部先后在库伦旗和科尔沁区组织开展各类社会服务活动2次，参与党员60人次，直接受益群众超过600人。加大社会帮扶力度，参与和谐社会建设。农工通辽市委会积极响应中共通辽市委、市政府号召，开展结对帮扶"库伦旗养畜牧小学"活动。

（农工民主党通辽市委员会 李敬宇）

九三学社通辽市委员会

【组织建设】 2021年，九三学社通辽市委员会（简称九三学社通辽市委）在组织建设中班子建设是关键，按照建设一个团结、和谐、互补、进取的市委班子为目标，在市委班子内部广开言路，集体决定重大社内外事务，发挥班子的整体作用。

2021年，九三学社通辽市委有138名社员，成为通辽市最具活力和影响力的民主党派组织，在全市的民主政治建设中起到参政议政的作用。

【思想建设】 2021年，九三学社通辽市委按照社中央《关于加强思想建设的若干意见》要求，组织制定并实施市委中心学习和全员学习规划，制定相关的学习制度及学习内容。九三学社通辽市委组成人员每次开会之前都要学习中共十九大以来的文件精神，学习社中央、社区委的最新文件和中共通辽市委下发的有关文件。通过学习，把领导班子和全体社员的思想统一到社中央、社区委和中共通辽市委的基本思想和总体思路上来，理解和把握形势，不断充实理论基础。在全体社员中广泛开展"抓学习，强素质"活动，把建设学习型组织当作一切工作的重中之重来抓。在市委中心学习和全员大型学习活动的带动下，各支社的学习活动也开展得扎实有效，都收到了很好的效果。

通过系统的学习和实践，九三学社通辽市委带领全体社员，高举中国特色社会主义伟大旗帜，深入贯彻落实中共十九大及历次全会重要文献和习近平总书记系列重要讲话精神，深入学习贯彻中央统战工作会议精神和《中国共产党统一战线工作条例（试行）》精神，学习贯彻社中央十四届历次全会精神，结合通辽市实际，在服务大局，开拓创新，认真履行参政议政、民主监督和政治协商职能方面都取得显著成绩。

【参政议政】 2021年，九三学社通辽市委撰写提案、议案五十多件，大多是关于通辽市科技教育文化卫生、环境资源、经济建设及社会发展等方面的建议，在市人大、市政协会议上有很多社员的提案、议案受到表彰，每次政协全委会上都有社员撰写的提案被选为大会发言。

在参与中共通辽市委、市政府一些有关重大问题及每年的政府工作报告和党代会工作报告的讨论和意见征求会上，社员踊跃发言，向市委、市政府阐明观点。提出的建设性意见均被采纳并实施。

【社会服务】 2021年，九三学社通辽市委利用医务界社员队伍的优势，开展送医送药等社会服务活动，多次带领通辽市医院、内蒙古民族大学附属医院、科尔沁区第一人民医院的眼科、儿科、心血管内科的权威专家社员到医疗条件相对较差的农村牧区开展义诊活动，使广大农牧民群众在家享受专家级的诊疗服务。

（九三学社通辽市委员会 刘壮东）

工商联

【概况】 截至2021年年底，全市工商联合会有会员商会组织168个。其中，行业商会64个、乡镇街道商会88个、异地商会8个、市场商会4个、个体劳动者协会1个、村级商会及其他商会3个。会员总数3381个。其中，团体会员123个、企业会员647个、个人会员2611个。行业商会覆盖文化旅游、建材家居、农副产品、房地产等行业。

【促进非公经济发展】 2021年，市工商联开展助力商协会、小微企业发展专项行动。按照自治区工商联要求，组织开展“万所联万会”活动，联合市司法局、市律师协会印发《关于落实建立“万所联万会”机制实施方案》。截至2021年底，全市有11家商会与律所建立合作；与市税务局联合开展“春雨润苗”行动，向各直属商会宣传各类税收优惠政策，并建立工作联系渠道。7月，建立“通辽非公经济发展综合服务平台”，开发招商推介、金融服务、政策推送、企业维权“直通车”、教育培训、企业展示、党建引领等10多个专栏。通过搭建双向沟通平台，畅通民营企业反映诉求渠道，加强涉及民营经济相关政策的宣传解读，确保各项方针政策落实落地。建立配套的工作机制，拓展平台服务功能，更好地满足民营企业合理需求，为促进民营经济健康发展贡献力量。建立健全与公安局、检察院工作联系协调机制，联合印发《关于建立健全公安机关与工商联工作联系协调机制的意见》和《关于建立健全检察机关与工商联沟通机制的实施意见》，成立服务保障优化营商环境建设领导小组。

【履行社会责任】 2021年，市工商联引导民营企业、非公经济人士全面参与社会各项公益事业，履行社会责任。面对突如其来的暴雪，向通辽市商协会、民营经济人士发出“履行责任强服务　除雪破冰保畅通倡议书”，并对35家民营企业和先进个人进行通报表扬。组织协调做好通辽市民营企业向河南防汛救灾捐赠工作，市中小企业捐款7.7余万元，其中，内蒙古百年酒业有限责任公司捐款5万元。

【非公经济人士教育培训】 2021年，市工商联组织召开全市民营企业迎春联谊会、民营企业年度峰会、民营企业家新春茶话会、企业家大会，搭建政企交流互动平台，增强非公经济人士的归属感和凝聚力。开展形式多样的教育培训班、专题讲座。通过教育培训活动，使企业家对当前经济发展形势、建立新时代企业制度等有进一步的认识。组织自治区工商联执委参加民营经济人士理想信念报告会和民营经济代表人士理想信念教育培训班；组织召开通辽市企业家大会，邀请专家学者进行专题讲座，让广大非公经济人士坚定党的领导，统一思想，提高认识，营造市场主体健康成长的良好环境。

【非公经济党的建设】 2021年，市工商联突出思想引领，抓好党史学习教育。深入开展党史教育，坚持“规定动作要做到位，自选动作要出彩”，灵活学习教育方式，引导机关党员干部及非公经济组织广大党员把学党史、悟思想、办实事、开新局贯穿党史学习教育全过程，确保学习取得实效。围绕“我为群众办实事”目标要求，结合实际制定任务清单、限定时间节点，挂图作战、逐一销号。开展问计于民、问需于民、问政于民的“三问”活动，形成市工商联“三问”清单和“我为群众办实事”任务清单，牢固树立以人民为中心的发展思想，帮助企业解决急难愁盼问题。

【招商引资】 2021年，市工商联结合《通辽市2021—2022年招商引资和项目建设实施方案》等文件，制定《通辽市工商联2021—2022年招商引资和项目建设实施方案》，组建由党组书记任组长的招商专班，实行“一把手”带头全年抓招商。同时，发挥工商联联系广泛的优势，利用直属商会、异地商会和外埠商会的人脉、信息等资源，开展以商招商，实现招商工作常态化。招商专班到外省市开展招商活动3批次，市内走访直属商会开展招商活动11批次，接待企业来访5批次。截至2021年底，工商联对接洽谈的项目有14个，涉及农业、教育、园区建设、新能源、特色小镇等多个行业，达成初步意向的项目有10个。

【和谐劳动关系构建】 2021年，市工商联发挥工商联在构建和谐劳动关系中的作用，参与协调劳动关系三方会议。鼓励和引导民营企业建立和谐劳动关系，指导培育的会员企业内蒙古哈布图哈萨尔文化产业有限公司、通辽市申通供应链管理有限公司、通辽绿色农副产品批发市场有限责任公司等3家企业被认定为“和谐劳动关系单位”。

【“万企帮万村”扶贫工作总结表彰】 2021年，市工商联按照自治区工商联要求，“万企帮万村”精准扶贫工作结束后，做好台账统计和总结工作，做好精准扶贫行动先进民营企业和组织工作先进集体评选工作。《助力脱贫攻坚 通辽市民营企业在行动——通辽市“万企帮万村”精准扶贫行动综述》和优秀脱贫攻坚典型案例《大爱无疆 情系贫困户——记内蒙古绿研农业开发有限公司总经理伏秀兰》《用爱心铸就社会扶力量——开鲁牧原农牧有限公司社会扶贫纪实》《民营企业助力脱贫攻坚——通辽科翔饲料有限公司》等脱贫故事上报到自治区工商联，同时，该脱贫故事也被《脱贫攻坚战中内蒙古的民企风采》图书选取。

（市工商联 徐凤强）

群众团体

总工会

【概况】 2021年，通辽市总工会（简称市总工会）下辖8个旗（县、市、区）总工会和1个自治区级开发区总工会，有职工维权服务保障中心、经济协作与职工活动中心2个正科级事业单位。有工会基层组织4027个、涵盖法人单位6922家，会员40.19万人，其中农牧民工会员16.2万人。2021年，通辽市总工会坚持党建带工建，推进非公企业和新业态经济组织组建工会，指导组建开鲁县工业园区工会联合会、金叶广场工会联合会、通辽市邮政快递行业工会联合会，国网内蒙古东部电力公司农电工集中入会服务仪式在通辽市举行，全市新增基层工会组织87家、新发展会员3941人，企业建会率和职工入会率动态保持在80%以上。通辽市6个集体被评为自治区“模范职工之家”、4个班组被评为自治区“模范职工小家”、4名工会干部被评为自治区优秀工会工作者。走访慰问2930名农牧民工和“八大群体”会员，推动全市69个镇街工会、4个园区工会达到一类标准。加强基层工会组织和工会会员实名制管理，录入1970个基层工会和16.5万名会员的信息数据。召开通辽市五一劳动奖表彰大会，表彰通辽市五一劳动奖章获得者92名、五一劳动奖状13个、工人先锋号20个，命名“科尔沁工匠”10名、“科尔沁能工巧匠”19名。通辽市11名职工获全国或自治区五一劳动奖章、3个单位获全国或自治区五一劳动奖状、10个单位获全国或自治区工人先锋号，3名职工获自治区“北疆工匠”荣誉称号。召开“迎新春送祝福·致敬劳动模范”座谈会，反映劳动者风采的原创歌曲《劳动最荣光》相继在“学习强国”学习平台和“全国总工会”微信公众号刊播。

【职工思想政治引领】 2021年，市总工会坚持把学习贯彻习近平新时代中国特色社会主义思想作为党组会议的第一议题，对习近平总书记重要指示批示第一时间学习领会、研究措施、抓好落实。发挥工人文化宫、职工书屋、职工大讲堂等阵地作用，深化“中国梦·劳动美”主题宣传教育，教育引导广大职工铸牢中华民族共同体意识，树牢“四个意识”，坚定“四个自信”，做到“两个维护”，坚定不移听党话、矢志不渝跟党走。

【庆祝建党百年系列活动】 2021年，市总工会围绕庆祝中国共产党成立100周年，举办“永远跟党走，劳动创造幸福”全市职工主题演讲赛、“党在我心中”全市职工诗文征文比赛、“建功‘十四五’、奋进新征程”全市劳动模范工匠事迹展、“中国梦·劳动美——草原职工心向党”全市职工书画展、内蒙古东部盟市职工油画展、“铸牢中华民族共同体意识”哲里木版画巡展和第四届科尔沁运动大会职工排球、气排球、羽毛球等线上线下文体活动，营造浓厚的庆祝氛围。

【产业工人队伍建设改革】 市总工会把2021年确定为“产业工人队伍建设改革提升年”，健全完善联席会议制度，制定《联席会议工作规则》《改革工作要点》《加强和改进新时代产业工人思想政治工作的具体措施》。落实自治区改革试点要求，指导通辽金叶广场有限公司制定试点工作方案，将商场785名柜员全部吸纳进工会组织。采取全面试点与项目试点相结合的方式，确定科尔沁区为市级全面试点地区和7个不同类型的项目试点单位，形成一批经验和做法，通辽市产业工人队伍建设改革工作受到自治区调研督导组肯定。

【劳动和技能竞赛活动】 2021年，市总工会重点围绕煤电铝、金融保险、蒙医蒙药、家政服务等行业开展职工职业技能竞赛活动。全市开展劳动和技能竞赛活动的企事业单位2734家，参赛职工29.7万人次，1个集体被评为全区劳动和技能竞赛优秀组织单位。开展岗位练兵、技术大比武等活动的企事业单位1671家，参赛职工8.2万余人。加大职工创新工作室创建力度，新建职工创新工作室10家、命名市级职工创新工作室8家、自治区级职工创新工作室1家，2项成果获全区职工优秀技术创新成果三等奖。深入开展"安康杯"竞赛活动，全市参赛企业370家，参赛职工7万人。

【集体协商】 2021年，市总工会开展集体协商"要约行动季"宣传和"法律体检"等活动，建立企业集体合同实名制档案和公示制度，全市签订集体合同289份、工资专项集体合同489份。加大集体协商培训力度，全市培训工会干部和职工方代表650人。加强集体协商典型培育，深入开展集体协商质效评估工作，全年新培育区域行业或企业集体协商典型3个。开展企业与职工面对面协商工作，形成以三级工会"上参下"方式推进集体协商工作经验，该经验被《人民日报》、新华网、《工人日报》等多家媒体报道，并写进自治区总工会十一届四次全委会工作报告。

【服务职工】 2021年，市总工会开展工会促就业、关爱环卫工人、"尊法守法·携手筑梦"服务农牧民工法律宣传等系列活动，"春送岗位"组织开展招聘会8场次，达成就业意向2127人；"夏送清凉"惠及主城区6900余名职工；"金秋助学"帮扶救助在档困难职工家庭高校大学生57名；"冬送温暖"走访慰问劳动模范、困难职工、节日期间坚守岗位职工和"稳岗留工"就地过年职工7000余名。职工医疗互助参加职工10.7万名，申领补助金10768人次。通辽市工人文化宫正式投入使用。助力疫情防控，免费为市运输公司、公交公司963名一线运输人员进行核酸检测，为主城区270名快递人员送"防疫物品"。"工会进万家"走访慰问在档困难职工、渐退期职工、疫情防控一线人员等1000余名。应对暴雪灾害，争取自治区总工会抗击雪灾救灾专项资金200万元，市总工会本级经费安排60万元，全部下拨受灾较重的旗（县、市、区）。开展"工会进万家，新就业形态劳动者温暖行动"服务月活动，召开新就业形态劳动者迎新春暨原创歌曲《快递小哥》首发式座谈会，营造关心关爱新就业形态劳动者的良好氛围。

【企业民主管理工作】 2021年，全市建工会的企业职代会、厂务公开建制率动态保持在80%以上。推动"公开解难题、民主促发展"主题活动和"聚合力、促发展"职工代表提案征集活动，向自治区总工会推荐优秀职工代表提案6件，市总工会获全区职工代表提案工作优秀组织奖。督促各地健全完善职工董事、监事建制工作，全年新增实施职工董事、职工监事制度的企业26个，分别达到896个和829个。加强职工代表培训工作，全年培训职工代表460人。

（市总工会　方春鹏）

共青团

【概况】 截至2021年年底，通辽市有团组织7002个。其中，团委334个，团工委73个，团总支49个，团支部6152个。有团员99484名，团干部11600名，青年862706名，团青比为11.53%。2021年，共青团通辽市委（简称团市委）始终坚持以习近平新时代中国特色社会主义思想为指导，深入贯彻落实习近平总书记关于青年工作的重要思想，团结带领全市各族团员青年，紧密围绕中心工作，深化改革攻坚，扎实履职尽责，不断保持和增强政治性、先进性、群众性，着力提升共青团组织力、引领力、服务力和贡献度。

开展乡村振兴青春建功行动，深入落实“两助两帮”工作要求，启动实施“青愿”行动，帮助977名青少年订单式圆梦，为18名青少年解决生活学习费用，其中4名特困家庭青少年得到长期资助，排查并妥善解决2个具有社会隐患的风险点。参与疫情防控工作，发动青年志愿者在通辽火车站开展全天候、常态化志愿服务，为志愿者提供防护、取暖、午餐、交通等方面的保障，1500余人次志愿者参与旅客健康码查验工作，为各旗（县、市、区）招募防疫志愿者260人，按照当地党委政府的安排就地开展防疫工作。11月，应对通辽市出现的强暴风雪天气，组织动员青年志愿服务队开展24小时救援服务，累计解救被困车辆170余辆、被困人员300余人。拨付4.9万元特殊团费救助受灾困难团员，争取自治区救灾款物13万元。

“青春通辽”抖音号被自治区网信办评为“内蒙古自治区重大网络主题宣传优秀账号”、被市委网信办评为2021年度全市最具影响力抖音号，“青春通辽”微信公众号被市委网信办评为2021年度全市最具影响力市级政务微信公众号。原创视频《草原上的爱情》《美丽科尔沁》分别获评“大美科尔沁”优秀短视频大赛三等奖和优秀奖。

【青少年思想引领】 2021年，团市委举办全市团干部学习贯彻习近平总书记重要讲话精神专题培训班、中学团委书记“青春向党·学史引航”暨铸牢中华民族共同体意识培训班，引导团干部做到学深悟透、融会贯通。深入开展“学党史、强信念、跟党走”学习教育，举办“请党放心·强国有我”主题团队日9365场、“红领巾心向党”主题中队会2021场，参与青少年91万人次。开展“学四史燃青春传薪火”主题知识竞赛、红色经典文章诵读比赛、手抄报比赛等活动，让广大青少年身临其境学党史，增进爱党爱国情怀。在团属微信公众号开设“学党史”专栏，发布党史相关推文1284条，总浏览量达到300余万次。分层级、分领域开展党的十九届六中全会精神专题宣讲，组织团干部上讲台，帮助广大团干部和团员青年准确把握全会精神的丰富内涵、核心要义和实践要求。将“青年大学习”网上主题团课作为团员理论学习的“必修课”，总参与人数超160万人次，居各盟市首位。

【服务青少年成长】 2021年，团市委深入贯彻落实中长期发展规划，召开通辽市青年工作联席会议第二次全体会议，审议通过《通辽市贯彻落实〈内蒙古自治区中长期青年发展规划（2018—2025年）〉工作举措》，明确青年思想道德等11个重点领域、35个方面、77项具体任务，推动各旗（县、市、区）全部如期召开青年工作联席会议，努力推动形成青年工作发展的强大合力。开展“希望爱心屋”建设，确认50户帮扶家庭，落实“希望爱心屋”8个。开展“复苗工程”，组织法治宣传进校园、知识竞赛、模拟法庭等活动，培养青少年遵法学法守法用法意识。加强“12355”服务台建设，组建市级“12355”服务专家团队，全年解决青少年求助48件，开展“‘12355’伴你行”预防校园欺凌法治宣传教育、心理健康巡回讲座和考前心理疏导等活动。

【基层团组织建设】 2021年，团市委抓好快递行业、汽修行业等新兴青年群体的团组织覆盖，新建社会领域团组织263个。推动镇村两级团组织换届，制定下发换届工作手册，高质量完成换届工作。完成全市中学（中职）团支部换届选举工作，实现中学中职学校团支部书记、班长“一肩挑”或班长担任团支部副书记。推动苏木镇街道区域化团建，吸纳共建单位622家，实现镇级100%全覆盖。深化嘎查村社区团支部规范化建设，加大“团支部对标定级”及争创“五面红旗团支部”工作力度，年内评选红旗103面，涉及46个基层团支部。深化“返家乡”社会实践活动，面向全国选拔445名通辽籍在校大学生到苏木乡镇兼任团委副书记，选拔240名大学生兼任政法委员助理、乡村振兴助理、企业工作助理，面向社会选拔62名通辽籍毕业大学生到部分党政机关开展为期6个月的学习实践活动。

【团员和少先队建设】 2021年，团市委严把发展团员关口，把政治标准放在首位。学校领域将思政课考评优良、8学时团课学习合格、年度20小时志愿服务时长等作为入团必备条件。社会领域严格团员发展考核程序，把好“入口关”，全年按计划发展团员5362名。严格按要求做好违规违纪团员组织处置和纪律处分工作，确保团员教育管理工作抓在手中、落在基层、严在日常。启动少先队“分批入队”工作，集中开展新队员入队仪式344场，实现全市小学分批入队常态化、规范化、制度化开展，首批入队严格控制在30%以内。

【共青团通辽市三届四次全委（扩大）会议召开】 2021年4月10日，共青团通辽市三届四次全委（扩大）会议召开。共青团通辽市第三届委员会委员，各旗（县、市、区）团委主要负责人、团市委机关全体干部参加会议。团市委副书记包祺伟代表共青团通辽市三届委员会作工作报告。审议通过《共青团通辽市第三届委员会委员卸职递补确认案》和《全市共青团2021年工作要点》。

【通辽市青年工作联席会议第二次全体会议召开】 2021年9月10日，通辽市青年工作联席会议第二次全体会议召开。通辽市青年工作联席会议37个成员单位、各旗（县、市、区）青年工作联席会议有关负责人参加会议。会议审议通过《通辽市贯彻落实〈内蒙古自治区中长期青年发展规划（2018—2025年）〉工作举措》，明确青年思想道德等11个重点领域、35个方面、77项具体任务。

（共青团通辽市委　卢显红）

妇　联

【概况】 通辽市妇女联合会（简称“市妇联”）有通辽自行车旅游协会、通辽市女作家阅读沙龙、樊登读书文化空间、通辽家庭服务业协会、通辽市女子书法家协会、通辽朗诵艺术学会、通辽市总工会女工委、通辽科尔沁商人协会8个团体会员。2021年，通辽市妇联以习近平新时代中国特色社会主义思想为指导，突出庆祝建党100周年这条主线，围绕推动通辽高质量发展，提高引领服务广大妇女能力，健全完善联系妇女机制，做好党史学习教育和铸牢中华民族共同体意识宣传教育，深化依法维权和关爱服务，巩固拓展妇联改革成果，创新基层组织建设，推动妇女和妇女事业与经济社会同步发展，为通辽市高质量发展贡献巾帼力量。

结合全市“两委”换届契机，广泛宣传女性参政议政，推动女书记、女村委会主任一肩挑，完成妇联换届工作。2103个嘎查村、231个社区中，嘎查村新当选女性委员3063人，占28%，新当选女性“一肩挑”书记180人，占8.5%，较上届81名新增99人；社区“两委”中，新当选“一肩挑”书记156人，占67%，新当选女性委员1665人，占71%，实现妇女进村（居）委会比例达100%，新当选妇联主席进村“两委”达100%的目标。在市直机关和社会组织中广泛建立妇女之家，建立示范妇女之家15个。实施“基层领头雁培训计划”，在全市妇联执委中开展“六个一”亮牌服务工作，提升妇联执委整体素质；举办妇女之家负责人培训班、维权干部培训班，培训180人，提高基层妇联干部政治引领妇女、贴心服务妇女、密切联系妇女的本领；启动基层妇联干部学历提升计划，与通辽职业学院联合，组织妇联干部报考国家开放大学专科继续教育，提升学历水平和综合素质。

12月，通辽市妇女联合会获评全国普法工作先进单位；通辽市妇联组织宣传部部长马慧燕获评第五届全区维护妇女儿童权益先进个人。

【妇女宣传】 2021年，市妇联启动“百岗庆百年巾帼展风采建功新时代——通辽市巾帼文明岗庆祝建党100周年系列活动”，宣传各类典型百余人；召开全市纪念“三八”国际妇女节111周年线上庆祝大会，揭晓“百名巾帼群英谱”女性典型；举办“唱支山歌给党听”庆“七一”群众文艺展演，推动党史学习教育走深走实；运营维护好所属新媒体平台，“通辽女声”微信公众号开设专栏20个、录制“通辽女声会客厅”12期、“百名通辽巾帼故事汇”12期。制作各类宣传专题片4部、“百灵鸟家庭教育线上课程”7期、妇女发展业务知识动画片4部。“学习强国”学习平台刊发信息2条、《中国妇女报》发布2条、网易新闻、澎湃新闻等平台发布各1条，在《科尔沁都市报》开辟《通辽女声》专版52期，《通辽日报》开设专栏2期，其中“党员额吉”品牌活动在《中国妇女报》头版头条刊发，内蒙古卫视蒙古语频道对“党员额吉”活动进行专题报道。2021年，通辽市妇联被授予“通辽市爱国拥军模范单位”称号。“通辽女声”微信公众号获2021年度全市最具影响力今日头条号。

【妇女创业就业】 2021年，市妇联围绕“乡村振兴巾帼行动”“巾帼创业创新圆梦工程”，全力推进“四进农家”“美丽庭院”创建、巾帼建功等活动。开展科技及实用技术培训，受训人数累计达2万余人次。各级妇联组织通过开展“家政服务进农村”活动和蒙古族服饰与刺绣大赛、举办直播培训班等方式，激发巾帼创业带头人的服务带动作用及贫困妇女的创业热情，举办家政、手工、直播培训等技能培训50余场次，培训3000余人次。在开鲁县召开“美丽庭院”现场推进会，选树市级“美丽庭院”示范村50个，“美丽庭院”示范户100个；创新服务女大学生创业就业，举办聚焦“她”力量 云上“她”创业——通辽市女大学生网络直播创业培训班和通辽市女大学生创新创业培训班，培训女大学生1000余人；召开2021届毕业生就业双选会、通辽市女大学生专场招聘会，成功签约200余人。建立“皓日沁巧娘”创业品牌。在原有“通辽巧娘”品牌建设基础上，启动“皓日沁巧娘”女性创业就业项目，注册“皓日沁巧娘”商标。挂牌成立“皓日沁巧娘北京展销中心”，并与北京通辽商会签订“皓日沁巧娘”品牌建设推广合作框架协议。举办通辽市蒙古族传统刺绣培训班4期，培训400余人，开展通辽市第三届蒙古族传统刺绣技艺比赛。全市获“全国巾帼文明岗”3个、“全国巾帼建功先进集体”2个、“全国巾帼建功标兵”2名、“全国巾帼现代农业科技示范基地”1个，推荐“巾帼新农人”5人，女科技者协会会员3人。

【妇女儿童权益保护】 2021年，市妇联组织协调全市8个旗（县、市、区）、38个成员单位开展“两纲”终期评估工作，完成“两纲”2020年度监测统计。各级妇联开展法律“六进”讲座624场次，受众人数达2.4万人；举办“典亮生活、与法同行”活动，《中华人民共和国民法典》《中华人民共和国未成年人保护法》专题讲座，实现各旗（县、市、区）全覆盖；广泛利用节日节点，开展禁毒知识、国家安全教育、妇女维权知识等宣传活动，受益妇女3万余人；深入实施“和谐家”婚姻家庭矛盾纠纷排查化解行动，各级妇联组织排查47.8万余户，排查出矛盾纠纷375件，化解370件，化解率达98%。在库伦旗召开全市“和谐家”婚姻家庭矛盾纠纷排查化解行动现场会，在通辽实验中学成立“家庭心理健康教育基地”，在库伦旗成立温馨港湾和谐家工作室，在霍林郭勒市成立惜缘婚姻家庭辅导室。全市各级妇联全年接待来电来访案件83件。其中，市妇联受理15件，全部协调处理，维护妇女儿童的合法权益。全市涌现出全国维护妇女儿童权益先进集体2个、先进个人2名。

【家庭文明建设】 2021年，市妇联以“家家幸福安康工程”为抓手，常态化开展寻找“最美家庭”活动，推荐国家级“最美家庭”2户、自治区级“最美家庭”28户，其中“最美家庭标兵户”5户。评选通辽市“最美家庭”100户、“文明家庭”50户，拍摄“最美家庭”故事专题片6部，发布“颂党恩传家风”最美家庭故事展播28期，选取100户最美家庭事迹编制“最美家庭故事集”，献礼建党百年。与市委宣传部、市文明办联合举行“最美家庭

颂党恩 红色家风代代传”通辽市庆祝中国共产党成立100周年暨“讲家史 传家风”“文明家庭”“最美家庭”故事会。加强“百灵鸟”家庭教育品牌创建，开展家庭教育讲堂10场次，制作“开学第一课”线上课程7部，开展“百灵鸟”助考行动，邀请心理教育专家、资深教育工作者，到各旗（县、市、区）开展讲座16场次，为3000余名家长和中高考考生进行心理疏导。举办第九届“我爱我家 与梦同行”百灵鸟家庭趣味运动会，营造良好的家庭教育氛围。启动“党员额吉”（爱心阿姨）志愿服务行动，通过“送爱心圆梦微心愿”“送智慧启迪助成长”“送温暖关爱守健康”“送美德传承好家风”四送活动，组织全市女党员与困境儿童结对，充分发挥党员先锋模范作用。参与志愿服务的女性党员2000人，结对困境儿童1900名，开展活动246次，涉及慰问品等钱物14万余元。发挥“联”字优势，筹集资金和物资30余万元，慰问困难留守儿童180余人，为57名高一女生落实“春蕾计划”项目资金，为扎鲁特旗牧区学校住宿生捐赠暖水袋，送去温暖和关爱。

（市妇联　雅　平）

科　协

【概况】　2021年，通辽市科学技术协会（简称市科协）有团体学会会员8个、旗（县、市、区）科协8个、乡镇（街道）科协124个、企业科协33个、高校科协2个、中小学科协306个，覆盖率达100%。新发展通辽机器人与人工智能学会和时机天成科技有限公司企业科协2个团体会员。内蒙古时机天成科技有限公司科协的成立，填补了无市直属企业科协组织的空白。通辽市科协组织开展2021年“全国科技工作者日”系列活动，联合多家媒体以“众心向党自立自强、牢记嘱托自主创新”为主题对第五个“全国科技工作者日”进行广泛宣传报道；会同市委宣传部、市科技局联合提名13名2021年通辽市“最美科技工作者”，其中1名获评2021年内蒙古自治区“最美科技工作者”；增强服务意识、创新工作方法、广泛搭建平台，不断加强联系服务科技工作者的有效性和覆盖面，着力打造“科技工作者之家”。

优化联系服务科技工作者机制。制定出台《通辽市科协关于联系服务科技工作者的实施意见》，进一步优化完善联系服务科技工作者机制，提高服务能力和水平。承接完成2021年内蒙古自治区“百名专家走进盟市旗县科普传播行”通辽站活动。承接完成的各项活动均得到上级科协的肯定和表扬。开展建言献策工作。聚焦全市科技创新和经济发展战略部署，认真组织开展科技工作者建议征集活动，归纳整理30篇形成《科技工作者建议汇编》，报送市委、市政府提供决策参考，其中3篇得到自治区党委常委、市委书记孟宪东，市委副书记方玉东等领导的肯定和批示，为党委政府科学决策当好参谋助手。

组织学术交流活动。组织科技工作者参加第十六届内蒙古自治区自然科学学术年会和第十四届海峡两岸科普论坛论文征集活动，报送学术论文30余篇。通辽医学会举办自治区级学术会议1次、市级专科分会学术会议10次。

深入开展调查研究、提高信息报送质量。全年向自治区科协报送要闻信息158篇、政务信息51篇、调研信息7篇，被中国科协采用79篇、自治区科协采用128篇。通过官网、微信公众号推送转发科普信息和工作动态2000余条，点击量超150万次。通辽市科协被中国科协评为“全国科普日”优秀组织单位、科普中国信息员队伍建设优秀单位、全民科学素质工作先进集体；被内蒙古科协评为全区科普队伍建设工作优秀组织单位。

【科技经济融合发展】　2021年，市科协服务企业创新发展。组织开展通辽市第26届科普宣传周活动，全市50余家高校、科研院所、科技型企业科技工作者参加，重点开展科技服务“五进”“科技兴蒙”政策宣讲等活动，展出展板110块、产品70种；举办创新方法培训班和创新方法大赛，来自各旗（县、市、区）科协，企业、高校科协以及高新技术企业的负责人、科技工作者和科研人员100余人参加培训；开展创新评优活动，命名通辽市“创新先锋号”5个、“创新先锋岗”10个，获全区“创新先锋号”5个、“创新先锋岗”7个。

助力乡村振兴。充分利用科普资源优势，全市开展各类农牧业实用技术培训和现场技术指导200余场次，增强增收致富本领。发挥学会效能，市老科协、市农学会积极开展玉米新品种引进试验示范和林果业、粮改饲草牧业新技术推广、“十百千万”科普宣讲等活动，为促进农牧林产业化发展发挥重要作用。认真开展“专家人才服务基层”行动。组织科普专家团深入雪灾较重的农村牧区提供现场技术服务，指导受灾农牧民科学开展生产自救，帮助解决灾后恢复生产难题，最大限度减轻雪灾带来的损失，受益农牧民500余户。

实施“海智”计划。举办中国科协“海智”基地专题报告会，邀请山东省泰山学者海外特聘专家、山东省科学院研究员石峰和北京农业智能装备技术研究中心精准施药部主任翟长远两位专家，围绕生态环境保护、“智慧农业”等重点领域作专题报告，深入企业、基地进行实地走访调研，为企业在招才引智、海外智力需求等方面提供指导和支持，助推产业转型升级，促进科技经济融合发展。

图7　2021年12月9日，2021—2022年通辽市“科普之冬（春）”活动暨“专家人才服务基层”行动动员会议在通辽市行政中心召开（市科协　提供）

【科协系统深化改革】　2021年，市科协坚持问题导向，巩固深化科协系统改革成果，加强基层组织建设，为基层科协组织赋能聚力。进一步优化机构职能。不断加大“三长”配备工作力度，全市吸纳386名“三长”进入市、县、乡三级科协领导机构，使科协组织真正能够扎根基层、发挥作用，不断提升群众组织力、科技支撑力和科普传播力。持续加强基层组织建设。不断扩大基层科协组织网络，推动科协组织持续向基层延伸。全市有直属学会9个、农技协69个、企业科协33个、高校中小学科协308个、乡镇苏木（街道）科协124个，基本实现基层科协组织全覆盖。

【“智慧科协”建设】　2021年，市科协创新科普传播载体，在科普主题活动和科普信息化建设方面持续发力。不断完善“网络+科普”模式，整合网络优质科普资源，在市科协官网开设“全民科学素质行动规划纲要（2021—2035年）”“节能降碳，绿色发展”等专栏，上传科普文章400余篇；“通辽市科学技术协会”微信公众号宣传新冠肺炎疫情科普知识42篇，宣传“网络安全周”科普知识6篇。开展“春节期间疫情防控网络科普知识竞答”“2021年全国农民科学素质网络知识竞赛”“庆祝中国共产党成立一百周年‘党史+科普’网络知识竞赛”三项活动，全市参与人数3万余人，分享34482人次，知识点传播5万余次，在全市营造浓厚的防疫科普宣传和党史学习教育氛围。加强三支科普队伍建设，全市有科技志愿者10191人，科技志愿服务组织140个，科普专家服务团成员350人，“科普中国”实名注册科普信息员52139名，推送“科普中国”资讯870万次。

【“百名专家走进盟市旗县科普传播行”春季活动——通辽站启动】　2021年3月23日，2021年内蒙古自治区“百名专家走进盟市旗县科普传播行”春季活动——通辽站启动仪式在通辽市行政中心召开。

图8　2021年3月23日，2021年内蒙古自治区“百名专家走进盟市旗县科普传播行”春季活动——通辽站启动仪式在通辽市行政中心召开

（市科协　提供）

仪式安排部署春季活动重点任务，并为科普专家颁发聘书。来自中科院老科学家科普演讲团、中国科普作家演讲团和自治区科普专家团的科普专家13名及旗县级专家27名参加启动仪式。

（市科协　王海波　刘欣欣）

侨　　联

【概况】　通辽市归国华侨联合会（简称市侨联）下设旗（县、市、区）侨联9个。有侨联基层阵地——侨胞之家14个。2021年，在霍林郭勒市、开鲁县、库伦旗、奈曼旗、扎鲁特旗新建5所“侨胞之家”，实现全市旗（县、市、区）“侨胞之家”建设全覆盖。2021年1月，市侨联被中国侨联评为“全国侨联系统助力脱贫攻坚先进集体”。12月，市侨联被通辽市委宣传部、市委统战部、市民族事务委员会评为“全市民族团结进步示范单位”。

以助力乡村振兴为目标，全面落实包联工作任务，巩固夯实脱贫攻坚成果。2021年，结合“我为群众办实事”实践活动，协调民委为包联村——库伦旗茫汗苏木苏日图嘎查争取20万元养殖项目资金，协调残联为包联村贫困户解决康复治疗问题，组织侨企为贫困群众捐款捐物10万余元，惠及贫困家庭百余人。

【中秋茶话会】　2021年9月17日，通辽市委统战部、市政府侨办、市侨联举办“天涯共此时 同叙家国情”通辽市港澳台侨代表人士2021年中秋茶话会暨学习中央民族工作会议精神座谈会。市委常委、统战部部长赵航，市政协副主席金孟和，市侨联主席孙福全出席会议。市委统战部副部长、市政府侨办主任佟艳辉，市侨联副主席闫文清、全市各旗（县、市、区）侨联主席、驻市港澳台同胞、台资企业代表、市侨联委员、归侨侨眷代表、归国留学生代表等40余人参加活动。

【联络联谊】　2021年，通辽市侨联本着“两个并重”（海内和海外并重）、“两个拓展”（拓展海外、拓展新侨）原则，大力开展联络联谊工作。

图9　2021年11月25日，“通辽市涉侨法律服务工作站”揭牌

（王丹凤　摄）

图 10　2021 年 6 月 24 日，通辽市侨联在奈曼旗王府博物馆举办“奈曼王府博物馆——中国华侨国际文化交流基地”揭牌仪式　（王丹凤　摄）

在元旦、春节前后走访慰问通辽市部分老归侨、老侨眷和海归人员，并向海外华侨华人、外国友人和有关团体发送传递友谊的贺卡、慰问信 100 多件（封）。组织干部到江苏省考察学习，与扬州市侨联、扬州市侨商会建立友好合作关系。举办“学党史、感党恩、跟党走、展风采”侨界人士庆“七一”主题活动和“天涯共此时 同叙家国情”——通辽市港澳台侨代表人士 2021 年中秋茶话会暨学习中央民族工作会议精神座谈会，加强侨界群众思想政治引领，增进侨界群众的认同感和归属感。

【招商引资】 2021 年，通辽市侨联围绕通辽市委“招商为要 项目为王”工作部署，全力做好侨资企业、外资企业与本地企业之间的沟通联络、牵线搭桥，推动建立合作关系。2021 年，协调引进河北成大胶业有限公司到科左后旗工业园区建厂。

【维护侨益】 2021 年，市侨联依托北京市道成（通辽）律师事务所成立“通辽市涉侨法律服务工作站”，为广大侨界群众和侨资侨属企业提供法律维权援助和法律咨询服务。全年接待来访侨界群众 3 批 3 人次，对归侨侨眷的信访事宜，及时与有关方面联系、协调，全力予以解决，避免侨界群众越级上访，为 1 名海外华侨子女入学提供帮助，为 1 户侨属企业协调解决实际困难，为 1 名侨眷解决待遇问题。

【参政议政】 2021 年，通辽市侨联密切与侨界人大代表和政协委员的联系，做好服务工作。2021 年，组织开展 2 次侨联委员“三走进”活动，带领侨联委员走进社区、走进侨企、走进华侨文化交流基地，掌握市情、民情，提高侨界代表建言献策质量。

【文化交流基地建设】 2021 年，通辽市侨联组织旗（县、市、区）申报华侨文化交流基地，宣传展示通辽市文化底蕴和风土人情。2021 年，全市申报国家级文化交流基地 1 个、自治区级文化交流基地 7 个。6 月 24 日，举办“奈曼王府博物馆——中国华侨国际文化交流基地”揭牌仪式，同步开展系列文化交流活动。

（市侨联　王丹凤）

文　联

【概况】 通辽市文联有 10 个文艺家协会，分别是作家协会、美术家协会、音乐家协会、民间曲艺家协会、书法家协会、舞蹈家协会、摄影家协会、评论家协会、戏剧家协会、影视家协会。2021 年，市文联坚持将学习贯彻习近平新时代中国特色社会主义思想作为首要政治任务，通过党组中心组学习、党支部学习、文艺工作者培训等形式，深入传达学习贯彻习近平总书记重要讲话重要指示批示精神，紧扣习近平总书记在中国文联十一大、中国作协十大开幕式上的讲话精神及市委中心工作，厘清发展思路，明确任务目标，确保全市文艺创作工作按照习近平总书记和党中央确定的路线方针以及自治区党委、市委明确的工作要求向前推进。发挥文艺刊物阵地作用，先后在《哲里木文艺》《科尔沁文学》等期刊开设“铸牢中华民族共同体意识，创建民族团结美好通辽”主题专号、“庆祝中国共产党

图 11　2021 年 2 月 9 日，通辽市文联在通辽市新华书店开展“新春走基层”活动，组织书法家协会和美术家协会的部分艺术家为市民撰写春联　　（市文联　提供）

成立 100 周年，铸牢中华民族共同体意识，创建全国民族团结示范市”主题征文专刊和“铸牢中华民族共同体意识，庆祝中国共产党成立 100 周年”主题女性文学专号。组织文联系统干部职工及全市文艺骨干举办铸牢中华民族共同体意识专题培训 2 次。

【文艺志愿服务活动】　2021 年，市文联结合新时代文明实践活动，开展“新春走基层”活动，组织书法、美术文艺志愿者为市民们撰写春联、福字和创作美术作品。完成哲里木版画全国巡展——南京站展览。采取专家授课和交流互动的形式，组织开展科尔沁文化文艺研讨交流活动，对 100 名文艺骨干进行培训。举办“重走乌兰牧骑路，弘扬乌兰牧骑精神”哲里木版画旗县巡展，完成 14 站展出任务。《哲里木文艺》编辑部持续开展免费赠阅活动，并向内蒙古民族大学蒙古学学院赠送全套合订本，共 44 卷。

【“哲里木版画全国巡展——南京站”展览开展】　2021 年 6 月 2 日，南京市文学艺术界联合会、中共通辽市委宣传部、通辽市总工会、通辽市文学艺术界联合会主办，南京美术馆和南京市美术家协会、通辽美术馆、通辽市美术家协会承办的“哲里木版画全国巡展——南京站”展览在南京美术馆拉开帷幕。该次展览征集到 70 余名通辽市籍版画家的 120 幅作品，南京站作为哲里木版画全国巡展中的第二站，共展出其中的 73 幅作品。这些作品年代跨度大，题材丰富，汇集了哲里木老、中、青三代版画家的精品力作。

6 月 28 日，中国美术家协会版画艺术委员会、中共通辽市委宣传部、通辽市文学艺术界联合会、中共通辽市委史志办主办，通辽市美术馆、通辽市美术家协会承办的庆祝中国共产党成立 100 周年“百年丰碑——哲里木版画优秀作品展”在科尔沁版画艺术中心举行开幕式。作品展在市文联、市美术馆、市美协历时两年的精心策划和组织下，得以顺利展出，由 50 余位版画家根据题材进行主题创作。以建党百年为故事主线，以历史故事、英雄人物及时代楷模为主题，用版画形式表现中国共产党艰苦卓绝的斗争历史和取得的辉煌成就，设南湖曙光、草原星火、热血北疆、万马奔腾、时代楷模、绿水青山、小康之路七个篇章。此次“百年丰碑——哲里木版画优秀作品展”在通辽市是首次展出。

【“百年丰碑——哲里木版画精品展”】　2021 年 7 月 29 日，为庆祝中国共产党成立 100 周年，中国美术家协会版画艺术委员会、中共通辽市委宣传部、通辽市文学艺术界

图 12　2021 年 7 月 29 日，“百年丰碑——哲里木版画精品展”在中国美术馆开幕

（市文联　提供）

联合会、中共通辽市委史志办主办，通辽市美术馆、通辽市美术家协会承办的庆祝中国共产党成立 100 周年“百年丰碑——哲里木版画精品展”在中国美术馆开幕。这是继 1983 年哲里木版画第一次于中国美术馆展出之后，时隔 38 年，再一次登上中国美术艺术最高殿堂。

【通辽市摄影家协会协会之家成立】　2021 年 1 月 26 日，通辽市摄影家协会在新城街道新天地社区举行协会之家揭牌仪式。通辽市政协党组成员、副主席李艳荣，通辽市文联党组书记、主席苏日塔拉图为通辽市摄影家协会协会之家揭牌。

【科尔沁文化文艺研讨交流活动】　2021 年 7 月 20 日，通辽市委宣传部、通辽市文学艺术界联合会、通辽市文化旅游广电局举办的科尔沁文化文艺研讨交流活动启动仪式在通辽市委党校举行。研讨交流活动历时 4 天，采取专家授课和交流互动的形式进行，参加培训人员分中青年作家、音乐创作、舞蹈编导、小戏小品创作 4 个小组。通过交流学习、作品研讨、成果展示等形式，促进交流与互动，为助推通辽市文艺创作出精品、出新人、出新作奠定基础。

（市文联　张晓庆）

残　联

【概况】　通辽市残联下设两个直属科级事业单位：通辽市残疾人就业服务中心和通辽市残疾人康复托养中心，两个中心有事业编制 31 名。市残疾人协会包括盲人协会、聋人协会、肢残人协会、智力残疾人及亲友协会、精神残疾人及亲友协会等五大专门协会。截至 2021 年 12 月 31 日，全市各类持证残疾人 91179 人，全年康复救助残疾儿童 789 名，完成 4651 名残疾人精准康复服务，康复服务率 93.8%，残疾人培训 2575 人次，落实“阳光家园”项目资金 72.6 万元，全市残疾人就业保障金审核 6909.2 万元，审核率比 2020 年增长 26.3%。实施困难重度残疾人家庭无障碍改造 800 户。

【巩固脱贫攻坚成果】　2021 年，市残联与北京对口帮扶单位对接。7 月中旬，市残联组织带领 3 个国贫旗残联负责人到北京市密云区、顺义区、通州区残联进行考察对接，继续推进京蒙对口帮扶工作，4 个旗县分别与北京市对口帮扶单位残联签订帮扶协议。全年，申请使用北京对口帮扶资金 201.8 万元，解决辅助器具和残疾人就业基地及残疾人康复指导站建设帮扶项目。以自治区残联反馈的脱贫不稳定户残疾人、边缘易致贫户残疾人和突发严重困难户残疾人数据为基础，建立健全走访帮扶机制。对全市 886 名上述三类残疾人进行动态监测，积极开展走访活动、落实帮扶政策。

【康复救助工作】　2021 年，市残联为更好地满足残疾儿童康复现实需求，全市 8 个旗（县、市、区）及 1 个经济技术开发区都扩大康复救助年龄范围。除科左中旗外，其他旗（县、市、区）都放开家庭经济条件限制。全年有 789 名残疾儿童得到康复救助。规范化建设残疾儿童康复机构，印发《关于加强通辽市残疾儿童康复救助工作规范化建设的意见》，进一步规范残疾儿童定点康复机构管理和康复救助工作。残疾儿童定点康复机构由2020年的18家增加到21家。开展重度精神残疾人解锁救治、“大爱通辽 助康圆梦”视力障碍者免费复明手术、“大爱北疆 助康圆梦”公益行动等活动。全市得到康复服务的残疾人4651名（其中辅助器具适配2754名）。全市解锁救治重度精神残疾人65名，实施视力障碍者免费复明手术1142例。

【残疾人教育】 2021年，市残联继续打造通辽市未成年人思想道德建设“阳光雨露”品牌，组织部分特殊教育学校残疾儿童开展“母亲节”活动。完成残疾儿童学前教育机构补贴100人。对47名新录取残疾人大学生开展资助。协助相关部门落实国家统编教材改革任务，做好国家通用盲文和通用手语推广工作。

【文化体育工作】 2021年，市残联开展通辽市首届残疾人文化周系列活动，举办残疾人书画手工艺品作品展、文学作品线上朗诵展播、残疾人书画手工艺品线上展播、残疾人文艺演出4大类活动、18期次。精心选送残疾人葫芦雕刻、绘画、摄影等31件优秀作品参加内蒙古自治区残联举办的庆祝中国共产党成立100周年内蒙古自治区残疾人及残疾人工作者文创产品、书法、绘画、摄影展。推荐2个优秀节目参加内蒙古自治区残联举办的全区残疾人文艺会演。组建轮椅方阵、盲人方阵、特教学校儿童、志愿者及残疾人工作者百人合唱团，参加市委宣传部、市直属机关党工委举办的以“永远跟党走”为主题的通辽市庆祝中国共产党成立100周年群众大合唱活动，并获优秀组织单位奖。推荐通辽市优秀残疾人运动员6名参加全国第十一届残疾人运动会暨第八届特奥会比赛。通辽市运动员王宏杰获男子80公斤级举重比赛银牌，杨建全获第六名，铁钢获男子200米T42级银牌，孟可获男子1万米T12级第五名，金志强获雪上项目第五名。

【残疾人综合服务】 2021年，市残联开展残疾人证清理、换发及残疾人评定工作。对残疾人证管理系统内死亡未注销人员进行及时清理、注销。完成9万张第三代残疾人证制作并开始换发。推广残疾人证社会化服务应用，实现残疾人刷第三代残疾人证可在主城区免费乘坐公交车和刷残疾人证在指定药店购药享受优惠价格功能。举办全市残疾评定培训班，邀请自治区专家对80名残疾评定医生进行培训。开展入户办理评残4998人。完成9.2万名残疾人基本服务状况和需求信息更新。全年实施困难重度残疾人家庭无障碍改造800户。实施盲人数字阅读推广工程，新建库伦旗、扎鲁特旗盲人图书馆。承办“全国第十一届残疾人健身周暨内蒙古自治区盲人那达慕”活动，来自部分省、市的盲人代表、通辽市盲人群众及志愿者和工作人员130人参加活动。动员社会各界爱心助残，落实爱心企业、个人捐赠的价值21万元的款物，对112名低收入重度残疾人进行救助。

【通辽市残疾人工作会议】 2021年3月16日，通辽市残疾人工作会议暨全市残疾人业务工作培训会议召开。市残联党组成员、理事会副会长张

图13　2021年6月22日，通辽市残联组建“让梦飞翔”百人合唱团参加通辽市庆祝中国共产党成立100周年群众大合唱活动　（市残联　提供）

志强传达第三十五次全国残联工作会议精神和2021年全区残疾人工作会议精神。奈曼旗、科左中旗和开鲁县分别就残疾人总体开展情况、残疾人就业创业工作开展情况、残疾人康复工作开展情况作交流发言。市残联党组书记、理事长蔡川龙总结“十三五”时期全市残疾人事业取得的成绩和2020年全市残疾人工作开展情况，提出“十四五”时期全市残疾人事业发展的总体思路和目标，对2021年全市残疾人重点工作进行安排部署。市残联各部室及会属各中心负责人就各自领域的业务进行讲解，对2021年重点工作进行具体安排。市残联机关及会属各中心全体人员，各旗（县、市、区）残联理事长、副理事长及各业务部室负责人，市级各专门协会主席，市特教学校负责人参加会议。

【全市残疾人就业创业推进会召开】 2021年10月22日，全市残疾人就业创业推进会在科左中旗保康镇召开。会议期间，与会人员现场观摩科左中旗云建种植业专业合作社、科左中旗助残乐器配件制造有限公司、内蒙古粮行天下生态农业有限公司等3个残疾人集中就业基地。会上，科左中旗残联和开鲁县残联分别就残疾人就业创业工作和残疾人基层组织建设工作作典型发言。市残联主要领导、分管领导、相关业务部室负责人，各旗（县、市、区）残联理事长、相关业务部室负责人，通辽开发区民政局分管副局长、相关业务部室负责人，市、旗两级财政局有关科室人员参加会议。科左中旗副旗长唐红梅全程陪同现场观摩并参加会议。

【全国第十一届残疾人健身周暨内蒙古自治区盲人那达慕在通辽举行】 2021年9月11日，中国残联主办，中国盲人协会、内蒙古自治区残联、内蒙古自治区盲人协会、通辽市残联、通辽市盲人协会承办的全国第十一届残疾人健身周暨内蒙古自治区盲人那达慕在通辽市扎鲁特旗举行。中国盲人协会、内蒙古自治区残联、内蒙古自治区盲人协会、通辽市残联、通辽市盲人协会相关领导出席。那达慕活动以“提供身边体育服务，体验残奥冬残奥，参与残运会，云享康复健身”为主线，以“我心向党、喜迎冬奥、助力残运、欢乐健身”为主题。现场设置盲人拔河比赛，蒙古马骑乘体验，蒙古布鲁比赛，草原、古榆林漫步，蒙古弓箭比赛，蒙古式摔跤比赛等富有地域特色的健身活动，让来自各地的视障人士亲身感受到体育健身带来的快乐。来自部分省市的盲人代表、通辽市盲人群众及志愿者和工作人员130人参加活动。

【通辽市首届残疾人文化周系列活动】 2021年9月，通辽市首届残疾人文化周系列活动举办，通辽市委副书记、政法委书记方玉东，市人大常委会副主任李志刚，市政协副主席檀志军等领导出席开幕式并共同启动文化周活动。9月13日，“携手新征程　书写新画卷”残疾人书画手工艺作品展开幕。9月24日，举办“永远跟党走”通辽市残疾人文化周闭幕式文艺演出。通过线上线下的方式举办残疾人文学作品线上朗诵展播、通辽市残疾人书画手工艺作品线上展播和残疾人文艺演出4大类活动18期次，有200余名残疾人文艺爱好者参加活

图14　2021年9月11日，全国第十一届残疾人健身周暨内蒙古自治区盲人那达慕在通辽市扎鲁特旗举行。图为盲人体验蒙古摔跤（市残联　提供）

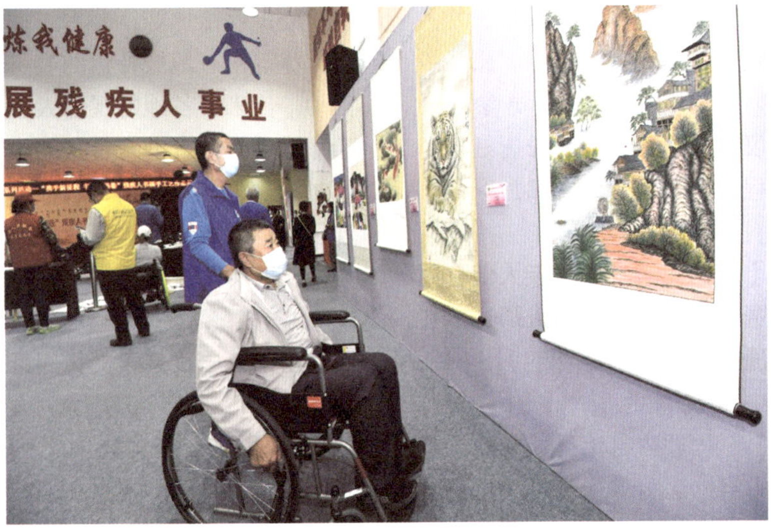

图15　9月13日，通辽市首届残疾人文化周系列活动——“携手新征程　书写新画卷”残疾人书画手工艺作品展开幕　（市残联　提供）

动，线下活动残疾人直接参与1000余人次，线上活动阅读点击量10万余次，推荐量3万余次。

（市残联　张　鹏）

红十字会

【概况】　截至2021年年底，通辽市红十字会下属8个旗（县、市、区）红十字会，全市各级红十字会有基层组织805个，其中苏木（乡镇、街道办事处）114个，嘎查（村、社区）441个，学校231个，企事业单位19个。团体会员407个，成人会员47473个，青少年会员180598个。在中国红十字志愿者网站注册志愿者1029人。设备灾服务站点8个，博爱家园51家，注册红十字志愿者3070人。2021年，通辽市红十字会围绕市委、市政府中心工作，以加强党的建设为统领，以弘扬“人道、博爱、奉献”的红十字精神为己任，本着为政府分忧、为群众解难的原则，聚焦主责主业，实施“基层基础、品牌引领、典型选树、数字红会、阳光红会、暖心关爱”六大工程，加强三库三队一平台建设，培树“救”在群众身边、“爱”在群众身边和指尖上的红十字会品牌，红十字会凝聚力、影响力和公信力明显提升。

不断拓展多元化筹资，开展“9·9”公益日网络募捐，参与人数达2725人。截至12月31日，全市募集“博爱一日捐”1523万元。项目筹资39.8万元，接收通辽雪灾捐款1880多万元。加强捐赠款物管理，及时公告收支信息，做到公开透明。

2021年，通辽市红十字会和8个旗（县、市、区）红十字会实施以社区备灾站点、便民桥涵、应急救护大讲堂等为硬件内容的“博爱家园”项目8个，建设应急救护点8个，应急救护角9个，建设志愿服务基地2个，创建红十字示范校7所。在内蒙古民族大学医学院建立捐献者缅怀纪念园、红十字生命教育基地。

【人道文化传播】　2021年，市红十字会建立微信公众号、视频号，抖音号，今日头条等宣传平台。全年，微信公众号发布信息397条，阅读量12万；今日头条号发布信息208条，总阅读量150万余次；微信视频号和抖音号发布913条，观看点击量81万次；各级媒体发表文章129篇，报纸专版10期。通辽市红十字会供稿、新华社报道的两篇雪灾救灾信息全部突破百万浏览量。推进“一报一刊”征订，全市订阅《中国红十字报》175份，《博爱》期刊175份。加强平台基地建设，年内新建人道文化传播点8个，人道文化传播基地2个。加强志愿服务工作，召开志愿服务联盟项目分享会暨培训座谈会，开展志愿服务活动。有16支红十字志愿服务队，注册红十字志愿者942名。年内申报志愿服务项目3个。

【备灾救灾】　2021年，市红十字会加强“三救”工作，提升服务民生能力。加强应急救援能力建设，成立红升应急救援志愿服务队，并开展应急救援演练，为企业学校开展防疫消杀。加强备灾救灾物资库建设，在丰盛物流园协调1400平方米库房，并按标准补充应急物资储备，加强仓库管理，及时检查晾晒通风，做好“四防”工作，物资库应急储备能力显著增强。参与常态化新冠肺炎疫情防控工作，配合各部门做好疫情防控工作。开展雪灾专项募集款物工作，全力应对“通辽暴雪”灾害。及时发出接收捐赠款物公告，动员社会力量共同应对雪灾，募集款物折价1880多万元，在市应对处置暴雪灾害工作指挥部的领导下，为做好受灾地区支援救助和压损棚舍恢复重建等工作作出贡献。

【社会救助】 2021年，市红十字会开展红十字“博爱送万家”活动，市、旗两级红十字会投入481.97万元，3.2万户，9.6万人受益；申报“小天使”“天使阳光”基金救助26人，获批8人，获得救助金25万元；推进“光明行”社会公益活动，年内筛查人数5948人，成功实施复明手术437例。

【应急救护培训】 2021年，市红十字会与通辽职业学院签订校地合作协议，并建立应急救护培训基地。在全市范围开展“爱在群众身边、救在群众身边”百场救护培训活动，加强应急救护培训力度，开展应急救护培训318期，普及性培训26668人，救护员和CPR+AED培训4747人，培训数质量均有大幅度提升。

【造血干细胞血样采集和捐献】 成立“三献”宣传志愿服务队，开展无偿献血、无偿捐献造血干细胞、无偿捐献人体器官和遗体工作的宣传动员。造血干细胞捐献登记410人，完成造血干细胞血样采集入库396人份，成功捐献2例，均创历年新高。

【遗体器官捐献】 2021年，市红十字会做好志愿者招募登记、保留回访等工作，2021年，人体器官捐献报名登记92人，实现成功捐献遗体和器官5例，其中遗体3例、角膜2例。

【五届三次理事会召开】 2021年5月28日，通辽市红十字会第五届理事会第三次会议召开。会议听取和审议通过《通辽市红十字事业发展“十四五”规划(2021—2025年审议稿)》，审议通过《2020年通辽市红十字会本级捐赠款物收支情况报告》，听取第一届监事会工作情况，部署通辽市红十字会2021年重点工作任务和全市红十字会系统党风廉政建设工作，并进行核心业务培训。会议期间，召开市红十字会第一届监事会第三次会议。

（市红十字会　周占华　张　静）

社科联

【概况】 2015年11月，通辽市社会科学界联合会经市机构编制委员会会议研究同意成立，为市委宣传部管理的相当正科级群众团体，主要职能为：履行社科学术团体、民办社科研究机构业务主管部门的职责，指导旗（县、市、区）、高校、企业的社科联工作；围绕市委、市政府的工作大局和经济社会发展中重大理论和实践问题，有针对性地开展对策研究，为市委、市政府重大决策提供政策咨询；严格按照有关法规政策，加强对所属社团的规范管理和科学指导，加强对属地各类讲坛、论坛、研讨会等社科活动的审查管理工作；受市委、市政府委托，组织全市哲学社会科学优秀成果政府奖的评选工作，组织开展学术交流与合作。

2021年，通辽市社会科学界联合会始终坚持把学习贯彻习近平新时代中国特色社会主义思想作为重大政治任务，引领社科理论界先学一步、学深一层，深入学习贯彻习近平新时代中国特色社会主义思想，拥护“两个确立”、增强“四个意识”、坚定“四个自信”、做到“两个维护”。深入开展党史学习教育。举办各类专题宣讲20余场，征集发表理论阐释文章50余篇。团结和组织全市广大哲学社会科学工作者围绕中心、服务大局，持续深化和创新理论武装、社科普及和社科研究工作，以党的创新理论武装头脑、指导实践、推动工作，取得一定成效。

【社科普及】 2021年，市社科联创新普及形式，与通辽日报社、自治区社科联联合打造《好好学习》微视频10期。拓展普及平台，《马上学习》电视栏目得到中宣部“新闻阅评”关注。社科普及基地建设有序推进，3个自治区级基地

（通辽日报社、通辽市图书馆、通辽市博物馆）完成自查评估。

【社科研究成果】 2021年，市社科联全市社科规划课题研究项目结项8项，包含通辽市基层社会治理创新研究、通辽市推动巩固脱贫攻坚成果同乡村振兴有效衔接路径研究、促进通辽市农畜产品生产基地高质量发展研究、学习贯彻习近平中央民族工作会议精神讲话促进各民族交往交流交融——以通辽地区为例、通辽市青少年铸牢中华民族共同体意识的培育研究、内蒙古各族干部群众增强“五个认同”路径研究、通辽市在青年大学生教育中抓好中华民族共同体意识教育的路径研究、依托铸牢中华民族共同体意识教育，增进民族高校教职员工“五个认同”路径研究——以内蒙古民族大学为例。张少禹、张志丹合著的论文《论亚里士多德谈哲学中的公正》，王蒙的著作《图书馆创客空间建设》，胡胜的著作《全面推进依法治国的路径研究》3件社科作品获自治区哲学社会科学奖。推出《成果要报》4期。

【从严管控意识形态阵地】 2021年，市社科联对宣传部门管理的通辽市科尔沁历史文化研究会暨孝庄研究会、通辽成吉思汗族谱文化研究会、通辽僧格林沁历史文化研究会、通辽科尔沁朗诵艺术学会、通辽蒙古族传统文化研究会、通辽家庭教育研究会、通辽市蒙汉民族喜文化艺术研究院、通辽科尔沁民族民间舞艺术学会、通辽科尔沁书虫阅读联盟9家社团活动实时监控。严格审核社团年度活动计划，依规叫停社团活动2项，并加强约谈手段，确保抓早抓小、防患于未然。

（市社科联　梁　爽）

人大立法

【概况】 2021年，通辽市加强对立法工作的组织协调，发挥地方立法实施性、补充性、探索性作用。制定出台《通辽市重要法规草案起草小组“双组长”制度实施办法》，进一步完善重要法规起草工作机制。深入开展城镇供热条例、文明行为促进条例、城市供水条例等立法调研，进一步明确地方立法的重点方向和着力点，为高质量立法做好前期准备。公开征集下一届人大及其常委会立法规划（2022—2026年）项目，拓宽立法项目来源渠道。启动行使地方立法权以来首次立法后评估工作，对《通辽市城市市容和环境卫生管理条例》的“综合执行情况”、具体条文“合法性、可操作性”等内容进行评估，以“回头看”的形式考量和检验立法工作的绩效和质量。

【重点领域立法】 2021年，通辽市围绕市委重大决策部署和通辽市经济发展布局，着力抓好“小切口”“精细化”立法，突出地方特色，制定出台《通辽市蒙药保护发展条例》。经自治区人大常委会审批通过，该条例于2022年3月1日正式施行。围绕“生态优先、绿色发展”的理念，推动生态环保立法。将《通辽市农用薄膜污染防治条例》修改为《通辽市农用地膜污染防治条例》，使法规内容更加明确，表述更加精准。经自治区人大常委会审批通过，于2022年3月1日正式施行。

【规范性文件备案审查】 2021年，通辽市开展国家通用语言文字相关地方性法规专项清理和法规全面清理工作，将通辽市现行有效的6件地方性法规全部纳入清理目录。对《通辽市城市市容和环境卫生管理条例》《通辽市大气污染防治条例》进行打包修改，经自治区人大常委会审查批准，重新公布实施。对现行有效的51件规范性文件开展清理“回头看”工作，建议对涉民族工作内容的4件和其他内容不适当的21件规范性文件进行修改，维护法制的权威与统一。常务委员会会议首次听取和审议市人大常委会宪法和法律工作委员会关于规范性文件备案审查工作情况的报告，不断提高备案审查工作质效。

政法委与综治

【概况】 2021年，通辽市开展党史学习教育、政法队伍教育整顿、以案促改全面修复净化政治生态等一系列专项行动，制定20项年度重点工作举措，推动平安通辽、法治通辽和过硬队伍建设，提升防范应对各种风险挑战水平，全力护航通辽市经济社会高质量发展。建立通辽市委政法委周例会、市直政法系统双周例会、全市政法委系统月例会“政法三会”工作机制，统一政法单位思想共识，加强政法工作协调联动。年内，召开“政法三会”28次，部署推进重点工作105项（次），办结率94%。首创“政法干部讲坛”制度，通辽市级领导授课6次，累计轮训政法干警4000余人次。加强《通辽政法在线》电视专栏、“通辽政法微联盟”、《政法快讯》等全媒体阵地，开通今日头条、一点资讯、快手、抖音等账号200余个，粉丝量突破300万，形成全方位、多角度的立体宣传矩阵。

【社会治理】 2021年，通辽市聚焦“南有枫桥、北有通辽”发展目标，学习借鉴新时代“枫桥经验”，深化市域社会治理现代化试点工作，制定市域社会治理现代化试点基础工作指引和特色工作指引，完善226项工作举措。召开全市心理健康服务体系建设库伦旗现场会，推广库伦旗心理健康服务体系建设先进经验，统筹推进全市社会心理健康服务体系、工作平台、制度机制落实落地，构筑平安建设“心防工程”。挖掘霍林郭勒市六十栋“三共三联”社区治理经验，推动党群共治抓联合、社企共建抓联动、网格共享抓联控，提升社区治理红色指数、平安指数、幸福指数，为市域社会治理现代化提供通辽经验。深入实施未成年人保护“复苗工程”，创新提出“塑苗、护苗、复苗”工作理念，构建“五位一体”工作格局，未成年人刑事犯罪人数同比下降59.6%。推进党建引领“一号通办、街镇（苏木）统办”群众工作机制，加快推动各旗县、苏木乡镇“五心合一”矛盾纠纷化解服务中心实体化建设，打造多元化解、诉调对接的完整链条，建立社会矛盾纠纷“一厅式受理、一站式办理、一揽子解决”的工作新模式。2021年，受理各类矛盾纠纷10231起，化解9342起，化解率91.3%。加快推进社会治安防控体系建设，落实社区警务战略，配备2309名社区（嘎查村）辅警，落实公安武警联勤联防武装巡逻和“1、3、5”分钟快速响应机制。打造“联动共治”反诈新模式，破获电诈案件798件，止付冻结4.95亿元，破案数、打击犯罪数均居自治区首位。“防范化解社会治安风险”“发挥自治强基作用”两项工作被列为自治区市域社会治理现代化试点分类指导重点项目，多项社会治理典型经验被新华社、《法治日报》等中央媒体宣传报道，社会治理工作向“南有枫桥、北有通辽”的目标稳步迈进。

【专项整治行动】 2021年，通辽市制定《通辽市行业领域专项整治实施方案》，重点对矿产资源、生态环保、社会治安等12个领域，开展行业领域自查自纠，累计启动各类整治行动158项，先后出动人员10.39万余人次，查处各类问题1.2万个。

【开展法律“七进”活动】 2021年，通辽市开展送法下基层活动9904次，为189家中小企业开展“法治体检”295次，避免企业损失8667万元，实现市、旗、镇、村“法律七进”全覆盖。

【法院系统优化营商环境】 2021年，通辽市法院系统开展规范执行行为专项整治，持续推进执行指挥中心实体化运行，执结案件16078件，到位金额8.33亿元，结案率从56.21%提升到85.64%。发布保障产权及企业家合法权益典型案例，50%以上民商事案件由速审团队办理，对涉企类案件实行清单管理、动态销号，收涉企案件2.2万件、结超1.9万件、结案率86.8%。与赤峰市签订服务保障蒙东地区“双子星座”区域中心城市建设司法协作框架协议，推动两地实现跨域立案、党建融合、信访化解协同治理。

【检察系统优化营商环境】 2021年，通辽市检察系统开展“检察护航民企”专项行动，设立“涉企案件绿色通道”，清理2020年以来的涉企案件，建立涉企案件快速受理机制，对2020年以来的涉企案件填写《全市检察机关涉企案件登记卡》。2021年，受理涉企刑事案件中，批捕阶段受案数下降23.9%、批捕数下降14.8%、不捕数提高14.8%；起诉阶段受案数下降31.4%、起诉数下降40.7%、不诉数上升32.4%；检察机关以“人民群众接待周”为载体，优化控告申诉检察工作，接待群众251人次，群众满意率达98%。

【公安系统优化营商环境】 2021年，通辽市公安系统建立“警企联络员”制度，创新推出便民服务举措453项，开展“互联网+公安政务服务平台”“24小时警局”建设，公布“一次办”政务服务事项209项，推出服务群众“帮您办”代办帮办事项51项，建立便民利企“一站办”试点派出所4个，交管业务"就近办"便民服务网点13个。

【司法行政系统优化营商环境】 2021年，通辽市司法行政系统成立知识产权仲裁院、金融仲裁院，创新"复议＋调解"模式，推动涉企案件实质性化解。开展全市律师行业突出问题专项治理，办理自查核查线索22条、查实19条；对法官离任后以律师身份违规担任诉讼代理人、违规兼职、私自收费等违法违纪问题，分别给予警示教育、行政处罚和行业处分。

【政法队伍教育整顿】 2021年，通辽市深入开展政法队伍教育整顿活动，加强统筹推进，市委召开动员部署会、市委常委会2次、领导小组会3次、整顿办主任会5次和专题推进会研究部署推动5次，市委书记逐一与市政法机关"一把手"和旗县委书记谈心谈话，指明问题、严肃要求，逐级压实各方责任。坚持问题导向、目标导向，市旗两级党委书记带头开展调研督导，先后开展调研26次，亲自推动解决问题42个。加强政治学习，组织开展政治轮训159场次、参与人数2万余人次，开展线上线下知识竞赛，累计参与1.6万余人次，总访问量达30万余人次，确保学习教育全覆盖。推动重点线索核查攻坚，中央督导组关注的3条重点线索和自治区整顿办转办的17条重点线索均全部办结。注重边查边改，梳理形成"7+N"顽瘴痼疾整治总体台账，累计排查梳理顽瘴痼疾具体问题3316个、落实整改3287个，整改完成率99.13%，对需要长期坚持的整改问题固化为制度117项。开展政法英模宣传教育活动，集中宣传"全国优秀法官"王爱林等14名英模先进典型事迹，累计开展英模事迹报告会等活动121场次，开展评选通辽市"十大法治事件、十佳法治人物、十佳法治新闻、普法依法治理创新案例"活动，培树评选"政法忠诚卫士"20名、"最美政法干警"80名。

【政法系统"以案促改"专项行动】 2021年，通辽市开展"以案促改"全面修复净化政治生态集中专项行动，一体推动政法系统以案促改、以案促建、以案促治。围绕党的十九大以来查处的政法系统典型案例，拍摄警示教育片《案鉴》、编印《通辽市政法干警违纪违法典型案例警示录》，召开全市政法系统警示教育大会，深度剖析政法领域腐败问题根源。全市各级政法单位采取宣读忏悔书、旁听庭审现场、组织家属助廉活动等方式，累计召开各类警示教育活动312场次。全市各级政法单位党组（党委）和领导班子成员坚持"三个摆进去"，对照宋亮、刘百田等重大违纪违法和政法系统违纪违法典型案例，召开以案促改专题民主生活会，查找思想根源、制度漏洞、治理缺陷、监督缺失、干部作风等方面的突出问题，累计形成政法机关领导班子民主生活会问题清单47份，查摆问题487条，提出整改措施576条。建立政法机关"一把手"责任清单、政法系统违纪违法案例通报曝光等系列制度，健全政法队伍监督管理制度体系，各级政法单位累计建章立制919项。

【政法系统改革】 2021年，通辽市法院机关推进审判监督管理改革，将重点案件全部纳入常态化动态监管、全过程一体评价，长期未结案件全部清零，一审民商事案件速裁率达60%。检察机关落实司法责任制，践行"少捕慎诉"理念，建立完善检察官业绩考核评价机制，促进检察工作提质增效。公安机关完成市旗两级"大部门、大警种"改革，开展"互联网＋公安政务服务"平台建设，277项公安政务服务事项全部接入网上平台办理。司法行政机关完成行政复议制度改革，实现全市行政复议案件集中办理，年内累计办理行政复议案件237件。

（市委政法委 董效政）

法治政府建设

【概况】 2021年，通辽市政府深入贯彻落实习近平法治思想，将党的领导贯穿于法治建设全过程、各方面，严格履行法治政府建设主体责任，召开市政府党组会议和常务会议6次，研究谋划法治政府建设工作。各级政府及工作部门围绕《法治政府建设实施纲要（2021—2025年）》要求，全面落实中央、自治区和市委关于法治政府建设的决策部署，进一步健全制度体系，创新工作管理，加强统筹协调，“放管服”改革不断深化，严格规范公正文明的行政执法不断推进，依法行政水平不断提升。各地区、各部门通过各级党委（党组）理论中心组学法、建立领导干部学法清单制度、党政负责人专题法治讲座、新任职领导干部法律知识测试、宪法宣誓等形式，不断夯实领导干部在法治建设中的示范带动作用。推进法治政府建设督察工作，年内对9个旗（县、市、区）、19个市直部门进行法治督察，督促推动法治政府建设各项任务落实。推进述法工作，将述法工作纳入领导干部年度考核中，压紧压实领导干部责任，推动党政主要负责人履行推进法治建设第一责任人职责。

【政府服务效能提升】 2021年，通辽市全面实行政府权责清单制度，推动有效市场和有为政府更好结合。推行“一枚印章管审批”，深入推进相对集中行政许可权改革；推行“双随机、一公开”“互联网+监管”，做到“一次体检，全面体检”。2021年，全市开展本部门双随机抽查617批次，抽查市场主体4919户，开展部门联合双随机抽查201批次，抽查市场主体829户；深入推进“放管服”改革，全面推进“一网办、掌上办、一次办、帮您办”，上线运行全市“一张网”一体化在线政务服务平台，创新“承诺即开工”“通辽会客厅”等服务模式，政务服务事项网上可办率达98%，企业开办压缩至1个工作日以内；在自治区率先实现工程建设项目跨层级审批、投资项目和工程建设项目审批信息互联互通；依法做好疫情防控，各部门深入贯彻落实疫情防控相关法律和规章制度，筑牢常态化疫情防控的法治防线。

【依法决策】 2021年，通辽市各级行政机关负责人牢固树立依法决策意识，严格遵循法定权限和程序，作出决策注重听取法律顾问、公职律师或者有关专家的意见。2021年，法律顾问参与重大事项37件次，对市政府及市政府办公室制定的100余件规范性文件、行政文件、合同协议进行合法性审核；严格执行重大行政决策程序。贯彻落实《重大行政决策程序暂行条例》，修订《通辽市人民政府重大行政决策目录管理办法》，市政府常务会议研究确定2021年通辽市重大行政决策事项5项，通过市政府网站对外公布。

【规范政府权力运行】 2021年，通辽市政府及政府各部门自觉接受社会各界监督，人大代表建议和政协委员提案办复率达100%；深入推进政务公开，制定《通辽市政府信息公开保密审查制度》等5项政务公开配套制度；推进诚信政府建设，制定《通辽市优化营商环境诚信政府建设专项提升实施方案》，兑现优惠政策资金，全市纳入拖欠民营企业账款台账的无分歧账款全部还清。7月，据中经网监测，通辽市城市综合信用指数在全国261个地级市中排名第88位、全区第1位。

【行政执法体制改革】 2021年，通辽市和各旗县五支综合执法队伍改革任务全面完成，全市91个苏木乡镇、4个具有农区管理职能的街道统一组建综合行政执法局，逐步实现苏木乡镇“一支队伍管执法”；探索实行跨领域部门综合执法，将宗教、民委等领域的全部或部分行政执法权纳入文化市场综合执法队伍；将自然资源、林业和草原、水务、农牧等生态环境保护领域的全部或部分行政执法权纳入生态环境综合执法队伍；将住房城乡建设、自然资源、生态环境保护、市场监管、交通管理、水务管理等领域的全部或部分行政执法权纳入城市管理综合执法队伍，全面构建综合行政执法改革新体制，建立综合执法队伍16支。

【清理规范性文件】 2021年，通辽市各地、各部门按照《内蒙古自治区规范性文件制定和备案监督办法》开展规范性文件全面清理工作。梳理规范性文件531件，继续有效378件，废止55件，宣布失效98件，其中涉及生态建设、煤矿监管、“放管服”领域104件，继续有效58件，废止7件，宣布失效39件；开展涉企规范性文件、涉计划生育规范性文件以及涉民族工作规范性文件专项清理工作，梳理规范性文件55件，继续有效41件，废止和宣布失效14件。

【行政执法监督】　2021年，通辽市推进行政执法“三项制度”，落实行政执法公示制度，按照“谁执法谁公示”原则，实行执法事前、事中、事后全面公开，及时将执法信息全面、准确、及时向社会公示，接受群众和社会监督；全面推行行政执法全过程记录制度，对行政执法的启动、调查取证、审核决定、送达执行等全部过程进行记录，实现系统归档保存，做到执法全过程留痕和可回溯管理；严格执行重大执法决定法制审核制度，组织各行政执法部门按照自治区确定的标准编制重大执法决定法制审核目录清单，合理设置法制审核机构、配备专业法制审核人员、编制法制审核流程图；严格执法主体审查，依法确定公布市级行政执法主体54家。其中，法定行政机关32家、法律法规授权组织7家、依法接受委托执法15家；深入开展行政执法案件评查，随机抽取评查群众关注度高的食品药品安全、道路运输、生产安全等重点领域的行政处罚案卷71卷，对评查结果进行通报。

【行政复议改革】　2021年，通辽市全面落实国家、自治区行政复议体制改革要求，率先在全区范围内完成行政复议体制改革。7月1日，市、旗两级人民政府正式行使改革后行政复议职责，一级政府只设一个行政复议机关，除实行垂直领导的海关、金融、外汇管理等行政机关，税务和国家安全机关外，均由本级政府统一行使改革后行政复议职责。2021年，全市收到行政复议申请265件，同比增长29.90%。审结受理案件237件，审结率91.15%。制发行政复议意见书8件，建议书5件。全市各级行政机关办理行政应诉案件465件，胜诉案件295件，胜诉率63.44%；为进一步压实行政机关负责人出庭应诉责任，提请市政府印发《通辽市人民政府办公室关于进一步加强行政机关出庭应诉工作的通知》，通过市委全面依法治市委员会办公室向市政府进行专报，并印发《关于落实领导批示意见严格执行行政机关负责人出庭应诉规定的通知》；同市人民法院建立行政机关负责人出庭应诉信息共享机制，及时掌握行政机关开庭信息，向应诉行政机关发送出庭应诉提示函、督促函，提示、督促被诉行政机关负责人出庭应诉。2021年，累计制发提示函41份、点对点通报8期，将出庭应诉率纳入依法治市和法治政府考核指标。全市行政机关负责人平均出庭应诉率为75%，败诉率为36.56%。

【全面依法治市】　2021年，通辽市全面依法治市委员会办公室筹备召开市委全面依法治市委员会会议4次，全面依法治市委员会办公室会议5次，制定印发《通辽市全面依法治市委员会2021年工作要点》，明确43项任务，制定《委员会办公室工作要点》，明确23项任务。制定《通辽市贯彻落实自治区党委全面依法治区委员会〈关于加强综合治理从源头切实解决执行难问题实施意见〉的责任分工方案》、通辽市贯彻落实《〈习近平总书记在中央全面依法治国工作会议上的重要讲话精神分工方案〉任务措施》和通辽市贯彻落实《〈全区法治建设存在的突出问题清单〉整改措施》等文件，确保全面依法治市各项工作任务有序推进。7月至8月，分别对全市8个旗（县、市、区）、1个经济开发区和72个市直部门上半年法治建设工作以及4个协调小组工作推进情况进行工作调度，并及时总结工作成效，推广良好经验做法，累计形成全面依法治市专题信息41期。12月22日，为深入学习贯彻习近平法治思想和中央全面依法治国工作会议、自治区党委依法治区工作会议精神，组织召开通辽市全面依法治市工作会议，研究部署通辽市全面依法治市工作。

（市司法行政局　孙　哲）

公　安

【概况】　2021年，通辽市公安机关把握党的政治建设根本性地位，坚持和加强党对公安工作的绝对领导、全面领导。始终把深入学习贯彻习近平新时代中国特色社会主义思想作为首要政治任务，作为各类党内会议的“第一议题”。建立“第一议题”专题学习、研究贯彻、任务落实、督促检查、结果反馈的全流程制度体系。坚持管思想、管工作、管作风、管纪律相统一，市旗两级公安机关党委健全全面从严管党治警、政治巡察和政治督察等工作制度，进一步加强组织领导体系。健全通辽公安“大监督”格局，开展对市公安局部门党组织政治巡察和旗县公安局党委班子政治督察。高标准完成市委巡察和政法委政治督察整改工作任务，在市委巡察整改考评验收工作中被评为“优秀”等次。

2021 年，通辽市成立 50 人的常备应急处突队伍，对全市 433 个危爆物品重点场所开展隐患排查整治，发现并推进整改安全隐患 288 处。打击跨境赌博违法犯罪，破获案件 49 起，抓获犯罪嫌疑人 98 人，冻结涉赌资金 700 余万元，纳入黑名单管理 200 人。开展煤炭领域专项行动，涉煤刑事案件立案 31 起，其中移交纪委监委 2 起，抓获犯罪嫌疑人 71 人，挽回经济损失 9283.56 万元。

【刑事犯罪案件侦查】 2021 年，破获 6 起跨区域系列盗抢骗案件，并全部移送检察机关起诉；配合侦查协作广东、河南、辽宁等地公安机关申请的 3 起重大刑事案件；截至 12 月底，全市抓获网上在逃人员 262 名。通辽市两级刑侦支队警犬技术部门使用警犬参与各类案件侦办 34 起，并全部发挥作用；两级警犬技术部门参加安全检查 44 次，执行押解任务 103 次。

在打击传统盗抢骗方面，截至 12 月底，全市立盗抢骗案件 2168 起，侦破 986 起。刑侦部门践行打击传统“盗抢骗”犯罪“小案快侦、抢案必破、盗案多破、有赃即追”的工作理念，开展全市打击盗窃百日会战，全市立盗窃案件 1694 起，破获盗窃案件 669 起。

在打击文物犯罪专项行动方面，2021 年，全市破获文物犯罪案件 13 起，抓获嫌疑人 34 人。其中，霍林郭勒市破获 1 起，抓获 7 人；科左后旗侦破 4 起，抓获嫌疑人 5 人；奈曼旗侦破 1 起，抓获嫌疑人 1 人；科尔沁区破获 2 起，抓获嫌疑人 5 人，库伦旗破获 5 起，抓获嫌疑人 14 人；扎鲁特旗抓获历年犯罪嫌疑人 2 名。

在打击涉枪犯罪方面，“9・29”专案行动核查完成赴外省 312 条线索和 113 名涉枪嫌疑人，抓获 30 人，缴获各类枪支 43 支、枪支配件 40 件，收缴各类弹药 2.1 万发。截至 10 月底，全市收到本地涉枪线索 107 条，涉及 106 人。核查 102 条 101 人，抓获嫌疑人 9 人。全市立涉枪案件 9 起，破获本地涉枪案件 9 起，现案破案率 100%，抓获嫌疑人 9 人，缴获各类枪支 11 支。其中，奈曼破 4 起抓获 5 人（协外抓获 1 人），扎鲁特旗破 3 起抓获 3 人，科左中旗破 1 起抓获 1 人，通辽经济技术开发区破 1 起。

开展“团圆”行动。科尔沁区成功帮助“三千孤儿入内蒙”，及两位老人时隔 60 年姐妹相认；开发区公安分局比中失踪被拐儿童 1 名，使离散 13 年的亲人于 9 月 21 日中秋节重新团圆。

【治安管理】 2021 年，通辽市严厉打击治安领域违法犯罪。扫黄打非专项行动工作全区排名第一，查办“扫黄打非”案件 9 起。其中，行政案件 6 起，刑事案件 3 起。1 起刑事案件为部级督办案件。落实公安部深化打击整治地下流动赌场专项行动工作。4 月 15 日，市公安局的工作得到公安部贺电表扬。9 月 15 日，自治区公安厅治安总队举办部级治安管理信息应用门户网站“涉赌资金交易查控子系统应用治安大讲堂”，治安支队张建涛、库伦治安大队包凤英参与全区授课。治安支队开展清理整顿人力资源市场秩序专项行动，被公安部通报表扬，获得 2021 年全国清理整顿人力资源市场秩序专项行动先进单位荣誉。

“抓防范、控发案、保平安”百日攻坚行动。以强化社会面巡逻防控、加强重点人员管控、排查化解矛盾纠纷、构筑群防群治严密防线、强化破案攻坚、宣传发动为重点，遏制“盗抢骗”、新型电网诈等侵财类案件高发态势，确保人民群众生命财产安全和社会治安大局稳定。行动期间，

"八类"重点侵财类案件较2021年上半年下降8.7%。

社会治安防控体系方面。全市综治平台机房建设完成，网格化社区和"一标三实"工作各旗县均投入使用，全市9个汽车站、7个检查站、通辽市飞机场安检系统接入综治系统，智慧小区和娱乐场所试点工作完成。通过检查站、汽车站、飞机场等人证核验系统抓获网上在逃人员20名。

打击黄赌违法犯罪工作。年初制定《通辽市公安机关打击涉黄涉赌违法犯罪专项行动工作方案》，建立打击涉黄涉赌违法犯罪长效工作机制以查促打加大暗访力度。开展黄赌警情研判，深入分析规律特点，深化常态整治机制，强力挤压黄赌活动空间。截至10月23日，查处涉黄行政案件197起，行政处罚403人；侦办涉黄刑事案件31起，采取刑事强制措施36人，罚款140.32万元。查处涉赌行政案件892起，行政处罚4609人；侦办涉赌刑事案件71起，查扣赌资244万元，罚款370万元，公安厅督办案件7起。

【经济犯罪案件侦办】 2021年，通辽市破案98起，抓获犯罪嫌疑人119人，挽回经济损失2398.93万元。其中，供销系统腐败问题整治专项工作抓获1人，向纪委监委移交24人，找到会计账本436本、会计凭证361册。破获环食药案件328起，抓获犯罪嫌疑人370人，涉案金额2.5亿元。破坏草原林地违规违法行为专项整治破获案件290起，破获破坏草原林地面积500亩以上案件4起。

【扫黑除恶专项行动】 2021年，通辽市健全完善协调联动机制，形成6个方面54项长效工作机制，核查涉黑涉恶线索576条，线索核查办结率自治区最高。新打掉恶势力犯罪集团及团伙4个，抓获犯罪嫌疑人30人。

【禁毒工作】 2021年，通辽市侦破2起公安部级制毒案件，受到国家及自治区禁毒办通报表扬。全市破获毒品刑事案件30起，抓获犯罪嫌疑人51人，缴获毒品3624.1克。

【新型网络违法犯罪案件侦办】 2021年，通辽市、旗两级全部实体化运行反诈中心。破获电信网络诈骗案件798起，同比上升175.17%，抓获嫌疑人1343人，同比上升245.24%，止付冻结资金4.9亿元。全市涉案金额50万元以上的电诈案件51起全部破获。

【道路交通安全管理】 2021年，通辽市持续推进道路交通事故预防"减量控大"行动，全市道路交通事故"四项指数"持续下降。道路隐患方面，第一轮排查的全市38处交通事故隐患道路全部整改完毕，第二轮排查出的57处道路隐患点，51处整改完毕。第三轮排查出的农村道路交通安全隐患22处，全部整改完毕。同时交警支队隐患整改督导组定期深入各地实地指导、督导工作进展情况。

【重点车辆管理】 2021年，通辽市紧盯"两客一危一货"及营转非、校车、面包车、三轮摩托车等重点车辆及重点驾驶人审验换证，每月2日对全市重点车辆预警查询，指挥中心录入稽查布控系统，并将车辆及驾驶人数据明细下发到各旗（县、市）交警大队和支队直属各大队，落实属地责任。2021年，下发数据8次，通过"通辽车管所"微信公众号发布信息公告8次，公告各类重点车辆8236辆次、重点驾驶人信息3620人次。

【交通秩序整治】 2021年，通辽市坚持国、省道，城区道路，农村牧区道路秩序管理齐头并进。日常严管同专项整治相结合，开展酒驾醉驾常态化整治、"三超一疲劳"专项治理等交通秩序整治行动，整肃交通违法，持续释放严管信号。同时交警支队结合"一盔一带"安全守护行动、"创城"等工作，持续开展对低速三、四轮电动车，电动自行车闯灯越线、不按规定车道行驶、不佩戴安全头盔、违法载人拉货等违法行为的专项治理。2021年，交警支队纠正各类交通违法行为103万余起。其中，查处无证驾驶4481起，饮酒驾驶3317起，醉酒驾驶1436起，暂扣驾驶证2592个，吊销驾驶证1482个，拘留1172人。查处开车不系安全带行为10752起，查处不礼让斑马线行为5631起，非机动车各类交通违法行为5万余起。

【优化城区道路交通设施】 2021年，通辽市在新世纪大桥增加交通护栏，在滨河大街和平路至建国路段增设中心隔离护栏，在科尔沁区实验小学、通辽市第四中学周边施划校车专用停车位，同时配套安装“限时禁停”提示标志，缓解学校周边交通拥堵。完善莫力庙超限检测站电子自动抓拍系统，实现该点位数据信息实时上传。联合市产品质量计量检测所技术人员完成科尔沁区国省道132个雷达测速设备的检验工作。对城区15个老化信号灯进行更换。启用库伦路与阿古拉大街路口信号灯并重新施划交通标线。对滨河大街与和平路路口重新渠化，北向南方向增设一条左转车道。磨除霍林河大街南侧巴家围子村口西侧11个停车位，避免村口进出车辆视线受阻引发交通事故。2021年，市交警支队增设交通信号灯4处、增设监控设备8处、增设自动抓拍设备4处、卡口设备1处、增设爆闪灯2处、增设交通护栏1800米、启用右转机动车不礼让斑马线行人抓拍60处，更换35个路口老旧、非国标信号灯，更换补光灯21处。施划热熔标线9万余平方米、震荡标线5900平方米、停车位114个、磨除交通标线480平方米。

【多元化交通引导】 2021年，全市交管部门开展交通安全主题宣讲683场次，组织社会实践活动78场次，制作宣传课件67个，摆放宣传展板3200余块，曝光酒驾、醉驾人员738人次，高风险运输企业8家、典型违法事故案例76起，发布手机短信200万余条，发送微博、微信信息1273条，制作快手短视频36条，播放量4500万余次，点赞量120万余次，开展执法直播25场次，观看人数60万余人，创作宣传海报831个，投入使用687个，印制海报30万份，折页7.3万余份，手册3万余份，发放宣传资料80万余份，受教育人数300万余人。

【机动车管理】 2021年，市交警支队网上“学法减分”成功办理5790笔；便利货车、挂车进入城区注册登记办理65笔；周六机动车安全检验6155笔；便利机动车注销登记、机动车转移登记及档案更正业务当日办结2644笔；全市增设驾驶人理论考试语音读题功能；72项车管业务全部下放旗县交警大队车管所办理；小轿车、摩托车检验逾期容缺办理5921笔；大中型客货车驾驶人科目一、科目三安全文明理论考试由市级扩展至旗县。同时，交警支队自主创新措施，推行“一门通办”，全市有7个旗县8个基层公安派出所开展办理车驾管业务；为大型企业开辟绿色通道4次，为100辆机动车办理相关业务；开展车驾管上门服务，针对旗县金属回收公司不具备拆解报废条件，交警支队在全市推行集中监销举措，组织专班人员深入企业3次集中开展监销业务，其间监销车辆211辆；实施驾考“周末不打烊”，增加周末考试96场，有效缓解驾驶人考试预约难问题；拓展车驾管网络服务窗口，完善“通辽车管所”微信公众号建设，打造“学车一站式”服务，在全市16家驾校增设自助体检机，方便驾考学员就近、自助办理初学、增驾等体检业务。

【新冠肺炎疫情防控】 2021年，通辽市优化新冠肺炎疫情防控工作，分10个社会管控组、116个专班实体化运行，核查中高风险地区往返通辽市人员26.5万人次，有效防范阻断满洲里突发疫情在通辽市传播扩散，疫情防控工作得到自治区及市委、市政府的肯定。

【公安改革】 2021年，通辽市全面完成市、旗两级公安机关“大部门、大警种”制改革和科尔沁区公安分局上划工作；成立科尔沁区公安局交警大队、开发区公安分局交警大队；组建职能一致、指挥顺畅、业务融合的生态环保新警种。推进“情指勤舆”一体化警务运行机制建设。市、旗两级均组建工作推进专班，两级“情指勤舆”合成作战单元均实现警种入驻、手段接入并实体化运行。纵深推进法治公安建设。

【“北疆云·智慧公安”建设】 2021年，通辽市推进全市执法办案管理中心建设，执法办案管理中心分中心、派出所办案区智能化升级，案管组建设。每月开展执法能力测试，对重点执法环节开展执法质量考评。开展为期6个月的规范执法专项教育，提升公安工作法治化水平和执法公信力。推进智慧公安建设与应用。加强数据资源融合汇聚，整合172类12.3亿条数据，进入自治区数据资源融合第一梯队。推进公安“放管服”改革。深化“放管服”改革，与可视化报警平台深度融合，整合资源打造移动终端24小时全天候公安警局。

【基层基础建设】 2021年，通辽市公安局全面对标自治区公安厅派出所基层基础建设三年规划，落实“巩固提升年”各项任务。持续开展警力下沉。结合机构改革，实现派出所警力、社区民警达到两个40%以上标准，将全市38个5人以下派出所警力全部增配至5人以上。深化基层警务运行机制改革。全市25个“两队一室”警务模式改革的派出所警力全部配齐到位，并启动机制运行。89个农村牧区派出所实行“一警多能”警务模式。推动警务辅助人员管理工作。开展全市公安机关警务辅助人员正规化教育管理工作，全面规范辅警队伍正规化管理。

（市公安局 宋 戈）

检 察

【概况】 2021年，通辽市检察院贯彻落实总体国家安全观，严厉打击危害国家安全和公共安全犯罪，批捕邪教犯罪案件4人，起诉2人，同比下降20%和71.4%；依法严惩“盗抢骗”“黄赌毒”“食药环”等犯罪，批捕508人，起诉1152人，同比下降17.7%和11%。参与网络综合治理，办理电信网络诈骗、侵犯公民个人信息等犯罪案件4件6人，并履职追赃挽损，最大限度减少群众财产损失。针对新冠肺炎疫情防控，对涉疫刑事案件依法快捕快诉，批捕1件1人，起诉1件3人。持续开展“降低刑事犯罪发案率”活动，打击和预防同步考量，兼顾对传统型犯罪和新型犯罪的打击力度，以案释法、宣法、普法，对同一村（嘎查）年内发生两起以上刑事犯罪，提出检察建议，促进基层组织加强和提高治理能力水平。

全市检察机关获各类奖项26个，检察人员受到各级各类表彰奖励63人次。入选自治区典型案例2个。

【刑事检察】 2021年，市检察院批捕各类刑事犯罪案件1173件1560人，起诉3285件4362人。贯彻落实“少捕慎诉慎押”刑事司法政策，加强对刑事立案、侦查、审判、执行等环节全过程全流程监督，监督立案67件、撤案43件，纠正漏捕漏诉86人，不批捕790人，不起诉921人，提出抗诉130人。以全面落实认罪认罚从宽制度、优化“案件比”等工作为抓手，稳步提升案件质效和人民群众满意度。加强刑事执行监督，纠正减刑、假释、暂予监外执行不当22人，开展监狱巡回检察，维护“大墙内”的公平正义。

【民事检察】 2021年，市检察院以学习贯彻《中华人民共和国民法典》为契机，综合运用抗诉、检察建议等方式，增强民事检察监督精准性。加强民事裁判结果监督，受理案件489件，提出抗诉3件，提出再审检察建议20件，被采纳15件，提出检察建议275件，全部被采纳，依法保护公民、法人和其他组织的合法权益。推进民事审判和执行活动违法情形监督，提出检察建议265件，全部被采纳，助力提升审判质效、破解执行难题。持续开展虚假诉讼监督专项活动，受理民间借贷、“套路贷”、离婚析产、劳资纠纷等领域虚假诉讼案件7件，移送犯罪线索1条。

【行政检察】 2021年，市检察院构建全市两级检察院各有侧重、全面履职的工作格局，加强对行政裁判结果、行政审判和执行活动违法情形监督，办理行政检察案件298件，提出检察建议236件，全部被采纳。探索诉源治理，深入推进行政争议实质性化解，在强制拆迁补偿、交通管理行政处罚等领域，有效化解行政争议3件，减少诉累。

【公益诉讼检察】 2021年，市检察院聚焦党委政府高度关注、人民群众反映强烈、社会影响较大的公益保护问题，坚持把诉前实现维护公益目的作为最佳司法状态，立案376件，通过诉前程序提出检察建议282件，回复整改率为97.5%；对履职不到位或怠于履职的，依法提起行政公益诉讼7件；对侵害国家利益和社会公共利益的违法行为人，依法提起民事公益诉讼24件。办理的支持社会组织起诉公益诉讼案件和野生动物保护替代性修复案件、对餐饮行业乱收费现象进行公开听证，取得很好的社会效果。开展“公益诉讼守护美好生活”专项行动，涉及红色基因传承和英雄烈士纪念设施保护、未成年人合法权益保护、电梯安全维护及无障碍环境建设等领域，向相关主管部门发出诉前检察建议45份。开展深化破坏草原林地违规违法专项整治工作，排查涉林草案件2086件，涉及面积16万余亩，发现定罪处罚不当、量刑偏轻等问题案件108件129人，与全市森林公安系统召开涉林草案件专项行动查纠整改座谈会，有效推动整改落实。

【未成年人检察】 2021年，市检察院起诉侵害未成年人犯罪案件101件128人、起诉未成年人犯罪案件57件89人。不批捕罪错未成年人92人、不起诉73人（包括附条件不起诉46人）。持续开展法治进校园“十百千万工程”161场，受众人数19.1万余人。结合真实案例，围绕校园欺凌、性侵害、毒品危害、网络犯罪、“校园贷”等热点问题，编发《朵兰姐姐讲法治故事》音频、视频课程25集，赠送全市各学校计900余套。深化未成年人关爱救助工作，司法救助未成年人7人，发放救助金36万元。通过精准帮教助力涉罪未成年人成功考入高等院校41人，成功帮助19人复学。

【政法队伍教育整顿】 2021年，市检察院突出“四项任务”，聚焦“三个环节”，稳妥推进规定动作，结合实际开展自选动作，确保达标达效。全市两级检察院自查被查143人，占总人数的29.1%，其中自查133人、被查20人、既有自查又有被查10人。对自查问题，运用第一种形态处理124人277件次；运用第二种形态处理3人3件次。对被查问题，运用第一种形态处理16人24件次。重点抓好整改、整治工作，并建立长效机制。“晨读晚学”“与其他政法单位互查共建”“人民群众大接访”等特色做法，得到中央第四督导组的肯定。

【扫黑除恶专项斗争和反腐败斗争】 2021年，市检察院起诉涉黑涉恶犯罪案件5件86人。其中，起诉涉黑案件3件70人、涉恶案件5件86人，移送线索40条，加大追缴财产力度。加强与监察委衔接，一体推进反腐败斗争，审查起诉阶段决定逮捕59件63人，提起公诉83件109人，承办杜某、王某某、苏某某、张某某等一批重大案件。开展司法人员职务犯罪侦查百日攻坚专项行动，立案查办司法工作人员利用职权实施的侵犯公民权利、损害司法公正犯罪案件5件13人，坚决捍卫司法权威和公信力。

【助力优化营商环境】 2021年，市检察院持续开展检察护航民企行动，建立涉企案件专门登记机制，实行台账管理，建账立卡，专户管理，凡是涉企案件批捕、起诉的，一律报市检察院备案审查；凡是涉企案件批捕后，一律进行羁押必要性审查。办理各类涉企案件178件387人，其中批捕59件87人，不批捕31件41人；起诉105件244人，不起诉45件90人，开展羁押必要性审查45人，建议变更强制措施27人。起诉知识产权案件1件2人。起诉涉煤炭领域犯罪案件12件71人。

【化解社会矛盾纠纷】 2021年，市检察院为加强建党100周年维稳安保工作，落实党史学习教育“我为群众办实事”和教育整顿“开门搞整顿”的要求，检察长直接接待，实行“点单式”接待、“打包式”办理、“跟踪式”解决，面对面解决问题、征求服务对象的意见建议，接待群众187件251人次，群众满意率达98%。开展从源头治理涉检信访问题专项工作，以“矛盾早化解、解决在初次”活动，“案结访起”案件质量评查，开展“无访”先进个人、集体创建活动为载体，把矛盾纠纷解决在市域、化解在基层。清查信访案件 922 件，均依法分流。中央“第八次巡视”交办信访案件 22 件，最高人民检察院交办重复信访案件 29 件，全部办结并化解。

（市检察院　陈百秋）

法　院

【概况】 2021 年，全市法院受理各类案件 108748 件，审执结 98819 件，同比分别上升 17.22% 和 14.16%，结案率 90.86%。刑事案件收案 4765 件，审结 4342 件，同比分别下降 8.87% 和 11.76%，结案率达 91.12%；民事案件收案 60093 件，审结 55522 件，同比分别上升 17.45% 和 14.11%，结案率达 92.39%；行政案件收案 1519 件，审结 1309 件，同比分别上升 14.21% 和 6.60%，结案率达 86.18；执行案件收案 42047 件，审结 37349 件，同比分别上升 21.32% 和 18.96%，结案率达 88.83%。

开展规范执行行为专项整治，实现“历年不明案款”和“超期未发放案款”两个清零，交叉评查案件 1640 件、整改完毕 903 个问题，轮岗交流 40 名干警，执行队伍结构更加合理、能力素质进一步增强。定期召开党组专题会议和绩效考核工作座谈会，一周一调度，一月一通报，常态化公布办案情况“到庭到人”，激励法院多办案、办好案。完善“四类案件”监督管理，将上级发改、消极执行、群众信访等问题案件一一纳入评查程序，倒逼法官提升审判质量。开展积案清理工作，对长期未结和久拖不决案件实行挂牌督办、领导包案，3 年以上长期未结诉讼案件全部清零。开展“蒙马奔腾”专项行动，一审服判息诉率达 92.86%，诉讼服务中心实质性化解纠纷率达 118.79%，简易小额速裁程序当庭宣判率达 54.71%。出台“十大便民利民举措”，司法公信力和满意度得到有效提升。

弘扬英模精神，全市法院 18 名干警被评为市级“政法忠诚卫士”和“最美政法干警”，王爱林被自治区党委组织部授予“北疆楷模”荣誉称号。1 月 20 日，通辽市中级人民法院获自治区法院行政审判优秀业务成果评选活动组织奖；通辽市中级人民法院选送的业务成果获报告类二等奖，裁判文书类三等奖。自治区高级人民法院对 2020 年度全区法院司法调研课题评审结果进行通报，通辽市中级人民法院《刑事财产刑执行问题研究》获优秀课题；通辽市中级人民法院《破产案件相关法律问题研究》被评为良好。通辽市中级人民法院在 2020 年全区法院审判质效综合指标中排名第一，自治区高级人民法院下发《内蒙古高院关于 2020 年全区中级法院考核结果的通报》，对通辽市中级人民法院 2020 年审判质效工作进行通报表扬。12 月，通辽市中级人民法院未成年人案件审判庭获“第五届全区维护妇女儿童权益先进集体”称号。

【刑事审判】 2021 年，全市法院受理刑事案件 4766 件，审结 4342 件，结案率 91.10%。始终保持对严重暴力犯罪的高压态势，依法严惩“盗抢骗”、“黄赌毒”、“食药环”、危险驾驶等危害社会治安秩序犯罪，妥善审理涉案资金达 14 亿元的朱某等 16 人非法吸收公众存款等案件，维护人民群众生命财产安全。依法审理刘某某、莫某某、郝某某、郭某某、武某某、王某、杜某、杜某某等社会高度关注的职务犯罪案件，增强反腐败斗争成效。

【民商事审判】 2021 年，全市法院受理民商事案件 60094 件，审结 55522 件，结案率 92.39%。深入贯彻落实自治区党委关于打造通辽、赤峰“双子星座”的战略决策，与赤峰市中级人民法院共同签署《关于服务保障蒙东地区“双子星座”区域中心城市建设司法协作框架协议》，构建蒙东地区“双子星座”现代化区域中心城市司法服务联动机制，为两地经济社会高质量发展提供更加有力司法保障和服务。

【环境资源审判】 2021 年，市法院环境资源保护庭受理案件 425 件，审结 396 件，结案率 93.18%。牢固树立“绿水青山就是金山银山”的理念，贯彻“以生态优先、绿色发展为导向的高质量发展新路子”，深入总结环境资源巡回审判工作经验，在大青沟和孟家段水库设立两个环境资源保护法律工作站，辐射和带动周边地区环境资源司法保护工作。贯彻修复性司法理念，科左后旗法院设立司法生态修复林基地，判令9名非法占用农用地和盗伐林木被告人补植樟子松260亩。

【行政审判】 2021年，全市法院受理行政案件1519件，审结1309件，结案率86.18%。行政机关负责人出庭应诉案件数290件，出庭应诉率75.32%。行政机关败诉案件数164件，败诉率35.88%。加强与行政机关的良性互动。修订完善政府信息公开、保险、工伤认定等6类案件裁判规则指引，促进类案裁判标准统一、法律适用统一。

【执行工作】 2021年，全市法院开展执行指挥中心实体化运行机制改革，通过繁简分流、事务节约，提升执行工作质效。开展“草原雄鹰2021”执行专项行动，运用网络查控、悬赏执行、网络拍卖、信用惩戒、网络直播等方式，用足用好查封、冻结、限制高消费、公开曝光等执行措施和罚款、拘留等强制措施，全市法院执结案件37350件，结案率88.83%，执结标的额16.96亿元，人民群众胜诉权益进一步兑现。

【新建标准化诉讼服务中心】 2021年，市中级人民法院新建标准化诉讼服务中心，整合登记立案、多元解纷、案件查询、涉诉信访等多项功能，实现“走进一个厅，事情全办清”。搭建道交一体化、司法鉴定、网上保全等线上平台，推行户籍信息快速查询、免开文书生效证明等举措，实现跨域立案、电子送达全域覆盖，诉讼服务更加便捷高效。加强诉前调解，全市法院累计委托委派调解36635件，调解成功30727件，调解成功率84%。

【智慧法院全面升级】 2021年，市中级人民法院部署、升级诉讼服务大厅、智慧法庭及大法庭建设、弱电监控等项目，完成涉案财物处置中心建设。新增智慧法庭3套，语音识别系统5套，互联网法庭1套。对庭审电子档案系统完成升级。扩展现代化诉讼服务功能，网上立案19303件、直播庭审15406件、电子集约送达32647件，分别占受理案件总数的18%、14%、31%。诉讼服务大厅安装排号叫号器、3D导航机、自助阅卷机、人员实时定位等设备，地下车库增设车辆计数功能。多方面提升智慧法院实际应用。

【优化营商环境】 2021年，市中级人民法院召开典型案例新闻发布会3次，集中发布优化法治化营商环境典型案例12件。制定出台《关于为优化营商环境提供司法服务保障的实施意见》《关于优化法治化营商环境实施方案》等司法政策性文件，与通辽市公安局联合出台《关于户籍人员人口信息快速查询的实施意见》，努力营造稳定、公开、透明、可预期的法治化营商环境。

【全市首起消费民事公益诉讼案】 2021年3月12日，市中级人民法院公开开庭审理原告内蒙古自治区消费者协会(简称区消协)诉被告王某某、毛某某消费民事公益诉讼案。市检察院出庭支持起诉。该案属于通辽市首例内蒙古自治区消费者协会作为原告起诉的民事公益诉讼案件，通辽市中级人民法院高度重视此案，选取优秀法官组成合议庭审理此案。在“3·15”国际消费者权益日来临之际，通辽市中级人民法院公开开庭审理本案，对食品市场发出警示和震慑，刑事处罚和民事处罚有效衔接，对危害食品安全的不法行为亮剑，为安全食品市场提供司法保障。

【首次采用网络方式召开破产案件债权人会议】 2021年4月8日，根据内蒙古自治区营商环境的部署和要求，市中级人民法院民事审判第三庭主持召开通辽市首起破产清算债权人会议。会议采取“网络会议＋网络实时表决”及线下表决的模式，在钉钉平台全程直播会议召开的过程。网络债权人会议降低破产案件的审理成本，节省司法资源，提高参会效率，最大限度保障债权人的知情权和参与权。

【市中级人民法院完成首例线上司法确认】 2021年7月16日，市中级人民法院推进“一站式”多元解纷机制及诉讼服务中心建设，利用互联网技术优势，将司法确认和知识产权保护有效结合，完成首例线上司法确认。

在某侵犯注册商标专用权一案中，市中级人民法院立案庭发现本案事实较为清楚，法律关系明确，双方当事人均希望尽快解决纠纷。为有效降低化解纠纷成本，经当事人同意，通过人民法院在线调解平台，向调解员委派该起案件。在特邀调解员的主持下，双方达成调解协议并在人民法院调解平台申请司法确认，立案庭法官在线接入，确认双方调解达成的协议内容合法，1小时内生成司法确认裁定书并通过人民法院送达平台进行在线送达，有效地保障双方权益。

【通辽市首场网络债权人会议召开】 2021年9月23日，通辽市中级人民法院召开通辽市首场网络债权人会议。该次会议首次采用“线上网络直播＋线下现场会议”相结合的方式，百余名债权人代表参会。会议全程低耗时、零成本，并通过最高人民法院建设的“人民法院司法链”予以存证。

该次网络债权人会议的成功召开，缩短破产案件的办理时间、节约管理人员工作成本、提高债权人的参与程度，也保证会议全程的公开、透明和会议数据的安全、可信；针对新冠肺炎疫情的防控要求，通过网络形式进行会议通知、在线参会、在线审议和在线表决，也减少债权人到现场参会的成本和风险，能够更好地保障债权人的合法权益，更好地发挥破产审判在优化营商环境中的功能和作用。

【全市法院设立强制清算与破产审判团队】 2021年，为推进破产案件审理专业化建设，全市法院设立强制清算与破产审判团队，制定《破产案件立案审查规范指引》《破产简易程序实施办法（试行）》，探索简单破产案件快速审理机制。10月13日，市中级人民法院破产审判团队成立。发挥破产重整制度挽救危困企业、服务经济高质量发展的职能作用，对通辽市力牧公司申请破产清算案重整成功，清理债务3.18亿元，新增就业岗位300余个，取得良好法律效果和社会效果，工作成效得到通辽市委、市委政法委主要领导的批示肯定。

【司法协作框架协议签约仪式】 2021年12月17日，通辽市中级人民法院与赤峰市中级人民法院在赤峰中级人民法院举行服务保障蒙东地区“双子星座”区域中心城市建设司法协作框架协议签约仪式。赤峰市法院党组书记、代院长梁建武，通辽市法院党组书记、代院长宋建波，两地法院相关领导参加签约仪式。协议规定为深入落实自治区第十一次党代会精神，为蒙东地区“双子星座”现代化区域中心城市建设提供有力司法服务和保障，两地法院将进一步加强司法交流协作，在跨域立案、诉源治理、党建融合、课题研究、人才培养、审判效率和执行机制建设等方面开展全方位合作共建，在促进两地法院司法资源跨域共享、优势互补、协同发展的同时，为两地人民群众在司法领域提供更加便捷、高效的诉讼服务。

【“农资打假”典型案例新闻发布会】 2021年4月30日，为“推动乡村振兴，促进农业高质高效，乡村宜居宜业，农民富裕富足”提供有力司法保

图16　2021年12月17日，通辽市中级人民法院与赤峰市中级人民法院在赤峰中级人民法院举行服务保障蒙东地区“双子星座”区域中心城市建设司法协作框架协议签约仪式

（市法院　提供）

图17　2021年4月30日，市中级人民法院召开“严厉打击农资制假售假　全力优化市场营商环境”典型案例新闻发布会　（市法院　提供）

障，进一步做好2021年“农资打假”案件审判工作，维护农民利益，市中级人民法院召开“严厉打击农资制假售假　全力优化市场营商环境”典型案例新闻发布会。市中级人民法院发布4起典型案例，并从法律角度建议农民在正规渠道购买，掌握选购技巧；及时留存证据，利于维护权益。新闻发布会后，通辽市两级法院将继续保持对涉农资领域违法犯罪行为严打高压态势，全力维护农业生产资料和农产品质量安全，守住粮食安全底线。

（市中级人民法院　韩晓燕　王　锐）

司法行政

【概况】　2021年，通辽市司法局高质量高效履职、强化法治之力，全力推动全面依法治市和司法行政工作高质量加快发展，以更加有力的法治保障和更加有效的法律服务，推动通辽市经济社会实现高质量发展。开展系列专项行动，建立健全制度机制40项，强化系统内部监督制约，加强系统外部协调配合。立足司法行政使命职能，聚焦群众“急难愁盼”，深入开展“我为群众办实事”实践活动313件，出台便民利企措施67条。针对通辽市知识产权和金融重点领域仲裁事项空白，正式成立通辽知识产权仲裁院，推进成立通辽金融仲裁院，服务知识产权环境健康发展，全力护航法治社会、法治政府、法治通辽建设。

【普法宣传教育】　2021年，市司法局发挥司法行政机关在普法工作中的统筹协调指导监督职能，制定印发《通辽市各部门“谁执法谁普法”责任制指导清单》《2021年全市普法工作要点》，指导全市各地各部门全面落实普法责任。全市开展法律法规、政策解读、《中华人民共和国民法典》系列等法治宣传活动3000余场次，开展线上线下法律宣传咨询、“以案释法”法治讲堂等活动520场次，各旗（县、市、区）组建由司法干警、文艺爱好者、法律服务工作者、普法志愿者等组成的“法治乌兰牧骑”文艺队，深入苏木镇、嘎查村、集贸市场、休闲广场、中小学校开展送法进基层文化惠民演出500余场，提供志愿服务活动2562次，受众59.3万余人次，覆盖1124个嘎查村、社区。结合“报、网、端、微、屏”等媒体，开设《贯彻习近平法治思想 锻造新时代政法铁军》《深入学习宣传习近平法治思想 大力弘扬宪法精神》《凝聚法治力量 建设法治通辽》《民法典与你》《“扫黄打非”知识普及》《普法之窗》《法治在线》《法治进行时》《以案说法》《扫黑除恶 建设平安内蒙古》等专题专栏。通辽市司法局与通辽广播电视台合作出品《法治讲堂》，成为深受大众喜欢的普法专题栏目。“法治通辽”微信公众号发布1000余条宣传信息。“法治通辽”今日头条号发布980余条，累计阅读量233万次。《通辽市普法手机报》发布64期400余条普法宣传信息。提升重点对象法治素养。抓住“关键少数”，进一步完善国家工作人员学法用法制度，探索建立领导干部学法清单制度，突出学习习近平法治思想和宪法，分层分类明确领导干部履职应知应会法律目录。开展“法律进校园 普法助成长”主题宣传活动，各大中小学开展学生“学宪法讲宪法”“宪法晨读”“模拟法庭”“普法手抄报”等活动。围绕全面实施乡村振兴战略和“三农三牧”工作，深入开展法治乡村建设，实施农村“法律明白人”培养工程。科学制定“八五”普法规划，成立规划编制领导小组，组建工作专班，深入开展“八五”普法规划调研，广泛征求社会各界和人民群众对普法工作的建议，全面完成通辽市“八五”普法规划编制起草工作。12 月 20 日，市委常委会审议并通过“八五”普法规划。12 月 27 日，市政府新闻办公室举行“八五”普法规划新闻发布会，通辽市“八五”普法工作正式启动实施。

【人民调解工作】 2021 年，通辽市印发《通辽市“维护和谐稳定，喜庆建党百年”矛盾纠纷排查化解专项行动实施方案》，指导全市各级调解组织开展为期 9 个月的专项行动，为中国共产党成立 100 周年献礼。全市各级人民调解组织调解矛盾纠纷 3116 件，调解成功 3051 件，履行 2994 件，涉及金额 2406.02 万元，调解成功率 97.9%。其中排查纠纷 1977 件，预防纠纷 565 件，书面协议 1187 件，司法确认 14 件。2021 年 9 月，举办全市“金牌人民调解委员会”“金牌人民调解员” “银牌人民调解员”评选表彰活动，表彰“金牌人民调解委员会”50 个、“金牌人民调解员”50 名、“银牌人民调解员”90 名。12 月，组织开展全市人民调解优秀案卷评查活动，通过采取旗县交叉评查、集体讨论、个案点评等方式，评选出优秀人民调解案卷 30 个，有效推进新时代人民调解工作创新发展。

【人民陪审员、人民监督员工作】 2021 年，通辽市持续做好人民陪审员人民监督员选任管理工作，指导各级司法行政机关加强人民陪审员选任工作。全市选任人民陪审员 930 人，累计履职 13286 人次。贯彻落实自治区司法厅、自治区人民检察院《深化人民监督员制度改革实施方案》，强化人民监督员职责和管理。全市选任 27 名人民监督员，累计履职 122 人次。12 月 10 日，为强化人民监督员履职能力水平，举办全市人民监督员业务培训班，提高人民监督员的政治意识、法治素养和依法履职能力。

【矛盾纠纷化解】 2021 年 4 月，市司法局配合市委政法委，依托通辽市信访接待大厅打造“通辽市矛盾纠纷多元调解中心”，联动化解矛盾纠纷，实现矛盾纠纷化解“最多跑一地”。6 月，指导成立“通辽市金融纠纷人民调解委员会”，防范化解金融风险；坚持“资源整合、部门联动”原则，整合原通辽市道路交通事故纠纷调委会、征地拆迁纠纷调委会、劳动争议纠纷调委会、环境污染纠纷调委会、物业纠纷调委会等 5 个行业性专业性调委会，集中资源发挥人民调解、行政调解和司法调解在维护社会和谐稳定中的积极作用，联动化解矛盾纠纷、减少消除社会积怨，维护社会稳定工作。

【安置帮教责任落实】 2021 年，通辽市严格落实刑满释放人员衔接制度，推行重点帮教对象必接必送措施，高效使用刑满释放人员信息管理系统，对监狱预安置人员基本信息加大力度核查，提高核查率和回归衔接的准确性。严格落实常态化管控，开展全面排查、重点走访、定点帮扶。把人户分离、去向不明和未回本地报到的“三无”刑满释放人员、涉黑涉恶涉毒等刑释人员和有重新违法犯罪倾向的人员作为重点对象，制定落实重点人员管控预案，联合公安机关落实重点人员管控措施，有效减少重新犯罪。严格落实必访、必帮、必控的“三必”制度，对人户分离的刑满释放人员严格落实“双列管”逐人建档立卡。3 月，在开展全市安置帮教人员信息核查工作中，核查安置帮教在册人员，并将旗（县、市、区）司法局掌握的刑满释放人员信息与各司法所在册人员逐一比对，并进行登记。持续加强刑满释放人员救助管理工作，确保刑满释放人员就业和保障各项优惠政策落实到位，协调安置帮教成员单位落实信贷、税收、就业等方面的优惠政策，帮助刑满释放人员解决创业就业中的实际问题和困难。

【司法行政基层基础设施建设】 2021 年，通辽市指导各地司法行政机关争取党委、政府支持，通过新建、改建、置换等方式，强化司法所基础设施建设，并依托政法专项经费改善业务装备，提升司法所办公自动化水平，全市117个司法所均完成标准化建设。2021年，通过公务员招录、公益性岗位录用等形式持续加强基层司法所力量，全市司法所增加公益性岗位112个。信息化水平不断提升，JIPad终端、人民调解App和4K机顶盒的推广与应用力度不断加强。

【社区矫正对象管理】 2021年，通辽市落实信息化监管手段，推进“智慧矫正”建设，应用JIPad司法智能终端和社区矫正管理系统，全面实施动态管控，坚决确保社区矫正对象不脱管失控。2021年，全市累计接收社区矫正对象15252人，解除矫正13604人。在册社区矫正对象1648人，其中管制3人，缓刑1628人，暂予监外执行14人，假释3人。组织社区矫正对象集中教育578次，个别谈话教育1058次，进行心理辅导65人次，社区服务4729人次。9月23日，市政府办公室印发《通辽市人民政府办公室关于调整通辽市社区矫正委员会组织人员的通知》，制定《通辽市社区矫正委员会工作规则》，加强社区矫正委员会建设。持续做好社区矫正疫情防控常态化工作，严格执行社区矫正对象疫情信息零报告、日报告制度，全市社区矫正对象实现“零感染”目标。

【国家统一法律职业资格考试组织实施】 2021年，通辽市组织国家统一法律职业资格考试。通辽考区设3个考点、24个考场、3个备用考场、3个隔离考场，客观题报考2001人，实际参考1520人，参考率75.96%；主观题考试报名考生900人，实际参考875人，参考率97.22%，考场数量、参考人数及参考率均创历史新高。通过精心组织、严密实施，通辽市连续实现“两个万无一失”和19年安全无事故。

【律师行业管理】 2021年，通辽市持续抓好学习教育，坚持把政治教育摆在首位，把习近平法治思想作为学习教育的首课、主课、必修课，开展党史教育、英模教育和警示教育。全市律师完成线上教育40课时1056人次，各律师事务所开展政治教育集体学习438次，党史教育560次，英模教育142次，警示教育73次，党组织书记讲党课26次，全体律师对党的政治认同、思想认同和情感认同得到进一步提升。持续加强行业管理，深入开展“律师行业突出问题专项治理”活动。依托“内蒙古律师综合管理平台”协查法院、检察院、公安机关人员是否违规在律师事务所执业或在幕后充当法律顾问、司法掮客问题名单542人次。强化律师公益法律服务，组织全市律师调研中小企业、民营企业189家，发放企业法律服务联系卡3362张，为企业提供法律咨询1076人次，核心合同审查修正637件，法治体检295次，进行非诉讼法律服务611件，仲裁业务289件，代理诉讼646件，为企业避免经济损失8966余万元。开展“我为群众办实事”活动228场次，进入社区开展法律咨询、法律疑惑解答22523人次；指派法律援助律师为农民工讨薪案件提供全程服务，获得社会各界和群众一致好评。2021年，全市律师代理各类案件29381件。

【司法鉴定行业】 2021年，通辽市持续加强行业监管，开展司法鉴定行业评查活动，聘请4名行业专家，对全市8家司法鉴定机构进行全面检查，进一步加大司法鉴定质量督查、检查力度，促进司法鉴定质量不断提高。2021年，全市司法鉴定机构受理鉴定委托3222件，其中法医临床1721件，法医毒物1401件，法医物证58件，法医精神病30件，生态环境损害12件。

【公证业务】 2021年，通辽市推进公证业务“最多跑一次”改革，2021年，全市公证机构办理各类公证事项9626件，其中境内8295件，涉外1050件，涉我国港澳台地区25件。12月15日，举行通辽市公证员协会第三次代表大会，选举产生新一届公证协会领导班子，不断促进全市公证行业整体水平迈上新台阶。

【法律援助】 2021年，全市9家法律援助中心办理各类案件2227件，受援群众2323人，其中为农民工讨薪案件578件，挽回经济损失457.35万元。参与认罪认罚2542起，通过来电、来访接待咨询6058次。

（市司法行政局 孙 哲）

仲 裁

图18 2021年11月2日，通辽市劳动监察工作人员指导建筑工人如何保护自身权益 （市人社局 提供）

【概况】 2021年，通辽仲裁委员会有仲裁员120人。2021年，受理仲裁案件87件，不予受理4件，裁决19件，撤案8件，调解3件，审结34件，标的1.6亿余元。9月30日，设立通辽仲裁委员会知识产权分会（通辽知识产权仲裁院），明确人员组成。全面启动通辽仲裁委员会金融仲裁院筹建工作。10月20日，在办理招商引资企业加工承揽合同纠纷仲裁业务中，因被申请人存在拒收送达邮件和不配合实地送达情况，通辽市司法局开启“公证＋仲裁送达”新模式。采取公证介入、联合送达的方式，派出公证和仲裁工作人员千里奔赴河南安阳，通过现场公证取证、仲裁调解，使双方最终达成一致，有效维护通辽市招商引资企业的合法权益。

（通辽仲裁委员会办公室 杜静波）

【劳动仲裁】 2021年，通辽市劳动争议仲裁结案率和调解成功率分别达98%和76%，劳动保障监察举报投诉案件结案率和拖欠农民工工资举报投诉案件结案率均为100%；全市立案受理各类劳动人事争议案件1870件，为劳动者挽回经济损失4853万元。建立审裁衔接机制，规范管辖、庭审程序和适用法律标准。实施《保障农民工工资支付条例》，全市落实农牧民工工资应急周转金3800万元，缴存农牧民工工资保证金1.5亿元，“两金三制”等工资支付保障制度覆盖率均达到自治区要求。治理欠薪案件，全国根治欠薪线索反映平台案件办结率达100%。累计办理各类信访案件321件，办结率95.6%，全市各级劳动保障监察机构受理案件58件，为555名劳动者追发工资549万元。

（市人社局 宋显涛）

军事

通辽军分区

【概况】 2021年，中国人民解放军通辽军分区（简称通辽军分区）强化党管武装和思想政治建设，打好意识形态领域主动仗，夯实政治根基、大抓练兵备战、强化动员准备、依法从严治军、强力纠风肃纪，完成各项任务，进一步巩固建设发展基础，参与驻地新冠肺炎疫情联防联控工作，推动“党管武装工作”纳入全市各区绩效考评。军地合力推动国防动员规范化建设，坚持一切工作向备战打仗聚焦、向战斗力生成发力，加强战备训练。

【党管武装】 2021年，通辽军分区推动党管武装工作纳入全市各区绩效考评，国防动员潜力大调查纳入市直单位绩效考评，召开市委议军会，组织区人武部党委第一书记进行党管武装专题述职。协调市委、市政府领导参加“军事日”活动，帮助地方各级领导干部强化国防观念，增强统筹发展的本领。以“六个100%”为目标，牵引推进党管武装制度落地落实，坚持每月向通辽市委报送《武装工作月报》，年底组织党管武装考核，继续开展“党管武装好书记”“国动委好主任”评选活动。紧跟国防教育体制改革进程，推动国防教育办公室机构和人员双落实，建强用好乌兰牧骑民兵分队。

【思想政治建设】 2021年，通辽军分区组织党委中心组带机关部队跟进学习中央军委主席习近平重要讲话和指示批示精神。围绕四个专题搞好讨论交流，立起建军百年奋斗目标精神战旗。抓好军委主席负责制学习教育，落实请示报告、督促检查、信息服务“三项机制”，夯实全区上下听党指挥，看齐追随的思想基础。巩固深化“忠诚维护核心、矢志奋斗强军”和党史学习两项教育，广泛开展庆祝建军94周年活动和“学思想、铸忠诚、担使命”实践活动，建立完善“每月四级组教”制度，抓好民兵思想政治教育探索实践；以“单位发展口述史”收集整理活动为重点，深入抓好“抢救性挖掘红色资源”活动，加紧推进军史长廊建设。

【建党百年系列活动开展】 2021年，通辽军分区首长带队登门入户看望离退休干部、遗属和受党内表彰的优秀党员、困难党员，送去慰问金，发放“光荣在党50年”纪念章，转达党组织的亲切问候和关心关怀。7月1日，军分区机关集中组织观看庆祝中国共产党成立100周年大会实况转播，组织“学党史、感党恩、庆‘七一’”升旗仪式，司令员围绕“在传承党的优良传统中自觉做到学史立行”为全体官兵作宣讲辅导，召开“两优一先”表彰大会暨优秀党员先进事迹报告会，围绕4个方面内容召开专题组织生活会。为庆祝中国共产党百年华诞和中国人民解放军建军94周年，增进军政军民团结，7月12日，通辽军分区协助市退役军人事务局在通辽职业学院举办第十六届“双拥杯”篮球赛，来自通辽军分区、武警通辽支队、武警机动第三支队、通辽消防救援支队、市税务局、市场监督管理局、医保局、通辽市鲁泉能源有限责任公司8支代表队参赛，通辽军分区以五战全胜的战绩获得冠军。军分区所属各人武部结合自身实际开展活动，科尔沁区人武部组织所属基层武装部开展“庆‘七一’党建杯”篮球赛，库伦旗、科左中旗人武部组织“民族团结示范校”，开展“唱支山歌给党听”合唱比赛和升旗仪式，使大家通过参加沉浸式、互动式、嵌入式、体验式活动，深切感悟党的初心使命，进一步增强党员的荣誉感、使命感、责任感。

【战备训练】 2021年，通辽军分区深化国防动员实战准备，深入学习贯彻中央军委主席习近平关于应对强敌战略判断，抓实制案落案体系，健全通辽市国防动员规划体系，加强军民一体化应急应战体系和国防动员能力建设，参加北部战区联合作战指挥演练和实兵演习，组织全市全要素国防动员指挥演练。推动军事训练转型，抓好首长机关训练，创新模式落实基础训练、业务训练和课题训练，集中组织“两实”训练。组织群众性练兵比武竞赛活动。加强与地方公安、武警、安全、应急管理等部门和辖区驻军联络协调，每季度组织辖区军事安全形势分析研判。加大训保配套力度，抓好军分区本级和各人武部“三室两库”基础设施和战备物资器材配套完善，购置首长机关和民兵应急营（连）个人携（运）行物资器材，落实“三分四定”。推进民兵训练基地建设，指导奈曼旗、科左中旗民兵训练基地建设和霍林郭勒市民兵训练基地升级改造，抓好市民兵训练基地配套设施完善，升级改造1个专业教室、3个学习交流讨论室和1个实操间，重点提升教学培训组训质量。购置配套民兵应急器材库4种任务型装备器材。推进通辽市军地联合指挥部建设。

【征兵工作】 2021年6月底，通辽军分区完成国防动员体制改革主体任务。在稳控大学生征集比例的基础上，持续加大大学毕业生征集力度，同时征集一定比例职高、中专和技校学生入伍，依托普通高等学校、技师学校和优质中等职业学校开展技能人才预征预储工作，分上下半年征集重点，精准宣传发动。集中组织征兵业务培训，规范集中体检程序，加强廉洁征兵巡视和明察暗访，严把体检政考、役前训练、审批定兵关口，确保兵员质量不降。

【双拥工作】 2021年，通辽军分区调整国防教育讲师团，军分区、人武部领导带头为地方党政机关开展国防教育讲座，军民共建民族团结示范校帮建力度，推动人武部和基层武装部配套“国防教育流动宣传站”。探索精准双拥的方法路子，建好用好通辽市“拥军心理服务站”和“拥军法律服务站”，总结推广奈曼旗在服务行业建立“军人驿站”的做法，提升双拥工作质量水平。继续协调做好退役军人和随军家属安置、军人子女入学入托等拥军优属工作。组织民兵参与地方经济建设，勇于担当防汛抗洪、抗击冰雪、草原灭火等急难险重任务，努力以作为赢得地位。助力乡村振兴，落实“四个不摘”要求，进一步巩固拓展脱贫攻坚成果。

【抗击特大暴雪】 2021年11月7日至8日，通辽市连续2日出现特大暴雪，积雪深度普遍在50厘米以上，最深处超过2米，打破1951年以来的纪录，强降雪导致8个旗县区受灾，直接经济损失1.19亿元。通辽军分区出动干部、战士、文职人员、职工和民兵支援地方抗击雪灾。

【基层风气监察联系点转点建点】 2021年，为深入贯彻落实中央军委主席习近平坚决纠治基层“微腐败”和不正之风的重要指示，进一步抓好基层风气建设，通辽军分区纪委对照《基层风气监察联系点工作细则》，组织对建点满1年的科尔沁区人武部、奈曼旗人武部风气监察联系点进行验收评估。经测评，基层风气建设、领导机关作风建设、监察联系工作“三个满意率”均为100%，达到预期目标，符合转点条件。12月17日，军分区纪委书记带队到库伦旗、科尔沁左翼后旗人武部新建基层风气监察联系点调研。建点前，两个单位按照群众推荐、党委研究、机关报备的程序，确定5名不同类型风气监督员（即党支部纪检委员、职工、专武干部、民兵骨干、廉洁征兵监督员各1名）。建点会议宣布监督员名单，发放聘书和监督联系卡，组织问卷调查和业务培训，在市人武部和军综网公布建点信息。

【市乌兰牧骑民兵连成立】2021年8月18日，通辽军分区召开市乌兰牧骑民兵连成立大会。会议宣布乌兰牧骑民兵连干部骨干任职命令，并为乌兰牧骑民兵连授旗、授牌；乌兰牧骑民兵连连长带领全体乌兰牧骑民兵进行宣誓，乌兰牧骑文工团党支部副书记带领大家重温中央军委主席习近平给苏尼特右旗乌兰牧骑的回信精神。乌兰牧骑民兵连的成立，为军分区后备力量建设注入新的血液，在国防教育、民族工作等方面将发挥重要作用。

【市乌兰牧骑民兵连政治教育】2021年11月4日，通辽军分区组织市乌兰牧骑民兵连开展政治教育。军分区政治工作处主任围绕习近平强军思想的主要内容、突出特点、如何落实作宣讲解读。通过大量事例、用接地气的语言帮助民兵深化对习近平强军思想的理解，进一步增强永远跟党走的决心和实现强军梦的信心。市乌兰牧骑领导、民兵连全体成员参加教育。

【第二十一个全民国防教育日活动】2021年9月18日，通辽军分区依托民族团结示范校——通辽红军小学，组织开展第21个全民国防教育日活动。该活动安排3类9项内容；参观红军小学“红色文化育人长廊”，组织升旗仪式和“民族团结示范校”授牌仪式、“八一爱民助学基金”成立仪式，军分区机关处以上领导每人每年捐赠1000元，用于资助困难学生和奖励品学兼优学生。组织“红色故事会”决赛，3名小学生宣讲红军故事，市乌兰牧骑民兵连和红军小学师生一起演出歌伴舞《晚风吹过哨台》、诗朗诵《七律·长征》等节目。组织学生开展军事实践活动，利用军分区的95式步枪电子模拟打靶系统，让学生们亲身体验轻武器射击；利用学校缩小版“400米障碍”，组织军体八项拓展训练；参观红军小学井冈山教育基地和南泥湾劳动实践基地。通过组织丰富多彩的国防教育日活动，学生走近国防、感悟国防，使爱党、爱国、爱军之情从小就在思想里深深扎根，牢固树立起建设祖国、保卫国防的光荣感、使命感、责任感。

【第四届群众性练兵比武竞赛活动】2021年8月25日至27日，第四届群众性练兵比武竞赛活动在通辽军分区举行。该竞赛活动设置7个专业，涉及体能、技能、战术等21个竞赛科目，来自全市8个旗（县、市、区）的专武干部、民兵干部和基干民兵参加竞赛活动。竞赛产生8项团体奖和11项个人奖，科尔沁区民兵包祥君以10分41秒成绩刷新三公里武装越野纪录，李少杰以10分36秒刷新3000米跑纪录。

【党政领导干部“军事日”活动】2021年8月9日，为庆祝中国人民解放军建军94周年，通辽军分区组织通辽市党政领导干部到通辽市武警支队机动大队开展2021年党政领导干部“军事日”活动。参观部队特种车辆、装备，市领导详细询问装备性能和管理保养情况，又陆续观看舞龙舞狮、威风锣鼓等支队自创节目，通辽市武警支队官兵向军地领导展示训练大纲要求的刺杀操、400米障碍、综合战术演练、索降、搏击等科目，组织党政领导干部参加射击打靶训练。通过“军事日”活动，进一步提升党政领导干部关心国防和后备力量建设的意识，增进军地情谊，奋力提升新时代双拥工作水平，不断开创军民融合、军民共建、军政军民团结开创新局面。

【“征兵宣传进校园”活动】2021年，通辽军分区联合科尔沁区人武部到驻地3所高校，开展“征兵宣传进校园”活动，盯住驻地高校毕业季、求职季和返乡季时间段，到大学校园，与大学生谈毕业打算，讲求职压力，发动大学生特别是大学毕业生在高校入伍，到军营任职。采取灵活多样的宣传方式。到运动会、招聘会和座谈会等人员较为集中场所，广泛采取悬挂宣传标语、发放宣传手册、推送征兵新闻等方式，让大学生知道“为什么要当兵、怎么能当兵、当兵待遇有哪些。”做好细致到位的政策解读，突出大学毕业生这个重点，集中开展征兵政策宣讲，从荣誉、机遇、待遇等方面梳理总结毕业入伍

15大利好，激励、鼓励和引导广大毕业生，追逐从军梦，实现人生价值。

（通辽军分区　王震寰）

武警通辽支队

【概况】　武警通辽支队前身为哲里木盟公安队，成立于1947年6月。1983年1月，组建武警哲里木盟支队，1999年10月，原哲里木盟撤销改为通辽市，支队番号改称武警通辽市支队。2018年1月1日，改称武警通辽支队。2021年，武警通辽支队深入学习贯彻中央军委主席习近平“七一”重要讲话精神和党的十九届六中全会精神，严密组织党委中心组带机关理论学习，抓好开年教育、主题教育和党史学习教育；抓实配合活动，提升灌输授课教育质效，文化环境建设稳步推进，强军影院、强军书屋建设走在武警总队前列。梳理《影响官兵关系的70种现象》《50条不文明用语》等管用实用文件，1人在总队优秀政治教员评比中取得第3名。全年，在中央电视台、新华社、人民日报客户端、《解放军报》等媒体报刊发稿34篇。

【后勤保障】　2021年，武警通辽支队牢固树立“前勤”意识，完善“一组五队”编携配装，规范战备建设管理，覆盖培训后勤专业兵，持续改善官兵工作生活医疗条件，严格落实新组伙模式，后装保障和管理水平全面提升。全年，4个单位完成供热管道引接，3个单位改建接待室套间，制定《赴体系医院就诊暂行办法》，4人在总队综合大比武后勤专业评比中被表彰为优胜个人。

【基层建设】　2021年，武警通辽支队深入贯彻武警部队、总队党委1号文件精神，周密筹划挂钩帮带、蹲点帮建，严密组织《军队基层建设纲要》和军队党的建设法规培训，牢固树立“大安全观”，实现“六无”目标。年内，机动大队被总队评为“四铁”先进单位，特战中队党支部被总队表彰为“先进基层党组织”，执勤三中队团支部被总队表彰为“先进团支部”，连续23年未被评为先进的警勤中队实现“脱贫”摘帽，2篇抓建经验被武警总队转发。

【组织工作】　2021年，武警通辽支队坚持以学习贯彻党的建设法规为抓手，抓好郭徐房张流毒思想清理，严密组织党组织规范化建设专项检查和基层党组织考评鉴定，严格落实组织生活，严肃执纪问责，党的领导和党的建设持续加强。年内，调整使用干部××人、送学培训×人、发展党员××人、选晋警士××人，做到公平公正、官兵满意、上下服气；武警部队党委常规巡视反馈问题全部整改完毕，部队风气持续向上向好。

（武警通辽支队　王　帅）

人民防空

【概况】　2021年，通辽市人防专项治理发现问题整改完成率达76.7%，在全区各盟市中率先完成年度任务目标。全市批建防空地下室面积完成自治区下达指标的158%，收取人防工程平战结合收入完成自治区下达指标的173%。全市新建电声警报器×台，“户内户外多媒体报警系统”×台，超额完成自治区下达任务指标。新组建人防专业队×支，人防专业力量体系不断健全。建成市本级人防机动指挥平台。完成通辽市主城区人防工程控制性详细规划的前期准备工作。研究制定通辽市重要经济目标单位防护救援方案模版并组织试点单位编制方案，选定×家试点单位开展关键部位地下化工作。2021年，通辽市人防办公室获得“全区人防工作责任目标考核突出单位”。制定《通辽市既有人防工程平战功能转换两年行动方案（2021—2022年）》，对既有人防工程逐一建立人防工程平战转换档案库，并对既有人防工程进行初步评估、评定，按等级分类。

【“9·18”人防警报试鸣】　2021年9月18日，通辽市人防警报试鸣活动举行。在市人防办下达统一试鸣命令后，全市人防警报器通过警报统控系统实现统一控制发放，鸣响率为100%。

【第二代人民防空机动指挥平台建设】 2021年9月，通辽市人防办组织完成通辽市本级第二代人防机动指挥平台建设。该平台具有实时获取现场图像、声音、环境要素、设备状态等信息功能，高效提升通辽市战时组织指挥城市人民防空袭斗争、平时应对防范自然灾害及处置突发事件等任务的能力。

（市住房和城乡建设局 陈姣龙）

退役军人事务

【概况】 2021年，全市组建退役军人服务中心9个，各级退役军人服务站474个，配备专兼职工作人员1611人，退役军人服务体系“五有”和“全覆盖”持续夯实。各级退役军人服务中心（站）实现从“有”到“优”的跨越，打造全国“标杆型服务中心（站）”10家，“示范型服务中心（站）”103家，“红色退役军人服务中心（站）”13家。

【权益维护】 2021年，通辽市退役军人事务局开展退役军人“法律政策落实年”活动，制定出台《“法律政策落实年”活动实施方案及工作任务清单》。依托困难退役军人帮扶援助服务系统，补充完善困难退役军人信息，为退役军人及现役军人家庭发放慰问和帮扶援助。

【移交安置】 2021年，全市接收转业军官、符合政府安排工作条件退役士官全部安置到位。接收军队退休干部、伤病残士兵、复员干部，全部完成接收安置工作，落实相关待遇。落实自主就业相关政策，接收自主就业退役士兵并发放地方经济补助。落实困难企业军转干部待遇，为市直企业军转干部发放各类补助。

【褒扬纪念】 2021年5月6日，内蒙古自治区政府批准追认爱国人士周荣久为烈士。2021年5月18日，举办通辽市“中国邮政储蓄银行杯”英烈讲解员大赛。通过比赛市退役军人事务局推荐的选手在自治区英烈讲解员比赛中获第一名，市退役军人事务局获优秀组织奖。全市有烈士纪念设施100处，其中自治区级烈士纪念设施3处、县级烈士纪念设施15处、零散烈士纪念设施46处、零散烈士墓36处。全年，投入资金1311万元，用于纪念设施整修和零散烈士墓迁移集中管护。

【优抚事业单位基础建设】 2021年，市退役军人事务局对通辽市军用饮食供应站和科左后旗光荣院、开鲁县光荣院、库伦旗光荣院3所光荣院进行维修改造、设备购置更新及环境整治等建设，投入资金65万元。其中，每所光荣院投入15万元，军用饮食供应站共投入20万元。

【双拥工作】 2021年，市退役军人事务局加强军地联系与沟通，协调市教育局解决现役部队官兵子女入学入托29人，为54名随军未就业家属发放未就业生活补贴31.6万元，协调相关单位和部门为随军家属办理随调手续。春节和“八一”前夕，走访慰问驻市武警部队官兵、英模代表和退役军人，发放款物400余万元，其中市级68.6万元。走访慰问立功受奖官兵49人、边海防官兵47人、其他现役官兵2500多人。11月23日，召开全市双拥工作表彰大会，表彰双拥模范单位61个，双拥模范个人65名。开展第十六届“双拥杯”篮球赛，编印《双拥简报》17期，市双拥办公室编印《传承井冈山红色基因，开创通辽双拥新局面》井冈山学习培训心得体会书目。在“学习强国”学习平台和《中国双拥》期刊刊登《通辽：把双拥创建融入经济社会发展大局》一文，营造浓厚的双拥宣传氛围。

【军休工作】 2021年，市退役军人事务局严格执行关于军队离退休干部接收安置工作的方针、政策和规定，完成2名军休干部接收安置任务。落实军休干部“两个待遇”，为军休干部订阅报纸，组织开展政治理论学习、主题党日活动，为8名军休干部党员颁发“光荣在党50年”纪念章；按时发放、及时调整军休干部基本离退休费和津贴补贴、无经济收入遗属定期生活补助费，协助家属办理去世军休干部丧葬事宜，并及时申报和发放一次性抚恤金和特别抚恤金。及时为离休干部报销药费及外地就医费用，做好住院军休干部探望慰问、住院伙食补助等审核及报销工作。组织军休干部参加一次全面体检、到辽阳市开展异地疗养活动。组织军休干部开展“迎新春·线上联欢会”、健步走、扑克比赛、主题联欢会等文体活动 7 次，开展入户走访慰问军休干部、遗属 5 次、300 余人次；开展注射新冠病毒疫苗、送防疫物资、送粮油、家政服务等活动，不断提升军休干部荣誉感归属感获得感。

【军供保障】 2021 年，市退役军人事务局完成军供保障任务。在第三次全国重点军供站实地考核中，被退役军人事务部和中央军委后勤部评为全国重点军供站，实现全国重点军供站三连冠，获得北部战区授予的军供保障先进集体称号。

（市退役军人事务局 刘小新）

经济管理

宏观经济调控

【概况】 2021年，通辽市地区生产总值实现1411.4亿元，增长4%，比2020年增长1.5个百分点；一般公共预算增长14.95%；城乡常住居民人均可支配收入分别增长7.7%和10.4%。全市500万元及以上固定资产投资比2020年下降17.7%。全年社会消费品零售总额326.28亿元，比2020年增长6.1%。全年外贸进出口总额55.26亿元，比2020年增长65.3%。其中，出口36.43亿元，增长32.5%；进口18.83亿元，增长217.0%。全市公共财政预算收入完成87.94亿元，比2020年同期增加11.44亿元，增长15.0%。全市公共财政预算支出376.35亿元。全体居民人均可支配收入26657元，比2020年增长8.8%。全年城镇新增就业11371人。失业人员再就业5039人，就业困难人员实现就业6209人。年末城镇登记失业率为4.11%。全年主城区居民消费价格比2020年上涨0.4%。

【区域中心城市建设】 2021年，通辽市现代化区域中心城市合作加快推进。完善《蒙东承接产业转移示范区总体方案》，再次上报国家待批。赤峰、通辽两市签署《合作备忘录》，明确29项重点合作事项，全面开启区域中心城市协同发展之路，两地住房公积金实现互通互认。

《通辽市“十四五”新型城镇化规划》编制完成。打通断头路6条，翻修市政道路23条，改造雨水污水管道23.3千米。新建改建供热管线74.2千米、换热站64座，主城区89个供热问题小区正常供热。改造绿地21公顷。厘清市区两级建设管理权限，推进主城区市政管护市场化。成功通过全国文明城市、国家改革卫生城市复审。青龙山甘薯小镇纳入自治区特色小镇创建培育名单。

【重点领域改革】 2021年，通辽市国企改革取得进展。国有资本整合优化和集中统一监管持续推进，将市属国有企业重组整合为五大集团，完成全市42户全民所有制企业公司制改革，“三供一业”维修改造全面完成，由国有企业管理的退休人员1.7万余人全部完成移交。

制定新时代加快完善社会主义市场经济体制和构建更加完善的要素市场化配置体制机制的实施举措。推进市场准入负面清单制度，对地区许可事项、不合理限制和隐性壁垒进行清理。增量配电业务改革稳步推进，奈曼和霍林河园区取得电力业务许可证，开发区完成配电网规划。农业水价综合改革稳步推进。3家旗县农信社转制组建农商行，新设立旗县级支行1家，嘎查村农村金融综合服务室覆盖率超70%。

【统筹协调疫情防控和经济发展】 2021年，通辽市稳妥处置满洲里输入性疫情和进口冷链食品外包装检测阳性事件，核查中高风险地区返回人员26.5万人次、管控1.3万人次。核酸检测机构增至39家，日检测能力达82万份。247万人实现新冠病毒疫苗全程接种，89万人接种加强针。多次开展全员培训和演练，重要医疗防控物资储备充足。

【固定资产投资】 2021年，通辽市500万元及以上固定资产投资比2020年下降17.7%。

从三次产业看，第一产业投资占全部投资的8.4%，第二产业投资占全部投资的40.9%，第三产业投资占全部投资的50.7%。

【产业转型升级】 2021年，通辽市加快推进产业转型升级。实施主导产业强链条夯基础项目156个，26户企业达到入规标准。信息传输、软件和信息技术服务业增长20.3%，服务业对经济增长贡献率达73.2%。

【重点项目建设】 2021年，通辽市发展现代能源经济。在严格保护生态的前提下科学布局风、光等新能源产业，推动增量配电改革试点，推动新能源就地消纳和装备制造基地建设，实施“源网荷储”一体化示范、龙马风电装备制造等亿元以上项目30个，完成能源项目投资60亿元，争取新能源建设规模174.7万千瓦，国家现代能源经济示范市建设逐步破题。

加大科技创新力度。出台深入落实“科技兴蒙”行动促进科技创新发展的若干政策措施，实施研发投入攻坚行动，市级科技专项投入2164万元，实施高新技术企业、科技型中小企业“双倍增”计划和研发机构、科技平台“双百”培育计划，重组通辽市农牧科学研究所，国家农业科技园区、国家现代农业产业园通过验收，自治区级以上研发平台达201个。

统筹推进基础设施建设。抓住国家支持“两新一重”建设机遇，围绕加快建设布局合理、互联互通现代基础设施体系的目标，推动通辽至齐齐哈尔、赤峰至通辽至长春等高铁项目规划论证，基本完成引绰济辽二期、辽西北供水通辽支线、乌兰哈达水库等重大引调蓄水工程前期工作，奈曼通用机场主体工程全面完工。实施环保达标、标准化厂房等工业园区建设项目58个。

【重大风险防范化解】 2021年，通辽市超额完成政府隐性债务化解任务，完成拖欠民营企业中小企业账款年度清偿任务。不良贷款余额下降23.86%，不良贷款率比年初下降2.05个百分点。

（市发展和改革委员会 高崇耀）

自然资源管理

【概况】 2021年，通辽市制定《通辽市自然资源局工作规则》《国土空间规划委员会办公室议事规则》以及土地、矿产资源集体决策制度，推进依法行政、依法决策。做好政府信息公开和合法性审查等工作，受理信息公开申请23件，全部按照政府信息公开的相关规定进行答复；完成各类文件合法性审查94件。参加行政应诉案件42件，胜诉率81%。开展法制宣传教育，组织开展国家宪法日宣传周和《中华人民共和国民法典》宣讲培训等活动。严格落实“谁执法、谁普法”原则，利用“土地日”“地球日”“测绘日”“矿产日”等自然资源主题宣传日，开展自然资源政策法规宣传，营造良好的法治社会环境。将第三次国土调查成果报市政府审核，调查数据库管理系统及共享系统通过自治区预检，2020年度变更调查顺利结束；自治区级各类重点保护区域自然资源统一确权登记项目进入招投标程序。推进多级一体化审批系统升级改造，矿、地审批应用升级工作基本完成，实现业务进度和办理结果网站公示功能，办公自动化系统初步完成内测，电子政务系统与工改平台完成对接，信息化水平全面提升。

【矿山企业】 2021年，全市有通辽市香山矿业有限公司等矿山企业10家，有煤矿企业15家。

全市2021年在期非金属矿山139家，其中生产69家、停产70家。

【土地供应】 2021年，通辽市合理安排土地利用年度计划指标，利用“增存挂钩”“增减挂钩”政策解决用地需求。处置批而未供土地687.62公顷、闲置土地113.65公顷，使用“增减挂钩”指标150.92公顷。上报国家和自治区建设用地批次和单独选址项目报件143件、面积2937.55公顷，批复新增建设用地面积2243.86公顷。持续对中心城区地价进行动态监测，完成各旗县区标定地价成果审查备案，农用地和集体建设用地基准地价成果通过自治区评审。科学编制中心城区住宅用地供应计划并严格执行，中心城区供应住宅用地50.35公顷；全市供应建设用地3408.39公顷，收取土地出让金51.47亿元。拟定年度储备计划和三年滚动计划。

【矿产资源开发】 2021年，自治区城市地热资源勘查与示范工程科左中旗保康镇水热型地热开发用于居民供暖实验取得成功，为自治区推动地热资源梯级高效利用，推动能源开发利用进程，实现“碳达峰、碳中和”战略目标发挥引领和示范作用。霍林河煤田亿诚煤矿生产勘探发现煤层气，含量为2.3～3.5立方米/吨，最高达4.3立方米/吨。辽河油田在开鲁盆地钻探中发现天然碱，资源储量可观。印发《通辽市天然石英砂矿专项整治工作方案》，指导库伦旗编制《库伦旗采石矿专项整治工作方案》，进一步规范通辽市矿产资源管理，提高矿产资源集约开发利用水平。

【自然资源审批“放管服”改革】 2021年，通辽市高质量承接自治区下放的矿业权审批权限，将砂石土出让登记权限下放旗县区办理。市本级矿业权联审联批时限由22个工作日压缩为13个工作日，简化环保等部门出具的矿业权延续审批要件。全年，办理矿业权延续、新立等业务245件。推进区域评估，确定的86项评估事项完成75项，其余11项全部开展相关工作；完善“多规合一”及业务协同平台建设，推广平台应用，收集数据527项，应用平台策划生成项目532个；办理建设项目用地预审与规划选址23件、用地规划许可21件、工程规划许可84件、建设工程开工验线20宗、竣工核实11宗。不动产登记提效增速，市、旗两级实现收件材料、登记流程和登记时限“三统一”，证书证明实现“电子证照”。各旗县区登记时限统一压缩为一个工作日，并开通网页端平台，完成非涉税、涉费类登记业务“全市通办”重大改革，全市核发不动产权证书、证明近35万本。

【不动产登记】 2021年，市自然资源局完成不动产登记中心、权籍中心和调处中心整合，采取轮岗轮训、业务讲堂、技能比武等多种形式，开展岗位“大练兵”，提升服务水平和综合素质，练好“内功”。2021年不动产确权登记，受理各类登记申请207078件，颁发不动产权证书134046本、不动产登记证明62967份，提供不动产登记信息查询10.94万次。推进农村房地一体确权登记工作，完成农房调查307469户，审核登记材料275004件，发证279760本。推出企业服务专窗、容缺受理、一网通办、水电气暖一键办理等便民利企措施，主动与法院、公证处、开发企业等联网联办，打造“互联网+不动产登记”便民服务模式。不动产登记业务的办理时限压减至1个工作日内办结，企业首次登记及企业间转移登记等业务即时办结。建立化解城镇居民住房产权历史遗留问题工作机制，210个历史遗留问题小区全部达到办证要求。开展预约延时、帮办代办、上门服务等2138次。

【测绘管理】 2021年，通辽市推进测绘管理工作，编制工作方案，落实编制资金，确定编制单位，启动“十四五”基础测绘规划编制工作。编制单位组建工作专班，确保2022年3月底完成规划的审查报批发布实施工作。印发《关于进一步明确使用2000国家大地坐标系的通知》，解决通辽市测绘坐标系统不统一造成测绘成果在不同坐标系转换过程中出现的误差问题。印发《通辽市社会投资简易低风险工程建设项目“多测合一”实施细则》，规范“多测合一”工作的开展。按照自治区的统一部署，完成市本级近两年来多测合一数据的整理汇交工作，确保数据及时上线共享。全市基层国土资源所标准化建设基本完成。

（市自然资源局　刘艳华）

国有资产监督管理

【概况】 2021年，通辽市国资委全面落实国企改革三年行动各项部署，推动国资国企聚焦绿色转型、聚力高质量发展，调整存量结构、优化增量投向和合理有序流动，为加快建设现代化区域中心城市提供有力支撑。

面对全国经济需求收缩、供给冲击、预期转弱，通辽市经济增长放缓、后劲不足的外部环境，面对新冠肺炎疫情冲击，以及国企改革关键时期资产划转、人员流动、资本布局调整等一系列不稳定因素，各市属国有企业开展经营，寻求新增长点，成立寰途旅行公司，实施孝庄河文化产业带、冰雪节等项目。发挥政府属性，主动承担市城东水厂、市医院新院区、科尔沁草原山水林田湖草沙一体化保护和修复工程项目，各项指标实现稳中有进。截至12月底，市国资委监管一级企业5户，二级及以下企业122户。资产总额880.5亿元，同比上涨26.21%；负债总额495.27亿元，同比上涨55.97%；资产负债率56.31%，同比上涨23.59%；净利润1.36亿元，较2020年增加1.64亿元；霍煤集团分红6.74亿元，上缴税费1.86亿元，同比增长80.58%。

【国资布局结构优化】 2021年，通辽市国有资产监督管理委员会围绕通辽市发展大局，以企业为主体、市场为导向，坚持有所为有所不为，调整国有资本布局结构，明确各企业发展方向，推进国有企业聚焦主责主业、提质增效。国有企业优化整合重组基本完成，通过优化整合，一级监管企业由9户整合为5户，明确将企业管理层级控制在三级以内，压减二级子公司数量，在原有75家的基础上压减40%左右。严控三级子公司设立，对17家国有独资或控股四级公司进行集中清算。编制“十四五”全市国有资本布局与结构战略性调整规划，推动国有资本向现代能源经济、高端装备制造、绿色农畜产品、文化旅游、生态环境、数字经济等领域布局。制定《关于优化服务加强监管做强做优国有企业的实施方案》，拟定五大集团主责主业清单，引导市属国有企业以市场为导向有针对性地调整结构，聚焦主责主业发展实体经济，优化和稳定产业链供应链。市属国有“僵尸企业”全部出清，安置人员1041人，盘活资产1.03亿元，处置债务0.85亿元，较2017年减亏1.85亿元，自治区认定完成出清。全面完成经营性国有资产集中统一监管，按照“产业相近、主业相同”原则，将全市8个部门出资的35户国有企业纳入国资委监管的5户国有企业。“三供一业”维修改造任务全面完成，国有企业管理的1.7万余名退休人员全部实现社会化管理。

【国企改革】 2021年，通辽市围绕国企改革三年行动方案，紧盯改革重点、关键领域，加大攻坚力度。通辽市国企改革任务清单涉及10个方面64项任务，100%完成52项，占比81.3%，位列全区前列。把党的领导融入企业治理各环节。市属国有企业及所属重要子企业均建立前置研究事项清单、党组织政治责任清单、履职正负面清单，全面实现党建工作进公司章程，研究制定市属国有企业“三重一大”决策制度指导意见。规范董事会建设、落实董事会职权。5户市属企业和19户子公司均建立董事会，实现应建尽建。19户子企业中15户企业实现外部董事占多数，占比79%，配备外部董事35人。建立市属企业外部董事人才库，对5户一级监管企业开展外部董事配备工作。推进经理层成员任期制和契约化管理。起草《市属国有企业市场化选聘职业经理人实施方案》，市政府主要领导给予批示肯定；制定《经理层成员任期制和契约化管理操作指引》，对各企业开展经理层成员任期制和契约化管理的人员范围、职责、流程、操作要点进行明确。全面完成公司制改革。完成全市42户全民所有制企业公司制改革，市属国有企业均实现公司制管理。

【国资国企监管】 2021年，通辽市贯彻落实国资“一盘棋”、管资本为主等要求，创新国有资产监管，坚持放活管好，加强依法监管。加强制度建设。持续深化“制度建设年”“制度执行年”活动，健全完善国资监管制度、企业内控制度，规范国有企业运行，形成“1个方案、2个清单”（1个方案：《关于优化服务强化监管做强做优国有企业的实施方案》。2个清单：《通辽市国资委监管制度清单》包含37项监管制度，涵盖企业党建、产权交易、财务监管、投资监管、选人用人、考核分配等方面；《企业内控制度清单》包含法律股权、议事规则、人力资源等12类共计122项企业内控制度）。新建制度机制98项，修改制度机制128项。加强出资人监管。组建出资人财务监管工作组，采取现场财务监管方式，及时发现企业在重要经营领域和关键环节中存在的重大问题和风险隐患，并实行闭环管理。加强企业内部审计，市属国有企业均成立内部审计机构。优化考核评价。根据各企业功能定位，制定差异化经营业绩考核目标，完成对城投、霍煤9户企业的经营业绩考核。以“实现国有资产保值增值、实现利润”作为考核导向，拟定11户企业2021年度经营业绩考核指标。结合生产经营目标、经济效益情况和人力资源管理要求，对各企业2021年度工资总额预算进行审核。加强企业人员管理。按照机构精简、总额控制、结构优化、人员精干、动态管理的原则，指导五大集团科学设定集团本部内设机构及人员编制。按照干部管理权限和规定程序，考察任命5名原市属三类国有企业领导人员。对通粮集团、供热公司、公交集团、自来水公司等4户企业的董事会成员进行调整。对企业29名中层干部调整材料进行审核，并下达备案批复。加强安全生产监督。组织召开3次市直属国有企业安全生产专题工作会，举办安全生产培训班1期，按月组织出资监管企业进行安全生产隐患排查，组织企业开展应急演练、宣传教育等活动，督促指导企业不断完善各项安全制度、健全安全管理机制，夯实安全生产基础。

【煤炭领域国企专项整治】 2021年，通辽市煤炭资源领域违规违法问题26项，完成整治19项，剩余7项完成阶段性整治。截至2021年年底，全市追损挽损工作组追回资金10.13亿元，企业改制国资监管方面追回7.84亿元。

【涉粮领域腐败问题专项整治】 2021年，通辽市传达学习习近平总书记关于粮食安全重要论述和六届市委第一轮巡察安排部署会精神，督促通粮集团加强自查自纠，并每周向市国资委报告工作情况。成立粮食购销领域腐败问题专项整治工作国有资产监管组，先后2次到通粮集团开展实地督导，派出3个工作组进驻基层粮库开展专项核查，完成协尔苏粮库、东来粮库等6家粮库核查工作，发现问题线索54项，移交市委巡察组16项，责成通粮集团进一步核查处理38项。

【国企招商引资】 2021年，通辽市属国有企业均按照要求带队招商。外出招商14批次，其中主要领导带队9批次，完成招商引资项目3个，超额完成招商任务。

（市国有资产监督管理委员会 张丹妹）

财　政

【概况】 2021年，全市一般公共预算收入完成87.94亿元，与2020年相比增加11.44亿元，增长14.95%。其中，税收收入58.55亿元，与2020年相比增加3.8亿元，增长6.95%；非税收入29.39亿元，与2020年相比增加7.64亿元，增长35.1%。收入总量全区第七位，增速全区第四位。2021年，全市一般公共预算支出376.35亿元，与2020年相比减少9.6亿元，下降2.5%（剔除企业养老保险基金支出上划自治区列支因素，比2020年增加6亿元，增长2%）。支出总量全区第五位，增速全区第三位。

【积极财政政策落实】 2021年，通辽市全面落实减税降费政策。严格落实国家和自治区出台的制度性和结构性减税举措，新增减税降费8.9亿元，有效降低企业运营成本。推进阶段性缓税政策，精准支持煤电企业和中小微制造业企业。聚焦改革发展重点任务，协同支持部门单位向上争取政策、项目、资金，全年到位各类补助资金275.4亿元，对各项工作落地落实形成有力支撑。按照直达基层惠企利民要求，将县级基本财力保障、教育、卫生等相关领域资金67.4亿元，列入直达资金范围严格管理，为基层运转提供有效保障。严格落实过“紧日子”要求，硬化预算约束，在预算编制和调整预算时，继续压减一般性支出和非急需、非刚性支出，严控一般性支出、“三公”经费。统筹盘活财政存量资金，规范盘活财政存量资金程序和使用方向，督促各部门、各地区加快办理盘活资金的相关手续，累计统筹盘活资金2.8亿元，统筹用于民生保障和风险防范等重点支出领域。

【政府债务化解】 2021年，通辽市坚持防风险与促发展统筹推进，同步落实“防”和“化”的举措，坚决遏制隐性债务增量、妥善化解隐性债务存量，增强财政可持续性，通过展期降息一批、债权流转一批、合规剥离一批、核减核销一批、资产处置一批，防范化解债务风险。分地区制定《2021年政府债务化解行动计划》，细化工作责任和目标任务，实施“一地一策”管理。2021年，全市化解政府债务84.4亿元。

【保障民生支出】 2021年，通辽市全口径民生支出263.3亿元，占一般公共预算支出比重70%。兜牢底线方面，全市困难群众救助补助支出10亿元，惠及困难群众20万人次，履行财政资金的兜底保障工作。疫情防控方面，支持重大疫情防控救治和应急物资保障体系建设，全市疫情防控支出2.67亿元，支持医疗物资购置、新冠病毒疫苗全民免费接种、核酸检测实验室建设。优化教育方面，支持教育事业，全市教育补助支出55.02亿元，扩大普惠性学前教育覆盖面，促进义务教育均衡发展，推进“双减”政策有效落实。支持普通高中多样化特色化发展，落实家庭经济困难学生资助政策，着力改善办学条件。促进就业方面，支持开展各类就业创业活动，保障高校毕业生服务基层需要，统筹推进重点群体稳定就业，市级就业补助支出3.22亿元。

通辽市2021年度一般公共预算收支决算表

表1

单位：万元

预算科目（收入）	决算数	预算科目（支出）	决算数
一、税收收入	585478	一、一般公共服务支出	293177
增值税	195388	二、外交支出	0
企业所得税	82868	三、国防支出	1654
个人所得税	18054	四、公共安全支出	139537
资源税	37848	五、教育支出	549893
城市维护建设税	37723	六、科学技术支出	15050
房产税	27886	七、文化旅游体育与传媒支出	56885
印花税	14591	八、社会保障和就业支出	595678
城镇土地使用税	57754	九、卫生健康支出	355930
土地增值税	33501	十、节能环保支出	63092
车船税	22303	十一、城乡社区支出	294040
耕地占用税	7098	十二、农林水支出	722680
契　税	43972	十三、交通运输支出	187689
烟叶税	0	十四、资源勘探工业信息等支出	67698
环境保护税	6174	十五、商业服务业等支出	17292
其他税收收入	318	十六、金融支出	360
二、非税收入	293929	十七、援助其他地区支出	0
专项收入	32084	十八、自然资源海洋气象等支出	39111
行政事业性收费收入	46153	十九、住房保障支出	110053
罚没收入	151327	二十、粮油物资储备支出	8363
国有资本经营收入	0	二十一、灾害防治及应急管理支出	16413
国有资源（资产）有偿使用收入	43670	二十二、预备费	0
其他收入	20695	二十三、其他支出	16665
		二十四、债务付息支出	211262
		二十五、债务发行费用支出	943
收入合计	879407	支出合计	3763465

科技创新方面，全市科技领域支出1.49亿元，推进重大科研攻关成果转化，落实“科技兴蒙”行动，加快创新型通辽建设。文化建设方面，全市文化旅游体育与传媒领域支出4.79亿元，支持精品文化创作和非物质文化遗产保护，支持文化下乡及全民健身运动，推进文化和旅游深度融合发展，促进公共文化服务均等化。

【城乡建设投入】 2021年，通辽市加强城市建设，投入资金14.6亿元，支持中心城区基础设施翻修改造、新世纪大桥连接线及互通立交工程、市科技馆和图书馆及两馆附属配套工程等民生工程，推进“G505线”奈曼至库伦公路建设项目、“S310线”太平川至宝龙山公路建设等重点交通工程，增强区域发展承载力、辐射力。推进乡村振兴战略，投入衔接资金13.6亿元，深入实施产业、就业、生态等项目，集中资源支持脱贫攻坚向全面推进乡村振兴有序过渡，增强农村牧区内生动力和自我发展能力。培育扶持现代服务业，投入商贸流通资金1.3亿元，提升内贸流通业，推进产业转型升级，支持第三产业发展，全面活跃城乡消费。

【重大项目投入】 2021年，通辽市投入资金20.7亿元推进生态文明建设，统筹推进大气、水、土壤污染综合防治以及农村环境综合整治，持续优化生态环境。成功申报科尔沁草原山水林田湖草沙一体化保护和修复工程项目，争取中央财政补助资金20亿元，并获得自治区一般债券资金支持10亿元。实施欧洲投资银行科尔沁沙地综合治理项目，开展重大生态保护修复工作，筑牢北方重要生态安全屏障。全市投入资金3.5亿元推进营商环境建设，从帮扶企业转型升级、科技创新、园区建设等不同角度，综合运用财政补贴、贷款贴息、奖励激励等政策“组合拳”，促进中小企业持续发展。

【财税体制改革】 2021年，通辽市深化预算管理改革，贯彻落实《关于进一步深化预算管理制度改革的实施意见》，加强部门和单位各项收支管理，不断优化财政资源配置。完善项目预算分年度安排机制，推进跨年度预算平衡，加强预算约束。完善财政管理体制，调整完善市以下财政管理体制，加强资源类行政事业性收入和公安、纪检等行业罚没收入市级统筹调控能力，优化全市财力布局，提高财政风险防范能力。加强预算绩效管理，将“四本”预算、重点民生领域、政府投融资活动等全部纳入绩效管理，实现绩效目标管理全覆盖，制定出台7项绩效管理配套办法及实施细则。推进事前绩效评估，开展财政评价，建立第三方机构参与绩效管理机制，提升预算管理水平。开展事前绩效评估9项，建议核减6773万元，核减率51.2%。推动绩效目标全覆盖，审核2021年预算绩效目标项目676个，涉及资金90.9亿元。全面推行联络员制度，以现场指导、线上沟通等形式，同步推进旗县预算绩效管理工作，确保市县工作一盘棋推进、一体化落实。

【支持主导产业发展】 2021年，通辽市向城发、文旅等国企注资3.75亿元，推进市医院新院区、城东水厂等重点项目建设，支持国企转型发展；争取债券资金47.4亿元，实施债券项目154个，带动投资231亿元；统筹资金4亿元，重点支持开鲁工业园区基础设施建设及旗县退出中央预算内投资“黑名单”。

（市财政局　李宇轩）

税　务

【概况】 2021年，通辽市累计完成各项税费收入243.97亿元，同比增收49.68亿元，增长25.6%。其中，税收收入134.69亿元，同比增收9.23亿元，增长7.4%；社会保险费收入81.42亿元，同比增收24.11亿元，增长42.1%；非税收入20.79亿元，同比增收13.93亿元，增长203.2%；其他收入7.07亿元，同比增收2.4亿元，增长51.5%。此外，办理出口退税3.67亿元，同比增退0.15亿元，增长4.3%。

全市税收第一产业完成0.31亿元，第二产业完成84.16亿元，第三产业完成50.22亿元。三次产业税收占

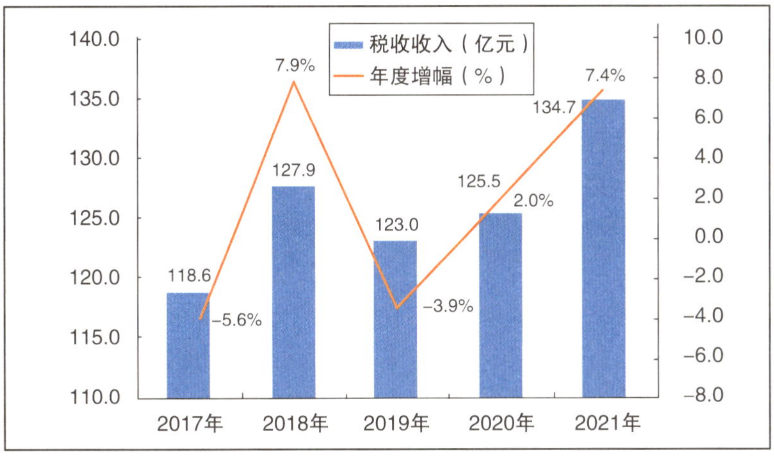

图 19　2017—2021 年通辽市税收收入情况图

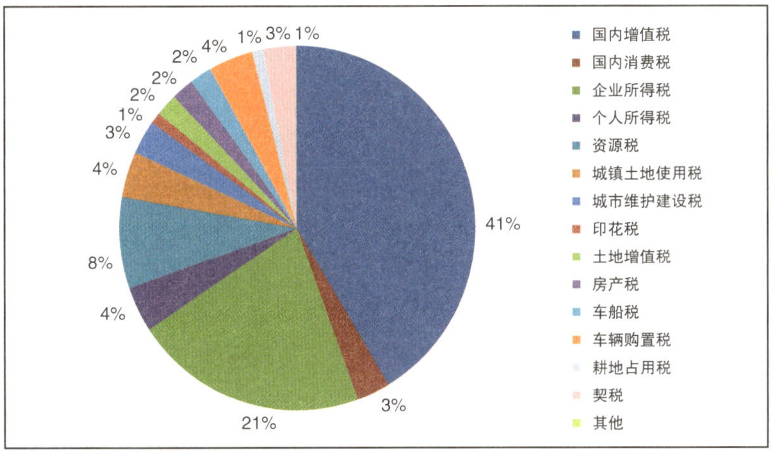

图 20　2021 年通辽市税收收入分税种结构图

比分别为 0.2∶62.5∶37.3，与 2020 年基本持平，第二产业始终占据主导地位。市场预期向好，重点行业支撑作用显著。全市税收规模超 5 亿元的重点行业分别为有色金属、采矿、房地产、批零、电力、建筑、金融，七个行业合计完成税收 100 亿元，税收占比 74.3%，合计增收 4.93 亿元，拉动税收增长 3.9 个百分点。重点税源企业税收聚集效应明显。全市税收规模超千万元的企业 136 户，合计完成税收 92.18 亿元，占全部税收收入的 68.4%。从行业分布看主要是煤电铝、房地产、批零、医药制造、化工、非金属矿物制品、食品制造、农副食品加工、建筑、金融、交通运输等行业。

【减税降费】　2021 年，累计实现新增减税降费 12.2 亿元。其中，2021 年新出台的政策减税降费 1.4 亿元；2021 年展期实施政策减税降费 10.3 亿元；2020 年年中出台政策在 2021 年翘尾新增减税降费 0.5 亿元。

【税收法治】　2021 年，通辽税务局获评“全国‘七五’普法先进单位”。推行一局一法律顾问制度，与公职律师组成律师团队在重大案件审理、税务行政复议、诉讼、规范性文件制定以及合同签订等方面发挥重要作用。严格行政审批事项权限及流程管理，全市税务系统行政许可 8841 件均在规定时限内办结。对执法中存在的问题过错责任追究 36 人次，开展内部督察审计项目 25 个。

【税种管理】　2021 年，全市办理增量留抵退税 47 户次，累计退税 2.17 亿元；为 45.83 万户次纳税人减免退增值税 10.26 亿元；为 22 户出口企业核准办理出口退税 2.07 亿元。加大企业所得税汇算清缴工作力度，2020 年度全市企业汇算清缴申报率为 99.95%。落实研发费用加计扣除政策，2020 年通辽市享受研发费加计扣除优惠政策企业户数 35 户，同比增长 84.21%；加计扣除金额 1.5 亿元，同比增长 49.79%。财行税“十税”累计入库 36.25 亿元，占税收总量的 26.9%。4 月 1 日，调整全市土地增值税预征率。6 月 1 日，财行税“十税”合并申报平稳上线。历史遗留问题持续推进，全市累计办理分户登记 16962 户，入库税款 9297 万元。高效开展个人所得税年度汇算退税审核工作，重点落实好对个体工商户年应纳税所得额不到 100 万元的部分在现行优惠政策基础上再减半征收所得税的优惠政策。

【社保费征收和非税收入】 2021年，通辽市推行“四个三”工作法，建立“前台受理、内部流转、后台监督”工作模式，逐步建成“分布范围广、服务项目多、便捷程度高”的社会保险费征缴社会协同共治体系。拓展应用社保费线上线下缴费渠道，优化缴费流程，推广微信、支付宝、蒙速办、内蒙古电子税务局以及云POS缴费终端、建设银行柜员机等缴费新方式，全面提升缴费人体验度。非税收入划转工作顺利实施。

【纳税服务】 2021年，通辽市税务局全面贯彻落实“便民办税春风行动”，105项自治区税务局清单任务全部落地。与市工商联会员部、经济部共同研讨制定《2021通辽市助力小微企业发展“春雨润苗”专项行动方案》，推出3大类主题活动，贯穿10项服务措施。全区率先引进智能语音服务系统，通辽地区纳税信用等级A级占比在全区最高，D级占比在全区最低。通过“内蒙古银税互动服务平台”累计为企业授信161笔，授信金额2.08亿元，有效助力小微企业健康发展。

【征收管理】 2021年，通辽市深入贯彻落实《关于进一步深化税收征管改革的意见》，在精确执法、精细服务、精准监管、精诚共治方面让纳税人缴费人更有获得感。作为自治区税务局全电发票“中循环”试点单位，有序推进试点工作任务。树立和践行税费协同理念，推进征管质量5C评价和过程考核工作，夯实征管基础，提高税收征管质效。推广非接触式办税，应用电子税务局，统筹推进社保费征管信息系统（标准版）上线工作。

【税务稽查】 2021年，通辽市全面推进稽查一体化，明确税务市局稽查局、第一稽查局和第二稽查局开展“合署办公”，设立综合股、案源管理股、审理股、检查一股至检查十二股、执行一股至执行三股等18个股室。根据一体化工作要求，构建市级稽查部门与各旗（县、市、区）税务局间的查管互动良性运行机制，在检举、协查、风险等案件查办全过程中加强稽查征管深层次互动，通过发送稽查建议书等方式提升查管互动结果的增值运用。全市税务稽查部门立案检查47户，其中查结42户，查补税款、滞纳金、罚款合计3841.99万元，入库总额合计2592.51万元。

【数据安全工作】 2021年，制定《国家税务总局通辽市税务局信息系统运维管理工作办法V1.1》。防风险加强数据安全，对全市进行数据安全风险排查。建立中心机房及网络情况日巡检制度，完成市税务局机关大楼局域网改造项目。部署22台硬件边界防火墙，全部启用安全策略，360天擎桌面管理系统安装率100%。

【风险管理】 2021年，通辽市组建“智税团队”，自然人异议申诉任务完成时限缩减至“T+7”日，探索第三方数据的获取应用，实现税费入库成效6000余万元。承接自治区税务局基础数据质量指标体系建设、标签体系建设项目等工作。完成45批次、4511户次各类风险任务过程管控工作，查补入库税款1131万元，滞纳金140万元，退税1296万元。

【大企业税收服务与管理】 2021年，通辽市推出税企联学共创、税企沟通云座谈、走访问需问效、指定专属联络员、税收风险提前预警等系列大企业服务管理创新举措。2021年，累计走访企业65户，电话沟通、微信跟进等方式联系企业456户，梳理解决企业提出的涉税诉求28项，建立纳税服务工作台账798条。

（市税务局　方　芳）

金融监督管理

【概况】 2021年，通辽市贯彻落实自治区、盟市、旗县三级监管体系，加强属地监管，对地方金融组织开展2020年度工作考评，完成小贷公司、融资担保公司、典当行的考评工作，落实考评制度，下发整改通知书。加大“失联”“空壳”机构出清力度，保持行业稳定发展。2021年，有10家小额贷款公司、3家融资性担保公司、8家典当行主动注销经营资格；贯彻落实《内蒙古自治区地方金融监督管理条例》，组织全市开展“失联”“空壳”小额贷款公司、融资租赁分公司排查工作，通辽市9家小额贷款公司、5家融资租赁分公司列入自治区“失联”“空壳”公司名单并公示；开展全市小额贷款公司大学生贷款业务的监督检查和摸底排查工作；组织科尔沁区金融办针对西蒙通联国有参股小贷公司开展整改工作，引导其注销经营资质。

【分级分类监管】 2021年，市金融工作办公室结合自治区针对通辽市地方金融组织信用评级结果和监管要求各项指标，动态管理通辽市小额贷款公司分级分类名单，针对不同类别采取不同监管强度，扶优限劣。联合第三方评级公司，对通辽市小贷公司、融资担保公司进行分类或评级，小贷款公司7家定为二类，10家定为三类；融资性担保公司1家为AA级，1家为BB级，2家为B级。

【地方金融组织统计工作】 2021年，市金融工作办公室做好《地方金融组织统计制度（试行）》落地的基础性工作，与中国人民银行通辽市中心支行建立工作联系机制，对全市地方金融组织进行梳理，明确地方金融组织名录，定期上报地方金融组织相关数据。

【金融组织监管】 2021年，市金融工作办公室印发《通辽市深化地方金融组织监管年工作方案》《关于加强地方金融、类金融组织综合整治的通知》，明确监管重点工作。组织召开全市地方金融组织监管业务工作会暨培训会，全面部署监管工作，系统解读《内蒙古自治区地方金融监督管理条例》，集中解答监管工作中遇到的问题，深入讨论监管工作中的难点、疑点，统一监管思路。与中国人民银行通辽市中心支行联合举办全市地方金融组织统计制度培训会，通过集中培训、解读制度要求、讲解数据填报程序等，帮助报数机构理清工作思路，提高数据报送工作效率。根据业务审批职能，制作小贷公司、融资担保公司、典当行的设立审批流程图，审批时限由20个工作日缩减到5个工作日。

（市金融工作办公室 常 宏）

【货币政策运用】 2021年，通辽市引导金融机构全面落实信贷调控政策。年末，全市金融机构人民币贷款余额1213.06亿元，同比增长14.57%，较年初增加154.24亿元，增速、增量创近年新高。全市金融机构人民币各项存款余额1574.69亿元，同比增长12.44%，较年初增加174.25亿元。用足再贷款再贴现货币政策工具，全年累计发放再贷款10.4亿元，较年初增加8.88亿元；再贴现余额0.95亿元，为2020年度的19倍，达历史最高水平。发挥两项直达实体经济政策工具的“精准滴灌”作用，全年地方法人金融机构普惠小微延期贷款累放4.67亿元，普惠小微信用贷款累放25.25亿元。2021年末，全市普惠小微企业贷款余额124.12亿元，同比增长13%。

【特色行业信贷】 2021年，通辽市继续推动土地经营权和活体牲畜抵质押贷款业务增量扩面，土地经营权抵押贷款余额4.22亿元，较年初减少1410万元；活体牲畜质押贷款余额11.4亿元，较年初增加5.87亿元。加大绿色信贷投放力度。截至年底，全市金融机构绿色贷款余额100.99亿元，同比增长52.92%。

【社会融资成本下行】 2021年，全市金融机构、法人金融机构一般贷款加权平均利率分别为5.8%和7.86%，分别较年初下降0.95个百分点和1.65个百分点，为近十年最低水平。民贸民品企业融资成本进一步下降，累计审核2020年民贸民品贴息贷款66.25亿元、贴息金额2853.21万元，连续七年位居全区前列。

【金融安全稳定维护】 2021年底，全市银行业不良贷款率由年初的6.12%下降至4.07%，近五年首次达到监管要求；风险抵补能力稳中有升，银行业贷款拨备覆盖率由年初的63.82%上升至91.76%；11家地方法人金融机构中6家机构评定等级年内出现上升，辖内高风险机构数量降至2家，处历史低位。

做好综合管理及反洗钱工作。落实金融机构重大事项报告制度，指导推进辖内扎鲁特旗联社、开鲁县联社农商行改制。联合市公安局成立全区首家反洗钱工作站，全年配合权力机关开展反洗钱协查、调查14起，推动以“洗钱罪”“掩饰隐瞒犯罪所得及其收益罪”判决13起。

【外汇管理服务】 2021年，通辽市全面落实“放管服”改革政策落地，推动外汇政务服务网上办理。为企业汇率避险需求与银行外汇衍生品服务搭建对接平台，金融机构为企业办理期权组合业务1.1亿美元，为企业减少大量汇兑损失。

【支付优化服务】 2021年，通辽市实施“牲畜交易市场非现金结算全覆盖工程”，建立老年大学、社区和助农金融服务点“央行支付公益宣传站”。加强银警协作，侦破电信诈骗案件798起，为社会公众挽回经济损失1166.53万元。助推支付手续费减费让利，为小微企业及个体工商户减免各类支付手续费489.62万元。

【信用体系建设】 2021年，通辽市推进农村信用体系建设，打造县域统一信用评定标准后的首家信用镇。提高企业对动产融资统一登记平台以及应收账款融资服务平台的认知。推广金融机构代理个人信用报告自助查询，全市个人信用报告自助查询机累计布放29台。布放全区首批企业信用报告自助查询设备。

【货币金银工作】 2021年，通辽市持续加强货币流通管理，深入开展反假币工作。上线运行现金消毒监测系统，确保群众用上“干净钱、放心钱”。研发数据转化现金运行分析报告程序，高效分析现金运行趋势。

【金融消费者权益保护】 2021年，通辽市推动建立金融教育示范基地“内蒙古民族大学”省级试点、打造全市首家金融教育示范基地，妥善处理金融消费者投诉35起，开展违法违规金融广告线索处置。推进金融纠纷多元化解机制建设，建立全区首家金融纠纷人民调解委员会。

（中国人民银行通辽市中心支行　刘　洋）

审　计

【概况】 2021年，全市两级审计机关审计单位174个，出具审计和审计调查报告167篇，审计查出主要问题金额390168万元，审计发现非金额计量问题46个，审计期间整改金额17776万元，审计处理处罚金额12014万元，移送处理事项143件，审计促进整改落实有关问题金额42617万元，审计提出建议367个，被采纳194个，提交审计信息186期。

实施的2014—2018年呼伦湖生态综合治理项目及资金的审计被评为2021年度全区优秀审计项目一等奖。

【重大政策措施落实情况跟踪审计】 2021年，市审计局按照中华人民共和国审计署、自治区审计厅统一部署，开展3个方面政策措施落实情况跟踪审计，一季度对减税降费政策措施落实情况开展审计，抽查72个单位、31个项目，抽审资金总量9.3亿元，发现并纠正市公安局交通管理支队提前收取驾驶人驾驶证工本费问题。第二季度对全市直达资金开展审计，发现项目进度缓慢、资金拨付不及时等方面问题18个，整改完成8个。对全市2021年第四季度中央直达资金国家重大政策措施情况进行专项审计调查和跟踪审计，审计发现5个问题，涉及金额2198.59万元，经请示市政府同意，将审计结果报自治区审计厅汇总。

【财政审计】 2021年，市审计局运用大数据审计技术，先后对581家一级预算单位和1072家二三级预算单位2020年度财政预算执行及其他财政收支情况进行全覆盖审计，发现财政预算编制不规范、不细化；国有资本经营收入预算编报不合规；预算绩效管理考核结果反馈渠道不顺畅等问题45个。8月30日，市政府向市人大常委会报告市本级预算执行及其他财政收支审计工作情况。按照自治区审计厅统一组织，对全市地方政府债券资金管理使用情况及化解地方政府债务情况开展专项审计调查。

【民生资金审计】 2021年，市审计局对全市2020年度基本养老保险基金和基本医疗保险基金进行审计。发现科尔沁区、科左后旗两地城乡居民养老保险基金地方财政应匹配未匹配资金1783万元，全市3800名贫困人员未参加城乡居民基本养老保险，挪用养老保险上级财政补助资金等33个问题，截至年底，整改完成24个。按照自治区审计厅的统一组织，对阿拉善盟乡村振兴与巩固拓展脱贫攻坚成果相关政策及资金进行审计。

【经济责任审计】 2021年，通辽市、县两级审计机关对141名领导干部实施经济责任审计，包括地方党政主要领导干部69名，党政工作部门、事业单位、人民团体领导干部66名，纪检监察机关主要领导干部1名，国有企业主要领导人员4名，审计机关主要领导干部1名。市审计局创新思路，健全完善制度。修订完善《通辽市经济责任审计工作联席会议议事规则》《通辽市经济责任审计工作联席会议办公室工作规则》，明确机构设置、部门职责和任务分工，形成“审前充分协商、审中协作配合、审后结果共用”的联动机制；以《经济体检入手，政治站位落脚，审计助力巡查监督》为题，两次为全市纪检巡察干部开展相关业务培训，同时在工作实践中，同谋划、共参与，使巡察与审计在维护党纪、政纪、财经纪律秩序中有机融合，形成各有所长、优势互补的监督合力。

【环境资源审计】 2021年，市审计局完成科尔沁区政府主要领导森林和水资源资产任中审计。按照审计厅统一组织，参与完成对呼伦贝尔市委、市政府主要领导自然资源资产离任（任中）审计。外派审计小组获自治区审计厅通报表扬。

【政府投资项目审计】 2021年，市审计局完成30个市本级历史遗留政府投资项目债务复核及锁定工作，锁定金额7069.66万元。运用政府投资项目审计监督系统，对市直及各旗（县）18个行业1346个政府投资项目进行在线监测，将在线监测报告报市委、市政府主要领导。

【专项审计】 2021年，通辽市审计局按照中华人民共和国审计署的统一安排，对市本级2020年信息化（信创工程）专项资金开展审计，发现未按实施方案实现初步验收、新旧设备并行使用、采购设备可持续使用性不强等5个问题，督促整改完成。对市本级、科尔沁区、开发区和库伦旗2017—2020年科技专项资金开展审计，发现贯彻落实科研项目绩效管理政策不到位，部分科技项目未能验收无法体现科技效果等31个问题，督促相关部门落实整改责任。对市旗两级党费管理使用情况开展审计调查。

【审计发现问题整改】 2021年，通辽市审计局在审计机关内部建立审计发现问题台账，做到底数清、情况明。代市委拟定《通辽市审计查出问题整改联动工作办法》，推动建立党委领导、政府牵头、被审计单位落实的整改联动工作体系和人大、纪检、巡察、审计等部门共同参与的监督体系，做好审计的“后半篇”文章。全年，推动各地各部门落实上级审计查出问题63个，完成整改59个；督促完成本级审计查出问题整改741个（累积数）。

（市审计局　江飞雨）

统　计

【概况】 2021年，根据市委、市政府重点工作部署和目标任务，市统计局对重点指标、重点领域、重点行业、重点企业进行跟踪监测、预警预判，及时准确反映全市经济社会发展速度、规模和水平，为市委、市政府重大决策部署提供参考依据。全年撰写统计动态109篇，统计信息50篇，统计报告20篇，统计专报3篇，统计调研1篇，经济运行分析22篇；在“通辽统计”微信公众号推送信息180余条，阅读量突破15万次；举办经济运行新闻发布会2次，在《通辽日报》刊登全市经济运行分析4篇；组织完成社情民意调查自主调查14项，撰写社情民意调查报告11篇，社情民意调查专报4篇；编印通辽市统计月报11份，分盟市（分旗县）主要经济指标排位表22份，印制《2020年通辽统计手册》和《通辽统计年鉴（2021）》，及时发布《通辽市2020年国民经济和社会发展统计公报》，及时全面反映全市经济和社会发展情况，最大限度地满足市委、市政府以及相关部门和社会公众的统计需求，最大限度使统计成果惠及全社会。

【统计数据质量】 2021年，市统计局建立统计数据质量月度审核评估机制，严格落实统计数据生产的全流程质量要求，持续提升数据质量管控能力。按照“审核前移，即报即审即改”的原则，突出数据的关联性、准确性、匹配性审核，下发数据审核上万条，及时跟踪掌握企业生产经营情况，监测月度数据波动，全方位判断数据准确性。组织各专业在全市458户企业开展数据质量实地核查，对18个乡镇苏木、36个嘎查村农牧业统计台账进行检查，在数据源头上夯实基层基础。以加强业务培训为提升统计数据质量重要抓手，通过线上培训、集中培训、现场培训等途径开展统计业务培训56次，培训统计专业人员、企业报表人员、相关部门专业人员千余人，扫除业务盲点、避开操作误区。

【统计基层基础建设】 2021年，市统计局持续推进“1+4”（苏木乡镇和旗县、部门、工业园区、企业）5个领域统计基层基础工作规范化建设，制定统计规范化管理办法具体意见，带动筑牢各层面各领域统计基础工作。提请市政府出台《关于政府购买统计调查服务有关事宜的通知》。该通知规定从2022年起对村（居）级统计、村卡调查及基本单位名录库更新维护等统计调查服务实施政府购买，将此项经费纳入2022年财政预算，推动统计工作向村（居）级延伸。坚持按照“先建台账后有报表”原则，全面推行企业电子统计台账建立，做到“数出有据、有据可查”。严格入库审核确认标准，严把企业入退库关。通过上下联动、层层落实，基层统计工作能力稳步提升，各级财政投入持续增加，工作条件不断改善，助推“八有八化”取得明显成效，全市142个苏木乡镇（街道办事处）10个苏木乡镇（街道办事处）获评统计工作“八有八化”标兵乡镇，23个苏木乡镇（街道办事处）获评统计工作“八有八化”优秀乡镇，68个苏木乡镇（街道办事处）获评统计工作“八有八化”合格乡镇，41个苏木乡镇（街道办事处）获评统计工作“八有八化”良好乡镇。

【统计法治建设】 2021年，市统计局制定《通辽市统计局数据质量追溯问责制度》《通辽市统计局统计违法问题线索移交制度（试行）》等文件，压实防范和惩治统计造假弄虚作假责任。通过统计执法检查、“双随机”抽查和专业核查相结合的方式，对118个联网直报企业开展统计数据执法检查，实现主动执法检查零的突破，对12户违法企业进行行政处罚。对统计系统、有关部门开展统计法律法规专题培训3次，知识测试3次，统计违法案件警示教育2次，确保严守统计“底线”，不触统计“红线”。组织开展“‘12·8’《中华人民共和国统计法》颁布纪念日”宣传活动，印制宣传手册、海报、展板5000余份，广泛普法、深入宣传，推动统计法律法规进机关、进企业、进农村、进社区，在全社会营造依法统计的良好氛围。

【统计督察整改】 2021年，全市统计系统自上而下成立整改工作领导机构，构建起上下联动、协同推进的整改体系。市统计局对统计系统反馈指出的4个方面28个具体问题细化为32个整改措施，建立任务清单、实行台账管理，全系统均按要求制定具体整改方案，对9个旗（县、区）统计局的整改情况进行实地督查，对整改工作推进不力的进行跟踪督办，督察反馈的所有问题均整改完毕。

【统计重点领域改革】 2021年，通辽市巩固地区生产总值统一核算改革成果，实现核算数据的上下衔接、横向可比，使核算结果反映全市经济发展实际。市统计局为完成2020年全市民营经济、文化及相关产业等增加值核算，组织实施工业园区统计制度，完成园区内企业统计摸底工作。动态更新维护基本单位名录库，及时反映基本单位的增减变动情况，确保统计基础库数据完整准确。完成市本级和2个旗（县、市、区）试点任务，编制2020年度实物量自然资源资产负债表。谋划投资领域台账创新，研制新式投资统计台账（现行版），添加投资领域提示书，简洁明了地对调查对象进行“三个告知”。完成自治区统计局通辽地区服务业企业电子台账试点工作。

【第七次全国人口普查工作】 2021年，在市委、市政府的领导和各级普查机构、各部门、社会力量，特别是全市各族干部群众的支持和配合下，市统计局高质量完成第七次全国人口普查任务，全面查清通辽市人口数量、结构、分布、教育、就业、婚姻家庭、生育、住房等方面情况，掌握人口变化的趋势性特征，为完善通辽市人口发展战略和政策体系、制定经济社会发展规划、推动经济高质量发展提供准确统计数据支持。在主要媒体发布《通辽市第七次全国人口普查公报》，并进行数据解读。全面回顾、系统总结人口普查全过程，撰写的《通辽市第七次全国人口普查报告书》获得自治区党委常委、通辽市委书记孟宪东批示。编发《第七次全国人口普查公报汇编》，为各级党委政府、有关部门和社会各界提供普查数据重要参考资料。普查期间，市统计局普查工作成效显著、表现突出，获得国家级“第七次全国人口普查先进集体”称号。

（市统计局　张祎婷）

价格监管

【概况】 2021年，通辽市市场监督管理局落实自治区政府、市场监管总局工作部署，提高价格收费监管水平，落实公平竞争审查制度，加强和改进反垄断与反不正当竞争执法，打击传销和规范直销，坚持办案为公、服务为民的执法宗旨，认真履行反不正当竞争职责，聚焦热点问题，严打违法行为，规范公平公正的市场秩序，推动经济高质量发展。2021年，通辽市查处案件51件，上缴财政罚没收入52.75万元。全市受理价格投诉举报电话143起，经调解解决133起。

2021年，通辽市以粮、油、肉、菜等生活必需品为重点，加强市场价格监管，严厉打击价格违法行为。深入落实减税降费等各项惠企政策，支持实体经济发展。以水电气暖等公共事业收费、中介机构收费、行业协会商会收费、交通物流领域收费和商业银行收费等五大领域为重点，开展治理涉企收费减轻企业负担专项行动。加大对行政审批中介服务收费、电子政务平台收费、行业商业协会收费的检查和整治力度。深度梳理自查水电气暖现行收费项目和标准，开展清理、规范电网和转供电环节收费系列工作。检查转供电主体148家，转供电主体终端用户14999户，为企业退费95.81万元。通过整治涉企违规收费的一系列措施，保障惠企政策落实，为企业发展创造良好条件。

开展重点领域反不正当竞争专项执法。6月，按照反不正当竞争重点领域专项执法工作安排，通辽市市场监督管理局下发《通辽市市场监管局开展重点领域反不正当竞争执法专项行动的通知》，抽调骨干人员大力开展重点领域反不正当竞争执法行动。加强防疫物资领域监管，重点检查口罩、额温枪等商品未经授权擅自使用特殊标志，查处企业或商品资质等作虚假或者引人误解的商业宣传等不正当竞争行为。加强生活消费领域监管，结合辖区实际，重点对存在会议营销活动的宾馆酒店、容易发生“保健”市场推销活动的人员密集场所等区域进行检查。加强医药购销和医疗服务领域监管。查处经营者采取捆绑耗材和配套设备销售、假借学术会议、科研协作、学术支持、捐赠资助等方式，贿赂对交易有影响力的单位或个人，医疗机构在自建网站、公众号等自媒体发布虚假信息，欺骗、误导相关公众的虚假宣传行为。截至年底，全市检查药店超市124家，教育培训机构24家，医疗机构23家，网上监测网站（网店）131个次，水电气暖等公用企业12家，美容院13家，其他企业6家。在检查中发现有8家企业存在不正当竞争行为。其中，3家冒牌知名医院（1家药店冒牌“协和”、1家药店冒牌“同仁”、1家美容院冒牌“同仁”），对上述3家经营户调查了解情况后，发现其并未取得授权，属于擅自使用他人有一定影响的企业名称的仿冒混淆行为，送达《责令改正通知书》。1家超市存在“销售引人误认为是他人商品或者与他人存在特定联系商品”的情况，罚款10万元；4家企业存在虚假宣传的行为，均下达《责令改正通知书》。

【转供电价格监管工作】 2021年，按照《自治区市场监管局关于进一步做好转供电价格监管工作助力优化营商环境的通知》要求，通辽市市场监督管理局将转供电价格政策落实作为优化营商环境的重要内容，加强转供电价格监管工作。全市召开转供电主体告诫会10次，约谈转电主体53家，发放转供电主体告诫书5000份，告诫书同步在市场监督管理局微信公众号发布。截至11月末，全市摸排出转供电主体158家，终端用户14999户，检查转供电主体158家，共退还终端用户电费104.58万元。

【行业协会监督管理】 2021年，通辽市市场监督管理局对行政审批服务机构、行业协会商会下发《关于规范行政审批服务机构及行业协会价格行为的提醒告诫》并按照“双随机、一公开”原则进行抽查。通辽市有行业协会商会262家，均在民政部门注册登记。其中，有11家未与主管部门脱钩管理。在通辽市市场监督管理局下达告诫书及清理整顿后，7家办理脱钩；4家（通辽市足球协会、通辽市保险行业协会、通辽银行协会、通辽国际商会）因特殊原因上报自治区批准，未完成脱钩。

【商业银行收费监督管理】 2021年7月，自治区市场监督管理局下发《进一步做好下半年商业银行收费检查事项的通知》，通知要求各商业银行要自查自纠，严格落实降低小微企业和个体工商户支付手续费等问题。通辽市市场监督管理局发布《加强商业银行收费自查提醒告诫书》并制定《关于进一步开展商业银行收费自查工作方案》。

【中小学服务性收费和代收费管理】 2021年，通辽市市场监督管理局依据内蒙古自治区发展和改革委员会、自治区教育厅、自治区市场监督管理局《关于进一步加强内蒙古自治区中小学服务性收费和代收费有关问题的通知》文件精神，及时发布《关于对教育收费落实政策提醒告诫书》，要求各中小学校坚持非营利原则，严格执行公示制度，加强资金管理。

【公平竞争审查工作】 2021年，通辽市市场监督管理局完善投诉举报和查处的回应机制。为畅通投诉举报渠道，通辽市按照《自治区市场监管局等四部门关于进一步推进公平竞争审查工作的通知》文件要求，印发《关于建立通辽市公平竞争审查投诉举报受理回应机制》的通知，对群众反映强烈的领域和社会关注度较高的问题，明确投诉举报受理渠道、范围和内容，防止排除限制竞争政策措施的出台。建立抽查机制。为推进公平竞争审查制度深入实施，压实审查主体责任，提高审查质量，根据《公平竞争审查制度实施细则（暂行）》和《自治区市场监管局、发改委、财政厅、商务厅等四部门关于开展妨碍统一市场和公平竞争的政策措施清理工作的通知》文件要求，印发通辽市《关于建立通辽市公平竞争审查抽查机制的通知》，通过抽查及时清理纠正排除限制竞争和不符合建设统一市场和公平竞争的规定和做法，推动通辽市公平竞争审查工作规范有序开展，不断提高审查质量。为更好提高公平竞争审查的有效性和约束力，优化通辽市良好的营商环境，经通辽市政府同意，将公平竞争审查制度纳入通辽市2021年各成员单位年度绩效考核范畴。

为进一步深化“放管服”改革，建设人民满意的服务型政府，通辽市依据《市场监管总局等五部门关于印发〈公平竞争审查制度实施细则〉的通知》要求，全面开展“回头看”，对通辽市涉及市场准入、产业发展、招商引资、招标投标、政府采购、经营行为规范等文件进行全面梳理，及时发现和纠正滥用行政权力排除限制竞争行为，梳理涉及市场主体经济活动的政策措施类文件44份，其中市商务局《关于印发加快推进重要产品追溯体系建设实施方案的通知》等24份文件存在未履行公平竞争审查程序问题。按照“谁起草谁负责，谁起草谁审查”的原则，退回起草部门进行补审，经起草部门重新审查后，未发现含有排除限制竞争内容和违反公平竞争标准的政策措施，补审材料报送市政府办公室和市公平竞争审查工作联席会议办公室。

【供水供电供气供暖行业不正当竞争行为监管】 2021年，通辽市市场监督管理局从讲政治顾大局的高度落实公共事业工作，成立以分管局长为组长的供水供电供气供暖行业收费专项清理规范领导小组，对供水供电供气供暖等相关部门调查摸底，提醒告诫，深入开展自查自纠。自治区也将通辽市作为“四供”检查东部区试点单位，进行为期20多天的检查前培训，系统检查，检查后总结，对科尔沁区和开发区的“四供”行业进行全面检查梳理。采取以查代训式对扎鲁特旗供热公司、自来水公司、燃气公司进行检查。截至年底，全市共检查“四供”行业36家，出动执法人员432人次。

【打击传销规范直销宣传活动】 2021年年初，通辽市市场监督管理局在微信公众号上发布《通辽市市场监督管理局关于疫情防控期间规范直销企业经营行为的提醒告诫书》。为提高广大市民法律意识和辨别传销的能力，形成全社会共同防范传销的格局，8月23日，通辽市场监督管理局联合开发区分局在居然之家广场门前开展以“打击传销规范直销”为主题的宣传活动，无限极、完美2家直销企业参与宣传活动，发放打击传销宣传单、宣传手册等1500余份。通过在社区向辖区居民发放联系卡、张贴监管网络示意图、建立出租房屋管理台账和流动人口管理台账、悬挂横幅标语等多种形式，宣传国家打击传销的坚定决心和法律、法规、政策。向群众介绍传销组织、传销人员的欺骗手法、操作方式及受骗群众心理，揭露传销坑人害人的诈骗本质。召开各平台企业约谈会，要求平台强化网站内容管理，杜绝涉嫌传销信息，加强对涉传用户的清理，加强行业自律，恪守职业准则，认真履行社会职责，共同打造“无传销网络平台”。

（市市场监督管理局 尹宏伟 张 多）

市场监督管理

【概况】 2021年，通辽市市场监督管理局按照市委、市政府决策部署，围绕“守住安全底线、聚焦民生关切、服务发展大局”三大目标，着力在优化营商环境上下功夫，谋划落实保安全、优环境、提质量、促发展的各项具体措施，进一步完善市场监管机制，提升市场监管效能，加强市场监管领域风险防控和专项治理，坚决守住安全底线。深入贯彻落实“外防输入、内防反弹”常态化疫情防控工作决策部署，持续对辖区内农贸市场、商场超市、药店、餐饮单位等重点场所领域开展疫情防控监督检查，实行进口冷链食品集中仓闭环管理模式。加快推进风险管控平台建设，加强系统应用，及时消除问题隐患。加强特种设备监察和重要工业产品质量安全监管。持续推进“特种设备安全专项整治三年行动计划”，紧盯电梯、气瓶、场内机动车辆等特种设备和危险化学品，深入一线加强隐患排查治理，建立特种设备超期未检通报机制，扣押超期及无标识气瓶95只，取缔瓶对瓶倒气黑窝点1个，完成产品质量监督抽查152批次。

2021年，市市场监督管理局主导或参与制订国家标准5项、自治区地方标准34项。通辽精工蓝宝石有限公司被确认为2021年度自治区对标达标标杆示范企业。加快计量、检验检测等质量基础设施平台建设，推进通辽市质量基础设施"一站式"服务工作。全市新建检验检测机构9家，经扩项审查新增检验检测参数1795个。

2021年，市市场监督管理局坚决筑牢疫情防控底线。成立冷链食品专班，展开全链条、全流程"闭环"监管，全市12个集中仓累计入仓进口冷链食品2.4万余吨，查封2起1.9万余千克核酸检测呈阳性进口冷链食品，最大限度阻断进口冷链食品疫情传播风险。进一步压实商场超市、餐饮单位等重点场所疫情防控责任，1600余家零售药店形成"哨点"监测网，筑起阻截疫情传播的重要防线。加强常态化疫情防控工作，持续对农贸市场、商场超市、药店、餐饮单位等重点场所开展疫情防控监督检查。

2021年，通辽市持续加强重点领域监管。全市入驻风险管控平台市场主体19142家，超出自治区任务的34.8%，有效自查率达71.3%，年度监督检查完成率达93.2%。严格落实"四个最严"要求，组织开展重点区域、重点时段的食品安全专项检查。全年，完成食品抽检6078批次，合格率达96.92%，食用农产品抽检3227批次，合格率达96.84%。全面加强食品生产经营企业风险分级管理。食品生产企业风险分级率达100%；食品流通环节完成风险等级评定14703户，完成率77.3%；实行量化分级管理餐饮服务单位达9672家，量化分级率达93%；实施明厨亮灶8641家，占许可餐饮服务单位总数的83.2%。持续加强"两品一械"监管，开展流通环节中药饮片、网售药品和儿童化妆品、医疗器械清网等专项整治行动，有效规范"两品一械"经营秩序。开展特种设备专项整治三年行动，全市完成各类特种设备定检16739台，定检率达99.8%；全年检查特种设备生产使用单位1989家，检查公用燃气管道329千米，实现检查全覆盖。重点产品质量安全监管有序开展，组织开展化肥、滴灌带、地膜产品质量监督抽查151批次，不合格率11.2%。2021年，全市市场监管领域未发生系统性、区域性重大安全事件。开展煤炭、粮食购销、成品油市场、打击侵权假冒等相关领域专项整治，组织开展2021"网剑行动"，加大打击传销、规范直销力度。开展"3·15"宣传、"放心消费在通辽"创建活动，畅通"12315"投诉举报渠道，各地受理投诉举报案件8139件，为消费者挽回经济损失737万元。2021年，全市市场监管领域立案查处各类违法案件1624件，罚没款844.5万元，市场消费环境和经营秩序进一步规范。

【商标、地理标志区域品牌培育行动】 2021年，通辽市推动实施自治区奶制品产业高质量发展行动，全市持证传统奶制品加工坊达169户，申请注册"安牧泰""蒙泰元""恩和杭盖"等传统奶制品注册商标49个。制定《中小企业质量管理水平提升行动实施方案》，出台服务企业措施322项。

【商事制度改革】 2021年，通辽市优化营商环境，全面推进"证照分离""多证合一"改革。采取"双随机、一公开"方式检查市场主体5175户，联合检查1026户，检查结果全部进行公示。加强重点领域失信行为专项治理，信用监管制度体系进一步健全。着力解决企业信用修复问题，1112户企业被移出严重违法失信名单，912户企业被移出经营异常名录，实现信用修复"一网通办"，全面推广企业开办"一网通办"，市场准入便利化程度进一步提升，企业开办时间压减到1个工作日，全程电子化登记注册企业累计达43949户，占登记总数比例69.2%，较2020年提高40个百分点。全年，清理僵尸企业1685户，企业年报率达98.82%，位居全区第一。印发《关于建立通辽市公平竞争审查抽查机制的通知》，及时发现和纠正滥用行政权力排除限制竞争行为，进一步推进公平竞争审查工作。落实减税降费等各项惠企政策，支持实体经济发展。深入开展治理涉企收费减轻企业负担专项行动，持续加强防疫物资、生活消费、医疗服务等重点行业和领域反不正当竞争执法，严厉查处市场混淆、虚假宣传、侵犯商业秘密等不正当竞争行为。加强转供电价格监管，检查转供电主体158家，转供电主体终端用户14999户，为企业退费104.58万元。

【中小企业质量管理水平提升行动】 2021年，通辽市制定《中小企业质量管理水平提升行动实施方案》，采取“一企一策”“一需一案”的方式，开展精准服务，出台服务企业措施322项。加快计量、检验检测等质量基础设施平台建设，推进通辽市质量基础设施“一站式”服务工作。按照事业单位改革要求，新整合成立检验检测中心。聚焦品质提升，构建支撑高质量发展的特色产业标准体系。完成“蒙中药材种植”“红干椒”两个自治区高质量标准体系编制工作；“库伦荞麦”获批自治区2021年高质量标准体系建设项目；奈曼旗庙屯美丽乡村项目通过国家验收。

【“衣食住行”领域专项整治】 2021年，通辽市集中开展“衣食住行”领域专项整治和民生领域案件查办“铁拳”行动，以及“双打”“扫黑除恶”和煤炭、粮食购销、成品油市场、打击侵权假冒等专项整治，加大打击传销和规范直销工作力度，组织开展2021“网剑行动”。2021年，全市市场监管领域立案查处各类违法案件1624件，罚没款844.5万元。

【“双随机、一公开”监管】 2021年，通辽市进一步整合市场监管系统内部抽查事项，推进“双随机、一公开”监管。全年，检查市场主体5175户，联合检查1026户，全市市场监管领域16个主要监管部门148个，执法单位实现“双随机、一公开”抽查全覆盖。

【风险管控系统】 2021年，通辽市录入风控平台企业19142家，超出自治区任务的34.8%，有效自查率达71.3%，年度监督检查完成率达93.2%，风控系统推广应用工作位居全区前列。

【消费维权】 2021年，通辽市开展“守护安全、畅通消费‘3·15’主题宣传活动”。以“放心消费在通辽”创建活动为载体，针对消费欺诈、预付卡跑路、电商平台售假、假劣农资等重点消费领域和突出问题，开展消费维权集中专项检查。畅通“12315”投诉举报渠道，各地受理投诉举报案件7401件，为消费者挽回经济损失737万元。

【质量基础设施平台建设】 2021年，通辽市整合成立检验检测中心，检验检测总参数达4035项。全市新建检验检测机构9家，经扩项审查新增检验检测参数1795个。国家药品监督管理局“中药（蒙药）质量控制重点实验室”获批，并参与完成自治区蒙成药质量标准提升等3个科研项目。

【放心消费创建】 2021年，全市参加“放心肉菜示范超市”创建的超市11家，“农村牧区食品安全四好示范店”完成覆盖率20%以上的目标。大润发、欧亚两个大型商场成为通辽市首批创建的自治区级“放心肉菜示范超市”。

【线下实体店七日无理由退换货启动仪式】 2021年12月29日，通辽市市场监督管理局和市消费者协会在百货大楼举行通辽市线下实体店七日无理由退换货活动启动仪式暨座谈会。百货大楼和金叶广场的管理人员和商户代表参加活动。市消费者协会针对七日无理由退换货相关规定进行政策解读，消费环境建设指导科针对如何规范实施七日无理由退换货进行操作规范指导，企业代表百货大楼和金叶广场负责人签署七日无理由退换货承诺书，与会企业代表就如何推行七日无理由退换货作表态发言。

【食品药品监管】 2021年，通辽市未发生系统性、区域性食品安全事故。通辽市市场监督管理局深入落实“四个最严”要求，开展农村牧区、食用农产品批发市场、校园及周边等重点区域和元旦、春节、“五一”“十一”等重点时段的食品安全专项检查。加强食品生产经营风险等级管理，食品生产企业风险分级率达100%；食品流通环节完成风险等级评定14703户，完成率77.3%；实行量化分级管理餐饮服务单位达9672家，量化分级率达93%；餐饮单位实施明厨亮灶8641家，占许可餐饮服务单位总数的83.2%。

开展“塑化剂污染”“两超一非”等重点问题专项治理。结合国家卫生城市、全国文明城市验收迎检要求，启动农贸市场整治提升行动。推进食品安全示范城市创建工作，以餐饮和肉制品、乳制品质量安全提升行动为抓手，持续开展“放心肉菜示范超市”“农村牧区食品安全四好示范店”“食用农产品市场销售规范化管理示范市场”创建工作。坚持日常监管与专项整治相结合，先后组织开展药品流通环节专项检查工作、含兴奋剂药品生产经营、药品网络销售、集中带量采购中选药品、医疗器械质量安全风险隐患排查治理、医疗美容用医疗器械、儿童化妆品等专项检查，有效规范“两品一械”经营秩序。2021年，全市完成食品监督抽检6078批次，合格率96.92%；食用农产品抽检3227批次，合格率96.84%；完成市本级药品抽检任务501批次，合格率99.2%。

【进口冷链食品监管】 2021年，通辽市对所有从事进口冷链食品经营单位和各类冷库进行拉网式摸排和检查，实行进口冷链食品集中仓闭环管理模式，加大“蒙冷链”追溯平台应用推广力度。全市13个集中仓累计入仓进口冷链食品24076.9吨，封存核酸检测呈阳性进口阿根廷牛肉1.93万千克，封存并无害化处理核酸检测呈阳性的冷链食品鱿鱼须35千克，有效阻断疫情通过冷链食品传播风险。

【传统奶制品提升行动】 2021年，通辽市市场监督管理局按照自治区传统奶制品加工坊建设标准，在7个旗（县、市、区）选取100户奶制品加工坊作为示范户，按每户投入5万元标准进行提档升级。年内，全部完成对100户示范户的施工改造，并逐户进行现场验收。

【“阳光监管”工程】 2021年，通辽市市场监督管理局实施“阳光监管”工程，创新智慧监管、大众监管新模式，在4359家食品生产经营单位安装视频采集点位9127个，学校、幼儿园食堂实现“阳光监管”全覆盖。

（市市场监督管理局　尹宏伟　张　多）

海　关

【概况】 2021年，通辽海关累计受理报关单4039票，货运量26.4万吨。征收税款1800万元人民币，办理减免税审批手续4笔，货值187万美元，免征关税84.8万元人民币，增值税11万元人民币。办理回国留学人员购买免税车辆手续12笔；出境报检受理3401批，审核签发缴制各类证书3571份；签发原产地证书1211份，签证金额1.03亿美元，为企业减免进口国关税、增值税约500万美元。办结常规稽查2家；专项稽查2家，有效2家，补税3.9万元；办结核查24家，有效22家。

【打击走私违法犯罪】 2021年，通辽海关加大寄递渠道打击走私力度，与邮政部门修订联系配合办法，推进信息共享、线索移交和情报交流；加强“清风行动”部门协调，联合林草、农牧、政法等部门下发文件，对打击野生动物非法贸易作专项工作部署。加强“国门利剑”行动方案实施，与市农牧部门、市邮政管理局签订打击走私合作备忘录，进一步规范涉嫌走私移交、处置工作，成功查获2起来自国外寄递物品交付过程中国家禁止进口精神麻醉类药物“氯巴占”8盒400粒。加强检验检疫监管，办理首次进口货物涉检违规案件1起。

【对外和对港澳贸易商品安全监管】 2021年，通辽海关筑牢国门生物安全防线。严格进境粮食初审及后续监管，监管进境玉米27万吨。对辖区6家进境粮食加工企业开展资质核定工作；开展杂草监测4次，监测并防除杂草45种，严防外来有害植物入侵；完善非洲猪瘟等重大动植物疫病应急预案，对供港澳活牛企业开展检疫处理监督22次，模拟演练1次，防范疫情叠加风险；指导企业完成关区首家进境遗传物质使用单位备案并成功引进牛胚胎300枚；制定供港澳活牛疫病监测计划并组织实施，取样260份，开展牛布鲁氏菌病等6类传染病监测；加强国门生物安全疫情监测，设置地中海实蝇等监测点15个。

【跨境贸易】 2021年，通辽海关建立与口岸海关关际沟通联系渠道，及时解决企业通关遇到的问题；推广应用“提前申报”通关模式，精简进出口环节监管证件和随附单证；落实节假日预约通关工作机制，压缩整体通关时间，降低企业通关成本，全年海运出口整体通关时间在0.29小时以内，低于全国水平88.85%。

【进出口及对港澳台贸易企业服务】 2021年，通辽海关落实重点措施促外贸稳增长，加强行政审批窗口建设，公布“一个窗口”服务规范，实施“证照分离改革”，审核完成出口食品生产企业备案3家。提升加工贸易手册设立、变更、核销核准效率，简化企业申请手续。开展知识产权保护专项行动，指导企业畅通维权渠道。推广国际贸易“单一窗口”应用和“关银一KEY通”项目试点；加强与通辽市农牧局合作，推进通辽市企业加入粤港澳大湾区菜篮子工程，新增养殖企业3家、出口食品企业进入平台3家。

【进出口及对港澳台贸易商品服务】 2021年，通辽市新增企业高级认证培育2家。优化供港澳活牛服务，对具备条件的企业实施远程监装、动态监控，优化签证管理服务，有效降低企业运输成本，检疫供港澳活牛57批次、2200头，货值6120.2万港元。

（通辽海关 孙 学）

知识产权保护

【概况】 截至2021年年底，全市拥有中国驰名商标12件，地理标志证明商标16件，地理标地保护产品4件，有效商标总量达18341件，同比增长24.4%。“通辽黄玉米”“扎鲁特葵花籽”等2件证明商标品牌被推荐为内蒙古地理标志产品运用促进工程项目，“科尔沁红高粱”等5件地理标志证明商标被国家知识产权局受理。

【侵权假冒专项执法行动】 2021年，通辽市组织开展商标、专利、地理标志侵权假冒专项执法，加大侵权打击力度，组织开展“蓝天行动”11次，纠正非正常申请专利200余项。处理商标侵权纠纷案件2件，完成展会执法2次，处理线下专利侵权纠纷12件，处理线下专利纠纷案件量位居全区首位。推进知识产权中介服务机构建设，建成2家知识产权维权援助站。推进知识产权强市建设，加强对中小企业自主商标、战略性新兴产业商标品牌的培育，引导企业增强商标品牌意识。

【知识产权宣传】 2021年，通辽市开展1次全市知识产权系统专业培训，在“3·15”国际消费者权益日和“4·26”世界知识产权宣传日举行宣传活动，结合企业质量提升工程工作，对全市共42家入围企业开展“上门服务”，对企业的知识产权需求进行全方位了解并提供相应咨询服务，挖掘企业潜在专利。印制知识产权基础知识宣传册，发放至各旗（县、市、区）用于宣传。截至2021年年底，通辽市有效发明专利380件，高价值专利约114件，每万人拥有高价值发明专利0.37件。

【知识产权侵权打击】 2021年，通辽市市场监督管理局牵头起草《通辽市2021—2023年贯彻落实〈关于强化知识产权保护的实施方案〉推进计划》。2021年，印发《2021年通辽市知识产权执法保护专项行动方案》《关于做好2021年专利、商标“双随机、一公开”监管工作的通知》。全年，组织开展“蓝天行动”11次，纠正非正常申请专利200余项。截至2021年年底，处理商标侵权纠纷案件2件，完成展会执法2次，处理线下专利侵权纠纷12件。

【中介服务机构建设】 2021年，通辽市通过自治区市场监督管理局知识产权发展处引进1家知识产权服务公司，即内蒙古惠企知识产权服务有限责任公司。2021年，建成2家知识产权维权援助站，分别是内蒙古惠企知识产权服务有限责任公司和内蒙古金利律师事务所。

【项目申报】 2021年，通辽市申报项目11项，其中知识产权试点县 1 项（即开鲁县，获批复），知识产权维权能力提升项目 2 项，知识产权“托管工程”项目 2 项，知识产权优势企业 1 项，地理标志促进工程 5 项，高质量项目发展 2 项。2021 年，通辽市申报的“科尔沁红高粱”“科尔沁红小豆”等以“科尔沁”命名的 5 件地理标志证明商标，被国家商标局受理；“科左中旗高粱”“科左中旗瓜子”“科左中旗甜菜”3 件地理标志证明商标被国家知识产权局受理，已至实质审查阶段。“科左中旗沙棘”“科左中旗海棠果”“科左中旗血麦”“科左中旗大米”“科左中旗圆葱”5 件地方绿色特色产品申报地理标志证明商标。

（市市场监督管理局 尹宏伟 张 多）

信用体系建设

【概况】 2021 年，通辽市完善全市 5 万余家企业信用数据库，帮助失信企业完成信用修复 54 次。累计评定 1858 个信用村、41.6 万信用户。市信易贷平台入驻企业 134 家、授信金额 15.85 亿元，居全区第一。通辽城市综合信用排名位列全区第二。

截至 11 月底，通辽市综合信用指数 80.22，在全国 261 个地级市城市信用监测排名中位列第 133 位，较 2019 年 3 月的 257 名上升 124 位。2021 年，通辽市依托国家企业信用信息公示系统（内蒙古）协同监管平台，组织全市行政执法部门主动向社会公示市场主体准入、许可、变更、检查、处罚等信息，推进涉企信息执法信息共享。落实“双公示”信用信息公示制度，加强企业异常名录和“黑名单”管理，全市市场监管系统列入异常名录企业 3857 户，依法整改、验收、移出 912 户；列入“黑名单”企业 1112 户，整改合格移出 165 户。

【重点领域失信行为专项治理】 2021 年，通辽市发展和改革委员会（简称市发改委）重点检查金融、矿产、房地产、电信等行业市场经营主体，突出诚信氛围引导，开展信用评价利用和诚信宣传教育。建立完善跨部门信用约束和联合惩戒机制，按照“一处违法、处处受限”原则，实施从企业准入到退出全过程的信用约束和联合惩戒。截至 2021 年年底，全市协同监管平台录入涉企信息行政许可 9956 条，行政处罚 2197 条，司法协助 172 条，日常监管 183 条，联合惩戒冻结企业银行账户 3857 户次。

【信用制度建设】 2021 年，市发改委完善相关信用制度，为社会信用体系建设提供支撑。根据通辽市优化营商环境总体部署，推进政务诚信建设。按照社会信用体系专项行动方案《通辽市营商环境诚信政府实施方案》要求，将坚持依法行政、阳光行政、加强监督作为推进诚信政府建设的重要手段，以历年来做出的未兑现合同协议和优惠政策情况、拖欠民营企业中小企业账款等行为作为治理重点，促进诚信政府建设，逐步提升各级政府诚信行政水平。截至 2021 年年底，按照纳入全市优惠政策兑现台账，累计兑现资金 4096 万元，完成整改 35 条；纳入拖欠企业账款台账中，无分歧账款全部清偿完毕。

【信用信息归集共享】 2021 年，市发改委完善“通辽市公共信用信息共享平台”功能。持续完善网站点击量、平台数据推送、接收等整理归集功能。开通市级、旗（县、市、区）部门账号 230 个，累计整理数据目录 4000 余项，征集市、旗（县、市、区）两级 36 个部门信用信息 263120 条。其中企业基础信息 227234 条，双公示信息 35886 条。入库自治区平台反推信用信息 6311315 条。“信用通辽官网”累计发布信息 200 余条，将“信易贷”网站及操作流程嵌入手机客户端，增加企业的知晓度和获得信贷的资源。

【告知承诺制工作】 2021 年，市发改委在全市范围内推行证明事项和涉企经营许可事项告知承诺制。按照《国务院办公厅关于全面推行证明事项和涉企经营许可事项告知承诺制的指导意见》要求，针对直接面向企业和群众、依申请办理的行政事项，全面推行证明事项和涉企经营许可事项告知承诺制，以方便企业和群众办事创业。梳理第二批《全面实行证明事项告知承诺制清单》。根据中国经济网统计，通辽市发布适用信用承诺制的行政许可事项清单覆盖111个领域。信用中国（内蒙古通辽）网站累计公示行业自律型承诺、信用修复型承诺、审批告知型承诺和审批替代型承诺11万余份，推动市场主体自我约束和诚实守信意识，共同构建社会诚信体系。

【信用分级分类监管】 截至2021年年底，通辽市在教育、交通、建筑、纳税、环保、医疗等关键领域实行信用分级分类，出台《通辽市建筑市场诚信行为信息管理办法》《通辽市普惠性民办幼儿园认定及评估细则的通知》《通辽市社会组织评估管理办法》等分级分类监管制度，计39个领域。对于信用状况好、风险小的市场主体，合理降低抽查比例和频次，尽可能地减少对市场主体正常经营活动的影响；对于信用状况一般的市场主体，则执行常规的抽查比例和频次；对于存在失信行为、风险高的市场主体，则增加抽查比例和监管频次。从而做到“让守信者降成本，让失信者付代价”，对守法诚信的企业“无事不扰”，而对违法失信的企业“利剑高悬”。

【诚信典型选树】 2021年，市发改委为加快推进通辽市社会信用体系建设，树立示范典型，推广先进经验，按照国家发展改革委关于社会信用体系建设示范城市创建工作相关部署，自治区发展和改革委员会在全区范围内启动社会信用体系建设示范创建工作，通辽市申报、创建诚信试点单位。经自治区审核，科尔沁区东郊街道哲建社区和丰盛农产品物流园获得首批自治区示范创建单位。以《试点创建实施方案》为核心，以组织构架为引领，以诚信宣传为抓手，把信用承诺、信用档案、信用评比、信用宣传融入其中，提升商户诚信经营意识，优化社区整体形象，营造公平有序的市场环境和良好的居民环境，提升市民的幸福感和获得感。鼓励企业参加自治区诚信典型选树，报送获批自治区诚信示范企业98家，诚信企业69家，计167家。

【“信易贷”工作】 2021年，为贯彻落实国家发改委、银保监会联合印发的《关于深入开展“信易贷”支持中小微企业融资的通知》、国家发展改革委《关于对接入驻全国中小企业融资综合信用服务平台的通知》精神，通辽市多措并举开展“信易贷”工作。按照《通辽市支持中小企业融资开展“信易贷”服务工作专项方案》，从开通账号、召开政府部门协调推进会、邀请金融机构和企业入驻平台到宣传推广都做了详细部署。9月10日，市发改委与通辽银保监分局联合组织召开“信易贷”工作推进会。要求驻市各金融机构广泛宣传“信易贷”工作，结合通辽市企业需求研发金融产品，对接企业，在数据共享、产品共享、客户共享和业务共享等方面加强沟通和联系，发挥“信易贷”在激发企业活力，推动地方经济发展中的作用。截至2021年年底，通辽市有包括中国建设银行、中国农业银行在内的16家金融机构入驻“全国信易贷”平台，发布金融产品30个，135家企业入驻，发布融资需求142笔，涉及金额37.19亿元，成功授信57笔，授信金额15.87亿元。

【诚信宣传】 2021年，市发改委开展形式多样的诚信宣传活动，打造“知信、守信、用信”的良好氛围。根据《通辽市诚信建设万里行活动实施方案》要求，结合诚信试点创建，精心组织，周密部署，开展诚信宣传“六进”活动。在全市范围内开展形式多样的诚信宣传活动44次。2021年9月22日至30日，工作人员到人民银行、海关、税务大厅、政务服务中心、街道社区、客运站等人员密集场所，通过张贴海报的形式，宣传普及《内蒙古自治区公共信用信息管理条例》、守信激励措施、失信联合惩戒等主题内容，引导广大群众践行诚信，在全社会营造“守信光荣、失信可耻”的氛围。

（市发展和改革委员会　高崇耀）

农业

综述

【概况】 2021年，通辽市粮食增产3.35亿千克，达到89.85亿千克。牧业年度牲畜存栏增长19%、出栏增长9.1%，肉牛交易量134.6万头，交易额208.5亿元。主要农作物良种覆盖率和畜禽良种化率分别达98%和96%以上。伊利、蒙牛等万头牛场建设加快，86处中小型养殖场升级改造和5个旗县特色奶食品加工标准化改造试点全部开工。新增绿色食品企业15家，认证产量增长6%。农用地膜收回率、畜禽粪污资源化利用率、规模和大型养殖场粪污处理配套率分别达80%、83%、95%和100%。

【家庭农牧场建设】 2021年，全市农牧部门认定发证家庭农牧场3862家，各级示范家庭农牧场累计达660家，比2020年增加255家，其中新增市级35家、旗县级220家。印发《关于开展通辽市2021年度示范家庭农牧场评定工作的通知》和《关于进一步加强旗县级示范家庭农牧场创建工作的通知》。组织编写扎鲁特旗华杰嘎查忠英家庭牧场典型材料，入选农业农村部第三批全国家庭农场典型案例，系通辽市首家入选农业农村部全国家庭农场典型案例的家庭农牧场。

【龙头企业】 2021年，通辽市农牧业产业化重点龙头企业总数71家，其中新认定31家，监测合格40家。有市级以上重点龙头企业112家，其中国家级6家、自治区级35家、市级重点龙头企业71家。组织开展第七批国家级龙头企业申报工作，向自治区推荐通辽市哈林肉业有限公司等6家公司申报农业产业化国家重点龙头企业。12月22日，农业农村部等6部门联合发文，内蒙古玉王生物科技有限公司和内蒙古奈曼牧原农牧有限公司2家被认定为第七批农业产业化国家重点龙头企业。

开鲁红干椒自治区级现代农牧业产业园创建加快。21家合作社、家庭农场成功申报2021年鲜活农产品仓储保鲜冷链物流设施项目。

【行业监管】 2021年，通辽市农牧局（简称市农牧局）对全市肥料生产企业和农资市场进行专项抽检。针对有机肥、水溶肥（含配方肥）产品，抽取21个肥料样品48个批次；建立肥料价格周报制度，并对肥料生产企业进行考核。开展有机肥生产登记许可，重新组建有机肥专家评审委员会。对3家有机肥企业现场考核组织专家评审，颁发有机肥生产登记许可证4个。严格落实农药经营许可制度，全市申请农药经营许可1506家，经审核发放（限制使用农药除外）1499家，颁证率99.54%，发放限制使用农药经营许可证26家。开展农药市场监督，检查农药经营单位2103家次，出动检查人员1944人次，抽取农药样品40个。

【气象服务农业】 2021年，通辽市气象部门全天候发布气象动态和信息指导生产，开展人工增雨作业。全年，通辽市出动飞机20架次，飞行52小时，火箭作业112点次，发射火箭弹844枚，地面烟炉作业45点次，燃烧烟条366根。全年降水量593.1毫米，有力保障粮食增产丰收。

【科技培训工作】 2021年，全市通过各种方式，开展科技培训工作。科左中旗、奈曼旗在整地、播种、化控、施肥等环节分别召开现场会，推广绿色高质高效技术。市农牧局组织开展农技人员绿色高质高效技术全市观摩培训班，秋收期间为期半个月的玉米密植高产全程机械化技术观摩周活动，在通辽市玉米新技术集成与示范基地、科左中旗玉米园、奈曼旗玉米科技示范基地举办大型观摩活动4次，全市农业干部和农技人员、种植大户、合作社、社会化服务组织带头人等1200余人到现场观摩学习新技术模式。创新推广方式，市县两级通过公众号、快手、抖音等网络平台方式开展线上培训，制作“三分钟农视”短视频330期，关注人数10.4万人，转发量15.1万次，浏览量301万次。编印《通辽市“十四五”期间农牧业主推技术汇编手册》1000余册，水肥一体化等技术挂图3万册，为全市农业生产提供技术保障。花吐古拉镇三家子村项目基地成立党员科技小院，开展盐碱地改良技术培训14期，累计培训1430余人；委托内蒙古锐迅科技宣传中心制作盐碱地改良专题片5部，利用网络媒体，迅速推进盐碱地改良成果转化，截至2021年年底，完成1部宣传片，借助通辽市绿云“三分钟农视”平台，录制发布盐碱地改良技术宣传短视频，发布视频11期，累计阅读量3200余人。

【全国“一村一品”示范村镇申报】 2021年，科左中旗胜利乡谢家窑村被认定为第十一批全国“一村一品”示范村镇。向自治区农牧厅推荐78个乡镇嘎查村申报第一批自治区级“一村一品”示范乡镇，其中63个乡镇嘎查村获批第一批自治区级“一村一品”示范乡镇。

【产业化示范联合体】 2021年12月28日，通辽市农牧局会同通辽市发展和改革委员会、通辽市财政局、通辽市自然资源局、通辽市税务局、中国人民银行通辽市中心支行召开6部门联席会议，经认定和监测全市产业化示范联合体变更为33家，其中自治区级6个、市级17个、县级10个，比2020年增加8家。

【肉牛产业集群项目】 2021年，通辽市肉牛产业集群项目涉及4个旗（县、市、区），49个实施主体。科尔沁区涉及建设主体7个，总投资金额5903万元，截至2021年年底，完成全部项目验收。科左后旗涉及建设主体29个，总投资金额1800万元。开鲁县涉及建设主体7个，总投资金额3072万元，完成土地测绘和流转工作，主体完成验收1个。科左中旗涉及建设主体4个，总投资金额5249万元。截至2021年年底，完工主体1个。

【政策性农业保险】 2021年，通辽市参加保险农作物面积1506.88万亩，签单保费45291.85万元，参保农户366891户。其中，成本保险面积1326.32万亩、签单保费35807.78万元；大灾保险面积33.23万亩、签单保费1551.89万元。扎鲁特旗开展收入保险面积147.33万亩、签单保费7932.19万元。玉米参保面积1482.28万亩，保费44806.15万元；水稻参保面积12.05万亩，保费255.12万元；大豆参保面积3.92万亩，保费58.64万元；小麦参保面积0.18万亩，保费5.38万元；葵花参保面积6.58万亩，保费118.51万元；甜菜参保面积0.53万亩，保费15.89万元；马铃薯参保面积1.34万亩，保费32.17万元。

【粮食生产任务落实】 2021年，市农牧局印发《通辽市关于印发2021年各旗(县、市、区)粮食生产目标的通知》，将全市1853万亩、产量87亿千克的粮食生产目标分解落实到各旗（县、市、区）。印发粮食增产方案。召开粮食生产工作推进会，印发《粮食绿色增产实施方案》和配套技术方案，成立以市农牧局长为组长的粮食增产领导小组，各党组成员包联各旗县指导督促，合力推进粮食生产各项措施落实。

（市农牧局 吴 琼）

种植业

【概况】 全市农作物总播面积2203.53万亩，比2020年增加 60.35 万亩，增长 2.8%。2021 年，全市粮食产量 89.83 亿千克，比 2020 年增加 3.35 亿千克；粮食单产每亩 482.83 千克，同比增加 16 千克。经济作物播种 343 万亩，比 2020 年减少 57 万亩。药材等其他经济作物播种 182 万亩。农作物耕种收综合机械化率达 88.8%，畜牧业机械化率达 44%，分别比 2020 年提高 1.3 个百分点和 1 个百分点。农机总动力达 705 万千瓦以上，比 2020 年增加 20 万千瓦，拖拉机保有量达 19.8 万台，拖拉机配套农具达 44 万台（套），分别比 2020 年增加 0.6 万台和 1.8 万台（套）。

【粮食种植】 粮食作物播种面积 1860.53 万亩，比 2020 年增加 8.24 万亩，增长 0.44%。玉米播种 1653.31 万亩，玉米产量 83.745 亿千克；小麦播种 4.22 万亩，小麦产量 0.15 亿千克；水稻播种 33.91 万亩，水稻产量 1.8 亿千克；谷子播种 51.65 万亩，谷子产量 1.56 亿千克；高粱播种 38 万亩，比 2020 年增加 0.57 万亩，高粱产量 1.53 亿千克；荞麦播种 4.69 万亩，荞麦产量 0.06 亿千克；大豆播种 26.81 万亩，大豆产量 0.33 亿千克；马铃薯播种 3.19 万亩，马铃薯产量 0.1 亿千克。

【油料糖料作物】 2021 年，通辽市油料作物播种 103 万亩；甜菜播种 1.8 万亩。

【红干椒】 通辽市种植红干椒有 30 余年历史。2021 年，种植面积年均约 70 万亩，主要分布在开鲁县、科尔沁区、奈曼旗、科左中旗，其中开鲁县种植面积约 60 万亩，科尔沁区 4 万亩，奈曼旗 5 万亩，科左中旗 1 万亩。开鲁县拥有红干椒地方标准体系、生态原产地和地理标志保护产品“双认证”，并获得地理证明商标，是中国县域种植面积最大的生产基地，成为名副其实的“中国红干椒之都”。

2021 年，全市红辣椒种植面积 70 万亩。红辣椒年总产量 6.8 亿千克，其中，鲜椒 25 万亩左右、平均亩产量 2000 千克、总产量可达 5 亿千克；干椒 45 万亩左右、平均亩产量 400 千克、总产量可达 1.8 亿千克。鲜椒品种有千斤红、红龙 13、金塔、线椒和港椒等，干椒品种有北京红和高辣单生朝天椒，红干椒亩均效益约 3000 ~ 4000 元，是种植玉米收益的 2 ~ 3 倍。

通辽市红干椒使用穴盘健壮育苗、选用优良品种、绿色防控示范、红干椒全程机械化等良种良法技术。推广微生物菌重茬技术、维大利植物免疫激活蛋白、新型微藻肥料试验等工作，改善土壤环境，以菌治菌，生物杀菌，解决红干椒因多年重茬种植引发的土传病害难题，病果率下降 10% 左右，可使亩增产 14.8% 以上。

投资建设集收购仓储、冷冻保鲜、电子交易、产品展示、物流配送、金融服务、检测检验、商务办公、餐饮服务等功能于一体的东北规模最大、功能最全、设施最先进的红干椒特色农副产品交易中心。速冻鲜椒和辣椒酱系列产品不仅在国内市场占有一定份额，还远销韩国、东南亚等地，年均出口创汇 100 万美元以上。培育壮大农业合作经济组织和经纪人队伍，不断提高产品销售的组织化程度，充分发挥专业合作社上连市场、下接农户的桥梁和纽带作用。

引进红干椒加工企业，人禾斋、晶山食品等 10 余家红干椒加工企业入驻通辽市，年加工能力 14 万吨，其中年产红色素 0.3 万吨、辣椒酱系列产品 8 万吨，销售收入可实现 20 亿元以上；大力推进红辣椒标准化冷库建设，扩大红干椒保鲜储藏容量，实现反季销售，增加产品产值，截至 2021 年年底，投入使用红干椒标准化冷库 21 家，年冷冻保鲜红干椒 10 ~ 15 万吨，反季销售实现增加值 9000 万元。通辽市有红干椒专业合作社 34 个，年销售超过 1500 吨的 24 个，原椒产品通过合作社销售达 60% 以上，粗加工占比 40%。

【荞麦】 2021 年，通辽市荞麦种植受气候、土壤和传统种植习惯的影响较大，区域特征明显，主要集中在库伦、奈曼南部地区，占全市荞麦种植面积近 90%，产量 93%。科左后旗、扎鲁特旗、科左中旗、霍林郭勒市、开鲁县、科尔沁区种植面积约占全市的 10%。库伦旗主要分布在中南部 6 个乡镇（库伦、扣河子、六家子、白音花、水泉、先进苏木），奈曼旗主要分布在南部6个乡镇苏木（新镇、青龙山、黄花塔拉、土城子、沙日浩来、义隆永）。荞麦作为耐旱、填闲和晚田作物，非常适合在旱作区种植，主要种植在干旱地、坡梁地或坨沼地上，旱作种植面积95%以上。一家一户散户种植率90%以上。2021年，通辽市荞麦种植面积为4.7万亩，总产量6190吨，平均亩产132千克。

通辽市荞麦有甜荞和苦荞两种，其中，甜荞种植面积约占90%以上。主要品种有通辽市农牧业科学研究所研发通荞1～5系列品种，大三棱、小黑三棱、日本大粒荞等荞麦品种。在中科院西北研究院张铜会（挂职副旗长）和内蒙古农科院、通辽市农科院荞麦专家的品种与技术支撑下，库伦旗引进20余个苦荞品种进行试种，筛选出“蒙1210-8”“西农9909”在荞麦主产区进行示范推广。苦荞品种还有“通荞-3号”“晋荞2号”“蒙1610-5”等。荞麦种植方式有单季清种和粮经饲复种两种（荞麦的生育期70～80天），播种方法有穴播、条播、大垄双行等。荞麦用肥量和用药量比较小，化肥用量为25千克左右，为水地玉米的40%，旱地玉米的50%左右，一般不用农药。

2006年，“库伦荞麦”通过国家工商总局原产地商标认证，这是内蒙古自治区获得认证注册的首枚农产品原产地证明商标。2018年，“库伦荞麦”获得农业部地理标志农产品认证，认证面积30万亩，产量4.5万吨，覆盖全旗8个苏木乡镇187个嘎查村。2019年，“库伦荞麦”被全国名特优新农产品名录收集，获得证书。“库伦荞麦”区域公用品牌价值为11.29亿元。2020年，奈曼旗甘薯和库伦旗荞麦被认定为第二批内蒙古特色农畜产品优势区，“大漠荞乡”和“谷龙塔”入选第八届绿色农畜产品博览会暨优良品种推广会内蒙古农牧业品牌目录名单。荞麦产品主要有荞麦米、荞麦面、荞麦挂面、黑苦荞茶、黑苦荞麦米、黑苦荞麦粉、荞麦茶、荞麦面食、荞麦酒、荞麦蜜、荞麦调味品等。荞麦壳和荞麦花加工产品主要有荞麦壳坐垫、车座套、枕头、床垫、荞花助眠药包等。荞麦产品国内销售以内蒙古自治区、北京市、天津市、辽宁省为主，出口到日本、韩国、俄罗斯等国家，其中，每年出口日本100吨以上。

【杂粮杂豆】 通辽地区种植杂粮杂豆历史悠久，科左中旗哈民遗址的出土遗物证实，早在5500年至5000年前就有谷类杂粮的种植食用。根据《后汉书·乌桓传》的记载推算，蒙古族的先民东胡族在公元200年起就食用炒米，高粱曾经作为科尔沁蒙古游牧民族的行军马料和酿酒的原料。据《内蒙古种植业科技大事记》《内蒙古文史资料》《哲里木盟志》等史料记载，在西辽河平原、嫩江西岸平原和广大丘陵地区，盛产高粱、糜谷、绿豆、红小豆、薯类、小米、荞麦等粮食作物。通辽地区的土地资源、气候、水资源和光能资源为杂粮杂豆的质量提供可靠保证，高品质的杂粮杂豆赢得了国内外的市场。

科尔沁小米 谷子在通辽地区种植约有5500年的历史，根据哈民遗址的考古挖掘，出土遗物的证实，通辽地区早在5500年至5000年前就有谷子的种植。科尔沁小米是科尔沁谷子去皮的产物，谷子主要品种有小黄谷、刀把齐、红色谷、紫色谷、哲谷系列等，截至2021年年底，种植面积35万～40万亩，亩产可达250～300千克。科尔沁小米营养价值丰富，富含人体所需的蛋白质、维生素、微量元素等。质纯味正，香软可口，是平衡膳食、调节口味的理想食品，也适合怀孕期妇女及产后进补食用。

科尔沁红高粱 截至2021年年底，种植面积约50万～60万亩，平均亩产350～450千克。科尔沁红高粱色泽深红，有光泽，粗淀粉、粗蛋白含量高，单宁含量适中，水分含量低，霉变率低，毒素含量低（低于国家食品卫生指标标准），主要营养指标等于或高于国家标准，是国内酿酒的首选优质原料。

科尔沁绿豆 主要种植品种有厚绿1号、保绿1号、天山明绿等。播种面积约50万亩，平均亩产约175千克。科尔沁绿豆粒大、饱满、籽粒绿色有光泽，皮薄口感好，淀粉、蛋白质含量高，其主要营养指标等于或高于国家标准。“科尔沁绿豆”的“芽菜豆”比例高；绿豆粉丝出粉率达45%以上。在国内、国际食品厂家都有着极强的竞争力。

科尔沁红小豆　主要是大粒优质品种津红“820039”、垦引一号、京农5号等。截至2021年年底，播种面积约15万亩，亩产190千克。科尔沁红小豆颗粒大、均匀、饱满，籽粒鲜红色有光泽，皮薄、出沙率高、易煮性好，口感好，粗淀粉、粗蛋白高。科尔沁红小豆营养丰富，是一种高蛋白、低脂肪、多营养功能的小杂粮。科尔沁红小豆被誉为草原“红珍珠”。它既是调剂人民生活的营养佳品，又是食品、饮料加工业的重要原料之一。

（通辽市农牧科学研究所　张建华　王振国　白已拉图　周景忠　张春华　李　岩　张智勇）

【增产增效技术】　2021年，通辽市印发《2021年通辽市玉米主导品种和配套技术》，筛选高产优质耐密高抗宜机收玉米品种10个，集成玉米无膜浅埋滴灌水肥一体化密植种植、主要病虫害绿色防控、保护性耕作等八大类技术规程。与中国农科院作科所深度合作，在科尔沁区、科左中旗、奈曼旗推广“耐密种植+精准水肥一体化+脱粒机收”技术。全市耐密种植40万亩以上。

【种植基地建设】　截至2021年年底，全市建设4个玉米生产基地和1个甘薯生产基地，分别是科尔沁区万亩玉米基地1个、科左中旗万亩玉米基地3个和奈曼旗1500亩红薯基地1个，涉及13个苏木乡镇、31个嘎查村，辐射带动面积60万亩。项目资金484万元，拨付资金347.68万元，资金拨付率71.8%。

【科左中旗盐碱化耕地改良项目】　截至2021年年底，科左中旗拉运腐熟农家肥34400立方米，实施面积1.45万亩；施用商品有机肥399吨，实施面积1.33万亩；施用微生物菌剂17.5吨，实施面积0.35万亩；施用改良剂146.5吨，实施面积1.47万亩。田间整地深松浅翻联合整地1.52万亩，秸秆还田1850亩。完成编制西辽河平原苏打盐碱化耕地改良综合技术模式图7套。通过两年改良，项目区内玉米、高粱产量明显提升，2017年到2019年玉米年平均产量为543.4千克/亩，2020年玉米产量为810.46千克/亩，2021年玉米产量为817.4千克/亩，2021年玉米产量较改良前增产率为50.42%；2017年到2019年高粱年平均产量为334千克/亩，2021年高粱产量为510.7千克/亩，2021年高粱产量较改良前增产率为52.9%。

【开鲁县果菜茶有机肥替代化肥项目】　2021年，通辽市在红干椒主产区2个镇（东风镇和建华镇）6个村建设有机肥替代化肥示范区2.4万亩，惠及农户2700户。通过增施有机肥，示范区化肥减量15%以上，同时带动耕地质量和红干椒品质提升。项目资金1000万元，资金使用率100%，拨付资金300万元，资金拨付率30%。通过项目实施，形成五套技术模式，项目区有机质提升1.15克/千克，红干椒病虫害发生率比2019年降低25%产量、红干椒品质均有所提升。带动农户应用腐熟农家肥、商品有机肥的积极性，减少化肥用量15%以上，耕地质量逐渐变好。

【标准化基地建设】　2021年，全市化肥用量52.74万吨，较2020年减少4.81万吨，降幅8.36%；农药使用量控制在1947.9吨，较2020年减少62.82吨，降幅3.1%，连续四年实现化肥农药使用量负增长。制定自治区级标准18项，其中蒙中药材11项，红干椒7项，市级标准13项，其中盐碱地治理11项，蒙中药材2项；制定新规程12项，并向农业农村部推荐三个玉米全产业链标准化试点基地。各类农作物标准化总面积1372万亩，标准化覆盖率为66.7%，同比提高1.7个百分点。其中，玉米标准化面积1160万亩，标准化率68%；小麦标准化面积2.8万亩，标准化率46%；水稻标准化面积30万亩，标准化率70%；大豆标准化面积26万亩，标准化率65%；杂粮杂豆标准化面积74.8万亩，标准化率50%；蔬菜标准化面积68万亩，标准化率63%；向日葵标准化面积9万亩，标准化率58%。

【重大病虫害防控】 2021年，通辽市5个旗县完成田间病虫害监测分中心建设，市级完成迁飞性昆虫雷达监测点建设，监测能力进一步提升。设置病虫测报站点22个，启用测报灯20台、高空灯12台、诱蛾器23台、性诱捕器5763台套，随时监控病虫害发生动态。发布病虫信息7期、制作病虫防治快手短视频50余期，开通24小时技术咨询服务热线，实现病虫预报信息网络化、可视化。培训专业化防控社会化服务组织98个，检修大型防控设备75台套。病虫害发生面积503万亩次，防治面积1865万亩次。

【粮食生产科技试验示范基地建设】 2021年，通辽市落实玉米绿色超高产试验示范基地18处、示范点30个。其中，科左中旗每个乡镇都建设百亩玉米高产科技示范点，奈曼旗7个乡镇建设8处示范点，示范基地重点开展新品种展示、水肥精准应用、合理密植、导航播种、化控防倒伏、绿色防控、肥药双减、籽粒直收等先进玉米栽培技术试验示范。在管理上实行"五统一、九个全覆盖"即统一播种、统一水肥管理、统一病虫害防控、统一收获、统一机械化作业，深松整地、增施有机肥、优良品种、精量播种、水肥一体化、大小垄种植、分次施肥、玉米螟绿色防控、全程机械化作业全覆盖。奈曼旗示范点平均产量达1047千克/亩，比周边农户增产398千克/亩。示范基地带动建设粮食生产规模化标准化示范基地83.5万亩，辐射推广优势粮油作物绿色提质增效技术面积780万亩。

【化肥减量增效项目】 2021年，化肥减量增效项目总资金662万元，在科尔沁区、科左中旗2个旗县24个乡镇开展化肥减量增效技术集成与示范推广。每个示范旗县安排减肥增效项目资金174万元，主要用于新型肥料补贴和化肥减量增效试验示范。完成1671个土样检测、开展肥料肥效田间试验106个，开展耕地质量变更评价和监测网络建设及维护。通过推广化肥减量增效技术与模式，示范旗县测土配方施肥技术覆盖率达95%以上，配方肥到位率80%以上，化肥用量减少8.36%以上。2021年，实施耕地轮作30万亩，其中科左中旗13万亩、奈曼旗12万亩、库伦旗5万亩，涉及33个乡镇，167个村，61个新型经营主体，23734户。项目资金4500万元拨付到旗财政。

（市农牧局　吴　琼）

林业　草原

【概况】 2021年，通辽市森林面积2104万亩，活立木蓄积量4126万立方米，森林覆盖率23.78%。截至2021年年底，通辽市草原面积177.49万公顷（2662.32万亩），其中，天然牧草地155.65万公顷（2334.76万亩），占87.70%；人工牧草地1.39万公顷（20.83万亩），占0.78%；其他草地20.45万公顷（306.73万亩），占11.52%。草地主要分布在扎鲁特旗和科尔沁左翼后旗，占全市草地的66.40%。天然草原分温性草甸草原类、温性干草原类、低地草甸类、沼泽类、山地草甸类等5大类，分别占天然草原总面积的23.83%、55.14%、20.71%、0.06%和0.26%。天然草原植物有110科、446属、1169种，其中有饲用价值的植物578种。天然草地亩产干草20～40千克，打草场亩产干草140～200千克，年可利用牧草储量约为20亿千克。通辽市是全国防沙治沙综合示范区和"三北"工程建设唯一地级示范市，被授予全国林业生态建设先进地区、全国平原绿化先进市、全国造林绿化模范城市、国家园林城市等称号。

【林业草原有害生物防治】 2021年，通辽市实施林业有害生物监测面积2287.95万亩，林业有害生物发生面积112.55万亩，防治面积96.52万亩，无公害防治面积95.66万亩，测报准确率99.29%，无公害防治率99.12%，成灾率3.16‰，种苗产地检疫率100%。松材线虫病监测普查松林44.49万亩；防治美国白蛾3.76万亩，预防性防治美国白蛾13.66万亩，防治红脂大小蠹3.46万亩。完成防治草原鼠害183万亩，其中生物防治135万亩，物理防治48万亩，生防比例达100%，完成自治区下达任务的122%。

【林草产业】 2021年，通辽市持续推进“百万亩经济林基地”建设，完成以塞外红、元宝枫等为主的经济林基地29万亩。塞外红苹果正式通过中国森林认证，是内蒙古首个通过森林认证的经济林树种。发展林下经济面积达48万亩，产值超过2亿元，带动2万余户农牧民户增收致富。引进木材加工企业70余家，年木材精深加工达60万立方米以上。发展森林草原生态旅游产业，全市年沙地生态旅游人数超过200万人次。同时，开展产销对接和招商引资工作，延伸产业链条，增加产品附加值，带动农牧民增收致富。

【特色经济林产业】 截至2021年年底，通辽市经济林总面积29.13万公顷（人工栽培面积达8.46万公顷，天然经济林20.67万公顷），其中，以通辽塞外红苹果、黄太平、沙地葡萄为主的经济林果品产业形成规模，栽培面积达6.67万公顷。“塞外红”苹果，又名“锦绣海棠”“鸡心果”，20世纪70年代被发现于内蒙古通辽市开鲁县北兴村果园，属农家品种。作为通辽市近年来主推的乡土经济林树种，是市林业科技工作者历经20多年选育出的优良品种，初果期果园亩效益达5000元，盛果期能达1万元，成为农牧民脱贫增收新增收点。

【草原生态治理】 2021年，全市草原生态治理任务200万亩。其中，人工种草51万亩，草原改良149万亩。截至2021年年底，完成建设任务32.8万亩（人工种草20.8万亩、草原改良12万亩）。

（市林业和草原局 刘颖超）

畜牧业

【概况】 2021年，通辽市牧业年度牲畜总存栏1143.90万头（只、口），其中牛338.42万头、羊578.98万只、生猪216.54万口，分别同比增长19.03%、14.51%、17.36%和36.15%；年末，牲畜出栏（牛、羊、猪）929.59万头（只、口），其中肉牛112.82万头、肉羊485.65万只、肉猪331.12万口，分别同比增长9.09%、12.58%、8.94%、8.17%；肉类总产量63.69万吨，牛奶产量36.5万吨，禽蛋产量4.5万吨，分别同比增长20.45%、9.21%、1.41%。

【肉牛育种】 2021年，通辽市依托国家级重点育种场（站），培育科尔沁肉牛育种体系。肉牛种业公司牛存栏862头，年产肉牛胚胎1138枚，新生后备犊牛156头，完成年度任务的136.8%、113.8%、104%。培育优秀种牛98头，其中种公牛54头，种母牛44头。京缘公司种公牛存栏180头，全年生产优质冻精292.3万支，完成年度计划任务的100.7%。高林屯种畜场年存栏达190头，生产特一级种牛73头，完成年度任务的135.7%和104.2%。

【肉牛标准化养殖】 2021年，通辽市新建、改建5个标准化万头牛场；新建、改建10个标准化千头牛场；建设标准化母牛繁育场（母牛300～500头）12个；实施“牛出院、树进院”工程，建设人畜分离小区83个。

【肉牛交易】 2021年，通辽市推进7个大型肉牛交易市场改造升级。截至2021年12月末，全市交易量达134.59万头，交易额达208.49亿元。

【家畜改良】 2021年，通辽市建设牛冷配点3412个，牛人工授精技术员3905人，投入液氮运输车18辆，液氮罐3502个，清理各类公牛50.6万头，调剂种公羊5123只。完成牛冷配122.6万头、羊改良人工授精103.2万只、猪常温人工授精16.5万口、马驴人工授精3.38万匹。推进扎鲁特旗北部牧区牛冷配改良三年全覆盖工作。新建牛冷配改良站点27处，配备冷配技术员381名，运输车3辆，液氮罐总数381个，当年更新313个。建设示范型冷配站点7处，建设示范户20户。

【肉牛产业科技创新】 2021年，通辽市完成科尔沁肉牛新品种培育项目约束性指标。完成项目区4152头、核心区1431头母牛建档立卡，发表论文24篇，申请专利1项，完成项目工作总结报告、技术报告、效益报告编写及27个子课题总结报告打印胶装工作。科技兴蒙重点专项项目有序开展。实现核心群母牛存栏200头，扩繁群母牛存栏263头，引进优质冻精8350支，生产优质胚胎1479枚；科尔沁牛选择基因编辑位点及载体构建工作完成，并对转染细胞及阳性单克隆细胞进行鉴定。肉牛种子培育全程关键技术体系创新示范。开展犊牛腹泻防治试验、科尔沁肉牛营养调控对繁殖成活率的影响、种公牛营养配方对精液品质的影响等10项试验研究工作。开展牛细管冻精有效精子数技术攻关。开展种公牛营养调控对冷冻精液质量及后裔的影响试验，完成试验牛506头配种工作及最佳稀释液调制和最佳冷冻曲线试验数据分析工作。推进第三次全国畜禽遗传资源普查工作。截至11月底，在自治区畜禽遗传资源普查信息系统中完成录入16个畜禽（蜂）种，95个品种，上报数据9091条，录入群体数量1101.07万只。开展全市肉牛产业摸底调查，组建肉牛产业摸底调查核查工作组对7个旗县区上报的牛产业基本情况进行核查，形成“1+7”模式进行汇编。

【奶业振兴】 2021年，通辽市印发《通辽市促进奶业振兴的具体措施》，向市政府争取奶业振兴项目资金2920万元。万头奶牛标准化规模养殖场开工建设7个，投产2个，奶牛存栏20000头，日均产鲜奶95吨。拨付资金1170万元，扶持建设39处中小牧场升级改造。协调维护生鲜乳购销秩序。发展特色产业，现全市智慧牧场（奶牛）6家，标准化规模场22家，年产鲜奶15万吨以上。民族奶制品小作坊172家，年加工生产乌日莫、奶豆腐、奶皮子、希日陶苏、策格等奶制品1万吨左右。

【畜禽粪污处理】 2021年，全市统筹资源环境承载能力、畜禽产品供给保障能力和养殖废弃物资源化利用能力，协同推进畜禽养殖和环境保护，促进可持续发展。全市共实施畜禽粪污资源化利用整县推进项目单体建设项目1297个，项目总投资7.1924亿元，其中中央、自治区扶持资金3.5744亿元，覆盖除开发区、霍林郭勒市以外的7个旗县区，建设完成1171个。截至2021年年底，全市粪污资源化利用率83%，规模化养殖场和大型养殖场粪污处理设施装备配套率分别达95%以上和100%。

【特色畜牧养殖培训】 2021年，通辽市申报“科尔沁肉牛品种标准”与“科尔沁肉牛饲养管理规程”，截至2021年年底，通过内蒙古自治区市场监督管理局审核发布。组织印发《畜牧业“十大”主推技术及标准化牛舍建设参数汇编》，推广母牛自繁自育养殖、提高母牛繁殖成活率饲养管理、新生牛犊保育及标准化牛舍建设，普及标准化知识，推动高质量标准化生产。开展畜牧业标准化生产知识宣传和培训。组织举办“业务科技大讲堂活动”“全市家畜改良科技骨干师资培训班”等17期次，培训市、旗两级业务骨干专业技术员3400余人次。全市以肉牛、肉羊、生猪为重点，推动优势特色畜种健康养殖，全市标准化生产牲畜570.65万头（只、口）。

【生猪产业】 2021年，通辽市按照《关于印发稳定生猪生产保障市场供应十一条措施的通知》，取消15亩上限规定，保障养殖生产废弃物处理等设施用地要求，保障生猪等畜禽养殖用地。2021年，仍然提高能繁母猪、育肥猪保险保额，将能繁母猪保额从1000～1200元增加到1500元，育肥猪保额从500～600元增加到800元，增强生猪养殖风险防控能力，落实生猪信贷保险政策，调动生猪养殖积极性。落实中央生猪良种补贴政策，对使用良种猪精液开展人工授精的生猪养殖场（户）进行适当补助，加快生猪品种良种化，补贴20597头能繁母猪。截至2021年12月底，全市生猪存栏数213.71万口、出栏331.12万口、能繁母猪23.47万口，猪肉产量29.16万吨，商品猪主要供应河北、北京、天津、辽宁等地。

【马产业】 2021年，通辽市推进新品种培育。年初，按照《耐力型科尔沁马新品系培育项目》，验收“耐力型科尔沁马新品系培育项目”。育种选用7匹法国进口盎格鲁种公马，并制定育种工作方案，启动耐力型科尔沁马新品系培育项目。通过网络、现场会等形式开展3次相关技术培训，参与培训人员90人。全年配种母马916匹、确认怀胎455匹，通过对怀胎母马植入芯片、打烙号，完成配种工作相关各项记录，接受自治区农牧厅网上评估考核。

【养殖保险】 2021年，通辽市养殖业保险参保牲畜（肉牛、奶牛、育肥猪、能繁母猪）379.44万头（口），签单保费55769.66万元。其中，国家和自治区保费32253.56万元，市级和旗县配套12362.18万元，农牧户自缴11153.93万元。肉牛参保67.43万头、奶牛参保31.40万头、育肥猪参保259.02万头、能繁母猪参保21.59万头，签单保费分别为27774万元、15691.58万元、10360.93万元、1943.154万元。截至2021年年底，理赔肉牛1.7万头、奶牛1.15万头、育肥猪11.46万口、能繁母猪1.13万口，理赔金额达2.07亿元、1.16亿元、0.75亿元、0.16亿元。

【饲草饲料】 2021年，通辽市饲草料基地建设总规模达530万亩，饲草料储备总量预计达2300万吨（秸秆未储完）。为做大做强特色优势产业，发展生态循环养殖业，为养而种循环发展，下达粮改饲项目资金6437万元，推进农牧业供给侧结构性改革。全年实施1.5万亩饲草基地保障项目。其中紫花苜蓿产草田1.2万亩，燕麦产草田0.3万亩，涉及资金750万元。全市饲料生产企业51家，生产200万吨。其中，饲料生产企业生产量95万吨，自配料生产量31万吨，添加剂和单一饲料74万吨。

【畜牧业安全生产】 2021年，通辽市组织印发《关于开展养殖企业有限空间安排与作业安全培训工作的通知》，明确责任，树牢生产安全“红线”意识。对全市各旗县农牧部门和37家养殖企业（场）的安全生产监管组织机构、规章制度、监管档案建设情况，以及组织培训和应急救援演练情况进行监督检查。开展生鲜乳专项整治行动，对奶畜养殖场、生鲜乳收购站、运输车三个重点环节进行监督巡查。检查奶站180站次，运输车123车次，出动执法人员120人次。

【防疫监督】 2021年，通辽市动物防疫群体免疫密度保持在90%以上，应免畜禽免疫密度达100%。重大及重点动物疫病免疫畜禽8652万头（只、口）次。定期对全市牲畜养殖场所、器皿、运输工具等重点环节开展消毒灭源工作，开展消毒灭源总面积1365平方千米，累计投入消毒药199吨。严格按照《中华人民共和国动物防疫法》和《中华人民共和国农业农村部公告第2号》相关规定，加强实验室检测报告审核，按照产地检疫规程规范调运动物检疫申报、受理、现场检疫、合格出证的工作流程。2021年，全市检疫动物735万头（只、口、羽）。

【兽医兽药管理】 2021年，通辽市加强第三方监测机构监管。全市现有3家第三方检验检测机构，严格按照《检验检测机构资质认定管理办法》对其开展监督管理工作；开展兽医系统实验室考核工作。截至2021年年底，有6个旗县级兽医实验室通过现场考核评审；开展高级别动物病原微生物实验室生物安全管理工作。对市、旗两级兽医系统实验室、第三方兽医实验室及内蒙古民族大学兽医实验室开展日常监督检查，对发现的问题要求及时整改；实施执业兽医备案。2021年，国家取消执业兽医注册，改为备案。药政工作管理实施兽药经营企业追溯管理。通辽市有783家兽药经营企业，使用二维码追溯系统兽药经营企业达99%。开展兽药生产企业GMP验证工作。位于开鲁县的内蒙古华曙生物科技有限公司、内蒙古圣雪大成制药有限公司、开药集团（开鲁）制药有限公司3家兽药生产企业通过自治区GMP验证。2021年，兽用生物制品经营许可下放至盟市兽医行政主管部门审批，由市、县两级兽医行政主管部门负责兽用生物制品经营企业和使用环节的日常监督管理工作。

【畜禽屠宰】 2021年，通辽市有畜禽屠宰企业76家。其中，生猪屠宰企业29家，牛羊屠宰企业42家，禽类屠宰企业5家。2021年，屠宰检疫动物285.6万头（只、口、羽），其中，猪屠宰检疫49万口、牛屠宰检疫3.6万头、羊屠宰检疫131万只、禽屠宰检疫102万羽。严格屠宰企业准入资格审核，优化屠宰行业营商环境。

（市农牧局　吴　琼）

渔　业

【概　况】 2021年，全市从事渔业生产水库85个、湖泊56处、人工池塘207个，总面积170697亩，稻渔综合种养2000亩，水产品总产量7800吨，总产值15000万元。

【渔业生产】 2021年，通辽市改革国家级水产良种场——原市鱼苗早繁试验场，由事业单位转为企业单位，注册成立通辽市良种鱼苗繁育科技发展有限公司。公司四大家鱼原种保存500尾，生产春片鱼种6000千克、秋片鱼种4000千克。发放2019年渔业油价补贴资金17.79万元，涉及机动渔船53艘，统筹渔业发展资金23万元；落实渔业发展补助资金14万元，渔业增殖放流资金43万元，油价补贴转为对渔业高质量发展补助资金194万元，中央提前下达2022年渔业增殖放流资金44万元。奈曼旗孟家段水库、扎鲁特旗红旗水库水产品初加工冷藏保鲜设施设备建设项目建设补助资金39万元，百名高素质渔民培训经费38万元，合计412.786万元。

【养殖许可制度】 2021年，通辽市严格落实养殖水域滩涂保护制度。根据《通辽市养殖水域滩涂规划（2018—2030年）》，严格落实禁养区、限养区、养殖区划定，依法依规加强水域滩涂管理。禁止养殖区总面积6896.63平方千米。其中，饮用水水源地一级保护区62个，总面积95.06平方千米；自然保护区核心区、缓冲区10个，总面积5285.5平方千米；行洪区、河道堤防安全保护区25个，总面积1515.20平方千米；有毒有害物质超过规定标准的水体2个，总面积0.87平方千米。限制养殖区总面积2215.06平方千米，具体包括，饮用水水源地二级保护区58个，总面积142.87平方千米；自然保护区实验区和外围保护地带8个，总面积2072.19平方千米；养殖区包括池塘养殖区、水库养殖区、湖泊泡沼养殖区和其他养殖区，总面积37871.23公顷。推进水域滩涂养殖登记发证工作，规划养殖区和限养区面积205449.6公顷，养殖区和限养区内现有养殖面积4428.925公顷，核发新版水域滩涂养殖证19本，累计核发养殖证47本，面积1684.415公顷，核发养殖证面积所占比38%。加强养殖证执法检查，严格限制养殖水域滩涂被占用和擅自改变用途，稳定水产养殖面积，保障渔业发展空间。

【水产种业】 2021年，通辽市投资通辽市良种鱼苗繁育科技发展有限公司120万元，实施孵化车间、培育池塘等设施设备维修改造。建成4个以上集生产技术先进、市场营销网络健全、技术服务到位、育繁推一体化的优势特色水产种业基地，提升四大家鱼原种保存、良种推广及辽河野鲤、黄颡鱼、泥鳅等水产土著品种的培育能力，并以引进试验示范黄颡鱼、武昌鱼等优良品种为重点，开展优质、安全、抗病的良种选育培育推广工作。加强水产苗种生产许可管理，严肃查处无证生产。加强林蛙产业管理，实施特许捕捞制度，推行水产苗种产地检疫和监督执法。提升水产养殖良种化水平。开展全国第一次水产养殖种质资源普查工作，完成普查主体140个，包括企业7个、合作社7个、个体工商户16个、国营单位4个、承包经营户70个、个体养殖户36个，普查面积108235亩。水产物种17种，其中鱼类14种、虾蟹类2种、两栖爬行类1种。鱼类物种包括3目4科14个物种，分别为：鲤形目鲤科11种（青鱼、草鱼、鲢鱼、鳙鱼、鲤鱼、鲫鱼、银鲫、团头鲂、杂交黄金鲫、杂交鲌“先锋1号”、丁桂鱼）。鳢形目鳢科1种（乌鳢）。鲇形目鲿科1种（黄颡鱼），鲇科1种（鲇）计2种。虾蟹类有凡纳滨对虾1种、中华绒螯蟹1种，计2种。两栖爬行类有东北林蛙1种。按资源类型分类包括原种（本土）14种、新品种15种、引进种2种，计31个水产品种。原种有长江水系青鱼、长江水系草鱼、黑龙江水系草鱼、长江水系鲢鱼、长江水系鳙鱼、普通野生鲤、普通野生鲫、团头鲂、黄颡鱼、丁桂鱼、乌鳢、鲇鱼、中华绒螯蟹、长白山林蛙等14种。新品种有兴国红鲤、荷包红鲤、建鲤、福瑞鲤、津新鲤、松浦银鲫、彭泽鲫、异育银鲫"中科5号"、杂交黄金鲫、团头鲂"浦江2号"、团头鲂"华海1号"、杂交鲌"先锋1号"、凡纳滨对虾"中兴1号"、中华绒螯蟹"长江1号"、中华绒螯蟹"光合1号"等15种。引进种有散鳞镜鲤、乌克兰鳞鲤2种。

【生态健康养殖】 2021年，通辽市推广稻渔综合种养技术模式2000亩，推广大水面生态增养殖技术模式20000亩，推广盐碱水绿色养殖技术模式16000亩。

【养殖监管】 2021年，通辽市加强水产养殖用兽药、饲料和饲料添加剂等投入品管理，严厉整治水产养殖用兽药、饲料和饲料添加剂相关违法行为，印发水产养殖用投入品白名单宣传单等3000余份。骨干基地兽药用量同比减少5%以上，抗生素类兽药使用量同比减少10%以上，没有发生水产品药物残留超标问题。加强水生生物资源养护和修复。严格执行休渔期和捕捞许可制度。5月1日至7月31日禁渔期间，严禁从事一切捕捞行为。加大增殖放流力度，在全市25处重点水库湖泊，增殖放流鲤草鲢鳙等鱼苗340万尾，超额完成自治区下达330万尾指标任务。

【渔业执法】 2021年，通辽市开展"中国渔政亮剑2021"通辽市系列专项执法行动，即水生野生动物保护和规范利用、清理取缔涉渔"三无"船舶和"绝户网"专项、打击电鱼行为、水产养殖用投入品规范使用等行动。保护水生野生动物资源，联合多部门开展"清风活动"和"野生动物保护活动"，出动执法人员130人次，悬挂条幅30条，张贴发放宣传资料3000余份。

【渔业产业融合发展】 2021年，通辽市以渔家乐、冬捕节、稻渔节为导向，发展具有民族特色、地域风情，集文化宣传、科技展示、餐饮娱乐体验于一体的综合性休闲渔业。加强绿色水产品牌保护和宣传推介工作，培育区域优质特色品牌，鼓励发展订单、电商等新型营销经营主体，完善利益联结机制，提高养殖产品附加值。举办百名高素质渔民培训班，培训渔民110人。

【渔业安全生产】 2021年，通辽市持续开展渔业和渔业船舶安全生产专项整治三年行动。制定任务清单，加强学习教育宣传，落实属地管理、部门监管和生产企业户主体责任，加强渔业船舶风险预防控制，渔业船员专项管理，健全渔业安全管理制度，制定应急预案及演练，提升渔业应急能力，确保渔业安全生产无事故。开展渔业安全生产大检查，排查督查渔业生产企业户500余家次。加强冬季渔业安全生产管理工作，开展冬季渔业安全生产大检查工作，坚决防止生产性事故发生。全市开展冬捕生产地区主要有奈曼旗、科左中旗、科左后旗、扎鲁特旗、库伦旗5个旗县。主体较大水库湖泊19个，面积21020亩，作业人员146人，冬捕水产品主要为鲢鱼、草鱼、鳙鱼、鲤鱼4个品种，产量27.67万千克，产值1383.5万元，水产品产量及产值较2020年同期分别增速38.35%和40%。

（市农牧局　吴　琼）

农牧业产业园区

【科尔沁左翼中旗国家现代农业产业园】 通辽市科尔沁左翼中旗（简称"科左中旗"）地处中国北方农牧交错带，在发展肉牛产业方面有着得天独厚的优势，是内蒙古自治区33个牧业旗县之一，素有"黄牛之乡"的美誉，是国家207个肉牛优势区域之一，也是中国特色农产品（肉牛）优势区的核心区域。科左中旗国家现代农业产业园是全国唯一一家以玉米、肉牛为主导产业的国家级农业科技园区的核心区。

2021年，园区总产值42.69亿元。其中，农业总产值9.87亿元，农产品加工业产值达30.16亿元，农产品加工业产值与农业总产值比值3.05∶1，二、三产业产值与总产值比值为76.88%。主导产业肉牛产业总产值36.53亿元，主导产业产值与总产值比值达85.57%。

建立科技创新研发平台5个，研究内容5项，其中园内科尔沁肉牛种业公司国家肉牛核心育种场引进中国工程院院士团队建立院士工作站，开展现代繁育技术创新研究；产业园与中国农业科学院研究员李少昆团队合作在园区建立绿色优质玉米高产高效研究实验基地，开展优质玉米高产栽培技术集成创新研究，2021年，创造标准水分亩产1126.6千克；与中国农业大学教授玉柱团队合作在园区建立优质青储玉米研究实验基地，开展肉牛产业优质饲草料供应体系科技创新研究，筛选优质高产抗倒伏青贮玉米主推新品种10个以上，青贮饲料最高亩产达6吨以上，青贮饲料淀粉含量30%以上，干物质30%，蛋白含量8%以上，青贮饲料单产及饲料营养标准均达到国家1级水平；与中国农业大学副教授马道坤团队合作在园区建立高效智能节水实验研究基地，开展农业水价综合改革农作物用水灌溉试验研究；与中国肉类食品综合研究中心乔晓玲团队合作设立专家工作站、在加工企业设立研究分中心，开展牛肉品质提升科技创新研究。2021年，该研究通过中期专家评审验收，编制完成《产业园牛肉精深加工创新发展规划（2021—2025年）》《科尔沁牛肉精深加工标准体系》各1份；完成国家标准《畜禽屠宰HACCP应用规范》、行业标准《腊肠加工技术规范》报批稿2项；初步建立科尔沁牛肉品质基础数据库并形成4个品种、近百种品质指标的数据测定与录入；研发牛肉制品储藏保鲜技术、色泽与风味劣变控制技术2项，开发牛肉酱、牛肉料理包、牛肉干、牛肉罐头等6个新产品。

依托肉牛全产业链质量追溯体系建设，向金融机构提供肉牛活体抵押动产监管服务。园区与内蒙古银行、中国银行、内蒙古农村信用合作社达成合作，利用肉牛活体抵押物发放贷款1亿多元，监管和抵押牛6160头，解决养殖户贷款寻找抵押物难、担保费用高的实际问题，有效盘活肉牛活体资产，为破解肉牛产业发展资金瓶颈问题提供新的途径。

肉牛产业体系科技研发中心建成并投入使用。园区与哈林肉业公司、中国肉研中心、内蒙古民族大学等合作建立的肉牛产业体系科技研发中心建成并投入使用，中心实验室于2021年9月被通辽市科技局评定为通辽市重点实验室。

【开鲁县自治区现代农业产业园】 开鲁县自治区现代农业产业园位于通辽市开鲁县东部，涉及东风镇、建华镇、开鲁镇3个镇的50个村，区域面积114.9万亩，其中耕地面积43.4万亩，主导产业为红干椒和玉米等优势特色产业。其中，涵盖东风镇15个村（包含东风林场1个村），面积48.2万亩；建华镇11个村，面积26.4万亩；开鲁镇24个村，面积40.3万亩，2020年开鲁县被自治区农牧厅和财政厅批准创建自治区现代农牧业产业园。

开鲁县现代农业产业园形成以龙头企业为带动，以科研院所及农牧部门为技术依托，产加销一体化发展，一、二、三产业融合发展的生产格局，红干椒、玉米产业培育形成“育种、栽种、收购、贸易、加工”于一体的产业体系，成为产业振兴、经济发展、群众增收的特色支柱产业。红干椒产业拥有优良品种自主品牌与国内顶尖辣椒蔬菜科研院所专家院士开展合作，自主研发出北星5号、北星6号、蒙古椒4号等适合本地的新品种。编制A级绿色食品红干椒生产技术操作规程，组建红干椒高产创业人才团队、抗病高产团队和红干椒博士工作站，有业务专家、土专家1万余人，为产业发展提供技术支持和保障。玉米产业与中国农科院全国农业科技入户工程玉米首席专家李少昆团队等国内一流科研团队合作开展玉米高产创建，先后开展东北黑土地保护利用试点项目与果菜茶有机肥替代化肥示范、秸秆还田深翻深松、土壤改良培肥、有机肥替代肥、测土配方施肥技术等绿色高产高效示范，持续提升玉米生产降本增效综合能力，平均亩增产300斤。按照“水电井路树技”六配套标准打造高标准农田43.4万亩，全面普及通辽黄玉米产地环境和无膜浅埋滴灌水肥一体化技术规范等高质量地方标准。在此基础上聘请中国农科院科研团队结合开鲁产地实际编制标准化生产方案，实现按标生产100%。产业园红干椒种植面积达15万亩、玉米种植面积达25万亩，结合红干椒地理标志保护工程、果菜茶有机肥替代化肥、东北黑土地保护利用、残膜回收利用等项目的实施，集中力量打造东风镇七家子村林下红干椒示范推广基地、东风镇东方红村万亩红干椒标准化生产基地、建华镇福盛号村红干椒绿色基地、东风镇永合村玉米产业示范基地、15万亩绿色高标准玉米生产基地等5个基地，现有红干椒专业合作社120余个，标准化冷库企业20余家，年冷冻保险红辣椒10万吨，拥有东北地区规模最大、功能最全、设施最先进的红干椒专业市场，线上线下年交易量1.5亿千克以上，产品远销欧洲、东南亚等10多个国家；现有晶山食品、蒙椒都等红干椒加工企业15家，年加工能力10万吨。媛晶蒜蓉辣酱、巧厨娘辣椒粉、进前佳红油豆瓣等主要产品进入沃尔玛、大润发等大型超市。精心培育玉米生物科技产业集群，产品由淀粉、酒精向“酸糖醇胶药”高精尖端不断研发攀升，集聚行业龙头企业25家，形成抗生素、维生素、酒精和燃料乙醇、绿色食品药品添加剂、玉米副产品等6个系列160个品种，并引进转化玉米芯醛电联产、转化菌渣生产生物菌肥项目，实现玉米全株加工、循环利用、吃干榨净。按照全株玉米产业链图谱，推进生物医药产业强势发展。其中，土霉素年产量达9500吨，占全国47.5%、全球38%；强力霉素年产品1000吨，占全国18.2%、全球12.5%，被认定为自治区高新技术特色产业基地、自治区生物医药开发区。

2021年，园区年总产值达76.18亿元，其中农牧业总产值达21.82亿元，主导产业产值达43万元，主导产业加工转化率65%，主产业覆盖率达92%，农产品加工业产值与农业总产值比值为2.49：1。

2021年，该产业园发挥产业园生态环境、自然资源优势和区位优势，立足产业园红干椒、玉米产业现有发展基础，延长生产、加工和销售产业链条，促进产业集群化、规模化、高端化发展。加强与科研机构及科技型龙头企业深度合作，构建科技集成创新平台，建设生产、加工技术创新体系，实现产业园设施设备更新换代、现代先进技术的推广应用。培育种植养殖大户、家庭农场、合作社等新型经营主体，发展多种形式的土地经营权流转市场和服务平台，推进土地经营权有序规范流转，特别是向种植养殖大户、家庭农场、合作社等主体流转，引导发展土地入股、土地托管等多种经营形式的适度规模经营，发展规模化、集约化经营。

树立尊重自然、顺应自然、保护自然的生态文明理念，以节地、节水、节肥、节药、节种、节能、资源综合循环利用和农牧业生态环境建设保护为重点，突出农牧业在生态资源环境保护中的重要作用，加强园内黑土地保护与治理，落实化肥、农药减量施用等行动计划，构建产业园废弃物资源化利用发展路径，打造资源利用高效、产地环境良好、生态系统稳定、田园风光优美的现代农牧业可持续发展样板区，示范引领农牧业绿色发展。

在产业园内探索开展“龙头企业+新型经营主体+专用原料基地”的一体化经营试点，整合农牧业生产经营产业链，构建农牧业产业化经营利益共同体，将农牧业生产的产前、产中和产后环节纳入企业经营的内部价值链，降低农户生产经营风险，保障并提高农民收益水平。分类引导新型经营主体与企业建立股份制合作关系，引导单一的农户、家庭农牧场、合作组织等经营主体优先与中小型企业开展股份制合作，直接以土地、劳动力、生产资料、技术等资源要素入股，形成紧密型利益联结共同体；引导合作社、新型股份合作制经营实体优先与大型龙头企业开展股份制合作，以连片土地、集体经营资产、技术知识产权等资源要素入股，解决农企利益权益不平等问题。

【市级现代农牧业产业园】
2021年，通辽市决定开展2021年市级现代农牧业产业园创建申报工作。市农牧局印发《关于开展2021年市级农牧业产业园创建工作的通知》至各旗（县、市、区）农牧局。各旗（县、市、区）组织开展申报创建工作。经旗（县、市、区）申请、部门审核、会议研究等程序，批准公示无异议后，确定科尔沁区、科左后旗、科左中旗和奈曼旗产业园为第一批通辽市现代农牧业产业园。

（市农牧局　吴　琼）

工 业

综 述

【概况】 2021年，通辽市围绕打造工业经济升级版，推进供给侧结构性改革，工业转型升级取得明显进展，以重大项目带动铝基新材料、玉米生物科技、绿色农畜产品加工等主导产业集群化发展，在产业“攀升、融合、转型、保障、优化”上求突破，总体呈现稳中有进、稳中提质发展态势，为“十四五”时期向更高层次的转型发展奠定坚实基础。全市工业主导产业包括绿色农畜产品加工、绿色煤电铝、镍循环经济、硅砂及铸造、现代能源示范、中医药（蒙医药）产业等。2021年，主导产业完成工业总产值1279亿元，占规上工业总产值的95.4%。其中，绿色煤电铝产业占比57.4%、绿色农畜产品加工占比14.9%、玉米生物科技产业占比10.6%、现代能源示范产业占比1.9%、中医药（蒙医药）产业占比1%、硅砂及铸造产业占比1.2%、镍循环经济产业占比0.5%。霍林郭勒市工业园区建成世界上首个“风—火—铝”联合运行局域电网，实现对局域范围内火电、风电、输电线路、电解铝负荷实施统一管理和统筹运行。通辽市霍林郭勒市工业园区被列为自治区低碳园区试点。通辽市再生金属市场有限责任公司、内蒙古金谷牧歌有限责任公司2家企业均通过自治区中小企业局复核认定，继续保留自治区级小微企业创业创新示范基地称号。

【产业集群建设】 2021年，通辽市有绿色农畜产品产业集群、绿色煤电铝产业集群、现代能源示范产业集群、镍循环经济产业集群、中医药（蒙医药）产业集群“五大产业集群”。

绿色农畜产品产业集群 通辽是全国24个粮食产量超百亿斤的地级市之一，粮食产量居内蒙古自治区首位，2021年，粮食产量达89.85亿千克。全市无公害农产品、绿色食品认证面积达300万亩。牧业年度牲畜存栏1143.90万头（只、口），其中，牛存栏338.42万头，是全国最大的供港澳活牛基地。在玉米生物科技产业上，通辽市地处世界三大黄金玉米带，玉米播种面积1653.31万亩；2021年产优质玉米83.75亿千克。在肉牛产业上，通辽素有“黄牛之乡”的美誉，培育了“科尔沁牛”驰名商标。通辽还是“荞麦之乡”（35万亩，年产4万吨），“红干椒之乡”（76万亩，年产量6.5亿千克以上，产量是全国的1/3），年产杂粮杂豆5亿千克以上。

绿色煤电铝产业集群 通辽市电解铝产业形成266万吨电解铝产能，占全国的7%，是东北区域最大的原铝生产基地。通过铝水直供让利、园区微电网低价供电，吨铝成本可降低600元以上，被中国有色产业工业协会评为“最适合发展煤电铝产业的地区”，铝后加工规上企业22家，有280万吨铝精深加工能力，是高端建材、车体轻量化、轨道交通、食药级铝箔等精深加工项目落户首选之地。通辽是国家确定的重要铝产业基地。现有规模以上企业34家，形成5615万吨煤炭、783万千瓦火电、265万吨电解铝、240万吨铝精深加工生产能力，拥有双零铝箔、铝粉、铝银浆、精铝、铝轮毂、铝型材及压铸件等120余个种类。

循环经济产业集群　通辽市镍循环产业有集群企业4家，形成50万吨镍铁生产能力，推动镍铁合金、硅锰合金、高碳铬铁合金、不锈钢、高端装备制造、电子信息等产业协同发展。硅砂铸造业：硅砂总储量550亿吨、居全国前列，砂矿相关企业比较有代表性的有福耀玻璃、长江造型等，重点在精密铸造、特种玻璃、新型建材、风电铸件、汽车铸件、铝合金等有色金属铸件领域，培育硅砂全产业链。工业固废产业：通辽主要是粉煤灰、脱硫石膏等。

现代能源示范产业集群　在新能源产业方面，主要打造新能源就地消纳示范基地和装备制造基地。通辽“风”“光”无限，是国家千万千瓦级风电基地、百万千瓦级光伏发电基地，国家现代能源经济示范市。全市电力装机1373万千瓦，新能源装机占比达43%，“十四五”期间还将新增新能源装机1400万千瓦。通辽依托当地优质风光资源优势，以科尔沁工业园区为载体，以园区龙马集团、东方电气、金风科技等风电高端装备制造项目为引领，通过风光资源奖励，打造辐射东北、华北地区风电装备制造产业基地，在新能源装机消纳、新能源汽车及动力电池储能、绿电制氢等方面开展合作。

中医药（蒙医药）产业集群　通辽是全国蒙医药发展核心区，蒙成药占全国市场50%以上，蒙药材种植面积50万亩，拥有国内最大的蒙医药生产企业、最大的蒙药贴生产基地，尚有可利用中蒙药文号350个。保利尔胶囊、珍宝丸、阿拉坦五味丸等蒙药，对治疗心脑血管疾病、肾病等疗效独特，蒙医药（蒙医正骨疗法）被列为国家级非物质文化遗产代表性项目。

【重点工业项目】　2021年，通辽市实施工业重点项目156个，工业固定资产投资完成106.7亿元、下降13.9%。实施装备制造、新能源、生物医药、新材料等新兴产业项目61个，占比42.7%，新兴产业占比同比提高10个百分点，创源轻质高强铝合金、旭阳铜金粉、金玉峰玉米深加工、安洲药业、久鹏药业、明阳风电等项目进展顺利；龙马高端装备风机叶片、天顺风能整机塔架、金风科技风机整装等项目有序推进，全市以新兴产业为先导，高新技术产业为引领，优势支柱产业为支撑的现代工业产业体系轮廓更加清晰。截至2021年年底，通辽市创建国家级绿色工厂5家，为霍煤鸿骏铝电、梅花生物、蒙牛乳业科尔沁公司、蒙古王实业、锦联铝材，自治区级绿色工厂3家，为福耀玻璃、联晟新材料和旭阳铝粉；国家级绿色设计产品1个，为江岩新型建材“加气混凝土砌块”；自治区级绿色工业园区1个，为科尔沁工业园区。

（市工业和信息化局　柴彦婷）

【产业链向高端化发展】　2021年，通辽市绿色农畜产品生产基地建设取得进展，蒙牛扩能技改、哈林肉牛屠宰加工等项目建成投产，科左中旗牧原饲料加工车间列为自治区“机器换人及智能制造示范试点”，自治区肉牛行业工业互联网平台上线运营，科尔沁肉牛国家级现代农业产业园通过验收，肉牛特色产业集群获国家批复创建。玉米生物科技产业基地建设稳步推进，圣雪大成、华北制药等建成投产，金玉锋玉米深加工、安洲药业、久鹏药业等项目进展顺利，梅花生物再次被认定为国家技术创新示范企业。铝镍硅绿色新材料基地建设稳步升级，创源轻质高强铝合金、旭阳铜金粉等项目有序推进，霍煤鸿骏新增系统、恒大铝粉智能精分包装项目投入使用，铝后加工产品不断升级，能耗强度下降趋势明显。锦溪科技铝液铸造控流应急装置认定为自治区级技术装备首台套，填补该装备类目空白。高比例绿能替代就地消纳的国家现代能源经济示范市建设加快，争取到新能源规模174.7万千瓦，火风光储制研一体化示范、百万风电外送基地、花吐古拉综合智慧能源等项目建设加快，新能源和可再生能源新并网107.5万千瓦、达696.8万千瓦、占比47%，发电量增长9.4%、占比22.2%。科尔沁区风电装备制造产业园纳入自治区重点建设装备制造基地。

（市发展和改革委员会　高崇耀
市工业和信息化局　柴彦婷）

绿色农畜产品产业

【概况】 通辽是全国重要的商品粮基地和畜牧业生产基地，绿色农畜产品加工是通辽市的传统产业。2021年，通辽市绿色农畜产品加工产业实现产值200亿元，占规模以上工业总产值的14.9%。

产业集群以开鲁县、科尔沁区、科左中旗、科左后旗等区域为重点，以玉米深加工和肉牛深加工等行业为主攻方向，坚持走基础加工和高端转化利用并重的道路，推动全产业链发展。截至2021年年底，产业集群规模以上企业46家，形成60万吨淀粉、50万吨味精、26万吨氨基酸、25万吨酒精、9500吨土霉素碱、14万吨玉米胚芽油、360万头生猪屠宰、80万头肉牛屠宰、35万吨乳制品的生产能力。

2021年，通辽蒙牛扩能技改、哈林肉牛屠宰加工等项目建成投产，科左中旗牧原饲料加工车间列为自治区“机器换人及智能制造示范试点”，自治区肉牛行业工业互联网平台上线运营，科尔沁肉牛国家级现代农业产业园通过验收，肉牛特色产业集群获国家批复创建。

通辽作为国家重要的商品粮生产基地，素有“内蒙古粮仓”的美誉。2021年，全市粮食产量898.3万吨，其中，玉米837.4万吨，占全市粮食总产量的93.2%，占自治区总产量的近1/2，占全国玉米总产量的5%，全国每10千克玉米中就有0.5千克产自通辽。“通辽黄玉米”是通辽市首要经济作物，2017年“通辽黄玉米”成为国家农产品地理标志登记保护产品；2018年“通辽黄玉米”以287亿元的品牌价值位居内蒙古农畜产品区域公用品牌价值榜首；2021年“通辽黄玉米”入选全国地理标志产品区域品牌榜第39位，被农业农村部确定为现代农业全产业链标准化试点产品。

依托世界“黄金玉米带”独特区域优势及气候条件，造就“通辽黄玉米”优良品质，在新一代高新技术“加持”下，形成以糖、酸、药、醇等13大类200多种产品，其中小品种氨基酸产能占到全世界40%，苏氨酸、亮氨酸、甘露糖、硬葡聚糖等高端产品种类达120种、占全部产品种类60%。

通辽市围绕玉米产业全产业链，全价值链思路，谋划提高玉米附加值，建成具有一定规模的玉米生物产业群，玉米全株精深加工向食品级、药品级高端终端产品延伸。玉米生物科技产业集群主要位于开鲁生物医药开发区、科尔沁工业园区内，截至2021年年底，通辽市25户规模以上玉米加工企业中，饲料加工企业8户、生物制药企业6户、生物化工企业8户、食用油企业3户，形成70万吨淀粉、50万吨味精、26万吨氨基酸系列产品、35万吨酒精、5000吨黄原胶、11000吨土霉素碱、16万吨玉米胚芽油生产能力。2021年累计产值142亿元，占全部规上工业总产值的10.6%。

2021年，全市年深加工玉米460万吨，玉米加工转化率47.7%，其中，梅花生物转化玉米180万吨、玉王生物转化玉米105万吨、利牛生物等酒精加工企业转化玉米75万吨，牧原饲料转化玉米80万吨、顺通生物20万吨。

【科尔沁肉牛产业集群获批复创建】 2021年，根据《农业农村部 财政部关于公布2021年农业产业融合发展项目创建名单的通知》，通辽市申报的科尔沁肉牛产业集群项目成功获批创建。该项目建设期限为3年，2021年度、2022年度和2023年度中央财政奖补资金分别为6000万元，3000万元和3000万元。

（市工业和信息化局　柴彦婷）

【金玉锋生物科技大健康生物产业园项目】 2021年4月，内蒙古金玉锋生物科技有限公司大健康生物产业园项目开工建设。该项目位于开鲁县，项目总建设期3年。总占地面积2000亩，计划总投资120亿元，兴建360万吨/年玉米深加工项目、原料药和生物大健康系列产品项目、60万吨粮食仓储库及配套设施建设项目和2×100兆瓦热电联产项目等。其中，玉米深加工项目投资30亿元，建设年产240万吨玉米淀粉、10万吨玉米胚芽油、15万吨蛋白粉、30万吨玉米皮、20万吨葡萄糖、10万吨山梨醇、

10 万吨麦芽糊精等系列产品；原料药和大健康产品项目投资 78 亿元，建设年产 4500 吨硫氰酸红霉素、400 吨洛伐他汀、350 吨美伐他汀、3500 吨泰乐菌素、4000 吨泰妙菌素、2000 吨 7- 氨基头孢烷酸、3000 吨氨基青霉烷酸、4000 吨硫酸新霉素、120 万吨硫酸链霉素、5000 吨维生素 B_2、5 万吨维生素 C、50 万吨聚乳酸、500 吨辅酶 Q10 等生物大健康系列产品；60 万吨粮食仓储库项目投资 4 亿元，建设粮食仓储库及配套设施；热电联产项目投资 8 亿元，建设 2 台 590 吨亚临界煤粉锅炉、2 台 100 兆瓦背压式汽轮发电机组和 3 万吨环保中心。全部项目达产后，年可实现销售收入 200 亿元，利税 16 亿元，安置就业 3000 人。该项目总建设期三年，2021 年开工建设。

【华北制药华凯药业医药项目】 2021 年，华北制药华凯药业医药项目总投资 28 亿元，占地 1000 亩，是开鲁县重点打造百亿产值产业基地之一，项目分三期建设，以生物发酵类产品为主，配套动力、环保、仓储、办公、质检等设施。一期项目投资 12 亿元，占地 430 亩，建设 4 万吨维生素 C、山梨醇项目，竣工投产；二期项目投资 10 亿元，建设 2000 吨四环素、2000 吨林可霉素、2 万个 10 亿单位庆大霉素项目；三期投资 6 亿元，建设抗感染类发酵产品项目。全部项目达产后，年可实现销售收入 100 亿元，利税 10 亿元，安置就业 800 人以上。

【安洲药业高端医药原料药及中间体项目】 2021 年，安洲药业高端医药原料药及中间体项目总规划占地面积 176 亩，项目总投资 5.68 亿元。项目建成后，可实现年产盐酸环丙沙星 500 吨、左氟沙星 500 吨、盐酸莫西沙星 100 吨、双甲脒 5000 吨、乙氧甲叉 5000 吨、对氨基苯腈 500 吨、苯乙酮 3000 吨、二苯甲酰甲烷 5000 吨、硬脂酰苯甲酰甲烷 500 吨。实现收入 14.7 亿元，安置就业 620 人。

【久鹏药业生物医药系列产品项目】 2021 年，内蒙古久鹏药业有限公司在开鲁县注册 3 家全资子公司，分别是内蒙古善合药业有限公司、内蒙古久鹏制药有限公司、内蒙古健华药业有限公司。总投资 35 亿元，占地面积 800 亩，投资建设玉米生物科技和生物医药系列产品项目。项目分三期建设，一期内蒙古善合药业有限公司投资 15 亿元建设 9000 吨土霉素碱项目；二期内蒙古久鹏制药有限公司投资 10 亿元建设 2000 吨盐酸多西环素，1500 吨盐酸土霉素项目；三期内蒙古健华药业有限公司投资 10 亿元建设阿奇霉素、克拉霉素和罗红霉素 480 吨，200 吨醋酸钙，1500 吨四环素，7 亿片口服制剂。项目全部达产后，年可实现销售额 30 亿元，利税 6 亿元，安置就业 800 人。该项目于 2021 年 11 月开工建设。

（市工业和信息化局　柴彦婷）

煤电铝产业

【概况】 煤电铝产业集群位于通辽霍林郭勒工业园区和扎哈淖尔工业园区，所处地区褐煤资源丰富。依托褐煤资源，形成以褐煤—发电—电解铝—铝后加工产业链为核心，上下游企业之间垂直分工合作、水平企业相互协作、配套企业专业化服务的绿色煤电

图 21　内蒙古锦联铝材有限公司电解铝及铝后加工项目（市工信局　提供）

铝产业集群。先后建成霍煤鸿骏、锦联铝材、创源金属3家投资超百亿的电解铝企业，形成电解铝产能266万吨；建设联晟轻合金、旭阳铝粉、福耀精铝等22个行业领军项目，铝深加工产能达238万吨，拥有铝箔、板带、精铝、铝轮毂、铝粉、铝型材及压铸件等120余个种类。截至2021年年底，集群中规上企业达34家（铝后加工规上企业达22家），形成265.03万吨电解铝、281.87万吨铝精深加工、5615万吨煤炭、783.6万千瓦火电的生产能力。内蒙古锦联铝材有限公司被工信部评为2021年度国家级绿色工厂。

【创源合金轻质高强铝合金材料项目】 2021年，内蒙古创源合金有限公司年产40万吨轻质高强铝合金材料项目占地面积38667平方米，总建筑面积27795平方米，规划建设年产80万吨高强高韧铝合金材料加工车间。新建生产车间、成品库及其他公辅设施。购置安装合金调配炉、结晶器、锯切机、均质炉、除尘器等主要设备179台（套）。项目建成后，达到年产轻质高强铝合金材料40万吨规模，创造产值100亿元，利税8000万元，安排800人就业。该项目于2021年4月开工建设。

【金辉粉体科技铝粉项目】 2021年，内蒙古金辉粉体科技有限公司年产8万吨铝粉项目计划分两期实施（一期5万吨、二期3万吨），总投资4亿元，总工期为2年。项目一期建设两条竖喷空气雾化铝粉生产线、两条横喷空气雾化铝粉生产线、一个混拼包装车间、变电所、化验室、冷却水池、两座仓库及办公综合楼等；二期建设两条横喷空气雾化铝粉生产线、两条球形铝粉生产线、一条强缓释脱氧剂生产线、两条混拼包装车间。项目建设完成后，可解决劳动就业人员150人左右，年销售收入12.48亿元，税收1200万元左右。该项目于2019年5月开工建设。

（市工业和信息化局　柴彦婷）

图22　内蒙古创源金属有限公司电解铝及铝后加工项目（市工信局　提供）

循环经济产业

【概况】 通辽市镍循环经济产业起步于2012年新华联集团入驻奈曼旗，以奈曼旗为重点，依托低电价优势，于2018年引进河北毕氏集团，投资150亿元建设120万吨镍铁合金、60万吨硅锰合金、40万吨高碳铬铁合金及129万吨不锈钢项目。产业集群重点发展以镍铁合金、不锈钢为基础，突出新型功能材料、高性能结构材料和先进复合材料，重点发展高品质特殊钢、高性能不锈钢制品、军工产品、特种新材料及特种板管带材、不锈钢冷轧板、大型石油管材、高合金钢铸锻件、汽车零部件、高档装饰建材等产品。重点项目经安有色镍铁合金项目一期镍铁合金项目6条生产线具备投产条件，二期不锈钢项目进行基础施工。截至2021年年底，镍循环经济产业集群有企业4家，形成50万吨镍铁生产能力和200万吨镍渣综合利用处置能力。

【绿色铝基新材料】 绿色铝基新材料产业集群位于通辽霍林郭勒工业园区和扎哈淖尔工业园区，所处地区褐煤资源丰富。依托褐煤资源，形成以褐煤—发电—电解铝—铝后加工产业链为核心，上下游企业之间垂直分工合作、水平企业相互协作、配套企业专业化服务的绿色铝基新材料产业集群。

截至2021年年底，集群中规上企业达34家（铝后加工规上企业达22家），形成265.03万吨电解铝、281.87万吨铝精深加工、5615万吨煤炭、783.6万千瓦火电的生产能力，铝后加工产品涵盖单双零箔、铝轮毂、铝板带、大扁锭、铝合金压铸件、铝型材等200多个品种。内蒙古联晟新能源材料有限公司、内蒙古旭阳新材料有限公司被评为2021年度自治区级绿色工厂。

（市发展和改革委员会 高崇耀）

图23 内蒙古联晟新能源材料有限公司高精宽幅超薄铝箔项目生产车间

（市工信局 提供）

【旭阳新材料铜金粉和铝膏项目】 2021年，内蒙古旭阳新材料有限公司年产5000吨铜金粉和20000吨铝膏项目开工建设，总投资2亿元。该项目于2021年，新建厂房2万平方米，建设铜金粉生产线12套，铝膏生产线10套，形成5000吨铜金粉、2万吨铝膏产能。项目建成后，预计铜金粉产能占全国总产能的30%，铝膏产能占全国总产能的10%。满负荷生产后将新增产值3.25亿元，新增利税0.4亿元。

【亚欧新材料科技铝型材和中间铝合金材料项目】 2021年，内蒙古亚欧新材料科技有限公司年产3万吨铝型材及型材深加工、2万吨中间铝合金材料项目实施。该项目位于工业园区A区兴霍街中段，总投资5亿元，规划占地87.2亩，主要建设内容包括铸造车间、挤压车间、氧化及包装车间、成品库、办公楼、科研楼及厂区所有附属及辅助设施建设，并购置相关生产线设备以及公用工程设备。项目投运后新增就业400人左右，年营业收入13.37亿元，利润总额2.5亿元，所得税6000万元左右。

【联晟高精宽幅超薄铝箔项目】 内蒙古联晟新能源材料有限公司高精宽幅超薄铝箔项目总投资18亿元，第一阶段计划总投资90123万元，其中固定资产投资75123万元。建成后形成产能10万吨单双零箔，销售收入19亿元，利润2亿元。

【奈曼经安镍基合金新材料项目】 2021年，内蒙古（奈曼）经安有色金属材料有限公司镍基合金新材料项目计划投资150亿元，位于工业园区A区循环经济产业园，占地面积9000亩。项目分两期建设，一期建设18条镍铁合金生产线，二期建设12条硅锰合金、6条高碳铬铁合金生产线及129.47万吨不锈钢生产线。项目一期18条镍铁合金生产线于2018年9月开工建设，6条生产线具备投产条件，其中4条生产线开始陆续投入生产。项目全部建成达产后，年可实现工业总产值500亿元以上，税收15亿元以上，带动就业10000人。

【奈曼经安不锈钢生产线项目】 2021年，内蒙古（奈曼）经安有色金属材料有限公司年产129.47万吨不锈钢生产线项目位于奈曼旗工业园区。该项目总投资55亿元，分两期建设。一期工程投资26亿元，建设炼钢、连铸车间及配套的公辅设施，轧钢车间建设双高速线材生产线1条、型钢生产线1条及公辅系统，建设规模为年产88万吨线材和35万吨型钢。二期工程投资29亿元，建设不锈钢热轧和酸洗生产线，建设规模为年产不锈钢卷材126万吨。项目全部建成投产后，预计可实现工业产值500亿元，实现利税15亿元，就业人数10000人左右。该项目于

图24　内蒙古（奈曼）经安有色金属材料有限公司镍基合金新材料项目
（市工信局　提供）

2021年3月开工建设。

【硅砂及铸造业】　通辽地区硅砂资源储量大、品质好，具有很高的开采价值和广阔的开发利用前景。硅砂矿床裸露，厚度稳定，结构简单、极易开采。2021年，全市硅砂相关企业39家，规模较小企业占多数。其中规上企业有科尔沁区中建材通辽矽砂工业有限公司、大林型砂有限公司，经济技术开发区福耀集团通辽有限公司，科尔沁左翼后旗长江造型矿业有限公司，奈曼仁创沙产业有限公司等11家，年产值20亿元。福耀集团通辽有限公司被评为2021年度自治区级绿色工厂。

（市工业和信息化局　柴彦婷）

中医药（蒙医药）产业

【概况】　通辽是蒙医药的重要发祥地、全国蒙医药发展的核心区，是国内最大的蒙药材种植和蒙药生产基地，蒙药材种植达50万亩，全国50%以上的蒙药成药产自通辽，其中保利尔胶囊、珍宝丸等蒙成药销往日本、韩国、蒙古国等多个国家和地区。产业以科尔沁区、开鲁县、库伦旗和开发区等区域为重点，以蒙医药研发和玉米生物制药等行业为主攻方向，坚持走基础研发和高端转化利用并重的道路，全力推动蒙中医药产业全产业链发展。全市有蒙医药及研究机构10所，研发蒙药品种240多个。截至2021年年底，蒙中医药产业集群规上企业4家，形成年产加工蒙药材1500吨、尿毒清颗粒2000万盒的生产能力。截至2021年年底，通辽市中医药（蒙医药）产业有2家企业入选内蒙古自治区高质量发展重点工业企业名单，分别是内蒙古玉王生物科技有限公司、内蒙古蒙药股份有限公司；有2家企业被评为自治区专精特新“小巨人”企业，分别是内蒙古库伦蒙药有限责任公司、内蒙古玉王生物科技有限公司。

【尿毒清颗粒】　康臣药业（内蒙古）有限责任公司是康臣药业集团下属子公司，位于通辽市科左后旗甘旗卡工业园区2号路北。该公司是一家在中国主要从事现代中成药及医用成像对比剂研究、制造及销售为一体的药业公司，2006年设立肾病药物研发实验室，2012年11月获内蒙古自治区政府认定为“内蒙古自

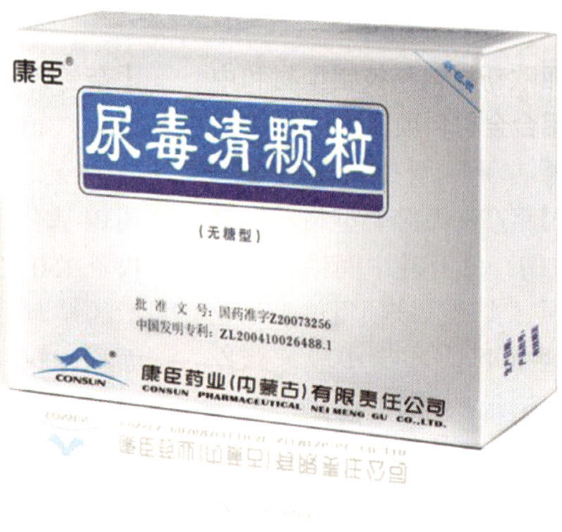

图25　康臣药业（内蒙古）有限责任公司生产的尿毒清颗粒
（市工信局　提供）

治区企业研发中心”。公司主导产品“尿毒清颗粒”是中国用于治疗肾病的领先现代中成药。尿毒清颗粒是第一个由国家卫生部批准的治疗慢性肾功能衰竭（CRF）的纯中药制剂，填补中药治疗慢性肾功能衰竭的市场空白；临床应用20年，投放市场20年，超过100万患者受益；全球慢性肾病领域首个采用国际顶层设计RCT研究的现代中成药，具有通腑降浊、健脾利湿、活血化瘀，适用于慢性肾功能衰竭，氮质血症期和尿毒症早期，中期辨证属脾湿浊症和脾虚血瘀症者，可降低肌酐、尿素氮，稳定肾功能，延缓透析时间，对改善肾性贫血、提高血钙、降低血磷也有一定作用。截至2021年年底，公司拥有尿毒清颗粒年产2000万盒能力。

（市工业和信息化局　柴彦婷）

能源产业

【概况】　通辽是国家千万千瓦级风电基地、百万千瓦级光伏发电基地和蒙东重要能源基地，全市可开发风电装机3000万千瓦，常年日照时数超过3000小时。风电装备制造产业实现破题，龙马高端机械装备产业园项目开工建设，配套引进金风科技年产1000套整机、东方电机年产300万千瓦电机和1000套整机、天顺风能年产12万吨风电塔架及相关配套设备，初步构建起风电全产业链发展格局。截至2021年年底，现代能源示范产业集群规模以上企业45家，新能源装机589.31万千瓦，其中，风电453.72万千瓦，光伏131.39万千瓦时，生物质4.2万千瓦。

2021年，通辽市新能源和可再生能源发电量141.1亿千瓦时，同比增长9.39%，占发电量22.18%；加快推进鲁固直流配套百万风电基地、现代能源火风光储制研一体化示范和霍林河循环经济示范工程风电五期等项目建设，实施科左中旗花吐古拉综合智慧能源项目；通过申报新能源保障性并网项目、争取新能源市场化并网项目、开展整县（市、区）屋顶分布式光伏开发试点及分散式风电、分布式光伏等途径，争取新能源建设规模174.7万千瓦。其中，风电规模95.4万千瓦、光伏发电规模79.3万千瓦。新增并网新能源和可再生能源107.49万千瓦，新能源和可再生能源装机达696.8万千瓦、占比达46.95%，高出自治区10个百分点。

【能源规划编制】　2021年，通辽市围绕实现碳达峰、碳中和战略目标，谋划“十四五”规划目标和重点任务，编制《通辽市能源发展“十四五”规划》，配套出台煤炭、天然气、电力、可再生能源等分领域专项规划。

【能源项目建设】　2021年，全市能源项目累计完成投资63亿元，能源项目稳投资作用凸显，占工业项目投资比重65%以上，能源领域投资拉动工业固定资产投资15个百分点左右，科尔沁区风电装备制造产业园纳入自治区重点建设装备制造基地，并有序推进。

【能源电力项目】　2021年，通辽市深化煤矿数字化转型升级。全面推广远程控制、无人值守、无人驾驶等场景应用。霍林河智慧无人绿色零碳矿山示范项目建设取得重大突破。通过上大压小等容量替代政策，启动国家电投2×350兆瓦智慧热电联产项目（关停发电总厂4×200兆瓦到役机组）。该项目纳入国家电力建设规划。奈曼和霍林河园区增网取得电力业务许可证。经济技术开发区增网纳入国家改革试点项目、并编制完成配电网规划。

【能源煤炭工作】　2021年，通辽市加强煤炭产供储运需情况预警预测，保障用煤企业煤炭供给。推进科尔沁区煤炭物流园区煤炭储备基地项目建设，启动霍林河矿区总体规划修编工作。

【能源行业安全监管】　2021年，通辽市牢固树立安全生产红线意识和底线思维，聚焦能源行业安全生产专项整治三年行动攻坚，组织开展百日攻坚、煤矿安全生产大排查和能源安全大检查工作。全年，督查、检查能源企业49家次，发现问题隐患349条，完成整改。

【山东龙马集团高端装备制造基地项目】　山东龙马控股集

团有限公司是以高端机械制造及高端铸造锻造为主导的大型装备制造企业，主要产品覆盖风机配件、汽车零部件、起重机械、压力容器、工程机械等领域，是西门子、金风、远景、上海电气、东方电气零部件主要供应商。2021年企业计划投资135亿元，在通辽市科尔沁工业园区建设风电配件、汽车零部件、轴承等为重点的现代装备制造基地，总占地5000亩，分三期建设计10个子项目，主要包括年产30万吨铸件、50万吨锻件、2000台套风电塔筒、2000根风电主轴、5000台套风电轴承、1000套风机叶片及风电电器和汽车零部件生产项目。一期主要建设年产2000台套风电定转子、1000套风机叶片制造及风电塔筒、起重机、压力容器生产项目。项目全部投产后，年产值200亿元，纳税5亿元，新增就业1万人。

【新疆金风科技绿色智慧能源示范园区项目】 2021年，新疆金风科技股份有限公司以龙马高端装备制造基地为载体，建设绿色智慧能源示范园区项目，助力打造全球最大陆上风电装备制造基地。该项目计划总投资5亿元。项目分三期建设，一期投资5000万元以上，建设风力发电机整机组总装厂，投产后具备年产风电机组1000台的能力；二期和三期共投资4.5亿元，开发清洁能源综合应用，打造电源侧储能，建设2个30兆瓦“风光储一体化示范项目”，创建绿色智慧能源示范园区。项目全部满产达效后年产值达70亿元以上，利税10亿元。

【明阳科技风光火储制研一体化示范项目】 内蒙古明阳科技有限公司“通辽现代能源风光火储制研”一体化示范项目，建设周期为2020—2025年，总投资137亿元。建设新能源装机规模200万千瓦。其中，风电装机规模170万千瓦、光伏装机规模30万千瓦，配套建设储能规模32万千瓦/96万千瓦时。其中项目一期投资70亿元，建设风电90万千瓦，储能17万千瓦/51万千瓦时，分别在开鲁县布局风电60万千瓦，奈曼旗布局风电30万千瓦。二期项目投资67亿元，建设风电80万千瓦，光伏30万千瓦，储能15万千瓦/45万千瓦时，分别在科左中旗布局风电40万千瓦、光伏30万千瓦，扎鲁特旗布局风电40万千瓦。项目全部建成运营期内缴纳所得税22.97亿元，缴纳增值税14.03亿元，缴纳税金及附加2.50亿元，合计缴纳税费39.5亿元。该项目于2021年5月开工建设。

【国家电投百万千瓦外送风电基地建设项目】 2021年，国家电投集团内蒙古能源有限公司百万千瓦外送风电基地建设项目总装机容量为1000兆瓦，分为扎鲁特旗和科左中旗两个区域，每个区域规划安装容量为500兆瓦。该项目拟安装216台风机，其中扎鲁特旗风电区域规划安装容量为502兆瓦，总投资277192.71万元，拟安装30台单机容量为4000千瓦风机、56台单机容量为4500千瓦风机和26台单机容量为5000千瓦风机；科左中旗风电区域规划安装容量为499.2兆瓦，总投资270823.80万元，拟安装104台单机容量为4800千瓦的风力发电机组。该项目于2021年10月开工建设。

（市工业和信息化局　柴彦婷
市能源局　王坤朋）

城市建设

城市规划

【国土空间规划编制】 2021年，通辽市做好重点建设项目用地保障。加强国土空间规划编制及用途管制。继续完善国土空间规划编制成果，2021年12月，完成市旗两级国土空间总体规划“三区三线”划定初步成果报自治区，同步建立市、旗国土空间规划信息平台及“一张图”系统。

【中心城区城市品质提升管控办法出台】 2021年，通辽市为全面提升中心城区城市品质，合理利用土地资源，促进产城融合保障城市高质量发展，印发《关于加强容积率、建筑高度等指标控制全面提升中心城区城市品质的暂行办法》。进一步加强和规范中心城区容积率等指标管控，对天际线、视线通廊、城市色彩、城市界面、建筑限高、容积率、建筑密度、绿地率、日照标准、建筑间距、配套设施等方面提出管控要求。对于加强城市整体风貌管控，增加公共空间和公共服务设施，全面提升城市功能和品质发挥了重要的政策保障作用。

【中心城区详细规划编制实施方案】 2021年，通辽市为进一步加强城市规划引领和刚性管控，印发《关于加强容积率、建筑高度等指标控制全面提升中心城区城市品质的暂行办法》，严格开发强度和建筑高度控制，把城市规划强制性内容作为前置条件纳入土地出让合同，构建高低错落、进退有序、疏密有致的城市空间。启动实施城市体检等工作，制定中心城区详细规划编制实施方案，完成中心城区出口地段城市设计成果。

（市自然资源局　刘艳华）

【印发《通辽市新型城镇化发展规划（2021—2035年）》】 2021年6月，通辽市印发《通辽市新型城镇化发展规划（2021—2035年）》，统筹优化城乡规模结构和功能布局，以中心城区为带动，304国道为载体提升区域发展能级，以北部生态融合发展区、中部城镇核心发展区、南部农牧可持续发展区传导城乡发展，形成“两轴联动、三心引领、多点支撑”的城镇发展格局。

2021年，全市常住人口城镇化率达50.63%，较2020年提高0.6个百分点。市政基础设施不断完善，城市治理能力不断增强，成功创建并卫冕全国文明城市、国家卫生城市。现代化区域性中心城市建设不断加快。城市合作加快推进，完善《蒙东承接产业转移示范区总体方案》。7月22日，赤峰、通辽两市签署《通辽赤峰协同发展合作备忘录》，明确29项重点合作事项，全面开启区域中心城市协同发展之路。两地在生态环保方面互动共治、产业升级方面互促共进、基础设施方面互联共建、公共服务等领域合作均取得积极进展，住房公积金实现互通互认。新型城镇化步伐加快。城镇落户限制全面放开，以农村牧区升学人口、参军进入城镇人口、在城镇就业居住人口和举家迁徙的农牧业转移人口等4类人群为重点，坚持能放则放、应落尽落原则，放宽嵌入城镇落户条件，实现“零门槛”落户城镇。进一步调整户口迁移政策，建立统一城乡户口等级制度，建立实施居住证制度。推动农牧业转移人口在就业、住房、养老、医疗、教育等方面享受与城镇居民同等待遇，让农村牧区居民真正看到改革的好处，自愿、踊跃地转户进城。

（市发展和改革委员会 高崇耀）

城市更新

【城市基础设施建设】 2021年，全市中心城区共实施各类基础设施补短板项目78项，完成投资5.15亿元。其中，打通北京街、余粮堡路、西顺西路3条断头路，翻修改造市政道路23条，市民群众出行条件得到有效改善；改造绿地面积21公顷，启动实施孝庄河东段生态植物园项目，城市生态绿化环境持续改善。推进大型公建项目，图书馆、科技馆市政配套附属工程完成除小部分绿化和硬化以外的全部内容，高铁站南广场完成除地下人防工程外全部建设内容，图书馆、科技馆、新世纪大桥连接线及互通立交工程完成竣工验收。投入维护资金1.52亿元，完成道路维护24万平方米、雨污水管道维护190千米、绿篱补植5万平方米。2021年，通辽市政基础设施项目开工105项，完成投资16.45亿元。投入维护资金1.52亿元，完成道路维护24.05万平方米，人行道维护17.5万平方米，路缘石维护13万米，检查井维修1344座，完成投资8833万元；污水管道维护180千米，污水井清掏6000座，更换井盖150座，雨水管道维护10千米，雨水井清掏6000座，干渠清淤培堤30千米，完成投资1500万元；补植乔木4498株、花灌木6340株、绿篱49853平方米，栽植草花594万株，草花混播1.4万平方米，维修改造狮虎馆1座，完成投资5900万元。引进北京市政路桥管理养护集团和北京环境有限公司作为通辽市市政园林基础设施养护和环卫保洁工作的实施主体，实现市政园林基础设施养护和环卫保洁工作市场化改革。

【棚户区改造】 2021年，通辽市棚户区改造开工1086套，改造城镇老旧小区181个，公租房保障2.59万户，农村牧区危房改造1735户。

【老旧小区改造】 2021年，通辽市开展中心城区供热问题专项整治，89个供热问题小区均实现正常供热。推进中心城区建设管理体制改革，厘清市区两级建设、管理权限，有序推进中心城区市政管护工作市场化，启动市政设施养护服务招投标工作。

【老城区雨水防涝排放工程】 2021年，通辽市实施翻修改造雨污水管道20千米，改善西拉木伦大街、交通路等10余处易积水点排水能力，有效应对本年度3次强降雨考验，缓解城市内涝问题。改造雨水管道16.3千米、污水管道7千米，维护雨污水管道190千米，道路排水问题得到有效改善。

【城镇化建设】 2021年，通辽市坚持以“规划编制”为引领，《通辽市城市建设“十四五”新型城镇化规划》《系统化全域推进海绵城市建设示范城市实施方案》等编制完成。打通北京街、余粮堡路、西顺西路3条断头路，翻修改造市政道路23条。新建改建供热管线74.2公里，新建改建换热站64座，推进园林绿化工作，改造绿地面积21公顷。奈曼旗青龙山甘薯小镇纳入自治区第三批特色小镇创建培育名单。

【图书馆项目】 通辽市图书馆北临柳荫路，南侧紧邻辽河大堤，与科技馆毗邻。总用地面积6.45万平方米（约97亩），总建筑面积3.81万平方米，地上6层，建筑高度44米，总投资3.74亿元。该项目以图书阅览、资料查询为主，兼有培训、研究、交流、服务等功能。设置文献服务区、少年儿童服务区、学术交流区、图书展销区等区域。2021年，日接待能力4000人次，设计藏书量为160万册（其中电子图书40万册），阅览座位1449个。

【科技馆项目】 通辽市科技馆建设工程位于建国北路以东，辽河北岸。总用地面积5.9万平方米（约89亩），项目主体建设包括科技馆和青少年活动中心两部分内容，建筑高度39米，容积率0.58，建筑密度20.5%，地面停车位70个。地上建筑4层，地下建筑局部1层，总建筑面积3.67万平方米，总投资5.2亿元。项目建成后对提高通辽市公民科技文化素质、创建文化大市、提升通辽市城市整体形象起到积极作用。是通辽市发展科教兴国战略，发展青少年综合素质教育的重要民生工程。

【图书馆、科技馆市政配套附属工程】 图书馆、科技馆市政配套附属工程位于图书馆、科技馆用地范围以内，总规划用地面积12.36万平方米，分为两个部分，第一部分为东北侧的科技景观区车库和西南侧的文化景观区车库，总建筑面积2.06万平方米，包括约700个停车位。第二部分为景观设计，园林景观设计用地面积9.4万平方米，其中绿化面积5.24万平方米，硬化面积5.07万平方米，绿化率42.41%。总投资1.36亿元。项目建成后，将与地块内的科技馆、图书馆共同组成地标性文化功能组团，其景观辐射范围可达至辽河对岸老城区，会带动项目所在的新城区文化旅游业态发展。同时对辽河对岸的老城区形成强有力的磁场效应，从而促进新老城区文化旅游及文化观演事业的一体化发展。

（市住建局　陈姣龙）

道路桥梁

【新世纪大桥连接线及互通立交工程通过竣工验收】 2021年11月24日上午，通辽市住建局（建设单位）组织召开新世纪大桥连接线及互通立交工程竣工验收会议，建筑工程质量综合行政执法支队、市政事业发展中心，施工、监理、设计、勘察等单位代表参加会议，各单位相关人员按照竣工验收方案要求，到工程现场进行工程实体检查验收。经过综合评定和审议，一致认为该工程质量符合施工质量验收规范、工程建设强制性标准和相关法律法规、规范性文件及设计文件要求，验收程序符合规定，具备竣工验收条件，各单位代表签署《工程验收证书》。新世纪大桥连接线及互通立交工程通过竣工验收。

【道路建设】 2021年，全市市政类道路桥梁项目14项，实际完成投资9492.98万元，包括中心城区余粮堡路（清河大街—孝庄北路）、西顺西路（明仁大街—科尔沁大街）、达尔沁大街（成吉思汗大道—霍林郭勒路）、建国片区红光大街、北兴路（新1#街—罕山大街）。霍林郭勒市蒙古族中学北侧新建道路工程。扎鲁特旗联合屯独立工矿区改造搬迁工程安置区配套道路及附属工程（乌力吉木仁路至208省道道路及配套工程）、玉带河大街道路建设（光明路—团结路）。科左后旗甘旗卡镇主城区破损人行道硬化工程、甘旗卡镇步行街和政府南广场大理石地砖改造工程、甘旗卡镇市政道路维修罩面工程。

（市住建局　陈姣龙）

公共交通

【概况】 通辽市公共交通运输集团有限公司（简称“市公交公司”）成立于2010年5月24日，2条运营线路、40辆公交车。2012年11月起，历时三年收购天马、世基两家公交公司15条线路、272辆公交车。截至2021年年底，市公交公司下设8个职能部室和3个子公司，职工总人数764人，公交车478辆，公交线路45条，公交站亭牌840个。

【资产情况】 2021年底，市公交公司资产总额2.03亿元，负债总额6069万元。年末所有者权益1.42亿元，资产负债率30%，资产保值增值率111%。自主运营收入2115.18万元，运营补贴收入1亿元，新能源公交运营补助896万元，合计收入1.3亿元；成本费用支出1.41亿元，亏损615.22万元，2020年度亏损795.77万元，减亏180.55万元。

【运营基础数据】 截至2021年年底，市公交公司运营公交线路29条、学生专线16条。年运营里程2013.6万千米，

图 26　2021 年 10 月 23 日，图为学生公交专线市实验小学线路公交车
（市城发集团　提供）

客运量 3984 万人次，其中政策性减免 1940 万人次。主城区万人拥有公交车 8.86 标台，通车总里程 517.5 千米，覆盖城区及周边 30 个村庄，基本实现公交站点 500 米覆盖率。2021 年，运送乘客达 3900 万人次。

【公交专线开通】　2021 年，市公交公司采购 80 辆纯电动公交车，用于对老旧车辆更新，提高公司新能源车占比，打造低能耗、低排放、高效率的绿色公共交通。优化公交线网布局，调整 6 路、35 路、58 路、60 路、81 路公交线，满足蒙药集团、科尔沁蒙药公司职工和林家村村民乘坐公共交通出行需求。新开通科尔沁区四中、市实验小学和红军小学学生公交专线 11 条。截至 2021 年年底，公司开通学生公交专线总数达 16 条。

【安全运营】　2021 年，市公交公司每月召开运营与安全生产工作例会，播放交通事故警示案例，分析事故原因，提高驾驶员应急处置能力。通过智能调度指挥中心实时监控系统，对驾驶员超速行驶、运营中接打电话等影响安全运营行为进行检查，降低投诉率与事故发生率。2021 年，有责投诉 79 起，比 2020 年减少 8 起。有责交通事故 180 起，同比减少 31 起，下降 14.7%。开展“安全生产月”活动、疫情防控应急模拟演练及紧急情况处置演练，提高员工应急处置能力。

图 27　科尔沁区建国社区公交车充电站（市城发集团　提供）

【公交卡办理】　2021 年，市公交公司简化学生卡和爱心卡办理流程并开通 IC 卡扫码充值。爱心卡办理 1.44 万张，使用 1746 万人次；学生卡办理 7139 张，使用 140 万人次；关爱卡办理 467 张，使用 84 万人次；普通卡办理 5474 张，使用 222 万人次；银联卡刷卡 1020 万人次；微信使用 30 万人次；支付宝使用 6 万人次。为部队现役军（警）官和士官，办理免费乘车“拥军卡”209 张，使用 1600 人次。

［通辽市城市发展（集团）有限公司　杨佳承］

供水和排水

【概况】　通辽市自来水有限责任公司（简称市自来水公司）成立于 1958 年，注册资本 2084.14 万元，为通辽市城市发展（集团）有限公司所属子公司。公司主要业务为自来水生产和销售、水质和水表检验检测、公共供水设施和二次供水设施的维护维修、供水管线施工和二次加压设备安装等。市自来水公司现有供水厂5座，供水点一处，按照供水区域划分为“一河两区一点”，即以西辽河为界，老城区为一个供水区域，三座水厂环网供水；新城区（含开发区、河西街道）为一个供水区域，两座水厂环网供水；双庙村设置一个供水点为开发区周边企业供水。通辽市主城区生活饮用水水源为地下水，现有水源井80眼，实际投用62眼，水源井平均井深为170米。主城区水源地日取水能力15.5万吨，城市供水设计为日供水能力13.5万吨，其中老城区供水设计能力8万吨，新城区供水设计能力5.5万吨。主城区内各类供水主管网总长度294.5千米。2021年，累计供水量3537万吨，有效供水量完成2770万吨，售水量完成2709万吨，累计综合漏失率21.7%；累计实现售水含税收入9291万元，实现净利润1684.43万元。

【主城区供水设施及消防设施PPP项目】 2021年，按照市政府及市水务局安排，市自来水公司负责监督实施主城区供水设施及消防设施打包PPP项目。PPP项目总投资5.09亿元，于2020年4月30日开工建设。截至2021年年底，完成改造80个老旧小区、30个消防水鹤、149个市政消防栓，完成62处老旧小区二次供水设施新建及改造。三义堂水源地供水建设工程全部完成；通新净水厂（改）扩建工程完成最终调试。2021年，在按照环保督察要求完成水源地置换后，新城区供水能力增加2.5万吨，有效缓解新城区供水压力，保障水量充足。项目计划于2022年全部完工。

【科尔沁区城东水厂建设工程】 2021年，市自来水公司按照《通辽市主城区集中式饮用水水源地置换规划及水厂建设方案》要求，实施通辽市科尔沁区城东水厂建设工程。水厂分两期建设，一期建设规模为地下水10万吨，二期建设规模为地表水（通辽市引调水水源）10万吨。一期建设计划投资14.09亿元，2021年该工程完成可研批复、土地预审及规划选址、环境影响评价报告、节能评估、水资源论证审批，开展征占地工作。城东水厂建成后，将置换现有第二、第三水厂水源地，通辽市主城区日供水能力将达到20.5万吨。

【“三供一业”分离移交供水管网建设】 2021年，通辽市“三供一业”（三供一业指供水、供电、供暖及物业管理）分离移交供水管网建设，按照市国资委2017年5月下发的《通辽市国有企业“三供一业”分离移交工作实施方案》要求，市自来水公司对通辽市东电四公司、通辽发电总厂、中铁十九局、哲里木车站等4家央企供水管网进行接收改造工作。2021年，协调沈阳铁路局，完成通辽发电总厂供水管线穿越铁路工程，通辽发电总厂家属区3000户居民接入城市供水管网。通辽市“三供一业”供水分离移交任务完成，上述四家央企用户供水压力和水质得到提升和保障。

【水表智能化改造工程】 2021年，按照市政府要求，市自来水公司自行投资1000万元，于2021年实施水表智能化改造工程，将20000只具备更换条件的老式机械水表改造为可直接网上缴费的智能远传水表。

【二次供水接收管理】 2021年，市自来水公司依据国家四部委下发《加强和改进城镇居民二次供水设施建设与管理确保水质安全的通知》。截至2021年年底，通辽市主城区有民用二次供水350处，接收管理283处，剩余60余处按标准进行改造，改造完成后统一移交公司管理。

【水质检测】 2021年，市自来水公司水质检测分公司完成各项水质检测样品共8443个。主城区各水厂出厂水检验项目合格率100%；管网水检验项目合格率100%。按照自治区及市政府要求，水质检测分公司每月对通辽市各旗县市水质进行采样检测，全年共计完成水样检测120个，同时配合疾控部门联合采样22个，通过严格监测水质，确保居民水质安全。

【管道维修】 2021年，通过开展日常检查、专项检查、应急消防演练及安全生产月专题活动等方式，提升职工安全生产责任意识，同时重点对供水工程建设过程质量及管网维修工作实施安全监管，加强施工质量管理控制，把控供水生产重点环节和重要工序，守住安全生产红线。公司全年监督实施管道维修项目224项，工程施工项目71项，对施工现场安全检查86次，下发整改问题25项，整改完成20项，剩余5项列入2022年计划。通过严把质量关，全年无重大安全生产事故发生，实现安全生产率100%。

【供水服务信访工作】 2021年，市自来水公司在保障经济效益稳增长、稳发展同时，抓好对外服务和信访工作，维护企业形象，提升社会效益。公司客服中心全年接报市长热线工单1680个，处理及时率100%，接到用户咨询83862次，回访22547次，回访满意率99%。为方便用户自助缴费，2021年，在原有95处自助缴费终端基础上，增设19处自助缴费网点，增加主城区自助缴费终端机分布密度，缩减用户与自助终端机距离。

［通辽市城市发展（集团）有限公司 杨佳承］

【排水管理】 截至2021年年底，通辽市城镇排水管道长度2172.08千米。其中，污水管道1218.8千米，雨水管道951.18千米，雨污合流2.1千米（科左中旗保康镇）。城镇生活污水处理厂9座，日处理污水能力36.65万立方米，污水处理率98.41%，日生产再生水生产能力19.2万立方米，再生水管道长度164.2千米。

2021年，通辽市再生水利用量为3688.78万立方米，其中，工业用水2404.31万立方米，景观环境用水978.23万立方米，绿地灌溉120万立方米，农业灌溉140万立方米，其他用水46.24万立方米。通辽市中心城区排水设施翻修改造30项，改造雨水管道13.26千米，改造污水管道6.72千米，新建检查井2座，完工22项，完成投资4720.36万元。2021年，老城区雨水防涝排放工程4项，完成投资2210.88万元。其中，通辽大街（交通路—福利路）新建雨水管渠2.4千米；大兴路雨水管道翻修1706米，检查井67座，收水井53座；大学路雨水管道翻修369米，检查井14座，收水井12座；永安南路雨水管道改造1157米，检查井36座，收水井35座；建设完成西拉木伦蓄水池地下泵房、智能分流井。

（市住房和城乡建设局 陈姣龙）

供 电

【概况】 国网通辽供电公司（简称通辽供电公司）是国网内蒙古东部电力有限公司所属盟（市）供电公司，始建于1973年1月1日，负责通辽地区59535平方千米范围内规定电压等级的电网规划、建设、运行管理和170.52万营业客户、285.31万名居民的供电服务，肩负着保障通辽市党政军机关、重大政治活动和居民安全可靠用电的使命。

通辽电网是典型的大电源、远距离、外送型、汇集型电网，是国家东北地区重要能源基地。截至2021年年底，

图28 2021年2月7日，通辽市委组织部四级调研员张品华一行代表市委、市政府到公司慰问广大干部职工 （殷志鹏 摄）

图 29　2021 年 12 月 28 日，通辽大唐开鲁街基二双兴 49.5 兆瓦风电供热项目 220 千伏送出工程投运　（王师　摄）

通辽电网拥有 ±800 千伏换流站 1 座；±800 千伏直流线路 1 回，线路长度 120.05 千米（通辽境内）。500 千伏变电站 5 座，容量 7650 兆伏安；±500 千伏直流线路 1 回，线路长度 266.81 千米（通辽境内）；500 千伏线路 24 条，线路总长 2511 千米。220 千伏变电站 24 座，容量 5733 兆伏安；220 千伏开关站 4 座；220 千伏线路 155 条，线路总长 4811.08 千米。66 千伏变电站 206 座，容量 6718.75 兆伏安；66 千伏线路 372 条，线路总长 5437.20 千米。10 千伏配电变压器 32794 台，容量 4322.19 兆伏安；10 千伏线路 928 条，线路总长 36695.68 千米。

公司设置职能部门 12 个、业务支撑机构 14 个、集体企业平台 1 个，管理 9 家县级供电公司。2021 年，公司售电量 107.22 亿千瓦时，同比增长 6.13%。外送电量 416.41 亿千瓦时，同比下降 9.14%。综合线损率 4.65%。电费回收率 100%。城网、农网供电可靠率分别达 99.9320%、99.7933%，城网、农网综合电压合格率分别达 99.997%、99.787%。利润 –1.43 亿元。营业收入 56.13 亿元。资产总额 113.15 亿元，同比增长 4.66%。职工年人均劳动生产率 117.02 万元，连续 17 年实现安全年目标。

【电网建设与发展】 2021 年，通辽供电公司推动规划实施，优化调整规划库项目比例 12%，取得开鲁南郊 66Kv 输变电工程等 7 项工程可研批复，实现“希望 66Kv 变电站”与“尼罗 66Kv 变电站”4 回拉手供电，提升城区北部供电能力 40%。受理 41 项新能源项目，并网 8 项，新增清洁能源装机容量 32.55 万千瓦。完成科右中旗、巴林—奈曼—阜新、铝都—平川工程现阶段属地协调任务。取得舍伯吐扩建等 11 项工程核准。解决新能源配套送出工程土地划拨争议。17 项占用基本草原等问题工程列入自治区厅级联席会议清单。创新提出电网基建项目全链条管控实施方案，多措并举，重点突破。

【安全生产】 2021 年，通辽市深化执行电网风险和作业风险预警管控流程，解除各类风险 5937 项。进行专项整治“二下二上”攻坚整治，组织“五查五严”专项排查，推进安全生产巡查问题闭环整改，共计治理问题隐患 391 项。常态化开展“远程＋现场”安全督查，通过上级公司应急能力评估和预案评审，完成市、县两级警务室建设和警员入驻，破获奈曼地区塔材丢失案件，政企联防体系初步建立。部署迎峰度夏（冬）、防汛工作，开展基干队员应急拉练、消防逃生等各类应急演练 69 次，完成蒙东地区首次 500 千伏绝缘抢修塔组立演练，应急处置能力不断增强。完成建党 100 周年和援豫抢险等重要保供电任务，有效应对“11·8”寒潮暴雪等多轮次恶劣天气。截至 2021 年年底，通辽供电公司实现连续安全生产 6479 天，连续 17 年实现“安全年”目标。

深化运检体系优化，承接调度监控业务，完成 2 个集控站建设，开启“集中监控＋无人值守＋专业巡检”运维管理新模式。科学谋划春秋检工作，全年开展停电作业 692 项，不停电作业 893 项，66 千伏及以上带电作业 53 次，首次完成 500 千伏紧凑型线路耐张塔等电位带电作业新项

图30　2021年11月8日，自治区党委常委、通辽市委书记孟宪东到公司调研指导极端天气应对工作　（李东　摄）

目。提高设备健康水平，开展季节性和专项隐患排查25次，发现隐患及缺陷7469项，治理5354项，完成率72%，及时发现并处理500千伏铝阿2线三角挂铁断裂和科尔沁站500千伏电容式电压互感器异常危急缺陷；安排防舞动、防污闪治理项目24项，累计投资1173万元，输变电设备抵御灾害能力得到增强。不断提升专业管理能力，加强输电线路本体及通道运维，220千伏及以上线路故障跳闸次数同比下降16条次，压降率达67%；完成蒙东输电专业首次抱杆组立500千伏全绝缘抢修塔，进一步提高专业抢修水平；通过蒙东公司首家B级金属技术监督试验室验收，完成500千伏扎科线可视化全景平台和2条线路光纤覆冰舞动在线监测装置建设，220千伏主变油色谱在线监测覆盖率实现100%，试点应用多光谱远程巡检系统，远程视频巡检系统接入率达90%以上。

【营销服务】　2021年，通辽供电公司践行“人民电业为人民”企业宗旨，坚持以客户为中心，不断提升优质服务水平，加快推动供电服务高质量发展。建立服务质量激励约束机制，制定服务流程、要求、标准19个，实施“345工作法”，下发分析通报52期，投诉压降93.21%，万户投诉量0.3926/万户，万户投诉率在内蒙古东部四个盟市最低。国网霍林郭勒市供电公司实现省内唯一一家全年零投诉单位。首个“三型一化”旗舰营业厅正式运营。创建“线上营业厅”，打造7×24小时全天候服务模式，网上国网用户突破45万户。

深化供电服务体系建设，完成“大部制+中心供电营业所”试点单位建设。通过优化岗位编制，加强供电所核心业务管控能力，促进营配业务协同。加强管理下基层，加强供电所工作全过程管控，实行星级供电所命名期限制，提升乡镇供电所综合管理水平。2021年，通辽市左中舍伯吐供电所、开鲁麦新供电所被评为国网公司五星级供电所。开鲁吉日嘎郎吐供电所在2020年度“寻找最美供电所”活动中获得“最美供电所”称号。

坚持因地制宜、循序渐进，继续派驻干部开展乡村振兴工作，做好脱贫攻坚成果同乡村振兴有效衔接。通过建设果蔬园等示范项目，结合现代化信息技术，探索振兴村经济新思路。利用光伏云网和营销稽查等手段，定期对光伏扶贫电站发电情况进行监测，并对异常情况进行治理。2021年，通辽供电公司被通辽市扶贫开发领导小组评为通辽市脱贫攻坚先进集体。驻村干部苏国亮获得国网公司“服务脱贫攻坚先进个人”荣誉称号。

（国网通辽供电公司　曲艳波）

供　　热

【概况】　2021年，通辽市、区两级投资2.15亿元，新建改建城市集中供热管网74.2千米、换热站64座。监督指导供热企业完成检修热源厂41个、热网556千米、换热站586座，确保供热设施设备正常运行。协助供热企业开展燃煤储备工作，国电投内蒙古公司最终以每吨255元的价格保障全市44家供热企业供热期用煤172.3万吨，基本满足全市供热用煤总量需求。开展中心城区供热问题专项整治，

89 个供热问题小区全部正常供热。推进通辽发电总厂新建 2 台 350 兆瓦热电联产机组，项目建设方案报国家能源局。

图 31　2021 年 12 月 17 日，通辽市住建局与内蒙古天幕新能源股份有限公司举行签约仪式
（市住建局　提供）

【清洁能源项目招商引资框架协议签约】　2021 年 12 月 17 日，通辽市住建局与内蒙古天幕新能源股份有限公司签约成功，标志着双方合作向前迈进关键一步。

双方围绕合作重点进行座谈交流。通辽市既有建筑总面积为 12865 万平方米，供热方式主要分为集中供热和分散采暖方式，集中供热面积 6532 万平方米，其中，供热清洁取暖面积为 5269 万平方米。集中供热采用煤炭作为主要原料，清洁能源占比较低，清洁能源取暖在学校、医院等大型公建、连片平房区、热网循环末端、农村牧区等区域仍有较大发展空间。该次签约项目以生产制造空气源热风机、空气源热泵、阳台壁挂式太阳能热水器为主，总投资 5.2 亿元，其中一期占地面积 16000 平方米、投资 1.6 亿元，项目建成后年产 20 万套空气源热风机、9 万套空气源热泵、20 万套阳台壁挂太阳能热水器。
（市住房和城乡建设局　陈姣龙）

【通辽市供热有限责任公司】通辽市供热有限责任公司（简称市供热公司）成立于 2004 年 7 月，为通辽市城市发展（集团）有限公司所属子公司。主要职能职责是开展供热生产建设和经营活动，负责城市集中供热工程规划设计和投资建设，管理全部供热资产，依托供热资产进行投资合作，参股通辽热电公司履行股东方权利。2021 年，市供热公司注册资本金 3577 万元，资产总额 8.5 亿元，现有员工 88 人，其中党员 26 人。公司支部委员会、董事会、经理层等法人治理结构健全完善，公司建立工会、共青团等群团组织。公司设党群综合部、计划发展部、财务管理部、工程管理部、安全环保部，设有热力安装分公司、热力运行分公司、热力设计子公司，参股通辽热电有限责任公司。截至 2021 年年底，供热公司资产总额 84998.29 万元，负债总额 52469.86 万元，所有者权益总额 32528.43 万元，利润总额 102.34 万元，营业收入 2534.95 万元，资产负债率 61.73%，国有资产保值增值率 100.32%。2021 年，供热

图 32　2021 年，通辽市热网分支工程创业大道清河大街东分支热网主分支工程
（市城市发展集团　提供）

公司聚焦主责主业，履行供热工程建设管理和发展民生供热事业的职责，规划设计和投资建设城市集中供热管网工程项目200余项，建设管网长度300公里、换热站38座、各类井室近千座，实施热网改造维修工程160余项，保障通辽市中心城区民生供热需求和城市建设发展。

2021年，市供热公司完成2021年热网主分支管网工程施工项目、2021年供热管网维修改造工程施工项目、2021年热网主分支管网工程（第二批）施工项目公开招标3项；完成竞争性谈判项目27项。其中，工程类项目19项，经营类项目8项。市供热公司优化中心城区供热报装业务和接入送热业务办理流程，供热报装和接入送热业务办理时限分别由原来的10个工作日缩短为4个工作日，减少办理环节，缩短办理时限。在办理窗口开展代办服务，进一步优化营商环境，为广大热用户和群众提供优质高效便捷服务。2021年，新增报装用户408户，面积172万平方米，其中填报满意度评价单172户，满意度达99.4%。

2021年，公司立足民生供热事业发展方向，结合城市供热总体发展规划，履行通辽市中心城区集中供热管网建设职能职责，推动城市集中供热管网工程建设，保障政府公益性服务功能。根据用户用热需求和管网线位征拆进度等，完成2019年热网主分支管网续建工程将军山大街热网主分支工程施工建设任务。完成2020年热网主分支管网续建工程柳荫路向东延伸热网主分支工程、红胜大街福利路西分支热网主分支工程、创业大道凤凰山大街东分支热网主分支工程、滨河大街建国路南分支扩建热网主分支工程、珠日河大街东分支热网主分支工程部分工程等5项工程本年度施工任务。2021年，市供热公司投资1794.41万元分两批建设热网主分支管网工程，2021年度完成创业大道清河大街东分支热网主分支工程、常胜路叫来河大街东分支热网主分支工程、体育路热网主分支工程3项单项工程建设任务。致力于改善中心城区居民供热质量，保障供热安全，投资332.19万元建设全市供热管网维修改造工程项目32项，提高民生供热质量，完成小区换热站阀门、管道、循环泵更换等8个单项工程建设任务。

（市城市发展集团　杨佳承）

园林绿化

【概况】 截至2021年年底，通辽市建成区绿地面积达6107.07公顷，绿地率37.1%，绿化覆盖面积6670.61公顷，绿化覆盖率40.52%，公园45个（全部免费开放），公园绿地面积2169.55公顷，人均公园绿地面积20.25平方米，公园绿地服务半径覆盖率78.31%。中心城区建成区绿地面积2405.11公顷，绿地率38.48%，绿化覆盖面积2663.95公顷，绿化覆盖率42.62%，公园7个（全部免费开放），公园绿地面积978.95公顷，人均公园绿地面积21.21平方米，公园绿地服务半径覆盖率85.3%。按照自治区住建厅有关要求，市中心城区、霍林郭勒市及时填报完成2021上半年及2021全年的城市园林绿化信息系统填报工作。科尔沁艺术职业学院、通辽万通热力有限公司、通辽新城第一中学3家单位成功创建自治区园林式单位。

【园林绿化养护】 2021年，通辽市投入园林绿化养护资金7300万元。其中，市中心城区完成投资5900万元。补植乔木4498株，补植花灌木6340株，补植绿篱49853平方米，栽植草花594万余株，培育花卉450万株，摆放盆花22310盆。维修喷泉3座，拆除更新狮虎笼1个。

【摸排统计雕塑、雕像数量】 2021年，按照自治区住建厅关于开展城市雕（塑）像、地标建筑普查工作有关要求，通辽市住建局组织开展全市城镇雕（塑)像、地标建筑普查工作。经排查，全市共有雕（塑）像96个（处），无地标建筑。其中，中心城区共有雕（塑）像61个（处），经济技术开发区管护2个（处）、森林公园管护中心管护4个（处）、市园林绿化管护中心管护55个（处）。

【绿地项目】 2021年，市住建局续建孝庄河东段生态植物园，新建绿地面积43公顷。实施园林绿地提升改造项目12项，包括对辽河公园、市民公园等10处园林绿地进行提升改造，庆祝中国共产党成立100周年布置绿化景观等。霍林郭勒市投资1054万元，重点建设海神煤场东侧绿化、静湖汽车城至101省道1098千米处沿线两侧绿化等工程，新增绿地面积58公顷。科左中旗投资210万元，开工建设如意湖湿地生态修复工程。

（市住房和城乡建设局 陈姣龙）

城市管理

【机构设置】 2021年，通辽市在通辽市城市管理监察支队基础上，整合市规划执法监察支队、室内装饰工程质量预算检审所的执法职能和队伍，划转市排水管理处的执法职责和部分队伍，组建通辽市城市管理综合行政执法局，为市政府直属综合行政执法机构。规格相当于正处级。

【碧桂园小区违法建筑整治行动】 2021年9月1日，通辽市委办、市政府办印发《碧桂园小区违法建筑集中整治行动方案》。2021年9月6日起，碧桂园小区违法建筑集中整治行动专项组组织市城市管理综合行政执法局、市自然资源局、市住建局、市公安局、开发区管委会、碧桂园物业公司、拆迁公司等300余人，组建12个违建拆除小组，对碧桂园小区占用公共用地和土地使用权范围内的1389户违建进行集中拆除。截至2021年年底，市城市管理综合行政执法局对仍未拆除违建的239户业主下达《责令限期拆除违法建设决定书》。

【公共收费停车场专项整治】 2021年6月，按照《内蒙古自治区城镇公共收费停车场建设管理领域腐败和作风问题专项整治工作方案》要求，通辽市在全市范围内开展城镇公共收费停车场建设管理领域腐败和作风问题专项整治工作。

2021年，全市城镇公共收费停车场共39处。其中，科尔沁区28处、霍林郭勒市6处、奈曼旗2处、开鲁县1处、扎鲁特旗1处、开发区（市级层面统筹）1处，科左中旗、库伦旗、科左后旗没有城镇公共收费停车场。对停车场进行分类，实行政府定价类收费停车场13处（科尔沁区9处、霍林郭勒市2处、开鲁县1处、开发区1处），实行市场调节价类收费停车场10处（科尔沁区6处、霍林郭勒市2处、奈曼旗1处、扎鲁特旗1处），私自设置无证经营类停车场16处（科尔沁区13处、霍林郭勒市2处、奈曼旗1处）。

自治区、通辽市和旗（县、市、区）对39处城镇公共收费停车场存在的问题进行三级联审，经梳理确认，除扎鲁特旗信托停车场不在整治范围内，其余38处城镇公共收费停车场共存在264项问题。其中，监管缺失、执法手续不完善等监管环节问题115项，缺经营许可、营业执照等审批环节问题72项，缺非税收入一般缴款书、税收缴款书等收费环节问题57项，缺资产评估报告、招投标手续等国资出让环节问题10项，缺土地权属资料、建设工程规划许可等规划环节问题6项，改变停车场使用性质、私划停车位等其他方面问题4项。按属地划分，科尔沁区涉及问题182项，霍林郭勒市涉及问题56项，奈曼旗涉及问题11项，开发区（市级层面统筹）涉及问题10项，开鲁县涉及问题5项。

2021年底，264项问题在规定整改时限前全部完成销号。追缴回各类违法违规款项198.95万元。其中，非税资金178.11万元，税金2.13万元，行政处罚金额18.71万元。共计处置人员23人次。其中，纪委提醒谈话2人次，单位内部提醒谈话21人次。市停车场整治主体责任办公室向市停车场整治监督责任办公室移交问题线索1条，市纪委监委转至科尔沁区纪委监委办理。

【环境卫生管理执法】 2021年，通辽市清理商家店外乱堆乱放物品12080处、橱窗和灯箱等小广告3994处、乱拉条幅320条、不规范牌匾241块、大型广告27处、乱丢乱倒的垃圾486处、破旧或污损等不合格垃圾箱110个，责令有关单位和个人清理积雪黑冰3318处，处理造成环境卫生问题的渣土运输车81辆，处罚不按规定时间、地点、方式倾倒垃圾、污水、粪便4起，处罚将废弃物、污废水、油污倒入排水管网、绿化带或者路面等非指定地点1起。

【车辆停放管理】 2021年，市城市管理综合行政执法局清理、暂扣乱停乱放的共享单车9994辆，采集路缘石以上机动车违停信息并上传交警平台325件，联合公安交管部门清理“僵尸车”22辆。

【不文明遛犬行为整治】 2021年，市城市管理综合行政执法局整治携带宠物犬外出未拴牵引绳（链），未携带宠物犬粪便清理工具及时清除宠物犬粪便，6时至20时携带宠物犬进入广场、公园等人员密集的开放式公共场所等行为1708起。

【建筑行业管理】 2021年，全市有建筑业企业245家，中心城区建筑业企业137家。本地资质以上建筑业企业完成建筑业总产值34.9亿元，同比下降25%；建筑业增加值9.84亿元，同比下降11.5%。开展全市建筑市场违法违规行为专项整治行动，整改问题70余条，清出通辽市建筑市场施工单位19家。加强招投标活动监管，实现自治区内远程异地评标。开展安全生产专项整治三年行动和安全隐患排查治理百日攻坚行动，整治问题隐患9009处，建筑施工安全生产形势持续稳定。

2021年，自治区职工职业技能比赛举办，通辽市道和建筑工程有限公司等3支参赛队伍获优秀组织奖。指导红光大桥等3个项目获自治区“草原杯”工程质量奖，“安华·汇悦府”等20个工程被评为自治区建筑施工安全标准化示范工地，发挥典型示范引领作用，以争先创优带动建筑工程品质提升。

市住建局、市人社局等部门开展全市保障农民工工资支付情况专项监督抽查检查，抽查检查全市在建项目19项，发现施工总承包未使用工资专用账户、建设单位未向工资专户拨付工资款及施工现场实名制管理不规范等问题31条，分别对发生拖欠工程款、拖欠农民工工资造成上访产生不良影响的建设单位、施工单位记不良行为记录，实施信用惩戒，发布不良行为记录53条，涉及建设单位5家，施工单位27家，工程监理单位5家，招标代理等中介机构1家。清出通辽市建筑市场施工单位19家（8家施工单位清出两年，11家清出一年）、招标代理机构1家、专业监理工程师9人。

开展全市建筑市场违法违规行为专项整治行动，对全市监理企业和在建项目工程监理单位履职情况全面排查。累计排查全市现有18家工程监理企业，核查在建项目83个、涉及39个工程监理单位以及总监理工程师、专业监理工程师等350余人。对各地在建项目监理单位进行抽查检查，下达《责令（限期）改正通知书》5份，发布监理单位监理人员持虚假证件执业等违法违规行为通报，并实施信用惩戒记不良行为记录。

（市住房和城乡建设局　陈姣龙
市城市管理综合行政执法局
刘　鹏）

乡村振兴

脱贫攻坚成果巩固

【概况】 截至2021年年底，通辽市整合投入各类资金13.4亿元，实施衔接项目464个，重点支持脱贫地区发展现代农牧业、生态、光伏、旅游、电商、庭院经济、民族手工艺品制作等产业。新增投放小额信贷3462笔、1.52亿元，余额5.83亿元。

享受最低生活保障1054户1761人，享有特困供养175户175人，获得临时救助1209人次。务工就业脱贫劳动力3.71万人，其中公益岗位安置1.035万人。扶持易地搬迁户发展后续帮扶产业1709户，帮助务工就业2572人，实现户户有产业、能就业。

拓展脱贫攻坚成果同乡村振兴战略有效衔接。完成防返贫致贫入户摸排，整合投入资金13.6亿元，实施衔接项目369个、京蒙协作项目83个。编制完成1411个行政村规划。确定279个乡村振兴重点帮扶嘎查村和68个示范村，通辽市库伦旗列入全国乡村振兴重点帮扶县。农村生活垃圾收运处置体系覆盖行政嘎查村687个，建设农村生活污水治理长效管护村629个、乡村绿化美化示范村440个、国家级森林乡村30个。

【防贫监测】 2021年，通辽市健全防致贫监测帮扶机制，每季度开展一次摸底排查，每年开展一次动态调整，及时排查出监测对象并落实帮扶措施。截至2021年年底，全市监测对象3831户9813人，年度新识别1529户3901人，年度取消风险（通过帮扶消除返贫风险）2011户5163人。

【市乡村振兴局成立】 2021年6月2日，根据机构改革要求，通辽市乡村振兴局在市行政中心挂牌成立。12月31日，通辽市委乡村振兴工作领导小组成立，下设领导小组办公室和7个专项工作推进组，办公室设在通辽市乡村振兴局。

【干部培训】 2021年，市乡村振兴局通过乡村振兴学院平台，采取线下集中+线上视频+实地观摩的方式，对各级乡村振兴干部开展政策理论和实用技能培训，举办各类班次10期、培训1.7万人次。

【扶贫资产管理】 2021年，通辽市完成2012—2020年扶贫资产清产核资。扶贫项目资产63.99亿元。其中，公益性资产12.32亿元、经营性资产26.58亿元、到户类资产25.09亿元。健全后续管理机制，采取民主决策、申报审批方式规范日常经营，乡村振兴、财政、审计等部门对受益对象、项目实施、资金拨付、效益发挥等进行全方位监管。

【“十四五”巩固拓展脱贫攻坚成果同乡村振兴有效衔接】 2021年8月30日，通辽市启动编制《通辽市“十四五”巩固拓展脱贫攻坚成果同乡村振兴有效衔接规划》，该规划包含巩固脱贫成果、衔接乡村振兴、加强人才培养、引导多方参与等7个方面。指导旗（县、市、区）编制旗级、示范村乡村振兴规划。确定申报库伦旗为国家级乡村振兴重点帮扶县。市级确定68个乡村振兴示范村，其中库伦旗示范村8个。

【内蒙古首家乡村振兴学院成立】 2021年7月12日，通辽乡村振兴学院暨旗（县、市、区）乡村振兴服务中心揭牌仪式在通辽职业学院举行。自治区乡村振兴局巡视员高洪飞，市委副书记、政法委书记方玉东共同为通辽乡村振兴学院揭牌。市领导郭建伟、张海峰、徐宝君等出席揭牌仪式。副市长张海峰讲话，他指出成立通辽乡村振兴学院，学院职能将更加突出、责任更加重大，要切实把握难得机遇，不断优化培训内容，建设一批在全市、全区、全国叫得响的培训学科。要找准定位、发挥优势，以助力“产业兴旺、生态宜居、乡风文明、治理有效、生活富裕”为建设发展总目标，将办学重点与服务区域经济社会发展有效结合起来，培育一批具有通辽地方特色和产业特色的“乡村工匠”，引领全市农牧民群众同心同向发展。要以乡村振兴学院成立为契机，更加注重师资培养、干部教育、实用人才培训，将教育优势转化为经济社会发展优势，把通辽乡村振兴学院打造成独具特色，面向蒙东乃至全国的区域性培训中心。

在揭牌仪式上，还举行旗（县、市、区）乡村振兴服务中心揭牌仪式，标志着8个旗（县、市、区）及1个经济技术开发区乡村振兴服务中心正式揭牌成立。

通辽乡村振兴学院是全区首家成立的乡村振兴学院，是新时代创新“院校—地方”合作模式的一次探索，更是践行“乡村人才振兴”战略的重要举措。通辽乡村振兴学院建立人才需求信息库，制定人才振兴培养规划，在农业生产经营人才，一、二、三产业发展人才，公共服务人才，乡村治理人才，农业农村科技人才培养培训上主动作为，下足功夫。进一步推动“三教”改革，使农牧民培训和职业教育有机结合起来，不断提高人才培养的适应性。

（市乡村振兴局　肖　扬）

图33　2021年7月12日上午，通辽乡村振兴学院暨旗（县、市、区）乡村振兴服务中心揭牌仪式在通辽职业学院举行　（市乡村振兴局　提供）

村镇建设

【概况】 2021年，通辽市完成危房改造1735户；全市农村牧区房屋安全隐患排查509168户。其中，经营性自建房排查20430户，其他农房排查488738户；截至2021年年底，全市2098个行政嘎查村，生活垃圾收运体系覆盖率达行政嘎查村的100%，实现干净整洁基本要求；全市生活垃圾收运处置体系覆盖率达行政嘎查村总数的32.75%。

【农村牧区危房改造】 2021年，通辽市完成对全市低收入群体等6类重点对象危房改造任务1735户。中央和自治区危房补助资金到位5993.78万元，市级配套资金453.876万元，全部落实到项目所在旗县。

【农村牧区生活垃圾治理】 2021年，全市整合生活垃圾处理资金3453万元。其中，争取自治区生活垃圾处理补助资金653万元，市本级2020年结转资金800万元，旗（县、市、区）筹集资金2000万元。启动新建生活垃圾焚烧处理站34座，覆盖8个旗（县、市、区）34个行政嘎查村。通过招商引资市场化运作筹集专项资金2.76亿元。其中，投资2.7

亿元启动建设奈曼旗生活垃圾焚烧发电项目，投入使用后将覆盖355行政嘎查村，实现全市城乡生活垃圾处理全覆盖；投资600万元完成科左后旗小青生活垃圾综合利用处理场续建工程。

【农村“厕所革命”】 2021年，市乡村振兴局联合农牧、住建等部门对2013年以来建设的卫生厕所进行排查，整改问题户厕1.51万户。

【农村人居环境整治】 2021年，通辽市开展推进农村牧区人居环境整治，加大垃圾、污水治理，运行垃圾焚烧站90座、处理场18座，建制镇污水处理厂2个。打造农村生活污水治理长效管护村629个、乡村绿化美化示范村440个、国家级森林乡村30个。

【美丽乡村建设】 2021年，通辽市引导社会组织、嘎查村集体经济组织、农牧民群众参与美丽乡村建设。借鉴新时代“枫桥经验”，在9个旗（县、市、区）打造积分制、清单制试点村12个。

（市乡村振兴局　肖　扬）
（市住房和城乡建设局　陈姣龙）

产业发展

【概况】 2021年，通辽市整合投入各类资金13.4亿元，实施衔接项目464个，重点支持脱贫地区发展现代农牧业、生态、光伏、旅游、电商、庭院经济、民族手工艺品制作等产业。向脱贫地区新增投放小额信贷3462笔1.52亿元，余额5.83亿元。

【实施京蒙协作】 2021年，通辽市投入京蒙协作资金2.56亿元，实施项目83个。开展互访签约活动2次，承办深化京蒙协作，助力乡村振兴（北京—通辽）项目对接会，落地合作项目15个。引进企业5家，建设产业园区4个，引导入驻企业3家。采购及农畜产品销售金额达2.3667亿元，捐款捐物1469万元。通辽市接收北京党政挂职干部14人、专业技术人才93人，通辽市向北京市选派专业技术人才181人。

（市乡村振兴局　肖　扬）

交通 邮政 通信

公 路

【概况】 2021年，通辽市完成交通基础设施投资5.2亿元。完成通辽市《国省干线交通基础设施国土空间规划》《“十四五”公路水路交通运输发展规划》编制工作，全市15个重点项目纳入自治区“十四五”公路规划，为全市公路项目建设奠定基础。

【省道工程】 2021年5月31日，通辽市交通运输局根据《内蒙古自治区公路建设管理办法》要求，组织对305省道金宝屯至甘旗卡段公路的交工验收。根据办法规定，自2021年6月1日起，该公路进入通车试运行阶段。金宝屯至甘旗卡段公路是305省道金宝屯至库伦公路中一段，是自治区干线公路网的重要组成部分，也是通辽市通往吉林省四平市、长春等地的重要通道。既有公路为2004—2006年建成的三级公路，路面出现不同程度的破损，通行能力差，不能适应经济社会和交通运输发展的需求。

7月16日，207省道科尔沁左翼中旗至康平公路大林至康平段通过交工验收。7月17日起进入试运行阶段。207省道科尔沁左翼中旗至康平公路大林至康平（蒙辽界）段公路位于通辽市科尔沁左翼后旗境内，主要用于连接科左后旗、科尔沁区和科左中旗。路线起点位于科尔沁左翼后旗乌兰敖道嘎查，与207省道保康至大林段公路相接，终点位于辽宁省康平县小城子镇（蒙辽界），与辽宁省境内公路相接。该项目为通辽市交通规划重点建设项目，也是实施蒙东地区融入东北三省经济圈的重点项目。

12月28日，305省道甘旗卡至库伦至平安地段公路补充工程（银沙湾旅游公路连接线）进入通车试运行阶段。该省道位于通辽市库伦旗境内，是通往银沙湾沙漠旅游景区线路。新建段路线起点位于库伦旗库伦镇哈尔额日格，与208省道开鲁至库伦公路相接，终点于库伦旗银沙湾沙漠景区南大门北360米。该项目为通辽市交通规划重点建设项目305省道甘库平段的延续，不仅有利于促进库伦旗旅游事业发展，还对提高当地居民收入，优化营商环境更具有重要促进作用。

【乡村公路建设】 截至2021年年底，通辽市完成新改建农村牧区公路332千米，新增22个自然村通硬化路、4个建制村通双车道公路；全市脱贫地区公路里程达20573千米，占全市通车公路总里程的90.5%。常态化开展“四好农村路”创建，落实“路长制”，实施农村牧区公路生命安全防护工程、提质改造项目，处理隐患路段58.7千米。

【公路养护】 2021年，通辽市完成公路绿化美化73.1千米，年度公路平均优良路率提升至82.86%，达到历史最高水平。实施国省干线路面养护大中修工程42.4千米，危旧桥梁改造3座，制作安装公路桥梁公示牌和限载标志牌630块。完善干线公路服务设施，深化“厕所革命”专项行动，对服务区、停车区进行无障碍设施改造100余处，改善公路通行环境，更加方便群众出行。

【优化审批提效能】 2021年，全市推进政务服务“四办”和行政审批“五减”，所有道路运输许可办理时限压缩至9个工作日，其中11项许可实行优化审批，道路运输高频服务事项“跨省通办”；涉路施工许可办理时限压缩至12个工作日。取消除危险品以外货运驾驶员从业资格证考试，实现巡游车和网约车驾驶员从业资格考试“两考合一”、从业资格证“两证合一”，实行普通货运车辆“三检合一”，降低物流成本。规范涉企执法行为，推进“双随机、一公开”监管。3条统贷分还一级收费公路累计完成通行费征收10025万元，累计减免通行费870万元。全年，完成营业性公路货运量9025万吨，货物周转量1067253万吨千米，同比分别增长20.37%、15.79%。

【“打非治违”行动】 2021年，全市查处违法违规运营车辆897台，治理超限超载车辆121台，处理路产案件56起，超限率控制在2%以下。开展在建项目监督抽查32次，提出整改意见426条。排查整改各类隐患问题424项，组织运输企业“两类人员”安全考核，提升道路运输安全保障能力。

（市交通运输局　韩爱东）

铁　路

【概况】 2021年，通辽市铁路货物发送量3560.82万吨，增长12.9%；铁路旅客发送量375.09万人次，下降6.1%。

【铁路线路】 2021年，通辽站是较大的枢纽编组站之一，通新客专、大郑、通霍、京通、通让、集通线铁路在通辽站交汇。截至2021年年底，通辽境内共有13条铁路线路，分别是通辽至京沈高铁新民北站铁路、北大郑线（通四线）、南大郑线（通大线）、通让线、京通线、通霍线、集通线、平齐线、甘库铁路、白音华至霍林河铁路、珠斯花至珠恩嘎达布其、巴新铁路、锡乌铁路。通车里程1148.2千米，其中客运专线92千米；复线723.6千米（新通客专、通霍、通四、通大、集通、通让、平齐铁路完工，未进行复线改造的是京通线、甘库铁路、白音华至霍林河铁路、珠斯花至珠恩嘎达布其、巴新铁路、锡乌铁路），复线率达63%；电气化改造824.7千米（新通客专、通霍、通四、通大、京通、通让、平齐、珠珠线铁路完工，未进行电气化改造的是甘库铁路、白音华至霍林河铁路、巴新铁路、锡乌铁路），电气化率71.8%，集通铁路电气化改造工程（通辽段）于2021年4月开工建设。

（市发展和改革委员会　高崇耀）

航空运输

【概况】 2021年，通辽市民航运输线路长度93700千米，下降10.5%；民航旅客吞吐量103.82万人次，增长12.7%；旅客周转量13.62亿人千米，增长13.8%；民航货邮吞吐量0.18万吨，下降6.4%；货物运输周转量191.96万吨千米，下降28.8%。

【通用机场建设】 2021年，奈曼旗通用机场位于奈曼旗大沁他拉镇北哈沙图村以西、新建舍力虎大街以北，距城区5千米，建设用地581.65亩，总投资7812.42万元，为一类通用机场，飞行区等级为2B，机场跑道设计总长1200米，宽23米，包括航站楼、停机坪、联络道及其他辅助设施，最大使用机型为Y-12。该项目主体工程完工。

库伦通用机场位于养畜牧河中游地段，嘎海山水库南侧，银沙湾景区公路东侧，建设用地526.42亩，总投资9511.7万元，为一类通用机场，飞行区等级为2B，机场跑道设计总长1200米，宽23米，包括航站楼、停机坪、联络道及其他辅助设施，最大使用机型为Y-12。

【通辽机场】 通辽机场飞行区等级为4C级，跑道长2700米、宽45米，机场航站楼面积为11579平方米，设有3部登机廊桥。2021年，通辽机场运营航线18条，通航城市15个。其中，自治区内通航呼和浩特、呼伦贝尔、二连浩特、锡林浩特、包头、霍林河、乌海等城市，自治区外通航北京、上海、重庆、西安、杭州、哈尔滨、石家庄、深圳等城市。

有国航、海南航空等10家航空公司参与运营。全年保障运输起降9986架次，完成旅客吞吐量93.8万人次、货邮吞吐量1783.3吨。

2021年，通辽机场推进各项重点项目，飞行区改扩建工程收尾；航站楼增加登机桥工程、新建2号特种车库相继完工并投入使用；航站楼消防系统及室外老旧消防管线更新改造工程通过竣工验收；新购置的生产车辆投入使用；新建反恐处突中心、新建风廓线雷达、机场排污管线改造等。

【霍林河机场】 2021年，霍林河机场飞行区等级为4C级，跑道长度2700米，宽45米，航站楼面积7471平方米，机场航管楼面积1537平方米。2021年，运营航线4条，通航城市7个，旅客吞吐量完成10.02万人次，货邮吞吐量完成5.94吨。

（市发展和改革委员会　高崇耀
通辽机场公司　胡　玲）

邮政业

【邮政业务】 2021年，全市邮政行业业务收入累计完成5.81亿元，同比增长11.53%；业务总量累计完成4.86亿元，同比增长25.11%。快递服务企业业务量累计完成1770.67万件，同比增长18.50%；业务收入累计完成37102.62万元，同比增长17.90%。其中，同城业务量累计完成236.87万件，增长9.43%；异地业务量累计完成1533.50万件，同比增长20.04%；国际及港澳台业务量累计完成0.30万件，同比下降9.51%。

【邮政网点】 2021年，全市有普遍服务网点139个，邮政机要通信网点8个，村邮站2104个，信报箱51995个格口，智能快件箱14092个格口。有邮政快递企业品牌11个，法人企业33家。其中，国有企业2家，民营快递企业31家。快递企业分支机构196个，各类型末端网点721处，覆盖通辽市主城区及各旗（县、市、区），邮政快递网点乡镇覆盖率达100%。邮政快递业从业人员4500余人。其中，2800人为一线快递员或分拣员，其余从业人员为经理、客服、司机、后勤人员。

【快递业务】 2021年，通辽市寄递牛肉干业务量258.24万件，快递业务收入1678.58万元，寄递牛肉干重量达241.67万千克，产值达5.31亿元。快递服务农牧业直接寄递各类农产品136.5万件，业务收入807.26万元，带动农牧业产值1650余万元。

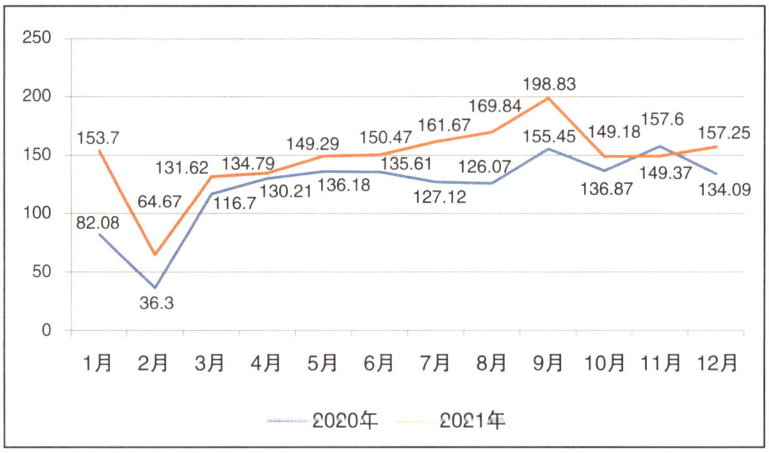

图34　通辽市快递业务量情况图（单位：万件）

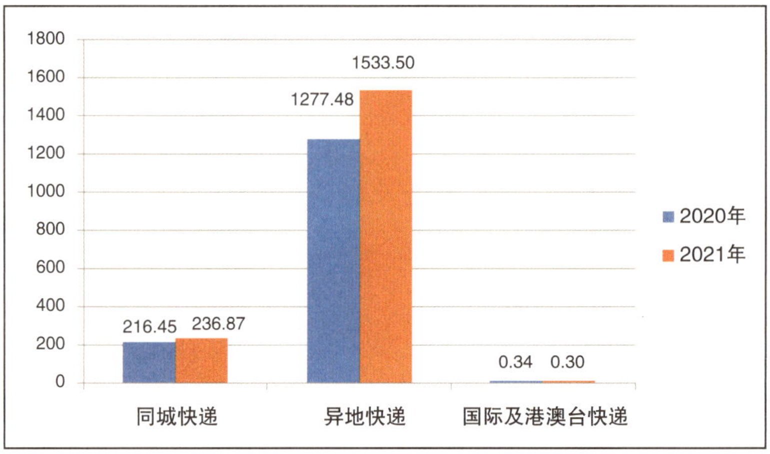

图35　通辽市2020—2021年快递业务量比较图（单位：万件）

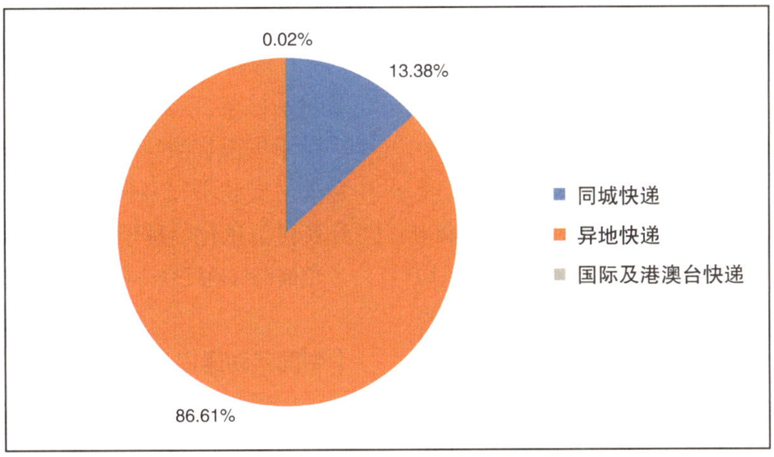

图 36　通辽市快递业务量结构图

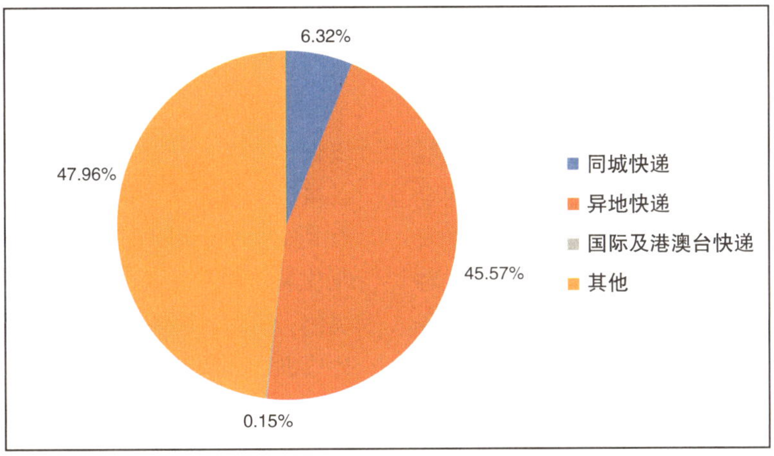

图 37　通辽市快递业务收入结构图

【快递进村】　截至 2021 年年底，通辽市完成快递进村覆盖 1768 个建制村，进村比例为 84%，快递进村服务品牌包括 EMS、顺丰、京东等主要品牌快递企业。其中通过“邮快合作”模式进村的建制村数量达 1069 个，占比 60.5%；通过“快快合作”和“快递直投”模式进村的建制村总数达 554 个，占比 31.3%；“快商合作”模式进村的建制村 145 个，占比 18.2%。完成“快递进村”2021 年度工作任务目标。

2021 年，通辽市同城、异地、国际及港澳台快递业务量分别占全部快递业务量的 13.38%、86.61% 和 0.02%；业务收入分别占全部快递收入的 6.32%、45.57% 和 0.15%。与 2020 年同期相比，同城快递业务量比重下降 1.11 个百分点，异地快递业务量比重上升 1.12 个百分点，国际及港澳台快递业务量比重持平。

（市邮政管理局　宋佳欣）

【扩大“一市一品”项目】 2021 年，通辽市邮政企业开发“一市一品”精品项目 4 项，分别为木里图镇黄金地带玉米油项目、扎鲁特旗绿丰杂粮项目、河西镇粤蒙杂粮项目、科尔沁左翼中旗原生专业种植合作社项目。截至 2021 年年底，共计销售农特产品 61.44 万元，带动寄递业务量 0.65 万件。新增运营邮乐购站点 65 个，在运营邮乐购站点总数为 747 个。

【推进邮政综合服务平台建设】 2021 年上半年，中国邮政集团公司通辽分公司（简称通辽分公司）普遍服务科督促邮政企业积极拓展警邮、税邮、政邮等合作，支持邮政网点开办政务便民服务。截至 2021 年年底，全市邮政代办公安交管业务网点数量为 59 个，覆盖通辽市 8 个旗（县、市、区）和 1 个经济技术开发区，覆盖率达 100%；邮政企业代办税收业务网点数量为 80 个，代征税款额 1844.65 万元，覆盖通辽市 8 个旗（县、市、区）和 1 个经济技术开发区，覆盖率达 100%；邮政企业进驻 8 个旗（县、市、区）和 1 个经济技术开发区政务服务大厅，覆盖率为 100%，实现寄递业务量 26699 件。

【提升末端网点服务能力】 2021 年，通辽分公司开展新建小区信报箱验收工作，普遍服务科共接收信报箱验收申请 8 笔，验收通过 7 笔。为进一步推进智能信报箱建设纳入老旧小区改造，提升全市邮政快递末端服务能力水平，根据自治区邮政管理局工作要求，普遍服务科积极与住建部门进行沟通协调，并梳理老旧小区相关数据台账，摸清老旧小区改造邮政快递末端投递设施建设工作底数。截至2021年年底，全市133个小区安装智能信包（快件）箱，共11059个格口，其中，老旧小区3个，共232个格口，新建小区130个，共10827个格口。另外，全市现有普通信报箱格口数51995个，覆盖451个小区，55个小区建成邮政快递综合服务站（家邮站）57个，全市共有邮政便民服务站点2897处。

【推进绿色发展】 2021年，通辽邮政企业使用“瘦身胶带”比例达100%，电商快件的二次不再包装率达99%，可循环使用中转袋比例96.43%，各邮政普遍服务网点全部设立包装废弃物回收装置。

（市邮政管理局　宋佳欣）

【中国邮政集团公司通辽分公司】 2021年，全市邮政系统累计实现业务收入2.26亿元，完成区分公司预算100.34%，自治区排名第五位；同比增长12.03%，自治区排名第三位，增收2431.23万元。

（中国邮政集团公司通辽分公司　贾东慧）

通信业

【中国电信通辽分公司】 2021年，中国电信通辽分公司（简称通辽电信）移动新发展用户14.96万户，宽带新发展用户3.56万户，网上融合用户占比由88%提升到89%，新装宽带融合率达95%。在移动网方面，重点完成5G入网优化工作，处理5G问题小区201个，整网平均体验速率提升至500兆；同时完成全网近4000个小区的翻频优化工作，平均体验速率提升1.34兆。在光网方面，开展接入网示范区达标整治工作，完成10个机房整治，2067个用户光衰整治，光衰达标率由96.89%提升至97.01%。5G覆盖方面，形成1050个基站的5G覆盖能力，科尔沁区5G宏覆盖率达95.6%。

2021年，重点开展以数字技术赋能乡村振兴，面向全市推广建设数字乡村，以平安乡村视频监控平台为基础，融合乡镇电视、智慧党建、村务公开等应用，实现“千村一面”，助力乡村数字振兴，全市建设189个数字乡村。9月27日，国网内蒙古东部科尔沁区供电有限公司设备改造，影响通辽电信中心机房双路市电供电。公司党委组织云网运营部全体人员紧急召开应急保障工作会议，细化工作任务。云网运营部全体维护人员通宵发电保障，确保全市电信用户正常使用。11月5日14时，通辽地区遭遇强降雪，市内道路交通及主干公路、高速等交通全部阻断。网络通信受到严重威胁，通辽电信紧急召开应对雨雪冰冻极端天气安全生产工作会议，安排出动人员178人次，应急车辆60辆次，发电油机170台次，完成通信保障任务。

7月，通辽电信获得“通辽市脱贫攻坚先进集体”称号。9月，为推动巩固脱贫攻坚成果同乡村振兴有效衔接，开展呼和淖尔嘎查数字乡村建设，为全村安装平安乡村系统，提升乡村信息化治理能力。

（中国电信通辽分公司　栗　莉）

【中国移动通辽分公司】 2021年，中国移动通信集团内蒙古有限公司通辽分公司（简称通辽移动）新建5G基站586个，基站总数达7273个，其中5G基站982个、4G基站3847个、2G基站1809个，NB-IoT基站635个，光缆长度达3.7万皮长千米。5G网络实现城区、县城连续覆盖，乡镇所在地重点覆盖，5G下载速率达846兆比特每秒。加大4/5G协同优化，布点建设4G基站42个，持续提升网络质量。继续优化NB-IoT网络，综合覆盖率达97%，实现市区、县城室外连续覆盖。物联网连接数达16.6万个，在水电抄表、智能门锁、共享单车等智能控制行业发挥重要作用。新建骨干传送网光缆及综合业务区光缆990公里，省网出口带宽、城域网出口带宽均达800千兆比特每秒。扩容家庭宽带及商铺7.09万户，家庭宽带覆盖率达80.1%。做好科尔沁区重大项目开工、疫情防控、抗雪灾等通信保障工作，完成通信保障29次。配合做好网络信息安全和打击诈骗、骚扰电话等工作，落实“断卡”行动要求，营造清朗网络空间。

响应国家数字经济发展总体要求，贯彻中国移动“连接+算力+能力”的战略定位，发挥在5G、物联网、规划部署上的基础网络、技术、人才优势，赋能千行百业转型升级，为不同行业提供个性化5G专网及信息化应用方案，助力数字通辽、创新通辽建设。“5G+智慧矿山”项目获全国“绽放杯”5G应用征集大赛能源专题二等奖；持续优化政企客户服务流程，全流程响应时限缩短5天。建立5G垂直行业三级客户响应体系，以八大垂直行业为服务对象，开展专线义诊服务，覆盖服务客户总数的40%。

2021年，通信客户规模超210万户，其中移动5G登网客户达30.78万户，5G套餐客户达63.16万户。家庭宽带新增3.64万户，客户规模达28.95万户；为3.46万户家庭宽带用户升级提速，100M及以下低带宽用户规模持续减少。持续提升数据业务服务质量，视频彩铃、和彩云等新业务客户规模达106.9万户。融合能源、餐饮、零售等行业商户资源，深化权益回馈体系建设，为9.45万客户提供黑卡权益服务。坚持以客户为中心，加速“三全”服务体系落地，强化横纵向考核和不满客户修复，以精细、智能、差异化打造“心级服务”口碑，服务质量持续提升。开展“坚守红色通信初心，践行为民服务使命”活动，狠抓行风纠风工作，深化“总经理抓服务”、特色银发服务等工作，提升企业形象和客户感知。

（中国移动通信集团内蒙古有限公司通辽分公司 李 娜）

【中国联通通辽分公司】 2021年，中国联通通辽分公司（简称通辽联通）主营业务收入完成6.71亿元，营业利润完成2.62亿元。移动网基站5700个，移动网人口覆盖率达91%，通辽市区和县城实现千兆全覆盖。面向社会推出“一站全结、一号通解、一屏速办、极速服务、精品服务”五大服务承诺，工信部服务满意度测评行业第一。2021年，通辽联通完成全市主城区和所有旗县城区的5G网络覆盖，承接市、旗县、乡镇三级党政机关95%以上固定通信、视频会议、电子政务内外网、政法网、政务云等业务。承接科尔沁区大数据、通辽市政府“12345”热线等项目，打通各委办局数据壁垒，实现数据整合、综合分析与有效决策。

（中国联通通辽分公司 马德铭）

水务

水利行业管理

【水政工作】 2021年，通辽市开展法治建设及宣传，通过发放宣传资料、悬挂气球、标语、横幅，通过进机关、社区、学校、企业、农村等多种形式进行水法律法规宣传。2021年，梳理行政权力事项共193项。其中，行政许可类15项、行政确认类2项、行政奖励类1项、行政处罚类159项、行政强制类7项、行政监督检查类8项、其他行政权力1项；3月22日是第二十九届“世界水日”，3月22日至28日是第三十四届“中国水周”，通辽水务系统组织开展河湖管理保护、水土保持法施行十周年宣传庆祝活动、“节水内蒙古、我们在行动”等主题宣传活动，向社会公众免费发放宣传资料、宣传袋等。在市民广场大屏幕上循环播放节水宣传标语，市水务局院内悬挂气球、标语、横幅，营造良好宣传氛围；根据行政执法改革工作要求，以通辽市水政监察支队为基础，整合市水务局内设机构和所属单位水行政执法职能和相应执法人员，重新组建通辽市水务综合行政执法支队，为市水务局管理的综合行政执法机构；配合市人大开展《通辽市城市供水条例》立法前调研工作，向市人大提交立法建议，申请将《通辽市城市供水条例》列入2022—2026年立法规划；8月15日，将开发区城市规划区（含辽河公园）范围内涉及河道管理的6项行政处罚权力的执法权委托通辽市城市管理综合行政执法局，委托期为1年。

【水价改革】 2021年初，通辽市计划新增农业水价综合改革实施面积96.6万亩。截至2021年年底，实际新增农业水价综合改革实施面积126.28万亩。改革实施区域内农业用水总量指标全部分解到嘎查村，全市各旗县区开展政府指导、协商定价的农业水价构成机制有效探索，在用水总量封顶前提下，按照节水灌溉方式确定亩均灌水指标或者限额，限额内的用水量实行成本价，超过限额加价，经村两委班子和用水户、用水协会协商确定最终执行水价，并签订协议。改革实施区域内农田水利设施全部落实管护主体和管护责任，颁发产权证书，履行管护责任相关手续，进一步优化工程建设和管护机制。根据内蒙古自治区水利厅印发文件《内蒙古西辽河流域“量水而行”2020年行动计划》，通辽市组织开展“以电折水”计量系数率定工作。通过率定“以电折水”系数，确定农业灌溉机电井单位用电量与提水量的关系。加强农业灌溉用机电井管控，探索水电联管机制，加强宣传，提高农户节水意识。

【水量调度】 2021年，通辽市开展西辽河流域生态水量调度工作。西辽河麦新站断面下泄生态水量达1.95亿立方米，常年干涸的莫力庙水库首次实现生态补水692.6万立方米，干流水头进一步向下游延伸，最终行进至苏家堡枢纽下游86千米处。为西辽河生态环境复苏提供有力支撑。

【安全度汛】 2021年汛期，通辽市水务局对全市108座水库4个责任人实行定期及应急提示制度。6月15日至9月15日，向水库4个责任人和南北山区各旗县极高危险区、高危险区的村屯、住户发送提示短信和预警信息，发送提示短信13663条，发送预警短信77595条。

【抗洪险情处置】 2021年8月9日，扎鲁特旗吉布图水库发生超标准洪水。15时15分，库水位控制在379.9米，由于当日15时至17时扎鲁特旗中北部突降暴雨，水库附近好老鹿场、吉布图雨量监测点降雨量超过100毫米，16时至17时47分水库水位从汛限水位380米升到381.84米（超校核洪水位58厘米），经测算最大入库流量394.22立方米/秒，溢洪道最大泄量达122.65立方米/秒，水位距坝顶仅剩0.27米，达到峰值后自18时22分库水位降至381.58米，入库洪峰逐渐减弱，18时36分库水位降至381.26米（校核洪水位），19时7分降至380.96米，21时8分降至380.4米，23时51分降至380.28米，入库洪峰基本消退。扎鲁特旗政府下拨50万元防汛经费用于防汛物资，其中，吉布图水库储备铁线5吨，土工布0.5万平方米，编织袋3万条。全旗各苏木镇场共组建应急抢险队伍36支2000人随时准备抢险，其中，水库所在地嘎亥图镇政府及附近村屯组织100人的抢险队伍，旗森警、消防、公安部门联合组建应急队伍200人。8月10日中午12时，水库水位回落至380米（汛限水位）。

【通辽市水旱灾害监测预警平台建设】 2021年8月20日，通辽市气象局、市水务局和市水文勘测局联合研发的通辽市水旱灾害监测服务系统上线业务化试运行。该系统利用智能网格三元（站点、云图、雷达）融合实况数据及路面同化土壤水分数据，实现逐时推送降水色斑图及逐旬推送土壤相对湿度色斑图功能；实时共享全市范围内河道水库流量，为山洪和地质灾害风险预警提供数据支撑；实现视频图片实时互动及应急指挥功能，应对巡湖巡河实时指挥工作。系统本着一站多用、多站融用和备用原则，实现3家单位508个站点数据的实时共享，开发手机App端、Web服务端及后台管理系统，建立通辽水旱灾害监测数据一张图，打造3家单位联勤联动服务模式，为防汛抗旱工作提供技术保障和平台支撑。截至2021年年底，通辽市34座小型水库水雨情测报和大坝安全监测项目设备全部到位，完成建设任务的80%。

【奈曼旗获得国家第四批节水型社会建设达标县称号】 2021年7月15日，中华人民共和国水利部公布的第四批节水型社会建设达标县（区），奈曼旗入选。成立奈曼旗节水型社会达标建设领导小组，镇村两级分别成立相应组织机构，编制实施奈曼旗水资源中长期保障规划、地下水生态保护治理规划，统筹推进科学管水、生态养水、环境护水、行业节水、工程蓄水等重点举措。严格执行建设项目水资源论证制度、取水许可制度和水资源有偿使用制度，制定奈曼旗实行最严格水资源管理制度、推进节水型社会达标建设等工作实施方案，推动产业布局和重大建设项目与当地水资源承载能力相适应。坚持把农业节水放在突出位置，促进农业稳产增收提效。按照“留住天上水，蓄住地表水，合理利用地下水，推广节水”农业用水节水思路，实施“节水增粮行动”、水土保持治理、小型农田建设、农业高效节水等项目，建成一大批塘坝、集水方塘、截潜流、高标准梯田、防洪减灾等工程，全旗农业综合生产条件得到改善，综合生产能力提高，抗御自然灾害能力进一步增强。截至2021年年底，全旗累计实施水土保持综合治理面积达755.09平方公里，农业高效节水灌溉面积达80万亩，农业水价综合改革面积达97.31万亩，农田灌溉水有效利用系数从0.609提高至0.648，粮食总产量连续10余年稳定在15亿千克以上。实施最严格水资源管理制度，开展水资源消耗总量和强度双控行动。坚持“以水定产、量水而行”谋划产业发展，积极引进、发展符合国家产业政策、水资源消耗少、效率高、污染小的项目，严格落实节水设施建设“三同时、四到位”管理制度，所有新建、改扩建项目全部采用节约用水的先进技术、工艺与设备，逐步淘汰高耗水、低效益工艺、技术和设备。落实生活用水定额管理、累进加价制度，严格执行《民用建筑节水设计标准》《节水型生活用水器具标准》等相关制度标准，在新建、改扩建的居民小区、公共建筑区等民用和工业建筑推广优质高效、性价比高的节水型器具，全旗新建住宅节水器具普及率达100%。加快推进农村牧区饮水安全工程建设，保障农牧区居民生产生活用水，推动全旗生活用水实现计量制与缴费制“全覆盖”。经污水处理厂处理后的污水全部达到《城镇污水处理厂污染物排放标准》一级A类标准。中水回用于工业生产及生态环境用水，年回用率为100%。

【取水口核查登记】 2021年，市水务局完成全市取水口核查登记工作，登记取水口20.17个（其中农业灌溉取水口19.23万个），组织各旗（县、市、区）开展取用水管理专项整治行动整改提升工作，推进实施农业取水许可。

（市水务局　马锦锦　王跃超）

河（湖）长制

【概况】 截至2021年年底，通辽市主要领导巡河巡湖14次；各旗、镇、村三级河湖长累计巡河2563次。2021年，通辽市多次组织召开市级河长会议部署全年河长制工作，召开市级河长会议，听取河长制工作阶段性进展汇报，签发河长令，印发《通辽市2021年河长制工作要点》。科学编制方案规划夯实基础工作，完成市级河流河湖管理保护实施方案［即“一河（湖）一策”］和河湖岸线保护利用规划的编制工作。用信息化手段提升管护效力，全市四级河湖长能够有效利用“河长通”移动客户端开展巡河巡湖工作。开展“河长＋检察长”联动协作机制。通辽市河长制办公室（简称市河长办）联合市检察院，印发《通辽市保护西辽河专项行动实施方案》，以法治手段助力通辽市境内西辽河生态环境保护。2021年，通辽市河长制各项工作投入资金5679.68万元。加强责任考核，通辽市河长制办公室编制《通辽市2021年河长制湖长制考核细则》，把考核结果纳入通辽市对旗（县、市、区）党委政府年度考核中。创新工作载体，对西辽河实施网格化管理，落实网格管理员224名。

【河湖“四乱”整治】 2021年，市河长办采取印发文件、召开河湖长制工作推进会议等形式，对西辽河主河槽内存在的乱耕现象进行专项整治、督查整改，旗县级河长办落实此项工作，确保汛期生态流量下泄。市河长办与市气象局采用高分气象卫星图斑核查发现西辽河管理范围内248处，整改完成40处。开展河湖保护“春季行动”“秋季行动”，组织各旗（县、市、区）发放宣传页13000余份，出动人员5500余人次，车辆770台班，清理垃圾1090吨，清除违建16处。9月10日至14日，水利部黄河水利委员会对通辽市进行2021年第一轮河湖管理暗访督查，发现问题23个，各级河长办对暗访发现的“四乱”问题进行排查、梳理、整改，对辖区内河湖存在的类似问题进行排查整改。21个问题整改销号，剩余2个问题通过平台申请延期，并建立“单独台账”。

（市水务局　马锦锦　王跃超）

水利工程建设与管理

【概况】 2021年，霍林郭勒市浑迪音河和扎鲁特旗鲁北河治理完成建设任务的80%。扎鲁特旗黄花山水库和科左后旗散都水库完成建设任务的50%。科尔沁区（1座）、奈曼旗（14座）、科左后旗（7座）、霍林郭勒市（2座）、扎鲁特旗（2座）、库伦旗（22座）6个旗县（市区）共计48座小型水库的维修养护工作完成建设任务的80%。完成5座大中型水利枢纽安全鉴定。防汛抗旱方面，完成全市103座中小型水库超标准洪水防御预案编制。截至2021年年底，全市有水库99座，其中，大型水库5座，中型水库14座，小型水库80座。堤防1677.65千米，大中型水利枢纽9座，大中型灌区30处，全市水土流失面积4830万亩，累计治理水土流失面积2200万亩。

全年解决 189.64 万人饮水不安全问题。

【水利建设投资项目】 2021 年，通辽市水利建设投资项目总投资 32243 万元。其中，中央水利发展资金分两批次到位 16499 万元，自治区地方投资到位 12239 万元，中央救灾资金到位 438 万元，小型水库安全运行一般债券到位 2119 万元，市级配套资金 948 万元。2021 年，完成投资 17483 万元。其中，中央投资完成 12732 万元、地方投资完成 4751 万元。2021 年，水利统计直报系统 42 个项目计划总投资 19610 万元，完成投资 15191 万元。其中，中央投资完成 12590 万元、地方配套完成 2601 万元。直报系统项目 10 大类型 42 项水利建设投资项目。其中，中小河流治理项目 4 项，小型病险水库除险加固项目 3 项，农村饮水工程维修养护工程项目 8 项，河湖管理范围划定补助项目 9 项，侵蚀沟治理项目 1 项，小流域综合治理工程 2 项，山洪灾害防治项目 2 项，小型水库工程设施维修养护项目6项，西辽河流域地下水超采治理项目 5 项，县域节水型社会建设 2 项。竣工 33 项，未竣工 9 项。2021 年，非直报系统 59 个项目总投资 12633 万元，完成投资 2292.5 万元。非直报系统项目 13 大类型 59 项水利建设投资项目。其中，安全度汛项目 7 项，农村牧区供水保障工程补助项目 13 项，农村饮水工程维修养护工程项目 7 项，河湖管理范围划定补助项目 10 项，雨水情测报项目 3 项，中型水库除险加固补助项目 1 项，小型水库工程设施维修养护项目 5 项，中小型水库超标洪水防御预案编制补助项目 1 项，山洪灾害防治项目非工程措施维养补助 4 项，山洪灾害防治项目重点集镇调查评价补助项目 1 项，报废水库补助 4 项，跨旗县水量分配项目补助 1 项，盟市重点项目补助资金项目 2 项。完工 18 个项目，结转 41 个项目。

【引调水工程前期工作】 2021 年，通辽市完成 LXB 供水通辽支线工程可研报告及所需支撑性文件，国家发改委委托中国水利水电建设工程咨询有限公司对该项目可研报告进行评估，并提交国家发展和改革委员会审批。推进乌兰哈达水库、嘎海山水库前期各项工作。引绰济辽二期可研报告由自治区水利厅组织复审，确保二期工程与一期工程同步投入运营。开展西辽河流域“量水而行”工作，组织制定《通辽市量水而行实施意见》，开展西辽河重点河段河道疏浚、跨旗县河流水量分配等工作。完成乌力吉木仁河、老哈河、教来河等 6 条跨旗县河流水量分配方案编制工作。严格执行自治区水利厅对西辽河流域地表水的统一调度指令，西辽河入境水量 1.9 亿立方米，干涸多年的莫力庙水库实现进水。

【中小河流工程批复】 2021 年，通辽市组织完成 5 项主要支流及中小河流治理工程初设批复工作，批复总投资 21954.45 万元。1 月 12 日，《内蒙古自治区水利厅关于辽河流域新开河治理工程（通辽段）治理工程初步设计的批复》，批复概算投资 11520.24 万元，工程位于新开河台河口枢纽至三合堂枢纽段，治理河长 125.59 千米。4 月 19 日，《内蒙古自治区水利厅关于通辽市霍林郭勒市浑迪音河上游治理工程初步设计的批复》，批复概算投资 2137.62 万元。工程设计防洪标准 20 年一遇，治理范围为浑迪音河 3 孔桥至下游 6.4 千米。5 月 31 日，《内蒙古自治区水利厅关于通辽市扎鲁特旗鲁北河鲁北镇镇区延伸段治理工程初步设计的批复》，批复概算投资 1243.71 万元，工程从鲁北镇镇区鲁北河上大通道桥上游 3.5 千米处起始，末端与建成的鲁北河宝冷段河道治理工程相衔接，治理中心线长度为 3500 米。同日，《内蒙古自治区水利厅关于通辽市扎鲁特旗鲁北河哈日朝鲁至哈日宝楞段河道治理工程初步设计的批复》，批复概算投资 3507.83 万元，工程位于毛都水库大坝下游 10 千米处起始，终点为大通道桥上游 3.5 千米，治理河段长度为 10.9 千米。同日，《内蒙古自治区水利厅关于通辽市扎鲁特旗鲁北河镇区至碱厂段工程初步设计的批复》，批复概算投资 3545.05 万元，工程位于鲁北镇 304 国道桥，终点为碱厂村南侧，治理河段长为 10.88 千米。

【小型病险水库工程】 2021年5月25日，通辽市水务局批复《扎鲁特旗黄花山水库除险加固工程初步设计》，该工程概算投资1077.57万元。水库位于黄花山镇北部，是乌努格其河一级支流塔塔木河上游小1型水库，水库任务以防洪为主，兼顾灌溉等综合利用。设计灌溉面积2400亩，水库总库容160.55万立方米，设计洪水标准为20年一遇，校核洪水标准为100年一遇；8月20日，通辽市水务局批复《科左后旗散都水库除险加固工程初步设计》。该工程批复概算投资1538.72万元。水库位于科左后旗南部散都苏木境内，是马莲河一级支流地河下游的一座小（1）型水库，水库任务以防洪为主，兼顾灌溉、水产养殖等综合利用，总库容973.01万立方米，设计洪水标准为20年一遇，校核洪水标准为百年一遇。

（市水务局　马锦锦　王跃超）

农牧水利

【农村牧区饮水安全】 2021年，通辽市组织开展两次全市农村牧区饮水安全保障排查，对190处集中供水工程、81台单户净水设备存在问题进行整改。通过发放宣传资料、悬挂气球、标语、横幅，通过进机关、社区、学校、企业、农村等多种形式进行水法律法规宣传。2021年，梳理行政权力事项189项。配合市人大开展《通辽市城市供水条例》立法调研工作。委托市城市管理综合行政执法局对开发区城市规划区范围内涉及河道管理等6项行政处罚权进行执法。

【农村牧区供水保障工程】 2021年，通辽市农村牧区供水保障工程批复投资8413.67万元，涉及8个旗（县、区）共71处工程，受益农牧民82410人。2021年，国家取消饮水安全中央预算内投资，自治区水利厅协调自治区财政对自治区农村牧区供水保障予以支持，通辽市农村牧区供水保障工程第一批自治区资金1250万元于11月下达至各旗（县、区），涉及工程19处，受益人口1.18万人；自治区农村牧区供水保障工程第二批自治区资金6120万元于2021年12月下达至各旗（县、区），涉及工程42处，受益人口8.47万人，其中自治区资金到位4284万元，市级配套资金到位350万元，需旗县配套资金1486万元。

【农村牧区饮水安全保障排查整改】 2021年3月，通辽市组织开展全市农村牧区饮水安全保障排查。4月中旬，完成全部排查。10月，对全市排查发现190处集中供水工程和81台单户净水设备问题全部完成整改。

【农村牧区饮水工程维修养护】 2021年，通辽市下达中央财政补助农村牧区饮水工程维修养护经费1024万元，11月任务全部完成；下达自治区水利发展资金农村牧区饮水工程维修养护经费385万元，11月下达至各旗（县、区）。组织各旗县区水务局开展农村牧区供水工程村级管水员培训工作，开展培训49次2072人次，培训重点讲授饮水安全知识、净化设备流程、维修养护操作等，提高农牧民饮水安全意识和保障。

【国家水土保持重点工程】 2021年，通辽市国家水土保持重点建设工程涉及科左中旗、库伦旗2条生态清洁小流域，下达治理任务40平方千米，计划投资2000万元，其中，完成水土流失治理面积40平方千米、完成投资1600万元；东北黑土区侵蚀沟治理工程涉及扎鲁特旗，下达中沟5条、小沟8条的治理任务，下达投资348万元。其中，中央和自治区到位资金297万元，完成投资264万元。

【水土保持生态建设治理】 2021年，自治区下达通辽市水土保持生态建设任务指标为新增水土流失治理面积620平方千米，市水务局完成水土流失治理面积830.74平方千米、任务完成率134%。

【生产建设项目水土保持遥感监管】 2021年，市水务局完成水利部、自治区水利厅三期下发扰动图斑318个的任务，全部完成现场核查、认定；发现违规违法项目141个并全部查处。

（市水务局　马锦锦　王跃超）

金融业

综　述

【概况】　2021年，通辽市金融纠纷人民调解委员会成立，并协调市仲裁委启动筹建市金融仲裁院、协调市中级人民法院金融法庭入驻金融纠纷调解委员会合署办公。通过打造金融纠纷调解、仲裁、诉讼“三位一体”运行模式，实现金融纠纷全流程、高效率、专业化解。推动银行信用村评定，2021年，全市信用嘎查村覆盖率达86.41%，全年累计为信用村投放贷款超100亿元。

开展金融支持经济持续恢复和高质量发展专项行动，建立普惠金融工作联席会议制度，指导银行机构为通辽市重点项目建设和“五大集群”产业发展提供信贷支持，2021年，银行机构累计发放贷款1056.91亿元，同比增长20.91%，增速自治区排名第1，保险公司赔付支出24.91亿元，同比增长8.72%；督导银行机构加大小微企业首贷、续贷、信用贷款投放力度，加强普惠型小微企业“两增”工作目标考核，采取临时性延期还本付息等措施降低融资成本，2021年年末，辖区银行机构小微企业贷款余额277.89亿元，增长17.3%，增速同比高14.4个百分点，普惠型小微企业贷款平均利率下降0.82个百分点；提升乡村振兴服务水平，开展“脱贫人口小额信贷专项推进月”实践活动，重点加大“三农三牧”领域信贷支持。2021年年底，法人机构普惠型涉农贷款余额130.79亿元，增长17.92%，高于各项贷款平均增速9.93个百分点，肉牛活体抵押贷款余额居全区各盟市首位，在7个旗县推行防止返贫保险，为7.3万人提供防贫保障155.99亿元，推动政策性肉牛养殖保险，对64万头肉牛提供风险保障75亿元。

【金融服务实体经济】　2021年，通辽市开展银企需求信息“双向推送”，建立全市银行业信贷政策和产品手册、企业项目融资需求手册，通过多平台在银企间动态推送，解决银企信息不对称、沟通不顺畅等问题。推进金融“保项目、入园区、进企业、下乡村”行动，组织各金融机构到各旗（县、市、区）及重点企业开展调研对接，采取面对面、一对一融资服务模式，促进政银企精准化对接。新增减税降费8.9亿元、企业缓缴税款12.05亿元，帮助企业获助保金贷款4250万元，认定专精特新“小巨人”企业3户，获扶持资金350万元。清理规范城镇供水供电供气供暖行业收费，取消工商业目录销售电价。一般贷款加权平均利率和普惠小微企业贷款利率较年初分别下降0.95个百分点和1.36个百分点，小微企业和中长期贷款余额分别增长17.6%和21.8%。新增市场主体近5万户、达26.84万户。

【防控重点领域风险】　2021年，通辽市推进不良贷款处置三年行动。按月监测处置进展，重点对存量不良高、处置难度大的高风险机构，促请市县两级政府牵头成立工作组，运用市场化转让和资产置换等处置方式。2021年年底，辖内银行机构不良贷款余额49.33亿元，不良贷款率4.07%，较年初下降2.05个百分点；推动高风险机构“摘帽”，出台风险处置方案，成立改制化险专班，推动转让不良贷款和抵债资产，成功发行14亿元专项债补充资本金，1家机构达到高风险“摘帽”条件；开展经营用途贷款违规流入房地产领域专项检查，督导压降房地产贷款集中度；推进案件风险防控三年行动，集中清理暴露陈案旧案；加强流动性风险管理，对重点机构执行日监测制度；按月盯防同业业务风险，加强交易对手管理；落实声誉风险管理办法，加强突发事件和应急预案；常态化推进扫黑除恶专项斗争，建立月报告工作制度。

落实属地责任推动清收处置不良贷款。将不良贷款压降指标纳入对各旗（县、市、区）领导班子实绩考核内容，制定《通辽市清收处置不良贷款专项行动方案》，在全市启动对不良贷款清收处置工作。对全市涉金融组织进行全面排查，存量企业规范经营意识进一步提升。创新性开展防范非法集资宣传。通过多种媒体向社会公众广泛征集防范处置非法集资口号等宣传作品，引导社会公众变“被动听取”为“主动思考”，促进防范处置非法集资观念深入人心。落实非法集资举报奖励制度，鼓励市民踊跃举报非法集资行为。

【推动机构合规发展】 2021年，通辽市开展“内控合规管理建设年”活动，推动2017年以来乱象整治问题整改落实，完善各项内控制度209项；建立“治理、监督、双录、联动”四项工作机制，推动保险公司增设内控合规管理部门，在自治区率先明确人身险“双录”范围，实行常态化内控合规风险自查报告制度；加强法人机构公司治理，推进公司治理三年行动，督导11家法人机构将党的领导融入公司治理，全部完成章程修订，建立股权和关联交易常态化监管机制，对2019—2021年整治发现问题全部完成内部问责，清理不合格股金2147.19万元；坚持“成熟一家、组建一家”原则，推进扎鲁特农商行和开鲁农商行转制开业；开展“消费者权益保护年”专项行动，组织银行保险机构自查，修订制度91项，建立消费者权益保护工作联席会议制度，发起设立通辽市保险纠纷调解中心，会同市金融办、人民银行通辽市中心支行、市法院等部门成立通辽市金融纠纷人民调解委员会，联动扫黑办、公安局共同打击非法代理退保活动。

（市金融工作办公室　常宏
通辽银监分局　刘海滨）

银行业

【概况】 截至2021年年底，全市金融机构人民币各项存款余额1574.69亿元，同比增长12.4%，金融机构住户存款余额1202.71亿元，增长15.6%；非金融企业存款余额129.18亿元，增长1.4%；机关团体存款余额217.56亿元，增长4.3%；财政性存款25.09亿元，增长6.9%。金融机构人民币各项贷款余额1213.06亿元，增长14.6%，其中，住户（个人消费）贷款余额594.93亿元，比年初增加100.2亿元，增长20.3%；农户贷款余额244.6亿元，比年初增加59.1亿元，增长31.8%；制造业、采矿业、电力、热力、建筑业贷款余额216亿元，比年初增加13.7亿元，增长6.8%；服务业贷款余额362亿元，比年初增加13.7亿元，增长6.8%。

全市金融机构本外币各项存款余额1576.93亿元，增长12.5%；本外币各项贷款余额1213.26亿元，增长14.6%。金融机构一般贷款利率5.8%，较年初下降0.9个百分点，降至近十年来同期最低水平，累计为市场主体节约融资成本5.8亿元，惠及企业25130户。

2021年，与外埠金融机构签署战略合作协议4个，签订融资合作项目协议13个、涉及金额105亿元。

【银行机构服务实体经济】 2021年，通辽市综合运用无还本续贷、循环贷款等方式，支持小微企业资金周转“无缝衔接”。开展银行服务地方发展考核评价工作。会同人民银行、银保监分局根据《通辽市银行业金融机构支持地方经济发展评价激励暂行办法》对驻市银行机构开展现场考评，并协调市财政局对先进单位以政策支持，增强银行机构服务通辽信心。

全市金融机构人民币信贷收支一览表

表 2

指　　标	2021 年末余额（亿元）	比年初增减额（亿元）
金融机构人民币各项存款	1574.69	174.25
住户存款	1202.71	161.99
非金融企业存款	129.18	1.73
广义政府存款	242.65	10.58
金融机构人民币各项贷款	1213.06	154.24
住户贷款	594.93	100.23
短期贷款	196.67	3.84
中长期贷款	398.27	96.39
非金融企业及机关团体贷款	618.13	54.01
短期贷款	251.05	-1.32
中长期贷款	335.60	34.88

【中国农业银行股份有限公司通辽分行】 中国农业银行通辽分行是中国农业银行（简称农行通辽分行）在通辽市设立的二级分支机构。截至 2021 年年底，农行通辽分行下辖 9 家一级支行。其中，市区支行 2 家，旗县支行 7 家。对外营业网点 39 家。其中，市区 19 家，旗县 20 家。全行共有员工 910 人，其中少数民族员工 505 人，占比 55.5%。

截至 2021 年年底，全行各项存款余额 218.4 亿元，较年初增加 7.77 亿元，余额居全市金融机构第 2 位、四行第 1 位。各项贷款余额 181.7 亿元，较年初增加 37.3 亿元，余额、增量均居全市金融机构第 1 位，其中个人贷款余额 118.1 亿元，较年初增加 33.7 亿元，余额、增量连续 27 个月保持四行首位、连续 5 个月居全市金融机构“双第一”。

2021 年，累计投放各类贷款 199.8 亿元，完成协议五年 600 亿元融资计划的 61%。落实民营和小微企业政策要求，累计支持普惠小微企业 271 户，支持首贷户企业 97 户，累计减免企业抵押登记费 70.6 万元；央行、监管口径普惠金融贷款分别新增 37.6 亿元、3.4 亿元，超额完成计划且居系统内第 1 位。推动绿色信贷发展，新增绿色贷款 2.6 亿元，增速 138%。助推消费升级，围绕生活缴费、服务“三农”、教育培训、公共交通等领域上线金融场景 171 个，累计投放个人消费贷款 7.1 亿元，个人消费贷款余额、增量连续 3 年均居四行首位；新增信用卡分期交易额 5.6 亿元。

截至 2021 年年底，新增全口径农户贷款 30.37 亿元，覆盖全市 90 个乡镇、1696 个行政村，覆盖率分别达 100% 和 80.6%；惠农 e 贷业务新增 32.9 亿元，连续 22 个月保持系统内领先；评定信用村 1408 个，以信用方式为全市 8.4 万户信用户投放生产经营性农户贷款 51.4 亿元。推进金融科技赋能，完成与扎鲁特旗、开鲁县、科左后旗、库伦旗、霍林郭勒市政府“三资”管理平台签约；创新开展活体抵押贷款，投放全市首笔活牛抵押贷款 100 万元。

【内蒙古银行通辽分行】 2011 年 8 月，内蒙古银行通辽分行正式成立。截至 2021 年年底，全行有营业网点 10 家，其中，市区内 4 家、旗县 6 家，在全市范围内设立离行自助网点 20 处，2021 年科左后旗支行正式营业。

2021 年，内蒙古银行通辽分行拓展绿色煤电铝、水处理等绿色信贷业务 7.17 亿元。拓展支小再贷款业务 4.14 亿元，政策性银行转贷款 1.48 亿元，助力企业克服疫情影响，实现稳健发展。截至 2021 年年底，全行各项贷款余额 61.66 亿元，较年初增加 14 亿元，增长 29.37%。累计为通辽地区投融资 425.9 亿元，缴纳各项税费达 2.4 亿元。2021 年，该行获得市政府授予的“2020 年度金融支持地方经济发展突出贡献奖”。

【蒙商银行股份有限公司通辽分行】 截至2021年年底，蒙商银行有限公司通辽分行（简称蒙商银行通辽分行）各项存款余额51.65亿元，较年初增加13.02亿元，增长33.7%；各项贷款余额30.69亿元，较年初增加17.12亿元，增长126.16%；贷款不良率7.65%，较年初下降7.68%；逾期率7.55%，较年初下降7.63%；实现营业收入2.72亿元，营业支出1.22亿元，营业利润1.5亿元，净利润6187万元，上缴税费1119.92万元。下设10个部室，12个支行、1个营业部和2个小微支行，网点布设实现旗（县、市、区）全覆盖。在科尔沁区政务服务中心设立首家便民金融服务点，解决金融服务"最后一公里"问题。建设11处"爱心港湾"，向3100余名社会工作者提供暖心服务。与通辽市不动产登记中心开展不动产抵押登记业务合作，节省2000余名客户办理业务时间。应对通辽地区70年不遇特大暴雪，组织扎鲁特旗支行党支部等基层党组织深入包联社区义务除雪；组织霍林河支行、扎鲁特旗支行等基层党员干部担任10余个社区疫情防控志愿者，服务群众5000余名。组织各支部开展10余次金融知识宣讲活动，提升公众风险防范能力，助力优化地区金融生态环境。奈曼旗支行协助公安机关成功破获一起银行卡盗窃案件，获得奈曼旗公安局刑侦大队赠送的一面锦旗。

（市金融工作办公室 常 宏）

保险证券

【保险】 全市32家保险公司保费收入62.19亿元，同比增加1.58亿元；赔款与给付25.32亿元，同比增长1.88亿元。其中，政策性农业保险保费收入9.93亿元，同比增长29.49%；赔款与给付6.82亿元，同比增长10.92%。

【暴雪雪灾理赔】 2021年年底，通辽发生雪灾后，各保险机构接到报案约2000件，理赔金额5500万元。中国人保财险公司对4家受灾重点企业启动理赔流程，理赔资金尽快赔付到位。其中，内蒙古新源金谷农产品开发有限公司厂房估损金额760万元；内蒙古通粮集团东来国家粮食储备库厂房估损金额350万元；内蒙古利牛生物化工有限公司厂房估损金额215万元；通辽市现春食品加工有限公司厂房估损金额150万元。紫金保险受理各类保险案件33起，估损金额14万元，结案件14起，结金额1.8万元。中航安盟公司发生赔付因暴雪粮库厂房压塌赔款5000元。其他保险机构也均启动灾害应急预案，建立保险查勘理赔绿色通道，优先安排资源，简化理赔流程及服务手续，提升理赔时效，减少客户雨雪天出行。

【政策性肉牛保险】 2021年，通辽市推行政策性肉牛保险，设能繁母牛、育肥牛、犊牛3个险种。肉牛保险保费国家补贴30%、自治区补贴20%、市旗两级30%、农户20%。截至2021年年底，通辽市政策性肉牛存栏头数超300万头。自开展肉牛保险试点以来，通辽市总承保牛只数量近100万头，签单总保费合计近4亿元。按照每头牛保额1万元，综合保险费率为每年每头牛保额的3%，即300元/头。

【证券】 2021年，全市有证券期货营业部6家（证券公司5家，期货公司1家），分别为国融证券股份有限公司通辽明仁大街营业部、国融证券股份有限公司霍林郭勒中心路证券营业部、恒泰证券股份有限公司通辽中心大街证券营业部、东北证券股份有限公司通辽和平路证券营业部、中泰证券股份有限公司通辽滨河大街证券营业部、国元期货有限公司通辽营业部。累计开户108912户，年内新增开户7367户；累计交易金额3724.559亿元，同比增加2310.159亿元，增长163.3%，其中期货累计交易金额同比大幅增加2315.9亿元，增长267.93%。

（市金融工作办公室 常 宏）

资本市场服务

【概况】 2021年，全市上市挂牌企业54家，其中主板上市1家；新三板1家；区域股权交易市场挂牌52家。其中，内蒙古军利易购科技股份有限公司和内蒙古锦溪科技股份有限公司于2018年在内蒙古股权交易中心孵化板挂牌。

【重点企业培育】 2021年，通辽市建立通辽市上市后备企业库，在全市企业中筛选79家企业列入项目库（其中国家高新技术企业37家），同时在入库企业中筛选出14家重点培育企业，按月汇总上市培育工作推进情况。起草成立推进上市工作领导小组相关文件，明确小组成员及相关单位职责，进一步推动企业上市。

【推进企业上市工作】 2021年12月3日，内蒙古昶辉生物科技股份有限公司启动北京证券交易所上市工作，与国融证券、中兴财光华会计师事务所、国浩律师（北京）事务所签约，开展尽调工作，重新梳理国有资产流失、工商银行欠款等问题。内蒙古旭阳新材料有限公司完成资产重组、首轮股权结构优化及财务业务一体化建设，计划2023年下半年向内蒙古证监局办理上市辅导备案。

【开展资本市场培训】 2021年，通辽市根据市金融工作办公室资本市场科年初计划安排，结合通辽市疫情防控指挥部要求，邀请国融证券通辽营业部总经理侯晓明作《资本市场与地方经济发展》线上专题培训，参会人员为全市金融领域处级领导干部，提高全市对资本市场认识和重视程度，促进通辽市资本市场发展，提高资本市场运作效率。

（市金融工作办公室　常　宏）

其他非银行金融机构

【小额贷款公司】 2021年，通辽市小额贷款公司17家（正常经营7家,非正常经营10家），注册资本金7.69亿元。2021年，投放贷款108笔、0.46亿元。

【融资租赁公司】 截至2021年底，通辽市融资性担保公司法人机构4家，注册资本4.75亿元，在保余额14.13亿元。

【典当行】 2021年，通辽市典当行法人机构4家，均在科尔沁区，注册资本0.3亿元，在当余额3239.52万元，其中动产典当余额870.29万元，房地产2369.23万元。

（市金融工作办公室　常　宏）

旅游业

综 述

【概况】 2021年，通辽市接待国内游客1066.73万人次，恢复到疫前同期接待水平83%，实现国内旅游收入86.58亿元，恢复到疫前同期接待水平33%。2021年，通辽市计划开工建设的文化旅游产业项目17个，实际开工项目15个，总投资37.32亿元。

【产业融合发展】 2021年，通辽市继续推动《通辽市文化旅游产业融合发展扶持奖励办法》落到实处。策划实施非遗、演艺、文创进景区活动。5月1日至10月20日旅游旺季期间的每个法定节假日、周六日在辽河剧院等8个游客集聚的公共场所和全市10个旅游景区（点）安排互动性高、体验性强的文化旅游活动，累计演出114场次。

【对外交流合作】 2021年，通辽市开展文化旅游活动。举办2021年“中国旅游日”通辽主题活动、“文化和自然遗产日”宣传展示暨“六进”景区启动仪式等活动。继续实施双轮驱动“走出去、请进来”。先后与苏州、南京、佛山、广州、绍兴、太原、厦门、铁岭等地签订旅游合作协议，向通辽市输送游客15000余人。孝庄园旅游区、哈民遗址公园、麦新烈士纪念馆及科尔沁500公里风景大道被评为“内蒙古网红打卡地”，红色旅游、乡村旅游等代表性景点入选辽宁省精品线路。

（市文化旅游广电局 刘海波）

旅游资源

【概况】 2021年，全市有A级旅游景区23家。其中国家AAAA级旅游景区6家，国家AAA级旅游景区10家，国家AA级旅游景区7家。通辽市文化旅游局加大对全域旅游示范区、红色旅游项目公共服务体系建设、景区基础设施建设、改建升级项目等扶持力度。申请自治区旅游发展资金，推荐旅游基础设施建设项目5个，旅游重点项目7个。7月底，经自治区文旅厅和财政厅审核后，批复通辽市自治区旅游发展资金560万元。

截至2021年年底，通辽市有自治区级星级接待户10家，其中五星级接待户4家；自治区级休闲农牧业与乡村牧区旅游示范点4家，自治区级休闲农牧业与乡村牧区旅游示范旗县1个（奈曼旗）。新增全国乡村旅游重点镇1家和自治区级乡村旅游重点村2家。奈曼旗白音塔拉苏木被文化和旅游部评选为全国第一批乡村旅游重点镇，奈曼旗宝古图和希勃图嘎查被自治区评选为自治区乡村旅游重点村。全市有全国乡村旅游重点镇1家，全国乡村旅游重点村3个，分别是科左后旗散都苏木车家窝堡村、通辽经济技术开发区河西街道湛路村和奈曼旗白音塔拉苏木庙屯村；自治区级乡村旅游重点村2个，分别是奈曼旗白音塔拉苏木包头嘎查和希勃图村。通辽市区—奈曼旗白音塔拉苏木伊和乌素嘎查—宝古图沙漠旅游区—孟家段湿地旅游区线路被文化和旅游部列入全国乡村旅游300条精品线路。

【旅游景区评定】 2021年，科尔沁区莫力庙世源温泉景区成功创建国家AAA级旅游景区，霍林郭勒市博物馆、扎鲁特旗乌力格尔博物馆创建国家AA级旅游景区。通过国家A级旅游景区提质升级，推进龙头景区建设，带动文化旅游产业高质量发展。

【大青沟自然保护区】 2021年，国家AAAA级旅游景区大青沟自然保护区位于辽阔的科尔沁草原西部沙海里，有一条长达24千米的沙漠大沟。沟上沟下树木葱郁，鲜花盛开；沟底处千万条淙淙泉水汇成一条长长的溪流，清澈透明。沟的两岸树草丛生，常绿树与落叶树并存，乔木与灌木掺杂，绿色中鲜花与绿草相间，溪流与明沙相依，被称为科尔沁沙地绿色明珠。保护区内大小青沟纵贯南北，呈"Y"形分布，深约100米，宽200～300米，总面积8183公顷。查明的植物有700多种，动物170多种，是天然动植物宝库。保护区里沟深林密，风景独特，素有"沙漠绿洲""天然野生动植物基因库" 等诸多美誉。大青沟旅游项目独具特色，漂流探险、大漠漫游、草原赛马、民俗风情等项目把大青沟自然保护区分3个景

2021年通辽市国家A级旅游景区一览表

表3

等级	景　区　名　称	地　　址
AAAA	通辽市大青沟自然保护区	通辽市科左后旗甘库公路甘旗卡至库伦段25千米处路南
AAAA	通辽市库伦三大寺	通辽市库伦旗库伦镇
AAAA	通辽市孝庄园旅游区	通辽市科左中旗花吐古拉镇
AAAA	通辽市敖包相会可汗山草原旅游区	霍林郭勒市
AAAA	通辽市奈曼旗孟家段湿地旅游区	通辽市奈曼旗孟家段水库
AAAA	通辽市奈曼王府	通辽市奈曼旗大沁他拉镇
AAA	通辽市珠日河草原旅游区	通辽市科左中旗珠日河牧场
AAA	通辽市科尔沁博物馆	通辽市科尔沁区体育广场
AAA	通辽市开鲁古榆园	通辽市开鲁县大榆树镇
AAA	通辽市开鲁县麦新纪念馆	通辽市开鲁县开鲁镇
AAA	内蒙古哈民考古遗址公园	通辽市科左中旗
AAA	通辽市科左后旗草甘沙漠生态旅游区	通辽市科左后旗散都苏木草甘村
AAA	通辽市奈曼旗宝古图沙漠旅游区	通辽市奈曼旗白音塔拉苏木
AAA	通辽市蒙牛乳业科尔沁有限公司工业旅游园区	通辽经济技术开发区甘旗卡路以西500米辽河大街路北
AAA	奈曼旗苏勒德旅游区	通辽市奈曼旗巴彦塔拉嘎查
AAA	通辽市科尔沁区莫力庙世源温泉景区	通辽市科尔沁区莫力庙苏木
AA	通辽市扎鲁特旗山地草原旅游区	通辽市扎鲁特旗巴雅尔图胡硕镇
AA	通辽市奈曼青龙山洼旅游区	通辽市奈曼旗青龙山镇青龙山南麓
AA	通辽市扎鲁特旗东湖	通辽市扎鲁特旗鲁北镇
AA	通辽市开鲁县麦新烈士陵园	通辽市开鲁县麦新镇
AA	通辽经济技术开发区湛露温泉度假城	通辽经济技术开发区湛露村
AA	扎鲁特旗乌力格尔博物馆	通辽市扎鲁特旗鲁北镇泰山大街中段
AA	霍林郭勒市博物馆	霍林郭勒市河东新区综合馆C座

区，即大青沟远眺景区、三岔口漂流探险景区和小青湖度假景区。

【库伦三大寺】 库伦旗是清代漠南蒙古地区唯一实行“政教合一”体制的喇嘛旗，境内庙宇林立，素有“小五台山”之称，其中兴源寺、福缘寺、象教寺曾是内蒙漠南四十九旗的最高宗教中心，是蒙古民族崇尚的“圣地”，统称库伦三大寺。“三大寺”依北高南低的斜坡就势而建，层层递进增高，十分壮观。兴源寺为政教中心，福缘寺为财政中心，象教寺为札萨克达喇嘛办公场所。“三大寺”并存300多年，其建筑布局、建筑风格、建筑体制吸收大量汉文化而构成独特的地方建筑风格，也是藏蒙文化相结合而创造出更具多民族文化内涵的建筑杰作。2006年6月，库伦三大寺被确定为全国重点文物保护单位。2010年，被评定为国家AAAA级旅游景区。

【孝庄园旅游区】 孝庄园旅游区是国家AAAA级旅游景区，位于通辽市区北48千米的原达尔罕亲王府旧址。园区总占地面积近1万亩，核心景区“孝庄故居·达尔罕亲王府”占地10万平方米，是自清代中期至今二百多年来中国较大的古建筑复建工程，为中国较大的亲王府邸。

【敖包相会可汗山草原旅游区】 敖包相会可汗山草原旅游区是国家AAAA级旅游景区，位于霍林郭勒市西北部。该园区地势错落起伏，总面积5.4万亩，是一处集怪山、静湖、湿地、草原、河流、森林、人文景观于一体的综合旅游区。中心观赏区可汗山景观带由山门、苍狼之路、蒙元兵阵和蒙古帝王群构成。

【奈曼旗孟家段湿地旅游区】 奈曼旗孟家段湿地旅游区是国家AAAA级旅游景区，位于孟家段水库。该水库始建于1958年4月，是西辽河干流上游的国家大（2）型水库，总面积8.93万亩，分上、下两库，总库容1.08亿立方米。在保持水土、涵养水源、阻挡风沙、调节气候等方面发挥着重要的生态作用。2015年12月，孟家段水库凭借独特的湿地资源正式通过国家林业和草原局国家级湿地公园项目的批复，成为国家级湿地公园试点单位。孟家段湿地旅游区以孟家段水库特有的湿地资源及辽代古城“龙化州”遗址的历史文化资源为依托，发展集休闲、观光、度假、垂钓竞技、蒙古民族赛事等旅游项目于一体，颇具辽代民俗特色和蒙古族特点的湿地景观综合旅游区。2010年，被全国旅游景区质量等级评定委员会评定为国家级AAA级旅游景区。孟家段湿地旅游区占地面积42平方公里，总投资5.6亿元，建设期为2017年至2025年。

【奈曼王府】 奈曼王府是国家AAAA级景区，该王府是清代道光皇帝之女婿、奈曼第十一任札萨克德木楚克扎布于1863年派梅林由北京带回匠人修建的，原有房屋140余间，为方形院落，占地面积22000平方米，王府现存的主体建筑占地面积9900平方米，由串堂门、正殿、正配殿、西配殿和佛堂等部分组成。整个建筑全部使用青砖、青瓦，前有檐柱，内有金柱，滴水瓦当，丹青彩绘，雕梁画栋，室内陈设华丽，各式家具多用楠木制成，做工玲珑纤巧，图案浮凸生动，完美地展示出清代北方草原独具特色的建筑风格和蒙古民族的聪明才智。王府内馆藏文物4800件，1986年被自治区列为文物重点保护单位，1987年对游人开放。

【资源开发利用】 2021年，通辽开工建设的文化旅游产业项目17个，开工15个，总投资37.32亿元。其中，公共服务类项目4个、文物保护类项目2个、文化和旅游重点项目11个。启动孝庄园、大青沟景区创建国家AAAAA级旅游景区前期筹备工作，推荐科左中旗珠日河草原旅游区、内蒙古哈民考古遗址公园、奈曼旗宝古图沙漠旅游区、科左后旗草甘沙漠风景旅游区创建国家AAAA级旅游景区，推荐通辽经济技术开发区湛露温泉度假旅游区、开鲁县麦新烈士陵园创建国家AAA级旅游景区。莫力庙世源温泉景区被正式批准为国家AAA级旅游景区。

（市文化旅游广电局 刘海波）

旅游宣传

【概况】 2021年，通辽市借助“今日头条”平台进行旅游信息推送，平台推送文章569篇，推荐量545.3万次，图文总阅读量达6.5万人次。利用微信公众号、抖音、快手等平台加大宣传力度，“通辽文旅”微信公众号图文总阅读量达12万人次，粉丝量7万人；“通辽文旅”抖音号播放量33.9万次，点赞量5606次，原创视频45个，粉丝量4.8万人；快手发布视频45个，总浏览量1.5万次；微博平台总阅读量20.1万人次。举办2021年“中国旅游日”通辽主题活动、“文化和自然遗产日”宣传展示暨“六进”景区启动仪式。孝庄园旅游区、哈民遗址公园、麦新烈士纪念馆及科尔沁500千米风景大道被评为“内蒙古网红打卡地”，红色旅游、乡村旅游等代表性景点入选辽宁省精品线路。

实施双轮驱动“走出去、请进来”。先后与苏州、南京、佛山、广州、绍兴、太原、厦门、铁岭等地签订旅游合作协议，向通辽市输送游客15000余人。举办通辽文旅推广系列活动。通辽市3家旅行社与3座城市200余家旅行社对接，与10余家旅游企业签订合作协议。

【库伦旗沙漠旅游系列文化周】 2021年9月18日至19日，中国·库伦银沙湾首届“嘉旺地产杯”越野场地赛举办，来自黑龙江、辽宁、吉林等省、市的200多名专业车手和业余越野爱好者参加比赛；10月2日至6日，“2021库伦·银沙湾疯狂陪娃节”举办，来自全市及周边省市的190多个家庭参与此次活动；10月3日，2021库伦银沙湾轻奢露营节暨沙漠测线赛举办，来自库伦旗以及辽宁省阜新市、鞍山市等地的500多名徒步爱好者参加比赛。

【旅游推介会】 2021年4月，通辽市文旅局联合沈阳铁路局，举办“百年红色情，沈铁伴您行”定制化春游产品推介会活动，通辽市红色旅游、乡村旅游等代表性景点入选精品线路。4月20日至29日，内蒙古文旅厅主办的“畅游内蒙古”文化旅游宣传推广活动在苏州、南京、佛山、广州、太原等地举办。组织通辽市文创企业、旅行社参加宣传推广系列活动。6月18日至20日，组织科尔沁区、开鲁县、开发区等旗县文旅局及大青沟、孝庄园、草甘沙漠等重点旅游景区参加第十七届海峡旅游博览会暨中国（厦门）国际休闲博览会。7月22日，组织旅行社参加辽宁省铁岭市举办的文化旅游推介会，与铁岭市签署《城市文化旅游合作框架协议》。

【蒙东地区航线推广暨冬季旅游座谈会】 2021年10月21日，蒙东地区航线推广暨冬季旅游座谈会在通辽市召开。市文旅局资源开发科相关人员及市十家杰出旅行社与兴安盟文化旅游体育局、兴安盟部分文化旅游协会和旅游企业相关人员共20人参加会议。座谈会旨在深化蒙东地区旅游联盟合作，有效促进盟市之间的冬季旅游在互通互联的基础上实现政策互惠、产品互推、市场互动、广告互换、客源互送、工作互助的良好局面。

（市文化旅游广电局　刘海波）

旅游管理

【概况】 2021年，市文旅局开展2021年度“文明旅游进景区”“文明旅游进广场”文明旅游宣传活动。审核设立国内旅行社2家，审核备案旅行社分社3家，旅行社门市部2家。1家星级酒店由二星级升至三星级。

牵头做好优化营商环境工作，完善政务服务平台和行政监管互联网+平台建设。开展行政审批权事项划转和行政权力下放。联合市文化市场综合行政执法局做好文化市场日常监管。全市出动执法人员2.9万余人次，检查经营单位9000余家次，办结案件54件。开展文明旅游宣传活动。组织志愿服务队伍，以“旅游景区美如画，文明出行你我他”为主题，深入社区、景区开展“文明旅游进景区”“文明旅游进广场”活动，营造全民“关注旅游、热爱旅游、文明旅游”的良好氛围。开展文化旅游人才培训。举办全市旅游安全培训班、导游员（讲解员）培训班、技能大赛与行业培训，增强各地各部门和旅游从业人员的安全生产意识。

【专项检查】 2021年，市文旅局开展文化和旅游市场安全及春季火灾防控大检查、星级酒店安全大检查、“五一”文化和旅游行业市场秩序与安全生产多部门联合检查、“中秋、国庆”文化和旅游行业市场秩序与安全大检查。全市文旅系统疫情防控工作督查、文旅行业暑期安全生产工作大检查、冬季冰雪旅游安全生产工作大检查29次。对查出的违规经营行为及安全生产隐患，限期整改，并提交整改报告。

【扶持政策】 2021年，通辽市出台《通辽市文化旅游产业融合发展扶持奖励办法》，完成对申报2020年度奖励的11家企业上报材料的审核工作。奖励金额39万元，全部发放到位。

【旅游市场监管】 2021年，市文旅局为有效整治“三黑一低”等旅游市场乱象，在全市范围内开展旅游市场执法检查，并且针对“三黑一低”市场乱象，适时发布消费警示，加强对游客宣传引导，提醒广大游客防范消费风险，倡导理性消费，审慎选择旅游产品，共同防范市场风险。市文化执法局办理旅游案件4起。其中，办理未签订旅游合同案件2起，无经营许可从事旅行社业务案件2起。叫停“299丹东4日游”“399北京5日游”等“低价游”线路7条，约谈涉嫌组织低价团、购物团旅行社10家。科左后旗文化执法局联合交通执法部门开展对黑旅行社、黑导游打击行动，对2起从事黑旅行社业务人员进行立案处罚，有效维护旅游群众合法权益，预防欺客、宰客等旅游投诉案件发生。

【旅游厕所管理】 2021年，市文旅局配合自治区第三方验收组，完成全市2020年建设的46座旅游厕所评级和验收工作的同时，对通辽市2015 2019年建设的20座旅游厕所进行抽查，全部验收合格。

【旅行社管理】 2021年，市文旅局开展全市旅行社全国旅游监管服务平台使用情况摸底排查工作，完成全市33家旅行社、四个季度的报表填报审核，填报率100%。

【导游管理】 2021年，通辽市在全国旅游监管服务平台完成导游资质审核154人次，旅行社信息变更102处，完成旅行社各项信息补充完善131次。5月1日，联合科左后旗文化和旅游局组成志愿服务队，以“旅游景区美如画，文明出行你我他”为主题，到大青沟景区开展“文明旅游进景区”志愿服务宣传活动。开展“文明旅游进广场”活动。2021年6月11日，组织20名文明旅游志愿者在西拉木伦公园广场开展文明旅游进广场宣传活动，营造全民“关注旅游、热爱旅游、文明旅游”的良好氛围。

【星级酒店管理】 2021年，通辽市完成18家星级酒店季度报表填报审核，填报率100%。通辽市鸿翔人酒店进行星级酒店升星评定，从二星级酒店升至三星级酒店。对辖区内星级酒店进行年度复核和三年期满评定性复核。

（市文化旅游广电局 刘海波）

商贸服务业

商贸流通

【概况】 2021年，通辽市社会消费品零售总额目标任务326.1亿元，全年实现326.3亿元（位居自治区第五），完成目标任务，同比增长6.1%（位居自治区第五）。批发零售、住宿餐饮等传统消费逐步恢复，线上线下融合的消费新业态初具规模。

城乡市场体系建设日趋完善。金叶广场、欧亚购物中心等主城区和旗县商圈服务功能不断提升。维多利摩尔城商业综合体项目正式运营。通辽万达广场创建为全国绿色商场。运达农产品批发市场建成冷库7148平方米、保鲜库3496平方米，丰盛农产品批发市场改扩建冷库4420平方米。

【“2021通辽网上年货节”】 2021年1月24日，市商务局主办，各旗（县、市、区）商务局及通辽电商与流通业促进会承办的“2021通辽网上年货节”启动仪式在通辽市经济技术开发区举行。

年货节以比赛形式开展，有通辽市的通辽绿色农副产品批发市场有限责任公司、内蒙古西山乡食品加工有限公司、扎鲁特旗北方食品有限公司等66家企业和17名个人参加。活动以“线上为主，线下为辅，线上线下相结合” 多种比赛方式开展。线上以直播带货和电商平台销售为主要形式，每天15时至21时为年货直播大赛比赛时间段，各参赛选手自选2小时参赛。其间首次举办网上年货直播大赛，通辽绿色农副产品批发市场有限责任公司谭军等5名参赛选手获得“主播销售大王”称号，通辽天源麦饭石有限公司王晓红等10名参赛选手获得“主播销售明星”称号，开鲁县范连江等22名参赛选手获得“主播销售能手”称号。8个旗（县、市、区）及1个经济技术开发区网上年货节线上销售额达7000余万元，创通辽网上带货销售额新高。线上总销售额达千余万元，订单量总数5000余单，累计观看人数10万人次。线下以分散销售为主，在通辽运达绿色农副产品批发市场设置网上年货节线下体验店，满足市民选货需求。

图38 2021年1月24日，“2021通辽网上年货节”启动仪式在开发区举行

（市商务局 提供）

【维多利摩尔城商业综合体项目运营】 通辽市新维利摩尔城商业管理有限公司（简称摩尔城）于2019年9月25日正式组建，位于内蒙古自治区通辽市经济技术开发区金融商业中心，属于内蒙古维多利实业有限公司的孙公司，主要经营商业综合体管理服务，企业管理，物业管理，柜台、摊位出租，食品互联网销售，日用百货销售，珠宝首饰批发，办公用品销售，家用电器销售，通信设备销售，电子产品销售，服装服饰零售，体育用品及器材零售，保健食品（预包装）销售，婴幼儿配方乳粉及其他婴幼儿配方食品销售，游乐园服务，健身休闲活动，停车场服务，餐饮服务，出版物零售，酒类经营等项目。商场于2019年开业，建筑面积15.48万平方米，包含地上4层和地上外停车场。

【运达农产品批发市场】 通辽运达绿色农副产品批发市场位于通辽经济技术开发区，是通辽市的重点民生工程，具有公益性的“菜篮子”工程，也是通辽市壮大专业市场集群、做强现代商贸物流业的重点项目。市场成立于2018年，总投资10亿元，占地320亩，建筑面积14.9万平方米，以果蔬、肉类、禽蛋、水产品、副食品等为主要经营商品，设置10个交易区，是一家集冷链物流、仓储、屠宰加工、食品安全检测、电子结算中心、农产品会展及商业配套服务等多种服务为一体的综合性市场，是蒙东地区最有影响力的农副产品流通企业。供应链上下游对接。建立供应链源头对接，运达市场与通辽市100余家合作社、家庭农场、种养殖户达成2年以上的农副产品采购协议，辐射种植面积5700亩，签约合作大棚397亩，直接补助金额55万元。与北京新发地、山东寿光等五大市场、12个基地对接，可直接发货，破除了几十年来通辽市场仅在沈阳市场进货的供应源头瓶颈。产业链下游畅通，市场与600个商户达成采购合作，销售半径辐射通辽市8个旗（县、市、区），并延伸到兴安盟、锡林郭勒盟、赤峰、吉林等地，覆盖近500万人。

【通辽万达广场创建全国绿色商场】 2021年，通辽市组织企业参加全国绿色商场评定工作。8月25日，通辽万达广场商业管理有限公司成功创建为全国绿色商场。

【农贸市场星级达标工作】 2021年，通辽市开展农贸市场星级达标工作，安排农贸市场升级达标（星级评定）补贴资金计90万元。按照自治区商务厅下发的评分细则，由各旗县商务局择优评定上报，经市商务局复核后，确定9家农贸市场为升级达标目标企业。改造升级达标后，9家市场将超过星级评定3星标准。

【报废机动车回收拆解企业升级改造】 2021年，通辽市完善全市报废机动车回收拆解回收企业资质认定服务指南，精细办事流程。加强学习，参加自治区商务厅组织的报废机动车培训会、现场观摩会。持续沟通协调，开展通辽市报废机动车回收拆解企业调研，对照行业规范要求，针对相关企业升级改造过程中各项问题提出指导性意见与合理化建议。做好报废机动车回收拆解企业资质认定初审工作，协助通辽市报废汽车拆解企业升级改造。有1家报废机动车回收拆解企业通过初审并上报至自治区商务厅，有2家报废机动车回收拆解企业基本准备完毕待初审。

【拍卖】 2021年，通辽市完成拍卖企业年度核查，规范企业经营，维护拍卖行业秩序。落实拍卖行业证照分离改革各项措施，加强改革政策宣传，完善信息报送和统计制度。年内，新增宣德、胜世、添美3家拍卖企业。截至2021年年底，全市拍卖企业总数8家。

【消费促进】 2021年，全市社会消费品零售总额完成326.3亿元，同比增长6.1%，增速居自治区第5位。组织全市30家重点商贸企业参加全国消费促进月活动，结合线上直播引流、线下展示体验等方式，策划推出商家折扣、打折赠券、购物抽奖等促销活动。活动期间，实现销售额8576万元。商贸企业以店庆、周年庆等形式开展促销，增强商品和服务有效供给，激发消费潜力。2021年，全市重点商贸企业开展消费促进活动300余场，实现销售收入8亿元。

（市商务局　张　颖）

粮食和物资储备

【粮食储备】　2021年，通辽市粮食总产898.32万吨，其中玉米产量837万吨，再创历史新高。2021粮食年度（2021年4月30日至2022年4月30日），全市粮食收购量合计547.84万吨，比2020年389.89万吨收购量增加157.95万吨；收购态势保持以往央企引领、民营粮食企业和玉米深加工企业主导、地方国有粮食企业跟随态势，总体呈现粮食购销两旺、农民增产增收格局。其中，中央国有企业收购104.12万吨（中粮集团收购76.96万吨、中储粮集团收购27.16万吨）、地方国有企业收购42.06万吨、深加工企业收购169.14万吨、民营贸易企业收购232.52万吨；深加工企业收购量占总收购量的30.87%、中央国有企业收购量占19.01%、地方国有企业收购量占7.68%，民营贸易企业收购量占42.44%。最低收购价格与2020年相比上涨0.14元/千克，最高收购价格比2020年下降0.10元/千克。

【物资储备】　截至2021年年底，通辽市储备总量23万吨，储备品种由单一玉米储备调整为玉米13万吨、水稻5万吨、小麦5万吨，成品粮油储备增加到3590吨。布设119个粮油应急供应网点、7家粮油应急加工企业、6家储运企业、4家配送中心、2家应急保障中心。现有国家级价格监测网点4家、自治区级粮油价格监测点12家，价格监测信息实行周调度，粮油存量、价格及销售情况调查摸底工作全面翔实。年内，完成自治区安排的5次调拨任务，调拨物资14420件套；2000万元救灾物资采购任务全部完成。投放自治区储备冻猪肉200吨，完成自治区级450吨冻猪肉、450吨活体猪和市本级380吨冻肉储备任务。

【肉类储备】　2021年，通辽市有效落实200吨自治区级储备肉投放工作。2021年，通辽市承接自治区猪肉储备任务900吨，占自治区储备总量30%。其中，通辽金锣食品有限公司承储450吨冻猪肉，通辽金锣牧业有限公司承储250吨活猪，内蒙古奈曼牧原农牧有限公司承储200吨活猪。推荐自治区级储备肉承储企业。根据企业申请，并经实地查验，推荐内蒙古奈曼牧原农牧有限公司承担自治区级活猪储备任务。该企业通过资质审查，并承担当年活猪储备任务200吨。

（市发展和改革委员会　高崇耀）

供销合作

【概况】　截至2021年年底，通辽市登记注册基层供销社137个，经营服务网点592个。纳入供销社系统统计专业社2081个，专业合作社联合社12个。发展综合服务社1054个，全系统培育国家级专业社示范社15个，自治区级示范社51个。自治区十强县级社6个，基层社标杆社35个。

截至2021年年底，全市供销社系统组织设施农业、经济作物、养殖技术培训累计培训农牧民3.5万人次。在农产品批发市场、连锁经营超市设置专区专柜3个，销售产品185万元；开设线上消费帮扶专区3个，销售额467万元，参与产销对接7次，意向成交额100.5万元。

【流通网络建设】　2021年，通辽市加强对综合改革的统筹指导，建立班子成员定点联系工作机制，组织召开综合改革推进会、经济运行分析会、基层组织建设培训会、旗县社员代表大会等，明确改革重点、解决改革难点，不断调整优化经营服务能力，夯实供销社基层基础，努力提升服务“三农三牧”水平，保持全系统稳定快速发展。在全市范围内基本形成以大型骨干企业为龙头，现代物流配送中心为支撑、大型交易市场为平台，便民连锁超市为终端，信息服务为手段的农牧业生产资料、日用消费品、农畜产品购销、再生资源等连锁经营网络。供销社农村牧区流通网络不断优化，社会化经营服务能力进一步加强。截至2021年底，全系统发展各类企业97个，建设各类配送中心18个，发展直营店213个，加盟店1018个。

【社会化服务】 2021年，通辽供销合作社依托农资经营服务网络和庄稼医院，增加良种推广、耕种浇水、测土配肥、统防统治、联合收割、加工销售等服务内容，开展“菜单式”托管服务。土地托管面积达23.8万亩，土地流转面积达39.7万亩，配方施肥面积达8.25万亩，统防统治面积达9.55万亩，农机作业面积达15.25万亩。按照习近平总书记关于生态优先、绿色发展的总要求，组织农牧业生产资料生产流通企业通过测土配方施肥，水肥一体化等技术升级，探索提高肥料利用率，减少不合理投入，发展产出高效、产品安全、资源节约、环境友好的现代农牧业发展之路。

（市供销合作社）

烟草专卖

【概况】 2021年，通辽市烟草专卖局（简称市烟草局）实现税利6.26亿元，增长1.12%。全年，查获涉烟违法案件1328起。成功破获“4·23”国标二级网络案件，现场查获假冒卷烟600余条，价值14万余元，扣押现金42万余元，涉案资金流水高达1.6亿元。成功破获“7·20”国标四级网络案件，“5·13”区标网络案件。联合市场监管部门查处向未成年人售烟案件3起，开出通辽市首张向未成年人售烟罚单。通辽市各旗（县、市、区）烟草专卖局办证窗口全部进驻当地政府政务服务中心，实现烟草专卖零售许可办证业务“一窗通办”。赋予基层站所办证职能，烟草专卖许可事项实现“就近办”。

【烟草企业科技创新】 2021年，市烟草局获内蒙古自治区烟草行业质量管理小组成果二等奖3个、三等奖2个，十佳引进应用奖2个，产生直接经济效益达619.15万元；获内蒙古自治区质协优秀质量管理小组成果一等奖2个；内蒙古自治区质量创新大赛二等科技成果1个；内蒙古自治区烟草行业精益创新课题二等奖1个，三等奖5个，十佳成果引进应用奖3个。

【烟草制品购销和烟草物流职业（岗位）技能竞赛】 2021年12月27日至28日，市烟草局（公司）组织开展全市系统烟草制品购销和烟草物流职业（岗位）技能竞赛。科区烟草局（营销部）何海峰、市烟草局（公司）物流中心雷强分获全市系统烟草制品购销、烟草物流职业（岗位）技能竞赛一等奖。市总工会分别为获得全市系统烟草制品购销职业（岗位）技能竞赛一等奖、烟草物流职业（岗位）技能竞赛一等奖的员工颁发通辽市2021年“五一劳动奖章”。

【烟草法治建设】 2021年，市烟草局推进“八五”普法、“法律六进”工作，开展“3·15”国际消费者权益日、“6·29”《中华人民共和国烟草专卖法》颁布纪念日、“12·4”国家宪法日等法治宣传活动。全年，开展对外法治宣传教育27次，累计参加人数235人次，出动宣传车30辆次，发放宣传材料4200余份。根据新修订的《中华人民共和国未成年人保护法》，对幼儿园周边零售点的设立进行规划布局，保

图39 2021年12月27日至28日，市总工会分别为获得全市系统烟草制品购销职业（岗位）技能竞赛一等奖、烟草物流职业（岗位）技能竞赛一等奖的员工颁发通辽市2021年“五一劳动奖章” （刘子涵 摄）

护未成年人身心健康，履行社会责任。

（市烟草专卖局　包红力）

成品油销售

【概况】 2021年，中国石油内蒙古通辽销售分公司油品销量完成46.69万吨，同比增加4.03万吨，增幅9.44%，比2019年增加2.8万吨，增幅6.35%；纯枪完成41.16万吨，同比增加2.62万吨，增幅6.8%，比2020年增加1.95万吨，增幅4.97%；直销完成5.53万吨，同比增加1.40万吨，增幅33.94%，比2020年增加0.54万吨，增幅10.79%。2021年，绝对市场份额52.5%，同比提升0.46个百分点。相对市场份额75.4%，同比提升0.48个百分点。

全年非油店销售收入实现1.729亿元，增幅39.51%；非油总毛利2071万元，增幅42.16%，均创历史新高。全年实现考核利润1022万元，成功走出亏损边缘,成为创效单位。

【加油站税务稽查和“三黑”整治专项行动】 2021年，中国石油内蒙古通辽销售分公司协调地方税务、市场监管、公安等执法行政部门，推动全市加油站税务稽查和“三黑”整治专项行动，全年累计查处社会加油站170余座，追缴税款400余万元；查处黑窝点5处、罚没油品77吨，黑加油车37辆、罚没油品143吨，其中扣留车辆5辆，处罚45万元，3人被立案侦查。

【销售网络建设】 2021年，争取投资项目批复资金1191万元。新建新世纪大桥加油加气项目取得建设工程规划许可，进入项目招投标阶段。完成通辽南郊、通鲁梅林、奈曼白音塔拉等LNG（液化天然气）加气项目的开工建设工作；完成21座加油站防渗不完整性改造项目；完成扎鲁特旗通鲁、扎鲁特旗亿达的司机之家改造项目，为构建多层次立体化客户服务营销体系奠定坚实基础。

（中国石油内蒙古通辽销售分公司　沈小明）

盐业经营

【概况】 2021年，销售各类盐27043吨，完成年计划27260吨的99.2%，同比减销1955吨；实现利润217.83万元，较2020年同期86.19万元增加131.64万元，年度预算完成度1280.49%；非盐经营利润实现80.06万元，较2020年同期35.61万元增加44.45万元，完成年度预算32.5万元的246.34%；租赁利润实现105.27万元，较2020年同期减少2.60万元，完成年度预算100万元的105.27%。

【盐宝电商平台】 2021年，内蒙古蒙盐盐业集团有限公司要求各单位开展好盐宝平台的宣传、推广、使用工作，全方位、多渠道、线上线下双轮驱动，做到乡镇农村全覆盖，力争把盐宝电商平台做成全市配送工作的支撑平台，努力增加客户认知度和品牌影响力。截至2021年年底，盐宝平台运行正常，成功注册终端零售商家和相关用户达2297家，平台商品涉及7大类300多种，交易额突破1654.5万元。

【为“五保户”赠送大青盐活动】 2021年10月，通辽市盐业公司开展为乡村振兴重点嘎查村“五保户”赠送大青盐活动。全市有“五保户”1250户（1305人），为每个人赠送大青盐爱心礼包1份，计赠送大青盐4680千克，价值18850元。

（通辽市盐业公司　张　生）

电子商务

【概况】 全年通辽市开展电子商务培训53场次，培训6587人次，全市电子商务交易额292.7亿元，位居自治区第四，同比增长12.7%；电子商务网络零售额实现59.4亿元，位居自治区第二，同比增长18.7%，农产品网络零售额17.6亿元，同比增长28.2%。

2021年，通辽市线上线下融合的消费新业态初具规模。科尔沁电子商务产业园发展态势良好，科左中旗等6个电子商务进农村综合示范项目投入运营。举办“2021通辽网上年货节”、通辽名优特品牌公益直播系列活动，全市电商交易额和网络零售额分别增长12.7%和18.7%，其中农产品网络零售额增长28.2%。

【通辽名优特品牌公益直播系列活动】 2021年，市商务局举办公益直播活动9场，分别是库伦荞麦品牌公益直播活动、赤峰通辽助力乡村振兴携手公益直播活动、扎鲁特旗助力乡村振兴公益直播活动、醇美·科左后旗、助力乡村振兴携手公益直播活动、霍林郭勒市品牌系列公益直播活动、直播科尔沁·消费促进季公益直播活动、科左中旗助力乡村振兴携手公益直播活动、多彩开鲁·公益直播活动、乡村振兴·你我同行公益直播活动。参与活动企业41家，主播23名，线上成交额100余万元。其中，赤峰·通辽助力乡村振兴携手公益直播活动，有20家企业、19位主播参与，电商主播流量11.8万，销售30.5万元。

【“双十一”网络零售额】 2021年，通辽市“双十一”网络零售额实现5.1亿元，同比增长13.7%，自治区排名第二位。

（市商务局　张　颖）

房地产业

【概况】 2021年，全市房地产项目开工面积1119万平方米，同比增长26%，其中新建项目开工面积367万平方米，同比增长86%；商品房销售388万平方米，同比下降2%，其中住宅销售316万平方米，同比下降4%；商品房待售面积473万平方米，同比下降6%，其中住宅待售面积298万平方米，同比下降6%；二手房交易量207万平方米，同比增长15%。通辽市房地产业增加值44.32亿元，增长4.3%。

市中心城区房地产项目开工面积804万平方米。其中，新建项目开工面积222万平方米，结转项目开工面积582万平方米，同比分别增长21%、169%和0。

【商品房销售】 2021年，全市商品房销售35769套、387.77万平方米、177.02亿元，同比分别增长-3%、-2%和-2%，环比分别增长18%、5%和-21%。其中，住宅销售27648套、315.75万平方米、139.41亿元，同比分别增长-7%、-4%和-2%，环比分别增长-18%、-16%和-2%。市中心城区商品房销售20061套、216.38万平方米、119.35亿元，同比分别增长1%、1%和-1%。其中，住宅销售14380套、169.1万平方米、91.83亿元、均价5431元/平方米，同比分别增长-9%、-4%、-3%和1%。

【批准预售】 2021年，全市批准预售商品房325.59万平方米、32480套，同比分别增长-7%和-9%。其中，住宅275.25万平方米、24173套，同比分别增长-1%和0。市中心城区批准预售商品房178.43万平方米、19246套，同比分别增长14%和9%。其中，住宅145.27万平方米、12366套，同比分别增长28%和30%。

【房屋待售】 2021年，全市待售房屋面积472.81万平方米、63448套，同比分别增长-6%和1%。其中，住宅298.02万平方米、27825套，同比分别增长-6%和-3%。市中心城区待售房屋面积226.68万平方米、37058套，同比分别增长-14%和-2%。其中，住宅121.28万平方米、

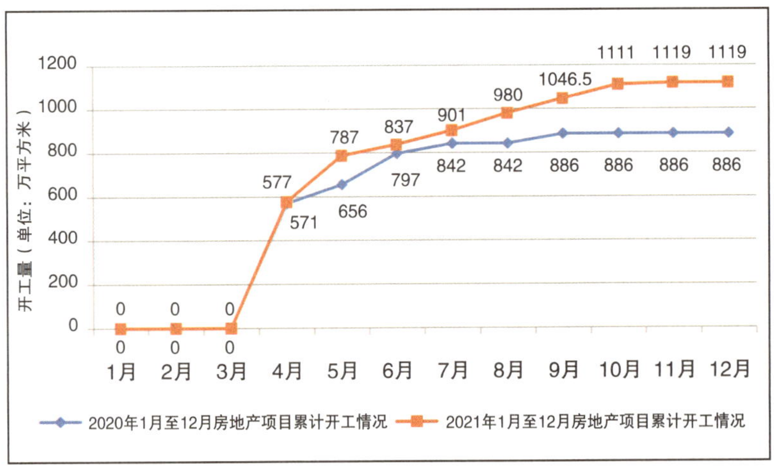

图40　2021年1月至12月房地产项目累计开工数值走势及同期对比

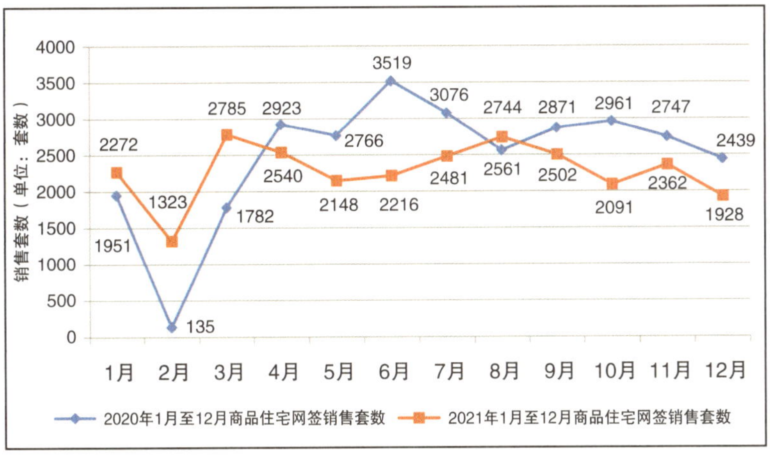

图 41　2021 年 1 月至 12 月商品住宅网签销售套数双线图

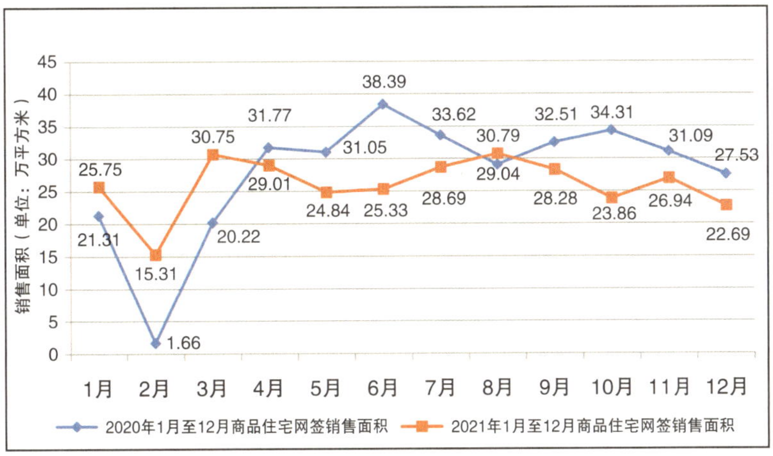

图 42　2021 年 1 月至 12 月商品住宅网签销售面积双线图

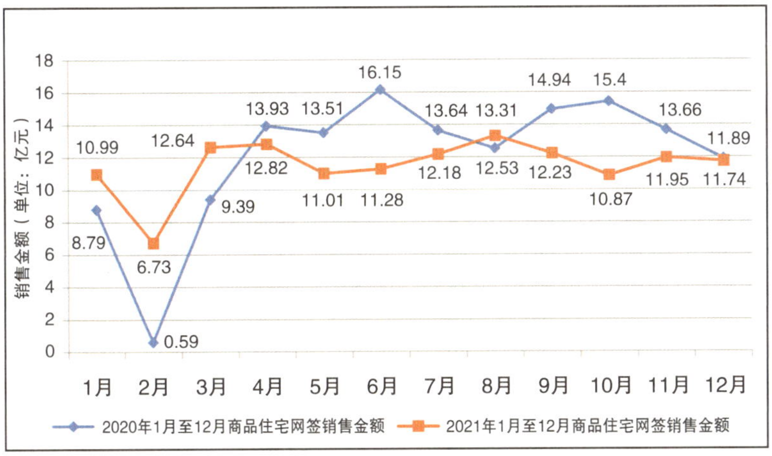

图 43　2021 年 1 月至 12 月商品住宅网签销售金额双线图

11274套，同比分别增长 –16% 和 –15%。

【二手房交易】　2021 年，全市二手房交易量 206.63 万平方米、22864 套，同比增长 15% 和 15%，环比分别增长 –5% 和 –3%。市中心城区二手房交易量 105.35 万平方米、11881 套，同比增长 4% 和 2%，环比分别增长 –14% 和 –14%。

【商品房库存】　截至 2021 年年底，全市商品房库存面积 473 万平方米，其中商品住宅库存面积 298 万平方米，消化周期 12 个月；非住宅商品房库存面积 175 万平方米，消化周期 32 个月。市中心城区商品房库存面积 226 万平方米。其中，商品住宅库存面积 121 万平方米，消化周期 9 个月；非住宅商品房库存面积 105 万平方米，消化周期 39 个月。

【物业管理】　2021 年，全市注册成立物业企业 436 家，实际开展业务企业 306 家。从业人员 8413 人，成立党组织的企业 16 个，党员 272 人。物业经营总收入 3.37 亿元，其中，主营业务收入 3.24 亿元。全市物业管理总面积 5372.49 万平方米，物业管理总覆盖率 76.59%，住宅物业管理覆盖率 82.3%，住宅小区总数 1769 个，面积 4808.49 万平方米。其中，专业化物业管理 758 个，面积 3958.35 万平方米；单位自管 217 个，面积 289.4 万平方米；街道社区托管 794 个，面积 660.74 万平方米。

（市住房和城乡建设局　陈姣龙）

物 流 业

【概况】　通辽市位于东北、华北、环渤海三大经济区及内蒙古、辽宁、吉林三省区交汇处，联通黑吉辽，畅通京津冀，是全国性综合交通枢纽城市、国家综合立体交通网主骨架布局京延通道重要节点、东北区域物流中心，也是蒙东地区商贸物流重要集散地和中蒙俄经济走廊重要节点城市，基本形成以公路、铁路、民航、管道为支撑，以物流园区为主要载体，以大宗物流为重点，集生产性物流与生活性物流、国内物流与国际物流于一体的大物流、大流通格局。通辽市有3条国家高速、6条国道和7条省道贯穿境内。主城区至7个旗（县、市、区）实现一级以上公路连接，与沈阳市、长春市实现高速公路衔接，与赤峰、兴安盟和锡林浩特实现一级以上公路联通。境内贯通13条铁路，通辽站是全国50个较大枢纽编组站之一。新通客专、大郑、通霍、京通、通让、集通线铁路在通辽站交会。通辽市交通、区位优势明显，被国家规划定位为东北区域物流中心、全国流通领域现代物流示范城市、国家一级物流节点城市。通辽市物流业的重要地位，推进东北区域物流中心目标建设，在交通物流基础设施建设、市场主体培育、构建现代物流体系等各个方面都取得巨大成就，物流业对国民经济和社会发展的支撑基础作用日益重要。

【物流园区】　截至2021年年底，通辽市规划建设开发区综合物流园区、空港物流园区、木里图工业物流园区、蒙东煤炭物流园区、通辽物流园、瑞丰物流、蒙王医药物流园、申通物流园特色物流园、开鲁综合物流园区、科左中旗保康现代综合物流园区等20个物流园区。

【物流项目】　截至2021年年底，通辽市通辽保税物流中心（B型）、通辽多式联运海关监管中心项目、亚琦国际物流商贸城项目等重点物流项目均开工建设。形成具有地方特色优势的工业、粮食、农产品、建材、冷链、医药、快件、国际等商品物流体系。

【物流企业】　截至2021年年底，通辽市培育出通辽一运、通辽内陆港、蒙东煤炭、通辽大连港、瑞丰物流、华明物流、申通物流、国强物流、泽强医药、蒙王医药等重点物流企业。全市拥有各类物流企业800多家，物流个体工商户1000多家，拥有公路物流车辆2万辆。

【向北开放工作】　2021年，通辽市商务局《通辽市推动向北开放桥头堡建设行动方案》，现征求相关部门意见，后报市政府印发。帮助班列运营企业落实各项财政支持政策，推动中欧班列（通辽）实现常态化运营。加大与满洲里海关、中华人民共和国海关总署的对接协调力度，推动通辽保税物流中心（B型）早日完成审批工作。推进通辽多式联运海关监管中心项目建设，建设进口资源落地加工、集聚集散基地。

（市商务局　张　颖）

居民生活服务业

【通辽特色餐饮文化宣传】　2021年，通辽市以打造“中国蒙餐之都”为目标，挖掘和弘扬科尔沁餐饮文化，邀请有关专家组成编委会编撰《科尔沁蒙餐》一书，全面展示通辽蒙餐精粹，彰显蒙餐独特文化魅力。根据《商务部办公厅关于开展2021年“中华美食荟”活动的通知》，通辽市推荐扎鲁特旗都市村庄一部（通辽市康帝商务酒店）、内蒙古哈啾嗨餐饮管理有限公司、通辽市贝勒塔拉蒙餐厅、内蒙古哈布图哈萨尔文化有限公司等4家企业参加“百姓家常菜”“传统特色菜”“精品创新菜”评选活动。

【家政服务】　2021年，通辽市家政服务管理业从以中介为主逐渐向员工制等多种形态转变。全市各类家政主体计561家，从业人员总数12858人。员工制企业18家，标准化家政企业6家。其中，AAAA级标准化家政企业1家，AAA标准化家政企业4家，A级标准化家政企业1家。录入家政服务信用信息平台系统28家，人证合一录入家政人员2470人。诚信家政先进企业12家。2021年，完成培训人员4879人，其中建档立卡贫困人员1141人。

（市商务局　张　颖）

经贸合作

东北陆海新通道建设

【"东北陆海新通道"会议召开】 2021年2月4日，"东北陆海新通道"建设协作联盟视频联席会议召开。通辽市、锡林郭勒盟、赤峰市、锦州市、阜新市、朝阳市6市（盟）签署《东北陆海新通道沿线地方政府协作联盟协议》；6市（盟）与锦州港股份有限公司签署《东北陆海新通道协作联盟与锦州港战略合作框架协议》。

《东北陆海新通道沿线地方政府协作联盟协议》在联盟成员、秘书处、磋商形式、政策及规划、营商环境、对外经贸人文交流、基础设施互联互通、港口与腹地互动、智库合作等方面达成共识。《东北陆海新通道协作联盟与锦州港股份有限公司合作协议》对锦州港在有效降低物流成本、推动资源有效整合、切实提高服务效率等方面，达成共识。两个协议从完整、准确、全面贯彻新发展理念出发，抓住根本宗旨立足问题导向，紧紧把握创新、协调、绿色、开放、共享的新发展理念。"东北陆海新通道"是《建设中蒙俄经济走廊规划纲要》规划的东线铁路走廊国内段，关系到"加快构建以国内大循环为主体、国内国际双循环相互促进的新发展格局"，是六市（盟）站在"从全局谋一域、以一域服务全局"的高度，谋求地区经济循环畅通无阻。

【锦州港（通辽）内陆港成立】 2021年4月20日，锦州港（通辽）内陆港揭牌仪式举行。"东北陆海新通道锦州港驻通辽办事处"和"内蒙古通锦陆地港物流有限公司"揭牌，标志着锦州港（通辽）内陆港正式成立。这次港地务实合作，将充分发挥通辽市产业及锦州港港口比较优势，推进港口与腹地经济深度融合，进一步畅通原材料进口和特色产品出口的陆海新通道，促进俄蒙物流经"通"入海，寻求最大合作公约数，建立全面战略协作伙伴关系，在服务和融入双循环新发展格局中实现互利共赢，搭建更加宽广的平台。

锦州港是距离通辽市最近的港口，也是通辽市内外贸货物主要进出港。市商务局与锦州港对接，推进与锦州港合作相关事宜，锦州港在通辽市成立内蒙古通锦陆地港物流有限公司，设立东北陆海新通道锦州港驻通辽办事处，并入驻通辽内陆港开展业务办理。

锦州港在通辽市成立东北陆海新通道锦州港驻通辽办事处具有重要意义，可进一步降低通辽市外贸企业办理港口手续成本，提高企业通关验关及商品运输效率；为通辽市与辽宁地区进一步扩大合作搭建新的平台、拓展新的空间；可有效促进双方开展深层次的经贸合作，助力通辽市经济高质量发展。"东北陆海新通道"建设对整合锦州与通辽市区位、产业等优势，推进陆海双向开放具有十分重大的意义。

（市商务局　张　颖）

招商引资

【概况】 2019年3月，市党政机关机构改革，新组建市区域经济合作局，正处级，列为市政府组成部门，并加挂市民营经济发展局牌子。2021

年2月，所属事业单位通辽市对外开放招商引资服务中心更名为通辽市区域经济合作服务中心。按照“三定方案”规定，主要承担招商引资项目引进、招商引资政策宣传及协调落实兑现、招商引资项目全程跟踪服务、民营企业服务指导等职能职责。

2021年，全市新签约千万元以上项目219个、同比增长87%，总签约额954.53亿元。新开工千万元以上项目129个、同比增长57%。实现到位资金159.04亿元，同比增长18.3%；到位资金总额和增速在自治区12个盟市中分别位列第6位和第5位，增速较2020年提升7个位次。

截至2021年年底，新签约项目54个、签约额486.17亿元，分别为2021年月平均值的168%和201%；新开工项目15个、计划投资额17.76亿元，分别为2021年月平均值的75%和24%；招商引资项目预计实现到位资金51.68亿元，为2021年月平均值的202%。

【全员招商】 2021年，市区域经济合作局贯彻落实市委、市政府关于推进“项目为王、招商为要”决策部署，推进实施“1+N+9”、定期调度、外出招商等工作机制，精准对接考察，密切跟踪办理。到赤峰、朝阳等地实地考察学习招商经验做法，结合通辽市招商引资和产业发展实际，牵头起草《2021—2022年招商引资和项目建设实施方案》及6项配套细则，经市委、市政府研究审议并于9月25日在全市范围内印发实施，出台《2021—2022年招商引资和项目建设实施方案》《通辽市优化营商环境服务项目建设若干措施》。建立实施“1+N+9”、定期调度、外出招商等工作机制，市旗两级组建57支工作队和专班、291支小分队，开展常年招商。

【“项目管家”服务】 2021年，通辽市出台《通辽市招商引资“项目管家”及“1+1+N”服务模式落实措施》，对由厅级领导、处级领导、科级干部担任“项目管家”的招商项目实行台账管理，通过主动跟踪、定期调度分析，为项目提供全方位贴心服务。

【委托招商】 2021年，通辽市采取政府公开招投标的方式，与上海东方龙商务集团创新开展委托招商工作，借助其产业链紧密、项目资源广、有价值信息多、自身运营能力强等比较优势，为通辽市对接知名企业、推荐优质项目。双方对接企业200余家，达成合作意向14个。

【“鸿雁回通”工作】 2021年，通辽市出台《通辽市“鸿雁回通”工作方案》。市区域经济合作局与市工商联、内蒙古民族大学、通辽职业学院、科尔沁职业艺术学院、市属高中学校等部门院校对接，梳理建立“鸿雁”个人信息1000余份，挖掘通辽市在外发展的“老乡资源”、招引“老乡”回乡创业，推动外地招商工作。

【保障措施】 2021年，通辽市围绕绿色农畜产品加工、铝基新材料、镍基新材料、中蒙医药、现代新能源、硅砂新材料、文化旅游、商贸物流等优势产业，策划更新民间投资项目库204个；梳理更新适合在通辽市从事的各行业全国重点行业头部企业名录218家；收集整理全国各省（市、区）优势产业集群753个；梳理全国各地区“专精特新”工业中小企业名录310家，并发放到全市每名招商干部手中，助力精准对接推进项目。

（市区域经济合作局　陆文华）

对外及港澳贸易

【概况】 2021年，全市外贸进出口总额目标任务36.7亿元，实现55.3亿元，完成目标任务150.6%，同比增长65.3%。其中，出口36.4亿元，同比增长32.5%；进口18.8亿元，同比增长217.0%。

【外贸转型升级基地建设】 2021年，通辽市争取外经贸专项资金2026.5万元，支持外贸企业发展。自治区级外贸转型升级基地——通辽杂粮杂豆基地、开鲁红干椒产业基地、霍林郭勒高端铝材产业基地等基地建设水平不断提升，集聚效应逐步凸显。通辽市友邦报关代理有限公司被自治区认定为第三批外贸综合服务企业培育对象。

【供港澳活牛任务】 2021年，全市供港活牛出口配额4086头（完成2205头），占全国供港活牛配额总数的19.2%，居全国首位；供澳活中出口配额511头（完成336头），占全国供澳活牛配额总数的20%，居全国第二位。通辽市成为中国重要的优质肉牛生产及出口基地。

【组织企业参加展会】 2021年，通辽市组织30余家企业参加“中国国际消费品博览会”“中国服务贸易交易会”“中国进出口商品交易会”“中国国际进口博览会”“第二届中国西部国际投资贸易洽谈会”“厦门第二十一届中国国际投资贸易洽谈会”等知名展会，帮助企业依托展会平台拓市场、抢订单。

【对外贸易环境优化】 2021年，通辽市、旗两级共同推进重点外贸企业包保服务责任制，加强对重点外贸企业的跟踪服务；推广出口信用保险业务，掌握未投保企业名单，并开展“一对一”推广工作。

（市商务局　张　颖）

开发园区

·通辽经济技术开发区·

【概况】 2021年，通辽经济技术开发区（简称开发区）地区生产总值完成143.03亿元，同比增长4.4%。其中，第一产业增加值5.86亿元，同比增长3.0%；第二产业增加值55.82亿元，同比下降1.5%；第三产业增加值81.35亿元，同比增长8.1%。三次产业比4.1∶39∶56.9。固定资产投资完成47.26亿元，同比下降6.9%；社会消费品零售总额达49.39亿元，同比增长6.2%；规模以上工业增加值同比下降3.3%；城镇居民人均可支配收入完成41255元，同比增长7.6%；农牧民人均可支配收入完成24604元，同比增长9.9%；城镇居民人均消费支出23539元，同比增长14%；农村居民人均消费支出18925元，同比增长18.7%。

【农业】 2021年，开发区粮食播种面积25.44万亩，比2020年增加2万亩；总产1.7亿公斤，粮食总产稳定在1.35亿公斤以上。畜牧业生产稳定发展，牲畜存栏13.1万头，同比增长30%。对口蹄疫、高致病性猪蓝耳病、猪瘟、小反刍兽疫、布病、高致病性禽流感进行有效防控，其他动物疫情保持稳定，未发生重大动物疫情。农业机械化稳步发展，开发区机耕、机播、机收面积27万亩，机耕、机播、机收率分别达97%，耕种收综合机械化水平达97%，比2020年增2个百分点。落实惠农政策，加大“三农”扶持力度，累计发放各类惠农补贴资金4180.26万元。其中，耕地保护补贴1954.23万元，实际种粮农民补贴329万元，玉米、大豆和马铃薯种植者补贴1539.28万元，农机补贴357.76万元。种植业总承保面积20.64万亩，保费55.73万元。政策性肉牛养殖保险总承保肉牛5141头，保费10.72万元。奶牛及能繁母猪育肥猪政策性保险承保奶牛9128头，保费41.08万元，能繁母猪1000头，保险费9000元，育肥猪10000头，保险费40000元。截至2021年年底，辽河镇新农村0.3万亩高标准农田建设工程完工，进入验收阶段，开发区累计实施高标准农田建设面积达24.03万亩。完成高标准农田上图入库17.85万亩。经自治区抽验发现内外业27个问题，全部整改完毕。林草专项整治情况，排查2010年至2021年查处的涉林案件95宗，按照市级及开发区破坏草原林地违规违法行为专项整治行动工作方案要求，开发区林草专项整治工作领导小组协调相关部门及镇街开展工作，于11月18日全部完成整改销号工作。自治区下发给开发区疑似违法图斑33个，其中无问题图斑17个，剩余16个问题图斑完成整改并上报销号。国家森林督查交办图斑60个，全部核实完并上传至国家森林督查智慧平台。实施新型经营主体素质提升行动，引进培育壮大龙头企业，培育蒙牛、运达果蔬市场、汉恩生物有限公司、汇联牛业有限公司4家企业为市级龙头企业，现代牧业、蒙鑫羊业两家产业化联合体。

【服务业】 2021年，开发区

立足文旅产业实际，根据产业发展规划和目标对文化旅游“十四五”规划项目进行完善，由原来的八大产业模块整合为文化旅游融合、科尔沁文化特色餐饮、马文化、蒙医药健康养生、文化创意产业、文化+教育+体育6个产业板块。重点强调文旅产业融合发展。重点对内蒙古蒙牛乳业科尔沁有限责任公司AAA级工业旅游景区进行基础服务设施升级改造，围绕旅游交通、游览、旅游安全等8个模块进行整改。完善全市母婴室、残疾人服务设施、景区引导指示牌工作。年内完成湛露温泉小镇项目的国家AA级旅游景区创建工作。开发区加大对辖区文旅产业及产品的宣传推广力度，组织辖区文创企业参与通辽市、自治区及国家级展会、评选活动，扩大开发区文化旅游品牌知名度。

2021年，开发区实施重点项目5个。哲里木湛露温泉康养小镇项目年内新建的两条小分子温泉饮用水生产线建成投产。自治区旅游发展资金100万元拨付到位。梅林军马场项目进行二期工程建设，主要建设内容包括室内马场、马厩、会员中心、员工宿舍和食堂。新雅运动公园项目综合培训楼内部装修工程、轰趴馆、密室逃脱等室内娱乐项目加紧建设。中华牛街项目借助开发区融媒体、微信、短视频等多媒体平台宣传报道，稳步推进宣传“牛街”项目，提升“牛街”项目知名度。协调多家具有一定知名度的企业入驻，进一步提升“牛街”IP品牌。有10家企业入驻，进入装修阶段。科尔沁金山田园综合体项目在进行民宿、餐厅、影咖、儿童娱乐区、儿童主题餐厅等项目的装修改建工程。

【社会事业】 2021年，开发区城镇新增就业700人，农牧民工转移就业5610人。城乡居民基本医疗保险参保46427人，城乡低保1482户、2668人，特困供养人员265人，累计发放城乡低保资金1450.34万元、特困供养生活补助资金268.84万元、军人军属优抚优待资金266万元。启动四中富力分校、辽河一小幼儿园、新城幼儿园建设，建设社区居家养老服务中心、养老服务站8家。抓好“一号通办”工作，收到交办工单10738件，办结10486件，办理中252件，解决率97.7%。辽河镇新农村创建为国家级老年友好型社区，哈萨尔文化、蓝印文化创意获批为自治区重点小微文化企业。以铸牢中华民族共同体意识为主线，开展宣传宣讲130余次，发放宣传资料3万余份，组织“中华民族一家亲”主题活动20余场，国家统编教材使用有序推进，滨河街道新天地社区等6个单位创建为通辽市民族团结进步示范单位。

实施亲水人家老旧小区改造、盛世华府回迁、供热提升改造等工程，新建公厕28所、充电桩6800余个。推进城市精细化管理，建立物业管理实施细则，开展城乡环境卫生综合整治，累计清理垃圾500余吨，拆除碧桂园违建1009户。化解房地产“三难”问题，累计解决48个项目，涉及3.2万户、419万平方米。快速有效应对暴雪天气，累计出动人员2万余人（次）、车辆3000余台（次），做好道路抢通、积雪清运、民生保障、核灾验灾、灾后重建等工作。

【疫情防控】 2021年，开发区启用集中隔离场所5处，组建25个梯队，153人次医务人员轮流进驻集中隔离场所，集中隔离管控各类重点人员1204人。留观期间工作人员零感染，留观人员零损伤。

对冷链人员环境核酸检测，做到“应检尽检”。由基层医疗机构医护人员组成冷链核酸采样小组，按照无假日、即来即采工作制度，对集中仓冷链货物环境人员等进行核酸检测。同时，指导第三方单位开展集中仓货物、环境消杀工作，保障辖区进口物品供应链稳定、有序开展。截至2021年12月31日，应检尽检检测样本172863份，进口冷链食品131499份，国产2854份，环境1910份，人员17059人，进口货物19541份。截至12月31日，空间环境消毒40698立方米、冷链货物消毒8014吨、冷链运输车辆消毒1318辆。

对重点领域、重点人群实施核酸检测常态化监测。根据开发区各行业主管部门上报数据统计，截至2021年12月31日，多点触发监测快递、冷链食品等各类从业人员

12780人次，冷链食品16202份，冷链食品、农贸市场高速收费站环境1387份，养老机构从业及养老人员313人，餐饮服务人员1030人，集中隔离点人员303人，重点领域一线工作人员5152人，城市公共交通运营人员44人，医疗机构外、集中隔离场所环境1274份，医疗机构新入院的患者和陪护116人，退烧药销售量6615盒，止咳药销售量4477盒，抗病毒药销售量4911盒，抗生素销售量15206盒。

新冠病毒疫苗接种，保障“应种尽种”。开发区采取固定接种点+移动接种点方式，“白加黑、5+2”工作模式加快推进疫苗接种工作，实现进高校、进社区、进村屯、进学校上门接种，获得全市卫健系统唯一的新冠病毒疫苗接种“特别组织奖”。截至2021年年底，开发区第一针次累计接种187907针次（包含3～11周岁），第二针次累计接种179763针次（包含3～11周岁），重组第三针次累计接种8461针次，加强灭活针累计接种57230针次。

制定《开发区新冠病毒全员核酸检测工作方案》，储备全员核酸检测采样人员队伍，开展核酸检测“登记、采、送、运”人员培训，完成全员核酸检测信息登记系统信息录入工作，为实现网格管理、样本采集、样本转运、样本接收、检测报告全程信息化奠定基础。组织开展全民核酸检测应急演练1次，开展新冠肺炎疫情全流程应急演练1次，全面提升开发区大规模人群核酸检测实战能力。组织辖区各医疗机构进行院感防控培训学习，加强辖区内各医疗机构防控工作人员感染防控专业知识，新冠肺炎防控“线上+线下”培训15次。

【卫生健康】 2021年，开发区各项基本公共卫生服务项目逐步达标。建立居民健康档案141486人，建档率103.35%。其中65岁以上老年人健康管理率90.19%、高血压患者规范管理率100%、糖尿病患者规范管理率100%、重性精神疾病患者规范管理率97.78%、肺结核患者规范管理率100%。接收上级下拨基本公共卫生服务经费959.59万元。5家医疗机构分时段安排接种工作，在接种新冠病毒疫苗的同时保证常规儿童免疫不停歇。开发区辖区出生1981人，建卡及时率100%。开发区基础疫苗接种率达国家要求标准。开展各级各类健康促进活动130余次，覆盖人群53280人，发放健康素养66条、“三减三健”、家庭实用工具包、绿色环保袋等宣传品12种、7万余份。“免费婚检”363对，婚检率89%；免费发放叶酸1901人份；免费孕前优生健康检查368对。新生儿生育登记录入率100%，全员系统信息动态更新率达70%以上；举办健康家庭促进行动知识讲座3场；“529”计划生育会员日为特扶家庭成员71人进行健康体检；在端午、中秋等节日期间，对48个计划生育特殊家庭进行关怀慰问。打造河西街道二号村幼儿园为开发区0～3岁普惠性托育机构备案试点；在居住环境、社区服务等方面对辽河镇新农村进行改造升级，创建为国家级老年友好型社区；敬老月活动周期间，开展集中宣传活动10场，老年健康知识讲座20场，对27名计划生育特殊家庭60岁以上老年人、9名96～100岁老人进行走访慰问。

（通辽经济技术开发区　陈艳龙）

·工业园区·

【概况】 通辽市工业园区建设始于2000年。2021年8月6日，经自治区政府研究决定，对通辽市13个工业园区、1个物流园区进行优化整合。截至2021年年末，整合后通辽市有6个工业园区，均为自治区级园区，其中一类园区2个，二类园区4个。总面积278.74平方，总建成面积151.43平方，内有工业企业682户，其中规模以上工业企业142户。全年，实现工业总产值1211.6亿元、税金49.87亿元，就业人数62770人。

【科尔沁工业园区】 科尔沁工业园区建于2005年。2010年，被工信部授予国家新型工业化产业示范基地。2011年，内蒙古自治区政府批复为自治区级工业园区。2020年，被评为自治区级绿色园区。2021年8月，成为自治区级二类园区。截至2021年年底，科尔沁工业园区累计基础设施投资22.88亿元。初步形成以玉米生物科技、绿色农畜产品深加工、装备制造及战略性新兴产业为主导的产业集群。重点企业包括梅花生物科技、金锣食品、精工蓝宝石等。2021年，入驻企业77户，其中规模以上工业企业21户，就业人数8937人。

【霍林郭勒高新技术产业开发区】 2021年8月，经自治区政府批准，霍林郭勒高新技术产业开发区由霍林郭勒工业园区、扎哈淖尔工业园区、鲁北工业园区及扎鲁特高技术煤化工产业园区合并而成。下设霍林郭勒产业园、扎哈淖尔产业园及鲁北产业园，均为自治区级一类园区。

霍林郭勒产业园（原霍林郭勒工业园区）建于2002年。2011年，内蒙古自治区政府批复为自治区级工业园区。2015年，被工信部授予国家新型工业化产业示范基地，2018年，被评为自治区级高新技术产业开发区。2018年2月，纳入《中国开发区审核公告目录（2018年版）》。截至2021年年底，霍林郭勒产业园累计基础设施投资26.04亿元，形成以能源产业为基础的煤电铝及铝深加工产业链条。重点企业包括锦联铝材、霍煤鸿骏、创源金属、露天煤业等。入驻企业85户，其中规模以上工业企业21户，就业人数13500人。

扎哈淖尔产业园、鲁北产业园（原扎哈淖尔工业园区、鲁北工业园区、扎鲁特高技术煤化工产业园区）建于1997年，各产业园单独设立管理机构。2011年，经通辽市政府批准为市级工业园区。2013年，被批准为自治区级承接产业转移示范园区。2018年2月，纳入《中国开发区审核公告目录（2018年版）》。截至2021年年底，累计基础设施投资29.95亿元。初步形成煤、电、铝及铝加工、肉制品加工、制酒业等主导产业。重点企业包括扎哈淖尔煤业有限公司、霍煤鸿骏铝电公司扎哈淖尔分公司、内蒙古超今新材料有限公司、内蒙古宏发食品有限公司、扎鲁特旗海底捞食品有限公司、内蒙古威林酒业有限责任公司、扎鲁特旗东山水泥有限责任公司、内蒙古清泉生物有限责任公司等。2021年，入驻企业89户，其中规模以上工业企业14户，就业人数8100人。

【开鲁生物医药产业开发区】 开鲁生物医药产业开发区原为开鲁工业园区，建于2008年，是自治区承接产业转移示范园区、工业循环经济示范园区和自治区农牧业产业化示范园区。2018年2月，纳入《中国开发区审核公告目录（2018年版）》。2021年8月，成为自治区级二类园区。截至2021年年底，开鲁生物医药产业开发区累计基础设施投资32.55亿元。形成玉米生物科技、绿色农畜产品生产加工输出、新型能源及装备制造为主体的三大产业集群。重点企业包括玉王生物、华曙生物、圣达生物、华北制药华凯药业、圣雪大成、利牛生化、昶辉生物、开药集团（开鲁）制药等。2021年，入驻企业103户，其中规模以上工业企业17户，就业人数7500人。

【通辽承接产业转移开发区】 2021年8月，经自治区政府批准，通辽承接产业转移开发区由科左后旗自主创新承接产业转移示范园区和库伦工业园区整合而成，下设科左后旗产业园和库伦旗产业园，是自治区级二类园区。

科左后旗产业园（原科左后旗自主创新承接产业转移示范园区）建于2011年9月，为市级工业园区。2012年12月，被批准为自治区级承接产业转移示范园区。2013年，被自治区政府列为东部盟市13个重点扶持建设的园区之一。2018年2月，纳入《中国开发区审核公告目录（2018年版）》。截至2021年年底，累计基础设施投资13.17亿元。初步形成硅砂新型建筑材料为主导的产业集群。重点企业包括长江造型、泰鼎金属、大维碳素、远大碳素等。该开发区入驻企业42户，其中规模以上工业企业7户，就业人数1121人。

库伦旗产业园（原库伦工业园区）建于2006年，包括三家子、南山2个片区，由库伦旗工业园区管委会统一管理。2011年9月，被通辽市政府批准为市级工业园区。2012年12月，被批准为自治区级承接产业转移示范园区。2014年5月，被评为自治区级承接产业转移示范园区。截至2021年年底，该产业园累计基础设施投资3.84亿元。初步形成农畜产品深加工、蒙医药、建材、硅砂铸造等特色产业。重点企业包括库伦蒙药、东蒙水泥、绿洲食品、绿研农业开发、聚鑫源有色金属、库伦旗利晟耐火材料等。入驻企业35户，其中规模以上工业企业3户，就业人数1472人。

【奈曼工业园区】 奈曼工业园区建于2003年9月，包括大沁他拉、八仙筒、白音塔拉3个片区，由奈曼旗工业园区管委会统一管理。2009年，被通辽市政府批准为市级工业园区。2013年，被确定为自治区级承接产业转移示范园区。2021年8月，成为自治区级二类园区。截至2021年年底，该工业园区累计基础设施投资19.5亿元，初步形成金属冶炼加工、新型建材及绿色农畜产品加工三大主导产业。重点企业有经安有色金属、中联水泥、玻丝特制造、宏基水泥、凌云海糖业、仁创沙产业等。入驻企业103户，其中规模以上工业企业17户，就业人数7500人。

【通辽经济技术开发区】 2021年8月，经自治区政府批准，通辽经济技术开发区由通辽经济技术开发区、保康工业园区、宝龙山工业园区及花吐古拉工业园区整合而成，下设高新技术产业园和科左中旗产业园，为自治区级一类园区。

2001年9月，高新技术产业园（原通辽经济技术开发区）经自治区政府批准设立为自治区级开发区。2018年2月，纳入《中国开发区审核公告目录（2018年版）》。2019年10月，被评为自治区级高新技术产业开发区。截至2021年年底，累计基础设施投资13.47亿元。初步形成绿色有机生物、战略新兴产业等主导产业。重点企业包括金煤化工、蒙药股份、福耀玻璃、蒙牛乳业等。入驻企业125户，其中规模以上工业企业36户，就业人数14100人。

【科左中旗产业园】 科左中旗产业园（原保康工业园区、宝龙山工业园区、花吐古拉工业园区）建于2005年10月。2011年11月，被通辽市政府批准为市级工业园区。2013年12月，被确定为自治区级承接产业转移示范工业园区。截至2021年年底，该产业园累计投入基础设施资金18.91亿元。初步形成农畜产品加工、风电设备制造及新型化工等产业。重点企业包括哈林肉业、科迈化工、江岩新型建材科技等。入驻企业87户，其中规模以上工业企业4户，就业人数2194人。

（市工业和信息化局 柴彦婷）

科学技术

综　述

【概况】 2021年，全市科技创新工作以“科技兴蒙”行动为统领，搭建科技创新平台，实施关键技术攻关，促进科技成果转化，拓展科技合作空间。全市科技创新工作有亮点，在自治区东部率先实施的企业科技特派员工作得到自治区科技厅的认可和支持；印发《关于深入落实“科技兴蒙”行动促进科技创新发展的若干政策措施》。各级各类科技计划项目资金兑付率大幅提升；获自治区重大专项立项支持项目2个、纳入自治区科技厅2021年揭榜挂帅项目榜单并成功签约项目1个。

2021年，通辽市推荐申报各级各类科技项目134项，高新技术企业数达45家。新获批（或通过复审）高新技术企业16家，通辽国家农业科技园区全部通过科技部综合评估。全年新增自治区企业研发中心8家，自治区级众创空间1家。年内，完成通辽市技术合同登记35项，合同成交额1857.73万元，技术交易额1837.73万元。

通辽国家农业科技园区通过验收，启动创新平台载体培育计划，认定企业研发中心15家、重点实验室10家、农业科技园区2家。工业技改和高技术产业投资均完成9.1亿元，新增高新技术企业16家、达44家，入库科技型中小企业34家。

【关键技术攻关】 2021年，通辽市围绕玉米、肉牛、中医药（蒙医药）等产业开展科技攻关。高产优质绿色玉米杂交种选育及高效节水集成技术研究与示范推广、科尔沁肉牛新品种选育集成技术研究与示范推广等项目正式启动；由科尔沁农牧科学院牵头的辣椒优质高产抗病新品种选育项目取得阶段性成果；由市农科院牵头的自交可育甜荞种质资源创新及新品种选育与利用研究项目有序推进；水性涂料用高性能铝颜料的绿色高效深加工技术研究、哈兹列特钢带表面火焰喷涂脱模技术研发、蒙药材焖煅技术及应用研究等项目相继获得自治区立项支持。市本级以后补助方式立项支持“节能降耗”专项项目4个，推动企业低碳绿色发展。

【创新交流合作】 2021年，通辽市推动与内蒙古民族大学、上海交通大学内蒙古研究院、中国农业科学院草原研究所等科技合作框架协议落实，并给予项目支持。先后与内蒙古农业大学、中国农业机械化科学研究院呼和浩特分院有限公司、天津科技大学等高校或企业签订科技合作协议。组织召开“科技兴蒙”成果推介对接交流会，通辽市企事业单位与9家高等院校和科研院所签署9项产学研合作协议。加强产学研合作，内蒙古科尔沁肉牛种业股份有限公司牵头的“中澳肉牛联合育种及优秀种牛扩繁与推广”、内蒙古蒙医药工程技术研究院与中国科学院西北高原生物研究所、北京中医药大学合作的“含重金属2种蒙药经典制剂的安全性评价技术研究”等产学研项目先后获得自治区立项支持。市科技局启动与市蒙中药办、市农牧局等政府主管部门“1+1”协同工作机制，凝聚科技创新的合力。

【通辽国家农业科技园区通过科技部综合评估】 2021年12月6日，科技部公示2021年

图 44　通辽国家农业科技园区内的科尔沁肉牛种业基地（市科技局　提供）

国家农业科技园区综合评估结果。全国 77 家第 7 批国家农业科技园区参加评估，通辽国家农业科技园区获达标等次，通过科技部评估。通辽农业科技园区是全国唯一一家以玉米、肉牛为主导产业的国家级农业科技园区，于 2015 年被科技部批准建设，2019 年建成并以优异成绩通过科技部考核验收。经过两年建设期，科技部根据《国家农业科技园区管理办法》要求，开展 2021 年国家农业科技园区综合评估工作，经过园区自评估、视频答辩以及综合评议等程序，形成评估结果。

园区秉承“创新、协调、绿色、开放、共享”的发展理念，立足中国北方农牧交错带典型区域实际，坚持与“科技兴蒙”行动相结合、与脱贫攻坚相结合、与乡村振兴相结合、与农牧民增收致富相结合，按照“核心区—示范区—辐射区”层次布局，全面推进园区建设。截至 2021 年年底，园区核心区投入 47.26 亿元，打造水肥一体智能化运行平台、智慧农业大数据管理平台等 7 个亮点工程，建设玉米院士专家工作站、种业技术创新中心、科技特派员工作站、星创天地等创新平台载体 58 家，取得各类自主研发科技成果 98 项，推广应用 452 项先进适用技术，引进展示 386 个优新品种，获自治区级以上奖励 37 项。核心区农牧民人均纯收入达 18542 元，高于核心区以外地区农牧民 4332 元，实现经济效益、社会效益与生态效益全面提升。

（市科技局　包雪晶）

图 45　通辽市国家农业科技园区玉米节水高产高效技术集成示范区（市科技局　提供）

科技服务

【概况】 2021年，通辽市召开全市科技工作会议、科技局长座谈会、科技型企业家座谈会，安排部署全市科技创新工作。到各旗（县、市、区）开展走访调研，对发展困难的企业给予企业申报项目、培育平台、成果转化等方面的指导。举办高企认定暨研发经费加计扣除、技术交易后补助政策等培训会，印发《企业研发加计扣除税收优惠政策问答》《技术市场相关政策解读》等资料，进一步打通政策落地"最后一公里"。率先在自治区范围内试点开展企业科技特派员制度，全市首批11名企业科技特派员入驻企业。

【科技特派员】 2021年，通辽市选派科技特派员643名，到全市嘎查村开展科技服务工作，选派77名"三区"人才，服务覆盖35个乡镇苏木，265个嘎查村，服务带动4700余户农牧民；通过线上"12396""农牧业科技服务"微信小程序、"通辽科特派"App平台和线下现场培训相结合的方式，围绕玉米高产高效栽培、肉牛肉羊标准化养殖、设施农业等技术，累计举办170余期（次）农牧民科技培训班，累计培训农牧民1.3万人次。围绕脱贫攻坚和乡村振兴有效衔接，拓展中央定点帮扶单位与受援旗县合作的广度和深度。国家自然基金委协助奈曼旗中药材管理中心申报的奈曼旗蒙中药材大数据服务平台建设与应用项目获中央引导地方科技发展基金批立项支持；市科技局立项支持的北京交通大学在科左后旗实施的"减肥增效"科技成果转化项目，基本建成可利用当地畜牧粪便生产有机肥的研发生产基地，初步具备批量生产能力；与北京化工大学共建技术转移服务机构等项目已确立合作意向。

科技项目和成果

【概况】 2021年，通辽市向自治区推荐科技项目94项，获得国家、自治区科技经费4324万元，其中2个项目被纳入自治区科技重大专项予以支持，1个项目纳入自治区科技厅2021年揭榜挂帅项目榜单并成功签约。通辽市林业和草原科学研究所完成的"优质小苹果——塞外红选育及配套栽培技术研究"和辽河石油勘探局有限公司通辽铀业分公司、中油辽河油田公司勘探开发研究院、中核通辽铀业有限责任公司完成的"开鲁凹陷钱家店地浸砂岩型铀矿勘探关键技术与超大型铀矿床发现"两项科技成果获得自治区科学技术进步二等奖。

【中低压纯氢与掺氢燃气管道输送及其应用关键技术研发项目启动会】 2021年11月8日，通辽市科技型企业牵头实施的2021年度内蒙古自治区科技重大专项"中低压纯氢与掺氢燃气管道输送及其应用关键技术研发"项目启动暨实施方案论证会召开。

该项目由通辽市隆圣峰天然气有限公司牵头申报并组织实施，联合清华大学、西安交通大学、中国石油管道工程有限公司、中国石油规划总院等9家高校科研院所及高新技术企业联合推进实施，项目实施期3年，下设5个课题，总投资3000万元。自治区财政支持资金943万元。

2021年通辽市承担的重大科技项目一览表

表4

项目类别	项目名称	承担单位
2021年自治区重大专项	中低压纯氢与掺氢燃气管道输送及其应用关键技术研发	通辽市隆圣峰天然气有限公司
	基于路域生态经济的文冠果新品种培育及产业化关键技术研究与应用	内蒙古玛拉沁生物科技有限责任公司
2021年自治区"揭榜挂帅"项目	氢燃料转子发动机开发	通辽氢驱动力科技有限公司

图 46　2021 年 11 月 8 日，2021 年度内蒙古自治区科技重大专项“中低压纯氢与掺氢燃气管道输送及其应用关键技术研发”项目启动暨实施方案论证会召开，图为通辽会场　（市科技局　提供）

【左明湖、鲍岩峰获三农科技服务金桥奖个人优秀奖】 2021 年 9 月，中国技术市场协会组织开展的第三届三农科技服务金桥奖评选结果揭晓。开鲁县农业技术推广中心的左明湖和开鲁县元大种子培育有限公司的鲍岩峰获得个人优秀奖。

左明湖从事农技推广工作 30 多年，在开鲁县推广绿色食品红干椒生产技术应用项目，推广面积 52.01 千公顷，总产值 1.11 亿元，新增收入 0.991 亿元。推广无公害蔬菜标准化综合配套技术应用与推广，累计推广 20 万亩以上，为农牧民创造经济效益 0.65 亿元，与有关农技人才合作推广冬暖型日光温室茄子越冬茬栽培集成与示范项目累计推广面积 2000 亩，新增纯收入 0.446 亿元；鲍岩峰从事红辣椒新品种选育及绿色配套生产技术研究，选育出新品种 14 个，其中 3 个品种通过自治区品种审定委员会认定，研发的新品种蒙古椒 4 号被列为全县主推品种，累计推广面积 46.4 万亩，增加效益 5.12 亿元。收集、整理、创新种质资源 500 余份，骨干系列 27 份，其中高配合力自交系 6 份，为研发高抗病、高品质、高产量新品种打下坚实基础。研发出雄性不育两用系 HP1607Ms。胞质雄性不育三系，即不育系（不育 A–4 鲁育 2），恢复系（094 育 7），保持系（鲁育 2），实现辣椒雄性不育系杂交制种。

（市科技局　包雪晶）

科学技术普及

【概况】 2021 年，市科技局履行全民科学素质专项工作组办公室的职能作用，根据新形势新任务新要求，调整充实专项工作组成员单位，从原来的 18 个部门增加到 26 个部门，推动构建“党委领导、政府推动、齐抓共管、全民参与”的大科普工作格局。

【科普阵地建设】 截至 2021 年年底，全市共建立市级农村牧区科普学校 22 所、社区科普大学 33 所、农技协 32 个、科普教育基地 2 个，科普图书室 5 个、科技小院 1 个、农村中学科技馆 1 所、青少年科技活动中心 10 个、科普宣传画廊 1200 延长米；自治区级科普 e 站 2 个、科普示范社区 3 个、科普示范学校 7 个、科普示范基地 5 个、科普教育基地 10 个；争取国家和自治区科普项目资金 1127 万

图 47　2021 年 9 月 11 日，2021 年全国科普日内蒙古主场活动通辽市分会场启动仪式在通辽市市民广场举行　（市科技局　提供）

元，科普服务能力显著提升。

【开展科普传播活动】 2021年，通辽市科技局聚焦重点人群，不断创新活动形式，丰富科普内容。全年开展“百名专家走进盟市旗县科普传播行”活动2次，开展各类科普讲座、实用技术培训、义诊等活动130余场次，5万余人参加。开展全国科普日、科技活动周等系列活动100余场次，3万余人受益。举办“通辽市第四届全民科学素质竞赛”“第五届通辽市青少年机器人竞赛”“通辽市蒙古族学校首届科技节”“科技夏令营”“第五届通辽市青少年科技辅导员培训班”“第12届全国青少年科学影像节”“流动科技馆巡展”“科普大篷车进校园”等活动，参加师生达45000余人次，青少年科技教育工作成效显著。全市开展“科普之冬（春）”活动80余场次，累计发放各类科普图书、宣传手册20000余本（册），8000余人次参与。组织全市领导干部和公务员，参加中国科协海智专家生态环境保护专题报告会，参加人数达500余人，进一步提升各级领导干部和公务员聚焦绿色转型、聚力高质量发展的能力。

（市科技局 包雪晶）

科技平台

【概况】 2021年，市科技局邀请中国科学院科技战略咨询研究院资深专家、中国高新区研究中心主任刘会武为通辽高新区创建工作进行指导；通辽国家农业科技园区通过科技部评估。围绕玉米、荞麦、红干椒等主要作物开展科技示范基地建设，科左中旗核心区玉米示范基地、开鲁蒙中药材科技示范基地、科左中旗设施果树科技示范基地进入实际科技试验示范阶段，在新品种、新技术引进等方面取得突破性进展；继续实施科技型企业“双倍增”行动计划。16家企业通过高新技术企业认定（或复审），全市高新技术企业总数达45家，新增入库科技型中小企业34家。市科技局推进通辽科技大市场升级，到自治区科技厅、呼和浩特市、包头市等地调研学习，与东北科技大市场就合作建设线上平台达成共识；新增自治区企业研发中心8家、自治区级众创空间1家；启动市级创新平台载体培育计划，正式认定市级企业研发中心15家、市级重点实验室10家、市级农业科技园区2家。

2021年，通辽市新增自治区级众创空间，内蒙古鼎越网络科技有限公司的梦翼众创空间。2021年，新增市级农业科技园区，分别是奈曼旗国安农业开发有限公司运营的奈曼旗中药材农业科技园区、开鲁县政府运营的开鲁县红干椒农业科技园区。

【重点实验室授牌仪式】 2021年9月10日，“通辽市重点实验室”授牌仪式暨“通辽市重点实验室”科技创新工作交流会在通辽职业学院举行。参与交流会的通辽市实验室有10家，即通辽市耕地质量保护与提升重点实验室、通辽市玉米育种重点实验室、通辽市抗旱作物遗传育种与种质创新重点实验室、通辽市动物疾病检验检疫蓝博动检实验室、通辽市肉牛繁殖生物技术重点实验室、通辽市肉品加工与质量安全控制重点实验室、

图48 2021年9月10日，“通辽市重点实验室”授牌仪式暨“通辽市重点实验室”科技创新工作交流会在通辽职业学院举行（市科技局 提供）

通辽药食同源功能性食品研究与开发重点实验室、通辽市煤电铝绿色发展企业重点实验室、通辽市—有色金属冶炼及铝压延加工—联晟新材重点实验室、通辽市铝及铝合金材料检测重点实验室被认定为“通辽市重点实验室”，涉及农作物、动检、肉牛繁育、有色金属冶炼、绿色能源等方面。该仪式的举行对优化通辽市技术创新平台建设，提高自主创新能力，加强人才培养和技术研发起到促进作用。

（市科技局　包雪晶）

2021 年全市高新技术企业一览表

表 5

序号	企　业　名　称	所属旗（县、市、区）
1	通辽市江岩新型建筑材料有限公司	科左中旗
2	通辽蒙东固体废弃物处置有限公司	扎鲁特旗
3	内蒙古清泉生物科技有限公司	扎鲁特旗
4	蒙东协合扎鲁特旗风力发电有限公司	扎鲁特旗
5	内蒙古白音杭盖食品有限公司	奈曼旗
6	内蒙古亿利新中农沙地农业投资股份有限公司	奈曼旗
7	奈曼旗忠義砂产业有限公司	奈曼旗
8	内蒙古库伦蒙药有限公司	库伦旗
9	中核通辽铀业有限责任公司	科尔沁区
10	通辽市神鹰飞机制造有限公司	科尔沁区
11	通辽市茂源农业科技有限公司	科尔沁区
12	通辽市绿云信息有限公司	科尔沁区
13	通辽市海邻生物科技有限公司	科尔沁区
14	通辽市大林型砂有限公司	科尔沁区
15	通辽梅花生物科技有限公司	科尔沁区
16	通辽德胜生物科技有限公司	科尔沁区
17	内蒙古泰达环保安全科技发展有限公司	科尔沁区
18	内蒙古玉王生物科技有限公司	开鲁县
19	内蒙古昶辉生物科技股份有限公司	开鲁县
20	中建材通辽矽砂工业有限公司	开发区
21	通辽伟德新材料科技开发有限公司	开发区
22	通辽市义热队软件科技有限公司	开发区
23	通辽市亿隆科技有限公司	开发区
24	通辽市创元软件开发有限公司	开发区
25	通辽金煤化工有限公司	开发区
26	通辽环保投资有限公司	开发区
27	内蒙古蒙元生物基因科技有限公司	开发区
28	内蒙古蒙药股份有限公司	开发区
29	内蒙古蓝博动物疾病检验检疫有限公司	开发区
30	内蒙古科尔沁药业有限公司	开发区
31	内蒙古汉恩生物科技有限公司	开发区
32	福耀集团通辽有限公司	开发区
33	通辽霍煤恒大铝粉有限公司	霍林郭勒市
34	通辽霍林河坑口发电有限责任公司	霍林郭勒市
35	内蒙古旭阳新材料有限公司	霍林郭勒市
36	内蒙古联晟新能源材料有限公司	霍林郭勒市

续表 5

序号	企业名称	所属旗（县、市、区）
37	内蒙古锦溪科技股份有限公司	霍林郭勒市
38	内蒙古锦联铝材有限公司	霍林郭勒市
39	内蒙古霍宁碳素有限责任公司	霍林郭勒市
40	内蒙古霍煤鸿骏铝电有限公司	霍林郭勒市
41	内蒙古创源金属有限公司	霍林郭勒市
42	内蒙古创源合金有限公司	霍林郭勒市
43	霍林郭勒海利机电设备维修有限公司	霍林郭勒市
44	通辽市大维碳材料有限责任公司	科左后旗
45	康臣药业（内蒙古）有限责任公司	科左后旗

2021 年新增入库科技型中小企业一览表

表 6

序号	企业名称	所属旗（县、市、区）
1	通辽市义热队软件科技有限公司	科尔沁区
2	通辽氢驱动力科技有限公司	科尔沁区
3	通辽环保投资有限公司	科尔沁区
4	通辽市亿隆科技有限公司	科尔沁区
5	内蒙古泰达环保安全科技发展有限公司	科尔沁区
6	内蒙古京蒙高科干细胞科技有限公司	科尔沁区
7	内蒙古时机天成科技有限公司	科尔沁区
8	内蒙古汉恩生物科技有限公司	科尔沁区
9	内蒙古华溢科技有限公司	科尔沁区
10	通辽伟德新材料科技有限公司	科尔沁区
11	内蒙古科尔沁药业有限公司	科尔沁区
12	通辽市科翔饲料有限公司	科尔沁区
13	通辽德胜生物科技有限公司	科尔沁区
14	通辽丰伟水利建筑工程有限公司	科尔沁区
15	通辽市创元软件开发有限公司	科尔沁区
16	内蒙古神鹰飞机制造有限公司	科尔沁区
17	内蒙古东绿生态科技股份有限公司	科尔沁区
18	内蒙古东绿生态科技研究院有限公司	科尔沁区
19	通辽市绿云信息有限公司	科尔沁区
20	通辽市江岩新型建筑材料有限公司	科尔沁区
21	内蒙古坤轮科技发展有限责任公司	科尔沁区
22	通辽市茂源农业科技有限公司	科尔沁区
23	通辽市海邻生物科技有限公司	科尔沁区
24	内蒙古蓝博动物疾病检验检疫有限公司	科尔沁区
25	内蒙古科尔沁肉牛种业股份有限公司	科左中旗
26	通辽市大维碳材料有限责任公司	科左后旗
27	通辽市华邦药业有限公司	科左后旗
28	内蒙古博昊通达窗业有限公司	科左后旗
29	通辽市韬盛水泥制品有限公司	库伦旗
30	通辽市仁创铸造材料有限公司	奈曼旗
31	内蒙古白音杭盖食品有限公司	奈曼旗
32	奈曼旗忠義砂产业有限公司	奈曼旗
33	内蒙古清泉生物科技有限公司	扎鲁特旗
34	内蒙古锦溪科技股份有限公司	霍林郭勒市

2021 年度通辽市重点实验室一览表

表 7

序号	重点实验室名称	依托单位
1	通辽市耕地质量保护与提升重点实验室	通辽市农牧科学研究所
2	通辽市玉米育种重点实验室	通辽市农牧科学研究所
3	通辽市抗旱作物遗传育种与种质创新重点实验室	通辽市农牧科学研究所
4	通辽市动物疾病检验检疫蓝博动检实验室	内蒙古蓝博动物疾病检验检疫有限公司
5	通辽市肉牛繁殖生物技术重点实验室	内蒙古科尔沁肉牛种业股份有限公司
6	通辽市肉品加工与质量安全控制重点实验室	通辽市哈林肉业有限公司
7	通辽药食同源功能性食品研究与开发重点实验室	通辽职业学院
8	通辽市煤电铝绿色发展企业重点实验室	内蒙古锦联铝材有限公司
9	通辽市有色金属冶炼及铝压延加工—联晟新材重点实验室	内蒙古联晟新能源材料有限公司
10	通辽市铝及铝合金材料检测重点实验室	内蒙古霍煤鸿骏铝电有限责任公司

气象服务

【概况】 2021 年，通辽市气象局累计发布重要天气报告 10 期，气象信息专报 16 期，气象信息 174 期，专题气象服务 56 期，森林草原火险气象等级预报 155 期。针对各类自治区级、市级重大会议、重大活动开展个性化特色专题气象服务，服务前主动联系各个活动主办方或组委会，根据服务对象要求制作个性化服务产品；根据会议活动情景、法定节假日传统习俗及重要时间节点类型采用特色专题气象服务模板，建立专题气象服务产品素材库。服务保障自治区市两级多项重大会议、活动顺利开展。服务的自治区级重大会议、活动包括内蒙古自治区推进高质量发展重大项目建设动员会、内蒙古自治区第十五届中学生运动会两项；市级重大会议、活动包括通辽市第五届委员会第十一次全体会议、通辽市两会、中国共产党通辽市第六次代表大会等。服务产品受到自治区党委常委、通辽市委书记孟宪东，市长郭玉峰、副市长张鸿福、副市长钟卫华在内的多位地方党政领导签批 6 次，获市工会“五一劳动奖状”集体奖，“递进式”服务成效获地方市委、市政府和各单位一致认可，为通辽市重特大气象灾害防灾减灾救灾工作提供坚实气象服务保障。

【气象预报预警】 2021 年，通辽市气象局累计发布包括暴雨、暴雪、大风、寒潮、大雾等各类气象灾害预警信号 302 期。其中，蓝色级别预警信号 75 期、黄色 140 期、橙色 76 期、红色 11 期。强对流气象灾害预警信号发布时间提前量达 28 分钟，较 2020 年度提升 23 分钟；暴雨（雪）预警信号准确率达 88%。完成一体化平台对接国突工作，多次面向全市气象部门开展一体化平台对接国突工作培训，针对气象灾害预警信号对上反馈和对下指导进一步加强，全年预警信号信息发布正确率达 100%。联合自治区通辽生态环境监测站、市生态环境局开展重污染天气联合会商，针对污染源头及空气污染气象条件进行分析；联合市水务局发布中小河流洪水气象风险预警 9 期、山洪气象风险预警 17 期，保证汛期强降水期间水库、河流及时抢险加固；联合市自然资源局发布地质灾害气象风险预警 9 期，为应急等有关部门抢险救灾准备工作提供前期指导建议。

2021 年气候较为异常、极端降水频发，通辽市累计经历“3 月 19 日至 21 日北部暴雪过程”“5 月 5 日至 6 日北部中到大雨过程”“6 月 13 日至 15 日端午期间东部大雨、局地暴雨过程”“7 月 5 日至 9 日北部暴雨过程”“7 月 24 日至 29 日北部暴雨过程”“7 月 29 日至 8 月 1 日台风‘烟花’大到暴雨过程”“9 月 20 日至 21 日中南部大到暴雨、局地大暴雨过程”“10 月 14

日至17日寒潮、大风、霜冻过程”“11月5日至9日中南部特大暴雪过程”9次重大天气过程。其中，对流性降水过程4次，稳定性降水过程4次，高影响寒潮大风霜冻过程1次。影响较弱的大范围天气过程出现28次。其中，大范围弱降水过程25次，降温、沙尘、大风过程3次。2021年度，通辽市春季大风沙尘频发，6月，全市对流多发、北部降水异常偏多、高温过程异常偏少，中南部降水“前少后多”，秋季全市降水较常年偏多、气温偏高。

（市气象局　于佳卉）

地震监测

【概况】　2021年，通辽市地震局定期对地震监测场所、监测设施仪器进行维护，确保仪器正常运行，不断优化地震台站环境，维护仪器设备，更新机房UPS供电系统，升级台站通信设备。2021年，通辽市所辖各地震监测台站观测数据准确、连续、完整，通辽地震大中城市节点的网络畅通。截至2021年年底，上报周会商42期、月会商11期、年中地震趋势会商报告一份。

7月23日，通辽市科尔沁左翼后旗发生3.0级地震；10月15日，赤峰阿鲁科尔沁旗发生4.7级地震。通辽市地震局均第一时间开展应急处置工作，召开会商会，科学分析研判地震趋势，震情信息及时报送市委、市政府、应急局，派出现场工作组了解核实灾情，有效应对有感地震事件。调整完成“三网一员”群测群防体系建设，建立专兼结合的群测群防队伍，发挥其作用。将“三网一员”补助经费纳入同级财政预算，并按时发放通信补助。

【震害防御】　2021年，市地震局配合市普查办开展自然灾害综合风险普查工作。协助完成《通辽市第一次自然灾害综合风险普查实施方案》的编写工作。对接配合自治区地震局开展通辽地区地震灾害风险普查工作。进一步深化“放管服”改革，优化营商环境，做好通辽市建设工程地震安全性评价管理工作，为各旗（县、市、区）开展区域性地震安全性评价工作提供服务。完成两会、“七一”建党庆祝活动等重大活动及特殊时段地震安保工作。

【地震知识宣传】　2021年5月12日，市地震局参加市应急局组织的广场宣传活动。9月11日，参加全国科普日现场宣传活动。通过现场讲解、发放地震知识宣传册、悬挂条幅等形式普及地震常识。宣传周期间分别在社区、学校开展地震知识科普讲座，发放宣传手册千余份，出示展板条幅，通过多种形式开展宣教工作。参与“星光护航、平安校园”大型公益活动，拓宽地震科普的覆盖面。

（市地震局）

教　育

综　述

【概况】　2021年，通辽市有各级各类学校1266所，其中，小学222所、初中108所、高中33所、中等职业学校22所、特殊教育学校8所、幼儿园873所、教学点393个（不计校数）。全市在校生415603人。其中，小学170720人、初中91056人、高中64656人、中等职业学校14068人、特殊教育学校1064人、幼儿园74039人。全市有教职工44180人（专任教师34302人）。

全面推行使用国家统编教材，落实“双减”政策。普惠性幼儿园覆盖率达82.66%，残疾儿童入学率保持在95%以上。13所公立幼儿园、富力四中分校、蒙古族中学综合楼开工，科尔沁区实验小学恒大城分校、通辽市五中宿舍楼主体完工，扎鲁特旗毛都小学教学楼、通辽职业学院护理实训综合楼建成使用。科尔沁区南门小学成为第九批全国民族团结进步示范区示范单位。

【教育督导】　2021年，通辽市成立通辽市人民政府教育督导委员会，市政府分管教育副市长任主任，分管教育的政府办副主任、市教育局局长任副主任，成员单位包括市委组织部、宣传部在内的21个职能部门及市辖的两所高职院校。市政府教育督导委员会办公室设在市教育局，承担委员会日常工作。2021年年底，市委办、市政府办印发《通辽市深化新时代教育督导体制机制改革实施方案》。建立常态化督导机制，印发《通辽市督学责任区实施方案》，将全市9个旗（县、市、区）及市直学校划分为8个督学责任区，在全市退休名校长、教育专家、督导骨干中遴选8位聘任为每个责任区的督学组长，每个责任区相应配备7～11名专兼职责任督学，负责各责任区日常督导工作。建立督学组长月例会制度，定期上报责任区督导工作。2021年，各旗（县、市、区）均建立县域督学责任区，聘任旗县级挂牌责任督学535人，全市形成市、旗县、责任区、学校四级责任督学管理网络，实现中小学、幼儿园责任督学全覆盖。制定《通辽市对旗县级人民政府履行教育职责情况评价方案》，每年根据自治区及市委、市政府的相关要求及全市教育重点工作确定评价指标，采取自查、抽查和实地督查相结合方式开展履职综合评价。

【国家通用语言文字推广使用】　2021年，通辽市教育局印发《关于开展全市民族语言授课学校（幼儿园）教师普通话水平培训测试工作的通知》。经过近半个月的集中工作，完成4988名教师测试工作。市普通话水平培训测试站分别在5月9日、11月28日开展春、秋2次社会考生普通话培训测试。印发《关于开展中华经典传承推广系列活动的通知》，在全市中小学范围开展第三届中华经典诵写讲大赛和“家园中国”中华经典传承推广活动。培训全市义务教育阶段统编三科教师184人。印发《关于开展国家通用语言文字规范化达标校建设工作的通知》，部署全市各级各类学校国家通用语言文字规范化达标校建设工作。5月17日至22日，组建专项工作组，赴科左中旗、科左后旗、扎鲁特旗实地督查有关旗县工作开展情况。全市各级各类学校语言文字达标率达55%以上。组织开展第二十四届“推普周”活动。组织广大师生深入学习《国家通用语言文字法》和相关法律法规，不断深化宣传工作内涵。开展丰富多彩的实践活动，开展中华经典诵读、书写比赛，利用升旗仪式对全校师生做推普周活动动员，组织推普手抄报设计比赛，组织召开主题班会活动，组织学生在校园内开展“啄木鸟”纠错活动，开展对校内校外不规范用字予以纠正等实践活动。

（市教育局　张海月）

学前教育

【概况】　截至2021年年底，通辽市有幼儿园879所，其中公办园418所，民办园461所。在园幼儿70783人。其中，公办园在园幼儿30734人，民办园在园幼儿40049人。普惠性民办幼儿园266所，在园幼儿28387人。全市学前三年毛入园率89.60%，公办园在园幼儿占比43.42%，普惠性幼儿园覆盖率83.52%。

【学前教育优质普惠发展】2021年，全市创建普惠性民办幼儿园达266所，普惠性民办幼儿园学位28387个，普惠性幼儿园覆盖率83.52%。根据《通辽市公办（民办）幼儿园常规管理标准及检查评估体系（试行）》，完成14所市级示范幼儿园、27所市级一类幼儿园创建工作任务。

【学前教育内涵发展】　2021年3月，全市开展致家长一封信、相关政策解读和为期10个月的知名园长、校长谈“幼小衔接”系列微视频等宣传活动。开展幼儿园优秀游戏案例评选活动，促进幼儿园以“游戏”为主开展活动。5月20日至6月20日，全市开展主题为“砥砺十年 奠基未来”全国第十个学前教育宣传月活动。申报自治区级“幼小衔接”实验旗县和示范园（校），各园（校）陆续开展“幼小科学衔接”工作研讨会、建立“幼小科学衔接”课题、组织幼儿园大班小朋友参观小学、“学做小学生”等系列活动。到各旗（县、市、区）规范幼儿园保教行为，组织加强全市各级各类幼儿园规范管理行动，对幼儿园名称、办园条件、保教行为、铸牢中华民族共同体意识、校园文化建设、小学化现象、一日常规、课程设置、虚假宣传等进行抽查。

（市教育局　张海月）

初等教育

【概况】　2021年，通辽市有小学222所，比2020年减少2所；小学教学点382个，比2020年减少11个。招生30418人，比2020年增加1080人；在校生171646人，比2020年增加926人；小学毕业生29709人，比2020年减少180人。小学适龄儿童入学率达100%。

通辽市有普通初中108所。其中，初级中学69所、九年一贯制学校39所。招生29568人，比2020年增加6人；在校生89659人，比2020年减少1397人；毕业生30913人，比2020年增加478人。

【“双减”政策全面落实】2021年11月20日，中共通辽市委教育工作领导小组印发《通辽市关于进一步减轻义务教育阶段学生作业负担和校外培训负担的工作方案》《通辽市校外培训机构专项整治工作方案》，研发中小学校外培训服务平台、家校互动服务平台、协同教研服务平台、备课授课服务平台等“双减”系列服务平台，推进“双减”工作智能化、集约化、可视化，典型经验在中国教育新闻网刊登。印发《通辽市校外培训机构专项整治工作方案》《通辽市开展线上巡查专项行动打击违规学科类培训工作实施方案》，明确校外培训机构治理的方向、任务和时间节点。成立由分管市长任组长，教育、人社、市场监督、民政、公安等部门为成员的“校外培训机构专项整治指挥专班”，严查在职教师参与违规有偿补课和校外培训“七种变异形态”等问题，规范办学行为，净化培训市场。畅通监督举报渠道，公布监督电话，向家长公开致信，聘请“双减”社会监督员，形成全社会齐抓共管格局。

【开发区新城二小低年级无纸笔测试探索】 2021年12月27日至28日，开发区新城二小低年级进行无纸笔测试。该测试以口答的形式，通过“玩中学，考中评”方式，让每一个学生都能拥有丰富多元的成长体验，助力孩子们成为更好的自己。

每个测试学科分别创设2个闯关板块，其中语文为“小小朗读者”“说话小达人”，数学为“计算小能手”“解决问题”。每个板块各出6道测试题目。考生自由选择“闯关”题目，向教师和学生进行风采展示。无纸笔测试不是降低标准，而是对师生素质提出更高要求，考验教师的育人理念。在整个过程中，注重学科间的融合，考验学生综合能力，让学生在轻松愉快的环境中体验成功的快乐，也减轻学生的学习负担与压力，使他们更热爱校园生活展现自我，以良好的心态投入学习中去。

【“阳光招生、均衡分班”成果巩固】 2021年，市教育局统筹各旗（县、市、区）义务教育阶段学校招生入学工作，召开主城区义务教育阶段招生工作会议，指导主城区和旗县城区做好划片招生工作，对2021年度符合入学年龄儿童进行生源摸底调查。2021年，通过“阳光招生”平台完成全市小学一年级及初中一年级新生招生录取60270人，并全部使用软件进行“均衡分班”。各地各校实施进城务工人员随迁子女入学政策，落实烈士子女、符合条件的现役军人子女等教育优待政策。2021年，全市安排进城务工人员随迁子女4211人到公办学校就读，安置比例100%。28名军人子女享受教育优待政策，1名军人子女享受中考加分政策。

【控辍保学工作】 2021年，市教育局坚持依法控辍，落实各级政府控辍保学工作职责，实施“双线控辍责任制”，落实市政府、旗（县、市、区）、乡（镇）和村民委员会的控辍责任和教育行政部门、学校、教师的控辍责任。继续实施控辍保学报告制度，完善扶贫助学制度，加强学籍管理，坚决杜绝“籍在人走，人在无籍”的现象发生，摸底数，找症结，挖根源，建立工作台账，实行销号管理。建立留守儿童、进城务工人员随迁子女、家庭困难学生等群体的关爱体系，确保2021年义务教育巩固率继续保持在95%以上。截至2021年年底，全市义务教育阶段学生无因贫失学辍学现象发生。全年，累计劝返复学74人。

图49 2021年12月27日，通辽经济技术开发区新城二小低年级进行无纸笔测试 （市教育局 提供）

【通辽市第二届初中语文名师工作坊会议召开】 2021年12月9日，通辽市第二届初中语文名师工作坊会议暨初中语文文言文课堂教学同频互动研讨会召开。研讨会由市教育教研室初中语文教研员王东华主持，各旗（县、市、区）语文教研员、市级名师工作坊成员、各初中学校语文老师通过“腾讯会议”的形式参加会议。会上播放两节录像课，科尔沁区第四中学张丽皓老师、科尔沁区第十一中学吕惠杰老师就《得道多助，失道寡助》这篇文言文进行同课异构。

（市教育局 张海月）

普通高中教育

【概况】 2021年，通辽市有普通高中33所。招生20153

人，比2020年减少1464人；在校学生63608人，比2020年减少1048人。

【普通高中育人方式改革】 2021年，通辽市按照国家和自治区要求，稳步推进中高考改革，构建引导学生德智体美劳全面发展的考试内容体系，严格教学管理，不断深化课堂教学改革，在提高学生学习能力和提高课堂教学效率上下功夫。进一步调整高中阶段教育结构，减少普通高中招生计划，扩大职业教育招生规模。推动市级优质普通高中建设工作，不断完善学校建设规划，优化校舍功能，建设功能教室。推进数字化校园建设，改善优化办学条件，实现普通高中多样化和有特色的发展目标。11月18日至12月24日，依据《通辽市优质普通高中评估标准》对科左后旗甘旗卡第二中学和库伦第二中学进行评估验收，命名这2所学校为通辽市优质普通高中。

【内蒙古第二届生涯教育高峰论坛】 2021年6月20日，内蒙古自治区教育学会生涯教育专业委员会主办、通辽第五中学承办的内蒙古第二届生涯教育高峰论坛举办。该论坛邀请山东省教育科学研究院基础教育研究所所长王运贵，中国教育科学研究院高等教育研究所助理研究员翁秋怡，北京师范大学教育学部副教授侯龙龙，大连理工大学校长助理兼盘锦校区党工委书记、管委会主任郭金明分别以《高考政策与应对策略》《高考改革背景下生涯教育政策与实践》《职业生涯规划与学生自我塑造》等为题进行讲座。湖南大学、吉林大学、山东大学等70余所高校参与的第十三届内蒙古高校报考咨询会也在通辽第五中学同步展开。

（市教育局　张海月）

图50　2021年6月20日，内蒙古自治区教育学会生涯教育专业委员会主办、通辽第五中学承办的内蒙古第二届生涯教育高峰论坛举办。图为论坛现场会议

（市教育局　提供）

特殊教育

【概况】 2021年，通辽市有特殊教育学校8所，在校残疾学生2136人。其中，在特殊教育学校就读学生1101人；有884名残疾学生在普通中小学随班就读，其中小学553人、初中331人。送教上门468人，其中特殊教育学校317人、小学99人、初中52人。

【特殊教育资源配置】 2021年，市教育局持续开展送教上门工作，加强随班就读管理。建立县域残疾儿童基本情况台账，根据其残疾类型因人施教，做到“一校一案”“一人一案”。依托资源教室，进一步扩大残疾儿童少年随班就读规模。2021年，全市随班就读学校201所，资源教室30间，在校残疾儿童少年人数共计2113人，送教上门人数440人。2021年，全市三类残疾儿童少年入学率96.53%。2021年，举办3期特殊教育培训班，培训教师450人次。

（市教育局　张海月）

高等教育

【概况】 2021年，通辽市有普通高等院校3所，全年招生13874人；有在校生39927人，其中全日制研究生2013

人；有教职工3051人，其中专任教师1940人。

【内蒙古民族大学】 2021年，内蒙古民族大学设有23个教学单位、8个教辅单位、1所三级甲等附属医院，开设本科专业79个，涵盖经济学、法学、教育学、文学、历史学、理学、工学、农学、医学、管理学、艺术学等11个学科门类。有博士学位授权一级学科1个，硕士学位授权一级学科17个，硕士专业学位授权点13个。省部级重点和重点培育学科16个。

2021年，学校有在校学生24134人。其中，普通本科学生21287人、硕士研究生1989人、博士研究生24人、成人本专科生497人，普通专科学生202人、留学生135人。教职工2020人。其中，专任教师1286人，具有高级职称教师673人，具有博士学位教师548人。在教师队伍中，享受国务院政府特殊津贴专家20人；获全国“五一劳动奖章”和全国先进工作者、全国优秀教师、全国优秀教育工作者、全国高校优秀思想政治理论课教师等称号6人；有全国高等学校教学指导委员会委员3人。学校实施“柔性引进人才计划”，引进高层次人才165人次，其中院士5名、中国社科院学部委员3名、长江学者3名、国家杰出青年1名。

学校有国家级一流本科专业建设点6个，自治区级一流本科专业建设点9个，国家级特色专业3个，国家专业综合改革试点专业1个，“卓越医生（中医）教育培养计划”项目专业1个，国际本科学术互认课程项目专业6个，自治区重点建设专业4个，品牌专业18个；国家级一流课程2门，自治区级一流课程29门，优质精品课程3门；新工科、新农科、新文科研究与改革实践项目9个，国家虚拟仿真实验项目2个；国家级实验教学示范中心1个，国家语言文字推广基地1个，大学生校外实践教育基地1个，大学生创新创业训练基地1个；有国家级教学团队1个，获国家级教学成果二等奖3项，自治区级教学成果奖39项，国家民委民族院校教学成果奖12项。

学校有省部级以上自然科学科研平台26个。其中，国家发改委工程研究中心1个、教育部重点实验室1个、国家药品监督管理局重点实验室1个、国家民委重点实验室2个、自治区重点实验室（工程中心）21个；有省部级以上人文社会科学科研平台15个。其中，全国社会科学普及基地1个、国家民委研究基地3个、国家体育总局研究基地1个、自治区重点研究基地10个；有省部级科技创新团队14个。“十二五”以来，获批国家科技支撑计划、国家重点研发计划、国家自然科学基金等项目204项。获批国家社会科学基金和教育部人文社科项目166项。其中，国家社科基金重大项目4项、重点项目6项。获省部级以上自然科学类奖励34项。其中，国家科技进步二等奖1项，教育部技术发明二等奖1项，全国农牧渔业丰收奖一等奖1项，自治区科学技术一等奖2项、二等奖12项、三等奖17项。获得人文社科类奖励110项。其中，自治区哲学社会科学一等奖2项、二等奖29项、三等奖73项，国家民委优秀成果二等奖2项、三等奖4项。获发明专利授权88项。有6个版本的学报在国内外公开发行，其中《内蒙古民族大学学报》（社会科学版）为中国人文社会科学核心期刊（扩展版），《民族高等教育研究》是全国首个研究民族高等教育的专业期刊。

学校是教育部确定的来华留学生汉语培训基地，是中国政府奖学金及内蒙古自治区人民政府奖学金来华留学生培养单位，是内蒙古自治区“一级信誉等级涉外院校”。学校与爱尔兰国立科克大学、澳大利亚新英格兰大学、美国格林斯伯勒大学、日本上越教育大学、欧亚太平洋学术协会等35所国外高校和机构建立友好合作关系。学校依托区位优势，响应国家“一带一路”倡议，与蒙古国国立教育大学、俄罗斯布里亚特国立农业大学签订博士教师联合培养、本科生“2+2”、本硕人才“2+2+2”或“4+2”等合作办学项目协议。

特色学科　蒙医药是学校特色学科和优势学科，蒙医学、蒙药学、蒙西医结合临床医学是国家中医药管理局重点学科，蒙西医结合基础医学为国家民委重点学科。2015年，蒙医学专业获批教育部“卓越医生培养计划”。2020年，被评为蒙药学国家一流本科专业。2018年，获批国家发改委蒙药研发国家地方联合工程研究中心。2020年，获批国家药监局中药（蒙药）质量控制重点实验室。2021年，获批成为博士学位授予单位，新增中药学一级学科博士学位授权点。学校成为蒙医药事业发展重要人才培养基地和学术研究基地。

学校有直属附属医院1所，是国家三级甲等蒙医综合医院，是全国唯一一家国家级重点蒙西医结合医院，也是国家执业医师考试考点、国家首批蒙医住院医师规范化培训基地、国家临床住院医师规范化培训基地、国家临床技能培训示范基地，有卫生技术人员2125人，开放床位1530张。有非直属附属医院4所。

2021年11月8日，内蒙古自治区人民政府学位委员会印发《关于下达2020年审核增列的博士、硕士学位授予单位及其学位授权点名单的通知》，学校通过国务院学位委员会审核，获批成为博士学位授予单位，新增中药学一级学科博士学位授权点，实现博士学位授予单位和一级学科博士点历史性突破。同时新增法律、新闻与传播、电子信息、兽医、护理、艺术6个硕士专业学位授权点。

实施“培根铸魂”计划，开展中国共产党的民族理论政策学习宣讲，推进民族团结进步创建工作走深走实，构筑中华民族共有精神家园。举办第二轮深化铸牢中华民族共同体意识专题学习班，中央党校、国家民委、中国人民大学等专家领导为全校4000余名教职员工授课培训。学校宣讲团开展讲座24场，覆盖师生达3000余人。举办班长、团支书专题培训班，累计开展活动38次。马克思主义学院被命名为自治区级铸牢中华民族共同体意识研究基地。学校获批教育部第二批国家语言文字推广基地。

履行内蒙古东部片区三科统编教材教师培训组长单位责任，协同区内外8所高校面向245所民族语言授课中小学校的教师开展培训51期，累计培训人数达5919人次。推进挂点帮扶支教工作，累计选派524名学生和11名教师挂点帮扶支教通辽市87所民族语言授课学校、教学点。《内蒙古日报》、内蒙古教育厅官微以《内蒙古民族大学：“输血”式支教、“造血”式培训，只为一个目标》为题，对学校开展三科统编教材教师培训给予关注报道和高度评价。学校在全区民族语言授课中小学使用国家统编三科教材“铸魂工程”专项课题立项中获批18项教学研究课题，立项总数位列自治区第二。

科研项目 学校党委与中共通辽市委共建“铸牢中华民族共同体意识研究院”“民族团结进步教育发展研究中心”“廉政建设研究中心”。玉米团队与内蒙古自治区农业技术推广站、通辽市农业技术推广站、科左中旗农业技术推广站合作研发的“玉米无膜浅埋滴灌水肥一体化技术”被遴选为2021年农业主推技术，入选全国农业主推技术共114项。

2021年，通过临床医学、汉语言文学专业认证，获国家社科基金项目21项，位列自治区高校第一、全国民族高校第三；国家自然科学基金项目20项，位列自治区高校第五、全国民族高校第三；教育部人文社会科学研究项目2项。国家基金立项数合计43项，位居自治区高校第三、全国民族高校第四。全年获批省部级项目163项。获批省部级重点实验室（工程中心）、研究基地6个。获2020年度自治区科学技术奖2项，自治区哲学社会科学奖11项。获全国首个设在地级市的国家药品监督管理局重点实验室。4篇论文入选2020年度“领跑者5000——中国精品科技期刊顶尖学术论文”。

开展学术交流和学术活动。全年纵向科研课题总资助经费3566万元；横向联合科研课题33项，横向科研经费661.79万元；年度学校科研总经费1.271亿元。获得自治区自然科学二等奖、科技进步二等奖各1项；学校师生全年发表论文963篇，其中发表外文期刊论文341篇，中文核心期刊以上论文224篇；授权发明专利33项。开展学术讲座活动101场次，举办各类论坛、研讨会、学术会议30次。

获国家自然科学基金项目立项20项，资助经费881万元；获国家社会科学基金重点项目1项，资助经费35万元；获国家社会科学基金一般/西部/青年/艺术/思政等项目20项，资助经费400万元；获教育部人文社科研究项目2项，资助总经费10万元；获国家民委民族研究项目1项；获自治区各类计划项目立项162项，资助经费2239万元。其中，获自治区科技计划项目14项，自治区“科技兴蒙”行动重点专项项目1项，获内蒙古自然科学基金项目65项，中央引导地方科技发展资金项目3项，内蒙古高校科学研究项目49项，内蒙古社会科学规划项目17项，内蒙古社会科学研究课题5项，内蒙古蒙医药标准化项目7项，自治区民委地方民族语言文字科研项目1项。自治区本级事业单位引进人才科研启动支持经费专项资金5项。横向联合科研课题33项，横向科研经费661.79万元。

专业课程建设　2021年，学校汉语言文学、化学、机械设计制造及其自动化、计算机科学与技术、蒙药学、英语等6个专业获批国家级一流本科专业建设点，临床医学、农业资源与环境等2个专业获批省级一流本科专业建设点，实现内蒙古民族大学国家级一流本科专业建设点“零”突破。获批4个本科新专业和2个第二学士学位专业。29门课程被认定为首批自治区级一流本科课程。6门课程被认定为自治区高校精品在线课程。获批教育部2021年产学合作协同育人项目28项。获批自治区唯一一项国家社科基金高校思想政治理论课研究专项课题，获批2项自治区级课程思政教学研究示范中心，获评3门自治区级课程思政师范课程、3个自治区级课程思政教学名师和团队。

（内蒙古民族大学党政办公室）

【通辽职业学院】　通辽职业学院是公办全日制综合性普通高等院校，以举办高等职业教育为主，兼备中等职业教育、电大开放教育和社会培训职能。学院成立于2004年，由原哲盟师范学校、哲盟卫生学校、哲盟教育学院、内蒙古电大通辽分校合并组建而成，办学历史始于1951年。2009年，通过教育部高职高专人才培养工作评估，为内蒙古自治区示范性高等职业院校、自治区园林式单位、自治区文明校园，是中国教育发展战略学会产教融合专业委员会常务理事单位、全国高职高专校长联席会成员单位。2021年，成为自治区级高水平高职学校和专业群建设计划项目单位。有教职工800人，各类在籍学生1.8万余人，其中，全日制在校生1.1万余人。

学院开设医药卫生、师范教育、经济管理、机电工程、信息技术5大类42个高职专业，并与本科院校合作联办本科教育。有护理、药学、学前教育、会计、建设工程监理5个自治区级品牌专业，护理、药学2个自治区重点建设专业；教育部认定的“创新发展行动计划”骨干专业2个，蒙汉双语“双师型”教师培养培训基地1个。下设护理系、师范教育系、药品食品系、医学系、机电工程系、经济管理系、信息技术系、体育系、公共教学部、马克思主义教学部、电大分校（继续教育）、附属中专等12个教学机构和附属医院、口腔医院2个附属单位。

2021年，学院党委被自治区高校工委评为先进基层党组织；学院被“一带一路”国家院校和企业交流协会中方理事会授予全国首家“中国特色文化国际传播教育基地”，并新晋为“一带一路”国家院校和企业交流协会中方理事会副理事长单位；学院被教育部“1+X”老年照护职业技能等级证书社会培训评价组织评定为突出贡献奖；学院在自治区大学生职业生涯规划大赛获优秀组织奖；学院在第七届中国国际“互联网+”大学生创新创业大赛内蒙古赛区中获自治区优秀组织奖和“青年红色铸梦之旅”活动优秀组织奖。

开展党史学习教育，学院党委和10个党总支制定“为师生办实事”28项重点任务，并且全部办结；依托学院马克思主义教学部，成立党史学习教育宣讲团，为各党总支开展专题宣讲；设计制作中国共产党百年历程图片展、党建文化长廊，开展“党史我来讲、红色照我心”百年红色故事大赛和“通职院重走长征路 重忆百年史”大研学活动；组织324

名党员举行集体宣誓仪式。

推动书香校园建设，营造学生读原著、学党史、悟思想的校园读书氛围，坚持开展“大学生晨读三分钟”主题演讲活动，全年累计参与人次达108万以上，党委班子成员全年为师生讲思政课12次。学院选送作品《赵一曼》获全国职业院校第二届红色故事大赛二等奖，绘画作品《额吉》、案例论文《画红色传承，刻时代印迹——通辽职业学院红色艺术工坊》在全国第六届大学生艺术展演中分别获一等奖、三等奖。

开展学生实践教育，对接校外各类实践教育场所19所，组织各类专业性实践活动10余次，参与人数750余人次。持续打造“蓝鹰”志愿服务队品牌，开展关爱“丑小鸭”“空巢老人”“留守儿童”、重走明德路、助力疫情防控等志愿服务活动，推动志愿服务品牌化、规范化。暴雪期间，组织清雪志愿者2100余人次，保障师生出行安全。2021年，学院申报自治区高校思政工作精品项目4个，高校网络教育名师培育支持计划1个，高校“三全育人”综合改革试点系1个。

持续抓好常态化疫情防控工作，严格落实各项防疫措施，加强校园管控和师生教育管理。根据疫情防控需要，组织全院全员核酸检测3次，与市卫健委协调沟通，开展疫苗加强针接种1次，确保学院满足接种条件师生员工应接尽接。持续注重应急处置，多轮次开展医疗防控、教学管理、安全管控、网络宣传等防控演练，确保突发情况有效应对。通过钉钉平台每日对全院师生员工的健康、出行等情况进行统计监控，有序调度和推进各项防控工作。2021年，学院800名教职工、1万余名学生无人感染新冠肺炎。

深入学习贯彻习近平总书记关于民族工作的重要论述、推广普及国家通用语言文字的重要指示批示精神和党中央相关决策部署，以铸牢中华民族共同体意识为主线，开设《铸牢中华民族共同体意识》课程，开展“民族团结进步活动月”系列活动，宣传《内蒙古自治区促进民族团结进步条例》，两批次遴选263名师生帮助通辽市6个旗（县、市、区）的民族语言授课学校和幼儿园，推进三科统编教材和国家通用语言文字使用工作。加强思想道德和法律教育，加强校园文化阵地宣传，实现涉及民族教育和统编教材牢固树立中华民族共同体意识。

学院设有普通话水平培训测试工作站，开展普通话培训；设科尔沁民族文化研究中心和蒙古语标准音培训测试工作站，增强和促进蒙古族学生树立语言文字规范意识。

2021年，护理实训综合楼、畜牧兽医实训室投入使用，基本完成校园网络2期改造，网络设备达1000余台（套），实现统一身份认证，互联网出口带宽增至9吉字节，网络认证用户1万人，初步实现校园网智能化管理。应用系统建设及信息化支撑服务取得较大进展，教学、学工信息化水平得到较大提升。通过钉钉平台实现统一身份认证，考勤等单一入口登录应用系统达11个。统一教学平台、考试系统开始部署运行，试题库、资源库试点建设启动，应对疫情等突发情况通过钉钉平台支撑线上教学实现全覆盖。

教育教学　学院为应对疫情，以及暴雪等极端天气，适时启动线上教学方案。制定提质培优行动计划、“双高”创建方案。推进职业教育“1+X”证书试点工作，完成8个“1+X”证书试点再次申报、培训、考核等工作。持续推动“三教”改革，开展院级课程和教师教学创新团队的立项建设与评审工作，评选院级立项课程45门、院级课程教师教学创新团队45个，机电工程教师团队“钢筋混凝土主体结构施工课程”获2021年全国职业院校技能大赛教学能力比赛三等奖。打造精品课程，评选院内第一批“课程思政”示范课30门，入选自治区在线开放课程3门。持续开展“示范引领，讲好一堂课”活动，完成88场“教师大讲堂”活动，组织3场教学模式改革等相关讲座，线上线下参训达223人次。组织10个教学系部开展校本教材立项建设工作，审核校本教材45部，完成法学教材、外国语教材及人文社科教材的排查工作。

招生就业　高职招生专业动态调整到42个，招生计划完成率、第一志愿录取率、录取分数线稳居全区前列。落实国家高职扩招政策，扩招录取达2234人。新增7个单独招生专业。单招、扩招、统招齐头并进。2021届2509名毕业生就业率96.01%。建成大学生创业孵化基地1处，正式运营，入驻项目12个，工商登记注册5家。举办通辽职业学院首届文旅产品创意大赛、首届职业生涯规划大赛，学院教师获2021年度自治区创新方法大赛一等奖、内蒙古自治区首届就业指导课程教学大赛高职组二等奖。

教师队伍建设　学院有教职工800人。其中，专任教师476人，副高以上职称175人，硕士及以上学位教师235人，“双师素质”教师305人。有自治区级教学名师9人，自治区级优秀教学团队7个，获自治区“五一劳动奖章”5人。

开展师德师风突出问题专项整治，实行师德师风“一票否决制”。围绕“双高”引才聚才，新聘任校外技能大师9人，建成市级技能大师工作室4个，引进高层次人才14名。发挥“干部大讲堂”“思政大讲堂”“教师大讲堂”等校内培训阵地育人作用，邀请知名专家学者到校讲座；与吉林大学、天津职业大学共建培训基地，先后开展骨干教师研修、处级干部综合能力提升等专题培训，组织暑期党务干部能力提升培训，教职工队伍能力进一步提升。

科研项目及成果　2021年，参与国家自然科学基金课题立项研究1项；自治区课题立项15项，结题10项；院级课题立项38项，结题19项。横向课题实现“零”的突破，与5家企业开展横向课题研究5项。完成6个科研创新团队立项工作，申报专利6项。在通辽市“科技特派员”项目中，通辽职业学院“平菇新品种选育及栽培技术研究”应用型课题研究实现产业生产，在原有基础上进一步扩大厂房，培育平菇菌株3万～5万株，并与内蒙古丰盛源农牧业开发有限公司合作开展通辽地区平菇工厂化周年生产研究，企业资助研究经费3万元。“烤牛肉干生产工艺改造与设备研发项目”入选2021年度通辽市科技计划项目。学院科研处获“内蒙古创新先锋号”称号。学院“药食同源功能性食品研究与开发”实验室被认定为通辽市重点实验室。

校企合作与社会培训　校企合作、产教融合取得新进展，牵头组织举办2021年职业教育活动周，与市委网信办、文旅集团、科大讯飞股份有限公司等15家政府、企事业单位签订合作协议，与通辽梅花生物科技有限公司共建“梅花企业大学”；牵头组建通辽职业教育联盟，83家单位150余人出席联盟成立大会，与8个旗（县、市、区）及1个经济技术开发区开展校地战略合作；持续巩固与大连东软、中清研、中航国铁、大连春和等企业的合作，探索实施混合所有制办学模式，促进专业（群）与产业集群有效衔接；对接日本学校法人成德学园、中德诺浩教育科技有限公司，与成德介护儿童福祉专门学校合作举办中日智慧康养专业中外合作办学项目；牵头承办2021年（第五期）职业院校国际合作管理实务研修班暨“一带一路”国家院校和企业交流协会中方理事会秘书长工作会议。共建中国特色文化国际教育传播基地，选派5名教师参加国际汉语师资（初级）培训。社会培训工作不断延伸，区域培训品牌影响力持续增强。走访党政机关、国企民企、行业协会，承接62个企事业单位和行业部门的各类培训206场次，接待会议、赛事及考试活动40场次，培训人数32998人次，接待社会人员考试、比赛及文体活动等18328人次。

挂牌成立自治区首个地市级乡村振兴学院，在8个旗（县、市、区）及1个经济技术开发区建立乡村振兴服务中心，建立乡村振兴服务站10个，乡村振兴书屋10个。开展“三农”类培训，培训3000人次，服务群众20000人次。2021年，在中国教育在线组织的高校服务乡村振兴典型案例征集活动中获评优秀典型案例3篇。开放办学水平进一步提升，电大注册学员超7000人。经济收益和社会效益实现“双丰收”。

（通辽职业学院　盛海娇　张　璇）

【科尔沁艺术职业学院】　科尔沁艺术职业学院是2004年经内蒙古自治区人民政府批准，以原通辽市艺术学校为基础组建的艺术类高等职业学校，前身为1976年成立的哲里木盟艺术学校，以举办专科层次高等职业教育及合作举办本科职业教育为主，兼顾中等职业教育职能。学院占地30.4公顷，建筑面积6.9万平方米，固定资产总值2.6亿元，设有音乐系、民族音乐系、舞蹈系、传媒系、美育教育系、艺术科技学院、艺术理论部、马克思主义教学部、公共基础教学部等11个教学单位，招生专业23个。建成音乐表演、舞蹈表演2个自治区级品牌专业、自治区重点建设专业，音乐教育、舞蹈教育、美术教育3个国控专业。其中，音乐表演专业科尔沁蒙古族民歌演唱方向被文化和旅游部、教育部、国家民委评为首批“全国职业院校民族文化传承与创新示范专业点”。艺术设计专业被教育部列入提升服务产业发展能力项目，建成科尔沁蒙古族长短调、蒙古舞、古筝新筝、视唱练耳、钢琴、四胡6门自治区级精品课程。有科尔沁蒙古族长短调、蒙古舞、声乐专业、音乐理论课程、思政理论课程、民间舞、图形图像等7个自治区级优秀教学团队，自治区级教学名师、教坛新秀11人。教职工333人，其中，专任教师200人，正高级职称7人，副高级职称59人，双师型教师80人，研究生学历教师93人。学生规模6000人。

按照最新疫情防控技术方案要求，周密部署疫情防控各项工作，制定开学工作方案，师生全员持48小时内核酸检测报告返校。完善在线教学授课机制，有效实现“不停教不停学”。严格执行“日报告”、“零报告”、晨午检制度，配备校医，师生疫苗接种率90%以上。推进人事工作提升，规范岗位设置聘用和各类人员编制管理，成立编制管理议事机构，制定《教职工调出及院内调动管理办法》等规章制度10余项。完善专业技术职务评审实施办法，畅通职称晋升渠道，增加副高级以上职称职数24个。深化分配制度改革，绩效工资扩量部分连续3年翻倍增长。推进校园信息化建设，制定《“数字科艺”规划方案》，依托互联网、大数据等新应用，实现校园数字化管理和网上办公全覆盖。扩大钉钉智能系统在视频会议、公文运转、采购审批、费用报销等功能利用率，启用电子政务系统，接入自治区“大组工”网和纪检监察内网。加强微信平台建设，微发布总用户数2951户，总发布信息1187条。

实施校园提质扩规工程、教育教学环境提升工程，一期投入4000万元的爱音湖景观改造、色拉西广场、教学楼内部修缮、辽河剧院改造等工程全部完工，职工之家和学生特色餐厅改造全部完成，校园大门如期落成，校企合作新建的学生公寓竣工，实现“一年一变样，三年大变样”的目标。

教育教学　2021年，学院出台《师德考核实施办法》等配套规定。通过公开招聘及调入方式引进一线优秀教师30名，其中研究生学历教师25名、在读博士1名。围绕推进人才培养“1+X”证书制度，成立政策研究及职业培训相关机构，申请办理国家职业技能培训资质。依托乌兰牧骑人才培养基地，承办2021年全区文艺院团声乐表演人才培训班，筹备成立内蒙古乌兰牧骑学院。举办全区高职院校声乐技能大赛，选派优秀师生参加中华职业教育社组织的职业教育活动周活动，师生在首届民族民间舞大赛、第六届大学生文艺会演等区级赛事活动中获奖150人次；在全国职业院校技能大赛、“孔雀杯”全国高等艺术院校声乐展演、“国青杯”全国高校艺术设计大赛等国家级赛事活动中获奖240人次。

学生管理　学院开展学生管理工作专项调研，设立校内奖助学金，将班主任经历作为职称评定重要指标。开展早操、升国旗、文明班级宿舍创建活动，做到“日检查、周排名、月公布”。搭建智慧校园信息化管理平台，学生缴费、信息采集统计实现数据共享。聘请心理教育专家与各系（院）开展结对活动。成立全国大学生志愿服务西部计划项目组织单位、“全国青春健康教育基地”落户学院。打造学生“青春向党”系列品牌，开展“百年党史青年读”集体诵读、“红色电影我来评”“感动科艺文明之星”校园榜样评选等特色活动，参与通辽市“平安校园·星光护航”公益活动154场，学院青年乌兰牧骑志愿团被评为通辽市志愿服务先进集体，活动足迹在“今日头条”“学习强国”学习平台、《通辽日报》等多家媒体刊载。

招生就业　学院不断完善“党政领导挂帅、分管领导主抓、职能部门统筹、所有部门参与、全员落实”的招生工作机制，调整招生专项工作小组机构，所有处级干部纳入包联旗（县、市、区）体系，到生源地招生宣传。科学研究制定单招、统招、扩招工作方案，制作形象宣传片，增加宣传经费，近百名干部职工到旗（县、市、区），700多个学校、社区和农村开展招生宣传。2021年，招录学生3544人，近4年招生人数达9569人。平台联动，活动助推，促进毕业生就业创业，依托“技能，让生活更美好”职业教育活动周，与通辽市工业职业学校、包头服务外包管理学校、赤峰农牧学校等签订校际合作协议。开展线上创业课程培训，组织毕业生线上、线下就业双选活动，举办网络招聘会、现场招聘会、专场招聘会等5场招聘会，招聘单位107家，提供岗位3324个。2021届毕业生447人，毕业生就业率93.14%，较2020年增长20%。

（科尔沁艺术职业学院　周晓东）

职业教育

【概况】　2021年，通辽市中等职业学校招生7018人，比2020年同期增加1194人。在校生人数16560人，比2020年增加2492人。高中阶段招生职普比2.6∶7.4，比2020年提高4个百分点。依托通辽广播电视大学，完成2021年全民终身学习活动周工作，推动通辽市社区教育发展。在公办中等职业学校设立开放大学第一批教学点试点。

【职业教育提质培优行动计划】　2021年，通辽市启动“职业教育提质培优行动计划（2020—2023年）”，开展自治区“优质中职学校和专业”建设计划立项建设工作。各中等职业学校累计承接307项“提质培优”工作任务。

【教师培训】　2021年，通辽市继续实施“内蒙古自治区现代中等职业教育质量提升工程”，加强中等职业学校基础能力建设。3月至4月，组织12名优秀教师参加2021年通辽市中职学校教师“送课下乡”示范课交流活动、41名教师参加“内蒙古职业院校教师素质提高计划”线下培训、16名教师参加全区中等职业学校课程标准线下培训。参加全区中等职业学校专业教师线上培训1500余人次。4月，通辽市四所中等职业学校与沈阳市四所中等职业学校签订校校合作协议。8月，与北京市教委合作，启动京蒙协作职教联合体项目。10月，与北京市教委合作，开展2021年京蒙职业教育培训+跟岗项目工作，50名专业骨干教师赴京参加跟岗培训。全年完成职业技能提升培训8000余人次。

【职业学校教师能力大赛】　2021年4月至5月，通辽市举办中等职业学校教师教学能力大赛和首届中等职业学校班主任业务能力大赛、最美中职班主任评选工作。选派教师参加2021年自治区职业院校教师能力大赛，获奖率并列全区第三位。

【学生技能大赛】　2021年，通辽市8所公办中等职业学校2000多名学生参加20多个专业工种“1+X”证书试点工作，431名学生取得职业技术等级证书。5月，由通辽职业学院牵头发起组建通辽职业教育联盟，在2021年全国职业院校学生技能大赛中，奈曼旗民族职业中等专业学校学生鲍国军在农机维修比赛中荣获“三等奖”。9月，举办2021年全市中等职业学校技能大赛暨全市中等职业学校师生技能成果展评选活动。

【通辽市工业职业学校（通辽技师学院）】　通辽市工业职业学校隶属于通辽市教育局，是一所公立全日制中等职业学校，以举办中等职业教育为主，同时承担面向社会的职业技术培训。学校由原内蒙古自治区煤炭工业技术学校、通辽市高级技工学校、通辽职业中等专业学校、科尔沁区职业中等专业学校4校整合组建而成，2018年9月挂牌成立，加挂通辽技师学院、通辽市职业技能公共实训基地牌子。该学校是“国家中等职业教育改革发展示范校”“国家级高技能人才培训基地”“国防教育特色学校”“自治区高层次人才创新基地”“自治区滚动支持计划产业创新创业人才基地”。学校占地面积172272.70平方米。截至2021年，学校建成校内实训基地9个、实训室95个、实训实习工位1725个，学校图书馆纸质图书藏书量为68260册。2021年，学校教职工总数395人，其中专任教师361人。师生比为1∶10.7，专任教师师生比为1∶8.5，专业教师占专任教师比例57.89%。“双师型”教师占专业教师比例62.20%。2020年，学校开设专业18个。2021年，新增音乐表演、艺术设计与制作、运动训练3个专业。2021年，毕业生专业就业率96%。

2021年通辽市职业学校教师参加各类竞赛获奖情况一览表

表8

序号	获奖级别	比赛项目	获奖情况
1	国家级	全国舞蹈模特合唱电视大赛	最佳编导奖2人
2	自治区级	教师教学能力大赛、中职最美班主任	教师能力大赛一等奖3人、二等奖16人、三等奖8人；中职最美班主任二等奖1人
3	市级	教师教学能力大赛、中职最美班主任、班主任业务能力、优秀指导教师、哲里木之声	教师能力大赛一等奖4人、二等奖23人、三等奖12人；中职最美班主任1人；班主任业务能力三等奖3人；优秀指导教师6人；哲里木之声2人

2021年通辽市职业学校教师参加教科研成果统计一览表

表9

项目	国家级	省（自治区）级	市级	校级
在研课题	5	10	0	0
论文获奖、发表	2	0	0	0
其他	5	3	5	12

教师队伍建设

【干部教育培训】 2021年，市委教育工委围绕《2018—2022年全国干部教育培训规划》，深化干部教育培训改革，构建干部素质培养体系，提高培训针对性、有效性，高质量教育培训干部、高水平服务党和国家事业发展。以习近平新时代中国特色社会主义思想课程为主，理论教育和党性教育相结合，以县处级领导干部为重点，坚持集中培训与经常性教育相结合，发挥党员干部引领作用，坚持系统培训与短期专题培训相结合，坚持理论学习与实践锻炼相结合，综合运用多种方式方法，深化干部教育。注重干部教育培训，在学懂弄通做实上下功夫，以收集学习心得汇编、组织学习经验分享会等形式，提升学习培训效果。结合时代主题，如党史学习教育、干部专业化能力培训、普法学习、铸牢中华民族共同体意识学习、两会精神、党的十九大等开展教育培训。

2021年，市直教育系统39名处级党政领导干部参加内蒙古干部培训网络学院举办的“法治内蒙古”“学习贯彻习近平新时代中国特色社会主义思想和2021年全国两会精神专题轮训”“加强和改进民族工作专题轮训”、学习贯彻“党的十九届六中全会精神”等专题培训。每人累计学习90学时以上；参加各级党校举办的各类专题培训15余人次。

【宿金波入选“2021年乡村优秀青年教师培养奖励计划”】 2021年9月，经省级教育行政部门推荐、专家审核和遴选等环节，教育部教师工作司、中国教师发展基金会发布公示，确定2021年乡村优秀青年教师培养奖励计划入选教师300人。其中，科尔沁区钱家店实验初中女教师宿金波入选“2021年乡村优秀青年教师培养奖励计划”。宿金波2007年9月到钱家店实验初中任教，成为科尔沁区钱家店实验初中七年级语文教师、班主任，任学校党支部组织委员，兼党务办公室主任。自参加工作以来，她严格要求自己，表现突出，在政治上求先进，在工作中求发展，注重学生综合素质的提高，严格遵守学校各项规章制度。她先后获“科尔沁区中小学语文学科教学能手”“科尔沁区教书育人楷模”“通辽市优秀共青团员”“通辽市优秀共产党员”“通辽市敢担当有作为党务干部”“科尔沁区教体系统三八红旗手”“科尔沁区优秀青年志愿者”等称号，所带班级多次被评为“科尔沁区优秀班集体”“科尔沁区优秀团支部”。

【校长“双减”政策培训】2021年11月25日至26日，市教育局举办全市义务教育阶段校长“双减”政策培训班。市教育局党组成员、副局长刘自如作动员讲话。从转变观念，认真做好校内减负提质工作；凝聚合力，建立长效管理机制2个方面梳理“双减”工作的政策脉络，分析当前面临的困难与问题，指出下一步“双减”工作的重点任务。

培训班邀请自治区教育厅基础教育处处长曹轶明、对外经济贸易大学教育与开放经济研究中心研究部主任曲一帆、北京市海淀区教育科学研究院课程研究中心王宇航分别作题为《医者医“身”师者教“心”坚持“外病内治”做好“双减”工作》《“双减”背景下基础教育改革的新发展》《高位理解“双减”政策，持续推进学校发展》的主题讲座。培训采取集中+视频会议形式开展，各旗（县、市、区）教育行政部门分管基础教育的局长、股长，各义务教育阶段学校校长、业务副校长582人次参加培训。培训班建立在线培训虚拟班级，所有参训校长全部注册进入。市教育局将各类“双减”政策、各地优秀做法上传到虚拟班级，实现“双减”培训的不断深入，全市义务教育阶段校长执行“双减”政策的水平不断提升。

（市教育局　张海月）

文化

公共文化

【文化场馆】 截至2021年年底，全市有艺术表演团体9个，其中乌兰牧骑6个。全市有公共图书馆9个、文化馆9个、文化站143个、嘎查村综合性文化活动中心2167个。一级图书馆4个、二级图书馆2个、三级图书馆3个、一级文化馆3个、三级文化馆1个。通辽市图书馆新馆投入使用，奈曼旗图书馆搬入新馆，霍林郭勒市图书馆、开鲁县文化馆新馆投入使用。全市公共文化服务设施进一步改善，初步形成覆盖城乡、布局合理、实用便捷的自治区、市、旗（县、市、区）、苏木乡镇（街道）、嘎查村（社区）五级公共文化设施网络。截至2021年年底，每万人拥有公共文化设施面积758.3平方米。其中，每万人拥有文化馆（站）面积327.9平方米；每万人拥有公共图书馆面积160.8平方米。全市有公共图书馆9个，图书馆总藏书量157万册。其中，纸质图书119.4万册、电子图书37.6万册，人均拥有图书藏量0.49册。2021年，3.8万平方米的通辽市图书馆新馆完成内部装修，各旗（县、市、区）图书馆全部升级改造均达到国家三级馆以上标准。科尔沁区文化馆、开鲁县文化馆、奈曼旗文化馆被评为国家一级馆，库伦旗文化馆被评为国家三级文化馆。

截至2021年年底，通辽市在自治区文物局备案博物馆11家，即通辽市博物馆（国家二级馆）、奈曼旗王府博物馆（国家三级馆）、库伦旗博物馆（国家三级馆）、开鲁县博物馆、南宝力皋吐博物馆、科左后旗博物馆、科左中旗博物馆、扎鲁特旗乌力格尔博物馆、霍林郭勒市博物馆、科尔沁左翼中旗哈民遗址博物馆、内蒙古科尔沁草原艺术博物馆（非国有），均属综合性博物馆。其中，享受免费开放资金补贴7家，分别是通辽市博物馆、奈曼旗王府博物馆、开鲁县博物馆、科左后旗博物馆、科左中旗博物馆、库伦旗博物馆、扎鲁特旗乌力格尔博物馆。全市博物馆建筑面积67320平方米，志愿者150余人。全年接待参观人数20万人，单日游客最大承载力为7200人。

【通辽市图书馆新馆】 通辽市图书馆新馆位于通辽经济技术开发区，南邻辽河大堤，东邻科技馆，北邻林荫路，西侧

图51 通辽市图书馆新馆（市文旅局 提供）

为碧桂园凤凰酒店，主体工程6层，占地面积6.5万平方米，建筑面积3.8万平方米，总投资3.17亿元。馆内功能区规划有视障阅览室、可容纳300人的专业报告厅、24小时自助图书馆、少年儿童阅览室、自学室、成人阅览室等。全年接待人数21万人，纸质文献借还3.6万册次（含自助借还机），数字阅读机下载量1.1万次，上架新书1.7万册，电子阅览室接待人数5800人次，开展各类全民阅读推广活动641期，网站发布信息643条，微信公众号年度发文总数724篇，年点击量8.4万次，粉丝增长2113人。2021年，新采购纸质文献2万册（包括蒙文图书、青少年读本等）；全年新征集并收录科尔沁民族地方文献679种1009册；特色馆藏古籍保护室2021年度收入72册（幅）文献，其中32册（幅）民国时期和伪满时期的古旧文献经资深文博专家专业鉴定，确定具有史学价值与爱国主义教育意义。

【通辽市文化馆】 通辽市文化馆前身为通辽市群众艺术馆。始建于1974年的哲里木盟群众艺术馆，1999年，随着撤盟设市更名为通辽市群众艺术馆。2021年4月21日更名为通辽市文化馆，是市文化旅游广电局所属公益一类事业单位。主要职责是组织开展具有导向性、代表性、示范性及公益性原社会文化艺术活动；开展公共文化、民族民间文化理论研究和群众文艺作品创作；开展社会宣传教育工作；组织开展群众文化艺术培训活动；开展文化交流活动；承担数字文化馆建设与服务推广工作等。截至2021年年底，累计筹办各类大型文艺活动，组织开展多届“群文之光”群众性文艺惠民演出，第三届“舞动北疆”全区广场舞大赛，全区首届“科尔沁民歌”大赛，参加各级群众文艺大赛100余次，书画作品展100余次，民间文艺演出1500余场次，并开展各种艺术类型培训200余次，跨省文化交流10余次，把科尔沁文化带到苏州、长春、沈阳、哈尔滨等地，丰富市区及农村牧区的群众文化生活。

【通辽市博物馆】 通辽市博物馆创立于1975年，原名为哲里木盟博物馆。1999年，更名为通辽市博物馆。2007年，实行对外免费开放制度。2008年，被评为国家AAA级旅游景区。2009年，被评为国家二级博物馆。2011年，被评为自治区级爱国主义教育示范基地。2017年，被命名为第六批内蒙古自治区社会科学普及基地。场馆位于通辽市文化体育广场北侧，总建筑面积2万平方米。整体设计体现中国“天圆地方”的传统理念。主体一层为3000平方米的会展大厅；1～3层为基本陈列区，展厅面积7300平方米，有12个基本陈列。通辽市博物馆有文物5万件（套），其中一级文物82件、二级文物313件、三级文物628件。馆藏文物时间上包括新石器时代（兴隆洼文化、红山文化）、青铜时代（夏家下层文化、夏家上层文化）、西周、秦汉、鲜卑、唐代、辽金元、明清、民国等历史时期；品类上包括石器、陶器、瓷器、金银铜铁器、动植物化石、古籍书画和服饰等。所藏文物具有珍贵的历史、科学价值，为研究、展示不同历史时期，特别是北方少数民族的政治、经济、文化、生活等各个方面提供翔实的实物资料。通辽市博物馆整体改造项目总投资8992万元，市财政于2019—2021年度实际安排资金5378.5万元。截至2021年年底，基础设施改造完成总体进度95%。展览大纲按国家对意识形态的要求进行修改；展览施工完成总体进度的20%。实施文物本体保护修复项目，对22件馆藏二、三级瓷器文物进行修复，派出文物修复人员到北京参与修复工作，完成初步验收。馆藏文物数字化保护项目、金属文物修复项目通过自治区文物局验收。配合整体改造工作，对所有库房全面清洁、除尘、整理，为所有库房安装除湿机，设立一级文物库房。对老战士无偿捐赠的11件革命文物登记上账。结合整体改造工作，初步建立文物修复实验室500平方米，配置专业设备。对奈曼旗五间房城址进行田野考古调查，采集地表遗物，经专家认定，该城址属于北方游牧民族东胡人山城遗址。由通辽市博物馆、科左后旗文物管理所和科左后旗公安局联合对草布日噶嘎查辽墓进行抢救性发掘工作。与科左中旗文物局、旗博物馆联合对东蒙军政干校旧址修缮中发现的“地道”进行鉴别。应市文物局指派，联合市公安局、库伦文物局、库伦公安局，对库伦旗国保文物单位前勿力布格村辽墓被盗现场进行调查。参加由中国人民大学主持的山西省大同市吉家庄新石器遗址发掘工作，从出土文物上判断吉家庄遗址的陶器具有龙山文化特征，遗址应属龙山文化中晚期。地表也采集到鲜卑、辽、金时期遗物，有利于研究通辽地区北方游牧民族在鲜卑、辽、金、元时期的发展脉络。研究室继续参与《通辽史》编纂工作，业务人员在国家及省级期刊发表研究文章20余篇。

【哈民遗址博物馆】 科尔沁左翼中旗哈民遗址博物馆设立在内蒙古哈民考古遗址公园内，建筑面积4773.8平方米，有4个展厅，因大部分出土文物保存在赤峰宁城大塔博物馆，展陈文物数量较少，只对外开放一、二号展厅，分别为图文展厅和出土文物展厅。一、二号展厅面积1200平方米，展出文物357件，文物保存现状较为完好。2019年11月，被自治区文旅厅评为国家AAA级旅游景区。截至2021年年底，单日最大游客承载量为1500人。

【奈曼旗王府博物馆】 奈曼旗王府博物馆是以王府古建为依托的综合性博物馆，展陈内容主要包括展示奈曼旗历史文化和奈曼郡王工作、生活环境等两方面内容。馆藏文物4850件，展出文物和展品2000件。奈曼王府始建于清同治二年（1863），有150多年历史，是全国重点文物保护单位、国家AAAA级旅游景区、国家三级博物馆、中国华侨国际文化交流基地、通辽市民族团结进步教育基地。奈曼王府总占地面积31000平方米，有12组套院，211间房屋。建筑面积5000平方米，展厅面积4000平方米。2008年开始免费对外开放，日接待最大承载力1000人。2021年，接待游客25万人次。

【流动文化服务】 2021年，通辽市旗（县、市、区）通过图书馆流动图书车、文化馆流动演出车和文艺小分队等形式，开展流动文化服务，把文化艺术送到群众身边。截至2021年年底，全市有流动文化服务车辆17辆，其中，流动舞台车9辆、流动图书车4辆、流动文化车4辆。每年利用流动舞台车演出80余场次，观众2万余人次；利用流动服务车提供书刊借阅服务1000人次，借阅2000多册次；利用流动文化车演出50余场次，观众1万人次。流动文化服务更加贴近农牧民生活、贴近农牧区实际，克服以往固定文化设施辐射范围局限，有效解决国贫和区贫旗县以及偏远地区农牧民公共文化服务覆盖不全、供给不足的问题，促进基本公共文化服务均等化。

【公共文化数字化建设】 2021年，通辽市各级公共图书馆接入互联网，无线网络覆盖全馆，为读者提供免费无线上网服务；微信公众号可以使读者免费阅读电子文献资源。图书馆依托丰富的馆藏资源，建设电子图书及数字资料库，提供期刊、图书、有声资源等数字产品，满足不同读者的阅读需求。通过自治区实施的“数字文化走进蒙古包”工程，通辽市建设“数字蒙古包”一级站57个，二级站551个，合计608个，其中安装完成316个。

【群众文化活动】 2021年，通辽以满足群众多样化文化需求为导向，以构建“菜单式”公共文化服务为着力点，通过免费观看、发惠民卡、发低票价等多种形式，打造文化惠民服务新模式，持续推进“百团千场下基层”“戏曲进乡村”等草原文艺天天演系列演出工程，确保文化活动与群众需求有效对接。注重转变文化活动形式，变“我给你接”为“你需我送”，结合老百姓身边的故事创作文艺作品，根据老百姓的喜好组织文艺活动，做到“接地气、冒热气、添生气”。利用流动舞台车、流动文化车、流动图书车深入农村牧区开展流动文化服务。

举办“永远跟党走”通辽市庆祝中国共产党成立100周年群众文化文艺活动启动仪式、群众大合唱集中展演、

"我和我的祖国"群众性主题宣传教育等系列活动，线上展播"永远跟党走"第四届全市农牧民文艺会演。完成戏曲进乡村547场次，各级文化馆和民间艺术团下乡演出3543场，受惠群众42万人次。

【社会力量参与公共文化建设】 2021年，通辽市探索建立健全政府向社会力量购买公共文化服务体制机制，扶持社会力量参与公共文化建设。制定《政府向社会力量购买公共文化服务的指导性目录》，支持文化单位及社会团体开展文化惠民活动。以面向社会力量购买公共文化产品和服务的方式，吸收社会力量参与公共文化服务，新增发放文化演出惠民卡、购买送戏曲进乡村服务、文化产业扶贫项目服务。开展戏曲进乡村活动。以文化为纽带，用戏曲传真情，结合"送文化进基层"活动，围绕节庆和传统节日，组织专业艺术团和民间艺术团队每年送戏下乡540场次，观众达50万人次。将传统戏曲、结合时代改编的现代戏曲，评剧、快板、蒙古剧、现代剧、民族歌舞、小戏小品、东北二人转、好来宝、相声、三句半和乌力格尔等节目送到苏木乡镇（街道）嘎查村（社区）。

【公共文化服务保障】 2021年，库伦旗、科左中旗注重培育挖掘乡土文化本土人才，开展文化结对帮扶，从退休人员、在校学生、社会文艺爱好者中招募文化志愿者，组建文化志愿者队伍，到农村牧区开展文化志愿服务活动。全市培育文化志愿队伍20多支，参与人数达2000人次。印发《关于加强全市文化志愿服务工作的意见》推动文化志愿服务规范化、管理科学化、活动常态化。扶持民营院团建设，鼓励群众自办文化院团。科左后旗成立"科尔沁潮尔史诗传习所"等文艺团体，组织文艺活动活跃在各个村落。

【杭州·通辽两地公共图书馆文旅交流周】 2021年5月24日至30日，杭州市文化广电旅游局和通辽市文旅广电局主办、杭州图书馆和通辽市图书馆承办的"杭州·通辽两地公共图书馆文旅交流周暨'孝庄故里·魅力通辽'科尔沁人文风景展"在杭州图书馆举办。该展览展出图片61幅，全方位展示通辽市自然风光、人文风情、生态旅游等。开幕式设有蒙古族服饰体验、草原特色礼品派送、科尔沁风味美食品鉴和蒙古族歌舞演出等环节，让杭州市民足不出"市"即可饱览通辽美景，领略来自科尔沁草原的民族风情。此次活动是通辽市图书馆2021年度在全民阅读推广和探索文旅融合工作新态势领域的最新举措，活动以文化旅游方面的务实合作，带动杭州、通辽两地文化交流合作迈上新台阶，被《文汇报》《杭州日报》《钱江晚报》《江南游报》等多家媒体报道。

（市文化旅游广电局　刘海波）

文化遗产保护

【概况】 2018年4月，自治区人民政府公布第六批自治区级非物质文化遗产名录和自治区级非物质文化遗产扩展名录，批准通辽市蒙古族三弦音乐、版画（奈曼版画、扎鲁特版画）、哈啾嗨（蒙古语布娃娃）、炭烤牛肉干制作技艺、蒙古耳枕制作技艺、蒙医药（蒙医灸疗术）6个项目为第六批自治区级非物质文化遗产名录项目；批准祝赞词（科尔沁祝赞词）、科尔沁潮尔史诗、蒙古族民歌（科尔沁民歌）、好来宝、布鲁、蒙古族图案、蒙古文书法、蒙古族乐器制作技艺（马头琴制作技艺、四胡制作技艺）、蒙古族风干肉制作技艺（风干牛肉制作技艺）、祭敖包、祭火（科尔沁祭火）11个项目为自治区级非物质文化遗产扩展名录项目。2019年，哈民遗址被国务院确定为第八批全国重点文物保护单位；通辽市《通辽市蒙古族音乐类非物质文化遗产保护条例》印发施行。

【非遗文化传承】 2021年，通辽市科尔沁文化生态保护区通过自治区文旅厅专家评审，被评为第四批自治区级文化生态保护区。建立科尔沁文化（通辽）生态保护区专家库，征集46位专家学者。通辽市继续实施"三百工程"，举办"科尔沁非遗·传统美术展”，完成对乌力格尔、好来宝原创作品专家评审和公示。开展45场（次）胡仁乌力格尔、好来宝进嘎查村、社区、学校说书展演活动。公布第六批通辽市级非物质文化遗产代表性项目代表性传承人名单，对2020年市级非物质文化遗产代表性项目代表性传承人评估考核。蒙医乌拉灸术入选国家级非物质文化遗产代表性项目名录扩展项目名录。

【文物保护利用】 2021年，全市开展文物安全大排查专项行动，由市政府组织多部门组成联合检查组对所辖旗（县、市、区）人民政府文物安全工作进行实地督查。配合自治区文物局督察处对市重点文物古建筑进行风险隐患排查，组织专家对国家级保护单位霍林郭勒市金界壕西风口1号、2号边堡防护性设施建设工程进行验收。推进奈林稿辽墓群安防工程、吉祥天女神庙文物保护修缮工程、扎鲁特旗乌力格尔博物馆馆藏可移动文物预防性保护项目、通辽市博物馆馆藏瓷器文物修复项目、满都呼佛塔保护修缮工程、奈曼旗萧氏家族墓——陈国公主与驸马合葬墓保护前期勘察研究项目、开鲁古榆树二期复壮工程等保护工程。哈民遗址保护利用设施项目列入国家发改委“十四五”时期文化保护传承利用工程项目库。2021年，市政府安排资金1700万元，推进市博物馆整体改造工程，基础设施和展陈部分完成超过90%。

【国家级非物质文化遗产《巴拉根仓的故事》代表性项目传承人培训班】 2021年6月16日至19日，通辽市文化旅游广电局主办、通辽市文化馆承办、内蒙古蒙腾力文化传媒有限公司协办的国家级非物质文化遗产《巴拉根仓的故事》代表性项目传承人培训班在通辽市举办。

培训班邀请内蒙古民族大学教授、硕士生导师宝音陶克陶，国家一级艺术评论员、内蒙古民俗学会副会长叁布拉诺日布，内蒙古民族大学教授、中国作家协会会员博·照日格图，北京师范大学社会学院教授色音，内蒙古师范大学蒙古学学院教授、博士生导师席哈斯巴特尔，哲里木人民广播电台原主任播音员那顺乌力吉，通辽市文化旅游广电局公共服务科科长刘伟臣等7位专家学者，分别就《巴拉根仓的故事》调查和搜集的方法、讲故事的技巧、文化背景、有声语言表达方式及其在文艺表现中的运用，如何申报非物质文化遗产项目和传承人，非物质文化遗产保护的国际经验及故事传承等方面进行主题讲座。兴安盟、赤峰市和通辽市共计56名相关人员参加培训。

（市文化旅游广电局　刘海波）

2021年通辽市国家级非遗代表性项目代表性传承人一览表

表10

序号	姓　名	年龄	性别	民　族	地　　址	项目名称	批　　次
1	吴云龙	86	男	蒙古族	通辽市民族歌舞团	蒙古族四胡音乐	第二批 2008 年
2	劳斯尔	75	男	蒙古族	扎鲁特旗	乌力格尔	第二批 2008 年
3	特格喜都楞	86	男	蒙古族	科尔沁左翼后旗	蒙古族四胡音乐	第二批 2008 年
4	那仁满都拉	75	男	蒙古族	库伦旗	蒙古族安代舞	第二批 2008 年
5	套格敦白乙	74	男	蒙古族	科尔沁左翼后旗	蒙古族马具制作技艺	第三批 2009 年
6	何巴特尔	90	男	蒙古族	科尔沁左翼中旗	嘎达梅林	第三批 2009 年
7	赛　音（赛音毕力格）	67	男	蒙古族	通辽市民族歌舞团	蒙古族长调民歌	第三批 2009 年
8	伊丹扎布（孟义达吗）	73	男	蒙古族	通辽市	蒙古族四胡音乐	第四批 2012 年
9	巴彦保力格	65	男	蒙古族	通辽市	蒙古族四胡音乐	第四批 2012 年
10	包金山	82	男	蒙古族	科尔沁左翼后旗	蒙医药（蒙医正骨疗法）	第四批 2012 年
11	满都拉	76	男	蒙古族	库伦旗文化馆	布　鲁	第五批 2018 年
12	白扎力增	71	男	蒙古族	通辽市奈曼旗固日班花苏木	乌力格尔	第五批 2018 年

2021 年通辽市自治区级非遗代表性项目代表性传承人一览表

表 11

序号	姓　名	年龄	性别	民　族	地　　址	项目名称	批　次
1	何巴特尔	80	男	蒙古族	科尔沁左翼中旗舍伯吐镇南新嘎查	嘎达梅林	第一批 2008 年
2	赛　音（赛音毕力格）	67	男	蒙古族	通辽市民族歌舞团	蒙古族长调民歌	第一批 2008 年
3	特格喜都冷	86	男	蒙古族	科尔沁左翼后旗吉尔嘎朗镇六家子嘎查	蒙古族四胡音乐	第一批 2008 年
4	伊丹扎布（孟义达吗）	73	男	蒙古族	科尔沁左翼中旗保康镇协代苏木哈尔吉嘎嘎查	蒙古族四胡音乐	第一批 2008 年
5	那仁满都拉	75	男	蒙古族	库伦旗库伦镇中学	蒙古族安代舞	第一批 2008 年
6	套格敦白乙	72	男	蒙古族	科尔沁左翼后旗茂道吐苏木哈根朝海嘎查	蒙古族马具制作技艺	第一批 2008 年
7	包金山	82	男	蒙古族	通辽市蒙医整骨医院	科尔沁正骨术	第一批 2008 年
8	白扎力增	71	男	蒙古族	奈曼旗固日班花苏木助日干白兴嘎查	乌力格尔	第一批 2008 年
9	满都拉	76	男	蒙古族	库伦旗文化馆	布　鲁	第三批 2012 年
10	吴云龙	86	男	蒙古族	通辽市民族歌舞团	蒙古族四胡音乐	第一批 2008 年
11	劳斯尔	75	男	蒙古族	扎鲁特旗文化馆	乌力格尔	第一批 2008 年
12	包福来	54	男	蒙古族	科尔沁左翼中旗协代苏木胡九营子	嘎达梅林	第一批 2008 年
13	吴白玉	57	女	蒙古族	科尔沁左翼中旗舍伯吐镇文化站	嘎达梅林	第一批 2008 年
14	芬那顺乌力吉	71	男	蒙古族	通辽市人民广播电台	巴拉根仓的故事	第一批 2008 年
15	乌力吉扎日嘎啦	95	男	蒙古族	通辽市吉祥密乘大乐林寺	查　玛	第一批 2008 年
16	色仁钦	96	男	蒙古族	科尔沁左翼中旗腰力毛都苏木	博　舞	第一批 2008 年
17	那　沁	73	男	蒙古族	库伦旗创编室	蒙古族安代舞	第一批 2008 年
18	山　虎	53	男	蒙古族	库伦旗库伦镇西嘎查	蒙古族安代舞	第一批 2008 年
19	安秀珍	58	女	蒙古族	通辽市科尔沁区戏曲剧团	东北二人转	第一批 2008 年
20	满都呼	74	男	蒙古族	科尔沁左翼后旗文化馆	好来宝	第一批 2008 年
21	陈班巴尔	59	男	蒙古族	通辽市人民广播电台	乌力格尔	第一批 2008 年
22	张德力根	67	男	蒙古族	扎鲁特旗文化馆	乌力格尔	第一批 2008 年
23	黑　小	80	男	蒙古族	奈曼旗黄花塔拉镇套布格嘎查	乌力格尔	第一批 2008 年
24	海　河	67	男	蒙古族	科尔沁左翼后旗朝克图镇更给嘎查	蒙古族马具制作技艺	第一批 2008 年

续表 11

序号	姓　名	年龄	性别	民　族	地　　址	项目名称	批　　次
25	王太平山	65	男	蒙古族	科尔沁左翼后旗海鲁图镇海鲁图村	蒙古族马具制作技艺	第一批 2008 年
26	富玉兰	64	女	蒙古族	通辽市蒙医研究所	蒙医乌拉灸术	第一批 2008 年
27	胡达来	58	男	蒙古族	科尔沁左翼后旗蒙医整骨医院	科尔沁正骨术	第一批 2008 年
28	斯日吉玛	72	女	蒙古族	扎鲁特旗文化馆	蒙古族服饰	第一批 2008 年
29	拉西敖斯尔（包拉西）	80	男	蒙古族	扎鲁特旗文化馆	格萨（斯）尔	第二批 2010 年
30	于宝林	68	男	蒙古族	通辽市科尔沁潮尔协会	潮　尔（蒙古族弓弦乐器）	第二批 2010 年
31	李玉华	88	女	汉　族	开鲁县文化馆	开鲁太平鼓舞	第二批 2010 年
32	高秀芝	73	女	汉　族	开鲁县文化馆	皮影戏	第二批 2010 年
33	白色音那	54	男	蒙古族	扎鲁特旗文化馆	乌力格尔	第二批 2010 年
34	修金虎	57	男	汉　族	开鲁县文化馆	剪　纸（开鲁县剪纸）	第二批 2010 年
35	佟金峰	58	男	蒙古族	扎鲁特旗文化馆	扎鲁特版画	第二批 2010 年
36	刘　英	67	男	蒙古族	扎鲁特旗文化馆	扎鲁特刺绣	第二批 2010 年
37	宝乌兰巴拉	69	男	蒙古族	奈曼旗文化馆	宝石柱民间美术	第二批 2010 年
38	鲍　荣	56	女	蒙古族	科尔沁左翼后旗文化馆	科尔沁正骨术	第二批 2010 年
39	包扎力申	83	男	蒙古族	科尔沁左翼中旗文化研究室	科尔沁叙事民歌	第三批 2012 年
40	程布林	72	男	蒙古族	科尔沁左翼中旗文化研究室	潮尔音乐	第三批 2012 年
41	胡田亮	67	女	蒙古族	通辽市文学艺术研究所	博　舞	第三批 2012 年
42	毛义狠（钱玉兰）	73	女	蒙古族	科尔沁左翼中旗文化研究室	博　舞	第三批 2012 年
43	丁　香	66	女	蒙古族	库伦旗	蒙古族安代舞	第三批 2012 年
44	戴　沁	58	男	蒙古族	扎鲁特旗文化馆	扎鲁特版画	第三批 2012 年
45	鲍宝山	64	男	蒙古族	科尔沁左翼中旗文化研究室	炒米加工技艺（科尔沁炒米加工技艺）	第三批 2012 年
46	塔木苏	80	男	蒙古族	扎鲁特旗文化馆	蒙古族长调民歌（扎鲁特长调）	第四批 2014 年
47	包努力玛扎布	63	男	蒙古族	通辽市民族歌舞团	蒙古族四胡音乐	第四批 2014 年
48	侯青河	51	男	蒙古族	通辽市民族歌舞团	科尔沁叙事民歌	第四批 2014 年
49	额日敦白尔	68	男	蒙古族	科尔沁左翼中旗文化研究	潮　尔（蒙古族弓弦乐器）	第四批 2014 年
50	阿由散那	76	男	蒙古族	库伦旗文化馆	蒙古族安代舞	第四批 2014 年
51	照梅荣	76	女	蒙古族	库伦旗文化馆	蒙古族安代舞	第四批 2014 年

续表 11

序号	姓 名	年龄	性别	民 族	地 址	项目名称	批 次
52	少 布（海青）	53	男	蒙古族	科尔沁左翼后旗文化馆	好来宝	第四批 2014 年
53	达布白拉	41	男	蒙古族	扎鲁特旗文化馆	乌力格尔	第四批 2014 年
54	照那木拉	64	男	蒙古族	扎鲁特旗文化馆	扎鲁特版画	第四批 2014 年
55	萨义玛	56	女	蒙古族	扎鲁特旗文化馆	扎鲁特刺绣	第四批 2014 年
56	斯日根其木格	54	女	蒙古族	扎鲁特旗文化馆	蒙古族长调民歌（扎鲁特长调）	第五批 2016 年
57	白乙拉	52	男	蒙古族	通辽市民族歌舞团	蒙古族四胡音乐	第五批 2016 年
58	唐胡日乐	66	男	蒙古族	通辽市文学艺术研究所	博 舞	第五批 2016 年
59	杜格尔	65	男	蒙古族	扎鲁特旗文化馆	好来宝	第五批 2016 年
60	朝格吉乐	66	男	蒙古族	通辽市文学艺术研究所	蒙古鹿棋	第五批 2016 年
61	巴 特	71	男	蒙古族	通辽市文学艺术研究所	蒙古族乐器制作技艺（潮尔琴制作技艺）	第五批 2016 年
62	阿其拉吐	55	男	蒙古族	通辽市蒙医整骨医院	科尔沁正骨术	第五批 2016 年
63	田斯琴	57	女	蒙古族	扎鲁特旗文化馆	科尔沁服饰	第五批 2016 年
64	图 雅	56	女	蒙古族	通辽蒙古文书法家协会	蒙古文书法	第六批 2019 年
65	包雪峰	58	男	蒙古族	通辽市博尔金蒙古族民族乐器研究所	蒙古族乐器制作技艺（四胡制作技艺）	第六批 2019 年
66	郭 君	63	男	汉 族	通辽市科尔沁区文化馆	毛雕画	第六批 2019 年
67	牟春玲	55	男	蒙古族	通辽市科尔沁区文化馆	蒙古耳枕制作技艺	第六批 2019 年
68	宋宝林	60	男	蒙古族	通辽市科尔沁艺术职业学院	蒙古族图案	第六批 2019 年
69	包连才	56	男	蒙古族	通辽市民族歌舞团	蒙古族四胡音乐	第六批 2019 年
70	包曙光	63	男	蒙古族	通辽市民族歌舞团	蒙古族四胡音乐	第六批 2019 年
71	金宝山	61	男	蒙古族	通辽市民族歌舞团	科尔沁婚礼	第六批 2019 年
72	包阿喜玛	74	女	蒙古族	通辽市群众艺术馆	科尔沁刺绣	第六批 2019 年
73	宝 音	53	男	蒙古族	通辽市文学艺术研究所	蒙古族乐器制作技艺（潮尔琴制作技艺）	第六批 2019 年
74	白秀枝	63	男	蒙古族	内蒙古白音杭盖食品有限公司	炭烤牛肉干制作技艺	第六批 2019 年
75	白乙拉	58	男	蒙古族	霍林郭勒市文化馆	科尔沁民歌	第六批 2019 年
76	金乌云	72	男	蒙古族	霍林郭勒市文化馆	科尔沁民歌	第六批 2019 年
77	戴 义	86	男	汉 族	开鲁县文化馆	皮影戏	第六批 2019 年
78	那木斯来	69	男	蒙古族	科尔沁左翼后旗文化馆	蒙古族马具制作技艺	第六批 2019 年

续表 11

序号	姓　名	年龄	性别	民　族	地　　址	项目名称	批　　次
79	吴宝柱	57	男	蒙古族	科尔沁左翼中旗文化研究室	蒙古族四胡音乐	第六批 2019 年
80	灿　丹	52	男	蒙古族	库伦旗蒙医医院	蒙医药（蒙医治疗术）	第六批 2019 年
81	宋和什格	63	男	蒙古族	库伦旗文化馆	布　鲁	第六批 2019 年
82	孟根仓	53	男	蒙古族	奈曼旗文化馆	好来宝	第六批 2019 年
83	徐水花	59	女	蒙古族	科左中旗文化研究室	科尔沁叙事民歌	第七批 2021 年
84	王大春	64	男	蒙古族	博尔金民族乐器研究所	蒙古族三弦音乐	第七批 2021 年
85	阿友喜扎那	68	男	蒙古族	科左中旗文化研究室	布　鲁	第七批 2021 年
86	跑不了	61	女	蒙古族	扎鲁特旗文化馆	扎鲁特刺绣	第七批 2021 年
87	关嘎扎布	60	男	蒙古族	科尔沁左翼后旗文化馆	蒙古族马具制作技艺	第七批 2021 年
88	白乙拉	59	男	蒙古族	通辽市罕山肉食品加工有限公司	蒙古族风干肉制作技艺（风干牛肉制作技艺）	第七批 2021 年

文学　艺术

【概况】　2021 年，市文联紧扣市委中心工作，围绕红色百年主题，组织策划一系列主题文艺活动。举办“走进通辽——内蒙古美术名家作品邀请展”、哲里木版画精品展、庆祝中国共产党成立 100 周年“中国梦 · 劳动美——草原职工心向党”全市职工书画展、通辽市“书写百年史 · 笔墨颂党恩”美术、书法、摄影展和融合拓展——科尔沁油画双年展暨内蒙古东部职工油画作品展；举办庆祝中国共产党成立 100 周年“党在我心中”全市职工诗文征文比赛、“感党恩 · 听党话 · 跟党走”主题中学生朗诵比赛、通辽市脱贫攻坚主题原创文学作品征文大赛、庆祝中国共产党成立 100 周年通辽市原创文学作品征文大赛；展出庆祝中国共产党成立 100 周年“百年百曲、百年百幅、百年百帧”优秀文艺作品 35 期；举办“记忆 · 红色童年”庆祝中国共产党成立 100 周年——通辽市首届青少年红色经典舞蹈展演。

定期召开优秀作家改稿会、作品研讨会，调动艺术家的积极性和创造性，紧扣时代脉搏开展各类文艺创作。2 月 4 日，通辽市文联受内蒙古作家协会委托，为获得“敖德斯尔文学奖”的通辽市作家伊秀兰举行颁奖仪式。

【文学创作】　2021 年，通辽籍作家创作的长篇小说《安代》、文学评论《中国古代草原诗歌的文本特质与精神意涵》等多部文学作品获自治区级以上奖励。12 月 21 日，“寻找中国年度益作家”公益活动揭晓，通辽市文联《科尔沁文学》编辑部的小说编辑、作家金智为凭借原载于《草原》杂志的小说《为默尔根守灵》，在百余位参评者中脱颖而出，当选为 2021 年“中国年度益作家”，获得大益文学院、大益爱心基金会提供的 3 万元资助。

【艺术创作】　2021 年，通辽歌曲《人民至上》被全国首部“抗疫”电视剧《最美逆行者》选为主题片尾曲，并入选 2021 年元旦晚会、全国脱贫攻坚文艺晚会，《百年红色经典——中国共产党成立 100 周年音乐巡礼》《人民至上》《真理的味道》《信仰——庆祝中国共产党成立 100 周年歌曲精品奖》《永远的赞歌》《守望相助》《永远的乌兰牧骑》等8首歌曲入选内蒙古“庆祝中国共产党成立100周年百年百首”歌曲，《红旗》入选全国“百年百首”新创歌曲。5月，通辽市文联党组书记、主席苏日塔拉图作词的歌曲《金色摇篮》入选中国文联、中国音协举办的“各族儿女心向党”大型演唱会。2021年7月，通辽市文联党组书记、主席苏日塔拉图作词的歌曲《永远的牧歌》入选中国文联、中国音协、中国舞协举办的“各族儿女心向党”歌舞晚会。10月30日，通辽市美术馆馆长罗中伟版画作品《霞照草原》入选庆祝中国共产党建党100周年暨鲁迅倡导新兴版画90周年“镌刻百年”全国木刻版画作品展。雕塑作品《旗帜——蒙古马精神》、国画《山河壮》等多部美术作品获国家级奖励，有5幅版画入选中国新兴版画运动九十周年——全国版画作品展，10幅作品入选第二十四届全国版画作品展。《传承红色基因从娃娃抓起》《争夺》等多部摄影作品获国家级奖项，其中《男儿当自强》入选第21届平遥国际摄影大展并展出。系列纪录片《嘎查之路》等获内蒙古文联“脱贫攻坚”主题纪录片专题片奖。建立“科尔沁文艺资源库”，孵化培育文艺作品400余件。开展文化惠民演出1000余场次，受众45万余人次。围绕建党百年主题，举办“草原儿女心向党”文艺演出200场。创作《烽火安代》《大刀》等精品剧目。实施“三百”工程，抓好乌力格尔传承保护、安代舞普及推广、哲里木版画发展创新，百年丰碑——哲里木版画精品展在中国美术馆巡展。

（市文联 张晓庆）

新闻出版

【概况】　2021年，通辽市组织编撰《科尔沁文化丛书》，推动西辽河文明数字馆建设。组织各级文化馆和民间艺术团体下乡演出3543场、“戏曲进乡村”演出547场。协调资金872.9万元为全市2243家草原书屋补充更新出版物，登记版权作品369件。加大对重点优秀国产影片发行扶持力度，组织观看《青春之骏》《长津湖》《跨过鸭绿江》等，观影102.2万人次。通辽市涌现自治区重点文化产业项目3个、重点小微文化企业6家。坚持建设标准，严格管理规范，修订完善《通辽市草原书屋评定管理办法》等各项制度，制订印发《通辽市草原书屋2021年工作实施方案》，为全市2270个草原书屋配备专职书屋管理员并进行培训；持续推动“鸿雁悦读图书大漂流”活动，在各级草原书屋之间进行图书漂流。为全市草原书屋发放《习近平谈治国理政（第三卷）》4568本；开展“新时代乡村阅读季”活动和“我的书屋我的梦”农村牧区少年儿童阅读实践活动。

【新闻出版行业管理】　2021年，通辽市开展出版印刷行业专项整治行动、连续性内部资料出版物编印单位和公开发行报刊出版单位督查工作、“建党100周年印刷复制发行市场监管保障年”主题活动及“双随机、一公开”抽查等相关工作，完成107家印刷企业、225家出版物发行批零单位、13家单位内部资料类出版物准印证年度核验。加强新闻媒体和记者、记者站监管，完成11家新闻单位328名记者的记者证核验工作。开展版权宣传进校园、进社区等“六进”推广工作，登记作品338部。

【译制任务】　2021年，通辽市完成党史教育题材主流影片《大火种》和《过度使用手机十大危害》等11部科教片译制工作，并上传至国家数字节目中心译制。完成《南极之恋》等4部故事片后期编辑和混录任务。

（市委宣传部　王奕飞）

【通辽日报社】　重大主题宣传　2021年，《通辽日报》在《奋斗百年路　启航新征程》总栏目和《奋斗百年路　启航新征程——致敬最闪亮的星》子栏目推出通辽市获评全国和自治区先进基层党组织、优秀共产党员的典型经验事迹报道40余篇。各新媒体围绕“建党百年”主题发布各类稿件500余篇。设置《奋斗百年路　启航新征程——学党史 悟思想 办实事 开新局》专栏，刊发党史学习教育宣讲报告、进展成效等动态报道，及时总结党史学习教育经验做法，形成全市性综述文章，推出一批深度报道，发稿200余篇。开设《我为群众办实事》主栏目及《你有困难你找我 我是党员我帮你》《“我帮你”进行时》等子栏目，报道各地各部门为群众排忧解难的生动故事，发稿100余篇。开设《深化标本兼治 做实以案促改》网络专题，设置要闻聚焦、“一把手”监督、一案一警示、以案促改等专栏，以微视频、图文、海报、H5（网页）等方式编发相关宣传稿件200余篇，集纳各地各部门动态进展和成效报道，促进专项行动开展。

重大主题报道 2021年，通辽日报社开设《学习贯彻党的十九届六中全会精神》专栏，《通辽日报》汉文版采写《奋进新征程 建功新时代——党的十九届六中全会精神在通辽市广大党员干部群众中引起热烈反响》等重点稿件20余篇。蒙汉文网站及新媒体开设《聚焦十九届六中全会》专题，开设要闻聚焦、精神谱系、系列评论、数据图解等栏目。发布《十九届六中全会开幕！此次亮相的重磅决议，有何特殊之处？》《中国共产党第十九届中央委员会第六次全体会议公报》等重点稿件200余篇。蒙汉文各平台策划推出报道100余篇，发表新闻图片100余幅，专访旗县委书记短视频9组，推出各旗（县、市、区）经济发展报道专版特刊和系列深度稿件。刊发《构建绿色特色优势现代产业体系》等系列特稿，推出新闻述评《发扬“三牛”精神书写高质量发展新篇章》，反映通辽市启航新征程战略步伐。推出代表委员专访，集中反映代表委员的心声；推出《打通断头路 拓宽瓶颈路》《绘就最美发展底色》以《更大的力度打好营商环境攻坚战》等两会系列评论。中国通辽网和各新媒体策划推出《开年开局 起步冲刺 聚焦2021通辽两会》网络专题，开设《两会直通车》《媒体关注》《两会读报告》等9个栏目，采写编发图文视频210条。微信公众平台及各新媒体开设《聚焦自治区两会》专题专栏，推送稿件50余篇。全国两会期间，按要求转发转载中央主要媒体重点稿件，会后及时开设落实两会精神专栏，报道习近平总书记重要讲话精神在通辽落地生根的生动实践。开设《喜迎通辽市第六次党代会》《辉煌五年路》等专题专栏，策划5篇成就性综述文章，全媒体深度报道全市招商引资和项目建设暨优化营商环境推进大会。推出《聚焦绿色转型 聚力高质量发展 为加快建设现代化区域中心城市而奋斗》党代会特刊10个专版。新媒体发挥平台优势，配合蒙汉文主报推出各类动漫、图文、短视频产品，全方位报道大会盛况，制作推出作品40余个。开设《学习贯彻中国共产党通辽市第六次代表大会精神》专栏，推出各地各部门学习贯彻通辽市第六次党代会精神系列报道，突出宣传党代会确定的奋斗目标和今后五年工作任务，营造凝聚人心、统一思想、鼓舞士气的良好氛围。策划8篇本报评论员文章和系列旗（县、市、区）书记、主要部门领导专访文章，以“加快建设现代化区域中心城市”为主题，连续推出全媒体新闻作品。

外宣工作 截至2021年年底，报社建成集报纸、网站、微博、微信、移动客户端等多个媒体交汇共融的融媒体中心。重点打造“哲里木云”“通辽在线”双客户端。“哲里木云”是集蒙古文中央处理系统及客户端、移动采编系统为一体的综合型融媒体；“通辽在线”是具有“新闻+政务+服务+商务+互动”功能的客户端。自治区级以上媒体刊发稿件1060条，其中，80万+稿件6条，104万+1条。日均活跃人数16万余人次，月均500余万人次通过平台学习科学理论、研学党的政策。2021年，累计发稿1094篇，中宣部总平台上稿106篇。

（通辽日报社 周晓萍）

广播影视

【概况】 2021年，通辽市拥有市级广播电视台1座，旗县级广播电视台7座。微波站12座，线路总长575千米。调频转播发射台53座，调频发射机149部，调频广播发射总功率99.35千瓦；电视转播发射台61座，电视发射机155部，电视发射总功率72.3

千瓦。有线电视用户25.65万户；播控终端2365个；“户户通”直播卫星地面接收用户190930户。

广播节目9套，年自制节目20200小时；电视节目10套，年自制节目7530小时。广播全年总播出时间55522小时，覆盖率99.82%；电视全年总播出时间60317小时，覆盖率99.82%。

2021年，通过诵读百年党史、讲述革命故事、播放红色主题歌曲、开播红色剧场、服务百姓生活等形式，采取通俗化、大众化宣传，将庆祝中国共产党成立100周年的活动送到基层、送到农村牧区、送到田间地头，让庆祝建党百年主题宣传“飞入寻常百姓家”，在广大农村牧区基层落地生根、开花结果，使庆祝建党百年主题宣传“沾泥土、带露珠、冒热气”，润物无声，潜移默化，沁入广大农牧民的心中。

2021年，通辽市完善广播电视户户通运行维护长效机制，确保全市农村牧区直播卫星用户家庭户户通、长期通。全市应急广播村村响有效运行。以扎鲁特旗、科左后旗、科左中旗牧区为重点，实施“智慧广电”网络服务进村入户工程，建设广电无线基站196个，发展牧区宽带用户7834户。市电视台汉语、蒙古语电视频道实现高清播出，旗县市融媒体中心电视节目具备高清播出和制作能力。

【行业监管】 2021年，按照国家广电总局和自治区广电局要求，通辽市文化旅游广电局牵头通辽广播电视台和各旗（县、市、区）新闻出版广电局成立调频广播秩序管理专项行动推进组，开展清查“灰广播”违规活动、查处非法医药广告行为、打击治理“黑广播”为主要内容的调频广播秩序管理专项行动。未发现“灰广播”违规情况和自办广播节目播出非法医药广告现象。通过全市8个旗（县、市、区）及1个经济技术开发区、26个“黑广播”监测网点回传信息，及时甄别开鲁县2处、扎鲁特旗2处、科尔沁区1处“黑广播”非法频率播出，并快速通知无线电部门准确定位，当地执法部门依法取缔。

【广电设备维护管理】 2021年，全市加强广电设备维护管理，做好电信企业5G基站干扰广播电视卫星接收防范协调工作。全面提升广播电视和视听新媒体监测监管能力、安全播出保障能力，基本形成中央到苏木乡镇五级贯通数字化监测监管预警体系。开展全市广播电视行业安全大检查，及时发现和有效解决各类安全隐患，加强应急预案修订和应急演练。加强广播电视行业防汛紧急情况应对工作。2021年，全市未发生自然灾害人身安全、播出安全、设施安全事故。全市1座市级广播电视台、7座旗县级广播电视台、12座微波站、53座调频转播发射台、61座电视转播发射台全部实现元旦、春节、全国两会期间，特别是庆祝中国共产党成立100周年重要播出期全年保障广播电视和网络视听安全播出、安全传输、网络安全、设施安全。

（市文化旅游广电局　刘海波）

【通辽广播电视台】 通辽广播电视台是市级广播电视台，拥有调频发射台1座，调频广播发射总功率5千瓦，电视转播发射台1座，电视发射总功率3千瓦；广播覆盖人口304万人，覆盖率95%；电视覆盖人口288万人，覆盖率90%。2021年，广播3套频率累计播出19900.8小时；电视3个频道，累计安全播出16900多小时。电视技术中心2021年出动转播车20余次，录制大型直播及实况类节目20余场，完成各种大型活动录制任务；日常维护、安全保障不松懈，全年维护检修设备700余次，完成机房改造及搬迁2次。3部电视发射机累计安全播出18615小时，3部广播发射机累计安全播出20895小时，发射中做到安全播出零事故。5月11日，通辽广播电视台启动蒙语综合频道高清播出设备，实现高清播出。2021年，通辽广播电视台获内蒙古新闻奖和内蒙古广播影视奖20余个，1条公益广告获广告大赛二等奖。纪录片《约定》获第26届中国纪录片艺术盛典暨第13届深圳青年影像节提名奖。纪录片《聪明的高度》获第13届深圳青年影像节最佳作品奖。纪录片《封村之后》获见证伟大抗疫精神——中国同心战“疫”纪实影像主题活动好作品奖。纪录片《蒙古马》在第27届中国纪录片学术盛典获奖。电视作品《崇尚自然 敬畏生命》获国家广电总局公益广告扶持项目一类作品。

2021年，通辽广播电视台汉蒙语综合广播、交通文艺广播完成庆祝建党100周年公益广告制作播出5730条(次)。电视新闻综合频道播出各类公益广告41400条(次)，按照要求播出各类公益广告97部。关于疫情防控的公益广告4部，原创其他公益广告制作3部，播出《庆祝中国共产党建党100周年》口号30条、《双城同创》口号15条。

2021年，通辽手机台注册用户总数18.8万人。通辽手机台编发包括国内、区内、本地新闻资讯32499条，开展录制庆祝中国共产党成立100周年文艺演出等实况现场直播40场。“通辽广播电视台”等微信公众号不断发展，排名和浏览量稳步提升。“通辽交通文艺广播”微信公众号发布新闻一直保持在通辽市媒体排名前2位，自治区排名前20位以内；11月22日，将《都市漫话》栏目和短视频工作室“通辽融媒体”抖音号合并组建通辽融媒体，在市第六次党代会、抗击暴风雪、疫情防控等宣传报道工作中充分发挥媒体融合效果，新媒体宣传社会反响良好。通辽广播电视台官方头条号发布稿件2800余篇，累计阅读量150万人次，在“今日头条”政务号综合影响力排行榜排名中均位列前三，多次位列第1名。

2021年，通辽广播电视台引进51部高清优秀电视剧，共计2071集；策划4部高清优秀栏目，共计492集。自办栏目上载728期，14905分钟。媒资库管理系统上载保存节目资料1628个文件，上传保留电视剧、动画片、晚会共84部3383集。

汉语、蒙古语广播电视新闻专题节目栏目围绕贯彻落实习近平新时代中国特色社会主义思想、中国共产党成立100周年、“十四五”规划、铸牢中华民族共同体意识、党的十九届六中全会精神、以案促改、党史学习教育、疫情防控、抗击暴风雪等重大主题进行宣传，推出200多个专栏专题，播发各类新闻10000篇。电视新闻中心选派骨干记者配合完成由自治区党委宣传部、内蒙古广播电视台(简称内蒙古台)主办的《再唱赞歌给党听》《康庄大道》2场大型全媒体直播活动。

通辽广播电视台汉语综合广播在内蒙古台播发稿件量位列全区第2名；汉语电视在内蒙古台电视新闻中心发稿，位列全区第3位，其中《内蒙古新闻联播》播发稿件，位列全区第2位。新媒体共向新华社、人民网、中国网、“学习强国”内蒙古学习平台上传稿件350余篇，其中在“学习强国”内蒙古学习平台签发通过《马上学习 推动新时代党的民族工作高质量发展之学以致用》《海报 图说〈设施农业雪灾后生产指导意见〉》等稿件150余篇。

发挥媒体监督功能，引导全市上下树立优化营商环境意识，汉语综合广播《行风热线》栏目推出《记者暗访科尔沁区：办个健康证为何如此难？》等优化营商环境暗访稿件，开展《凝聚发展新动力 创建营商新优势》系列访谈，营造浓厚氛围。2021年3月，通辽广播电视台被评为“学习强国”内蒙古学习平台优秀通讯站。

【纪录片《蒙古马》获奖】 2021年12月11日，中国电视艺术家协会、中共深圳市委宣传部、深圳市文学艺术联合会主办，中国视协电视纪录片学术委员会、深圳市电影电视家协会、深圳广播电视集团承办的第27届中国纪录片学术盛典暨第14届深圳青年影像节在深圳举行。由通辽广播电视台选送的纪录片《蒙古马》获得社会题材类特别单元评委会特别作品奖和最佳摄影作品提名奖。《蒙古马》讲述一匹被卖走的枣红马经过三年的跋山涉水行，走几百里路回到故乡的故事。

(通辽市广播电视台　赵文静　吴　楠)

史志档案

·史志工作·

【概况】 2021年，通辽市党史地方志机构完成事业单位改革。中共通辽市委史志办公室更名为通辽市党史地方志研究室，为市委办公室所属公益一类事业单位，规格正处级。旗（县、市、区）共有史志工作机构7个，有4个更名为档案史志馆（科左中旗、科左后旗、奈曼旗、扎鲁特旗），3个属于区委（县委、旗委）办下设二级事业单位（科尔沁区、开鲁县、库伦旗），霍林郭勒市无史志机构，史志职能划到市委办法规科。

2021年，全市公开出版市、旗（县、市、区）地方综合年鉴9部。整理完成“内蒙古记录小康工程”——通辽大事记（1950—2020年），并录入“记录小康工程内蒙古工作平台”。为《内蒙古大辞典》提供通辽市相关资料和图片。2021年，开展党史资料征集研究和党史书籍编纂出版工作，组织编纂《通辽功臣》《内蒙古自治区志·共产党志》通辽部分、《内蒙古脱贫攻坚口述史》通辽部分等记载通辽市党组织发展光辉历程的史实资料。

《通辽年鉴（2020）》获评第八届全国地方志优秀成果（年鉴类）特等年鉴，市党史地方志研究室获集体三等功。

【《通辽年鉴（2020）》获评特等年鉴】 2021年12月，《通辽年鉴（2020）》获第八届全国地方志优秀成果（年鉴类）特等年鉴。这是继《通辽年鉴（2016）》《通辽年鉴（2017）》获得二等奖后，获得的又一荣誉。《通辽年鉴（2020）》是中共通辽市委员会、通辽市政府主办，市党史地方志研究室承编的资料性文献，由中国文史出版社出版发行。全书共88万字，分类目、分目、条目3个层级。全面记述2019年通辽市自然、政治、经济、文化和社会发展的基本情况。全书内容翔实、特色鲜明、图文并茂，为广大读者认识通辽、了解通辽、研究通辽提供基本信息资料。

【《通辽年鉴（2021）》出版发行】 2021年12月，通辽市党史地方志研究室编纂的《通辽年鉴（2021）》由中国文史出版社出版。全书90万字，全面记载2020年通辽市自然、政治、经济、文化和社会发展的基本情况。

【党史宣传教育】 2021年，市史志研究室发挥职能特长，为各部门单位开展讲党史活动17场次；与通辽日报社合作开辟《红色记忆》专栏，连续刊发通辽革命烈士英雄事迹12篇。与市委宣传部、通辽日报社联合开辟《通辽党史那些事儿》专栏，分别到社区、学校、警营、书店、民营企业等地开展通辽地方党史宣讲15场次，其中党史课《通辽工人运动中的红色往事》《新四军三师解放通辽的故事》《全国战斗英雄郃喜德》被“学习强国”学习平台采用并推广。与市委宣传部、市文联、市美术家协会共同策划主办百年丰碑——哲里木版画展。该展首次使用版画形式宣传党的历史、通辽历史。该展由史志研究室提供史实资料，并对展品进行政治把关和史实把关，通过展览宣传党的历史，宣介通辽，向建党100周年献礼，截至2021年年底，参展人数达4万人次。

【党史展馆排查】 2021年，为充分发挥意识形态阵地在开展爱国主义教育、培育和践行社会主义核心价值观中的重要作用，市史志研究室配合市委宣传部，联合市民委、市文旅广电局、市退役军人事务局对全市各级各类博物馆、展览馆、纪念馆、陈列馆等文化设施开展全面排查工作，对发现存在的问题及时提出整改意见，为把通辽市文化设施打造成为党员干部教育重要阵地，建设成为开展爱国主义教育、培育和践行社会主义核心价值观的生动课堂贡献力量。

【部门志编修】 2021年，市史志研究室推进全市专业志、部门志的编修工作，加强各部门之间沟通交流。指导、审核或评审《通辽市残疾人联合会志》《通辽市特种设备安全节能检查监察志》《通辽市政法委志》《通辽市审计志》《科尔沁区人大志》《霍林郭勒市工会志》《通辽市纪检监察志》《通辽市残联志》等。

【乡镇村志编纂】 2021年，市史志研究室协调科尔沁区和科左中旗申报自治区乡镇村志试点项目。科尔沁区大林镇、科左中旗巴彦塔拉镇成功申报试点，进入初稿编纂阶段。

【地方志进军营活动】 2021年，市史志研究室为开展读志用志宣传，充分发挥服务军队文化建设功能，向通辽军分区赠送《通辽市志》《通辽年鉴》等地情资料书籍26册，光盘20张，密切军地关系，丰富军营文化生活。

（市党史地方志研究室 苏丽丽）

·档案管理·

【馆藏档案鉴定服务】 2021年，市档案馆突出馆藏利用，优化档案服务水平。将档案工作服务农村基层社会治理，包联社区档案室建设，档案现行文件查询、咨询，政府公开信息和爱国主义教育基地讲解等5项内容作为民生内容，形成办实事清单，并组织实施。完善电话、网络，信函等档案查询服务。全年提供利用档案（资料）7234件（册），接待档案利用者456人次。为社会各界查阅者解决财产纠纷、房屋拆迁、住房公积金政策、工资福利待遇等方面问题。

【档案业务指导】 2021年，市档案馆运用“现场服务”等模式到市直各机关进行档案业务实际操作培训，开展业务指导100余次。创新业务培训，运用“小班教学”模式，开展文书档案和会计档案业务培训班累计7期，帮助市直机关档案员补齐业务短板。

【国家试点工作】 2021年，市档案馆服务农村基层社会治理试点工作，为700余户农牧民统一建立农牧户档案。为试点苏木、嘎查收集整理档案资料17类、5万多件、近3000卷。为6个苏木（乡、镇）、嘎查村建立符合“八防”标准的档案室。完成对试点地区档案数字化扫描工作。

【事业单位改革档案】 2021年，市档案馆针对通辽市71家事业单位机构改革工作，成立4个工作专项组，对涉改单位进行全覆盖式业务指导，并为有资金需求的涉改单位向财政申请档案专项资金，用于涉改工作中档案整理与移交，确保改革中档案资料的完整与安全。截至2021年年底，完成通辽市56家单位的档案验收工作。

【档案信息管理】 2021年，市档案馆接收10家市直单位数字档案，丰富数字档案资源，将建设国家示范智能数字档案馆（库）纳入《通辽市国民经济和社会发展第十四个五年规划和2035年远景目标纲要》，推进新档案馆加快落实，方便档案保管和群众利用。档案系统软件创新升级。针对使用“蓝晶档案”系统的市直单位完成数据库升级和软件更新，研发开放档案和现行文件触摸屏查询系统，进一步方便查阅者查询开放档案和现行文件。“三网一库”管理和维护工作稳步进行。利用网络安全设备定期对档案馆局域网、政务外网、互联网和数字档案数据库进行安全检查，确保三网运行无故障，数据安全有保障。

【档案业务普法宣传】 2021年4月，通辽市举办档案人员岗位培训班，各机关、企事业单位700多人参加培训。11月，开展“十四五”全国档案事业发展规划公益线上大讲堂，600余人参训。开展“6·9”国际档案日、“9·5”档案法颁布周年纪念日系列宣传活动。以“档案话百年，用档案讲好党的故事”为主题进乡村、进社区进行普法宣传。组织机关干部、市直机关和国企单位档案人员开展档案法知识竞赛。利用网站、《科尔沁都市报》、微信公众号、微信朋友圈、抖音短视频等平台以信息、图片、视频等多种形式进行网上宣传引导，提升社会各界档案法治意识。

【依法治档】 2021年，市档案局细化局（馆）行政权力和政务服务事项，健全完善权力清单制度、压缩行政审批时限，深化最多跑一次改革，优化营商环境，提升公共服务质量。通过“双随机、一公开”系统，抽取通辽市24家单位，完成档案行政执法检查工作，申请新增2名执法人员，1名监督人员。

【档案征集收集】 2021年，市档案馆征集通辽市新冠肺炎防控指挥部疫情档案1660件。截至2021年年底，全部完成整理和数字化。征集建党100周年活动《唱支山歌给党听》

视频6.6吉字节，红色展览展板121张，按期完成两类档案归集工作。针对脱贫攻坚档案和疫情防控档案归集工作，市档案局成立专项工作行动小组，建立“一对一”联系机制，确保各旗县、市直部门单位“两类档案”有专人负责。截至2021年年底，“两类档案”目录归集工作全部完成。通辽市两类档案目录共计181951条。脱贫攻坚档案目录共计171438条。其中，文书档案目录（实施方案版）9830条，文件级目录（地标版）70234条，案卷目录（地标版）9994条，卷内目录（地标版）81380条。疫情防控档案目录共计10513条。其中，归档文件目录10039条，数码照片档案目录370条，录音录像档案目录101条，实物档案目录3条。

（市档案馆）

文化市场管理

【概况】 2021年，通辽市出动执法人员4.5万余人次，检查经营单位1.34万余家次，办结案件72件，罚款42.45万元。

2021年，全市采取重点抽查与日常巡查相结合、重点时段和重点区域相结合、重点监管和跟踪监管相结合的方式，加大网吧、歌厅、电影院、营业性演出等经营场所专项治理力度，对照测评复检标准，细化监管任务，逐一检查、逐一核对、全面规范，现场查找问题、及时整改，建立黑名单和网格化管理制度，督促文化娱乐经营单位积极履行主体责任，做好创城复检工作。全市两级文化执法机构多次与公安部门联合开展“零点”“两点”等专项行动，清理歌舞娱乐场所曲库中反动、色情等违禁歌曲。市文化执法局查处5家歌舞娱乐场所曲库含有违禁歌曲和4家歌舞娱乐场所曲库中含有淫秽画面的歌曲MV，并对9家歌舞娱乐场所立案处罚，相关违禁歌曲当场在曲库予以删除，及时减少传播风险。

市文化市场综合行政执法局查处鲍某在未取得行政许可的情况下，通过“快手”平台发布旅游产品短视频，招徕游客组织旅游活动的案件成为文化和旅游部6件旅游执法指导案例之一在全国推广，并入选自治区党史学习教育典型案例。市文化市场综合行政执法局科尔沁区分局获第五届内蒙古自治区服务农牧民、服务基层文化建设先进集体。

【疫情防控工作】 2021年，市文化执法局为确保文化旅游市场疫情防控措施落到实处，组织各旗县市文化执法局坚持日常监管和定期检查相结合，做好疫情防控下文化旅游市场安全生产巡查检查工作，重点对网吧、KTV、书店、电影院、旅游景区等人员密集场所实行全覆盖巡查，明确具体人员统筹负责疫情防控和安全生产工作，并向经营者发放告知书，要求文化娱乐场所严格落实测温验码、佩戴口罩、通风消毒、“一客一用一消毒”“一米线”等常态化防控措施，确保消防设施设备正常运行、应急通道畅通，网吧、电影院等文化娱乐场所接待顾客量不超过最大承载量的75%。在景区出入口、重要景点、休息餐饮区等容易形成人员聚集的区域加强各类大型聚集性活动监管，进行预约限流避免人员聚集。2021年，通辽市文化旅游行业未发生通过文化和旅游渠道传播疫情情况。

【“扫黄打非”工作】 2021年，市文化执法局组织开展“清源”“固边”“净网”“秋风”“护苗”等五大专项行动，高密度、高频率地组织开展国家、自治区、通辽市两会及中小学春季开学出版物市场专项治理行动，以及政治性非法出版物封堵行动等，有效地打击各类违法违规经营行为。市文化执法局在“护苗”行动中查处通辽实验中学附近文具店售卖淫秽卡通图书案件1起（收缴淫秽图书42册），查处违规售卖教科书案件3起，查处卓越英语学校公开发行内部教材案件1起(收缴各类违规教材888册）；在“清源”行动中，查处未验证印刷委托书案件3起，查处销售非法出版物批发单位3家，查处擅自从事出版物发行活动案件2起，查处发行非法出版物案件1起，查处擅自从事中小学教科书发行活动案件1起，收缴各类图书1736册，移动存储设备190个。

【卫星地面接收设施整治】 2021年，市文化执法局组织开展非法安装和使用卫星地面接收设施专项整治行动。重点对宾馆旅店和个人用户进行全面排查，对存在违规安装和使用卫星电视地面接收设施行为，执法人员进行拍照登记，责令当事人自行拆除，并现场讲解相关国家政策法规。霍林郭勒市文化执法局当场责令当事人拆除外设天线9架。开鲁县文化执法局查处"黑广播"1处，缴获非法设备1套。

【文物执法监管】 2021年，加大重点文物保护管理工作，重点对自治区级文物保护单位和库伦旗国家级文物保护单位三大寺进行巡查，防止破坏文物行为和安全生产事故发生。督促各旗（县、市、区）对国家级、自治区级文物保护单位进行巡查。2021年，全市未发生破坏文物行为和安全生产事故。

【法治宣传教育】 2021年，通辽市通过"全国文化市场技术监管服务平台""内蒙古自治区协同监管平台"开展"双随机、一公开"监管工作，抽查企业1887家，出动执法人员3774人次；联合市场监督管理局开展抽查1次，抽查企业13家，出动执法人员52人次；配合市公安局网安（技侦）开展联合抽查1次，抽查企业15家，出动执法人员60余人次，检查结果全部录入平台，并在市文化旅游广电局门户网站上进行公示。利用新闻媒体、微信公众号、简报等媒介开展宣传，以"3·18"全国文化市场法制宣传日、"4·26"世界知识产权日等主题宣传日为契机，向社会广大群众普及文化市场法律法规知识。在世界知识产权日前夕，全市两级文化市场综合执法机构联合举办"保护知识产权"非法出版物集中销毁宣传教育活动，销毁各类非法出版物1万余张（册）。通辽市通过全国文化市场技术监管与服务平台收到各旗（县、市、区）信息289篇，向自治区推送执法信息231篇，上报信息数量位居自治区各盟市执法局前列。举办全市文化市场综合行政执法业务培训班，学习掌握新业态执法知识技能，提高执法人员办案能力和业务水平。市文化执法局成立法制工作领导小组，对案情复杂、社会影响较大或处罚数额较大的案件事实、证据、程序、法律适用等内容进行集体讨论，确保案件质量。

【保障文化市场健康发展】 2021年，通辽市开展"扫黄打非"各项工作，对全市影城、图书经营单位、印刷厂、宗教场所等意识形态阵地进行专项检查，与推行统编教材、党史学习教育等重大任务有效衔接，出动执法人员31491人次，检查各类文化娱乐场所9632家，查缴非法有害出版物1.2万余册，处置网络有害信息1800余条，取缔关停非法网站4个。

3起"扫黄打非"案件被国家、自治区挂牌督办，2起案件获评自治区重大案件；通辽经济技术开发区辽河镇第一中心小学获评全国"扫黄打非"先进基层示范点，1人获评全国"扫黄打非"先进个人；3个集体、2名个人获评自治区"扫黄打非"先进集体、先进个人；1人获评"全国十大读书人物"；4家单位被评为第五届全区服务农牧民、服务基层文化建设先进集体；6支旗县乌兰牧骑列入自治区一类乌兰牧骑，其中科左后旗、奈曼旗乌兰牧骑被评为优秀一类乌兰牧骑；10部作品获2021年度第六届内蒙古自治区职工文学一、二、三等奖；原创音乐作品《红旗》入选中国音协"百年百首"优秀主题歌曲推荐展播曲目，《嘱托》《芳华》等8首原创音乐作品入选内蒙古自治区同类曲目。

（市文化旅游广电局　刘海波）

卫生健康

综　述

【概况】　截至2021年年底，全市有医疗机构4371个。医院84家，妇幼保健院（所、站）9家，社区卫生服务机构179家，苏木乡镇卫生院157家，诊所、医务室、门诊部合计539家，嘎查村卫生室3340家。公立医疗机构建筑面积总计1430759平方米。医疗机构床位共计20318张，其中，医院15166张，苏木乡镇卫生院4074张，社区卫生服务中心640张，妇幼机构231张。

【医院改革】　2021年，通辽市医院新院区主体封顶，完成“三个救治中心”建设。“三医联动”改革持续深化，启动公立医院编制备案制改革试点，推动落实基层医疗机构“公益一类保障、公益二类管理”，市医院和奈曼旗医院被确定为建立健全现代医院管理制度样板医院。

（市卫健委　陈新宇）

疾病防控

【新冠疫情监测预警】　2021年，通辽市开展新冠肺炎疫情多点触发监测预警工作，定期组织召开研判会，对全市疫情风险进行评估研判。制定下发《通辽市新冠病毒疫苗接种实施方案》等多个方案，分阶段开展全市新冠病毒疫苗接种工作。截至2021年年底，全人群疫苗全程接种率83.94%。同时做好新冠病毒疫苗接种疑似异常反应的监测报告和处置工作，成立异常反应诊断专家组，累计诊断病例20例，其中异常反应7例，排除13例。

【重点传染病防控】　2021年，通辽市加大传染病报告管理力度，全市传染病报告质量综合率达99%以上。组织开展鼠疫监测、疫源检索工作，完成鼠疫监测“百日攻坚”行动。截至2021年年底，无鼠疫疫情发生。推动艾滋病定点医疗机构咨询、随访、病载检测和规范化抗病毒治疗管理工作，实现艾滋病防治“一体化”管理服务模式。落实结核病防治措施，规划各项指标稳步提升，加强学校结核病疫情监测和处置，全年无聚集性结核病疫情发生。加强布病患者发现报告和规范管理，与农牧部门联合处理疫情29处。

【免疫规划】　2021年，全市实施适龄儿童免疫规划常规疫苗接种，截至2021年年底，接种率达90%。持续加强预防接种规范化管理，推进预防接种门诊标准化建设，全市标准化门诊建成率达76%。

【地方病防治】　2021年，通辽市组织开展碘缺乏病、地方病氟中毒监测工作，完成年度目标任务量。开展现症地方病患者救治工作，累计为37名大骨节病患者提供药物治疗。

【慢性病防控】　2021年，通辽市组织开展常规死因监测和肿瘤登记工作，完成“城癌”、脑卒中、心脑血管疾病筛查项目年度任务。在全市启动全民健康生活方式行动“三减三健”专项行动，旗县覆盖率达100%。

【精神卫生工作】 2021年，通辽市持续推进社会心理服务体系建设试点工作，搭建基层心理服务平台，建成率达84.3%。开展抑郁症、阿尔茨海默病防治特色服务项目，筛查抑郁症患者103例，阿尔茨海默病患者121例。加强严重精神障碍服务管理。全市在管患者15891人，报告患病率5.06‰，规范管理率97.87%，严重精神障碍管理工作综合指标位列自治区第一。

【全国儿童青少年近视防控适宜技术试点县（区）】 2021年，科尔沁区被确定为通辽市第二批全国儿童青少年近视防控适宜技术试点县（区）。11月24日，科尔沁区参加全国儿童青少年近视防控适宜技术试点线上培训会。

（市卫健委 陈新宇）

基层卫生

【基本公共卫生服务】 2021年，通辽市按照全国基层医疗卫生机构信息化建设标准与规范，进一步完善基本公共卫生服务管理系统，实现与自治区全民健康信息平台网络联通和数据传输。完善管理系统中的基本信息、行政区划、机构和新生儿访视等8个模块，上传数据合格率90%以上。依托基本公共卫生服务管理系统，通过手机客户端实现居民电子健康档案对本人公开，提升居民对基层健康服务的获得感。

【“优质服务基层行”活动】 2021年，通辽市157家苏木乡镇卫生院和24家社区服务中心通过全国优质服务基层行网络申报平台审核自评估，达到基本标准73家，达到推荐标准14家，其中科左中旗舍伯吐中心卫生院通过自治区级复审达到国家推荐标准。

【县域医共体建设】 2021年，通辽市根据自治区部署，开展紧密型县域医共体建设推进月活动；增选奈曼旗为自治区第二批试点旗县，完成覆盖全市20%以上旗（县、市、区）目标任务。

【基层人才队伍建设】 2021年，通辽市加强对基层卫生人员培训，利用中央专项资金221.82万元，在内蒙古民族大学附属医院基层卫生人才培训基地开展培训，57名基层骨干人员和386名乡村医生参加。

（市卫健委 陈新宇）

妇幼保健

【危重孕产妇与危重新生儿救治中心建设】 2021年，科左中旗人民医院、库伦旗医院危重孕产妇救治中心和危重新生儿救治中心建设完成，通辽市婴儿死亡率3.29‰（目标7.5‰以下），5岁以下儿童死亡率3.8‰（目标9.5‰以下）；孕产妇死亡率25.58/10万（目标18/10万以下）。

【妇幼健康信息化建设】 推行“云上妇幼”服务模式，全市有助产机构35家，截至2021年年底，有28家完成建设任务并推广使用。

（市卫健委 陈新宇）

职业健康

【职业健康促进活动】 2021年，通辽市组织全市旗县两级开展《职业病防治法》宣传周活动，召开企业负责人座谈会，对各旗（县、市、区）用人单位主要负责人和职业卫生管理人员开展免费培训。组织职业健康传播作品征集活动和“职业健康达人”评选活动，评选22名市级“职业健康达人”。制定下发《通辽市健康企业建设实施方案》，召开健康企业创建工作推动会，2个创建工作典型案例被自治区卫健委推送到国家卫健委。

【尘肺病防治】 2021年，通辽市在尘肺病攻坚行动基础上，继续深化矿山等重点行业的职业病危害预防工作，对104家重点行业开展职业卫生专项执法，加强源头治理。与人社部门交换前期职业性尘肺病患者随访调查数据，为有关部门开展保障测算提供依据。全面落实重点领域职业病防护设施“三同时”实施。全年，受理职业病诊断人员11名，确诊5名（3名尘肺病，2名职业布病），通过尘肺病主动监测项目筛查出尘肺样改变样本7例，均通过系统上报疑似病例。

【职业布病专项调查】 2021年，通辽市将职业性布鲁氏菌病防治行动纳入职业健康保护行动。下发工作方案在全市开展职业布病专项调查，组织监督、疾控机构对畜牧业、屠宰、肉类加工、乳制品制造、生物制品制造等职业性布病高发行业布病防治的基本情况和劳动者职业健康保护情况开展调查。

【职业布病技术职称体系建设】 2021年，通辽市卫健委贯彻落实《关于加强职业病防治技术支撑体系建设的指导意见》，为旗（县、市、区）疾控机构配备现场检测和采样设备，为监督机构配备监督执法设备。开展职业病危害因素监测培训。完成内蒙古民族大学附属医院、奈曼旗疾控中心、扎鲁特旗人民医院职业健康检查机构自治区备案工作，完成通辽市疾控中心职业病诊断机构、职业健康检查、放射卫生服务技术机构的许可和备案工作，完成通辽市首家尘肺病康复站（霍林郭勒市人民医院）建设。组织参加自治区职业病诊断资质考试，18名医生考取尘肺病诊断资质证书。

【职业病防治项目】 2021年，通辽市卫健委开展职业病防治项目工作，建立工作台账，开展协调培训推进会。开展重点职业病监测，完成职业健康检查个案卡上报审核30295例，完成尘肺病主动监测401人，完善192名尘肺病患者随访信息；完成104家用人单位监测工作；完成放射诊疗机构职业健康管理基本情况调查，对8家医院（三级医院1家，二级医院5家，一级医院2家）进行放射性危害因素监测，对1家地下非铀矿山氡进行检测和现状调查；完成8家医疗卫生机构医用辐射防护监测，非医疗机构放射性危害因素监测，完成5台行包检测仪、1家地下金属矿石、1台工业探伤、1家密封源测井的放射性危害因素监测。

（市卫健委 陈新宇）

老龄健康

【概况】 截至2021年年底，全市常住人口287.32万人，其中60岁以上老年人口53.72万人，占总人口数的18.7%。通辽市11家二级以上综合医疗机构中9家设立老年医学科，开通率82%。二级以上医疗机构老年人就医绿色通道开通率实现100%。65岁以上老年人健康管理率73%。

【医养结合】 截至2021年年底，全市有15家医养结合机构，总床位3029张；开展老年人健康管理工作，对养老机构65周岁以上老年人进行健康管理，有效提高通辽市养老机构老年人健康管理率。2021年，选派4人参加老年医学人才培训，40人参加全国医养结合人才能力提升网络培训，加强医养结合人才队伍建设。

【全国示范性老年友善医疗机构创建工作】 2021年，全市有211所老年友善医疗机构，其中123所成功创建，创建率58.3%。通辽市精神卫生中心获“全国老年友善医院”称号。

（市卫健委 陈新宇）

爱国卫生

【创建卫生城市宣传】 2021年，通辽市印发《爱国卫生宣传单》2.7万份，发放“三减三健”套盒、膳食宝塔围裙共计2万份。市本级在城市立面、宣传栏设置大型公益广告22处，在报刊宣传栏设置宣传标语30条、无物业小区入户门设置宣传栏1500个、设置街路指示牌公益广告100个，印发宣传海报2.7万张、倡议书10万份、禁烟标识2万个。出租车、公交车电子屏滚动播放宣传标语，公交站点、机场室内、火车站外部设置公益广告。制作宣传小视频，并通过新闻媒体推送播放。科尔沁区发放宣传资料14万余份、新增公益广告4万余幅，在各类媒体累计发稿90余篇，组织志愿者活动270余场、参与人数1.3万余人次。制作健康教育宣传栏724个、宣传板块800个，火车站室内公益广告

10幅，通辽经济技术开发区制作安装道旗100面。

【控烟宣传】 2021年，市卫健委利用新媒体平台加强戒烟服务宣传推广，运用微信、微博等新载体，推广“中国戒烟平台”微信小程序，同时结合戒烟门诊、戒烟热线、现场咨询等多种服务形式，引导戒烟人群主动承诺戒烟，营造健康和谐的无烟环境。以开展世界无烟日、世界心脏日、国际肺癌日等主题日宣传为契机，组织各旗（县、市、区）开展控烟宣传活动。5月31日，第34个世界无烟日以“承诺戒烟，共享无烟环境”为主题，开展“中国吸烟危害健康报告2020”核心健康知识宣传。全市累计开展健康巡讲164场（次），设置展板41块、条幅8101个，累计发放宣传资料5.36万余份，覆盖人群13.25万余人。印发《无烟党政机关建设指南》宣传手册1万册，制发禁烟标识牌2万个，创新开发控烟宣传鼠标垫、控烟手提袋2万个，进一步提升群众烟草危害知识知晓率。

（市卫健委　陈新宇）

中医药（蒙医药）

【概况】 2021年，通辽市建设中医馆（蒙医馆）100所，截至2021年年底，完成181所社区卫生服务中心、苏木乡镇卫生院中医馆（蒙医馆）建设，覆盖率100%。开展中医馆（蒙医馆）建设标准能力考核工作。制定《2021年度通辽市中蒙医馆建设标准能力考核指标》。申请自治区拨款270万元，建设通辽市核酸检测项目9所；申请蒙医项目684万元，完成项目绩效工作。

【中医药（蒙医药）参与疫情防控】 2021年，通辽市确诊2例新冠肺炎患者入院，使用中西医结合治疗方法，发挥中医药（蒙医药）防治瘟疫病的优势。制作“抗疫香囊”和中蒙医防疫处方，用于集中隔离人员预防性使用。科尔沁区16个集中医学观察隔离点发放“抗疫香囊”1000份，开鲁中医院发放中药防疫茶饮300人次的事例在《通辽日报》报道。自治区第一时间进行推广，发放“抗疫香囊”1600份，茶饮600余人份。健全市中医药（蒙医药）应对重大公共卫生事件和疫情防治骨干人才库、制定中蒙医疫情防控方案，在自治区制定督查指标前，市卫健委制定《全市中（蒙）医医疗机构新冠肺炎疫情防控工作督查清单》。开展应急规范化医院建设情况验收工作，13所中医（蒙医）医院开展核酸检测。

【蒙医整骨传承发展】 2021年，市卫健委助力《通辽市蒙医正骨保护条例》颁布实施。2021年10月15日，市卫健委在内蒙古民族大学附属医院整骨院区举行通辽市蒙医整骨人才进修培训基地挂牌暨蒙医整骨业务能力提升培训班开班仪式。依托内蒙古民族大学附属医院培训基地培训蒙医整骨人员42人，通过实践考核，38人获得结业证书。通过对口帮扶，2021年底二级蒙医医院全部开展蒙医整骨业务，通辽市电视台专门就整骨传承进行宣传报道。

【中医药（蒙医药）文化宣传】 2021年，通辽市开展“传播中医药（蒙医药）文化，助力健康通辽建设”文化推进活动，开展“看上好中医（蒙医）、吃上好中药（蒙药）”活动，开展中蒙医基层健康义诊、宣传教育“四进”活动和“服务百姓健康行动”大型义诊等活动。通辽市16所二级以上中（蒙）公立医院对下同73所卫生院、社区服务中心开展对口支援，义诊105次，帮扶诊疗6300余人次。各医院开展办实事活动75件，送医送药义诊52次，义诊专家350余人次，累计服务群众4200余人次，发放免费药品价值30万余元。

【中医药（蒙医药）学科建设】 2021年8月6日，市卫健委中蒙医科同内蒙古民族大学附属医院专家到科左后旗整骨医院开展“全国名中医（蒙医）传承工作室建设项目”现场验收工作。开展2021年科左中旗蒙医医院基层名老蒙医药中医药传承工作室项目建设。完成《内蒙古自治区卫生健康委关于开展自治区第二批中医（蒙医）特色优势重点专科建设项目验收工作的

图 52　2021 年 12 月 23 日，通辽市卫健委组织开展自治区第三批老中医药（蒙医药）专家学术经验继承工作结业考核和通辽市传统医学师承结业考核工作

（市卫健委　提供）

通知》。开展通辽市中医（蒙医）重点专科申报评审工作。

【人才队伍建设】　2021 年，市卫健委开展西医学中医、西医学蒙医人才队伍建设，确定 19 人为西学中、西学蒙参培人员。开展蒙医全科医师转岗培训工作，确定 8 名蒙医参加 2021 年蒙医全科医师转岗培训。组织 3 人参加全国少数民族医药骨干人才培训项目第二期蒙医药理论集中培训班。

【老中医药（蒙医药）专家学术经验继承工作结业考核】　2021 年 12 月 23 日，通辽市卫健委组织开展自治区第三批老中医药（蒙医药）专家学术经验继承工作结业考核和通辽市传统医学师承结业考核工作。考核抽调 16 名专家，对 97 名第三批老中医药（蒙医药）专家学术经验继承人和 17 名传统医学师承人员开展结业考核。考核专家组按照《内蒙古自治区第三批老中医药（蒙医药）专家学术经验继承工作实施方案》和相关要求，通过理论答题、现场提供资料、典型病例诊疗考核形式进行人员考核，97 人通过学术经验继承考核，14 人通过传统医学师承考核。

（市卫健委　陈新宇）

卫生监督

【概况】　2021 年，全市各级卫生监督机构监督检查医疗机构 6083 户次、公共场所 15025 户次、生活饮用水供水单位 565 户次、病原微生物实验室 170 户次、新冠病毒疫苗接种点 583 户次、学校 999 户次、疾病预防控制机构 44 户次，集中隔离 226 户次，下达卫生监督意见书 6918 份，发现并整改问题 3376 条，对 46 家疫情防控措施落实不力或违规接诊具有新冠肺炎症状患者的医疗机构停业整顿处理。

【疫情防控专项检查】　2021 年，通辽市卫健委牵头与市教育局开展学校春季开学新冠肺炎疫情防控“双随机、一公开”监督检查，全市检查学校、幼儿园及托幼机构 172 所，发现并整改问题 31 条，下达卫生监督意见书 146 份；组织开展疫苗接种点专项监督检查，检查疫苗接种点 133 个，下达卫生监督意见书 111 份，并对消毒不规范、医废处置不规范的 8 家单位进行行政警告处分；组织开展涉疫医疗废物专项监督检查，检查医疗机构 1385 家，医废处置中心 4 家，对 53 家医废处置不规范的医疗机构进行行政警告或罚款；组织开展医疗机构院感防控飞行执法检查，检查医疗机构 42 家，发现问题 309 条；组织开展集中隔离场所专项监督检查，检查全市 111 个集中隔离点，发现问题 181 条，均反馈至各旗（县、市、区）指挥部要求立即整改。

【卫生监督执法】　2021 年，通辽市完成国家随机监督抽查任务，各旗（县、市、区）完结率均达 100%。完成高考卫生监督保障，对全市 16 个考点及周边 166 家住宿场所进行监督检查。完成国家卫生城市评创工作，分管领导、科室及市执法支队全员参与创卫生城市综合执法。完成公共场所及生活饮用水专项整治，监督检查公共场所 2769 户、生活饮用水供水单位74户，排查现制现售饮水机74台，责令整改358户，立案处罚24户。联合疾控部门完成对59家托幼机构、25家校外培训机构、79家学校采光照明监督抽检工作，并将9家采光照明不合格机构通报至教育部门。开展打击非法行医规范医疗行为专项行动，全市查处非法行医案件20起，对35家执业行为不规范医疗机构进行行政处罚。

【医疗卫生行业综合监管】 2021年，市卫健委组织26家单位召开全市改革完善医疗卫生行业综合监管联席会议，明确各成员单位职责分工，建立工作微信群，进一步完善综合监管各部门协调机制。印发《医疗机构依法执业管理实施方案》与《医疗服务多元化监管工作实施方案》，进一步完善机构自治、行业自律、政府监管、社会监督相结合的医疗服务多元化监管体系。组织卫生监督执法人员与市教育局、生态环境局、医疗保障局开展"双随机、一公开"部门联合监督检查3次，实现进一次门，查多项事；牵头与市公安局、市场监管局、市委网信办等单位开展打击非法医疗美容服务专项行动以及打击非法应用人类辅助生殖技术专项行动，卫健部门查处非法医疗美容案件8起，市场监管部门监测各类医疗广告45条次，公安部门开展集中清查12次，网信部门对属地各类网站、两微一端、抖音、快手等新媒体平台账号涉"医疗美容"相关违法违规信息进行全面排查。

【培训宣传】 2021年，市卫健委加强信息发布工作，在"健康通辽"微信公众号上发布工作信息11篇。市卫生健康综合执法支队利用电视、广播、微信公众号等媒体开展宣传工作。2021年，通辽电视台播放卫生监督执法专题栏目3次，通辽融媒体采访2次，发布公众号信息74条，市卫生健康综合行政执法支队组织召开全市卫生监督员业务能力培训班，培训人员达100余人次。

（市卫健委　陈新宇）

医政药政管理

【概况】 截至2021年年底，全市37所医疗卫生机构具备核酸检测能力。通辽市安排814名医护人员（其中二级以上医疗机构544人）在接种点现场值守。各接种点安排120救护车、各种必需急救设备和药品，并与就近辖区内二级以上医疗机构建立救治绿色通道。推荐自治区"云曙碧精神奖"获得者1名、优秀护士12名、最美护士长7名、最美护士8名。

【合理膳食专项行动和国民营养计划】 2021年，市卫健委推进合理膳食专项行动和国民营养计划，成立通辽市国民营养健康指导委员会，印发《健康通辽合理膳食行动实施方案》《营养健康食堂试点创建工作实施方案》，成立合理膳食专项行动专家咨询委员会，确定通辽市医院、通辽市妇产医院为营养健康食堂试点单位，开展营养健康食堂试点创建工作。制定通辽市《开展2021年全民营养周暨"5·20"中国学生营养日主题宣传活动方案》。5月17日，举办2021年全民营养周暨"5·20"中国学生营养日主题宣传活动启动仪式。合理膳食宣传活动在"通辽新闻晚餐"微信公众号、《通辽日报》《科尔沁都市报》、内蒙古营养学会官网进行转载或报道。发放宣传手册8000余册，悬挂条幅30幅，张贴海报60余份，使用电子屏10块，发放各类宣传品1750套。制定《通辽市居民营养健康知识知晓率调查实施方案》，成立通辽市营养健康调查工作技术指导组。在开鲁县6个村(嘎查)开展居民营养健康知识知晓率调查工作，发放并完成调查问卷360份。

【食品安全风险监测】 2021年，市卫健委会同市工信局等相关部门制定《关于印发2021年通辽市食品安全风险监测实施方案的通知》，成立通辽市食品安全风险监测专家评估委员会，部署2021年食品安全风险监测工作。各旗（县、市、区）哨点医院按规定开展食源性疾病监测工作，通辽市医院、科尔沁区第一人民医院承担食源性疾病主动监测工作，完成样本采集258

例，其中阳性病例13例。督导市疾控中心按《2021年通辽市食品安全风险监测实施方案》要求，开展食品中化学污染物及有害因素监测、食源性致病菌监测、食品中放射性核素监测工作，并全部完成监测任务。12月13日，组织市食安办相关单位召开食品安全风险监测会商研判会，对2021年食品安全风险监测结果进行分析研判，形成《关于呈报2021年食品安全风险监测分析情况的报告》，分别报送至市政府、自治区卫健委。

【食品安全跟踪评价工作】 2021年，市卫生健康综合行政执法支队受理办结企业标准备案38份，对辖区内乳及乳制品、肉及肉制品、粮食及粮食制品企业、监管部门、检验机构进行食品安全国家标准专项问卷评价及现场走访调查工作，对通辽市范围内2家检验机构，3家乳及乳制品、4家肉及肉制品、4家粮食及粮食制品企业进行专项问卷评价工作。现场走访企业160家、完成专项问卷评价调查表134份，形成年度跟踪评价报告，报送自治区卫健委。11月3日，以线上培训方式对食品生产企业质量管理人员和食品检验人员共计61人进行培训。

【药政工作】 2021年，通辽市全部公立医疗卫生机构平均基本药物占比达标，其中三级医疗机构基本药物占比32.10%，二级医疗机构48.95%，基层医疗机构63.27%。通辽市基本药物综合试点地区霍林郭勒市，在各医疗机构设立国家基本药物知识宣传栏，每月对医疗机构相关医务人员进行基本药物临床应用指南培训。组织每个二级医疗机构对口帮扶1个基层医疗卫生机构，按时对其进行临床用药督导检查。印发《关于印发通辽市短缺药品供应保障工作会商联动机制工作制度的通知》，建立药品短缺应急处置机制。11月，召开“短缺药品会商会”，就如何应对通辽市药品短缺情况进行安排部署，并要求各地区各医疗机构按照自治区监测简报及国家短缺药品清单做好药品储备工作、减少短缺事件发生。组织市直各医疗机构开展药品使用监测工作培训，按照自治区要求，通辽市三级公立医疗机构、二级公立医疗机构以及50%基层卫生院全部参与药品使用监测工作，并按时完成国家药品监测系统信息上报工作。印发《通辽市卫生健康委员会设立通辽市基本药物监测与临床综合评价中心的通知》，在内蒙古民族大学附属医院设立综合评价中心，明确职能职责。11月23日，市卫健委召开药品临床综合评价座谈会，启动通辽市药品临床综合评价工作。

（市卫健委　陈新宇）

体　育

综　述

【体医融合】　2021年，通辽市被自治区人民政府确定为全民健身与全民健康深度融合试点城市，市政府制定印发《通辽市关于贯彻落实全民健身与全民健康深度融合的意见》，建立联席会议制度。市体育局与通辽市医院合作，“通辽市全民健康体医融合实践基地”在通辽市医院体检中心挂牌成立，由运动医学相关专业医生坐诊，开展居民日常体质测定、运动能力评定、身体素质评估，提供运动健身指导，为城乡居民提供健康教育咨询、健康干预和慢性病防控等服务。

【体育产业】　2021年，通辽市培育、打造自治区最大的体育综合体——新雅运动公园，被国家体育总局评为“2017—2020年底全国群众体育先进单位”。加大对各级各类体育综合体建设的扶持力度，推动健身休闲、竞赛表演、场馆服务、中介培训、体育用品制造与销售等产业协同发展。贯彻落实国家政策，聚焦“十四五”时期“体育+”产业创新发展、全民健身设施补短板工程和体育公园等重点项目建设，建立并完善通辽市旗（县）两级重点项目库。

【体育彩票】　2021年，通辽市体育彩票累计实现销售额3.66亿元，超额完成全年任务指标。

（市体育局　程雪松）

群众体育

【群众体育荣誉】　2021年，通辽市体育总会、通辽市老年人体育协会、通辽市足球协会、通辽市奈曼旗教育体育局、通辽市新雅运动公园5家单位获评“2017—2020年度全国群众体育先进单位”，6人获评“2017—2020年度全国群众体育先进个人”。通辽市体育局代表通辽市参加在西安市召开的表彰大会，受到习近平总书记等党和国家领导人会见，并作为嘉宾出席全国第十四届运动会开幕式。

【“15分钟健身圈”】　2021年，通辽市公共体育场馆和全民健身场地累计发展到4000个以上，总面积逾6万平方米，人均体育场地面积2.34平方米；单项体育协会和俱乐部发展到200多个，体育社会指导员累计发展到9400余人，全市体育人口比例40%以上。

【第四届科尔沁运动大会】　2021年，为满足疫情防控常态化背景下群众体育健身需求，2021年第四届科尔沁运动大会采取线上、线下相结合的方式进行。其中，在线下持续开展运动大会开幕式、市直机关单位趣味运动会、排球、羽毛球、气排球等赛事活动的基础上，通过云端发布安代健身操舞、广场健身操舞、健身秧歌、柔力球、健身气功等8个展演展示活动，累计点击量逾300万人次。

【冰雪运动】　2021年，举办通辽市首届冰雪嘉年华、第八届全国大众冰雪季通辽市科尔沁运动大会暨科左后旗冰雪趣味运动会、库伦“冬至库伦 梦飞冬奥”主题冰雪乐园等系列活动。7月，扎鲁特旗特色学校被教育部、北京2022年冬奥会和冬残奥会组委会授予“校园冰雪运动特色校”和“奥林匹克教育示范校”称号。

【青少年体育】 2021年，由于受新冠疫情防控工作的影响，内蒙古自治区体育局仅开展5项青少年锦标赛。通辽市组织参加比赛，其中，拳击、柔道和射击项目参加运动员105人，获得13枚金牌、19枚银牌、19枚铜牌。

（市体育局 程雪松）

竞技体育

【备战自治区“十五运”】 2021年，通辽市组织开展通辽市长跑大会、网球、乒乓球、国际式摔跤、跆拳道、田径等项目锦标赛，参加全区拳击、柔道、射击15项青少年比赛，其中有16名运动员达到国家一级运动员标准，49名运动员达到国家二级运动员标准，为备战自治区“十五运”锻炼队伍。全年通辽市注册运动员1800余人。

【通辽籍体育健儿】 2021年7月23日至8月8日，第32届夏季奥运会在日本东京举行。通辽籍体育健儿陈云霞、吴智强、包英凤代表国家参加东京奥运会。陈云霞获得女子四人双桨金牌，创造通辽人获得奥运会冠军历史。吴智强、包英凤分别在男子4×100米接力、马术三项团体比赛中实现新突破。11月26日，通辽健儿耿文强在2021—2022赛季国际雪车联合会钢架雪车世界杯赛中，成为中国首个钢架雪车世界杯冠军。

【足球改革】 2021年，通辽市体育局完善提升以足球人才“送出去”“引进来”和“青训体系”“青少年足球”“社会足球”为中心的“2+3”足球体系建设。通辽市被列为自治区足球改革发展4个重点盟市之一，奈曼旗被列为自治区足球改革发展10个重点旗县之一。成立市足球运动中心，完成市级足球协会换届和旗县足球协会组建。承办2021年自治区县域足球改革发展现场推进会。

【足球赛事活动】 2021年，通辽市U系列队伍获“亚高原杯”全国青少年足球邀请赛亚军、第十届“未来之星杯”全国少儿足球锦标赛冠军；U18–U17男子代表队获得自治区青少年U系列足球联赛第四名；U14–U13女子代表队获得自治区青少年足球俱乐部联赛第三名；U16–U15男子代表队获得自治区青少年足球俱乐部联赛第四名；U18–U17男子2支代表队获得自治区青少年足球俱乐部联赛第四名、第八名。

【科尔沁长跑大会】 2021年4月30日，通辽市体育局主办，通辽市体育中学协办的“永远跟党走”——2021年“体彩杯”通辽市科尔沁长跑大会在科尔沁区莫力庙环湖赛道举行。全市各旗（县、市、区）189名长跑运动员参加比赛。赛程总长为58千米，分16个区段，各代表队分别派出9名男运动员与7名女运动员接力合作完成比赛全程，最终成绩以各区间和全程总成绩决定胜负。扎鲁特旗代表队以3小时27分27秒的成绩夺得2021年通辽市科尔沁长跑大会冠军，奈曼旗代表队、开鲁县代表队分别获得亚军、季军，包祥君、杨睿博、刘红霞、李佳等16人分别获得16个区间的第一名。科尔沁长跑大会前身为通辽市“开通”公路接力赛，是一项拥有40余年历史的传统体育赛事，在通辽市有着广泛的群众基础，奠定了通辽市在全区乃至全国中长跑项目的优势地位。同时，为通辽市培养出大批竞技体育精英和人才，如近年来在国际、国内重大比赛中取得优异成绩的马丽琴、陆长江、耿文强、金铭铭、史立莹、宫丽华、刘兆雨等优秀选手。

【通辽市青少年田径锦标赛】 2021年6月11日，通辽市体育局主办、通辽市体育中学承办的2021年“体彩杯”通辽市青少年田径锦标赛在通辽市奥体中心闭幕。有6个旗（县、市、区）代表队403名学生运动员参与20个大项96个小项的角逐。奈曼旗代表队、科尔沁区代表队、扎鲁特旗代表队分别获团体总分前三名。

（市体育局 程雪松）

民族 宗教

民族工作

【概况】 2021年，通辽市推进民族团结进步创建工作，组建巡回宣讲小组，在全市解读宣讲《内蒙古自治区促进民族团结进步条例》4场，听取宣讲报告3000余人次。开展“我身边的民族团结进步故事”巡回宣讲，挖掘基层典型案例，向自治区报送优秀案例1个。制定印发《2021年全市民族团结进步创建工作要点》《民族团结进步宣传工作方案》，编制《通辽市民族团结进步创建发展规划（2021—2025年）》。按照新时代民族工作要求，进一步修订完善创建指标体系，充实创建工作力量，逐步实现专班实体化运行。及时调整创建工作领导小组，创建工作体制机制得到进一步健全。以进机关、进企业、进乡镇、进社区、进学校、进连队、进宗教场所、进网络“八进”为抓手，实现创建工作全领域、全覆盖。2021年，通辽市创建国家级民族团结进步示范单位1个（科尔沁区南门小学），自治区级民族团结进步示范区示范单位7个。对申报2021年度市级民族团结进步示范单位的132个地区和部门进行验收。命名通辽市实验小学、通辽市归国华侨联合会、通辽市人力资源和社会保障局干部人事档案中心等101个申报单位为2021年度通辽市民族团结进步示范单位（区）；命名市级民族团结进步教育基地3个，进一步提升通辽市民族团结进步品牌影响力。举办全市“铸牢中华民族共同体意识”主题摄影展、主题征文比赛等系列活动，在机场、火车站、高铁站、汽车站等公共场所设置9块大型宣传展板和标识牌，在《内蒙古画报》开设通辽市民族工作专版，通辽日报社、通辽广播电视台设立铸牢中华民族共同体意识专栏，在线上线下营造创建全国民族团结进步示范市的浓厚氛围。

【“铸牢中华民族共同体意识”宣传教育】 2021年，通辽市民委以习近平新时代中国特色社会主义思想为指导，认真学习贯彻习近平总书记关于加强和改进民族工作重要思想，深入贯彻落实中央、自治区党委和市委民族工作会议精神，紧紧围绕铸牢中华民族共同体意识这条工作主线，各项工作向此聚焦发力，坚决扛起促进民族团结维护社会稳定的政治责任，认真履职尽责，为推动全市民族工作高质量发展作出了新贡献。围绕民族工作一系列新思想新理论新论断，先后举办党组理论学习中心组集体学习5次，专题研讨3次，在学懂弄通做实上下功夫。主要负责同志面向全市民委系统、市民委委员单位、各旗（县、市、区）相关单位2000余人讲授“铸牢中华民族共同体意识”专题党课3次，引导全系统干部职工准确深刻把握习近平总书记关于加强和改进民族工作重要思想的丰富内涵、核心要义和实践要求，不断增强“四个意识”、坚定“四个自信”、做到“两个维护”。协调有关部门将习近平总书记关于加强和改进民族工作的重要思想纳入各级党委（组）中心组学习内容和市委党校、行政学院主体培训班次课程，课程占比提升至10%。协调市级宣传媒体持续开设“铸牢中华民族共同体意识”专题专栏，全方位、多渠道开展“铸牢中华民族共同体意识”宣传教育，让铸牢中华民族共同体意识在各族人民心中牢牢扎根。组织工作力量到各旗（县、市、区）、市直部门和高校开展“铸牢中华民族共同体意识”宣讲10余场次。在全市范围选择10所中小学，启动铸牢中华民族共同体意识主题教育实践活动试点工作。配合市委宣传部编印《内蒙古自治区促进民族团结进步条例》党员干部篇、农牧民篇、城镇居民篇、青少年篇、问答篇系列分众化宣传手册发放到全市各级党委政府、部门、学校及群众手中，有针对性地促进条例贯彻落实。5月和9月，全市民委系统同步启动民族政策宣传月、民族团结进步活动月和民族法治宣传周系列宣传活动。市民委编印发放《习近平总书记关于民族工作重要论述摘编》《习近平总书记讲过的民族团结进步故事》等学习宣传资料2万余册。市本级在所属公众号举办为期一周的民族理论政策和法律法规网络知识竞赛，参与人数达5万余人，有效答卷2万余份，页面总访问量达12万人次，引导各族群众增进“五个认同”，树立正确的国家观、民族观、历史观、文化观、宗教观。会同市委统战部、宣传部组织开展“我身边的民族团结进步故事”巡回宣讲，努力讲好新时代民族团结进步“通辽故事”。

【学习宣传贯彻三级民族工作会议精神】 2021年，通辽市印发《关于认真学习贯彻中央和自治区党委民族工作会议精神的通知》，从3个方面提出8项学习贯彻的具体要求。开展市委民族工作会议筹备工作，组成3个调研组，到各旗（县、市、区）调研基层民族工作，发现7类问题，提出7项解决思路，形成基层民族工作调研报告。研究制定《贯彻落实〈内蒙古自治区党委、自治区人民政府关于以铸牢中华民族共同体意识为主线推进新时代党的民族工作高质量发展的实施意见〉的工作方案》，梳理细化出23个方面64项具体工作任务。

【民族工作专项整改】 2021年，通辽市制定整改方案，成立专项整改组，细化21项整改措施，明确33家责任单位以及任务完成时限，严格履行旬调度和月调度机制，召开3次专项整改推进会，向市巡察办公室累计报送整改台账12次，推动巡视整改工作6个方面21项整改任务全部完成。制定印发《通辽市防范化解民族领域重大风险工作实施方案》和《通辽市关于涉民族因素突发事件应急处置工作方案（2021年度）》，防范化解影响民族团结和社会稳定的重大风险隐患问题。稳步推进国家统编教材推行使用工作。制定印发《通辽市民族语言授课学校推行使用三科统编教材相关群众工作方案》《关于启动推行国家统编教材使用应急处置工作专班的通知》，推行使用国家统编教材工作。做好少数民族代表人士工作。稳慎落实推进“高考加分改革”，联系指导各旗（县、市、区）做好少数民族代表人士思想政治工作，引导代表人士正面发声。完善党外少数民族代表人士数据库，建档入库150余人。

【民族法治宣传周活动】 2021年5月26日，中共通辽市委统战部、通辽市民族事务委员会、开发区统战群团工作部组织32名机关干部在市民广场开展民族法治宣传周活动。通过悬挂条幅、现场讲解、发放宣传单、解答、咨询等方式向过往群众发放《内蒙古自治区促进民族团结进步条例》《中华人民共和国民族区域自治法》《中华人民共和国国家通用语言文字法》《城市民族工作条例》等5000余册。详细解答法律咨询，宣传自治区民族政策宣传月、民族法治宣传周、全区民族团结进步活动月以及对破坏民族团结进步的违法行为的具体处罚规定等内容。推动各族群众自觉做好学习宣传贯彻落实《内蒙古自治区促进民族团结进步条例》的践行者，教育引导各族群众牢记“三个离不开”、增强“五个认同”，自觉维护民族团结和边疆稳固，筑牢祖国北疆安全稳定屏障，以优异成绩庆祝中国共产党成立100周年。

【市委民族工作会议召开】 2021年11月11日，通辽市委民族工作会议召开。会议深入学习贯彻习近平总书记关于加强和改进民族工作的重要思想，全面落实中央、自治区党委民族工作会议精神，坚定不移以铸牢中华民族共同体意识为主线，推动新时代通辽民族工作高质量发展。

【民族文体活动】 2021年，通辽市民委聚焦铸牢中华民族共同体意识，在全市范围内开展多层次多领域多样化的群众文化文艺活动。举办“永远跟党走”红色经典诵读、蒙古语春节联欢晚会、蒙古族传统刺绣大赛、首届蒙汉文“铸牢中华民族共同体意识”书法展等主题赛事活动，促进各民族交往交流交融。举办赛马、蒙古射箭、布鲁等部分项目选拔赛，备战自治区第十届少数民族传统体育运动会。在开鲁县、库伦旗、科左后旗、科左中旗举办全市蒙古族刺绣培训班，探索各民族优秀文化传承与农村牧区群众居家灵活就业增收“双赢”新途径。开展城市民族工作，逐步实现各民族在空间、文化、经济、社会、心理等方面的全方位嵌入。依托社区健全完善流动人口服务管理体制机制，畅通流出地和流入地的信息共享和协同管理，加强就业创业服务和技能培训，为各族群众共居共学共事共乐提供良好社会环境。

【民族地区经济发展项目】 2021年，通辽市民委助力民族地区高质量发展，实现巩固脱贫攻坚成果同乡村振兴有效衔接。支持民族地区经济社会发展，全年向上级争取少数民族发展资金6013万元，精准施策资金项目87个，项目覆盖基础设施建设、发展集体经济、特色种养业、民族传统手工艺、特色旅游等多个方面。项目完工率达90%以上，资金支出5301.7万元，项目资金拨付率88%，有效改善农村牧区居民的生产生活条件，带动脱贫人口就业增收。

【民品民贸工作】 2021年，通辽市民委落实民族特需商品生产企业和民族贸易企业优惠政策，通过调整和完善，全市民贸企业115家、民品企业33家，生产供应民族特需商品扩大到300余种，会同市财政局、中国人民银行通辽市中心支行落实民品民贸企业贴息贷款工作，流动资金贷款贴息2853.21万元。

【民族事务治理体系治理能力现代化建设】 2021年，通辽市提升民族事务治理体系和治理能力现代化水平，依法保障各民族群众合法权益。把法治政府建设与业务工作同安排同部署，不断提高工作人员法治素养和综合素质，推进法治建设第一责任人职责。建立健全分析研判和应急处置机制，建立工作专班，针对重点主题开展宣传，进行会商评判，增强处置涉民族因素复杂问题和突发事件的能力。持续加强清真食品管理，开展全市清真食品专项排查整治工作，促进清真食品业和加工业健康发展。依法治理民族事务，严格开展民族成份更改、普通高校招生考生民族成份核查工作。2021年收到旗县民族成份更改申请46件，有效保障少数民族群众和考生的合法权益。

【民族语言文字活动】 2021年，通辽市民委贯彻中国共产党的民族语言文字政策，尊重支持各民族语言文字的学习使用。推进蒙古语言文字信息化建设，在科左后旗、库伦旗等地，开展对各行各业规范标准，使用蒙古语言文字和蒙古语文信息化推广培训。深入贯彻落实习近平总书记关于加强对蒙古文古籍的搜集、整理、保护工作的重要指示精神，制定《抢救保护传承弘扬“科尔沁潮尔史诗”实施方案》，对“科尔沁潮尔史诗”演唱采录、文字整理、艺人培训、学术研讨、展示展演、编辑出版等方面进行投入。2021年开展《科尔沁潮尔史诗》民族古籍传承人培训，完成《科尔沁潮尔史诗》16部230万字的文本誊写整理和480小时的音视频采录。加大对通辽电视台、通辽电台、《通辽日报》等宣传媒体蒙文栏目的支持力度，保障广大蒙古族群众文化资源供给。

（市委统战部　辛秋君
市民族事务委员会　苏伦高娃）

宗教工作

【概况】 2021年，通辽市组织召开市委统一战线领导小组工作会、宗教工作联席会、宗教领域重点工作推进会等会议。引导宗教与社会主义社会相适应。全市58处依法批准设立的宗教场所实现“六进”全覆盖，严防佛教领域商业化现象。组织宗教领域相关人员到通辽市28处基督教活动场所和10处清真寺开展学习贯彻各项条例、党史教育学习及教风建设等活动，提高宗教教职人员自觉抵御不良风气的能力。在宗教领域界开展“爱党爱国爱社会主义”主题教育，营造爱国爱教、遵守教义教规的良好氛围。加强宗教团体管理。开展宗教基础信息调查工作，认定备案的教职人员346人，信教群众6.4万人。组织对全市4个宗教团体开展年度考核，加强学习培训，全面提高宗教工作成效。

图53　2021年10月12日至13日，通辽市委统战部在通辽职业学院举办通辽市宗教工作“三级网络”信息联络员培训班　（市委统战部　提供）

【通辽市宗教工作“三级网络”信息联络员培训班】　2021年10月12日至13日，通辽市委统战部在通辽职业学院举办通辽市宗教工作“三级网络”信息联络员培训班。自治区党委统战部副处长申淑玉围绕宗教工作理论政策、基层宗教工作主要任务等作讲座；通辽职业学院马克思主义教学部副教授肖国华围绕党史学习教育、铸牢中华民族共同体意识作了专题讲座；通辽市委统战部相关科室负责人，结合工作实际，解读《内蒙古自治区宗教事务条例》，讲授正确认识宗教、非法宗教与邪教的区别等内容。各旗（县、市、区）宗教工作干部、苏木乡镇统战委员，嘎查村宗教工作信息联络员共计150人参加培训。

【宗教政策宣传活动】　2021年4月15日，通辽市宗教事务局联合开发区统战群团工作部、开发区政法委、开发区公安分局，在通辽运达绿色农副产品批发市场，就习近平总书记关于做好宗教工作重要讲话精神及宗教领域安全知识进行宣传。在活动现场，工作人员与群众互动，向群众就宗教工作相关问题答疑解惑，并发放“习近平总书记关于做好宗教工作重要讲话精神”宣传单及宗教工作联系卡共1000余张。

（市委统战部　辛秋君）

图54　2021年4月15日，通辽市宗教事务局在通辽运达绿色农副产品批发市场宣传宗教领域安全知识　（市宗教事务局　提供）

社会生活

人口家庭

【人口】 截至2021年年底，全市常住人口285.31万人，比2020年末减少1.44万人。其中，城镇人口144.45万人，乡村人口140.86万人；常住人口城镇化率达50.63%，比2020年提高0.6个百分点。男性人口143.94万人，女性人口141.37万人。2021年出生人口1.65万人，出生率5.79‰；死亡人口2.38万人，死亡率8.35‰；人口自然增长率–2.56‰。

【家庭】 根据第七次全国人口普查结果，通辽市有家庭户1045667户，集体户37168户，家庭户人口2733362人，集体户人口139806人。平均每个家庭户的人口2.61人，比2010年第六次全国人口普查减少0.61人。

【婚姻登记】 2021年，通辽市贯彻落实《中华人民共和国民法典》婚姻家庭编的规定，做好婚姻登记工作。进一步加强婚姻登记机关规范化建设，不断提高服务质量和能力。为做好全国婚姻登记管理系统上线运行工作，举办2021年度全市婚姻登记管理工作培训班，加快推进婚姻登记工作信息化、智能化建设和婚姻登记历史数据补录工作。截至9月底，全市办理结婚登记14003对，离婚登记4304对，登记合格率100%。

【殡葬管理】 2021年，通辽市民政局下拨市本级福彩公益金150万元支持奈曼旗、霍林郭勒市、开发区6个骨灰堂建设项目；持续开展违建墓地专项整治和长效治理工作，推进安葬（放）设施违规建设经营专项整治工作。下拨中央福彩公益金48万元，支持科尔沁区、开鲁县、扎鲁特旗3个公立殡仪馆设备更新改造；下拨自治区基本殡葬服务补助资金365万元，有力保障惠民殡葬工作开展，截至12月14日，全市享受惠民殡葬人数44491人，减免资金500余万元；探索“互联网+殡葬服务”，指导全市各殡葬服务机构做好死亡人口信息管理平台学习工作、搭建通辽市“云祭祀”平台，不断丰富创新殡葬服务信息化载体、内容和功能。

（市民政局　康清杨
市统计局　张祎婷）

就业创业

【概况】 2021年，通辽市城镇新增就业11371人，完成年度任务103.37%；城镇登记失业率4.11%，低于年度控制目标0.39个百分点；失业人员再就业5039人，完成年度任务146.06%。高校毕业生就业15099人，农牧民转移就业44.62万人，其中稳定转移就业38.14万人，“点对点”输送输出80批次7047人；“零就业”家庭保持动态清零；技能提升行动累计培训3.67万人次；发放创业担保贷款2.23亿元。

全市举办各类劳务协作技能培训3期，培训200人次，脱贫人口转移就业782人；全市建有扶贫车间、农村合作社等就业帮扶载体40个，累计吸纳脱贫人口735人；通过公益性岗位安置脱贫人口8445人。

【失业保险稳岗返还工作】 2021年，通辽市落实失业保险稳岗返还政策，印发《关于加快稳岗返还免申直补工作进度的紧急通知》，通过“免申直补”方式，向30人以下符合条件的参保企业（单位）发放稳岗返还资金，为2016家企业发放失业保险稳岗返还资金2130万元，帮助企业稳定岗位10.2万个。落实阶段性降低失业保险费率政策，全年减征失业保险费1.72亿元。落实阶段性降低工伤保险费率政策，全年减征工伤保险费4183万元。落实失业待遇扩围政策，为3747人发放失业保险补贴2394万元，为106人发放临时生活补贴22.42万元。

【退役军人就业】 2021年，通辽市推进下岗失业再就业困难退役军人就业工作，为全市符合条件人员742人安排退役军人专项公益性岗位。向退役军人宣传教育培训和就业创业帮扶政策，对退役军人开展适应性培训。落实退役士兵职业技能培训“三免一补”政策，举办退役军人职业技能培训班，提高就业创业能力，264名退役军人参加培训。组织召开退役军人就业创业用工企业座谈会，全市各级举办线上线下退役军人就业专场招聘会14次，提供就业岗位3201个，达成就业意向62人。

【高校毕业生就业】 2021年，通辽市加强企业吸纳、行政事业单位招聘、自主创业、基层岗位安置“四个一批”带动，促进高校毕业生多渠道就业，高校毕业生就业15099人，完成年度任务100.7%。拓宽政策渠道，全面落实一次性创业补贴、求职创业补贴等政策，为990名符合条件的毕业生发放一次性求职创业补贴148.5万元。将创业培训向校园延伸，实施“校企联合”，与内蒙古民族大学、通辽职业学院合作，累计开展创业培训1278人，为高校毕业生发放创业小额担保贷款1078.5万元。征集发布就业见习岗位1375个，企业人才储备岗位734个，开展2021年大中城市联合招聘高校毕业生春季专场、2021年通辽市高校毕业生就业服务行动专场网络招聘会，提供就业岗位2万个以上。

【农牧民转移就业】 2021年，通辽市推进农牧民转移就业三年行动计划，春节期间发布《致农牧民工的一封信》，启用通辽市劳务输出服务大厅，启动农牧民工“就业直通车”，农牧民转移就业44.62万人，其中稳定转移就业38.14万人，“点对点”输送输出80批次7047人。与13个省区市签订战略劳务协议，在6个劳务输入集中地建立劳务输出服务站点。全市认定劳务经纪人1915人，“政府+协会+劳务经纪人+劳动力”四位一体农牧民转移就业服务模式初步建立。

【职业技能提升行动】 2021年，通辽市推进职业技能提升三年行动计划，推进“政策找人”，线上线下培训同步实施，累计开展培训3.67万人次，完成年度任务122.3%，全年累计受理以工代训11.73万人次。

【全国乡村振兴职业技能大赛通辽市选拔赛】 2021年7月20日，通辽市人力资源和社会保障局、通辽市乡村振兴局主办的全国乡村振兴职业技

图55　2021年7月20日，全国乡村振兴职业技能大赛通辽市选拔赛举办。图为电工比赛项目现场

（市人社局　提供）

能大赛通辽市选拔赛在通辽技师学院、通辽市母婴堂职业培训学校开赛。此次大赛以国家职业标准要求为基础，结合通辽市产业发展特色，设置电工、汽车维修工、育婴、养老护理4个比赛项目。全市32名选手参赛，其中3名选手为建档立卡人员。

【就业公共服务】 2021年，通辽市为用人单位和各类人才搭建交流平台，举办“暖冬行动”“就业援助月”“大中城市联合招聘”“赤峰学院专场”“百日千万”“民营企业招聘月”各类线上线下招聘活动68场次，服务企业2533家，提供就业岗位10万个，达成就业意向8400人。推进公共就业服务信息化建设，自治区“四位一体”就业服务云平台和通辽市人才网累计录入及同步企业734家，提供岗位2.16万个，个人发布求职信息1101条，登记培训意愿322条。开展2次企业用工需求调查，抽样调查764家企业。编制《通辽市2021年部分企业用工需求目录》。

【第三届马兰花全国创业培训讲师大赛通辽市初赛】 2021年6月25日，通辽市人力资源和社会保障局主办、通辽市人力资源和就业服务中心承办的以“创业培训，创新引领”为主题的创业引领专项活动暨第三届马兰花全国创业培训讲师大赛内蒙古自治区分赛通辽市初赛开赛。初赛现场分“创办你的企业”（SYB）讲师综合能力赛和马兰花创业培训微课赛2个赛道，设“微课作品评审”“赛前辅导和赛事解读”“基础理论测试”和“精品课展示”等环节。初赛按照内蒙古自治区赛事安排和技术标准，由国家级创业培训师邸巍、郑亚成、李国强担任评委，全程由公证处进行公证。

【创业服务工作】 2021年，通辽市创业项目库充实创业项目1000余个。举办“2021通辽创业项目信息推介展示会”2场。推进创业园区孵化基地建设，全市现有20家示范性创业园和孵化基地，入驻实体2003家，吸纳就业9929人。举办“高校毕业生创业实训成果展——大学生创业经验交流会”2场，举办创业指导进校园活动8场。发放创业担保贷款2.23亿元，完成年度任务112%，带动就业4000余人。其中，个人贷款1243笔2.08亿元，小微企业创业贷款6笔1450万元。

【脱贫人口务工就业】 2021年，通辽市脱贫人口实现务工就业3.7万人，比2020年增加3000人，增长8.8%。开展京蒙劳务协作专场招聘会12场，提供就业岗位13573个，达成就业意向857人。帮助脱贫人口转移就业11608人。开展脱贫劳动力职业技能培训6373人次。全市有扶贫车间、农村合作社等就业帮扶载体40个，累计吸纳脱贫人口就业735人。为农牧民工和脱贫劳动力发放创业担保贷款598笔9854.5万元，带动就业331人。

（市人社局　宋昱涛）

【残疾人就业】 2021年，全市举办各类残疾人培训班34期，培训残疾人2575人次。应届毕业残疾人大学生就业39人，有就业意向的应届毕业残疾人大学生就业率达73.6%。开展就业援助月活动，帮助64名残疾人实现就业。在第31次全国助残日期间，市残联与市人社局共同举办残疾人就业招聘会，有100名残疾人进行求职咨询，13名残疾人与用人单位达成就业意向。2021年10月，在科左中旗召开残疾人就业创业工作推进会，对科左中旗残疾人就业基地和残疾人集中就业企业实地参观、现场学习和经验交流。加大残疾人就业保障金审核收缴工作力度，全市审核6909.3万元、入库金额6413万元，其中市本级审核2982.2万元、入库2345万元。全市残保金审核率比2020年增长26.4%，入库金额增长61.2%。

（市残联　张　鹏）

收入消费

【城乡居民收入】 2021年，通辽市常住居民人均可支配收入26657元，比2020年增加2149元，较自治区平均收入低7541元，列全区各盟市第九位；同比增长8.8%，比2020年同期高5.2个百分点，比全区平均增速高0.5%，与赤峰市并列全区第三位。

2021年，通辽市城镇常住居民人均可支配收入37475元，同比增加2693元，比自治区平均水平低6901元，位列全区第八位；同比增长7.7%，比2020年同期高5.8个百分点，比全区增速高0.4个百分点，位列全区第四位。城镇居民4项收入稳定增长，工资性收入仍占据主体地位。

2021年，通辽市城镇常住居民人均可支配收入中，工资性收入20783元，同比增长7.2%；经营净收入7621元，同比增长7.4%；财产净收入1449元，同比增长10.3%；转移净收入7622元，同比增长9.1%（详见图56）。

农村牧区常住居民可支配收入大幅度增长。2021年，通辽市农村牧区常住居民人均可支配收入18405元，同比增加1734元，比自治区平均水平高68元，位列全区第九位；同比增长10.4%，同期高1.6个百分点，比全区增速低0.3%，位列全区第四位。农村牧区经营性收入占主体地位，财产净收入大幅度增长。2021年，通辽市农村牧区常住居民人均可支配收入中，工资性收入2729元，同比增长10.2%；经营净收入11479元，同比增长10%；财产净收入534元，同比增长12.9%；转移净收入3664元，同比增长11.5%（详见图57）。

城乡居民人均可支配收入倍差继续缩小。2021年，通辽市城镇常住居民人均可

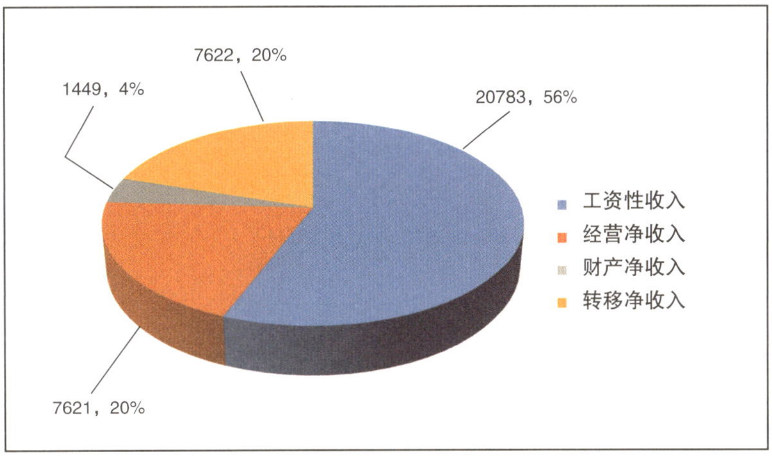

图56 2021年通辽市城镇常住居民人均可支配收入分项图（单位：元，%）

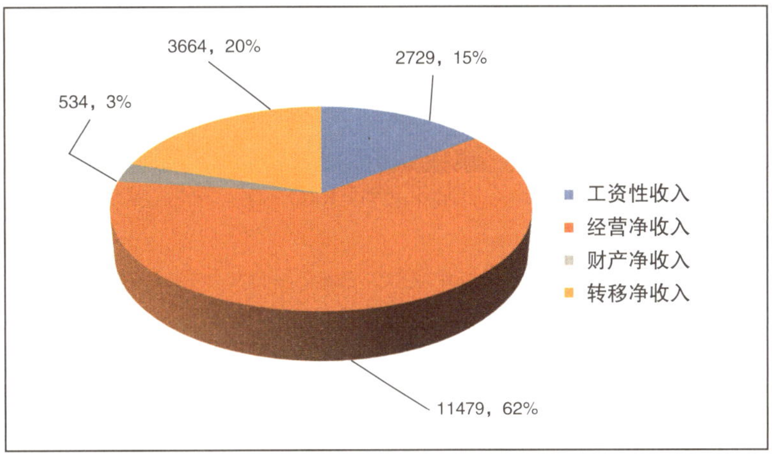

图57 2021年通辽市农村牧区常住居民可支配收入分项图（单位：元，%）

2021年通辽市城镇居民生活消费支出一览表

表12

项　　目	单位	支出额	增幅（%）
生活消费支出	**元**	**21505**	**14.4**
食品烟酒	元	5164	14.5
衣　着	元	2217	7.8
居　住	元	3671	8.3
生活用品及服务	元	1349	5.5
交通通信	元	3321	19.4
教育文化娱乐	元	3330	27.3
医疗保健	元	1929	14.7
其他用品和服务	元	523	8.8

2021 年通辽市农村居民生活消费支出一览表

表 13

项　　目	支出（元）	增幅（%）
生活消费支出	**14657**	**15.6**
食品烟酒	4362	15.5
衣着	925	11.2
居住	2513	10.3
生活用品及服务	635	8.4
交通通信	2750	16.8
教育文化娱乐	1850	26.9
医疗保健	1359	17.7
其他用品和服务	264	9.1

2021 年主城区居民消费价格指数一览表

表 14

指　　标	科尔沁区居民消费价格指数（%）
居民消费价格总指数（2020 年同期 =100）	100.4
服务价格指数	99.1
消费品价格指数	101.2
食品烟酒	100.2
衣着	101.8
居住	99.8
生活用品及服务	99.5
交通和通信	100.9
教育文化和娱乐	101.0
医疗保健	100.0
其他用品和服务	100.4
商品零售价格指数	103.1

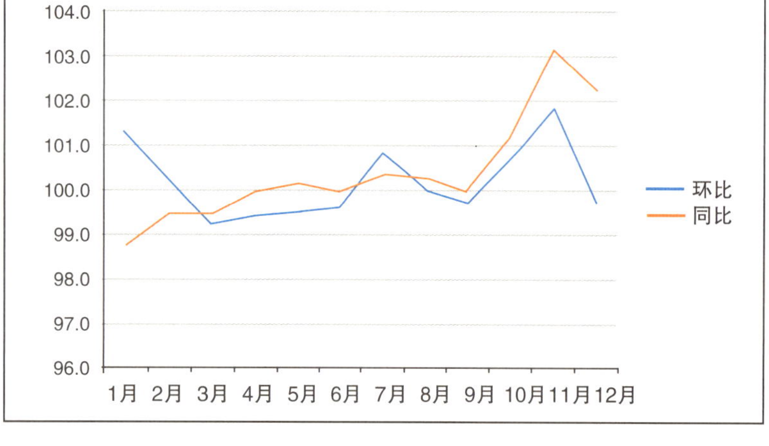

图 58　2021 年通辽市主城区居民价格消费指数分月同比和环比涨跌幅趋势图

支配收入与农村牧区常住居民人均可支配收入倍差为 2.04，比 2020 年的 2.09 下降 0.05，全区平均水平为 2.42，收入倍差位列自治区第四位。

【城乡居民消费】　2021 年，通辽市全体居民人均生活消费支出 17794 元，比 2020 年增长 14.9%。按常住地分，城镇常住居民人均消费支出 21505 元，增长 14.4%；农村牧区常住居民人均消费支出 14657 元，增长 15.6%。

【市场物价】　2021 年，通辽市区居民消费价格比 2020 年上涨 0.4%。其中，食品烟酒类上涨 0.2%，衣着类上涨 1.8%，居住类下降 0.2%，生活用品及服务类下降 0.5%，交通和通信类上涨 0.9%，教育文化和娱乐类上涨 1.0%，医疗保健类持平，其他用品和服务类上涨 0.4%。

（国家统计局通辽调查队）

社会保险

【概况】　2021 年，通辽市基本养老保险参保 176 万人，其中城镇职工养老保险参保 58.33 万人，完成年度任务 102.34%，城乡居民基本养老保险参保 117.67 万人；失业保险参保 24.45 万人，完成年度任务 100.6%；工伤保险参保 25.15 万人，完成年度任务 100.4%；社保卡持卡人数 280.81 万人，完成年度任务

105.2%；累计征缴养老保险费73.67亿元，发放养老保险待遇135.71亿元；为9.09万名贫困人口代缴基本养老保险费1133.27万元，60周岁及以上贫困人员全部按时足额享受待遇，实现“应参尽参、应享尽享、应代尽代”。

2021年，通辽市坚持兜底线、织密网、建机制要求，深入实施全民参保计划，加强扩面征缴，推进社会保障体系不断完善，基本养老保险参保人数比2020年增加2.27万人。

优化社保经办服务。持续推进“一网通办”信息系统建设，全面开展“综合柜员制”改革，实行“一网通办”线上办和综合柜员“线下”办“双线”办理模式，实现多平台“线上缴费”。社保窗口在市政务服务中心“优质服务窗口”中连续12个月排名第一。

【退休人员待遇提高】 2021年，通辽市企业退休人员人均增资132.2元，实现17连涨。机关事业单位退休人员人均增资183.81元，实现6连调。城乡居民养老保险基础养老金由133元提高至140元，是近10年第9次提高基础养老金标准。

【社保费率降低】 2021年，通辽市继续执行工伤保险费率延期政策，1月至4月执行基准费率80%，2021年5月至2022年4月执行基准费率50%，全年减征工伤保险费4183万元。延续实施阶段性降低失业保险费率政策到2022年4月30日，失业保险费率继续按照1%执行，用人单位和个人分别执行0.5%。全年，减征失业保险费1.72亿元。

【通辽市重点企业工伤预防项目启动仪式】 2021年12月21日，通辽市人力资源和社会保障局主办，市社保中心、市工信局、市财政局、市住建局、市交通局、市卫健委、市应急局、市总工会等8家工伤预防联席会成员单位协办，成都易训企业管理咨询有限公司承办的通辽市重点企业工伤预防项目启动仪式在通辽梅花味精生物科技有限公司举办。活动以“携手工伤预防 护航多彩通辽”为主题。

（市人力资源和社会保障局 宋显涛）

社会救助

【概况】 截至2021年年底，全市发放各类困难群众救助补助资金99456万元，救助各类对象21.7万人次。其中，保障城乡低保对象10.6万户18.9万人，累计发放城乡低保资金82417万元。保障城乡特困供养人员1.15万户1.2万人，发放特困供养资金13291万元。开展临时救助1.6万人次，发放救助资金3748万元。

【最低生活保障】 2021年，全市城乡低保保障标准分别提高44元和347元，分别达到月均782元和年均6124元，增幅均为6%。月、年人均补助水平分别提高20元和200元，分别达到月均560元和年均3800元。

【特困人员供养】 2021年，通辽市实现特困供养人员集中与分散标准一体化，城市供养基本生活标准达每人每月1500元，农村牧区供养基本生活标准达每人每年8000元。完全丧失和部分丧失生活自

图59 2021年12月21日，通辽市重点企业工伤预防项目启动仪式在通辽梅花味精生物科技有限公司举办 （市人社局 提供）

理能力对象的照料护理标准分别维持2020年度每人每年13000元和5000元水平。

【临时救助】 2021年，通辽市指导各旗（县、市、区）进一步拓宽临时救助范围，优化审核审批程序，采取有效措施解决临时救助制度发挥不充分、救助水平偏低、救助时效性不强等问题。继续提高临时救助标准，救助封顶线由2万元提高至5万元。

【无着流浪乞讨人员救助】 2021年，通辽市贯彻落实中共中央办公厅、国务院办公厅《关于加强和改进生活无着的流浪乞讨人员救助管理工作的意见》，维护好流浪乞讨人员合法权益。推进救助管理服务质量大提升专项行动，持续提升救助管理机构服务能力和水平，在极端天气、重要时间节点开展专项救助行动，及时为流浪乞讨人员提供救助服务。探索建立救助管理工作第三方监督委员会和特邀监督员制度。建立易流浪走失人员信息库，加大“互联网+救助寻亲”合作力度。全市救助流浪乞讨人员610人。其中，护送返乡97人，滞站1人，托养6人。

（市民政局　康清杨）

社会福利

【概况】 2021年，通辽市民政局按照年初确定的“突出重点、统筹兼顾、整体推进”的工作思路，做好各项工作，完成年初制定的工作任务。市集中供养孤儿补助标准为每人每月2298元，分散供养为每人每月1880元。事实无人抚养儿童生活补助标准参照分散供养孤儿生活补助标准，每人每月1880元。

【困境儿童关爱保护】 2021年，通辽市民政局贯彻落实《中华人民共和国未成年人保护法》，建立市、旗两级未成年人保护工作协调机制，开通未成年人保护热线，召开未成年人保护工作领导小组第一次全体会议，通过领导小组各成员单位职责和领导小组及其办公室工作规则。健全完善农村牧区留守儿童关爱服务体系，组织开展农村留守儿童和困境儿童关爱保护“政策宣讲进村（居）”活动等11场次，覆盖2180人，4153名留守儿童纳入有效监护范围并开展定期探访。组织实施自治区困境先心病儿童医疗手术康复“添翼计划”，为16名符合条件的困境先心病儿童实行康复手术。奈曼旗被自治区民政厅列为未成年人关爱保护服务试点单位，形成可复制、可推广的经验。

成立市、旗两级未成年人保护工作领导小组，初步建立市、旗（县、市、区）、苏木（乡镇、街道）、嘎查村（居）四级未成年人救助保护网络。全面加强未成年人关爱保护，走访困境、留守儿童89人次，赠送慰问品折款6万余元，协调解决实际困难12例。开展儿童福利政策宣讲进嘎查村（居）活动，组织开展《中华人民共和国未成年人保护法》普法宣讲11场次、覆盖2180人。全面加强儿童督导员、儿童主任履职能力培训，累计组织培训13场2083人。发放基本生活费1188万元，185名孤儿、332名事实无人抚养儿童的权益得到全面保障。

【养老服务体系建设】 2021年，市民政局以中共中央专项彩票公益金支持居家社区基本养老服务提升行动项目为契机，规划建设街道级居家社区养老服务中心20所、社区级居家社区养老服务站34所、家庭养老床位2000张、居家社区养老服务信息化平台1个。建成街道级居家社区养老服务中心5所、社区级居家社区养老服务站12所。开展老年人意外伤害保险工作，推进“科尔沁爱眼行”社会公益活动，老年人优待政策得到全面落实。加大养老服务人才培养力度，建立养老护理员培训机制，举办全市养老护理员职业技能大赛，培训279名养老护理员。

【高龄津贴发放】 2021年，通辽市按照《内蒙古自治区高龄津贴补助资金管理办法》要求，为4.5万老年人发放津贴，共计5503万元。

【残疾人两项补贴】 2021年，通辽市民政局联合通辽市残疾人联合会印发《通辽市残疾人两项补贴资格认定申请“跨省通办”工作实施方案》，组织全市残疾人两项补贴工作人员参加全区残疾人两项补贴资格认定申请“跨省通办”培训班；进一步优化申请受理及审核服务模式，联合残联、财政局出台《通辽市困难残疾人生活补贴和重度残疾人护理补贴操作指引》，制定残疾人两项补贴政策一次性告知书，进一步规范残疾人两项补贴发放工作。下拨残疾人两项补助资金7097.1万元。其中，自治区级补助资金6515万元、市本级补助资金582.1万元。截至2021年年底，全市享受困难残疾人生活补贴39847人，重度残疾人生活补贴41541人，全年发放资金9700万元。开展“康复辅具进社区”行动。开展“福康工程”和“助康工程”残疾人辅具适配服务项目摸排工作，前期全市摸排2487名有意愿申请康复辅助器具配置和手术矫治需求残疾人，并将基本信息台账上报至自治区民政厅。8月23日至29日，内蒙古自治区康复辅助器具中心组织专家到通辽市进行“助康工程”项目调研，筛查假肢、矫形器类对象200余人，符合条件登记104人。其中，现场取型53人，到自治区康复辅助器具中心取型、安装并进行康复训练51人。市民政局继续开展精神障碍康复社区试点项目。探索建立以居家患者接受社区康复服务，基本建立家庭为基础、机构为支撑、“社会化、综合性、开放式”的精神障碍社区康复服务体系。下拨中央福彩公益金67万元，支持市复员退伍精神病医院、科尔沁区、奈曼旗、开发区开展精神障碍康复社区试点工作。为贯彻落实党中央、国务院关于巩固拓展脱贫攻坚成果同乡村振兴有效衔接的决策部署，下拨库伦旗中央福彩公益金9万元，用于国家重点帮扶旗县解决残疾人生活和长期照护困难，减轻残疾人家庭负担。

【慈善事业】 2021年，通辽市完成4家慈善组织公益性捐赠税前扣除资格认定工作。落实“全区贫困儿童重大疾病慈善救助专项基金”和慈善药品援助项目，救助低保家庭大病患儿4名、拨付救助款13万元，发放药品317盒。持续加强福利彩票销售管理，全年福彩销量2.61亿元，筹集公益金8125万元，较2020年分别增长36.1%和34.3%。

（市民政局　康清杨）

住房保障

【保障性住房建设】 2021年，通辽市棚户区改造开工1086套，惠及居民3000余人。全市公租房实物配租2.59万户，发放租赁补贴2025户、441.35万元。全市改造城镇老旧小区181个，惠及居民2.12万户，完工率50%，棚户区1086套，开工农村牧区危房改造1735户。解决“回迁难”“入住难”项目59个14971套。

【住房公积金管理】 2021年，通辽市办理公积金提取17.34亿元，发放公积金贷款7.63亿元，为4.35万人购房提供支持。

【通辽市住房公积金管理中心启动“跨省通办”】 2021年，按照《国务院办公厅关于加快推进政务服务“跨省通办”的指导意见》要求，通辽市住房公积金管理中心围绕深化“全程网办”、拓展“异地代收代办”、优化“多地联办”三种“跨省通办”业务模式，逐步实施住房公积金业务“跨省通办”，提升政务服务便捷度和水平。1月，通辽市实现住房公积金单位登记开户、住房公积金单位及个人缴存信息变更、住房公积金正常退休提取、住房公积金贷款提前结清以及个人住房公积金缴存、提取、贷款明细查询等5项业务全程网上办理。

（市住房和城乡建设局　陈姣龙）

社区建设

【社区社会工作服务】 2021年，通辽市以“五社联动”社工服务试点为抓手，持续推进旗（县、市、区）、苏木乡镇（街道）、城乡社区三级社工服务平台建设，全年投入资金215万元，建成城乡社区社工服务指导中心、服务中心和服务站（室）16所。开展乡村振兴和社区“我帮你”

志愿服务活动，累计开展活动176次，受益6.15万人次。2021年，“情暖夕阳”志愿服务项目获自治区“我帮你”新时代文明实践志愿服务项目大赛三等奖。

【社区治理】 2021年，全市民政系统在加强基层民主自治，加强社区治理服务，促进社会组织健康有序发展，推进慈善事业、社会工作和志愿服务等方面持续用力，基层治理体系和治理能力现代化建设水平大幅提升。

【村（社区）换届选举】 2021年，通辽市完成2103个嘎查村委会和231个社区居委会换届工作，实现书记、主任“一肩挑”等“六个100%”目标。全面提升嘎查村（居）务自治管理，22个嘎查村（社区）获自治区民主法治示范嘎查村（社区）称号，科尔沁区红星街道新立屯村、科左中旗保康镇六合屯村被民政部确定为“全国村级议事协商创新实验试点单位”，开发区被确定为“全区社区治理创新需求对接机制试验区”。

【社工队伍建设】 2021年，通辽市加强城乡社区工作者队伍建设，推动社区专职人员薪酬补贴形成固定机制，举办基层社会治理体系和治理能力现代化专题培训班、乡村振兴专题培训班、社区工作政策理论及业务技能培训班共15期、2967人次。

（市民政局　康清杨）

社会组织管理

【概况】 2021年，市民政局坚持培育发展和监督管理并重，培育发展行业协会、公益类、体育类、家庭服务类等各类社会组织。截至2021年年底，全市有社会组织1578家，社会团体562家，民办非企业单位1011家，基金会5家。通辽市级有社会组织333家，其中社会团体201家、民办非企业单位131家、基金会1家。

【社会组织党建工作】 2021年，市民政局持续开展“关心关爱社会组织党员‘五个一’”行动，为市直社会组织党组织赠阅“党组织选举工作手册”书籍和党史学习教育相关学习资料40余份。3月，通辽市社会组织委员会党史学习教育动员会召开，成立党史学习教育工作领导小组，深入学习习近平总书记重要讲话内容。通过建立分级负责、条块结合、区域兜底的管理机制，理顺社会组织党建工作管理体系。建立社会组织党建“五同步”工作法，健全工作机制。通过采取单独建、联合建、区域建、挂靠建等方式，推动党组织建设。截至2021年年底，市级建立实体性党组织24个，功能性党组织91个。选派党建指导员104名。党组织覆盖率57.3%，党的工作覆盖率100%。2021年，新发展预备党员6名，新发展入党积极分子12名。新成立党支部1个。

【社会组织年度检查】 2021年3月11日，市民政局印发《关于做好2020年度社会组织年度检查工作的通知》。2021年，“内蒙古自治区社会组织公共服务平台”继续实行2020年度年检网上填报工作。合格的社会组织191家，社会团体120家，民办非企业单位71家。基本合格的社会组织55家，社会团体34家，民办非企业单位20家、基金会1家。不参加年度检查的新成立社会组织14家。

【社会组织登记评估】 2021年，通辽市核准登记社会组织13家，其中直接登记社会组织5家。出具行政许可申请受理决定书58份。其中，准予行政许可决定书45份，准予注销行政许可决定书13份。所有事项承诺时限内办结率为100%，审批材料及结果全部录入相关系统。社会组织登记成立办结时限由法定时限60日压缩为10个工作日。变更、注销登记由法定30个工作日分别压缩为5个工作日和3个工作日。

【社会组织等级评估】 2021年3月22日，市民政局印发《关于调整社会组织评估委员会和评估复核委员会组成人员的通知》。3月25日，通辽市2020年度社会组织等级评估评审会议召开，最终评定为AAAA级社会组织1家，AAA级社会组织11家，AA级6家，A级社会组织2家，以上均在通辽市民政局官网公示。

【社会组织风险防控】 2021年2月2日，市民政局印发《关于转发自治区民政厅关于印发〈内蒙古自治区社会组织活动管理办法〉的通知》，要求各旗（县、市、区）严格落实上级文件内容。规范社会组织活动审批工作，加强对社会组织开展评比达标表彰、举办论坛展会等活动的审核，管好“重大活动”，从而维护社会安全稳定。根据中共中央纪委机关、民政部等22部委联合印发的《关于铲除非法社会组织滋生土壤净化社会组织生态空间的通知》精神，开展摸底排查工作，利用发布公告，设立投诉举报电话等方式搜集线索，发挥社会监督作用。协同多部门配合依法依规处置非法社会组织，促进社会公平正义，维护社会和谐稳定。8月10日，印发《关于转发〈民政厅关于开展“僵尸型”社会组织专项整治行动的通知〉的通知》，在通辽市民政局官网发布关于开展“僵尸型”社会组织专项整治行动的公告。经过排查，全市范围内连续未参加2019年度、2020年度检查（年报）的社会组织135家，撤销登记93家，注销登记41家，限期整改1家。

【社会组织监管】 2021年2月2日，市民政局印发《关于转发自治区民政厅关于印发〈内蒙古自治区社会组织活动管理办法〉的通知》。3月11日印发《关于做好2020年度社会组织年度检查工作的通知》。根据年检结论，在市级有48家社会组织连续2019、2020年度未参加年度检查，给予撤销登记的行政处罚。6月2日，印发《转发民政部、中共中央纪委机关等22部委〈关于铲除非法社会组织滋生土壤，净化社会组织生态空间的通知〉》，加大打击整治非法社会组织力度，铲除非法社会组织滋生土壤，净化社会组织生态空间。全市有社会组织1528家，登记业务范围属于慈善领域的社会组织11家，无依据慈善法行政处罚的社会组织。截至2021年年底，根据国家企业信用信息公示系统（部门协同监管平台—内蒙古）最新数据显示，在检查对象名录库中录入333家社会组织基本信息。其中，社团名录201家社会组织，民办非企业名录131家社会组织，基金会名录1家社会组织。执法检查人员名录中录入2名执法检查人员。

【行业协会商会涉企收费整治】 2021年7月23日，通辽市民政局联合市发改委、市市场监管局印发《转发自治区民政厅、发展和改革委员会、市场监督管理局〈关于开展行业协会商会乱收费专项清理整治工作的通知〉的通知》，组织在全市范围内开展行业协会商会乱收费专项清理整治工作。对市级152家行业协会商会的收费情况开展检查、纠正不合理收费和强制培训等行为，设置行业协会商会乱收费投诉举报和查处机制。4月9日，印发《关于转发自治区民政厅〈关于做好在行业协会商会领域开展“我为企业减负担”专项行动的通知〉的通知》，在通辽市行业协会商会领域开展“我为企业减负担”专项行动。4月22日，印发《关于在行业协会商会中开展“我为企业减负担”专项行动实施方案》的通知。根据统计数据显示，市级行业协会商会中推出减免收费举措协会7家，享受收费减免109家企业，通过减免收费减轻企业负担58.45万元；推出降低收费举措协会5家，降低收费标准的收费项目5个，通过降低收费标准减轻企业负担金额23.73万元。

【整治非法社会组织专项行动】 2021年3月31日，市民政局印发《关于召开进一步打击整治非法社会组织专项行动电视电话会议的通知》，各旗（县、市、区）民政局参会并听取全区进一步打击整治非法社会组织专项行动电视电话会议精神。4月2日，在市民政局官网发布《关于征集非法社会组织线索的公告》。依法取缔“世界环保创业基金会”未经登记备案，擅自以社会组织名义开展活动的非法社会组织。5月10日，通辽市人民政府办公室印发《关于成立通辽市进一步打击整治非法社会组织专项行动领导小组的通知》，成立通辽市进一步打击整治非法社会组织专项行动领导小组，领导小组办公室设在市民政局，负责领导小组日常工作及专项行动的协调、沟通、联络工作。

【社会组织培育扶持】 截至2021年年底，全市有社会组织孵化培育机构2家，分别为通辽市社会组织培育孵化园和霍林郭勒市社会组织服务中心。通辽市社会组织培育孵化园场所面积达500平方米，对通辽市150家社会组织进行培育孵化，最终4家孵化成功。2021年，安排福彩公益金20万元用于向社会力量开展购买服务工作。其中，10万元为延续2020年度工作购买社会组织登记管理辅助继续服务；10万元用于在全市范围内开展社会组织等级评估工作。

【社会组织参与社会治理现代化】 2021年，通辽市在社会组织参与疫情防控方面，社会组织发出倡议103次，奈曼旗慈善总会捐赠抗菌液3450瓶，社会组织直接参与社区志愿服务35人次，心理服务社会组织提供心理援助16人次。在疫情防控中表现突出的社会组织数量2个，分别为通辽市时雨社会工作服务中心、通辽自行车运动协会。

【社会组织参与脱贫攻坚】 2021年，通辽市根据自治区民政厅《关于印发2020年民政部门脱贫攻坚工作计划的通知》精神，通辽市制订《通辽市社会组织管理局脱贫攻坚工作计划》。鼓励引导和动员社会组织参与脱贫攻坚，做好贫困群众需求与社会组织帮扶意愿的调查摸底和对接工作，开展形式多样的帮扶工作，加大对社会组织参与脱贫攻坚先进事迹、先进人物的宣传力度，利用通辽市民政局官网平台对全市社会组织开展脱贫攻坚事迹通报表扬，营造社会组织广泛参与脱贫攻坚的良好氛围。在社会组织年度检查和登记评估中把脱贫攻坚活动情况作为重要考评标准之一，鼓励社会组织参与脱贫攻坚。2020年至2021年，通辽市引导社会组织参与脱贫攻坚，参与社会组织14家，开展扶贫项目18项，筹措帮扶资金1209.8万元，受益人数29750人次。印发社会组织参与乡村振兴实施方案，为贫困户提供精细化、个性化帮扶。11月24日，市民政局印发《关于组织开展社会组织助力乡村振兴工作的通知》。11月26日，市社会组织管理局同通辽电商与流通业促进会、通辽肉牛产业协会、通辽律师行业协会、通辽华鸿商贸有限公司、通辽运达绿色农副产品批发市场等社会组织和会员企业在科左中旗舍伯吐镇中章古台嘎查开展助力乡村振兴活动。相关社会组织负责人和技术专家从产业发展和专业技术角度予以现场指导，并提出合理化建议和初步解决意见。慰问中章古台嘎查老党员、低保户、五保户和雪灾受灾农牧民，送去米、面、油和棉大衣、棉被褥等生活必需品，总计发放救助物资2万元。

（市民政局　康清杨）

区划管理

【地名管理】 通辽市第二次全国地名普查工作于2018年12月通过国务院地名普查办验收，全市录入数据库2.3万条地名，标绘纸质工作图273幅，录入多媒体信息6.6万条。标准化处理1600余条，设置地名标志3541条。开展成果转化工作，各旗（县、市、区）创新设置门牌号11万块。2021年12月，通辽市出版最新《通辽市地图》，各旗（县、市、区）分别出版本区域政区图建立地名查询平台等，通过地名普查工作，全面掌握通辽市地名基本情况，为进一步做好通辽市地名公共服务奠定基础。

【勘界工作】 2021年，通辽市开展盟市界“通锡线”第六轮行政区域界线联合检查工作。2021年是通辽市与锡林郭勒盟第六轮盟市界行政区域界线联检工作之年（简称“通锡线”），根据联检工作相关要求，2021年由通辽市民政局牵头开展联检工作，锡林郭勒盟配合做好界线联检工作。完成“通锡线”联检工作任务。两盟市边界线涉及双方4个旗（县、市、区），通辽市的霍林郭勒市、扎鲁特旗；锡林郭勒盟的东乌珠穆沁旗、乌拉盖管理区。界线全长62.72千米，埋设界桩8个。

（市民政局　康清杨）

应急管理

综 述

【自然灾害综合风险普查】 2021年，通辽市印发《通辽市第一次全国自然灾害综合风险普查工作方案》《通辽市第一次全国自然灾害综合风险普查实施方案》。根据文件成立市第一次自然灾害综合风险普查领导小组办公室工作专班，累计召开普查领导小组办公室会议6次，各旗（县、市、区）召开普查领导小组办公室会议25次。中央补助资金256万元，自治区补助资金700万元，落实市级普查经费137.95万元，召开视频培训会6次，开展培训82次，累计培训2379人次。

【灾情核查调查】 2021年，全市发生洪涝、风雹、沙尘暴、干旱、台风、雪灾、地震共计30次，责成受灾旗县应急管理部门加强与当地气象、农牧、水务等部门会商，组织专业人员对受灾地进行全面详细调查。

【应急预案编修】 2021年，全市开展风险隐患评估和应急资源调查工作，编修《通辽市突发事件总体应急预案（2021年版）》，开展预案衔接工作，完成各类防洪防汛应急预案编修备案（抄送）15项、防范雨雪冰冻灾害应急预案编修备案11项、事故灾害应急预案7项；印发《通辽市自然灾害事件和生产安全事故信息报告工作制度》。

【森林火灾应急能力建设】 2021年，通辽市森林火灾应急能力建设项目可行性研究报告审批通过，完成项目初步设计工作。全市发生森林草原火灾2起，当日火灾扑灭率达100%，无人员伤亡发生。与2020年同期相比，火灾起数和受害面积实现“双下降”，分别下降33%和83%。全市组建一支由200人组成的自治区级森林草原防灭火区域性救援队伍。该队伍接受自治区森林草原防灭火指挥部调度，承担通辽市重特大森林草原火灾和兴安盟、赤峰市、锡林郭勒盟东部片区重特大森林草原火灾的支援扑救任务，由扎鲁特旗、科左后旗依托现有专业和半专业扑火队伍组建而成。其中，扎鲁特旗150人（罕山自然保护区100人、好老林场50人）、科左后旗50人（大青沟自然保护区50人），配备特种运兵车6辆。

【应急指挥平台建设】 2021年，通辽市应急管理局坚持以信息化推进应急管理现代化，推进市应急指挥平台项目建设，将应急指挥平台建设项目纳入《通辽市国民经济和社会发展第十四个五年规划和二〇三五年远景目标纲要（草案）》和通辽市智慧城市建设总体框架，会同市政府有关部门多次开展平台建设选址工作。加强各旗（县、市、区）统筹建设信息化项目，指导安装使用应急指挥专线和相关配套设施设备。自治区应急管理厅统一配发的应急指挥车基本完成调试和数据接入等工作，全面推广和使用应急管理部统建的全国应急指挥“一张图”、防汛抗旱“一张图”，应急避难场所、应急力量、应急物资、统一身份认证等管理系统，“蓝信”等信息化业务系统。

【安全生产培训教育】 2021年，通辽市组织观看《生命重于泰山——学习习近平总书记关于安全生产重要论述》专题宣传片354场次；开展安全生产月宣传教育活动，全市设立咨询场地36个，咨询展台280多个；各种安全演示区32个；摆放宣传展板370块，悬挂宣传标语350条，发放各类宣传手册、宣传单、宣传品等5.6万余件，接待咨询群众5万余人次。开展“5·12”防灾减灾日宣传咨询活动，接待咨询群众4000余人次，发放各类宣传品35000份，在防火期以及防火戒严期悬挂防火宣传旗、横幅3.5万余条，发放防火宣传标语、公告、宣传单、宣传册50万余份，新闻媒体播放防火信息2900余条（次）。

开展全市高危领域教育培训工作。培训危险化学品及非煤矿山企业主要负责人和安全管理人员计110班次3475人，培训特种作业人员145班次4843人，全员培训17班次1962人。按照自治区要求，培训危险化学品、化工、医药企业主要负责人及分管安全、生产、技术负责人110人。

【应急物资管护体系建设】 2021年，全市较好完成34种类151万元的防汛物资和12种类56万元的森林草原防灭火装备储备工作。发挥内蒙古东部区域及储备能力优势，承接自治区价值1812万元的防汛物资、装备的代储任务，在全市建立相关配送车辆和装运设备的大数据信息库，先后为8个盟市跨区域调送51批次26品类物资和救援设备。

（市应急管理局 刘 君）

防灾减灾

【防汛抗旱工作】 2021年，市应急管理局进一步压实以各地政府行政首长负责制为核心的各项防汛抗旱责任制。做好汛前应急准备工作，组织开展防汛抗旱培训62次，演练11次。夯实防汛救灾物资保障，上报申请补充防汛抗旱救灾物资储备资金，中央下发自然灾害救灾资金（洪涝灾害）1500万元，自治区下达自然灾害救助资金1000万元。做好极端天气安全防范，成功应对防范。7月5日至6日扎鲁特旗北部局地暴雨、7月29日至8月2日台风“烟花”温带气旋、8月9日扎鲁特旗中北部暴雨以及暴雨导致吉布图水库险情。

【抗击特大暴雪灾害】 2021年11月7日至8日，通辽地区连续两日出现特大暴雪，强降雪持续约46小时，积雪深度打破1951年以来纪录。其中，主城区科尔沁区降雪量达87.4毫米，库伦旗降雪量达87.8毫米，其他旗县降雪量66.6～69.7毫米，最大风力9～10级。市应急管理局全面开展防灾、减灾、救灾各项工作，调动救援人员4800余人次、救援车辆370余台次、救援装备3110件套，成功解救被困群众1800余人、被困车辆1100余台、处置倒塌大型厂房和畜舍157座，避免经济损失3亿元，并向自治区争取全市冬春救助资金6322.21万元，其中5000万元用于雪灾救助。

通辽市消防救援支队贯彻落实自治区消防救援总队

图60 2021年11月9日，开鲁县新华街老交通局西院一平房有3名人员因积雪过厚被困屋内。图为开鲁县消防救援大队救援人员爬行100米成功救出被困人员

（市消防救援支队 提供）

“11·05”视频会议精神，启动《低温雨雪冰冻灾害救援预案》，“一键启动”救援联动响应机制，向1个支队级、8个站级低温雨雪冰冻灾害救援专业队配发保暖衣物、器材工具等1000余件（套）。连续召开紧急视频调度会3次，加强调度指挥，专门部署强调极寒天气应急准备和处置工作，要求各级消防救援队伍坚决确保车辆、器材、个人防护装备完好有效，加强与全市气象、市政、交通运输等部门联动协作，调派精干力量对各地不放心区域开展前置备勤和动态巡逻，做好各项应急救援准备。全市消防救援队伍分34个作战小组连续奋战60余小时，处置完毕冰雪灾害救援102起。其中，房屋倒塌55起，出动68车391人，抢救被困人员67人；家畜棚、果蔬大棚倒塌8起，出动8车48人；交通事故5起，出动7车33人，抢救被困人员13人，出动消防车115辆次，指战员662人次，抢救被困人员80人，护送医疗病人34人，保护财产价值6156.7万元。大范围动态巡逻，累计出动巡逻车87辆次，指战员565人次，疏散人员482人次，帮助车辆脱困713辆。余粮堡优睿牧业个别牛棚顶部坍塌，经过全体指战员2小时40分的努力，牛棚的积雪全部处理完毕。

【加强地震和地质灾害工作】 2021年，通辽市召开全市自然灾害应急管理电视电话会议，印发《通辽市突发地质灾害应急预案（2021年版）》，规范地质灾害应急救援指挥体系，加强救援力量统筹使用和调配。

（市应急管理局 刘 君
通辽市消防救援支队 曾歆茗）

安全生产监督管理

【概况】 2021年，市应急管理局组织开展全市安全生产大检查4次。严格事故调查，牵头调查较大生产安全事故1起，提级调查一般生产安全事故3起，严肃责任追究共下达执法文书72份，行政处罚个人30名、企业5家，罚款395.93万元，向司法机关移送3人并依法追究刑事责任，制作事故调查处理案卷14本，并将较大事故责任企业纳入“黑名单”开展联合惩戒。对5起典型一般生产安全事故查处实行挂牌督办。2021年，通辽市发生各类生产安全事故58起，同比下降23.7%；死亡61人，同比下降19.7%。特别是工矿商贸及其他事故（不含生产经营性道路交通事故）减少10起，同比下降27.7%；死亡人数减少11人，同比下降29.7%。全年事故总数列自治区第七位，下降幅度列自治区第五位。工矿商贸及其他事故总数列自治区第七位，下降幅度列自治区第二位。

协调市重点行业领域监管部门开展建筑、危化行业事故应急救援和自然灾害处置等综合性应急演练10余次；完成全市21家危险化学品生产企业和5家危险化学品储存企业安全风险评估，对37家违规企业进行行政罚款，合计罚款99.7万元。发现问题隐患数1192项，其中重大隐患15项，累计下达执法文书15份，限期整改指令5份。

开展安全评价机构执业行为专项整治，梳理2019年5月1日至2021年法定评价报告388份。对11家安全评价机构进行行政处罚，合计金额17.2万元。

【非煤矿山企业复工复产验收】 2021年，市应急管理局开展非煤矿山企业复工复产验收情况专项检查11次，发现一般隐患1817项，重大隐患2项，下达执法文书559份；责令停产整顿企业3家、露天矿山1座，责令停产整顿暂扣安全生产许可证露天矿山1家；责令停止使用相关设施、设备1台，罚款5万元。

【推动安全生产专项整治三年行动各项任务落实】 2021年，市应急管理局印发《通辽市安全生产委员会关于建立市安委办副主任联系重点部门制度的通知》《通辽市安全生产专项整治三年行动任务清单》，三年行动累计排查隐患总数20556处，整改完成18960处，整改率92.3%，市、旗两级成立检查组3456个，督导检查3892次，检查单位11487家，督导问题10641个，形成制度措施67项。

【创新推进安全生产制度实施】2021年，通辽市推进安全生产“模块化”监管工作。印发《通辽市安全生产模块化监管执法手册（试行）》，汇编《通辽市安委会重点成员单位安全生产模块化监管手册》，累计发放2360本。发放有限空间安全工作手册及折页560套。建立市直部门安全生产直接监管企业（项目）备案制度。组织印发《关于建立市直部门安全生产直接监管企业（项目）备案制度的通知》。印发《通辽市苏木乡镇、街道应急管理基层基础能力建设评估办法（试行）》。

（市应急管理局　刘　君）

消　防

【概况】　2021年，通辽市消防救援队伍接处警3606起，成功处置各类灾害事故3064起，其中，火灾2672起，抢险救援403起，社会救助531起，执行驻勤保卫19次，出动车辆5036辆次，出动人员27394人次，直接财产损失1354.51万元，抢救财产价值9620.48万元，抢救疏散被困群众499人。2021年，“11·05”暴雪灾害中，通辽市消防救援支队处置警情102起，抢救被困人员80人，保护财产价值达6201.7万元。推送《唱支山歌给党听》《承诺》两部作品参加人民日报客户端主题快闪活动，分别获第二名、第三名。通辽市消防救援支队被评为全市拥政爱民模范单位，2个基层党组织被总队表彰为“先进基层单位”，3人被总队表彰为优秀共产党员、先进党务工作者，2人被评为全区优秀团干部，2人被评为全区学雷锋标兵、红门巾帼标兵，11人受三等功以上奖励，程磊被推选为自治区直属机关工委党代表，2名指战员家属被评为全国消防救援队伍优秀女家属、全区优秀贤内助。2021年，全市消防救援队伍提档升级6支应急救援专业队、突击队，轻型地震救援队建设经验在全区推介。全区率先实施“全域网格化六熟悉”工作，横向按类型划分重点单位，纵向按作战单元职责编配熟悉人员，采用任务分配、包点熟悉的方法。开展跨区域冰域、化工、地震、综合体实战拉动8次，重点单位熟悉演练1200余次，在内蒙古首届消防行业职业技能竞赛中，战训、通信科目分别取得全区第二名、第三名成绩，1名指战员在潜水游泳教练员培训获得全国第一名，4名战训骨干担任集训教练员参加全国消防行业职业技能大赛。

【火灾防控】　2021年，市政府批复市防火委实体化运行，定期召开会议通报火灾形势，落实风险防范措施，解决消防安全重大问题。将消防工作纳入市委、市政府绩效目标考核“推动高质量发展”指标，在全市形成“压实责任，依法除患，安全发展”的鲜明导向。支队与多个部门接洽会商消防工作，探索建立信息互享、部门协作、联合督办、会商共治等工作机制性文件7份。市、旗两级“十四五”消防事业发展规划“提级”纳入目录清单，并经政府常务会议审议通过，乡镇级消防规划启动。

【消防队伍建设】　2021年，全市各级消防部门争取基础建设资金2600余万元，完成1个国家队、1个训练馆、启动1个训练馆建设项目，新建、改建、扩建建筑面积超7000平方米。投资350万元用于美好队站建设，用于改善指战员工作生活环境。建成专职站5座，新招录44名专职队员，9名消防文员。推动落实消防救援人员社会优待政策，解决34名指战员家属就业、子女就学，协调市退役军人事务局发放27名新招录消防员家庭优待金。实施“困难救济慰问”、无偿法律援助、免费心理辅导等暖心举措，全面推动消防文化建设。

（通辽市消防救援支队　曾歆茗）

生态建设

生态环境质量

【概况】 2021年，通辽市城市环境空气质量优良天数326天，优良天数比例达89.3%。$PM_{2.5}$浓度每立方米29微克，同比下降每立方米5微克。全市10个地表水国考断面好Ⅲ类水体比例为40%，城市集中式饮用水水源地水质保持稳定。

2021年，全市大气、水主要污染物排放总量均达到自治区控制指标要求。土壤环境质量状况较好，总体保持稳定。

【水环境质量】 2021年，通辽市水质受考核断面增加、个别断面时常断流和受地质等因素影响，优良比例为40%，未达到自治区河流断面优良比例50%的考核要求。辖区内无劣Ⅴ类水体，达到考核要求。

【生态修复和保护工程】 2021年，通辽市启动编制《通辽市国土空间生态修复规划》。科尔沁草原山水林田湖草沙一体化修复和保护工程项目通过国家竞争性评审，被列入国家第一批山水林田湖草沙一体化修复和保护工程项目，完成实施方案编制，30个子项目中有投资的子项目27个，完成招标20个，开工建设20个。

2021年，通辽市完成科尔沁沙地综合治理、天然草原修复200万亩。开展全域矿山修复治理，列入自治区矿山名录的绿色矿山达82家，规范天然石英砂等矿产资源管理，提高矿产资源集约开发利用水平。

【生态综合治理能力建设】 2021年，通辽市完成电解铝企业无组织排放技术改造项目46个。通辽梅花味精生物科技有限公司无组织排放异味治理，污水出厂尾水全部实现达标排放，开工科左后旗东区污水厂人工湿地，完成水源保护区调整划分，规范入河排污口和饮用水水源保护区建设。初步构建污染地块环境管理体系，5个旗（县、市、区）级工业园区固废储存设施建成投运，一般工业固废综合利用率达30%以上。

【声环境质量】 2021年，通辽市声功能区平均昼间监测总点次达标率为90.91%，夜间监测总点次达标率为90.91%。主城区区域噪声监测总点位112个，昼间区域环境噪声平均等效声级为52.7分贝，声环境质量较好。主城区道路交通噪声监测总点位72个，昼间区域环境噪声平均等效声级为66.7分贝，声环境质量为好。

【土壤环境质量】 2021年，通辽市土壤环境质量监测，布设一般风险监控点24个，均为国控点位。包括设置农业用地点位和工业企业周围建设用地点位2类，其中农业监测点位9个（科尔沁区3个，扎鲁特旗6个）；布设建设用地点位15个，涉及金煤化工有限公司（包括通辽亿利沥青有限公司）、中电投霍林河煤电集团铝业股份有限公司（原通顺铝厂）、内蒙古恒源化工有限公司4个企业3个区域。

（市生态环境局　鲁　明）

水资源保护

【概况】 2021年，通辽市推进河湖“清四乱”常态化、规范化。开展河湖保护“春季行动”“秋季行动”专项整治工作。各旗（县、市、区）发放宣传单13000余份，出动人员5500余人次，车辆770台班，清理垃圾1090吨，清除违建16处。2021年，市河长制办公室联同市气象局采用高分气象卫星图斑核查发现西辽河管理范围内疑似乱建248处，涉及6个旗县。集中开展西辽河主河槽内乱耕整治工作。各旗（县、市、区）河长制办加大河长巡河力度，全市各级河长巡河2293次。2021年，推进河湖问题整改工作。第一轮河湖管理暗访督查，发现问题23个，整改销号21个。

2021年，通辽市推进节约用水工作，部署各旗（县、市、区）开展县域节水型社会建设，霍林郭勒市、扎鲁特旗、奈曼旗通过自治区水利厅验收，开鲁县、科左中旗、库伦旗向自治区水利厅报送验收申请。加强地下水管理工作，继续推进科尔沁区地下水超采区治理。

【西辽河网格化管理】 2021年，通辽市按照县乡村三级区划，将河段分块分格，配备网格员，签署责任书，对西辽河实施网格化管理，落实网格管理员224名。完善河湖管理体系，加大河湖管理宣传力度。2021年，市水务局完成主要河湖重点工作台账的编制工作，完成全市河湖长名录更新工作，完成2020年全市河长制湖长制考核工作，制定2021年度河湖长制工作考核要点。在重要河湖更换公示牌13块，新增设7处共19块宣传牌，印发通辽市河湖长制宣传手册3000余份。

【水资源管理监督检查】 2021年，市水务局组织开展水资源管理监督检查，依法规范违规取用水行为。开展取用水管理专项整治行动，推进实施农业取水许可。市水务局与市农牧局和林草局联合印发《关于加强农业取用地下水灌溉管控的通知》，加强农业灌溉用水管控，压减地下水开采量。落实最严格水资源管理制度，完成2020年最严格水资源管理考核工作水资源公报、年报、自然资源资产负债表填报工作。开展计划用水管理、用水统计、取水许可监督管理检查工作。开展闲置水指标处置。推广试行取水许可电子证照办理，饮用水水源地安全保障达标评估和建设工作。将地下水取用水总量控制指标分解到苏木乡镇和城乡生活、工业、农牧业、生态等行业。完成取水口核查登记，规范取水许可。

【监测计量体系建设】 2021年，通辽市实现农业用水“以电折水”，精准计量。严格取用水审批，严格限制审批新增取用地下水。推进再生水利用：再生水回用率由不足20%提升至50%，加强工业水源置换，减采地下水2000万立方米。

【水土保持治理】 2021年，市水务局完成国家水土保持重点治理科左中旗、库伦旗2条生态清洁小流域工作，投资1600万元；东北黑土区侵蚀沟治理，扎鲁特旗完成投资264万元。全市完成水土流失治理面积780.55平方公里，完成下达任务的125.90%。

（市水务局　马锦锦）

土地资源保护

【概况】 2021年，通辽市土地总面积588.62万公顷。其中，湿地面积3.92万公顷，占通辽市国土调查总面积的0.67%；耕地面积213.44万公顷，占通辽市国土调查总面积的36.26%；种植园面积0.53万公顷，占通辽市国土调查总面积的0.09%；林地面积144.91万公顷，占通辽市国土调查总面积的24.62%；草地面地177.02万公顷，占通辽市国土调查总面积的30.07%；城镇村及工矿用地19.76万公顷，占通辽市国土调查总面积的3.36%；交通运输用地3.24万公顷，占通辽市国土调查总面积的0.55%；水工建筑用地0.34万公顷，占通辽市国土调查总面积的0.06%；水域及水利设施用地5.39万公顷，占通辽市国土调查总面积的0.91%；其他土地20.08万公顷，占通辽市国土调查总面积的3.41%。

开展全域矿山修复治理，全面推进绿色矿山建设。全市累计完成绿色矿山建设89家，完成率居自治区首位。

【耕地保护】 2021年，通辽市加强耕地储备库项目监管，全市26个耕地占补平衡项目2771.3公顷，新增耕地进入国家耕地储备库，结余耕地储备库指标1488.17公顷。市自然资源局全面贯彻落实习近平总书记关于生态文明和耕地保护的重要论述和批示指示精神，从严查处各类违法违规占地行为，特别是占用耕地和改变各地用途，遏制耕地"非农化"。以卫片执法工作为抓手，推进例行督察、乱占耕地建房、违法用地"回头看"等专项整治工作，全市完成整改问题1876个，坚决遏制违法用地显成效。形成政府负总责，自然资源牵头，各部门协同配合，齐抓共管的机制体制。

【土地资源要素保障】 2021年，市自然资源局合理安排土地利用年度计划指标，利用"增存挂钩""增减挂钩"政策解决用地需求。处置批而未供土地687.62公顷、闲置土地113.65公顷，使用"增减挂钩"指标150.92公顷。上报国家和自治区建设用地批次和单独选址项目报件143件、面积2937.55公顷，批复新增建设用地面积2243.86公顷。持续对中心城区地价进行动态监测，完成各旗、县（区）标定地价成果审查备案，农用地和集体建设用地基准地价成果通过自治区评审。科学编制中心城区住宅用地供应计划并严格执行，中心城区供应住宅用地50.35公顷；全市供应建设用地3408.39公顷，收取土地出让金51.47亿元。

【科尔沁沙地综合治理】 2021年，市自然资源局完成科尔沁沙地综合治理200万亩。其中，营造林78.5万亩，封禁保护和抚育121.5万亩。加强天然草原修复。完成天然草原恢复和修复200万亩，其中，人工种草35万亩，草原改良120万亩，自然修复45万亩。完善提高重点区域绿化。完成绿化2.5万亩，建设乡村美化绿化示范村100个。

（市自然资源局　刘艳华）

森林资源保护

【概况】 截至2021年年底，通辽市森林面积2104万亩，森林覆盖率达23.78%，森林蓄积量4126万立方米。依托三北防护林、退耕还林、退牧还草、草原生态修复等国家重点工程项目，组织各地推进千万亩科尔沁沙地综合治理工程和千万亩天然草原修复保护工程。全市完成科尔沁沙地综合治理200万亩。其中，营造林78.54万亩（三北防护林工程58.5万亩、中央财政造林补贴项目11.5万亩、"蚂蚁森林"公益造林项目2.3万亩、植被恢复造林1.54万亩、育苗4.7万亩），封禁保护和抚育121.46万亩。

【林长制工作】 2021年，通辽市林业和草原局（简称市林草局）印发《通辽市全面推行林长制实施方案》至各旗（县、市、区）。市级层面市委、市政府主要领导任双林长，市委副书记和市政府负责人任副林长，办公室设在市林草局。全市副林长责任区划分为3个。其中，中部（科尔沁区、开鲁县、开发区）为一个责任区，由市级党委副书记负责；北部（科左中旗、扎鲁特旗、霍林郭勒市）由政府常务副市长负责；南部（奈曼旗、科左后旗、库伦旗）由分管林业草原工作副市长负责。各旗（县、市、区）、苏木（乡镇）印发实施方案，嘎查村级建立林长、监督员和网格员（护林员、草管员）为主体的"一长两员"管理架构，落实管理主体，完成建立四级林长制体系建立。严格落实保护和发展森林资源目标责任制。

【森林资源违法犯罪打击】 2021年，市林草局严格加强征占用林地管理，严厉打击破坏森林资源违法犯罪行为，查处涉林案件550余起，挽回经济损失470余万元。移交图斑5773个，全部完成外业核实，初步确认违法图斑1519个。

【森林防火】 2021年，市林草局加强森林草原防火工作。落实行业管理责任。召开全市林草工作及破坏草原林地整治工作推进会，对森林草原防火工作安排部署。按照防火督查检查方案对全市10个市级重点火险区、26个旗县级重点火险区进行督查检查。开展防火督查检查活动85次，累计出动人员1206人次、车辆412台次，发现并整改工作中存在的问题14个。重点时期，全市设置防火检查卡站85处，出动检查、巡护、瞭望人员2711人次，检查过往车辆3017辆，检查进入林牧区人员3316人次。按照年初制定的《通辽市森林草原防火宣传方案》，各级林草部门开展宣传活动，利用传媒平台发布防火公告、信息，在林牧区悬挂防火旗和横幅标语，制作防火宣传牌。全市累计出动宣传车267台次，人员1236人次，使用防火宣传品14万份。严格管控野外火源。发布“关于严厉打击森林草原防火区野外违法用火犯罪行为的通告”，春季开展野外用火管理专项行动，秋季开展查处野外违法用火行为专项。突出预警监测，通过高山瞭望、地面巡护，对重点林牧区进行监测，确保不留死角盲区。突出重点防范。防火期内加强野外活动人员的管理，严禁携带火种进山入林入阜；在高火险期协调各旗（县、市、区）政府实行全面封山戒严，严禁一切野外用火。突出难点火患整治。对农事生产等用火加强疏导和管理，逐乡逐村宣传落实用火规定，严格履行审批和备案程序，严防出现私烧乱点失控局面。对探矿、开矿、采矿作业点进行野外用火清理整顿，落实每个作业点的用火责任。全面加强火灾应急处置。制定“林草部门早期火处置预案”，完善“重点林场火灾应急处置预案”“重特大火灾专项应急预案”，确保预案科学性、实用性、可操作性。在进入防火期前，组织专业人员对各种扑火机具、装备、车辆、通信设备和其他物资进行检修和补充工作。加强扑火队伍建设。林草行业专业扑火队7支、256人，半专业扑火队49支、980人，以及4700余名专业护林护草员全部上岗到位，确保重点火险区有队伍保障，有人员保障。各旗（县、市、区）林草部门均开展扑火演练，提高处置早期火情能力。

（市林业和草原局　刘颖超）

草原保护

【概况】　2021年，通辽市依托退牧还草、草原生态修复项目，通过围栏封育、补播改良、人工种草和自然修复等综合措施，完成天然草原恢复和修复200万亩。其中，人工种草35万亩、草原改良120万亩。围绕公路、城镇周边和村屯等重点区域，对原有绿化进行提档升级，完成绿化2.5万亩，公路绿化123千米。结合“牛出院、树进院”工作安排部署要求，建设乡村美化绿化示范村100个。

【草原林地违规违法专项整治行动】　2021年，市林草局按照自治区党委和通辽市委、市政府安排部署，在全市组织开展破坏草原林地违规违法专项整治行动，排查破坏草原林地案件8142起，面积46.3万亩。其中，草原案件3225起、面积29.2万亩，林地案件4917起、面积17.1万亩。现地核实自治区下发疑似图斑11155个。其中，草原10094个，林地1061个。坚持边查处边整改边见效，自治区封口台账问题案件3270个、问题图斑704个，整改销号主体任务全部完成。

【草原保护管理】　2021年，市林草局严格执行基本草原保护、禁牧休牧、草畜平衡等保护制度，严厉打击偷牧、夜牧等行为，查处违反禁牧、草畜平衡和非法开垦草原等案件1600余起。严格征占用草原审核审批工作，流转草原严格按照《内蒙古自治区草原管理条例实施细则》和《中华人民共和国合同法》要求，签订《草原流转合同》，明确规定双方的权利和义务，从源头上控制滥征乱占草原行为。开展草原保险试点工作，组织扎鲁特旗林草局、中国人民财产保险股份有限公司及草原实际经营者商议承保、理赔等事宜，完成实施方案编制。加强国家草原自然公园建设，扎鲁特旗乌尼尔国家草原自然公园审批手续上报国家林草局，霍林郭勒市额仑国家草原自然公园实施方案获自治区批复，到位资金5600万元。加强自然保护地和野生动植物保护管理，对自然保护地整合优化开展“回头看”，进一步完善自然保护地整合优化预案；开展国家和自治区湿地公园相关项目申报工作，为湿地公园开展规范建设提供资金保障；加强开展野生动物疫源疫病监测工作，推进野生动物保护工作，依托全市16个野生动物疫源疫病重点监测点，开展鸟类等野生动物疫源疫病监测和防控工作。

（市林业和草原局　刘颖超）

自然保护地保护

【概况】　截至2021年年底，通辽市有自然保护地80处、面积77万公顷。其中，国家级自然保护区2个，自治区级自然保护区4个；自治区级地质公园1个；国家级森林公园1个，自治区级森林公园6个；国家级湿地公园1个，试点2个；国家沙漠公园2个。

【大青沟自然保护区】　大青沟自然保护区位于科尔沁左翼后旗西南部，距旗政府所在地甘旗卡镇25千米，东面和北面与甘旗卡镇临界，西面与库伦旗毗邻，南面与辽宁省彰武县接壤，东西11千米，南北10千米。大青沟自1952年建立护林站以来，曾相继改为采种站、经营所，1958年定为国营林场，1980年被确定为省级自然保护区，1988年被国务院确定为国家级自然保护区，总面积8183公顷。保护区主要保护对象是科尔沁沙地原生森林生态系统和天然珍贵阔叶林。经考察确认，保护区内分布着内蒙古高原、燕山山脉和长白山山脉3个区系的植物106科、359属、709种；栖息着野生哺乳类动物如狍子、狐狸、貉、獾等30多种，禽类和鸟类如灰鹤、雉鸡等90多种。大青沟素有“沙漠绿洲”“沙海明珠”和“天然野生动植物基因库”等称号。1985年，联合国科学考察署到大青沟考察时发现大青沟内生长着内蒙古自治区、东北、华北三大区系的植物，是同一纬度上唯一保存下来的原始森林植物群落。

【内蒙古罕山国家级自然保护区】内蒙古罕山国家级自然保护区（简称罕山保护区）位于扎鲁特旗西北部，距扎鲁特旗政府所在地鲁北镇130千米，地处大兴安岭主脉南段，西依蒙古高原与锡林郭勒草原，南与科尔沁草原毗邻。南北长约48千米，东西宽约37千米，总面积137万亩，有林面积82万亩，森林覆盖率60%，拥有通辽市面积最大、保存最完好的天然次生林。罕山保护区处于锡林郭勒草原和科尔沁草原之间的大兴安岭隆起带上，是典型的山地向平原、森林向草原过渡地带，保护区属于森林生态系统类型，是以山地森林草原、水源地和珍稀物种为主的综合性保护区。保护区内森林、草原、草甸及湿地相间，过渡性特征明显，多样植物保持完好的原生状态，是通辽市重要水源涵养地和动植物基因库，是科尔沁草原的“天然肺叶”。

1996年，建立旗（县）级罕山自然保护区，划定保护区总面积45万亩。2000年，经内蒙古自治区政府批准，罕山保护区晋升自治区（省）级自然保护区，保护区总面积增加到137万亩。2008年，罕山保护区在全市率先实施“收缩转移”战略，累计投入资金3亿元，将保护区内的243户718人和20万头（只）牲畜全部搬迁转移，所有工矿企业全部清理撤出，建成通辽市面积最大的无人无畜封禁区。2013年12月，经国务院批准，晋升为国家级自然保护区。2014年，经国家林业局批复，建成森林生态系统定位观测研究站和生物多样性博物馆，对气候调节、涵养水源、野生动植物保护进行长期监测和研究。发源于保护区的8条河流水流量逐年增加，年产水量由2010年的1亿立方米上升到2021年的3亿立方米。保护区内野生动植物种类数量也在不断增加，根据普查统计，保护区内发现野生植物78科619种，野生动物22目50科160种，国家级保护动植物超过30种。

【大青沟地质公园】　大青沟地质公园位于科尔沁左翼后旗境内，总面积61.36平方千米。2013年12月，大青沟地质公园被内蒙古自治区国土资源厅批准为自治区级地质公园，是集地质遗迹（地质构造运动、风动力作用、地质地貌景观）、自然生态、人文景观于一体的综合性地质公园，是旅游观光、度假和科学普及的重要基地。公园内有植物700多种，动物170多种。

1980年，经国务院批准为“珍贵阔叶林保护区”。

【敖伦国家级森林公园】 敖伦国家级森林公园位于库伦旗敖伦经营林场境内，总面积7372.63公顷，以养畜牧河流域为主，地貌特征分为3部分，沙地、山地和丘陵，西南高，东北低。公园内有树木、植物262种，其中主要古树树种是榆树、五角枫、小叶菩提、山楂、黄柳、蒙桑等。公园有国家重点保护植物野大豆、甘草、草麻黄、黄檗、东北茶藨子等5种。动物有25种，包括香鼬、黄鼬、艾虎、赤狐等国家一级保护动物。鸟类有101种，包括大鸨、中华秋沙鸭等国家一级保护鸟类。

【内蒙古奈曼孟家段国家湿地公园】 内蒙古奈曼孟家段国家湿地公园位于内蒙古自治区东北部西辽河上游、通辽市中部、奈曼旗东北部，总面积3176.4公顷。湿地公园包括孟家段水库上、下库区水域、水库输水河（引水渠）及库周沼泽湿地。公园主体孟家段水库为西辽河上游首个大型旁侧水库，北起西辽河苏家堡水利枢纽孟家段进水渠渠首，南至孟家段水库下库南侧堤坝，东至下库东部六工地泄洪渠，西临奈曼旗良种场东界。孟家段水库湿地类型主要包括天然湿地和人工湿地2个湿地类，草本沼泽、输水河、库塘、淡水养殖场4个湿地型，湿地总面积2521.66公顷，湿地率为79.39%。

湿地公园内有维管植物48科115属174种。湿地公园内有国家二级重点保护植物1种，即野大豆；内蒙古自治区重点保护野生植物1种，即甘草。野大豆、甘草主要分布在库周草地。湿地公园内有脊椎动物合计47科80属112种，哺乳类9科14种，鸟类55科83种，爬行类4科5种、两栖类2科4种，鱼类5科6种。公园内国家一级重点保护野生动物有丹顶鹤、猎隼2种，国家二级重点保护野生动物有大天鹅、灰背隼、黄爪隼、红脚隼、红隼、灰鹤6种。列入《濒危野生动植物国际贸易公约》的有灰背隼、黄爪隼、红脚隼、红隼、丹顶鹤、灰鹤6种。

【内蒙古霍林郭勒静湖国家湿地公园】 内蒙古霍林郭勒静湖国家湿地公园2017年12月获批成为国家湿地公园试点，位于霍林郭勒市北部，距霍林郭勒市市区仅3000米，总面积452.73公顷，其中湿地面积154.08公顷，湿地率34.03%。

湿地公园内有维管植物42科109属157种。有野生脊椎动物46科81属122种，占内蒙古自治区湿地哺乳类动物288种的42.36%，国家一级重点保护动物1种，即大鸨；国家二级重点保护动物18种，包括白琵鹭、灰鹤、大天鹅、松雀鹰、苍鹰、白尾鹞、鹊鹞、大鵟、毛脚鵟、猎隼、灰背隼、黄爪隼、红脚隼、红隼、领角鸮、雕鸮、短耳鸮、纵纹腹小鸮。

【内蒙古奈曼宝古图国家沙漠公园】 内蒙古奈曼宝古图国家沙漠公园位于奈曼旗白音塔拉苏木境内，属于科尔沁沙地腹地，南北跨度5.5千米，东西跨度9.3千米，规划区域总面积3643.9公顷，距奈曼旗政府所在地大沁他拉镇45千米，距国道111线20千米。

2014年，宝古图沙漠旅游区经原国家林业局批复为国家沙漠公园试点。宝古图国家沙漠公园规划总面积3643.9公顷，有沙地保育区、宣教展示区、沙漠体验区、管理服务区4个功能区。

【内蒙古库伦银沙湾国家沙漠公园】 内蒙古库伦银沙湾国家沙漠公园于2017年12月28日批准建立，位于库伦旗库伦镇境内，科尔沁沙地南缘，嘎海山北麓，养畜牧河流域两岸地段，距离库伦镇西北28千米。规划区面积3402.4公顷，整合优化后面积为37568.42公顷。

库伦银沙湾国家沙漠公园由沙地保育区、宣教展示区、沙漠体验区、管理服务区4个功能区组成，管理服务区、沙漠体验区和宣教展示区主要依托库伦银沙湾景区现有设施进行规划建设，为公园旅游进行服务及宣传；沙地保育区主要开展沙地植被封禁保育和沙地综合治理等植被恢复和流动沙地治理措施，促进公园区内沙地植被的恢复，并达到防风固沙和推广示范的作用。

【生物多样性保护】 2021年，通辽市加强自然生态系统、自然遗迹、自然景观等生物多样性保护，推进奈曼旗宝古图国家沙漠公园、内蒙古孟家段国家湿地公园、库伦旗敖伦国家森林公园等自然保护地建设，对自然、文化遗产等实施长期保护。科学整合各类自然保护地，归并优化相邻自然保护地，解决区域交叉、空间重叠、保护管理分割、保护地破碎和“孤岛化”等问题，构建统一的自然保护地分类分级管理体制。加强自然保护地科学监测，及时掌握保护成效。设立自然保护地，有效地保护野生动物植物资源，为保障生物多样性和生态安全奠定良好的自然资源基础。

（市林业和草原局　刘颖超）

【自然保护区实地核查】 2021年，生态环境部推送通辽市的2020年国家级自然保护区及2018—2019年自治区级自然保护区人类活动变化遥感监测线索共69处。通辽市生态环境局联合市林草部门、各旗县生态环境分局对6个国家级、自治区级自然保护区组织开展实地核查。

【“绿盾”行动】 2021年，通辽市持续推进“绿盾”自然保护区违法违规行为整改，“绿盾2017—2020”聚焦问题全部销号。推动国家级生态文明建设示范旗创建工作，科左后旗《国家生态文明建设示范县创建规划（2019—2025年）》印发实施。加大生态环境保护宣传力度，原创作品《让中国更美丽》主题MV被生态环境部微信公众号采用发布。

（市生态环境局　鲁　明）

节能减排

【能耗“双控”和“双碳”】 2021年，通辽市社会能耗总量达2329.04万吨标准煤，同比减少6.8万吨标准煤，同比下降0.3%。其中，第一产业96.37万吨标准煤，同比增长0.8%；第二产业1836.33万吨标准煤，同比下降1.3%；第三产业216.31万吨标准煤，同比增长5.6%。完成通辽市纳入全国碳市场第一履约周期的重点排放单位履约清缴工作，履约率达100%。

（市生态环境局　鲁　明）

【建筑节能】 2021年，全市持续推进绿色建筑规模化发展，新建绿色建筑项目241项、241.5万平方米，占新建建筑面积比例达80.6%。全市完成既有居住建筑节能改造面积31万平方米。

（市住房和城乡建设局　陈姣龙）

污染防治

【大气污染防治】 2021年，通辽市实施电解铝企业无组织排放技能改造，累计完成技术改造项目46项。在主城区建成机动车尾气遥感监测平台和监测站点2个，累计检测车辆12万余台次。完成主城区高污染排放禁行区的划定，参照主城区鼓励各旗（县、市、区）同步推进，科左中旗、开鲁县、扎鲁特旗、库伦旗完成划定并向社会公开。加强非道路移动源监管，全市非道路移动机械编制登记2675台。开展挥发性有机物综合治理，以化工、制药行业为主要控制对象，全面开展泄漏检测与修复，加强有组织排放治理和无组织排放控制。对通辽盛发热电有限公司和内蒙古鸿骏铝电公司实施超低排放改造，完成梅花生物公司7个车间无组织排放异味治理。推进原煤散烧治理，全市棚户区改造开工1086套，开工率100%；完成投资6800万元，对通辽经济技术开发区实施原煤散烧清洁炉具替换。

【水污染防治】 2021年，通辽市开展水源保护区调整划分工作，开展地下水环境质量综合评估，加强重点区域地下水风险管控。对12处旗县级以上水源保护区进行调整。库伦旗养畜牧水源、通辽经济技术开发区三义堂水源和开鲁县开鲁镇新水源集中式饮用水水源保护区通过自治区政府批复。市生态环境局争取中央水污染防治专项资金2089万元，用于饮用水水源保护区规范化建设。开展工业园区污水依托城镇污水厂进行处理的可行性评估，全市污水出厂尾水全部实现达标排放。开展河湖保护“春季行动”，清理垃圾1090吨，清除违建16处。严格落实河湖长制，全市开展巡河2483次。指导科左后旗制定《秀水河常胜国控断面污染防治及生态恢复项目可行性研究报告》，项目通过自治区专家评审，进入自治区水污染防治项目储备库。争取中央资金3803万元，建设科左后旗东区污水厂人工湿地项目，利用人工湿地生态系统进一步提升出水水质。对全市入河排污口进行排查整治，争取中央专项资金888万元，实施入河排污口规范化建设。13家污水处理厂设计处理能力日均45.73万吨，污水处理厂平均负荷率70.75%，平均达标率99.76%，城镇污水处理厂污泥无害化处置率100%。实施农村生活污水治理项目5个。

【土壤污染防治】 2021年，通辽市开展固体废物和危险废物安全生产专项整治，加快工业园区渣场建设，提高工业固废综合利用和处置水平，全市一般工业固体废物综合利用率达30%以上，霍林郭勒市、科尔沁区、开发区、奈曼旗、开鲁县工业园区固废储存设施建成投运。完成全市重点行业、企业用地调查，初步构建起全市污染地块环境管理体系。推进农村牧区人居环境整治，加快39座生活垃圾处理场建设进度。

【固体废物污染防治】 2021年，通辽市主要工业固体废弃物分别为粉煤灰、炉渣、脱硫石膏、冶炼废渣、其他废物，全市一般固体废物产生1103.67万吨。其中，综合利用量为259.31万吨（其中往年综合利用量54.74万吨），处置771.88万吨（其中往年处置量0.16万吨），储存量346.95万吨（其中往年储存量219.57万吨）。

工业危险废物 2021年，全市危险废物产生量112364.58吨，其中综合利用量72461.18吨，处置量31940.69吨，储存量43989.78吨（其中往年储存量36027.07吨）。截至2021年年底，全市取得危险废物经营许可证的单位共有33家，其中综合经营单位18家，收集单位15家，年核准总经营规模为121.62万吨、4.5万桶。

医疗废物 2021年，全市重点医疗废物产生单位有82家医疗机构，产生医疗废物1802.18吨，处置医疗废物1794.87吨，处置率99.6%。主要处置方式为焚烧和微波处置。

城市垃圾处置 2021年，通辽市城市垃圾处置总量为72.12万吨。其中，城市生活垃圾处置52.57万吨，主要处置方式为卫生填埋；建筑垃圾处置15.46万吨，主要处置方式为填埋及资源化利用；餐厨垃圾处置4.09万吨，主要处置方式为资源化利用。

（市生态环境局　鲁　明）

环境监管

【概况】 2021年，通辽市随机抽查排污单位625家，出动执法人员1200余人次。抽查结果在“国家企业信用信息公示系统”和市生态环境局官网“双随机、一公开”专栏中进行公示。全市查处生态环境保护行政处罚案件41件，罚款278.92万元。办理适用《中华人民共和国环保法》及配套办法案件7件，其中查封扣押案件2件、限产停产案件1件、移交涉嫌环境污染犯罪案件4件。

【加强监测能力建设及辐射监管】 2021年，通辽市推动生态环境监测体系建设、VOCs监测能力建设等项目，持续提升生态环境监测能力。全市完成入河排污口、声环境功能区、农村生态环境质量、重点污染源等地方事权监测任务，开展无人机航拍航测，根据监测结果向有关旗（县、市、区）进行预警。修订《辐射安全事故应急预案》，开展辐射安全违法行为专项整治行动，加强核技术利用单位隐患排查。

（市生态环境局　鲁　明）

旗（县、市、区）

科尔沁区

【概况】 科尔沁区是内蒙古自治区通辽市政治、经济、文化、交通中心，地处内蒙古自治区东部、松辽平原西部边缘的科尔沁草原。位于北纬43°22′～43°58′，东经121°42′～123°02′。南同科尔沁左翼后旗接壤，西与开鲁县为邻，北及东和科尔沁左翼中旗毗连。总面积2821平方千米，辖9个镇、1个苏木、5个国有农牧场、11个街道，有334个嘎查村、44个国有农牧林场分场水库、108个社区。2021年，科尔沁区总人口736449人，总人口中男性365493人，女性370956人，男女比例为98.5∶100；总人口中汉族394392人、蒙古族284702人、回族9191人、满族45219人、朝鲜族1677人、达斡尔族365人、鄂温克族44人、鄂伦春族22人、壮族67人、藏族15人、锡伯族531人、苗族19人、土家族33人、彝族17人、维吾尔族7人、其他民族148人。

2021年，科尔沁区地区生产总值318亿元，比2020年下降1.08%。一般公共预算收入完成10亿元，固定资产投资完成46.4亿元，社会消费品零售总额115.3亿元，城镇居民和农牧民人均可支配收入分别达39214元和23244元。三次产业结构调整为12.5∶24.5∶63。

【经济发展】 农业 2021年，科尔沁区开创“智慧大农业”发展新模式，实现整村土地流转、规模种植经营、创新利益分配机制，稳步推进农牧业规模化、标准化、品牌化发展。建成高标准农田130万亩，农业机械化综合水平达96.2%，获评全国主要农作物生产全程机械化示范县。玉米高产创建项目区最高亩产1245千克。农牧业龙头企业达29家，紧密型农企利益联结比例超过80%。科尔沁区现有牛存栏28.6万头，其中能繁母牛存栏17.5万头，万头苏木镇9个。发展培育自治区级肉牛产业化示范联合体2家，即科尔沁区谷润肉牛产业化联合体、通辽市明清肉制品产业化联合体。国家级产业化重点龙头企业1家，即通辽余粮畜业开发有限公司。自治区级产业化龙头企业2家，即通辽谷润肉业有限公司、通辽市明清肉制品有限公司。市级产业化龙头企业2家，即通辽市广发草原食品有限责任公司、通辽绿丰肉食品有限公司。肉牛屠宰加工企业4家，即通辽谷润肉业有限公司、通辽市明清肉制品有限公司、通辽市广发草原食品有限责任公司、通辽绿丰肉食品有限公司。旗县级以上示范合作社和家庭农牧场35家，绿色食品标识产品2个，养殖专业村13个，大型牲畜交易市场1家，大林镇“牛大交易市场”，肉牛加工体系基本建立。有序推进“牛出院、树进院”试点建设，牲畜年均出栏143万头（只、口），连续多年获评全国生猪、牛羊调出大县。2021年，科尔沁区被列为国家肉牛产业集群建设重点单位，连续3年获得0.3亿元项目资金支持。2021年，累计完成造林27.14万亩、草原修复5万亩，绿化村屯、通村道路硬化实现全覆盖，成功获评自治区级“四好农村路”示范县。落实取水许可证制度，下达年度用水计划，登记审核通过2.3万个取水口，从严从实核定用水量。落实农村供水工程管理主体责任，确保安全、及时供水。投入140万元开展国家级试验项目3个。完善灌溉基础设施，更新机电井47眼，新建井房10座。推动西辽河流域“以水定需、量水而行”试点，编制完成《2021年“量水而行”以水定需实施方案（征求意见稿）》，落实区域地表水和地下水用水总量指标管控体系。加强防汛工作，全面落实水库安全责任，完成青年水库维修养护项目建设，维修主坝及路面950米。修缮西辽河国堤堤顶雨淋坑78个，修复堤顶坑196个。做好大中型水库移民后期扶持工作，为3650名水库移民发放后期扶持资金219.06万元。完成水利部下发的第一批卫星遥感水土流失扰动图斑的核查工作。

工业 2021年，科尔沁区加大调整退出高耗能、高排放企业力度，规模以上工业企业由115户优化至37户。梅花生物、蒙古王实业获评国家级“绿色工厂”。顺通生物乙醇技改项目开辟醇类产业精深加工新路径，海邻生物饲料项目延展低质资源利用链条，梅花生物海藻糖、药用氨基酸扩产等项目促进产业升级，推动玉米生物产业迈向高端。推进龙马集团高端装备制造基地建设，天顺风能等行业企业落户投资，集群带动装备制造和清洁能源产业并联发展。天融风电项目实现国内首例风场技改，国能生物发电及天然气项目打造“热、电、气、肥”生态循环产业链，金麒麟现代能源运维中心实现能源智慧安全管控。海天制药、孟和制药激活新增198个药号，酸马奶、蒙医药研发推广中心等项目建成投用，国药健康蒙医药产业园落地实施，蒙中药产业实现种研产销一体化发展。组织成立工作专班，精准培育“专精特新”小巨人企业，量身打造中小企业发展项目，加强对培育企业的指导、跟踪和服务，为入库企业提供定制服务。列入自治区级“专精特新”培育库企业2个、“小巨人”培育库企业3个，通辽市现春食品有限责任公司等5家企业达到入规标准，规模以上工业企业完成产值193.7亿元、增长8%。科尔沁区工业园区获评自治区级绿色园区，绿色食品加工园区晋升为自治区级“星创天地”和“众创空间”，形成绿色发展、创新发展、转型发展的高质量平台载体。

服务业 2021年，科尔沁区推动发展直播电商等新兴业态，举办“直播科尔沁·消费促进季”等大型直播活动7场，电子商务交易额达140亿元，比2020年增长23%。推进多式联运海关监管场所、蒙东煤炭物流园煤炭储备等项目，新增各类市场主体1.04万户。2021年，第三产业增加值实现192.38亿元、比2020年增长6.4%，占全市第三产业增加值比重为30.6%，拉动经济增长3.9个百分点。科尔沁电子商务产业园获评“自治区级示范性创业园和创业孵化基地”。通辽万达广场获评国家级“绿色商场”，中心城区形成多点连片的业态布局。申通物流获评“全国邮政行业先进集体”，蒙东煤炭物流园获批国家级煤炭储备基地，蒙王医药物流晋升蒙东地区最大的医药物流企业，搭建覆盖城乡、区域、国际的现代物流网络。

加大品牌景区创建工作，推荐科尔沁区莫力庙“家的味道”和科尔沁区铁南“森林度假村”申评三星级乡村旅游接待户。组织通辽市罕山肉食品加工有限公司参加“2021年中国特色旅游商品大赛”并入围。推进全域旅游深度融合发展，创建自治区级全域旅游示范区。世源温泉获评国家AAA级旅游景区，金禾湾田园综合体形成农旅融合典型示范，蒙古王酒文化博物馆填补工业旅游空白，蒙古王公司酒产品获评“内蒙古礼物”品牌认证，构建集农旅、工旅、文旅等多旅融合的产业发展新格局。

【科技创新】 2021年，科尔沁区高新技术企业、科技中小型企业增至15家，科技创新平台载体达35个，国家授权专利拥有量达1269件。梅花生物海藻糖生产技术成功打破国外垄断，晶鑫科技改良拜耳法制备5N级高纯氧化铝技术达到国际领先水平。推动德瑞玉米、鸿轩生物等企业与内蒙古民族大学联合开展科技攻关，校地企合作实现多层次良性互动。

【项目建设】 2021年，科尔沁区推进城市管理体制和投融资改革，推动产城融合发展，加快实施城市更新行动，不断提升中心城区综合承载和辐射带动能力。化解房地产领域“三难”问题，累计投入各类资金5.3亿元，妥善安置回迁户3428户，城市之星二期、五金建材城二期实现原址回迁，和泽幸福人家、世纪明珠小区完成异地安置，沁源小区二期、鑫海国际开工建设，慧通国际、康佳丽园项目回迁入住。推进三级网格化管理，实施“三整治一完善”行动，有效攻克违法建筑、占道经营等城市顽疾，助力通辽市全国文明城市、国家卫生城市成功复牌。2021年，实施房屋征收项目38个，完成京沈高铁连接线、新世纪大桥、通辽飞机场等重点项目征收工作。完成81个老旧小区改造和53栋楼宇建筑节能改造任务，大兴棚改项目全面开工。

【社会事业】 2021年，科尔沁区深入开展精神文明建设和社会主义核心价值观宣传教育，丰田镇辽阳村、永清街道翰博一品社区分别被评为全国文明村镇和国家级文明窗口。福巨古城被学术界认定为辽代龙化州遗址，祭敖包、毛雕画等非物质文化遗产列入自治区级项目名录。

优化网格化管理精细格局，街道、社区、部门补位联动的三级网格管理模式实现全域覆盖。累计投入资金1.79亿元，拆除各类违法建筑4.8万处，店外经营、流动商贩等城市问题得到全面清理整治。有效应对强降雨、暴风雪等极端天气，创新制定气象预警、运转保障、灾后处置等联动机制，增配抗灾除险机械力量200余台。扫黑除恶斗争常态化开展，成功打掉黑社会组织2个、恶势力犯罪集团及涉恶团伙54个。科尔沁区在自治区内率先启动“复苗工程”，未成年人思想道德建设水平持续提升。基层协商民主建设扎实推进，红星街道新立屯村获评“全国村级议事协商创新实验试点”。交通运输、食品安全、建筑施工等重点领域安全隐患得到及时排查、有效整治，安全生产形势保持稳定。落实“一号通办、镇（苏木）街统办”政策，全面推进政务公开。

科尔沁区有各级各类学校80所，其中，普通高中3所、完全中学3所、十二年一贯制学校1所、普通初中8所、一贯制学校9所（含民办1所）、体育运动学校1所、军事体育运动学校1所、小学34所、教学点20个。教职工6899人。在校学生67929人，其中，小学生35471人、初中生21441人、高中生10356人、中职学生361人、特殊教育学生300人。有公、民办幼儿园133所。其中，公办园35所、民办园98所（含民办普惠园62所）。在园幼儿总数13803人，学前三年毛入园率101.63%，普惠率达80.68%。公办幼儿园教职工总数712人（含外聘207人），专任教师学历合格率88.71%。投用“互联网＋教育”大平台，累计投入8.25亿元推动城镇学校发展。推进阳光招生、均衡分班，全面普及中小学课后服务，有效推动“双减”政策、“五育并举”落地落实。义务教育阶段国家统编教材实现全覆盖，南门小学被评为全国民族团结进步示范单位。普惠性幼儿园覆盖率由2018年的61.81%增至80.68%。成功举办首届“辽河杯”全民运动会，培养社会体育高素质指导员3809人。

【民生保障】 2021年，科尔沁区累计发放创业担保贷款2.4亿元，新增城镇就业1.9万人，城镇登记失业率稳定在4.2%以内，农村牧区年均转移就业超8万人，就业形势总体平稳。养老金发放率和社会化管理率达100%，城乡居民医保支付方式改革推动有效控费1.87亿元，实现全国异地就医结算互联互通。社会养老机构增至26所，天颐老年公寓成功打造康养文娱一体化养老新模式，多形式、多层次的养老服务网络初步形成。累计发放城乡低保、特困救助、残疾人两项补贴等资金6.7亿元，基本民生保障水平显著提升。全面巩固民族团结进步、推进军民融合发展，成功创建“自治区民族团结进步示范区”“自治区双拥模范城”。

【乡村振兴】 2021年，科尔沁区围绕“一村一品、一镇一业”，加快发展壮大乡村特色产业，发掘乡村产业的区域特色，推动乡村产业集聚化发展，育新镇杨家村（肉牛）、大林镇西归力村（“塞外红”苹果）、莫力庙苏木徐家窑村（向日葵）、庆和镇太平河村（肉鸽）、庆和镇火犁村（蔬菜）等14个嘎查村被认定为第一批自治区级“一村一品”示范村镇，示范村镇数在自治区各旗（县、市、区）中居首位。完成县域城镇体系规划、苏木镇整体规划编制工作，打造首批乡村振兴试点村、重点村44个，育新镇获评“国家产业兴村强县示范镇”。深入实施农村人居环境整治行动，完成“煤改电”工程29.86万平方米，累计改造户厕3.9万户，畜禽粪污、秸秆资源化利用率达90%以上，334个行政村全部实现生活垃圾集中清运处置。开展农民丰收节、金秋采摘节等文化惠民活动，提升农民干事创业的活力。

【卫生健康】 2021年，科尔沁区区级医院先后与国内顶尖医疗机构组建跨区域专科联盟12个，科尔沁区第一人民医院成立首家博士工作站，科尔沁区第四人民医院PPP项目完工，基层卫生院基础设施建设达标率达100%。推进医疗机构与全民健康平台建立数据连接，推广应用居民电子健康码，推进“智慧医疗”项目建设。实行基本公共卫生服务经费成本测算管理，提高项目资金使用效益。逐步加强医防融合，城乡居民电子健康档案规范化建档率达93.5%。完成食品安全风险监测工作，确保食源性疾病监测工作进行。推进健康扶贫与乡村振兴有效衔接，落实先诊疗后付费政策。优化慢病签约服务，年内签约4167人。落实疾病防控措施，传染病信息报告质量综合率超过99%、上报率达100%。开展动物鼠疫监测，疫情报告及时率、处理率均达100%。进行鼠疫疫源地检索踏查累计1068平方千米。完成艾滋病“一体化”管理工作。完成2021年国家随机监督抽查任务，完结率100%。

筑牢常态化疫情防控防线，多点触发监测预警扩面提质，采集并检测核酸样本47.3万余人次，累计完成新冠病毒疫苗接种60万人134.38万剂次，全人群接种率为82.10%。集中隔离、核酸检测、物资保障等工作实现常备不懈、平战结合。深入推进公共卫生服务体系与疾病预防控制体系建设，先后获评自治区级卫生应急综合示范区、慢性病综合防控示范区、健康促进旗县。

（孟诗禹）

霍林郭勒市

【概况】 霍林郭勒市地处科尔沁草原腹地，位于北纬45°16′～45°46′，东经118°17′46″～119°46′12″。西部、西北部和北部与锡林郭勒盟东乌珠穆沁旗接壤，西南部、南部和东南部毗邻通辽市扎鲁特旗，东部、东北部与兴安盟科尔沁右翼中旗连接。境域东西长38千米，南北宽28千米，周长113千米，总面积1390平方千米（含军马场生态保护区），其中，霍林郭勒市内面积585平方千米，军马场生态保护区面积805平方千米。

霍林郭勒市管辖1个苏木，下设2个嘎查、3个村、4个街道办事处，下设18个社区，1个军马场生态保护区。据第七次全国人口普查数据，全市常住人口138676人，其中，居住在城镇的人口130239人，占93.9%；居住在乡村的人口8437人，占6.1%。全市常住人口中流动人口94157万人，其中，跨自治区流入人口14777人，占15.7%；自治区内流动人口79380人，占84.3%。户籍人口83823人。其中，城镇人口73635人，占比88.0%，农村人口10188人，占比12.0%；男性42608人，占比51.0%，女性41215人，占比49.0%；0～17岁15752人，占比18.7%，60岁以上14030人，占比16.7%；其中，汉族人口45351人，占比54.0%，蒙古族人口33909人，占比40.4%，满族人口4139人，占比4.9%。

2021年，霍林郭勒市平均气温为3.0℃，最冷月平均气温为-20.9℃，最热月平均气温为20.7℃，极端最高气温为31℃，极端最低气温为-33.5℃。年总降水量为569.8毫米，年平均相对湿度为63.1%，年总日照时数为2626.5小时，年主导风向为西北风，年积雪天数为106天。霍林郭勒市境内勘探出的矿产资源主要有煤矿、食盐、硅石、石灰石等。

2021年，霍林郭勒市地区生产总值完成197.59亿元，按不变价计算，同比增长5.6%。其中，第一产业增加值4.22亿元，同比增长2.7%；第二产业增加值152.51亿元，同比增长5.9%；第三产业增加值40.86亿元，同比增长5.2%。三次产业比2.7∶77.2∶20.1。一般公共预算收入16.71亿元，同比增长29.9%。其中，税收收入11.81亿元，同比增长9.3%；财政支出23.49亿元，同比增长26.6%。其中，一般公共服务支出1.59亿元，同比下降1.5%；社会保障和就业支出3.25亿元，同比下降8.3%；教育支出3.06亿元，同比下降0.9%；卫生健康支出1.32亿元，同比增长10.1%；城乡社区支出5.60亿元，同比增长16.9%。

2021年，霍林郭勒市全社会固定资产投资同比增长3.2%。分行业看：工业资产投资同比增长2.5%，占全社会固定资产投资比重77.4%；房地产投资同比下降7.0%，占全社会固定资产投资比重9.9%。从项目规模看，5000万元以上投资项目36个，发生投资额占全社会固定资产投资总额的77.5%；5000万以下投资项目55个，发生投资额占全社会固定资产投资总额的12.5%。

【经济发展】 **农业** 2021年，霍林郭勒市农、牧、林、渔及其服务业各完成产值1.55亿元、3.76亿元、510万元、605万元、510万元，合计5.48亿元。牲畜总头数11.26万头（只），出栏率75.2%。耕地面积9709.41公顷，农作物播种面积9545.27公顷。其中，油料种植面积383.52公顷，蔬菜种植面积254.40公顷，小麦种植面积534公顷。粮食产量20490吨，同比下降31.7%。

工业 2021年，霍林郭勒市规模以上工业总产值763.43亿元，同比增长44.9%。其中，原煤企业产值64.80亿元，同比增长16.5%，占规模以上工业比重8.5%；电解铝企业产值398.27亿元，同比增长35.0%，占规模以上工业比重52.2%；铝后加工企业产值219.92亿元，同比增长57.5%，占规模以上工业比重20.8%；发电企业产值21.97亿元，同比下降0.8%，占规模以上工业比重2.9%；碳素企业产值8.50亿元，同比增长35.4%，占规模以上工业比重1.1%。规模以上工业企业增加值增速7.3%。其中，采矿业增加值同比增长15.8%；制造业增加值同比增长49.9%；电力、热力、燃气及水生产和供应业增加值同比下降0.2%。

建筑业 2021年，霍林郭勒市建筑业总产值完成5.25亿元，同比增长4.2%。全市具有资质等级的建筑业企业9家，全年实现营业收入5.52亿元，同比下降7.9%；实现利润总额0.36亿元。

服务业 2021年，霍林郭勒市全社会消费品零售总额23.95亿元，同比增长6.0%。从行业看，批发业销售额完成21.85亿元，同比增长1.4%；零售业销售额完成24.11亿元，同比增长15.4%；住宿业营业额完成0.47亿元，同比增长7.4%；餐饮业营业额完成3.70亿元，同比增长17.2%。2021年，霍林郭勒市完成货运总量6000万吨，同比持平，其中，公路3624万吨，同比增长3.5%；铁路2376万吨，同比下降5.0%。旅游收入11.7亿元，同比增长85.7%；全年接待国内外游客109.5万人次，同比增长75.2%。

【社会事业】 截至2021年年底，霍林郭勒市有普通高中2所，初中4所，小学7所，十二年一贯制学校1所，职业技术学校1所。普通高中在校学生2716人，初中在校学生3954人，小学在校生9618人，职业技术学校在籍生614人。其中，女生207人，占比33.7%。普通高中任职教师322人，初中任职教师417人，小学任职教师668人，职业技术学校任职教师70人。公办幼儿园5所，在园幼儿1158人，在职幼儿教师183人。全市有博物馆1个，文化馆1个，公共图书馆1个，档案馆1个，融媒体中心1家。

【民生保障】 2021年，霍林郭勒市参加城镇职工基本养老保险人数22463人，缴纳养老保险金额36615万元，享受养老保险待遇人数6275人；参加城乡居民社会养老保险人数8155人，缴纳养老保险金额422万元，享受养老保险待遇人数4011人。基本医疗保险参保 88963 人。其中，城镇职工参保 43275 人，城乡居民参保 45688 人。医保基金总收入 2.78 亿元。其中，城镇职工基金收入 2.48 亿元，城乡居民基金收入 2780 万元，医疗救助总收入 192.5 万元。医保基金总支出 1.51 亿元。其中，城镇职工基金支出 1.31 亿元，城乡居民基金支出 1931.54 万元，医疗救助总支出 95.84 万元。医保基金累计结余 10.03 亿元。其中，城镇职工基金结余 9.9 亿元，城乡居民基金结余 1183.82 万元，医疗救助基金结余 131.54 万元。参加失业保险人数 31231 人，缴纳失业保险金额总计 2537.78 万元。

【卫生健康】 截至 2021 年年底，霍林郭勒市有医疗机构 74 家。其中，二级公立医院 2 家（市人民医院和市中蒙医医院），妇幼保健计划生育服务中心 1 家，疾病预防控制中心门诊 1 家，社区卫生服务中心 2 家，福利院医务室 1 家，看守所医务室 1 家，机场医务室 1 家，民营医院 2 家（仁合医院、爱德医院），社区卫生服务站 27 家，村卫生室 10 家，铁路卫生室 1 家，诊所 25 家。全市有执业（助理）医师 483 人，注册护士 663 人。医疗机构编制床位 646 张。其中，市人民医院 400 张，市中蒙医医院 138 张，妇幼保健计划生育服务中心 20 张，沙尔呼热社区卫生服务中心 18 张，爱德医院 50 张，仁合医院 20 张。

（宋心蕊）

开鲁县

【概况】 开鲁县地处内蒙古东部，通辽市西部，位于北纬 43° 9′ ~ 44° 10′，东经 120° 25′ ~ 121° 52′。东与通辽市科尔沁区毗邻，西与赤峰市翁牛特旗、阿鲁科尔沁旗接壤，南与奈曼旗、科左后旗为邻，北与扎鲁特旗、科左中旗交界。属于西部大开发、振兴东北老工业基地地区，经济上属于东北经济区、环渤海经济圈。全县总区域面积 4488 平方千米，全境东西最长 122.5 千米，南北最宽 105.0 千米。辖 13 个镇（场、街道），245 个行政村（分场）。2021 年，户籍人口 38.7 万人，有汉族和蒙古族、满族、回族等 14 个民族。其中，蒙古族约 6.36 万人、满族约 1.05 万人、回族 1537 人。有 2 个民族镇，即吉日嘎郎吐镇、义和塔拉镇，均为蒙古族乡镇。

2021 年，开鲁县一般公共预算收入完成 3.13 亿元，全年一般公共预算支出 33.78 亿元。地区生产总值完成 141.45 亿元，增长 3.8%。其中，第一产业增加值为 58.61 亿元，比 2020 年增长 4.7%；第二产业增加值为 25.15 亿元，比 2020 年下降 2.5%；第三产业增加值为 57.69 亿元，比 2020 年增长 5.4%。三大产业比重为 41.4∶17.8∶40.8。人均地区生产总值达 45556 元。500 万元以上固定资产投资完成 34.65 亿元。社会消费品零售总额完成 25.67 亿元，同比增长 6.1%。财政一般公共预算收入完成 3.13 亿元，同比增长 11.5%。城乡常住居民人均可支配收入分别达 34708 元、20838 元，同比增长 8.2%、10.5%。

【经济发展】 农业 2021 年，开鲁县粮食作物播种面积 194.26 万亩。其中，玉米播种面积 176.02 万亩。完成高标准农田建设 2.5 万亩。有序推进山水林田湖草沙系统治理，完成科尔沁沙地综合治理 18.8 万亩。推广种植中科羊草 4.2 万亩，成功举办全国第五届中科羊草种业发展现场观摩会。2021 年，开鲁县贯彻“五级书记抓乡村振兴”要求，持续巩固脱贫攻坚成果同乡村振兴有效衔接，加快补齐农业农村发展短板。产业振兴由量变迈向质变，组建“五大产业”专项推进组，召开 30 多场座谈会，编制完成“五大产业”五年发展规划和标准化生产方案，推进农业标准化、规模化发展。围绕“五大产业”发展，引进中国农业科学院、中国农业大学、农业农村部规划设计研究院等国家级专家团队，邀请市农研所、市林科院等本土专家团队，建立三级科技服务体系，开展“百名专家进百村”、乡村振兴讲座、职业农民培训等活动 100 余场，培育家庭农场 458 家、专业合作社 1123 家、科技创新“土专家”1 万余名。加强与中国农科院、中国农业大学等科研院所合作，巩固玉米科技示范基地3个，新打造红干椒万亩示范基地1处，培育万头基础母牛繁育基地1处、万头育肥牛示范基地1处，稳定种植玉米180万亩、红干椒60万亩，果品经济林发展到32万亩，新增养殖肉牛5万头、生猪7万口、肉羊2万只，规模化养殖比例达44%。

启动实施山水林田湖草沙系统治理工程，持续打好“三个”保卫战，严守生态保护红线，落实“林长制”“河长制”。草原生态治理5万亩，林草有害生物防治36.3万亩，实施东北黑土地保护利用试点项目20万亩，新建农业高效节水工程2.51万亩，发展中科羊草基地4.2万亩，完成林业生态治理33.75万亩、义务植树60万株，巩固提升美化绿化村屯20个，新建垃圾处理站12处、农村卫生公厕13座，排查整改问题厕所544户，“厕所革命”覆盖率达44%以上，村屯绿化覆盖率达30%以上。

工业 2021年，开鲁县实施亿元以上重点项目55个，入驻生物医药重点企业达28家。严格落实能耗“双控”任务，加强能耗“双控”预算管理和“两高”项目管控，完成全年目标任务。自治区党委办公厅印发《工作交流》，对开鲁立足优势延伸产业链条、精准发力集聚优质项目的做法，在全区交流推介。围绕产业链绘制“玉米全株产业图谱”，精准聚焦产业集聚地区，建立招商目标库，实行“全员招商、全域招商、全季招商”，明确“以商招商、以链招商、以诚招商”的工作路径，明确“不是高端企业不招、不是高端产品不招、不是高端市场不招”的招商原则，着力引进延链、补链、强链的龙头企业。召开全县招商引资和项目建设暨优化营商环境推进大会，制定《招商引资和项目建设实施方案》，划分生物医药、绿色农畜、民生事业、现代服务业、飞地经济等5大领域，组建6支专业招商组、25支招商小分队，党政正职带队招商18次，持续掀起招商热潮。全年，新签约亿元以上项目18个、签约额191.9亿元、到位资金26亿元。金玉锋一期、峰峰一期等一批延链补链项目试车投产，凯源、华欣、安洲、善合、中晖等一批超10亿元新建项目主体完工，轩鸿、君业、金润美、久鹏二期等新签约项目加快建设，中农天下伊赛项目实现重组盘活，明阳“火风光储制研”一体化60万千瓦风电、11.5万千瓦储能示范项目推进，污水处理厂、集中供气管线投入使用，中水回用、固废处理、“能源岛”项目主体完工，铁路专用线、220千伏输变电工程等一系列重大配套项目启动建设。重点推进120项改革任务，国企改革、经济体制改革等重点领域和关键环节改革取得新突破。特别是围绕优化营商环境深化“放管服”改革，启动实施优化营商环境三年行动计划，实行“全员抓经济、领导包项目”工作机制，制定印发《县处级领导和部门包联重点企业重点项目的通知》，建立包联制、承诺盯办制、回访制、交流制等4项制度，印发《严格规范涉企行政执法进一步优化营商环境的通知》，落实“最多跑一次”工作机制，创新“帮办代办”服务，实行“拿地即开工”审批服务改革，推进“项目安全管家”机制，为项目落地、企业运行提供全生命周期服务。

服务业 2021年，开鲁县富邦现代城商业综合体建设工程，雨田农畜交易市场牛羊交易区、停车场及配套服务设施改扩建工程全部完工。盛达商场、新型农机市场一期项目投入运营。商贸企业年发送玉米60万吨以上，转运煤炭、粮食、化肥150万吨以上。提档升级村级电子商务服务站94个，农村物流配送网点达170个；注册电商企业595户，年交易额突破2亿元。电子化登记企业3879户，企业开办执照申领时间压缩至0.5个工作日。自营出口权企业发展到17家，外贸出口额实现2亿元。依托乡村振兴谋划文旅产业发展，制订《开鲁县文旅产业融合发展2021—2025年行动计划》。按照“红色+绿色”的发展思路，规划文旅景区景点67处，编制红旅文创街区、温泉康养基地、麦新红色教育基地、古榆园景区基础设施升级等重点文旅项目。搜集、整理县级非遗项目，将蒙古文书法、阿木苏制作技艺、豆包制作传统技艺、潮尔制作技艺4个项目上报市级第七批非物质文化遗产代表性项目。聚焦建党百年主题，开展“唱支山歌给党听”群众性歌咏活动、“庆七一”文艺专场演出、“永远跟党走”群众系列书画作品展、乌兰牧骑“让党旗高高飘扬”基层演出、开鲁县首届中华诗词大赛等系列庆祝活动。2021年2月，中共麦新镇委员会被中共中央、国务院授予“全国脱贫攻坚先进集体”称号。

交通　开鲁县铁路运营里程60千米，三等车站2个：开鲁站、东来站。高速公路有赤通高速公路；公路有303国道和111国道、304省道和208省道；通村水泥路实现100%全覆盖，总长度达2042.33千米。2021年，开鲁县交通运输业公路货运量完成946.8万吨，公路货物运输周转量完成110390.8万吨千米，公路客运量完成36万人，公路旅客运输周转量完成3291.8万人千米，公路总里程达2653.941千米。

【社会事业】　2021年，开鲁县有中等职业学校1所、中学10所、完全中学1所、高级中学1所、十二年一贯制学校1所，九年一贯制学校4所、普通小学47所、特殊教育学校1所，无高等院校。有艺术表演团1个，文化馆1个，文化站12个，公共图书馆1个，博物馆1个，文化活动中心261个。知名度较高的有麦新纪念馆、麦新烈士陵园。

深入开展习近平法治思想学习，推进严格执法、公正司法、全民守法，创新普法教育模式，推进行政复议体制改革，严格落实行政执法“三项制度”，建立完善领导干部年终述法制度，有序推进法治政府建设步伐，执法司法执行力公信力不断提升。支持和保证人大依法履行职权，推进协商民主广泛多层制度化发展，常态化开展扫黑除恶专项斗争，持续巩固政法教育整顿成果，构建大信访、大维稳工作格局，加强矛盾纠纷常态化排查，信访“三率”保持在全市前列。全年，破获案件3起，破案率100%。学习借鉴新时代“枫桥经验”，深入实施法律服务和心理服务“七进”。牵头起草《开鲁县网格化治理和网格员管理实施意见》，通过敲门入户、线上排查采集准确信息，排查处理矛盾纠纷200余件。高标准完成疫苗接种和人口普查工作。全面完成年度退役士兵安置工作。做好防汛抗旱救灾工作，成功应对强风暴雪等极端天气。有效防范财政金融风险，完成年度债务化解任务。推进“平安开鲁”建设，加强安全生产管理和应急管理体系建设，常态化开展隐患排查整治工作，有力保障高质量发展和群众生命财产安全。

【卫生健康】　2021年，开鲁县持续推进疾病预防控制体系建设，完成艾滋病防治工作，检测940人，全部为阴性，并对原本地户籍114个感染者全部进行规范性指导治疗。坚持“外防输入、内防反弹”新冠肺炎疫情防控总策略，压实“四方责任”，落实“五早”要求，坚持人、物、环境同防。规范做好新冠病毒疫苗接种工作，构筑群体免疫屏障。加强公共卫生工作落实，完善居民健康档案管理。为389575人建立纸质和电子档案，建档率达97%，居民健康档案规范化电子建档率达87.5%。开展爱国卫生运动。成功创建自治区级卫生城市，争创国家级卫生城市，深入开展城乡环境卫生整治行动，进一步提高病媒生物防治效果。加强卫生行政综合行政执法能力，加大新型冠状病毒感染肺炎防控督查工作力度。检查公共场所1200户次，疾病防控及医疗单位20户次，下达卫生监督意见书50份。开展公共场所卫生监督，重点专项检查公共场所805家，当场处罚1户、立案2起，处罚人民币1万元，下达卫生监督意见书80份。

【城乡建设】　2021年，开鲁县深入贯彻落实通辽市委、市政府关于加快建设现代化区域中心城市的决策部署，坚持新型城镇化和乡村振兴战略一体推进、双轮驱动，充分激发内需潜力，提升基础设施保障能力。紧扣全市产业集群布局，争创全国以玉米生物科技为主的三产融合示范区。结合各镇场产业发展定位、49个示范嘎查村产业发展特点，形成“一村一品”“一镇一业”的产业发展格局。推动5G建设及应用，搭建“智慧园区”，以“新基建”催生新动能。全面完成7个老旧小区以及600户城区平房区住房改造任务，改造农村危房288户、建设农村牧区户用卫生厕所900座，城乡基础设施配套不断完善、人居环境质量全面提升。新建续建住宅小区11个，改造老旧小区9栋300户、平房区4个片区710户，新建城区水冲厕所20座、集中供水水源保护地1处、城市雨水污水管网1400延长米；启动实施农村宅基地制度改革试点工作，编制完成33个乡村振兴示范村村庄规划，维修改造农村牧区集中式供水工程41处，新建农村牧区垃圾处理站12个、农村公共卫生厕所13座，改造农村牧区危房260户，城乡广大群众的幸福感和生活环境的舒适度显著提升。

【中共麦新镇委员会获得“全国脱贫攻坚先进集体”称号】 2021年2月，中共麦新镇委员会被中共中央、国务院授予“全国脱贫攻坚先进集体”称号。在决战决胜脱贫攻坚工作中，开鲁县麦新镇通过实施“4393”工作法，以“六个精准”为出发点，坚持分类施策，全力推进精准扶贫、精准脱贫，取得较好成效。

（范俊楠）

科左中旗

【概况】 科尔沁左翼中旗（简称科左中旗）位于内蒙古自治区东部，其南部、东部和北部分别与吉林省的双辽市、长岭县和通榆县交界，西北部与兴安盟的科右中旗和通辽市扎鲁特旗相邻，西部和南部与开鲁县、科尔沁区和科左后旗接壤。东西长191千米，南北宽116千米，全旗总土地面积9573平方千米，辖21个苏木乡镇场、街道，555个嘎查村（分场、自然村）。2011年，科左中旗被列为国家扶贫开发工作重点旗、自治区革命老区。2020年3月4日，内蒙古自治区人民政府发布《关于内蒙古自治区20个国家级贫困旗县退出贫困旗县序列的公告》，科尔沁左翼中旗达到贫困旗县退出有关指标，符合贫困旗县退出条件，退出贫困旗县序列。

2021年，全旗地区生产总值累计完成137.73亿元，按可比价格计算，同比增长3.2%。其中，第一产业增加值为61.39亿元，同比增长5.0%；第二产业增加值为21.33亿元，同比下降10.0%；第三产业增加值为55.01亿元，同比增长6.6%。三次产业结构比为44.57∶15.49∶39.94。

2021年，全旗一般公共预算收入完成4亿元，同比增加0.44亿元，增长12.38%，完成年初预算的100%。一般公共预算支出完成40.09亿元，同比减少3.59亿元，下降8.22%。社会保障、医疗卫生、教育、乡村振兴等民生支出达33.06亿元，占总支出的82.46%。

2021年，全旗金融机构各项存款余额917412万元，同比增长5.99%；各项贷款余额591197万元，同比增长33.6%。

截至2021年年底，全旗户籍总人口514140人，总户数207993户，户均人口为2.47人。全年出生人口2911人，出生率为5.7‰；死亡人口3392人，死亡率为6.6‰。按民族划分，全旗汉族人口117246人，蒙古族人口389019人，其他少数民族人口7875人。

2021年，全旗常住居民人均可支配收入20776元，比2020年增长9.1%；人均消费性支出14795元，比2020年增长13.3%。其中，城镇常住居民人均可支配收入31761元，比2020年增长7.9%；人均消费性支出17867元，比2020年增长12.9%；农村牧区常住居民人均可支配收入15744元，比2020年增长10.8%；人均消费性支出13908元，比2020年增长13.9%。

【经济发展】 **农业** 2021年，全旗粮食种植面积达400万亩以上，粮食产量22.8亿公斤。新建浅埋滴灌高标准农田7.34万亩，总面积达211.34万亩。落实耕地轮作面积13万亩、完成黑土地保护性耕作71.3万亩。农机现代化水平稳步提升，玉米籽粒直收面积1.6万亩。

2021年，全旗发展示范合作社95个，各级示范家庭农牧场总数达177家。全旗规模以上农牧业产业化龙头企业13家，其中，市级以上农牧业产业化龙头企业新增3家（牧原、鑫聚元粮油、科尔沁肉牛种业公司），农牧业产业化联合体有5个，其中自治区级1个、市级1个。培育高素质农牧民400人，“云上智农”App学员在线评价100%。

蔬农残检测1440批次、畜残检测414批次，农畜产品质量安全检测合格率达99.9%。绿色食品认证企业达8家、绿色食品达10个、名特优新农产品达10个，其中2021年新增名特优新农产品3个。全面推行食用农产品合格证制度，健全从农田牧场到餐桌的质量追溯体系。2021年，新建万头牛场1个、千头牛场3个、示范性规模化母牛繁育场5个，完成81个人畜分离嘎查村建设，肉牛牧业年度存栏达60.5万头，实施科尔沁左翼中旗肉牛产业集群建设项目，肉牛标准化规模养殖比重达43%。引进大型肉牛屠宰加工企业哈林肉业有限公司，建成年屠宰量20万头的肉牛生产线，配套冷藏仓储库1.4万吨。促进奶业振兴，加快伊利、蒙牛等奶业基地建设，开工建设万头奶牛场4个。完成5个大型养殖场及160个中小型养殖场粪污资源化利用项目建设工程。全面实施秸秆综合利用和农膜回收行动，秸秆综合利用率稳定在91%以上，农用残膜回收面积达100%、回收率达85%以上。

2021年，人工种草2万亩，草原改良8万亩，全旗造林面积13万亩。其中，补植补造完成8万亩，迹地更新造林完成2万亩，荒地造林完成3万亩。按造林树种划分，沙棘5万亩，锦绣海棠3万亩，元宝枫2万亩，文冠果1万亩，其他树种造林2万亩。完成村屯绿化20个，其中森林乡村10个，公路绿化40千米，义务植树80万株。森林草原有害生物防控工作。悬挂梨小食心虫、红脂大小蠹、松材线虫诱捕器50个，检疫出圃苗木3436亩，调运检疫苗木46.16万株，复检苗木8.2万株，木材产地检疫3676立方米，木材调运检疫3676立方米，防治森林有害生物面积2万亩，防治草原鼠害面积20.74万亩，确保森林草原资源安全。

2021年，实施3个饮水安全工程，项目总投资1749万元。全旗75处饮水安全维修养护工程，投资155万元，主要对水源井、管网、机电设备等进行维修改造，全部完成。21处京蒙帮扶资金项目，总投资1092万元，涉及5812户2.05万名农牧民群众，完成建设任务。

工业 2021年，全旗规模以上工业企业实现产值17.98亿元，同比下降20.64%；实现增加值5.82亿元，同比下降38.77%。实施500万元以上工业重点项目21个，累计完成工业固定资产投资7.14亿元，同比减少2.65亿元，同比下降27.1%。全旗工业重点项目建设稳步推进。牧原年产30万吨饲料加工项目、哈林肉业年屠宰20万头肉牛加工项目（一期）建成投产，现代星旗生物质热电联产项目实现并网发电；科左中旗50万千瓦外送风电、恒达精细化工等项目稳步推进，为全旗工业经济发展注入强劲动力。

服务业 2021年，全旗物流总量为3955.38万吨，同比增长4.11%，其中，公路货运量为2922.92万吨，同比增长5.6%。铁路货运量为1032.46万吨，同比增长1.10%。全年物流总额为352.03亿元，同比增长29%，物流增加值63.43亿元。全旗完成外贸进出口额3403.82万元，同比下降20.37%。其中，出口额3399.02万元，同比下降20%；进口额4.8万元，同比下降80.5%。全旗成峰市场交易量24.13万头，同比增长71.13%；交易额26.08亿元，同比增长60%。其中，线下交易量23.78万头，同比增长72.57%；交易额25.7亿元，同比增长61.33%；线上交易量0.3585万头，同比增长11.68%；交易额0.38亿元，同比增长2.7%。全旗电子商务交易总额2.08亿元，同比增长6.54%，其中，成峰线上交易额0.38亿元，同比增长2.7%；其他电商交易额1.7亿元，同比增长6.58%。

科左中旗正常营业的文化旅游市场经营场所64家。其中，歌舞娱乐场所28家，互联网上网服务场所14家，实体书店8家，景区3家，游戏游艺娱乐场所2家，旅行社2家，影院1家，印刷企业4家，公共文化服务场所2家。有国家A级旅游景区3个：国家AAAA级旅游景区孝庄园旅游区、国家AAA级旅游景区哈民遗址公园、国家 AAA 级旅游景区珠日河草原旅游区。旅游景点 1 处，即巴彦塔拉荷花湖。

科左中旗对外开放公共文化场馆 4 个：旗博物馆、文化馆、图书馆和哈民遗址博物馆。为解决旗文化馆、博物馆面积小、设施设备陈旧，不能满足群众公共文化服务需求问题，在保康镇新城区新建 5000 平方米文化馆一座，装修面积 6000 平方米，项目总投资 849.8 万元。其中，2018 年乌兰牧骑基础设施建设项目资金 800 万元，地债（专项债）资金 49.8 万元。装修工程用料全部到位，楼内龙骨、地面垫层均完成。新建 6000 平方米博物馆一座，装修面积 7286 平方米。装修设计方案及施工图纸完成，财政评审基本结束。资金约 1350 万元，全部为地债（专项债）资金。

科左中旗有蒙古族音乐类非物质文化遗产代表性传习所 15 所，传承基地 11 座；组织非物质文化遗产进校园，进入 4 所学校。2021 年，科左中旗申报自治区级和市级非物质文化遗产代表性项目代表性传承人——阿友西扎那、徐水花被评为第七批自治区级非物质文化遗产代表性项目代表性传承人，金宝被评为市级非物质文化遗产代表性项目代表性传承人。申报省区级、市级非物质文化遗产代表性项目代表性传习所（传承基地）、就业工坊。科左中旗科尔沁蒙古族服饰刺绣传习所（蒙艺凡民族服饰有限公司）被评为自治区级非物质文化遗产代表性项目代表性就业工坊，科左中旗好来宝艺术传习所（架玛吐镇草原民间艺术团）、科左中旗射箭传习所（花胡硕中心校）、科左中旗四胡音乐传习所（腰林毛都中心校）被评为市级非物质文化遗产代表性项目代表性传承基地。成功申报自治区第一批农村牧区文化示范户 3 户，自治区“非遗进校园”优秀实践案例 1 个。

【项目建设】 2021 年，科左中旗实施基础设施配套工程 4 个。其中，省道 207 两侧绿化工程总投资 2377 万元，绿化总长度 9 千米，完成 3 千米；玉带河大街光明路至团结路段总投资 6592 万元，长度 4380 米，配套雨污管线 12456 米，完成 4.2 千米车行道及 3.9 千米人行道；保康镇北排水渠改造工程总投资 1065 万元，申请特别国债资金 1556 万元，全长 4447 米，新建污水管道 1246 米，完成 2000 余米改造；保康镇政务新区供水工程总投资 5115 万元，获得中央专项资金 1400 万元，申请抗疫特别国债 3715 万元，完成设备采购。

2021 年，科左中旗实施水环境治理类工程 4 个。其中，如意湖湿地生态修复工程总投资 5060 万元，获得中央环保专项资金 3060 万元，申请自治区债券 2000 万元，占地 46 万平方米，由生态修复、环施、道路、电气、植物 5 大块组成，2019 年开工建设，至 2021 年完成约 65%。保康污水处理厂提标改造及中水回用工程总投资 5214 万元，获得专项债券资金 6000 万元，2019 年启动建设提标改造工程，2020 年初完工投入使用，2021 年启动建设中水回用工程，完成中水水池、中水泵房等部分工程。宝龙山污水处理厂提标改造及中水回用工程总投资 6563 万元，申请抗疫特别国债 3203 万元，项目完成建议书批复、土地预审、规划选址、可研批复、环保初评、招投标等。保康镇水源地保护工程总投资 392 万元，申请抗疫特别国债 370 万元。

2021 年，科左中旗实施民生保障工程 5 个。其中，保康镇水质提升工程总投资 1886 万元，申请抗疫特别国债 1900 万元，完成围挡安装及基槽验收；老旧小区改造工程总投资 836 万元，其中上级专项资金 798 万元、地方自筹 38 万元。2021 年 8 月，完成建设。改造项目投资概算 1200 万元，完成项目建议书批复、可研批复、审图及财审；节能改造项目总投资 155 万元，其中上级专项资金 67 万元、地方自筹 88 万元，2021 年 8 月完成建设。2021 年，申请 362 户危房改造指标，符合上级补助身份的有 80 户，其余均为一般户，7 月中旬组织各乡镇开工建设，竣工 184 户；供热管网改造工程累计投资 1160.7 万元，实施保康、宝龙山、舍伯吐集中供热管网改造工程。

2021 年，科左中旗实施公路建设项目 11 个。其中，续建5个。310省道通榆至通辽公路太平川至宝龙山段项目基本完成路基土方和桥梁主体建设，2021年完成投资12678万元，累计完成投资3.16亿元。大辛屯新建桥梁工程，桥梁全长186米，桥址位于乡道Y099乌斯吐林场—玻璃山镇（胜利乡大辛屯村西），跨越乌力吉木仁河，投资1012万元，年内完成投资200万元，累计完成投资400万元。

【社会事业】 2021年，科左中旗教师开展铸牢中华民族共同体意识教育全员培训4次，累计培训教师18947人次。组织学生“红色教育”“三个离不开、五个认同”和民族团结进步教育“七个一”等主题系列活动累计1027次，累计参与教师26323名、学生404735名。全旗民族语言授课学校开展“面对面、心贴心”主题家访活动2次，召开家长见面会2次。全旗1152名民族语言授课学校教师全部参加普通话测试考试，提升教师使用通用语言文字施教能力和水平。2021年，开展集体备课6次，累计参与教师829名；开展蒙汉联盟活动互派教师交流学习727人次、共同开展教研活动教师801人次、参与名师带徒活动教师277人次、一对一包联指导教师264人次；开展全旗三科教师教学研讨累计458人次；申报自治区统编三科教材“铸魂工程”专业课题18项、通辽市级民族教育科研课题12项。

科左中旗继续实行“划片免试招生、线上线下报名、分类登记入学、全程公开公示”的阳光招生办法，采取“小学划片招生、初中对口直升”与“报名摇号派位”相结合的方式，认真组织实施阳光招生工作，全旗小学122个班级的3185名新生、初中73个班级的3239名新生全部进行网上报名和“均衡分班”。2021年，组织学生参加“体彩杯”通辽市科尔沁运动大会、青少年网球乒乓球锦标赛、国际摔跤锦标赛、跆拳道锦标赛、田径锦标赛等赛事，累计获得15金、13银、16铜的佳绩。2021年，办理生源地助学贷款5850人，贷款总金额4788.62万元。落实两免一补、非寄宿四类学生（建档立卡、低保、残疾、孤儿）、贫困学生资助政策，切实做到应补尽补。

【民生保障】 2021年，科左中旗企业职工参保人数达20231人。社保基金征缴2.2亿元，完成通辽市下达任务18044万元的122%。全旗企业职工离退休人员达20231人，发放养老金52713.34万元。全旗机关事业单位应参保户数215家，人数1.4万人。其中，在职人员0.8万人，退休人员0.6万人。全旗城乡居民养老保险应参保人数26万人，全旗参加城乡居民养老保险人数达22.1万人，参保率85%。符合领取城乡养老待遇条件的63661人，发放基本养老金1.15亿元，发放率100%。2021年，四级财政补贴暂未拨付金额共计14071万元。严格执行申领人员每人1596元的补助标准，所需资金按照自治区负担70%，市、旗各负担15%的要求做好预、决算工作。办理2536人的丧葬费补助，共计427万元。2021年，全旗机关事业单位申报社会保险共210家，各险种参保人数分别为失业68915人次、工伤87587人次。申报保险企业215家，其中，失业26310人次、养老22933人次、工伤42230人次。2021年，全旗工伤保险参保人数19690人，全旗实际缴费人数19690人。征缴工伤保险费466万元，支付工伤保险待遇共计1035.12万元。

2021年，全旗城乡低保保障对象24827户、45021人，城乡低保保障标准分别达月均762元和年均5965元，发放低保资金1.89亿元。全旗城乡特困供养人员2164户、2255名，累计发放供养资金1922.78万元，发放特困供养照料护理补贴524.04万元。全年救助困难群众1301户，发放临时救助资金1005万元。

2021年，全旗医疗保险参保人数为42.82万人。其中，城镇职工医疗保险参保人数2.92万人，城镇职工医保基金预算收入8650万元，支出7732万元，累计结余25767万元。城乡居民医疗保险参保人数为39.90万人，参保率为100%。城乡居民医保基金预算收入35510万元，其中，居民个人筹资12369万元，四级财政补助23141万元，基金支出26229万元，当期结余9267万元。2021年，城乡居民享受待遇107448人次，其中住院57720人次，住院平均报销比例60.04%。城镇职工享受待遇82103人次，其中，住院8436人次，住院平均报销比例71.55%。2021年，医疗救助基金收入2822.17万元，支出1795.52万元，结余1028.08万元。全旗直接救助困难群众20985人次，其中救助重特大疾病困难群众6279人次，占直接救助人次的29.26%，高于国家规定不低于28%的比重。

【卫生健康】 2021年，科左中旗人口总量505976人，全年出生2218人，出生率5.18‰；死亡2517人，死亡率5.88‰；自然增长人数-299人，自然增长率-0.70‰；符合政策生育率97.34%。2021年，全旗上转病人1435人、下转病人176人，医疗费用涨幅控制在10%以内；上级合作医院派驻专家120余人次，开展诊疗服务10000余人次；旗级医院向基层卫生院派驻医生100余人次，开展义诊5000余人次。2021年，成立科左中旗爱国卫生服务中心，并加挂健康科左中旗行动服务中心牌子，助推健康左中行动迈上新台阶。全旗累计创建自治区级卫生苏木乡镇（场）20个，创建率达100%；自治区级卫生嘎查（村）485个，创建率达93.9%。

2021年，全旗卫健系统充分发挥疫情防控主力军和“哨点”作用，坚持常态化疫情防控和应急处置相结合，确保全旗新冠疫情零发生。新建、改造5个核酸检测实验室，配备检测仪13台、提取仪12台、快检2台，日单检核酸检测能力达7488份，基本实现“应检尽检、愿检尽检”的目标；配备4台负压救护车。组建259人的救治梯队、110人的“三公”流调队伍和44人的专业消杀队伍，提升疫情防控能力。全年集中隔离密接、次密接和同时空人员939人，确保全旗无确诊病例、疑似病例、无症状感染者。累计核酸检测223243人次（份样），检测结果均为阴性；累计接种新冠病毒疫苗854362剂次。其中，加强针接种194208人、完成率89.7%，3～11岁儿童接种29720人、完成率91.3%。2021年，派出4名医务人员支援呼和浩特机场抗疫一线。

【中医药（蒙医药）事业】 2021年，科左中旗巩固“全国农村牧区蒙中医药工作先进单位”成果，将中医药（蒙医药）发展排在全旗经济社会健康发展的战略位置，投入30万元新建3个中医馆（蒙医馆）。全旗能够提供中医药（蒙医药）服务的医疗卫生单位达100%、嘎查村卫生室达70%以上，苏木乡镇（场）、社区卫生服务中心中医药（蒙医药）馆建设率均达100%。

【乡村振兴】 2021年，科左中旗帮扶边缘易致贫户221户、576人，脱贫不稳定户258户、796人，突发严重困难户23户、79人。通过摸底排查新识别易致贫返贫户118户、348人。其中，边缘易致贫户27户、82人，脱贫不稳定户9户、26人，突发严重困难户82户、240人。致（返）贫风险消除24户、70人。其中，边缘易致贫户3户、7人，脱贫不稳定户7户、22人，突发严重困难户14户、41人。完成村级评议公示、数据信息比对、乡镇逐户核查、旗级核准、旗级公示等工作。

2021年，科左中旗乡村振兴各项资金到位30547.83万元。其中，中央专项资金到位6360万元、自治区财政资金13998万元、通辽市财政资金1653万元、京蒙协作资金到位6269万元，历年收回盘活财政扶贫资金2267.83万元，实施8大类40个项目，带动17852名农牧户受益。项目完成28个、开工38个。截至11月15日，全旗四级衔接资金22011万元全部安排项目，支出进度79%，开工率100%。

【巴彦塔拉东蒙军政干部学校复建项目】 2021年，巴彦塔拉东蒙军政干部学校复建工程总占地面积2500平方米，修缮复建工程总面积779.2平方米，包括本体修缮东蒙军政干部学校倒座房134.2平方米，复建礼堂面积406平方米，复建东西厢房面积各119.5平方米，复建东西随墙7.38平方米。项目修缮倒座房基本完工。项目投资445万元。其中，自筹135万元，申请上级资金310万元。

（谢永连）

科左后旗

【概况】 科尔沁左翼后旗（简称科左后旗）始建于清顺治七年（1650），地处通辽市东南部，东部与吉林省双辽市毗邻，南部与辽宁省昌图县、康平县、彰武县接壤，西与库伦旗相连，北与奈曼旗、开鲁县、科尔沁区、科左中旗为邻。科左后旗属东北经济规划区和环渤海经济区，地处科尔沁沙地东南边缘与松辽平原交界地带，是科尔沁沙地的主要组成部分。除东部系辽河冲积平原外，其余皆是以沙丘、沙地为主要特征的地貌类型。坨甸纵横交错，沙丘连绵起伏，洼地纵横分布。全旗辖区东西最长距离239千米，南北最大距离107千米，总土地面积11499.64平方千米，沙地面积占全旗总面积的68.4%。旗境内海拔最高308.4米，最低88.5米，位于北纬42°40′~43°42′，东经121°30′~123°43′。科左后旗政府驻甘旗卡镇，距通辽市政府所在地科尔沁区84千米。科左后旗是清代爱国将领僧格林沁的故乡，是国家级商品粮基地和粮食生产先进县，是自治区认定的革命老区，被称为“黄牛之乡”“马王之乡”“民歌之乡”“绿色水稻之乡”“旅游之乡”“蒙古文书法艺术之乡”。

截至2021年年底，科左后旗辖10个镇，分别为甘旗卡镇、吉尔嘎朗镇、金宝屯镇、常胜镇、查日苏镇、双胜镇、阿古拉镇、朝鲁吐镇、努古斯台镇、海鲁吐镇；5个苏木，分别为巴胡塔苏木、散都苏木、巴彦毛都苏木、阿都沁苏木、茂道吐苏木；4个国有农牧场，分别为胜利农场、原种场、孟根大坝牧场、查金台牧场21个分场；1个社区服务中心，即甘旗卡社区服务中心；科左后旗有16个社区，其中，甘旗卡社区服务中心下属10个社区，金宝屯镇下属4个社区，吉尔嘎朗镇下属2个社区。全旗共有262个行政嘎查村，801个自然村（小组）。

2021年年底，全旗户籍总人口39.47万人。其中，男性人口20.06万人，女性人口19.41万人，男女比例103.4∶100。在总人口中18岁以下人口6.35万人，18~34岁人口8.37万人，35~59岁人口17.43万人，60岁及以上人口7.32万人，分别占总人口的16.1%、21.2%、44.2%和18.5%。全旗户籍人口由27个民族构成。其中，蒙古族人口29.85万人，汉族人口8.91万人，满族人口0.61万人，回族人口0.06万人，朝鲜族人口0.03万人。

2021年，全旗地区生产总值（GDP）完成127.06亿元，按可比价格计算，同比增长3.1%。其中，第一产业增加值51.53亿元，比2020年增长4.3%；第二产业增加值20.93亿元，比2020年下降7.4%；第三产业增加值54.60亿元，比2020年增长6.5%。三次产业比重40.6∶16.5∶42.9。人均地区生产总值达39831元，比2020年增长4.6%。

2021年，全旗公共财政预算收入累计完成5.3亿元，同比增长22.3%。其中，税收收入完成2.66亿元，同比增长55.3%；非税收入完成2.64亿元，同比增长0.8%。全旗公共财政预算支出累计完成33.7亿元，同比下降0.1%。政府性基金收入累计完成17335万元，政府性基金支出12283万元。社会保险基金收入完成90815万元，收入来源主要是个人缴纳保险费及上级财政补贴。其中，城乡居民基本养老保险基金收入13586万元，机关事业单位基本养老保险基金收入77229万元。社会保险基金支出完成87589万元，其中，城乡居民基本养老保险基金支出8874万元，机关事业单位基本养老保险基金支出77229万元。社会保险基金当年结余3226万元，滚存结余10145万元。

2021年，全旗税务系统累计各项税费收入130889万元，同比增收19800万元，增长17.82%。其中，税收收入入库66158万元，同比增收191万元，增长0.29%；社会保险费入库52130万元，同比增收13160万元，增长33.77%；非税及其他收入合计收入入库12601万元，同比增收6449万元，增长104.83%。2021年新增减税降费4712万元。

全旗限额以上固定资产投资比2020年增长0.8%。其中，第一产业同比增长326.3%，占全部投资的35.3%；第二产业同比下降27.6%，占全部投资的30.3%；第三产业同比下降29.9%，占全部投资的34.4%。

2021年，全旗居民人均可支配收入21491元，同比增长9.2%，居民消费性支出14917元，同比增长12.1%；城镇常住居民人均可支配收入32032元，同比增长8.1%，城镇常住居民人均消费支出17216元，同比增长11.3%；农村牧区常住居民人均可支配收入16540元，同比增长10.6%，农村牧区常住居民人均消费支出13963元，同比增长14.2%。

【经济发展】 农业 2021年，全旗粮食作物播种面积360.47万亩，比2020年增加2.96万亩。其中，玉米播种面积316.97万亩，比2020年增加3.98万亩；水稻播种面积25.27万亩，比2020年增加0.72万亩。全旗粮食产量13.685亿公斤，比2020年增加0.67亿公斤。其中，玉米产量12.065亿公斤，比2020年增加0.53亿公斤；水稻产量1.39亿公斤，比2020年增加0.13亿公斤。2021年度，全旗牲畜存栏164.7万头（只、口、匹），同比增长12.4%。牛存栏92.54万头，其中母牛存栏58.47万头；羊存栏62.64万只；猪存栏8.85万头；马存栏0.65万匹，同比下降16.0%。新牛、鑫阳等肉牛全产业链项目陆续开工，蒙宝生物一期项目试生产，金宝屯牲畜交易市场开市运营。

2021年，科左后旗推动肉牛产业升级。编制完成《科左后旗肉牛产业发展规划（2021—2025年）》。加强饲草产业体系建设，优质牧草种植面积8.05万亩。其中，紫花苜蓿种植1.4万亩、紫花苜蓿种植保留6.35万亩、其他饲草种植0.3万亩；依托“粮改饲”项目，全年种植青贮180万亩，收储总量达686万吨。推广肉牛高效模式化养殖，提高母牛繁殖率。加强肉牛产业标准化、规模化建设，新建设万头育肥牛场2个、改扩建千头牛场2个、示范性母牛繁育场5个、人畜分离示范小区20个。截至2021年年底，2个万头牛场开工建设，改扩建千头牛场和示范性母牛繁育场建设完成，建成人畜分离示范小区6家。全旗有农牧业龙头企业13家。其中，国家级龙头企业1家，自治区级龙头企业2家，市级龙头企业2家。组织科左后旗星源粮食购销有限公司申报市级龙头企业。组织实施科尔沁肉牛优势特色产业集群项目，投资金额1800万元，项目实施主体29家，其中有19家建设完成。开展“三品一标”品牌化建设，完成3个绿色企业认证，分别是散都水库渔业专业合作社七种活鱼、通辽兴源富商贸有限责任公司绿色大米、科左后旗阿布哈米业有限公司绿色大米。

全旗农业综合机械化率达90%。推进农机发证与检验，拖拉机注册登记1680台、拖拉机年度检验690台、驾驶证初次申领举办45场考试，通过10879人、驾驶证审验换证601人。下乡开展便民检车15次。实施农机购置补贴，涉及中央补贴资金3100.644万元。2021年10月14日，举办“2021年农机购置补贴摇号仪式”。2021年推进保护性耕作，完成4.77万亩，确定8个作业机组、31台免耕播种机来承担4.77万亩的作业任务。2021年，农机深松整地作业完成35万亩。

工业 2021年，全旗规模以上工业企业增至24家。工业实现增加值16.61亿元，同比下降7.4%。其中，规模以上工业增加值下降33.1%，规模以上工业总产值同比下降12.8%。其中，绿色农畜产品加工产业、医药产业、新能源产业、矽砂及装备制造业分别同比增长−21.6%、−45.1%、−62.9%和13.6%。规模以上工业企业上缴税金3.3亿元，同比下降10.5%。绿色农畜产品加工产业：规模以上工业企业有科尔沁牛业、先众食品等农畜产品加工企业3家，形成年屠宰20万头肉牛等产品的生产能力。其中，科尔沁牛业的肉牛屠宰分割技术处于国内领先水平。全旗绿色农畜产品加工产业上缴税金859万元，同比下降21.1%。蒙中医药产业规模以上企业有康臣药业1家，形成年产3亿袋尿毒清颗粒、右旋糖酐铁等产品的生产能力。蒙中医药产业上缴税金2.3亿元，同比下降19.8%。硅砂及装备制造产业规模以上企业有长江造型材料、明宇砂矿等5家。形成年产70万吨硅砂、覆膜砂、石油压裂砂、焙烧砂等生产能力。2021年，全旗硅砂及装备制造产业上缴税金2545万元，同比增长34.9%。新能源产业规模以上企业有蒙东协和、国电光伏等4家。形成年10万千瓦风力发电、7万千瓦光伏发电的生产能力。2021年，全旗新能源产业上缴税金3442万元，同比增长3.9%。

2021年，全旗计划实施工业重点项目19个。其中，新建项目12个，续建项目7个。截至2021年年底，开复工项目14个，未开工项目5个，全年完成工业固定资产投资5.9亿元。

2021年8月，依据自治区政府第14次常务会议审议通过的《内蒙古自治区开发区优化调整实施方案》，科左后旗自主创新与承接产业转移工业园区调整为内蒙古通辽承接产业转移开发区科左后旗产业园，为二类级别园区。按照国土空间规划三调编制相关要求，划定园区四至面积21平方千米，建成区面积20平方千米。经过多年整合提升，园区内初步培育形成以长江造型、博昊通达、远大、大维碳材等重点企业为支撑的硅砂新型建筑材料以及装备制造产业；以泰鼎有色金属为主体的有色金属加工产业，以蒙宝生物、甘美食品、美食食品有限公司等重点企业为支撑的肉牛及绿色农畜产品加工产业初具雏形，园区内入驻硅砂深加工、牛副产品精加工、装备制造、粮贸物流等企业42家。

服务业 2021年，全旗社会消费品零售总额完成25.33亿元，同比增长5.9%。按经营单位所在地分，城镇消费品零售额14.94亿元，同比增长7.8%；乡村消费品零售额10.39亿元，同比增长3.4%。全旗电商交易额3.85亿元。货运总量1333万吨，同比增长5%。科尔沁黄牛交易市场（伊胡塔牛市）交易量达22万头，交易额32亿元；恒域农牧业有限公司育肥牛和活牛超市（甘旗卡牛市）交易量达24.2万头，交易额36.2亿元。商贸企业通过假日经济带动销售1000余万元，提升社会消费总量。规范二手车交易，助推“创城”工作有序开展。推进国家级电子商务进农村综合示范项目，科左后旗电商物流中心累计完成农村电商网点下行快递物流运输14.1万件。2021年10月，科左后旗商务局承办通辽市名优特品牌公益直播系列活动——“醇美·科左后旗”助力乡村振兴公益直播活动，进一步推动传统产业与电商新业态融合发展。

2021年，科左后旗组织通辽兴源富商贸有限责任公司参加“第三届中国西部国际投资贸易洽谈会”，组织内蒙古科尔沁牛业股份有限公司参加“2021年全市外经贸政策培训班”。鼓励、引导、扶持涉及外贸企业，在贸易方式、商品结构等方面多样化。持续加强物流基础设施建设，推动物流、快递、电商互联互通，初步建成覆盖旗镇村三级的物流网络。规范成品油企业经营行为，维护成品油市场经营秩序。科左后旗有成品油零售经营企业55家。其中，中国石油加油站15家，社会加油站40家。

全旗有国家AAAA级旅游景区1个（大青沟景区），国家AAA级景区1个（草甘沙漠风景旅游区）；星级旅游饭店3家，旅行社7家（含分社）。2021年，累计接待游客125万人次，同比增长30.0%；实现旅游综合收入11.02亿元，同比增长29.9%。

【科技创新】 2021年，科左后旗争取科技项目5个，争取项目资金47.8万元。落实上级政策奖励资金333万元。其中，自治区拨付康臣药业专项奖励资金38万元，通辽市奖励新入库规模以上工业企业资金130万元，拨付2019—2020年自治区科技专项资金165万元。

【项目建设】 2021年，科左后旗实施城镇基础设施建设项目13项，投资1亿元。对主城区主街路维修、罩面6.97万平方米，铺设、翻建人行道7万平方米；对甘旗卡镇步行街、政府南广场大理石地砖实施改造，改造面积2.2万平方米，施划停车位52个；开展增绿补绿行动，甘旗卡镇建成区绿地率达35.67%、绿化覆盖率达41.01%。

2021年，科左后旗文化旅游投入建设项目有阿古拉镇乡村特色文化旅游项目（总投资 7300 万元）、阿古拉嘎查文旅商品市场项目（总投资 306 万元）、阿古拉镇阿古拉嘎查民宿旅游项目（总投资 400 万元）、吉尔嘎朗镇红色旅游项目（总投资 5900 万元）、吉尔嘎朗镇包牤牛嘎查敬老院改造为乡村旅游民宿项目、车家窝堡村乡村旅游重点村基础设施提升项目等。

科左后旗做好招商引资和项目建设。出台《科左后旗对外开放招商引资优惠政策》，制定《科左后旗 2021—2022 年招商引资和项目建设实施方案》，成立 5 个产业招商组、34 个招商小分队，分行业、划区域开展精准招商。2021 年，除光伏、风电及本地企业外，新签约项目 24 个，签约额 94.58 亿元。其中，亿元以上项目 14 个，5000 万 ~ 1 亿元项目 5 个，1000 万 ~ 5000 万元项目 5 个；能源类项目 8 个，签约额 344.1 亿元；本地企业签约项目 2 个，签约额 1.56 亿元。2021 年，全旗招商引资固定资产到位资金 11.7 亿元。

【社会事业】 2021 年，科左后旗有各级各类学校 167 所（个）。其中，教师进修学校 1 所，职业技术学校 1 所，普通高级中学 2 所，初中教育机构 13 个，小学教育机构 59 所，幼儿园 89 所，体育运动学校 1 所，特殊教育学校 1 所。全旗各级各类学校共有在校生 43495 名。其中，职业技术学校在校生 817 名，普通高中生 4901 名，初中生 11291 名，小学生 20164 名，学前幼儿学生数 6179 名，特殊教育学校学生数 143 名。全旗共有专任教师 3922 名。其中，教师进修学校 38 名，职业技术学校 93 名，普通高中 446 名，初级中学 854 名，九年一贯制学校 149 名，小学 1685 名，幼儿园 613 名，特殊学校 40 名，体育运动学校 6 名。

2021 年，旗图书馆有藏书 125467 册，阅览室面积 800 平方米，阅览室座席 390 个。旗乌兰牧骑演出达 123 场，观众达 7.6 万余人次。旗乌兰牧骑被自治区文化和旅游厅评为全区乌兰牧骑“最强党支部”建设标兵队，在第八次自治区乌兰牧骑考核评估中被评为一类优秀乌兰牧骑，被旗委授予“2021 年度全旗民族团结进步示范单位”称号。旗文化馆被自治区文化和旅游厅评为全区非物质文化遗产保护工作先进集体。全旗有 27 个苏木镇场综合文化站，建成 292 个文化活动室和 277 个文化广场，安装调试 90 个数字蒙古包。有民间艺术团 350 余支，形成旗、苏木镇场、嘎查村分场三级公共文化服务体系，服务范围覆盖全旗。旗图书馆、文化馆、博物馆充分发挥文化阵地作用，严格执行免费开放制度，每周确保免费开放时间达 49 小时以上。

持续加强命案隐患摸排和矛盾纠纷排查化解工作，加强对特殊人群、重点人群的管控，特别是对容易引发“民转刑”的土地、宅田、婚姻、财产类矛盾纠纷开展重点排查，对重点人员落实事权单位及属地责任，严防矛盾纠纷激化形成刑事案件。

截至 2021 年年底，苏木镇场上报问题户厕 5605 个。开展复验工作，验收比例 20.27%。其中，水冲式户厕验收合格率 90.6%、室外旱厕验收合格率 97.7%、改造提升验收合格率 100%、整改验收合格率 91.9%。档案共收集 20865 户，系统录入 16364 户。推进农业面源污染整治工作，化肥使用量控制在 12.75 万吨，与 2020 年相比减少 1.6 万吨，减少 11.15%。农药使用量控制在 150 吨，与 2020 年相比减少 4 吨，下降 2.6%。

【民生保障】 截至 2021 年年底，科左后旗城镇累计新增就业人员 1364 人，失业人员实现再就业 715 人，就业困难人员实现就业 502 人，城镇登记失业率 4.39%。开发公益性岗位在岗人数 567 人；农村牧区劳动力转移就业人数达 46500 人。6 个月以上转移劳动力人数 37012 人；开展职业培训和技能提升行动，依托万益、宇鑫、学辉职业技能培训学校等 8 家培训机构，下沉到村镇开展电工、电焊工、母婴护理、蒙古馅饼制作、家禽家畜饲养等近 26 个专业技能培训。2021 年，培训 4421 人次，其中，建档立卡贫困劳动力 2121 人。发放创业担保贷款 796 万元，创业户数 56 户，直接带动就业 112 人，创业培训 210 人；应往届高校毕业生就业或落实就业去向人数 1521 人。扩大就业创业，新增1家人力资源服务公司。提升高校毕业生岗位能力，认定3家青年见习基地，青年就业见习40人。全面实施基层项目计划，接收“三支一扶”人员52人，社区民生工作志愿服务人员45人，招募企业人才储备19人。开发公益性岗位安置就业困难和建档立卡脱贫户高校毕业生33人。开展“就业援助月”“春风行动”“民营企业招聘周”“返乡农民工招聘会”“高校毕业生就业专场招聘会”“就业扶贫专场招聘会”等招聘会，举办线上线下招聘会8场次，参加企业86家，提供就业岗位6332个。推进巩固拓展脱贫攻坚成果同乡村振兴就业帮扶有效衔接，做好京蒙协作对接和就业帮扶工作，签订3个合作帮扶协议。2021年，京蒙帮扶促进1811人转移就业，培训脱贫劳动力355人。

2021年，全旗企业职工养老保险参保人数18445人，征缴企业职工养老保险费18038万元。为20292名企业离退休、退职人员及遗属发放养老金58677万元，100%按时足额发放。截至2021年年底，全旗城乡居民参加基本养老保险人数152199人，比2020年增加1416人；为47359名城乡老年居民发放养老金8876.34万元，100%按时足额发放。2021年7月1日，城乡居民基本养老保险基础养老金最低标准提高至每人每月140元，在原每人每月133元的基础上增加7元。

全旗有符合参保条件的单位259家，应参保人数14176人。其中，在职工作人员8840人、退休职工5336人。累计制作新一代社会保障卡34.33万张。累计征收机关事业单位养老保险保费5100万元、职业年金保费9477万元、机关事业单位养老保险待遇领取人数2483人、累计发放11975万元。参加失业保险人数2万人，失业保险收缴入库900.65万元。为符合享受失业保险金条件的68名失业人员发放失业保险金57.8万元，为380名失业人员发放失业补助金199万元，加大失业保险稳岗返还力度，为符合条件的114家企业发放稳岗补贴55.69万元。工伤保险参保1.8万人，建筑业项目参保20家，参保率100%。参加城镇职工基本医疗保险的单位482户，26220人。其中，在职16856人，退休9364人。参加生育保险人数16856人，实际缴费人数5982人，均为中区市直及企业单位缴费人员。2021年，参加全旗城乡居民基本医疗保险人数291199人，医疗保险基金收入36212万元，医疗保险基金支出26524万元。

截至2021年年底，科左后旗城市低保累计保障1434户、2318人，发放低保资金1161.2万元。农村低保累计保障7857户、14948人，发放低保资金5717.7万元。特困供养人员1478人。其中，分散供养1295人、集中供养183人。发放特困供养资金1262.5万元，其中，护理补贴399.1万元。临时救助2011人次，发放临时救助金580.8万元。截至2021年年底，在民政局备案的养老机构10处（公办3处、民营7处），床位414张，入住286人，入住率69%。投入使用的农村幸福院13处，社区日间照料中心5处。2021年，为5448位老人发放高龄补贴650万元，年满80～99周岁老人每月补贴100元，年满100周岁老人每月补贴600元。

【治沙绿化】 2021年，科左后旗开展科尔沁沙地综合治理工程，完成治理任务135万亩。其中，人工营造林15万亩，草原生态治理90万亩，自然修复19万亩，毒害草治理1万亩，草原鼠害防治10万亩；开展实施退牧还草项目11万亩，草原生态修复治理项目17万亩。完成市、旗两级下达的各项指标，生态建设成果显著，在沙地综合治理、工程质量管理与精准扶贫结合发展林草产业等方面取得新突破。

2021年，科左后旗落实森林资源保护和发展目标责任制，开展森林资源清理整顿专项行动，全面清理乱垦、滥牧行为，依法打击侵占林地资源的违法行为。落实林长制，全旗有林长372名，实行森林资源管理巡查制度，安排专职护林员常年巡山护林；进行森林防火宣传，将责任层层分解落到实处。在做好森林资源管护和病虫害防治的同时进一步加强对自然保护区的管护。开展野生动物疫源疫病监测防控工作，组织护林员按期巡护候鸟迁徙、栖息地，对野生动物及其产品经营利用场所进行联合排查执法检查。

【乡村振兴】 2021年，科左后旗制定印发《科左后旗关于实现巩固拓展脱贫攻坚成果同乡村振兴有效衔接的实施意见》《科左后旗关于全面实施乡村建设行动加快农村牧区现代化的实施方案》，成立科左后旗实施乡村振兴战略工作领导小组，围绕乡村“五个振兴”下设6个推进组。推进巩固拓展脱贫攻坚成果同乡村振兴有效衔接“十四五”规划编制工作。开展防返贫监测和帮扶摸底排查工作3次，新识别“三类人员”295户792人，消除致贫返贫风险户263户714人。所有监测对象全部建立监测卡，确定监测责任人，结合监测对象的生产生活实际情况落实相应帮扶措施。坚持应贷尽贷，组织镇村两级干部对脱贫户和“三类人员”逐户开展贷款需求摸排，对符合条件的17户发放贷款82万元。完善旗、苏木镇、嘎查村三级风险防控预案，建立健全逾期预警机制，帮助脱贫户做好还款计划。执行脱贫人口小额信贷无还本续贷政策，2021年，发放509笔2281.6万元。重点围绕“两不愁三保障”、贫困户产业发展、嘎查村集体经济和小型公益事业、乡村振兴干部和乡村振兴带头人培训等方面，实施9类58个项目，投入各级衔接资金（包括京蒙协作资金）24678万元。截至2021年年底，拨付资金15958.08万元。2021年5月，科左后旗与北京市结对区从怀柔区调整为朝阳区。印发《科左后旗2021年京蒙协作工作方案》《科左后旗2021年京蒙协作分工方案》；与北京市朝阳区签订协作协议，召开京蒙协作工作对接会议23次，专题工作会议3次；组织开展结对帮扶工作，10家医院和学校、15个苏木镇、51个嘎查村完成与朝阳区部门、街乡、社区和企业以及社会组织结对工作，签订协议78份；接收朝阳区挂职干部3名、专业技术人才14名；帮助脱贫人口实现就业354人。推动北京交通大学、中国石油大学（华东）定点帮扶工作，制定印发《北京交通大学与科左后旗开展定点帮扶工作方案》《中国石油大学（华东）与科左后旗定点帮扶工作方案》；实施民族职业技术学校建设实训室、甘旗卡镇塔本诺义德嘎查乡村振兴创新试验项目、孟根达坝牧场幼儿园翻新改造工程3个帮扶项目，投入援助资金560万元；2所学校有4名干部、7名教师到旗内挂职工作，帮助全旗培训干部500余人；采购帮销本地特色农产品260.96万元。

发挥电商网络、农村经纪人、活牛超市的作用，推广“快手”移动客户端和“活牛超市”线上交易模式。科左后旗借助京蒙扶贫协作、中央机关定点扶贫机遇，通过发挥北京市场和高校资源优势，连接科左后旗自然资源和特色产业优势，搭起科左后旗农副产品外销“绿色通道”。2021年，有11家企业的4个种类46种产品纳入贫困县特色产品供应商名录，全年进京销售额3200万元。

【卫生健康】 2021年，全旗有卫生医疗机构39所。其中，医院2所，卫生院29所。医疗机构卫生技术人员1005人。其中，医院334人，卫生院447人，每千人口拥有卫生健康专业技术人员2.66人；医疗机构编制床位1551张，其中医院床位849张，卫生院床位573张，每千人拥有病床4.5张。有CT、核磁共振、DR、全自动生化仪、四维彩超等大型医疗设备，拥有万元以上医疗设备200余台（件）。

开展疫情防控工作，全年保持零输入、零确诊。2021年，科左后旗加强组织领导，压实防控责任。成立由旗长任组长、相关处级领导任副组长的疫情防控指挥部领导小组，下设综合协调、医疗防控、后勤保障、社会管控等12个工作小组，研究出台系列方案预案和指导意见，全方位建立防护网络。做好重点人群防控，完善疫情防控网格化管理制度；全旗设置集中隔离点35所761间。2021年，集中隔离中高风险地区返回人员、密接、次密接603人。加强重点场所管控，全年开展进口冷链食品监管和从业人员核酸检测3144人、进口冷链食品及环境核酸检测1973份，进口货物及环境核酸检测45份，医疗机构环境核酸检测892份，农贸市场环境核酸检测306份。提升核酸检测能力，全旗有旗疾控中心、旗人民医院、蒙医整骨医院、第二人民医院4所PCR实验室，配备29名取得核酸检测资格证人员，日检测量达6240份，储备核酸检测试剂29682人份。2021年，开展2次全旗范围内大规模的全员核酸检测演练，检测1361人。严格落实院感防控，医疗机构严格执行预检分诊、发热门诊、医生首诊负责制等各项制度。推进疫苗接种工作，设立32个预防接种点。全年接种第一针285885人，第二针279032人，第三针90569人，其中加强针接种71414人，完成率为74.34%；3～11岁儿童接种26218人，完成率为94.84%。

坚持科学防疫，推进常态化社会防控工作。做好常态化筛查检测，严格执行“三区两通道”管理并实施体温监测预警，各医疗机构设置分诊台46个、体温监测站46个；在3个火车站、11所个体诊所和472家卫生室设置体温监测点486个。加强流调队伍建设，由卫生、公安、工信、交通等部门143名业务骨干组成20个流行病学调查小组，对从国外返回、新冠肺炎患者密切接触者和次密接人员进行流行病学调查。成立专项督导组，分组分片全天候对全旗各苏木镇场、甘旗卡社区服务中心进行专项督导，发现问题立即反馈，并跟踪整改。做好人物同防，加强中高风险区及境外返旗人员的排查管控，实行日报告、零报告工作制度。加强进口冷链食品管理，设立科左后旗进口冷链食品集中仓，进入旗内的进口冷链食品全部先存入集中仓进行消杀处理后方可流入市场。截至2021年年底，全旗设立进口冷链食品集中仓3处，入仓冷链食品共计98批次，累计消毒和核酸检测货物1823.95吨。

全力做好疫情防控经费保障工作，做好疫情防控资金调度、拨付和监管等工作。2021年，投入疫情防控保障资金642.15万元。加强物资储备，按照应急物资储备目录，储备医用口罩574630个、医用N95口罩2610个、医用防护服2558套、医用隔离面罩200个、医用隔离衣4900套、呼吸机2台、红外体温计990个、核酸检测试剂盒14000人份、抗病毒药品5387支、护目镜1734副、医用帽子14070个、医用手套40380副、防护靴400双、靴套3010双、1∶10核酸采样管5000份、1∶1核酸采样管5000份、消杀物资3100瓶。

（包彦民）

奈曼旗

【概况】 奈曼旗地处内蒙古自治区通辽市西南部，科尔沁沙地南缘，南与辽宁省阜新市、北票市毗邻，东与库伦旗接壤，西与赤峰市敖汉旗、翁牛特旗相邻，北与开鲁县隔河相望。位于北纬42°14′40″～43°32′20″，东经120°19′40″～121°35′40″。全境东西宽约68千米，南北长约140千米，总面积8137.6平方千米。全旗辖14个苏木乡镇、1个国有农场、1个街道办事处，有355个嘎查村、9个社区居委会。建制镇8个，分别为大沁他拉、八仙筒、青龙山、新镇、治安、东明、沙日浩来、义隆永；苏木4个，分别为黄花塔拉、白音塔拉、明仁、固日班花；乡2个，分别为土城子、苇莲苏；国有农场、街道办事处有六号国有农场、大沁他拉街道办事处。截至2021年年底，全旗户籍人口444719人。其中，城镇人口59009人，乡村人口385710人。男性人口225905人，女性人口218814人，男女性别比103∶100。

2021年，全旗地区生产总值为134.25亿元，按可比价格计算，比2020年增长3.6%。其中，第一产业增加值42.33亿元，同比增长4.0%；第二产业增加值29.44亿元，同比下降3.2%；第三产业增加值62.48亿元，同比增长6.3%，三次产业比31.5∶21.9∶46.6，人均地区生产总值35657元。全年累计完成投资36.36亿元，投资额位列全市第三位，比2020年实际下降36%。分三次产业看，第一产业完成投资2.63亿元，同比下降19.3%；第二产业完成投资20.95亿元，同比下降28.7%；第三产业完成投资12.78亿元，同比下降47.2%。2021年，全旗公共财政预算收入完成5.31亿元，比2020年同期增长1.44亿元，增长37.39%，其中，税收收入完成2.64亿元，增长5.75%；非税收入完成2.67亿元，增长95.2%。公共财政预算支出完成40.5亿元，比2020年同期减少1.67亿元，下降3.96%。

2021年年底，全旗金融机构人民币各项存款余额136.57亿元，同比增长11.74%。其中，全旗金融机构储户存款余额116.97亿元，同比增长15.63%；非金融企业存款余额10.56亿元，同比增长27.42%；广义政府存款余额9.04亿元，同比下降29.22%；财政性存款余额2.42亿元，同比下降52.36%；机关团体存款余额6.62亿元，同比下降14.03%。全旗金融机构人民币各项贷款余额77.9亿元，同比增长25.26%。其中，住户贷款余额62.91亿元，同比增长26.59%；非金融企业及机关团体贷款余额14.99亿元，同比增长19.96%。

2021年，全旗全体居民人均可支配收入20467元，同比增长9.3%。城镇常住居民人均可支配收入完成31901元，同比增长7.9%；农村牧区常住居民人均可支配收入完成15236元，同比增长11.0%。居民人均消费支出14203元，同比增长13.9%。城镇常住居民人均消费支出17881元，同比增长12.1%；农村牧区常住居民人均消费支出12589元，同比增长15.4%。

全旗有10个旗县级自然保护区和3个自然公园，总面积7.87万公顷。国家级沙漠公园1个，即内蒙古奈曼宝古图国家沙漠公园；自治区级森林公园1个，即内蒙古兴隆沼自治区森林公园；国家级湿地公园1个，即内蒙古奈曼孟家段国家湿地公园。

【经济发展】 **农业** 2021年，奈曼旗粮食作物播种面积303.33万亩，比2020年增加2.82万亩，增长0.9%。粮食产量12.2亿千克，比2020年增长4.77%，增产5.5万吨，其中，玉米产量104.5万吨，同比增长5.07%。粮食平均亩产量402.45千克，较2020年亩产增加15千克。

牧业年度牲畜存栏175.2万头（只、口），同比增长16.9%。其中，牛存栏45.9万头，同比增长15.0%；羊存栏77.1万只，同比增长12.1%；猪存栏50.1万口，同比增长32.2%。

工业 2021年，全旗规模以上工业企业32家，完成工业总产值25.52亿元、同比下降23.3%，完成销售产值27.32亿元，产销率达107%。累计完成增加值增速下降22.4%。全旗规模以上工业企业营业收入37亿元，同比下降8.6%；利润总额1.7亿元，同比增长30.8%；营业收入利润率4.6%。2021年，全旗全社会能源消费总量同比下降17.6%，单位地区生产总值能耗变化率同比下降20.5%，规模以上工业综合能源消费量同比下降26.6%，其中，高耗能行业综合能源消费量同比下降24.11%，占规模以上工业综合能源消费量的99.29%。

建筑业 2021年，全旗有资质建筑业企业10家，全年建筑业增加值完成17.37亿元，下降2.6%。

服务业 2021年，全旗实现社会消费品零售总额26.6亿元，同比增长5.8%。按经营单位所在地分，城镇实现零售额17.9亿元，增长5.6%；乡村实现零售额8.7亿元，增长6.4%。规模以上服务业企业总体营业收入累计完成3.1亿元，同比增长1.4%。分行业看，交通运输、仓储业营业收入2.7亿元，同比增长1.3%；卫生行业营业收入0.2亿元，同比减少7.3%；派遣服务行业营业收入0.2亿元，同比增长24.6%。2021年，接待游客突破120万人次，实现旅游综合收入5.6亿元。有国家A级旅游景区5家。其中国家AAAA级旅游景区2家（孟家段湿地旅游区、奈曼王府），国家AAA级旅游景区2家（宝古图沙漠旅游区、苏德勒旅游区），国家AA级旅游景区1家（青龙山洼旅游区）。房地产开发投资完成6.18亿元，同比下降5.8%。按工程用途分，住宅投资5.13亿元，同比下降10.57%；办公楼投资0.15亿元，同比增长290.10%；商业营业用房投资0.62亿元，同比增长75.86%。2021年，全旗房屋施工面积111.81万平方米，增长16.86%。其中，住宅施工面积88.27万平方米，增长20.31%；商业营业用房施工面积8.69万平方米，下降11.85%。2021年，全旗邮政行业总量累计完成2030.23万元，同比下降1.16%；邮政行业收入完成2507.3万元，同比增长4.64%；邮政寄递业务量完成56.17万件，同比增长479.67%；邮政寄递业务收入完成322.99万元，同比增长20.80%。

【科技创新】 2021年，“奈曼甘薯”成为内蒙古区域公用品牌。蒙东5G智慧产业园投入运营，云计算中心主体完工，电子商务、直播带货等新兴业态迅速发展，电商交易额突破4亿元。蓝天碧水净土行动，城区环境空气自动监测，区域空气环境质量优良天数322天。加油站双层罐防渗改造和水环境承载力现状评价完成，保障水环境质量安全。开展重点行业土壤污染状况详查，实现化肥农药“双减量”目标，完成16家“散乱污”企业整治。

【项目建设】 2021年，奈曼旗组织实施重点工业项目34个，经安镍基合金新材料项目一期6条生产线具备投产条件，二期129.47万吨不锈钢生产线开工建设。玻纤硅砂及复合新材料新开工项目13个，建成投产3个。新增规模以上工业企业4户，产值达31.3亿元。

【社会事业】 2021年，奈曼旗有文化馆1个，博物馆1个，美术馆1个，公共图书馆1个，图书馆藏书14.8万册，艺术表演团体56个。全旗有广播电视台1个，中波转播台1个。全旗有各级各类学校（幼儿园、中小学、职业中学、特殊教育学校，不含高校）482所，全年招生13324人，有在校学生61613人，专任教师4926人。其中，幼儿园213所，有在校生10502人，专任教师565人；小学246所（含教学点），全年招生5084人，有在校生26962人，专任教师2496人；普通初中18所，全年招生4396人，有在校生12879人，专任教师1083人；普通高中4所，全年招生2791人，有在校生8452人，专任教师618人；职业中专1所，全年招生1049人，有在校生2739人，专任教师153人；特殊教育学校1所，全年招生4人，有在校生79人，专任教师11人。

【民生保障】 2021年，奈曼旗新建改造农村饮水安全工程83处、苦咸水工程15处。新建南部山区水源工程6处。义隆永66千伏变电站移址工程开工建设，毕氏220千伏供电工程通过验收，完成高低压线路改造520公里。完善工业园区基础设施配套，新建道路8.4千米、给排水管网15千米，架设10千伏线路4千米，一般工业固体废物贮存场主体完工，建成区面积拓展到19平方公里。旗融媒体中心投入使用，旗图书馆开馆运营。引进招录各类专业技术人才735人，新增城镇就业1350人，城镇登记失业率控制在3.43%，主城区刑事警情和治安类警情分别下降56.8%和73.5%。

【卫生健康】 2021年年底，奈曼旗有各级各类医疗卫生机构758个。其中，旗直医疗卫生机构5个；二级医院2个；中心卫生院5个；一般卫生院15个；社区卫生服务中心1个，社区卫生服务站6个；嘎查村卫生室、个体诊所724个。医疗卫生机构床位1789张（实有床位1905张）。其中，医院床位1027张、基层卫生机构床位732张、专业公共卫生机构床位30张。全旗医疗卫生机构在岗职工2741人，有卫生技术人员2741人。其中，执业（助理）医师1986人，注册护士500人，药师（士）106人，技师（士）149人。

全面加强公共卫生和医疗救治体系建设，投入资金4100万元，日核酸检测能力4.3万份。2021年，全旗无一例确诊和疑似病例。新增减税降费1.1亿元。

（孙福昌）

库伦旗

【概况】 库伦旗地处内蒙古自治区通辽市西南部，南与辽宁省阜新蒙古族自治县、彰武二县接壤，西、北、东与奈曼旗、科左后旗相连，位于北纬42°21′~43°14′，东经121°09′~122°21′。2021年底，全旗辖8个苏木乡镇、1个社区服务中心，187个嘎查村、8个社区。总面积4709平方千米，耕地面积263万亩、林地192万亩、草地182万亩、湿地3.7万亩。

截至2021年年底，库伦旗户籍人口17.6万人，流动人口2.8万人，常住人口15.1万人。其中，蒙古族107762人、占总人口61%；汉族62457人、占总人口36%；满族4288人、占总人口2.4%；回族1161人、占总人口0.7%；藏族2人，苗族3人，彝族5人，壮族18人，朝鲜族37人，土家族3人，达斡尔族42人，锡伯族81人，鄂温克族14人，其他民族47人，其他少数民族占总人口的0.1%。

2021年，全旗地区生产总值完成55.6亿元，同比增长3.3%；限额以上固定资产投资完成8.73亿元，同比增长12.4%；一般公共财政预算收入完成1.6亿元，同比增长21%；社会消费品零售总额完成11.1亿元，同比增长5.5%；城乡居民人均可支配收入分别完成30799元和14895元，同比分别增长8.4%和10.6%。

【经济发展】 **农业** 截至2021年年底，库伦旗高标准农田面积47万亩，农作物播种面积稳定在168万亩。其中，玉米100万亩、杂粮杂豆56万亩、荞麦10万亩。粮食年产量突破12亿斤，增产0.43亿斤，粮食单位亩均产量834斤。牲畜存栏总量达84万头（只、口），同比增长17.5%。其中，牛36.8万头、羊38.5万只、猪8万头。繁殖母牛23万头，占62.5%，繁成率85%。各苏木乡镇均超万头、超千头嘎查村111个，人均2.3头。2021年，库伦旗完成科尔沁沙地综合治理20.2万亩，草原保护修复6万亩。“库伦荞麦”被录入第三批国家名特优新农产品名录，新认证“两品一标”农产品35个。加强新型农牧民培训工作，培训80场次10000余人次。全旗有在册专业合作社1201个。2021年，建设家庭农牧场50个。有自治区龙头企业2家：库伦蒙药有限公司、绿洲食品有限公司。市级龙头企业4家：库伦旗草原安代肉制品有限责任公司、绿研农业开发有限公司、和康源生物育种有限公司、弘达盛茂农牧科技发展有限公司。涉农涉牧企业10家。

工业 2021年，协力光伏发电、金圆水泥窑协同处置、和康源饲料加工等项目相继建成投产，库伦蒙药有限公司被认定为国家级高新技术企业，绿洲食品有限公司被命名为全国巾帼现代农业科技示范基地。

服务业 2021年，库伦农村商业银行在全市率先完成改制。内蒙古银行库伦支行挂牌运营。新增市场主体10694家，乡村电商服务站发展到112家，库伦旗被评为国家级电子商务进农村综合示范旗。库伦旗有国字号品牌5个，即中国荞麦文化之乡、中国安代艺术之乡、中国蒙医药文化之乡、中国历史文化名镇、中国特色景观旅游名镇。全旗有文物古迹294处，全国重点文物保护单位4处（库伦三大寺、寿因寺、奈林稿辽墓群、辽代灵安州城遗址）、自治区级文物保护单位5处。安代博物馆馆藏可移动类文物8000多件。其中国家二级11件、三级35件。有国家级非物质遗产2项，即安代舞、布鲁。2021年11月，库伦旗被文化和旅游部命名为2021—2023年度“中国民间文化艺术之乡”。组织金秋文艺队24人代表通辽市参加“舞动北疆”第四届自治区广场舞大赛，《牧民的喜悦》获优秀奖；旗图书馆在全国首届文化助盲志愿服务项目专项赛上获优秀奖；举办通辽市胡仁乌力格尔、好来宝进嘎查村系列活动展演10场；组织非遗传承艺术团参加2020—2021年科尔沁民间艺术团民歌曲艺大赛，获得团体冠军；投入资金15万元，对库伦三大寺文物古建筑消防安防设备进行提升改造，该寺管理委员会被确定为市级消防安全标准化管理示范单位。

2021年，全旗接待游客20.2万人次，旅游社会综合收入3880万元。旗内有国家AAAA级旅游景区1个，即库伦三大寺。结合“5·19中国旅游日”，发放《文明旅游倡议书》《旅游投诉指南》宣传品300余份；协办中国·库伦银沙湾越野场地赛、银沙湾疯狂陪娃节、银沙湾轻奢露营节暨沙漠测线赛等活动，承办“冬至库伦·梦飞冬奥”冰雪乐园活动。

【社会事业】 2021年，库伦旗有各级各类学校53所，有在校生20388人，在编教师2246人，特岗教师149人。通过人才引进、特岗教师招录等形式，共补充教师123名，解决学科教师紧缺的问题。投入1.71亿元推进2所高中教学楼及附属设施建设工程；投入0.15亿元推进3所幼儿园学前三期工程；投入0.08亿元，推进全民健身中心工程。投入260万元推进库伦旗农村牧区中小学幼儿园饮水安全提升工程。组织"国培""区培""市培"等培训，累计培训4000余人次；组织开展"新时代教育管理骨干"培训班，对600余名班主任、校园长进行集中培训；组织实施京蒙"智志双扶"培训11场次，培训教师779人，进一步提升教师素质。

三科国家统编教材使用实现一至八年级全覆盖，成功创建自治区级民族团结进步示范旗。"五心合一"矛盾化解服务中心投入使用，平安库伦建设持续深入。政法队伍教育整顿、扫黑除恶专项斗争成效明显。2021年，库伦旗治安案件951件，结案504件，治安处罚614人；刑事案件495起，结案318件，破案率64%。电信诈骗立案193起，破30起，破案率16%，抓获犯罪嫌疑人25名，止付冻结金额2306.7余万元。发生交通事故15起。未发生死亡3人以上较大交通事故。

【民生保障】 2021年，库伦旗成功创建自治区级文明城市。完成老旧小区改造81处、危房改造2663户，化解房地产"三难"问题3685户。新建改造农村道路380公里、供水供热管网50公里、高低压配电网1283公里。实施农村牧区饮水安全工程125处。新建改造户厕9163户，农村牧区人居环境三年整治目标全面完成。境内首条高速—大沁他拉至白家湾子段建成通车，505国道库伦段、银沙湾旅游路达到通车标准。

2021年，库伦旗农牧民转移就业2万人，城镇新增就业600人，失业再就业201人，就业创业培训1950人，城镇登记失业率4.5%。城乡低保、居民医疗等各类保障实现应保尽保。第二中学、扣河子中学教学楼等教育基础工程投入使用，国家义务教育发展基本均衡县通过验收。旗人民医院新址投入使用，中医院新建工程启动实施。累计开展群众性文体活动550场次，库伦旗被命名为"中国民间文化艺术之乡"。

2021年，完成村道安全生命防护工程21.2千米，完成投资423万元。在干线公路养护上，完成清扫路面1456.9万平方米，零星土方720立方米，完成305省道、208省道18万平方米路面微表处公路工程。在县级公路养护上，完成巡路3981个工作日，清扫路面123.85万平方米，整修路肩3000平方米，路肩除草1.73万平方米。对228乡道三家子—闹套海段进行微表处施工128740平方米。

（包双喜）

扎鲁特旗

【概况】 扎鲁特旗地处通辽市西北部，位于北纬43°50′13″~45°35′32″、东经119°13′48″~121°56′05″。旗政府所在地鲁北镇距通辽市政府所在地160千米，距沈阳市410千米、距长春市440千米、距锦州港490千米、距大连港750千米。通霍铁路南北纵穿境内71千米，锡林浩特—乌兰浩特铁路通过境内北端；全旗"三横五纵"主骨架公路已经形成，其中国道304线、省道306线在旗境内呈"十"字交叉，是内蒙古东部地区和东北工业基地对接的纽带。土地总面积16492平方千米。截至2021年年底，全旗总人口303808人，由蒙古族、汉族、回族、满族、朝鲜族等13个民族组成。其中，蒙古族人口157350人，占全旗总人口的51.79%。总户数140867户，户均人口2.16人。全年出生人口1886人，出生率6.2‰；死亡人口1683人，死亡率5.54‰；自然增长率0.66‰。

2021年，全旗公共财政预算收入8.06亿元，同比增长0.8%。公共财政预算支出32.98亿元，同比下降5.6%。一般公共服务支出2.84亿元，同比下降9.3%。全年城镇固定资产投资28.8亿元，同比增长2.6%。其中，第一产业、第二产业和第三产业分别完成投资0.2亿元、22.2亿元和6.4亿元。房地产开发业投资4.4亿元，同比下降18.1%。2021年年底，全旗共驻银行8家，保险公司20家，小额贷款公司3家。银行业金融机构网点38个。金融机构存款余额98.22亿元，同比增长9.40%。金融机构贷款余额80.44亿元，同比增长20.66%。居民储蓄存款余额83.61亿元，同比增长13.44%。

2021年，全旗居民人均可支配收入24181元，同比增长8.6%。其中，城镇常住居民人均可支配收入33953元，同比增长7.5%；农村牧区常住居民人均可支配收入20261元，同比增长10.1%。居民人均消费性支出17623元，同比增长15.4%。其中，城镇常住居民人均消费性支出21297元，同比增长14.5%；农村牧区常住居民人均消费性支出15169元，同比增长16.8%。

【经济发展】 **农业** 2021年，扎鲁特旗粮食作物播种面积219.5万亩，比2020年增加0.72万亩，其中绿豆播种面积5.0万亩。粮食产量74.05万吨。牧业年度牲畜总头数260.3万头（只）。其中牛存栏48.34万头。有农业科技示范园区56处，占地1675亩。完成林业生态治理29.55万亩，其中退化林修复和低产低效林2.5万亩、植被恢复0.05万亩、自然修复27万亩；完成2020年通辽市草原生态治理116万亩，其中人工种草11万亩、草原改良105万亩。2021年，全旗所有井累计45496眼。其中，规模以上7664眼，规模以下37832眼。有效灌溉面积64.77万亩。毛都水库总投资4.4亿元，建总库容9000万立方米，年供水量530万立方米。

工业 2021年，全旗工业增加值42.94亿元，比2020年增长5.9%。规模以上工业增加值增速下降2.4%。按经济类型分，国有控股企业增长9.8%；股份制企业增长16.0%。从轻重工业看，轻工业增长24.7%，重工业增长15.6%。按规模以上工业主要产品产量分，原煤产量1799万吨，比2020年下降2.8%；铝材620140吨，下降10.6%；发电量59786万千瓦时，增长0.6%；鲜冻畜肉9658吨，增长11.9%；白酒714千升，下降27.3%；饮料149吨，下降85.6%。2021年，全旗规模以上工业企业实现营业收入180.8亿元，比2020年增长21.9%。

2021年，全旗实现利润总额10.2亿元，增长26.5%。规模以上工业企业产品销售率102.1%，较2020年提高0.7个百分点。

服务业 2021年，全旗社会消费品零售总额21.1亿元，同比增长5.7%。按城乡分：城镇消费品零售额完成11亿元，同比增长6.5%；乡村消费品零售额完成10.1亿元，同比增长4.8%。按消费形态分：商品零售完成18亿元，同比增长3.4%；餐饮收入完成3.1亿元，同比增长21.0%。全旗公路里程3013.18千米。其中，高速公路40千米、304国道199千米、105省道101千米、208省道86.6千米、县道662.976千米、乡道746.02千米、村道1177.59千米。全年完成货物周转量99814.73万吨千米。其中，公路货运量1007.38万吨，公路货物周转量99564.5万吨千米；公路客运量19.47万人，公路旅客周转量2502.3万人千米。全旗国家A级旅游景区有3家，其中山地草原旅游区为国家AAA级旅游景区。重点打造全域文化旅游，依托通辽市建设科尔沁500公里景观大道，建成南宝力皋吐博物馆、誉州北自驾车露营地、塞外神泉自驾车露营地等沿线重点文化旅游项目，具有地域特色的“中国乌力格尔之乡”“中国最美山地草原”文化旅游品牌。全年旅游总收入28975.5万元。接待旅游人数62.07万人次。

【社会事业】 2021年，扎鲁特旗有各级各类学校149所。幼儿园89所（公办幼儿园49所，民办幼儿园40所），小学28所，教学点17个，初中7所，九年一贯制学校4所，普通高中2所，职业教育中心1所，特殊教育学校1所。全旗各级各类学校有在校生36887名。其中，学前幼儿学生数6594名；特殊教育学校在校生73名；小学生在校生15957名；初中在校生8063名；普通高中在校生4712名；职业教育中心在校生1488名。

全旗共有教职工5238名。其中，特殊教育学校教职工10名，幼儿园教职工1249名，小学教职工2008名，初中教职工876名，九年一贯制学校教职工456名，高中教职工501名，培训中心教职工138名。全旗有专任教师4013名。其中，特殊教育学校专任教师9名，幼儿园教职工766名，小学教职工1800名，初中教职工889名，高中教职工443名，职教中心教职工106名。

【乡村振兴】 2021年，根据自治区、通辽市防返贫监测工作安排部署，扎鲁特旗起草制定《扎鲁特旗健全防止返贫动态监测和帮扶机制实施办法》《扎鲁特旗防止规模性返贫工作方案》。精准锁定监测对象。严格按照有关工作要求，明确监测对象识别标准，核实“两不愁三保障”稳定实现情况，研判返贫、致贫风险，将建档立卡户和边缘户基本信息变化情况、帮扶措施落实到位情况，以及一般农牧户家庭生产生活困难及时反馈给苏木镇场、行业部门进一步核实，全旗累计开展2次动态识别。未消除风险的监测对象共70户158人。

精准开展帮扶。履行帮扶工作责任，对具备发展产业条件的监测对象加强产业培训和金融贷款支持，动员企业、合作社等带动发展生产。对有劳动能力的监测对象，加强培训实现就业。对无劳动能力的监测对象，落实低保、医疗、养老保险等措施，确保应保尽保、应兜尽兜。对因病、因残、因灾等意外变故返贫致贫的家庭，及时落实残疾人补贴、临时救助等政策，保障其基本生活。落实《关于深入扎实做好过渡期脱贫人口小额信贷工作的通知》要求，宣传脱贫人口小额信贷政策，开展脱贫人口及边缘易致贫人口的需求摸排，对脱贫人口小额信贷申请，进行贷前内部评审，做到对符合贷款条件的脱贫群众及边缘易致贫群众“应贷尽贷”。金融机构新增脱贫人口小额信贷137笔，476.1万元。其中，邮储银行扎鲁特旗支行16笔，40万元；农业银行扎鲁特旗支行121笔，436.1万元；贷款余额466笔，1462.3万元。其中，邮储银行扎鲁特旗支行212笔，576万元；农业银行扎鲁特旗支行254笔，886.3万元。

就业帮扶工作，采取送就业信息入户，公开发放培训工种“菜单”等方式，有针对性地开展培训，最大限度满足就业培训需求，提升培训效果，提高就业能力。依托苏木镇场保障所，对全旗建档立卡家庭劳动力的基本情况、就业需求、培训需求等情况逐户走访、逐人摸底，逐一登记，并建立台账，开展就业服务。截至2021年年底，开展就业技能培训270人次，组织开展电商业务培训57人次。苏木镇对本辖区所有脱贫户劳动力外出务工情况进行再次排查，包括务工人数、务工地点、务工种类、联系方式等内容，并精准建立务工信息台账。脱贫户劳动力转移就业2148人。同时健全和完善劳务输出工作体系，加强有组织劳务输出力度。组建222人的劳务经纪人队伍开展劳务输出，涵盖全旗18个苏木镇（场），与山东威海人力资源和社会保障局、内蒙古卓冠人力资源公司、诚信劳务有限公司建立劳务协作关系，确保农村牧区剩余劳动力特别是建档立卡劳动力稳定就业。投入资金555万元，在道老杜苏木西热图嘎查等地实施户用光伏扶贫项目，扶持102户建档立卡搬迁户，每年户均售电收入可达3000元以上；对有劳动能力的搬迁对象，逐户逐人建立就业台账，做好跟踪服务，开展意向就业培训，基本实现有劳动能力搬迁户每户1人以上稳定就业。针对无劳动能力搬迁户，通过资产收益扶贫，鼓励加入养殖合作社，实现帮扶32户、48人，年人均分红达2500元，社会保障兜底128人，实现无劳动能力保障兜底全覆盖。

根据自治区、通辽市的相关要求，制定《扎鲁特旗扶贫资产清产核资工作实施方案》，成立清产核资工作领导小组，领导小组下设办公室，于2020年4月启动开展扶贫资产清产核资工作，系统梳理2012年以来扶贫资金形成的资产，完成公益类资产、经营性资产、到户类资产核查工作和“三本”管理台账建立工作。对扶贫资产使用情况、产权归属、管护机制等进行风险隐患排查，并对排查出的风险隐患进行全面评估研判，查找分析原因，分类分级制定整改措施，建立日常监控台账，确保经营方式合理合规，运营管护到位，经营收益稳定。2021年，扎鲁特旗制定实施“嘎查村申报—苏木镇场初审—旗直项目主管部门审核—旗乡村振兴领导小组审定”流程，确定实施项目101个，投入资金11029万元。开工率100%；拨付资金6731万元，拨付率61%。

【卫生健康】 截至2021年年底，扎鲁特旗有医疗卫生机构384个。其中，医院5个，基层医疗卫生机构375个，社区卫生服务中心（站）11个，乡镇卫生院26个，村卫生室270个，诊所、卫生所、医务室、护理站67个；专业公共卫生机构3个；其他卫生机构1个。2021年年底，全旗有卫生技术人员1765人。其中，执业（助理）医师849人，注册护士567人，药师（士）83人，技师（士）101人。医疗卫生机构实有床位1433张。全年总诊疗77.69万人次。

（陈　明）

人物和荣誉

先进人物

全国脱贫攻坚先进个人

付永久

付永久，男，1975年出生，中共党员，奈曼旗青龙山镇互利村党支部书记。互利村大多数家庭都会种植2～3亩甘薯，除销售部分鲜薯外，其余制成粉条出售。但互利村的甘薯种植和加工始终处于小规模种植和零散加工状态。2012年6月，付永久当选为互利村党支部书记。为打破各户零散种植状态，实现规模化种植，做强做大甘薯产业，付永久决定在甘薯深加工上下功夫。2013年4月，他在互利村率先成立全镇第一个甘薯种植专业合作社，购买甘薯加工设备，并注册“孙家湾粉条”商标，把农民的土地集中起来，通过争取水利项目，改变靠天吃饭的局面，结束农户散种零卖的历史。当年，全村甘薯种植面积从300亩增加到1000亩。2018年，他积极探索土地经营权“三权分置”改革，在合作社的基础上，成立通辽市光照农产品加工有限公司，将全村农户土地经营权量化为股权入股到通辽市光照农产品加工有限公司，走“以地入股、联合经营、按股分红”的路子，盘活农村土地资源要素，让“土地变股权、农民当股东、收益保底分红”，发挥土地效益，让土地“活”了起来，实现“农民变工人”，全村劳务收入实现人均增收2000元以上。2018年，入股到公司的23户贫困户实现集体脱贫，并带动集体增收20万元以上。互利村共有精准扶贫户16户、29口人，为实现2017年底稳定脱贫，采取“党支部+合作社+农户”的扶贫模式，注重发挥党支部的引领和合作社的社会扶贫职能作用，出台针对精准贫困户帮扶政策。将16户、29口人的140余亩土地由合作社统一经营，通过种植甘薯、加工粉条等形式增加其附加值，以保证精准扶贫户每人每年4000元收益，如收益达不到4000元则由合作社的扶贫基金中提取补足欠缺部分，以实现互利村精准扶贫户整体“组团脱贫”。2021年，付永久将目光聚焦到乡村振兴，将农户聚焦在产业链条上，在增链补链中求创新、在存储保鲜上求增值、在市场销售上求突破。他大胆尝试发展村电子商务项目，以合作社为主体进行运营，信托青龙山镇电商扶贫运营中心和内蒙古龙抬头食品有限公司，发挥村电商扶贫服务站作用，通过“电商+新媒体营销”等方式在销售模式上求突破。与北京云仙居食品有限公司签订合作协议，以订单的方式进行合作，将特色农副产品销往全国各地，打响金字招牌，全面提升品牌价值。2019年6月30日，付永久获得“内蒙古自治区优秀共产党员”称号。2020年，付永久获得奈曼旗第三届道德模范称号。2021年2月，付永久获得“全国脱贫攻坚先进个人”称号。

朱晓明

朱晓明，男，蒙古族，1983 年出生，硕士学历，2006 年参加工作，2009 年加入中国共产党，通辽市库伦旗扶贫开发办公室党组成员、副主任（主持工作）。他分管京蒙扶贫协作，做的第一件事就是将年度目标任务进行分解，明确成员单位职责，建立信息共享机制，确保各项工作走向正轨。2020 年是脱贫攻坚决战决胜之年，朱晓明和单位班子成员制定行动规划，持续推进项目落实、问题整改和摸底排查等工作，筹备扶贫开发领导小组会议，并提交各项议题，确保完成旗委、旗政府交办的各项工作任务。在京蒙扶贫协作工作中，引进的北京油鸡在库伦大地生根，实施的种鸭养殖项目成为扶贫主导产业，建设的扶贫车间实现贫困群众家门口就业；在北京市密云区干部的帮助下，成立“双创联盟”社会组织，通过实施京蒙项目，探索实施“厂房 + 居家式”“企业 + 合作社 + 集体经济”“传统工艺 + 合作社 + 居家式”“订单式”和“培育壮大集体经济”等扶贫模式，实现多路径带动贫困农牧民就业发展、增收脱贫，“双创双带”社会扶贫模式入选国际减贫案例。2021 年，库伦旗扶贫办公室挂牌成立库伦旗乡村振兴局，扶贫开发领导小组职责职能调整到农村领导小组，面对巩固拓展脱贫攻坚成果各项工作任务，他及时向旗委、旗政府建议，调整领导小组和工作职能，并起草巩固拓展脱贫攻坚成果分工方案、乡村振兴考核分工方案、国家巩固脱贫成果后评估分工方案等一系列工作方案，为“两项”制度衔接工作提供制度保障。他勇于改革创新，助推扶贫模式带贫减贫。在库伦旗委、旗政府将黄牛规模化养殖作为主导扶贫产业后，积极建言献策，探索实施规模化养殖“合作社 + 集体 + 贫困户”模式。单位领导班子调整分工后，他负责规模化养殖项目，从组织实施到利益联结、再到风险防控，每个环节他都精心设计，耐心指导，助推全旗资产收益性项目实现突破性进展，此项目每年为 8 个苏木乡镇嘎查村集体经济增收 600 余万元。2021 年 2 月 25 日，朱晓明被中共中央、国务院授予“全国脱贫攻坚先进个人”称号；2021 年 6 月，被内蒙古自治区党委授予“内蒙古自治区优秀共产党员”称号。

于艳春

于艳春，女，蒙古族，1971 年出生，中共科尔沁区庆和镇委员会书记。为发展壮大村级集体经济，于艳春列出奖惩细则，亲自“问诊”，时时跟踪抓落实。2019 年 9 月，在她的主导下，庆和镇 16 个村集资 900 万元入股，成立全镇首家村集体控股的内蒙古欣欣农业科技有限公司，发展设施农业园区，培植绿色有机蔬菜。截至 2021 年初，园区内暖棚总数达 60 座。截至 2020 年 12 月，庆和镇集体经济经营性收入超过 10 万元的村达到 50%。于艳春用发展的眼光统筹谋划全镇产业融合发展，亲自推动的鸽子产业订单不断，吸纳 13 户贫困户的 13 万元扶贫资金进行 20% 资产收益；她从短平快的角度谋划产业，分别到辽宁、吉林等省和通辽市多个旗县，考察确定全镇发展白鹅产业，建立白鹅孵化场，发展林下经济。2019 年，她帮助 224 户贫困户发展肉鹅养殖，户均年增收 1200 元。她从招商引资的角度谋划产业，促进陕西海天制药集团的沙棘和中蒙药材基地、中药饮片加工厂落户庆和镇，流转 3 万亩药材基地壮大村集体经济 6000 万元，增加贫困户的务工收入 1000 万元。于艳春从发展现代农业的角度谋划产业，把庆和镇蔬菜产业的发展定位为主城区的菜篮子，让庆和镇的蔬菜产业起步并呈蓬勃发展之势，截至 2020 年 12 月，庆和镇设施农业面积超过 300 亩，露地蔬菜超过 8 万亩，农民人均增收 1200 元。于艳春从庭院经济的角度谋划产业，结合各村各户的实际条件，因户施策、因人而宜，发展基础母羊养殖、白鹅养殖、菊花种植、锦绣海棠栽植的庭院经济产业。截至 2021 年初，全镇庭院白鹅养殖 6000 多羽，菊花种植 397 亩，锦绣海棠栽植 360 亩，惠及农户 800 余户，养殖基础母羊 5 万只，销售羔羊 15 万只，帮助农户增收 1 亿元，一幅幅“清风碧波水清浅，果红鹅白菊花黄”的景象遍布庆和镇各村的大小院落。庆和镇原有贫困人口581户1580人，于2020年9月底全部实现脱贫。2021年2月25日，于艳春被中共中央、国务院授予“全国脱贫攻坚先进个人”称号。

何胜君

何胜君，男，满族，1979年出生，2008年7月加入中国共产党。中共扎鲁特旗巴彦塔拉苏木西巴彦塔拉村（简称西巴彦塔拉村）党支部书记、村委会主任，扎鲁特旗大军粮食种植专业合作社理事长。何胜君牵头成立合作社，用5年时间使西巴彦塔拉村实现从穷村、弱村到富村、强村的“蝶变”。2015年，何胜君当选为村委会主任。在他的带领下，西巴彦塔拉村历史遗留问题逐步得到解决，村“两委”与群众之间的关系更加和谐，群众满意度显著提升。因为经营收入低，西巴彦塔拉村的耕地“种庄稼不赚钱，包出去没人要，撂荒舍不得”。为打破这个怪圈，他翻看各类农村农业发展书籍，多次带领村民外出考察，寻找出路。随着脱贫攻坚各项政策资金的落地和农村土地“三权分置”改革的推进，他带领村民流转土地、搞集中集约经营的想法随之而生。他牵头探索确定了以合作社为主导的“党支部+合作社+企业+农户（贫困户）”发展模式，为合作社的发展奠定了基础。2018年1月，大军粮食种植专业合作社正式成立，全村包括贫困户在内的303户农户以5300亩土地入股合作社成为社员，入股率达到95%以上，实现土地所有权、承包权、经营权“三权分置”的现代农业改革发展目标。合作社刚运行时，他摸着石头过河，边从书本上学习农业知识，边请专业技术人员现场指导。合作社通过统一规划、采购、种植、销售，大大提高了机械利用率，节省了大量劳动力。他积极联系附近企业，引导群众入企务工，为增收开辟新渠道。2018年底，群众收入翻了一番，该村9户贫困户和邻村6户贫困户实现高质量脱贫。2019年，随着合作社生产规模的不断扩大和农产品市场竞争的日趋激烈，何胜君深刻认识到品牌建设的重要性，为提高产品附加值、增强产品市场竞争力，他引导群众以“村集体+企业+农户”模式，投入资金330万元，注册成立村办企业——扎鲁特旗启农商贸有限责任公司，引进国内一流的小米加工设备，完成农产品生产、加工、销售全产业链建设。企业年销售收入150万元，村集体收入达50万元。经过三年的发展，合作社总资产达到1300余万元，累计分红550万元，村民人均收入达到1.65万元。在何胜君的带领下，西巴彦塔拉村成功争创“五面红旗”嘎查村，先后获全区先进村镇、全区文明村镇、通辽市民主法治示范嘎查等称号。2021年2月25日，何胜君被中共中央、国务院授予“全国脱贫攻坚先进个人”称号。

全国五一劳动奖章获得者

李山丹

李山丹，女，蒙古族，1980年出生，科左中旗人，通辽市塔本扎兰小泉皮革制品有限公司车间主任。自2010年起李山丹先后任技术员、班长、车间主任。她善于学习，勤于动脑，到日本进修3次，在此基础上勤奋自学，熟练掌握很多工艺、操作流程及各种工序。她对每一位新员工都不厌其烦地讲解、示范操作流程及注意事项，将自己的技术技能和操作经验毫无保留地传授给工友。作为车间主任，能把复杂的工艺简单化，分析产品结构，把工艺分析精透，使工时降低20%～40%，在为工友带来方便的同时，为公司降低生产成本。她将尼康镜头袋“CL-1218”系列产品的加工时间由原来的15分钟缩短到9分钟，使得每月同等系列产品的发货量不少于几万个。她所在的车间被自治区总工会授予工人先锋号，2018年7月，她被评为通辽市劳动模范。2019年，获“自治区五一劳动奖章”。2020年，她被评为内蒙古自治区劳动模范。2021年，李山丹获“全国五一劳动奖章”。

全国百大党旗下的社保人

山　丹

山丹，女，蒙古族，1983年出生，硕士学历，2005年12月加入中国共产党，2009年10月参加工作，2017年10月调入通辽市社会保险事业管理局，负责机关事业单位养老保险登记申报业务。山丹刻苦钻研，虚心向领导和老同志请教，她与上级业务部门沟通，边学习、边实践，仅用短短半年时间，她就从业务上的一名新兵，成长为业务骨干。作为一名蒙古族党员干部，山丹在实际工作中，充分发挥蒙汉兼通优势，用蒙古语解释翻译党和国家关于民族语言文字的政策及相关材料，有效解决少数民族群众办事难的问题，在社保岗位上为民族团结进步事业贡献自己的力量。她也因此被评为“通辽市学习使用蒙古语言文字工作先进个人”。山丹不仅注重学习，更注重应用。她结合工作实际，创新工作思路方法，不断提升服务水平，逐渐形成一套本岗位规范的业务流程和管理办法，赢得同事和办事群众的一致认可和好评。

由于在立足岗位、服务群众等方面的出色表现，山丹先后被上级党组织和机关授予“通辽市巾帼建功标兵”“通辽市人社系统优秀共产党员”“通辽市政务服务中心和公共资源交易中心优秀共产党员”等荣誉；其所在科室也被市直人社系统党委评为“2020年度共产党员先锋岗”。2021年，山丹被人社部社保中心与中国社会保障杂志社联合授予“全国百大党旗下的社保人”称号。

（市人力资源和社保局）

全国法院司法警察先进个人

单丹丹

单丹丹，女，1982年出生，中共党员，法警支队司法警察、警政科科长，党支部组织委员。她从警21年，扎根法警工作岗位，以高度的职责感和强烈的事业心，认真完成本职工作。她作为警政科科长，负责全市法院司法警察警衔的审核上报工作、警务宣传工作。以高度的责任心，认真对待警衔审核上报工作，从无漏报、延报、误报。疫情防控期间，她组织全市法院法警大队内勤利用内网对警衔材料进行网上互审互助，既提高报送警衔材料的工作效率，又在特殊时期避免聚集接触，她的方法被最高人民法院法警总队采纳。2010年，单丹丹开始从事警务宣传工作。截至2021年，撰写稿件百余篇，20篇发表在内蒙古高级人民法院法警总队主办的《法警通讯》、2篇入选《通辽审判》、2篇刊登在《通辽日报》。开展扫黑除恶工作以来，法院扫黑除恶大型庭审警务保障任务繁重，被告人数众多，旁听家属少则几十人，多则上百人，庭审一般都要持续一周多，这给庭前安全检查工作带来不小的压力。领导把安全检查的重任交给单丹丹。她关键时刻扛起重担，合理部署安检员人数、站位，设置律师通道、市人大、市政协旁听专用通道，安检通道，要求每位安检员高度负责，规范执法，认真核对人员信息。在她的组织下，每次人数众多的庭前安全检查工作都做到有理有序，严密把控，安全无事故。2016年，因在大型庭审警务保障活动中表现突出，单丹丹获个人三等功；获评通辽市法院司法警察技能规范化培训班优秀教官；2017年，获评自治区法院司法警察警衔首授、晋升培训班优秀学员；2021年，单丹丹被最高人民法院授予“全国法院司法警察先进个人”称号。

（市法院）

人民法院扫黑除恶专项斗争先进个人

包斯琴

包斯琴，女，1980年出生，中共党员，硕士学历，2004年4月参加工作，通辽市中级人民法院刑事审判第二庭副庭长。2018年1月，扫黑除恶专项斗争在全国范围内开展，包斯琴放弃节假日，昼夜加班，为坚决打赢扫黑除恶攻坚战贡献出了自己的力量。2019年，她参加审理薛某某等34人涉黑案。该案系扫黑除恶专项斗争开展以来，通辽市中级人民法院审理的首起重大涉黑一审案件，在通辽地区社会影响较大，是社会关注的焦点。2020年，包斯琴主审自治区扫黑办公室挂牌督办的李某等人涉黑案。该案涉及李某等31名被告人、28起案件事实，10项罪名，80册卷宗，又处于新冠疫情防控期间，案件审理一度遇到瓶颈。她在保障被告人疫情防控的前提下，组织诉讼参与人近70人历经7日开庭审理，完成庭审任务。包斯琴在撰写判决书期间曾多月连续工作，最终完成审判任务。2021年，包斯琴从刑一庭被调整到刑二庭工作同时被组织选派到立案二庭岗位锻炼，负责信访接待及案件评查工作，承办刑一庭未结案件以及刑二庭新受理案件。为办理好三个庭室不同性质的案件，处理好工作中身份转化的问题，包斯琴转变工作思维、提升工作能动性，找寻高效高质工作的方法，以确保案件质量为首要目标，多头并进，提升自己"弹钢琴"的能力。在刑一庭疑难、复杂案件多，刑二庭案件量同比上升14.67％，政法队伍教育整顿开展过程中信访群众明显增多，高院要求及时化解涉诉信访的要求下，包斯琴加入提升审判执行质效专项行动（"蒙马奔腾"专项行动）。为确保能够多办案、快办案、办好案，包斯琴加班加点高质量完成各项接待、评查及审判任务。2021年1月至5月，她在立案二庭工作期间每日接待上访群众，并按要求完成多个批次中央第八巡视组交办案件核查、信访案件评查等工作任务，办结刑事一审案件5件，办结刑事二审案件73件。2021年5月，包斯琴被最高人民法院评为"人民法院扫黑除恶专项斗争先进个人"。

（市法院）

2021年度新闻人物

陈云霞

陈云霞，女，中国女子赛艇运动员，1995年12月出生于通辽市奈曼旗六号农场，曾在奈曼旗体校学习，2009年由于出色的运动天赋，被上海市七宝中学选中，2011年进入上海市赛艇队。2017年8月29日，陈云霞以7分36秒17的成绩获得第十三届全运会赛艇女子单人双桨亚军。2018年8月23日，陈云霞以8分08秒21的成绩获得2018年雅加达亚运会赛艇女子单人双桨冠军。2019年，陈云霞和张灵、吕扬、崔晓桐组成的女子四人双桨队开始配艇，她们先后获得2019年世锦赛、世界杯和亨利杯等多项赛事的冠军。2021年5月23日，在瑞士卢塞恩举行的2021年赛艇世界杯第二站比赛中夺得冠军。北京时间2021年7月28日，在东京奥运会赛艇女子四人双桨决赛中，陈云霞与队友张灵、吕扬、崔晓桐组成的中国队获得金牌，这是中国队时隔13年再次夺得女子四人双桨奥运冠军，陈云霞也成为通辽市首位奥运冠军奖牌获得者。2021年9月18日，陈云霞与队友张灵、吕扬、崔晓桐组成的奥运联合队获得中华人民共和国第十四届全国运动会赛艇女子四人双桨金牌，9月19日，陈云霞与队友张灵组成的上海队获得中华人民共和国第十四届全国运动会赛艇女子双人双桨金牌。

（市党史地方志研究室）

先进个人名录

2021 年通辽市获全国性先进称号个人名单

全国脱贫攻坚先进个人

付永久 奈曼旗青龙山镇互利村党支部书记。

朱晓明 蒙古族，库伦旗扶贫开发办公室党组成员、副主任。

于艳春 女，蒙古族，通辽市科尔沁区庆和镇党委书记。

何胜君 满族，扎鲁特旗大军粮食种植专业合作社理事长。

全国五一劳动奖章获得者

李山丹 女，蒙古族，通辽市塔本扎兰小泉皮革制品有限公司车间主任。

全国百大党旗下的社保人

山　丹 女，蒙古族，通辽市社会保险申报核定中心科员。

全国法院司法警察先进个人

单丹丹 女，通辽市法警支队司法警察，警政科科长，党支部组织委员。

人民法院扫黑除恶专项斗争先进个人

包斯琴 女，通辽市中级人民法院刑事审判第二庭副庭长。

2021 年度新闻人物

陈云霞 女，中国女子赛艇运动员。

（名单由各有关单位提供）

2021 年通辽市获自治区级先进称号个人名单

全区脱贫攻坚先进个人

于会涛 蒙古族，通辽市科尔沁区委原副书记、政府原区长。

邓洪林 通辽市科尔沁区扶贫开发办公室主任（乡村振兴局局长）。

张浩楠 蒙古族，通辽市科尔沁区清河镇人民政府副镇长、武装部部长。

邢道伟 女，蒙古族，通辽市科尔沁区钱家店镇西才道木村第一书记，通辽市科尔沁区建国街道工作委员会人大工委主任。

刘玉民 通辽市科尔沁区育新镇黄家窝堡村党支部书记、村委会主任。

麻建忠 蒙古族，科尔沁左翼中旗卫生健康委员会党组成员、健康扶贫办主任。

安　宓 女，蒙古族，科尔沁左翼中旗扶贫开发办公室副主任（乡村振兴局副局长）。

王双林 蒙古族，科尔沁左翼中旗王家种植专业合作社社长。

赵常玲 女，蒙古族，科尔沁左翼中旗巴彦塔拉镇人民政府乡村振兴办主任。

赵明哲 蒙古族，科尔沁左翼中旗宝龙山镇努伦召嘎查第一书记、驻村工作队队长，宝龙山镇党委宣传委员。

高巨伟 科尔沁左翼中旗白兴吐苏木二龙山嘎查第一书记、驻村工作队队长，通辽市总工会四级调研员。

吴春英 女，蒙古族，科尔沁左翼后旗扶贫开发办公室主任（乡村振兴局局长）。

佟国彪 科尔沁左翼后旗努古斯台镇党委书记。

包文盛 蒙古族，科尔沁左翼后旗吉尔嘎朗镇党委书记。

顾海波 科尔沁左翼后旗双胜镇党委副书记。

张银泉 蒙古族，科尔沁左翼后旗甘旗卡镇塔奔诺义德嘎查第一书记、驻村工作队队长，甘旗卡镇党委宣传委员。

葛　新 蒙古族，科尔沁左翼后旗散都苏木呼勃嘎查党支部书记、村委会主任。

李　瑞 蒙古族，科尔沁左翼后旗巴嘎塔拉苏木伊和布拉格嘎查第一书记、驻村工作队队长，通辽市司法局警务督察科副科长。

张太国 蒙古族，库伦旗扶贫开发办公室（乡村振兴局）四级主任科员。

牟子健 库伦旗扣河子镇双庙村第一书记、驻村工作队队长，库伦旗疾病预防控制中心办公室主任。

于德春 蒙古族，库伦旗库伦镇人民政府乡村振兴办主任。

海　杰 蒙古族，库伦旗先进苏木库力吐村第一书记、驻村工作队队长，库伦旗交通局副局长。

何春波 库伦旗六家子镇人民政府扶贫开发办主任。

宝　钢 蒙古族，库伦旗茫汗苏木白音好来嘎查党支部书记、村主任。

董海鹏 蒙古族，库伦旗先进苏木龙王庙西嘎查第一书记、驻村工作队队长，通辽第五中学体卫处副主任。

鲍春光 蒙古族，通辽市派驻奈曼旗脱贫攻坚工作队队长，通辽市民族事务委员会副处级干部。

王育军 蒙古族，奈曼旗东明镇英图村第一书记、驻村工作队队长，通辽市气象局老干部管理办公室主任。

李雪涛 满族，奈曼旗扶贫开发办公室主任（乡村振兴局局长）。

姚常明 蒙古族，奈曼旗残联理事长。

李明会 蒙古族，奈曼旗财政局副局长。

张玉林 奈曼旗饮水安全工程管理站站长。

张永全 奈曼旗青龙山镇党委书记。

吴巴特 蒙古族，奈曼旗新镇党委组织委员。

王国锋 蒙古族，奈曼旗大沁他拉镇光明村党总支书记。

吴青海 蒙古族，扎鲁特旗人大常委会主任。

马显赫 蒙古族，扎鲁特旗扶贫开发办公室主任（乡村振兴局局长）。

崔雷雷 蒙古族，扎鲁特旗鲁北镇党委书记。

李永梅 女，蒙古族，扎鲁特旗前德门苏木扎嘎斯台嘎查第一书记、驻村工作队队长，扎鲁特旗卫生健康委员会副主任。

李一明 蒙古族，扎鲁特旗脱贫攻坚指挥中心数据室主任。

白乙尔图 蒙古族，扎鲁特旗查布嘎图苏木白音花嘎查第一书记、驻村工作队队长，通辽市嘎达苏种畜繁育中心生态环境保护办公室主任。

周景忠 开鲁县人民政府副县长。

田湘林 开鲁县吉日嘎郎吐镇党委书记。

张宝志 开鲁县扶贫开发办公室副主任（乡村振兴局副局长）。

卜繁增 开鲁县小街基镇明升村第一书记，开鲁县人力资源和社会保障局副局长。

杨　华 开鲁县建华镇双胜村党支部书记、村委会主任。

张品华 通辽市委组织部四级调研员。

包青山 蒙古族，通辽市发展和改革委员会地区经济科科长。

苏中申 通辽市民政局社会救助科科长。

席志勇 蒙古族，通辽市农牧局政策和改革科副科长。

王春鹰 女，蒙古族，通辽市财政局农牧科干部。

陈醒菊 女，通辽市金融工作办公室副主任。

李凤文 通辽市扶贫开发办公室党组书记、主任（乡村振兴局党组书记、局长）。

柳玉泉 蒙古族，通辽市扶贫开发办公室（乡村振兴局）社会扶贫科科长。

崔牧仁 蒙古族，通辽市档案局办公室主任、技术保护科科长。

张金丽 女，通辽市医疗保险服务中心城乡居民科负责人，通辽市医疗保障局扶贫办主任。

内蒙古自治区五一劳动奖章获得者

张殿宇 内蒙古霍煤通顺碳素有限责任公司生产安全环保部部长。

王德海 内蒙古华电蒙东能源有限公司代力吉风电场场长。

潘凯亮 内蒙古霍煤鸿骏铝电有限责任公司电解一分厂一厂房三区区长。

董立鹏 通辽金锣食品有限责任公司工人。

于新丽 女，蒙古族，通辽市科尔沁区第一人民医院心内科副主任。

张　彧 女，蒙古族，通辽市蒙古族幼儿园教师。

孙　斌 通辽百货大楼有限责任公司副总经理。

张　建 国家电投集团内蒙古白音华煤电有限公司露天矿设备维修部采掘车间电气主修工。

郭玉坤 开鲁县总工会经济部部长兼职工服务中心主任 。

（名单由各有关单位提供）

先进集体

2021年通辽市获全国性先进称号集体名单

全国脱贫攻坚先进集体

中共科尔沁左翼后旗委员会
科尔沁左翼中旗女子驻村工作队
中共开鲁县麦新镇委员会

全国五一劳动奖状

通辽金煤化工有限公司

全国工人先锋号

内蒙古霍煤通顺碳素有限责任公司焙烧车间
内蒙古霍煤鸿骏铝电有限责任公司电力分公司电气检修分厂电气一班

全国公安机关扫黑除恶专项斗争先进集体

通辽市公安局刑事侦查支队

（名单由各有关单位提供）

2021年通辽市获自治区级先进称号集体名单

全区脱贫攻坚先进集体

通辽市科尔沁区敖力布皋镇委员会
通辽市科尔沁区丰田镇民主村委会
通辽市科尔沁区乡村振兴局
通辽市科尔沁区医疗保障局
科尔沁左翼中旗委组织部
科尔沁左翼中旗乡村振兴局
科尔沁左翼中旗希伯花镇党委
科尔沁左翼中旗架玛吐镇苏林毛都嘎查党支部
科尔沁左翼中旗协代苏木龙合吐嘎查驻村工作队
科尔沁左翼中旗就业服务中心
科尔沁左翼后旗委组织部
科尔沁左翼后旗林业和草原局
科尔沁左翼后旗乡村振兴局
科尔沁左翼后旗海鲁吐镇党委
科尔沁左翼后旗巴胡塔苏木党委
科尔沁左翼后旗朝鲁吐镇党委
库伦旗委组织部
库伦旗乡村振兴局
库伦旗人大常委会办公室
库伦旗先进苏木党委
奈曼旗财政局
奈曼旗水务局
奈曼旗卫生健康委员会
奈曼旗乡村振兴局
奈曼旗慈善总会
奈曼旗大沁他拉镇昂乃村党总支
扎鲁特旗道老杜苏木人民政府
扎鲁特旗脱贫攻坚指挥中心
扎鲁特旗义和碑村驻村工作队
扎鲁特旗巨日合镇三合村委会
开鲁县东风镇党委
开鲁县委组织部
开鲁县开鲁镇红旗村委会
开鲁县义和塔拉镇六家子村委会
通辽市农牧局

通辽市民政局
通辽市卫生健康委员会
通辽市就业管理局
通辽市金融工作办公室
中国农业银行股份有限公司通辽分行

内蒙古自治区五一劳动奖状名单

内蒙古自治区民航机场集团有限责任公司通辽分公司
扎鲁特旗兴鲁运输有限责任公司
内蒙古自治区烟草公司通辽市公司

内蒙古自治区工人先锋号

华能新能源股份有限公司蒙东分公司浩日格吐风电场
内蒙古科尔沁药业有限公司动力车间
内蒙古科迈化工有限公司 DM 车间
内蒙古蒙古王实业股份有限公司酿酒车间
通辽市蒙古族幼儿园教研组
国家税务总局库伦旗税务局第一税务分局
通辽发电总厂有限责任公司热工分场调节班
国网内蒙古东部电力有限公司奈曼旗供电分公司白音塔拉供电所

（名单由各有关单位提供）

2021年通辽市主要机构及负责人名单

（截至2021年12月31日）

中国共产党通辽市第五届委员会

书　　记　冯玉臻（5月离任）
　　　　　孟宪东（5月任职）
副 书 记　郭玉峰（蒙古族）
　　　　　杜汇良（5月离任）
　　　　　方玉东（6月任职）
常　　委　冯玉臻（5月离任）
　　　　　孟宪东（5月任职）
　　　　　郭玉峰（蒙古族）
　　　　　杜汇良（5月离任）
　　　　　方玉东
　　　　　敖日格勒（蒙古族　7月离任）
　　　　　鞠树文（4月离任）
　　　　　吴海东（蒙古族　4月离任）
　　　　　王　琼（8月离任）
　　　　　饶崇书
　　　　　张鸿福
　　　　　马慧吉
　　　　　王　玲（女　8月任职）
　　　　　莫日根巴图（蒙古族　7月任职）
　　　　　亢永强（5月任职）
　　　　　焦刚伟（7月任职）
　　　　　赵　航（8月任职）
秘 书 长　张鸿福（4月离任）
　　　　　莫日根巴图（蒙古族　7月任职）

中国共产党通辽市第六届委员会

（2021年9月选举产生）

书　　记　孟宪东
副 书 记　郭玉峰（蒙古族）
　　　　　方玉东
常　　委　孟宪东
　　　　　郭玉峰（蒙古族）
　　　　　方玉东
　　　　　饶崇书（12月离任）
　　　　　张鸿福
　　　　　马慧吉
　　　　　王　玲（女）
　　　　　莫日根巴图（蒙古族）
　　　　　亢永强
　　　　　焦刚伟
　　　　　赵　航
秘 书 长　莫日根巴图（蒙古族）

市委工作机构

市委办公室

主　　任　薛宏国（2月任职　7月离任）
　　　　　孙悦勇（市委副秘书长　8月任职）
副 主 任　孙悦勇（8月离任）

周晓光（蒙古族　8月任市委副秘书长）
刘　垚（蒙古族　7月离任）
申玉秀（女　蒙古族　8月离任）
佟艳平（满族　2月任职　8月任市委副秘书长）
杜志明（12月任职）
机关党委副书记、纪委书记
马淑珍（女）

市委组织部

部　　长　敖日格勒（蒙古族　7月离任）
焦刚伟（7月任职）
常务副部长　陈　静（女　2月离任）
李海林（2月任职）
副 部 长　赵亚春（2月兼市非公有制经济组织和社会组织党工委书记）
王海澜（兼市公务员局局长　8月离任）
张寒松（8月任职　兼市公务员局局长）

市委宣传部

部　　长　马慧吉（7月离任）
王　玲（女　7月任职）
常务副部长　程志峰（蒙古族　8月离任）
王宗华（8月任职）
副 部 长　王　奎（蒙古族）
武随文（蒙古族）
何建华（8月离任）
王　冠（蒙古族　1月任职）

市委网络安全和信息化委员会办公室

主　　任　刘东华（2月离任）
解春贺（2月任职　8月离任）
高常亮（蒙古族　8月任职）
副 主 任　崔达非（女　蒙古族　12月离任）
王景林

市委统战部

部　　长　王　琼（8月离任）
赵　航（8月任职）
常务副部长　王宏华（女　蒙古族　8月离任）
梁铁宝（8月任职）
副 部 长　战青林（蒙古族）
赵海峰（回族）
佟艳辉（女　满族）
青格乐图（蒙古族　8月离任）
部务会委员　包根柱（蒙古族）

市委政法委员会

书　　记　杜汇良（市委副书记兼　5月离任）
方玉东（市委副书记兼　6月任职）
常务副书记　孙树军（8月任职）
副 书 记　闫海洲（9月离任）
高海滨
傅　强
张显鹏

市委政研室（改革办）

主　　任　周国刚
副 主 任　张雯喻（蒙古族　12月任职）
郭春明（12月任职）

市合作交流中心

主　　任　吴连成（4月离任）
包连山（蒙古族　4月任职）
副 主 任　阿拉坦仓（蒙古族　8月离任）
温旭东（12月任职）

市委机构编制委员会办公室

主　　任　王大军
副 主 任　孙海峰
王红杰（蒙古族）
齐巧夺（女　满族　8月离任）
闫　丽（女　12月任职）

市直属机关工作委员会

书　　记　张鸿福（市委常委、秘书长兼　8月离任）
莫日根巴图（市委常委、秘书长兼　8月任职）
常务副书记　姜明杰（女　蒙古族　8月离任）
高　明（蒙古族　8月任职）
副 书 记　孙万民
周玉红（女）

市委老干部局

局　　长　朱云霞（女）
副 局 长　张梅梅（女　满族　8月离任）
李永存（12月任职）
刘志忠（12月任职）

市党史地方志研究室

主　　任　张岿松
副 主 任　乌力吉巴雅尔（蒙古族）
　　　　　孙　岩（女　蒙古族）

市委党校、市行政学院、社会主义学院

校　　长　杜汇良（市委副书记兼　8月离任）
　　　　　焦刚伟（8月任职）
市行政学院院长
　　　　　鞠树文（5月离任）
　　　　　张鸿福（5月任职）
社会主义学院院长
　　　　　王　琼（9月离任）
　　　　　赵　航（9月任职）
常务副校长、常务副院长
　　　　　薛子君（蒙古族　8月任行政学院常务副院长、社会主义学院常务副院长）
副校长、副院长
　　　　　张亚辉（女　8月任行政学院副院长、社会主义学院副院长）
　　　　　姜占新（8月任行政学院副院长、社会主义学院副院长）

通辽日报社

党委书记　王　宇（女）
社　长、总编辑
　　　　　庞乾宇（蒙古族　8月任职）
副社长、副总编辑
　　　　　吴金刚（蒙古族）
副总编辑　郝文秀（10月离任）
　　　　　庞乾宇（8月离任）
　　　　　崇先鸣（蒙古族）
　　　　　张志军（蒙古族　12月任职）
　　　　　阿古达木（蒙古族　12月任职）

通辽广播电视台

台　　长　薛　静（女　2月离任）
　　　　　李凌芬（女　蒙古族　8月任职）
总 编 辑　李志军（4月离任）
　　　　　田　勋（8月任职）
副 台 长　关雪芹（女　满族）
　　　　　乌力吉套格图（蒙古族）
　　　　　王世甫（12月任职）
　　　　　白木仁（蒙古族　12月任职）

市委巡察机构

市委巡察办公室

主　　任　付洪云（8月离任）
　　　　　李宪宗（8月任职）
副 主 任　于梅兰（女）
　　　　　包占柱（蒙古族）
　　　　　王　鑫

市委第一巡察组

组　　长　李永泉
副 组 长　付　强

市委第二巡察组

组　　长　周祥谦（7月离任）
副 组 长　苏学权

市委第三巡察组

组　　长　郑　伟（7月离任）
副 组 长　包　鹏

通辽市人大常委会

主　　任　梁志远（蒙古族　2月离任）
　　　　　纪　强（2月任职）
副 主 任　郭建伟
　　　　　于　沨（2月任职）
　　　　　希日巴拉（蒙古族）
　　　　　李志刚
　　　　　崔迎跃
　　　　　张　华
秘 书 长　王立恒（2月离任）
　　　　　史厚纯（2月任职）

人大常委会办公室

办公室主任　王立恒（2月离任）
　　　　　史厚纯（2月任职）
副 主 任　白　冰

通辽市人民政府

市　　长　郭玉峰（蒙古族　市委副书记　2月任职）
副 市 长　张鸿福（市委常委　5月任职　兼市行政学院院长）

鞠树文（市委常委 5月离任）
方玉东（市委常委 7月离任）
王　勇（5月任职 兼市公安局局长）
曹金山（蒙古族 7月任职）
缪增位（7月任职）
牛文俊（7月任职）
孙　乐（女 回族 8月提名人选）
钟卫华（蒙古族 9月提名人选）
赵白玉（女 蒙古族 7月离任）
王　军（3月离任）
张海峰（8月离任）
郝明胜（蒙古族 7月离任）
张　怡（8月离任）

市政府工作机构

市政府办公室

秘 书 长　关海峰（蒙古族 办公室主任、外事办主任 8月任职）
　　　　　那日苏（蒙古族 7月离任）
副秘书长　高志峰（满族 8月任职）
　　　　　包海梅（蒙古族 8月任职）
　　　　　卢晓勇（蒙古族 8月任职）
　　　　　金树国（蒙古族 11月任职）
　　　　　贺其叶力图（蒙古族 12月任职）
　　　　　戴　勤（蒙古族 12月任职）
　　　　　吉洪刚（12月任职）
　　　　　马守新（挂职 5月任职 兼市扶贫办副主任）
　　　　　包宝君（挂职 8月任职）
　　　　　任志国（蒙古族 8月离任）
　　　　　郭明群（7月离任）
　　　　　聂文辉（蒙古族 7月离任）
办公室副主任　李庆东（12月任职）
　　　　　石双喜（蒙古族 12月离任）
　　　　　韩士忠（7月离任）

市发展和改革委员会（市粮食和物资储备局）

主　　任　韩晓峰（蒙古族）
纪委驻市发改委纪检组组长
　　　　　杨鸿武（7月离任）
　　　　　白　光（8月任职）
副 主 任　武立民
　　　　　敖喜君（蒙古族 3月离任）
　　　　　于晓非
　　　　　王　勇（8月任职）
　　　　　韩丽娟（女 蒙古族 11月任职）

市工业和信息化局

局　　长　王　刚（5月离任）
　　　　　孙柏生（8月任职）
副 局 长　刘世铎
　　　　　单国福

市教育局

局　　长　薛　静（女 2月任职）
副 局 长　刘自如（女 满族 2月任职）
　　　　　田向阳
　　　　　巴　图（蒙古族 8月离任）
　　　　　齐托娅（女 蒙古族 8月任职）
　　　　　布仁桑（蒙古族 2月任职）

市体育局

局　　长　田　野
副 局 长　付庆森（蒙古族）
　　　　　白巴特尔（蒙古族）

市民族事务委员会

主　　任　包根柱（蒙古族 兼市蒙古语文工作委员会主任兼市委统战部部务会委员）
副 主 任　孟根达来（蒙古族）
　　　　　齐根柱

市公安局

局　　长　王　军（5月离任）
　　　　　王　勇（市政府副市长 5月任职）
副 局 长　刘国明（9月离任）
　　　　　姜　波（蒙古族 兼政治部主任 4月离任）
　　　　　王彦东（蒙古族 4月离任）
　　　　　满城云（12月任职）
　　　　　李国华（4月任职）
　　　　　李帅兵（12月任职）
　　　　　崔达非（12月任职）
　　　　　张志江
　　　　　付　锐（1月离任）

市民政局

局　　长　冯宏庆（蒙古族 2月离任）
　　　　　赵长勇（8月任职）

副 局 长 李遵义
李树森
宝 林（蒙古族）
林静春（满族 8月任职）

市财政局

局 长 徐天鹏（7月离任）
薛宏国（7月任职）
副 局 长 郭增才（蒙古族 8月离任）
孙建国（满族 8月离任）
裴玉红（女 蒙古族）
韩志强（蒙古族 12月任职）
姜军正（满族 12月任职）

市人力资源和社会保障局

局 长 高志峰（8月离任）
杜志军（9月任职）
副 局 长 王伟琴（女）
张国辉
贺其叶力图（蒙古族 9月离任）
张品华（12月任职）

市住房和城乡建设局

局 长 高继业（蒙古族 2月离任）
徐浩涛（2月任职）
副 局 长 马瑞芳
顾凤梅（女）

市交通运输局

党组书记 张海峰（副市长兼 8月离任）
局 长 王兴龙（8月离任）
玄东升（蒙古族 8月任职）
副 局 长 吴金成（蒙古族 11月离任）
吕金福（蒙古族）
田玉忠
柴国祥

市水务局

局 长 张玉清
副 局 长 张喜富
管长山
徐振喜（蒙古族）
李建国（蒙古族）

市商务局

党组书记 张立峰（9月任职）
局 长 李全柱（蒙古族 10月离任）
包凤英（女 蒙古族 9月任职）

副 局 长 赵 俊
赵建华

市统计局

党组书记 付洪云（8月任职）
局 长 包兴华（蒙古族 8月离任）
杨宇奇（8月任职）
副 局 长 杨国庆（蒙古族）
包红梅（女 蒙古族 12月任职）
洪 鹏（蒙古族 12月任职）

市乡村振兴局

局 长 李凤文（8月任职）
副 局 长 程忠民（8月任职）
姜伯涛（蒙古族 8月任职）
白树昌（12月任职）

市科技局

局 长 白斯勤（蒙古族）
副 局 长 王梅玲（女）
郭瑞国

市司法局

局 长 刘士海（8月任职）
副 局 长 李玉良（回族）
赵美杰（女 蒙古族）
王宝玲

市审计局

局 长 史厚纯（2月离任）
庄路轲（8月任职）
副 局 长 王志刚（1月离任）
刘庆林
郑大伟
赵喆贤（12月任职）

市市场监督管理局

局 长 孙树军（8月离任）
王振成（8月任职）
副 局 长 王艳军（蒙古族 8月任职）
张福森（9月离任）
李海滨（蒙古族）
任全宝（蒙古族 8月离任）
李勇智（8月离任）
苗金成（8月离任）

市应急管理局

局 长 宋建中
副 局 长 李忠臣

李洪举（蒙古族　8月离任）
穆永春（蒙古族）

市生态环境局

局　　长　薛玉成
副 局 长　刘光毅（蒙古族）
韩秀丽（女）

市农牧局

局　　长　姜晓东（2月离任）
王立恒（2月任职）
副 局 长　包思沁夫（蒙古族）
王月英（女　蒙古族）
马俊岭（蒙古族）
宝那群（蒙古族）

市文化旅游广电局

党组书记　于德泉（2月离任）
赵　航（2月任职　8月离任）
白立柱（蒙古族　8月任职）
局　　长　徐浩涛（2月离任）
副 局 长　杜广兴（满族　9月离任）
赵乌日塔（蒙古族）
矫敏利
陈醒菊（女　12月任职）
孙海鹰（12月离任）

市卫生健康委员会

主　　任　王向东（2月离任）
陈　静（女　2月任职）
副 主 任　赵玉儒
马葆壮（蒙古族　7月离任）
郑国庆（蒙古族）
周宝德

市林业和草原局

局　　长　何志伟（蒙古族　8月任职）
副 局 长　包宝君（蒙古族）
吴玉国

市自然资源局

局　　长　吕国华（7月任职）
副 局 长　李　志
宝寒松（蒙古族）
刘中平（女　蒙古族）
岳光泽

市退役军人事务局

局　　长　马洪文（蒙古族　8月离任）
刘兴涛（8月任职）
副 局 长　董成余
齐向明（满族　12月离任）
张　严（12月任职）

市医疗保障局

局　　长　庞　友（蒙古族　8月离任）
刘东华（8月任职）
副 局 长　董振学
柴红光（满族　8月离任）
赵　颖（女　8月任职）
杨彩霞（女　蒙古族　12月任职）

市金融工作办公室

主　　任　史艳春（女　蒙古族　2月离任）
张胜利（蒙古族 2月任职 8月离任）
付建民（8月任职）
副 主 任　陈醒菊（女　12月离任）
韩志强（蒙古族　12月离任）
史　蕾（女　蒙古族　12月任职）
于晓慧（蒙古族　12月任职）

市国有资产监督管理委员会

主　　任　付建民（8月离任）
任志国（9月任职）
副 主 任　张　利
塔　娜（女　蒙古族）

市信访局

局　　长　王振成（8月离任）
窦亚秀（8月任职）
副 局 长　王子龙
张晶超（12月任职）

市能源局

局　　长　陈　力（8月离任）
聂文辉（8月任职）
副 局 长　钱启俊（蒙古族）
李宝泉（蒙古族）

市区域经济合作局

局　　长　梁铁宝（8月离任）
张胜利（8月任职）
副 局 长　乔振斌
常晓东（8月任职　12月离任）

市行政审批和政务服务局

局　　长　包建设（蒙古族　2月离任）
王欣欣（2月任职）

副 局 长 王志刚
马金春（女 蒙古族 12月离任）

市中药产业发展办公室

主 任 肖 强
副 主 任 白武龙（蒙古族）
德 林（蒙古族）

市地震局

党组书记 陈晓福（9月离任）
局 长 朱瑞莲（女 2月离任）
白领利（蒙古族 8月任职）
副 局 长 白领利（蒙古族 8月离任）

市供销社

党组书记、理事会主任
卢俊强（8月离任）
郭增才（蒙古族 8月任职）
副 主 任 赵颖秋（女）
韩 巍（蒙古族 12月任职）

市政府外事办公室

主 任 那日苏（蒙古族 6月离任）
关海峰（7月任职）

通辽市机关事务服务中心

主 任 王立军（8月离任）
石双喜（蒙古族 8月任职）
副 主 任 于长江（12月任职）
张 坤（12月任职）

中国人民政治协商会议通辽市委员会

主 席 全觉民（2月离任）
吕永成（2月任职）
副 主 席 王喜春（2月离任）
李艳荣（女 蒙古族）
檀志军
盛 勤
全孟和（蒙古族）
徐宝君
王秉忠（蒙古族）
白红梅（女 蒙古族）
布 仁（蒙古族 2月任职）
朱瑞莲（女 2月任职）
秘 书 长 米法兴（2月离任）
于德泉（2月任职）
副秘书长 庄建军
滕志文（女）

中国共产党通辽市纪律检查委员会 通辽市监察委员会

纪委书记、监委主任
吴海东（蒙古族 5月离任）
亢永强（5月任职）
副书记、监委副主任
赵海山（蒙古族 9月离任）
庄路轲（女 蒙古族 8月离任）
李 鹏（9月任职）
包 灵（蒙古族）
程鹏刚（9月任职）

通辽市中级人民法院

院 长 刘文华（蒙古族 8月离任）
宋建波（8月任职）
副 院 长 王胜利
伊日乐图（蒙古族 7月离任）
党组成员 驻通辽中院纪检监察组组长
石耸岩（蒙古族）
党组成员 专职审判委员会委员
刘 国
党组成员、政治部主任
张起超（蒙古族 1月任职）

通辽市人民检察院

党组书记、检察长
王彦春（蒙古族）
党组副书记、副检察长
霍玉春（女 3月离任）
宋志学
陈景忠（蒙古族）
张志云（1月任职）
党组成员 检委会专职委员
李彦秋（1月任职）
吴咏梅（女 蒙古族）
党组成员 政治部主任
石龙梅（女 蒙古族 1月任职）

民主党派　工商联

中国国民党革命委员会通辽市总支部委员会

主　　委　邬君明（蒙古族）
副 主 委　刘光宇（蒙古族）
　　　　　王丽娟（女）
　　　　　周　利（12月任职）
秘 书 长　徐丰华（女　蒙古族）

中国民主同盟通辽市委员会

主　　委　白红梅（女　蒙古族）
副 主 委　田　明（10月离任）
　　　　　鲁静源（10月离任）
　　　　　褚晓玲（女　10月离任）
　　　　　塔　娜（女　蒙古族　10月任职）
　　　　　银　海（蒙古族　10月任职）
　　　　　韩　刘（10月任职）
　　　　　卢　贵（10月任职）
秘 书 长　杨　阳（女　满族　10月任职）

中国民主建国会通辽市总支部委员会

主　　委　王兴龙（9月离任）
　　　　　韩秀丽（女　9月任职）
副 主 委　杨澄宇（9月离任）
　　　　　孙海民
　　　　　张春雨（9月任职）
　　　　　马　明（9月任职）
秘 书 长　杨　枫（蒙古族　9月离任）
　　　　　李迎春（女　蒙古族　9月任职）

中国民主促进会通辽总支委员会

主　　委　朱瑞莲（女）
副 主 委　王晓红（女）
　　　　　徐翠荣（女　9月离任）
　　　　　孟祥军（9月离任）
　　　　　徐寿军（蒙古族　9月任职）
秘 书 长　张润英（女　9月离任）
　　　　　刘　洋（蒙古族　9月任职）

中国农工民主党通辽市委员会

主　　委　布仁巴图（蒙古族）
副 主 委　郝金香（女　满族　9月离任）
　　　　　金丽杰（女　蒙古族　9月离任）
　　　　　隋爱国（9月离任）
　　　　　杨秀媛（女　9月任职）
　　　　　李志军（9月任职）
　　　　　刘敬平（女　9月任职）
秘 书 长　赫金香（女　满族　9月离任）
　　　　　董立刚（9月任职）

九三学社通辽市委员会

主　　委　王湘涛（9月离任）
　　　　　李志刚（9月任职）
副 主 委　李志刚（蒙古族　9月离任）
　　　　　方俊平（9月离任）
　　　　　霍　钧（9月离任）
　　　　　王学理（9月任职）
　　　　　吴敬晓（女　蒙古族　9月任职）
秘 书 长　霍　钧（兼　9月离任）
　　　　　刘壮东（蒙古族　9月任职）

市工商联（总商会）

党组书记　青格勒图（蒙古族　8月离任）
　　　　　战青林（9月任职）
提名主席　包立群（蒙古族　11月任职）
主　　席　包凤英（女　蒙古族　8月离任）
副 主 席　张宝贵
　　　　　曲向前（12月任职）

群众团体

市总工会

主　　席　郭建伟（市人大常委会副主任兼）
副 主 席　韩亚成
　　　　　赵桂琴（女）
　　　　　孙福全（蒙古族　9月离任）
　　　　　高巨伟（12月任职）

共青团通辽市委员会

书　　记　申玉秀（女　8月任职）
副 书 记　包祺伟（蒙古族　7月离任）
　　　　　曹岘婧（女　7月离任）
　　　　　马艳宾（12月任职）
　　　　　于　泳（12月任职）

市妇女联合会

主　　席　包红梅（女　蒙古族）
副 主 席　刘建华（女　蒙古族）
　　　　　金小溪（女　蒙古族）

市科学技术协会

主　　席　包海梅（女　蒙古族　8月离任）

青格乐图（蒙古族 8月任职）
副　主　席　姚静丽（女）
耐日勒图（蒙古族）

市文学艺术界联合会

主　　　席　苏日塔拉图（蒙古族）
副　主　席　宁立新（女）

市归国华侨联合会

主　　　席　乌兰哈达（蒙古族 8月离任）
孙福全（蒙古族 8月任职）
副　主　席　闫文清（蒙古族）

市残疾人联合会

理　事　长　蔡川龙
副理事长　戴广超
张志强（蒙古族）

市红十字会

常务副会长　包兰芳（女 蒙古族 8月离任）
邬君明（蒙古族 8月任职）
副　会　长　王晓燕（女）
副监事长　高清树（满族）

中区直单位

国家税务总局通辽市税务局

局　　　长　王树森（6月离任）
副　局　长　安志宏（6月离任）
周　晟（10月任职）
吕玉斌（蒙古族 8月任职）
张鹏越（7月任职）
王旋慧（7月任职）
赵东莉（女 6月挂职）

市气象局

局　　　长　娄玉贵
副　局　长　李　巍（满族）
贾海军

通辽海关

关　　　长　陈书贤
纪检书记　齐金宝
副　关　长　孙　哲

市邮政管理局

局　　　长　柴国祥
副　局　长　包雅宏（女 蒙古族）

市烟草专卖局（公司）

局长、经理　王明欣
副　经　理　马玉海
副　局　长　金世龙（朝鲜族）
贾名峻（6月任职）

金融单位

中国人民银行通辽市中心支行

行　　　长　李　虹（女 兼国家外汇管理局通辽市中心支局局长 3月任职）
行　　　长　卢连富（满族 3月离任）
副　行　长　李长春
王晓峰（蒙古族 6月离任）
王立伟
纪委书记　程松峰（满族）

通辽银保监分局

局　　　长　范振杰（11月离任）
王国琪（蒙古族 11月任职）
副　局　长　包志伟（蒙古族 4月离任）
荣占峰
牛利民（蒙古族 3月任职）

内蒙古银行股份有限公司通辽分行

行　　　长　郭海东（蒙古族）
副　行　长　孙万君（蒙古族）
风险总监　缴柏生
副　行　长　张天宁
纪委书记　陈继刚（蒙古族 4月离任）
高一新（女 8月任职）
行长助理　井伟光
宋丽娜（女）

中区直·市直企业

国家电网内蒙古东部电力有限公司通辽供电公司

总经理、党委副书记　郑世英
党委书记、副总经理　张　量（蒙古族）
副总经理　于成勇
张少杰
张忠杰
牛清林（蒙古族）

陈　轩
总会计师　杨广臣（蒙古族）

中国石油内蒙古通辽销售分公司

经　　理　陈永志（满族）
党委书记　李　冰（女　蒙古族　8月任职）
总会计师　宁伟莉（女）
副 经 理　薄宝楠（蒙古族）
赵宏刚
李　冰（女　蒙古族）

通辽民航机场公司

党委副书记、总经理　杨瑞林
党委书记、副总经理
李　伟（蒙古族）
副总经理　王昌义
孙艳东

中国电信通辽分公司

总 经 理　谢本富（10月离任）
吕海东（11月任职）
副总经理　陈跃伟（2月离任）
崔艳学
张利斌
陶丽丽（女　6月任职）
纪委书记　何广顺（回族）

中国移动通信通辽分公司

总 经 理　云兰娥（女　蒙古族）
副总经理　毕　胜（满族）
康永昌
呼　和（蒙古族）
王晓慧（女　蒙古族）

中国联合通信通辽市分公司

党委书记、总经理
杨晓辉
副总经理　刘长久
张　威
王汉飞

中国邮政集团公司通辽市分公司

总 经 理　黄　伟
副总经理　李　强（蒙古族　8月离任）
张洪义（蒙古族）
秦宝山（纪委书记　8月离任）
朱　军（8月任职）
关晓东（蒙古族　8月离任）
曹　杉（8月任职）
李志勇（8月任职）

市盐业有限公司

总 经 理　邹铁壮（蒙古族）
副总经理　张守东
许晓红（蒙古族）

大、中专院校

内蒙古民族大学

中共内蒙古民族大学委员会

书　　记　陈永胜
副 书 记　赵东海
李文阁（5月离任）
委　　员　任　军
白跃华
杨恒山
莫日根巴图（7月离任）
陈英松
格根哈斯（1月离任）
王百涛

内蒙古民族大学行政领导

校　　长　赵东海
副 校 长　任　军
杨恒山
莫日根巴图（蒙古族　7月离任）
陈英松（蒙古族）

通辽职业学院

书　　记　吕永成（1月离任）
院　　长　刘兰英（女）
副 院 长　李伟树（11月离任）
崔　文
付国红（蒙古族）

科尔沁艺术职业学院

党委书记　哈斯布和（蒙古族）
党委副书记、院长
赵魁武（蒙古族　3月离任）
党委副书记　刘剑光
副 院 长　戴国琴（女）
董　丽（女）
张龙龙（蒙古族）
刘景富（4月任职）

旗（县、市、区）·开发区

科尔沁区

区委

书　　记　杜汇良（6月离任）
　　　　　徐天鹏（6月任职）
副书记　杜志军（1月离任）
　　　　　于会涛（蒙古族　7月离任）
　　　　　邱　军（7月任职）
　　　　　康晓东（7月任职）

区人大

主　　任　刘晓梅（女　蒙古族）
副主任　赵喜忠
　　　　　李伟东（蒙古族）
　　　　　王守万
　　　　　王作华

区政府

区　　长　于会涛（蒙古族　7月离任）
　　　　　康晓东（蒙古族　9月任职）
副区长　康晓东（蒙古族　7月离任）
　　　　　齐明远（蒙古族　9月任职）
　　　　　王百涛（9月离任）
　　　　　云泽人（蒙古族　9月任职）
　　　　　杨宇奇（8月离任）
　　　　　何青海（蒙古族　9月离任）
　　　　　刘晓辉（女　蒙古族　9月离任）
　　　　　吕晨光（蒙古族　9月离任）
　　　　　白巴根那（蒙古族）
　　　　　秦　崇（蒙古族　9月离任）
　　　　　杨秀媛（女　9月任职）
　　　　　孟凡辉（9月任职）
　　　　　牟德军（9月任职）

区政协

主　　席　乌力吉（蒙古族　7月离任）
　　　　　齐志军（7月任职）
副主席　富景志（满族）
　　　　　赵艳秋（女）
　　　　　杨秀媛（女）
　　　　　张　成（7月任职）
　　　　　周　利（7月任职）
　　　　　于艳春（女　7月任职）
　　　　　董立刚（7月任职）

霍林郭勒市

市委

书　　记　吕国华（6月离任）
　　　　　高继业（蒙古族6月任职）
副书记　玄东升（蒙古族　7月离任）
　　　　　嵇海洋（9月任职）
　　　　　战青林（蒙古族　7月离任）
　　　　　塔　娜（女　蒙古族　7月任职）

市人大

主　　任　李东辉（女　蒙古族）
副主任　张春雨
　　　　　青格乐吐（蒙古族）
　　　　　吕凤民

市政府

市　　长　玄东升（蒙古族　7月离任）
　　　　　嵇海洋（9月任职）
副市长　刘景富（6月离任）
　　　　　于　凤（9月离任）
　　　　　单连衡（蒙古族）
　　　　　周海民（9月任职）
　　　　　高金枝（女　7月离任）
　　　　　张亲辉（女　7月离任）
　　　　　刘福柱（蒙古族）
　　　　　江　溉（4月任职）
　　　　　王俊国（蒙古族　9月任职）
　　　　　李建辉（9月任职）
　　　　　徐文洁（女　蒙古族　9月任职）
　　　　　宋启哲（9月任职）

市政协

主　　席　吕　财（3月离任）
　　　　　白　华（3月任职）
副主席　郭久元
　　　　　董金刚（蒙古族）
　　　　　贺　群（女　12月离任）
　　　　　岳玉海（12月离任）

开鲁县

县委

书　　记　赵长勇（6月离任）
　　　　　王凤森（满族　6月任职）
副书记　刘兴涛（7月离任）
　　　　　刘　洋

雷　鸣（7月任职）

县人大

主　　任　孙国栋（7月离任）
　　　　　张文军（7月任职）
副 主 任　丁淑杰（女）
　　　　　白英文（蒙古族）
　　　　　姜玉杰（7月离任）
　　　　　王金忠（7月任职）
　　　　　何晓莲（女 7月任职）

县政府

县　　长　刘兴涛（7月离任）
　　　　　刘　洋（9月任职）
副 县 长　赵俊伟（蒙古族）
　　　　　周景忠（9月离任）
　　　　　鲁春昱（9月离任）
　　　　　刘文喜（蒙古族 7月离任）
　　　　　王　雁（女 7月离任）
　　　　　陈秀海（蒙古族 9月离任）
　　　　　刘伟光（挂职 7月离任）
　　　　　曹岘婧（女 挂职 7月离任）
　　　　　刘　洋（7月任职 9月离任）
　　　　　颜伟东（9月任职）
　　　　　杨会敏（女 9月任职）
　　　　　崔宝来（9月任职 兼县公安局局长）
　　　　　常宝成（9月任职）
　　　　　杨存秀（9月任职）

县政协

主　　席　姜晶莹（女）
副 主 席　张志和（7月离任）
　　　　　郭金峰（女 蒙古族 3月离任）
　　　　　王志新（7月任职）
　　　　　陈　恒（7月任职）
　　　　　丁桂清（女 7月任职）
　　　　　王占江（7月任职）

科左中旗

旗　委

书　　记　刘百田（3月免职）
　　　　　徐天鹏（4月任职 6月离任）
　　　　　于久彦（6月任职）
副 书 记　白音仓（蒙古族 7月离任）
　　　　　那日苏（蒙古族 7月任职）
　　　　　钟卫华（蒙古族 7月离任）
　　　　　于　勇（7月任职）

旗人大

主　　任　徐长春（蒙古族）
副 主 任　马越伟（满族）
　　　　　包娜仁高娃（女 蒙古族）
　　　　　包翠萍（女 蒙古族）
　　　　　翟宝莱

旗政府

旗　　长　白音仓（蒙古族 6月离任）
　　　　　那日苏（蒙古族 6月任职）
副 旗 长　于　勇（7月离任）
　　　　　秦　崇（蒙古族 7月任职）
　　　　　吴清绪（5月离任）
　　　　　王政权（5月任职）
　　　　　韩士忠（7月任职）
党组副书记　王　晶（满族 挂职）
副 旗 长　常晓东（7月离任）
　　　　　孙柏生（7月离任）
　　　　　雷　鸣（7月离任）
　　　　　林红伟（7月离任）
　　　　　唐红梅（女 蒙古族 12月离任）
　　　　　包祺伟（蒙古族 7月任职）
　　　　　刘乃波（蒙古族 7月任职）
　　　　　郭　杰（女 7月任职）
　　　　　刘　阳（7月任职 11月离任）
　　　　　刘　森（满族 11月任职）
　　　　　王立华（女 12月任职）

旗政协

主　　席　张敬瑞
副 主 席　兰凤席（蒙古族）
　　　　　于庆伟（9月离任）
　　　　　邰宝顺（蒙古族 1月离任）

科左后旗

旗　委

书　　记　刘士海（7月离任）
　　　　　解春贺（7月任职）
副 书 记　何志伟（蒙古族 7月离任）
　　　　　郭天宝（蒙古族 7月任职）
　　　　　邹　韬（4月离任）
　　　　　于久彦（7月离任）
　　　　　白海东（蒙古族 7月任职）

旗人大

主　　任　宋照日格图（蒙古族）

副 主 任　张建国（蒙古族）

史加强（蒙古族）

纪桂兰（女　蒙古族）

王金强

旗政府

旗　　长　何志伟（蒙古族　7月离任）

郭天宝（蒙古族　7月任职）

副 旗 长　于有志（蒙古族　旗政府常务副旗长2月任职　11月离任）

关海峰（蒙古族　2月离任）

康晓东（蒙古族　2月离任）

刘　宏（挂职　7月离任）

尤廷秀（挂职）

徐　民（挂职　7月离任）

程忠民（9月离任）

贾广才（蒙古族　兼公安局局长　9月离任）

白青山（蒙古族　9月离任）

塔　娜（女　蒙古族　9月离任）

刘文喜（蒙古族　旗政府常务副旗长　9月任职）

杨恩贞（挂职　7月任职）

李燕华（挂职　7月任职）

项国伟（兼公安局局长 9月任职）

佟国彪（9月任职）

李伟明（9月任职）

梁旭滨（女　蒙古族　9月任职）

张云哲（蒙古族　9月任职）

旗政协

主　　席　张大力

副 主 席　包建平（蒙古族）

王丽华（女　蒙古族）

布仁吉力根（蒙古族）

王芙蓉（蒙古族）

库伦旗

旗　委

书　　记　高常亮（蒙古族　4月离任）

马慧吉（4月任职）

副 书 记　张立峰（9月离任）

王　薇（女　蒙古族）

史明显（7月任职）

刘春艳（女　7月离任）

旗人大

主　　任　王桂兰（女　蒙古族）

副 主 任　吕卫东（7月离任）

高玉华（女　7月离任）

包沙来（蒙古族）

刘图力古尔（蒙古族　7月离任）

范广超（7月任职）

张树利（7月任职）

杨占海（7月任职）

旗政府

旗　　长　张立峰（9月离任）

王　薇（女　蒙古族　9月任职）

副 旗 长　赵喆贤（满族 7月任职 12月离任）

杨立伟（12月任职）

邵凤林（9月离任）

王　勇（7月离任）

宝　喜（蒙古族　9月任职）

于明明（9月任职）

刘增喜（5月任职）

赵　娅（女　9月任职）

王玉山（蒙古族　7月离任）

蒋　波（蒙古族　9月任职）

吴　涛（蒙古族　9月任职）

孙庆谷（7月离任）

张铜会（12月离任）

白淑英（女　蒙古族　7月任职　挂职）

冯雪彬（回族　9月任职　挂职）

李玉霖（11月任职　挂职）

旗政协

主　　席　王庆川（7月离任）

白青山（蒙古族　7月任职）

副 主 席　王学坚（女　回族）

丛月秀（女　7月离任）

林　杰（蒙古族　7月离任）

范广超

顾秀英（女　满族　7月任职）

王耀辉（7月任职）

莫日根（蒙古族　7月任职）

奈曼旗

旗 委

书　　记　张　华（6月离任）
　　　　　王　刚（6月任职）
副 书 记　布　仁（蒙古族 7月离任）
　　　　　钟卫华（蒙古族7月任职9月离任）
　　　　　王洪江（7月离任）
　　　　　郭　健（7月任职）

旗人大

主　　任　韩凤梧（7月任职）
副 主 任　刘清东
　　　　　李自清
　　　　　王立强（满族）
　　　　　高国焱（女 蒙古族）
　　　　　白额尔敦巴特尔（蒙古族）

旗政府

旗　　长　布　仁（蒙古族 6月离任）
代 旗 长　钟卫华（7月任职 11月离任）
副 旗 长　刘　宁（挂职 1月离任）
　　　　　唐殿珂（挂职 5月离任）
　　　　　郭玉明（挂职 6月任职）
　　　　　杨志鹏（挂职 5月任职）
　　　　　孙宏志（蒙古族 9月离任）
　　　　　邬君明（蒙古族 9月离任）
　　　　　邱　军（满族 9月离任）
　　　　　朱子波（蒙古族）
　　　　　于庆伟（9月任职）
　　　　　刘欣欣
　　　　　张红兵（女 蒙古族）
　　　　　王伟生（9月任职）
　　　　　王　东（9月任职）

旗政协

主　　席　李玉山（蒙古族）
副 主 席　席额日很白音（蒙古族 11月离任）
　　　　　李哈日巴拉（蒙古族 11月离任）
　　　　　李婉钰（女）

扎鲁特旗

旗 委

书　　记　白立柱（蒙古族 5月离任）
　　　　　邵彦军（5月任职）
副 书 记　额尔敦夫（蒙古族 6月离任）
　　　　　程鹏刚

旗人大

主　　任　吴青海（蒙古族）
副 主 任　伍　晓（女 蒙古族 兼旗总工会主席）
　　　　　布茂祥（蒙古族 7月离任）
　　　　　乌日巴图（蒙古族）
　　　　　宋连辉（蒙古族 7月离任）

旗政府

旗　　长　额尔敦夫（蒙古族 6月离任）
　　　　　包文兰（女 蒙古族 6月任职）
常务副旗长　巴　图（蒙古族）
副 旗 长　莫日根巴图（蒙古族）
　　　　　乌恩吉雅（蒙古族 8月离任）
　　　　　王艳军（蒙古族 8月离任）
　　　　　色音白乙拉（蒙古族 7月离任）
　　　　　牟铁民（7月任职）
　　　　　杨彩霞（女 蒙古族 12月离任）
　　　　　李永海（7月任职）

旗政协

主　　席　孙茹秋（女）
副 主 席　郃学兰（女 蒙古族 1月离任）
　　　　　邵占军（蒙古族 7月离任）
　　　　　孟根花（女 蒙古族）
　　　　　戴宝林（蒙古族）

通辽经济技术开发区

党工委

书　　记　杜志军（2月任职 8月离任）
　　　　　王洪江（8月任职）
副 书 记　赵　航（2月离任）
　　　　　刘东华（8月离任）
　　　　　范立军（8月任职 12月离任）

管委会

主　　任　刘江华（2月任职 8月离任）
　　　　　范立军（11月离任）
　　　　　王洪江（11月任职）
副 主 任　田红军（11月任职）
　　　　　范立军（11月任职 12月离任）
　　　　　赵建军（11月离任）

文献资料

通辽市国民经济和社会发展第十四个五年规划和2035年远景目标纲要（摘录）

（2021年4月）

“十四五”时期（2021—2025年），是我国全面建成小康社会、实现第一个百年奋斗目标之后，乘势而上开启全面建设社会主义现代化国家新征程、向第二个百年奋斗目标进军的第一个五年，也是新时代全面建设现代化通辽的关键五年。根据通辽市委《关于制定国民经济和社会发展第十四个五年规划和2035年远景目标的建议》，制定形成《通辽市国民经济和社会发展第十四个五年规划和2035年远景目标纲要》。

第一篇　决胜全面建成小康社会 开启全面建设现代化通辽新征程

“十三五”时期，面对复杂多变的经济环境和艰巨繁重的改革发展稳定任务，通辽市委、市政府团结带领全市各族人民，深入贯彻习近平总书记重要讲话、重要指示批示精神，坚决贯彻党中央和自治区党委各项决策部署，坚持新发展理念，坚持稳中求进工作总基调，坚决打好三大攻坚战，统筹推进疫情防控，全面做好稳增长、促改革、调结构、惠民生、防风险、保稳定各项工作，经济社会保持总体平稳、稳中向好的发展态势，如期实现全面建成小康社会奋斗目标，较好地完成了“十三五”规划确定的主要目标任务，各项事业发展实现了新跨越。

第一章　发展环境

第一节　发展成就

综合实力稳步提升。经济结构持续优化，经济增长的内生动力明显增强，优势特色产业集群化转型升级加快，粮食和畜牧生产连稳连增，被命名为“中国草原肉牛之都”“中国蒙医药之都”，被国家确定为现代能源领域试点城市。“十三五”期间，全市地区生产总值年均实际增长2.8%，前四年人均GDP年均增长3.7%，社会消费品零售总额年均增长2.4%，消费、投资扩容提质，对经济增长的贡献率不断提高。

现代产业逐步形成。现代农牧业发展实现新突破。“十三五”期间，粮食产量年均增长4.6%，在全区各盟市中名列前茅。绿色农畜产品产业集群不断壮大。形成生态农牧、玉米生物、科尔沁肉牛等全产业链发展模式，普鲁兰多糖等产品突破了欧美垄断，“通辽黄玉米”“科尔沁牛”“开鲁红干椒”“库伦荞麦”品牌价值位居自治区前列。工业转型升级步伐加快。煤炭、电力、有色金属等传统支柱产业发展质量稳步提升，新能源、新材料、蒙药等新兴产业布局逐步形成。五大产业集群产值占规模以上工业总产值85.2%，高精宽幅铝箔、铝银浆、利用玉米发酵生产原料药实现“零”的突破。创建国家级绿色工厂4家、国家级绿色产品1个、自治区级绿色工业园区1个，铝镍硅新材料产业实现绿色循环发展，霍林河循环经济示范工程获得联合国气候大会“今日变革进步奖”。蓝宝石产能已达全国第一，哈兹列特铝连铸连轧技术和装备水平跻身国际先进行列。电力装机容量达1340.76万千瓦，再生能源装机占比达到43.4%。内蒙古民族大学获批建设蒙医药国家重点实验室和国家地方联合工程研究中心。服务业持续健康发展。物流园区、保税物流中心、多式联运海关监管中心建设持续推进，基本形成南连港、北通欧的多式联运物流格局。旅游业保持较快增长。“十三五”期间，全市累计接待游客约3506.8万人次，实现旅游收入854.14亿元，年均增速20%以上。旅游美誉度持续提升，拥有A级景区22家，科尔沁500公里风景大道荣获2018年“中国最受欢迎的十大自驾游路线”，被确定为中国北方自驾游发展高峰论坛永久举办地。“中国蒙医药之都”优势凸显，健康养老产业稳步发展。

创新发展动力增强。科技创新体制机制不断完善，重点领域项目、基地、人才、资金一体化配置不断增强，创新生态不断优化，引才育才等人才新政取得实效，科技支撑和改革创新能力不断提升。国家农业科技园区、国家现代农业产业园通过验收，霍林郭勒工业园区与通辽经济技术开发区成功晋升为自治区级高新技术产业开发区，高新技术企业达到37家。产学研深度融合，企业创新能力不断提升。科技创新平台建设加快，创建院士专家工作站2个，新增自治区级以上研发平台118个，总数达到212个。科技成果转化能力持续加强，建成内蒙古东部常设技术市场，成功培育自治区级技术转移示范机构1个。持续开展优势主导产业科技攻关，获得自治区级以上科学技术奖31项，市级以上科技成果达到198项，市级以上科技奖励446人。人才发展体制机制改革持续深化，人才创新活力不断迸发，启动实施“科尔沁英才”工程，切实推进各领域急需紧缺人才引进。

协调发展趋势向好。区域协调发展战略深入推进，城乡融合发展、基础设施保障水平持续提升。全面放宽农牧民进城落户限制，常住人口城镇化率达到51%，比2015年提高了4.6个百分点。科左中旗成功创建国家新型城镇化综合试点，奈曼蒙中医药小镇、开发区哲里木湛露温泉康养小镇正式列入自治区特色小镇创建培育名单。龙头企业带动能力持续增强，全市现有农牧业重点龙头企业107家。科左中旗成功创建国家级现代农业产业园，开鲁县成功创建自治区级现代农牧业产业园。民间投资活力强劲，非公经济持续健康发展。民营经济规模不断壮大，市场主体突破25万户。成功创建全国双拥模范城，顺利实现“五连冠”目标。城乡人居环境有效提升。启动2018—2020年城市精细化管理三年行动，在市政设施维护、基础设施建设、园林绿化养护和城市排水排污管理方面取得显著成效。城镇垃圾无害化处理率达100%，农村牧区生活垃圾治理率达到93.71%，农村户用卫生厕所普及率达到32%以上，全市畜禽粪污综合利用率已达到80.95%。

绿色发展引领转型。生态环境质量持续改善，重点实施千万亩农业高效节水、千万亩草原修复、千万亩天然草原现代畜牧业示范、千万亩科尔沁沙地治理等四大生态修复保护工程。霍扎地区露天煤矿矿山生态环境综合治理取得显著成效，绿色矿山建设步入快车道。单位地区生产总值用水量降低比重达到29.1%，累计建成以浅埋滴灌为主的农业高效节水工程590万亩，累计治理沙化土地近2000万亩。森林覆盖率达到24%，草原植被覆盖度达到62%，活立木蓄积量达到4112.34万立方米，被授予“全国绿化模范城市”。深入推进“大气十条”“水十条”“土十条”，打好打赢污染防治攻坚战。加强工业企业大气污染综合治理，开展燃煤锅炉综合整治，推进移动源大气污染治理，加强矿区及扬尘综合整治，主要污染物排放得到有效控制。有效改善重点流域水环境质量，全面开展集中式饮用水水源地专项整治工作。积极推进农村环境综合整治，加强对城镇污水处理厂监管，城镇污水处理率和达标率分别达到98%和95%。严格建设用地环境准入和监管，全面推进生活垃圾分类管理和处置。环境执法监督力度进一步加强，倡导、鼓励、形成绿色生产生活方式。全面落实完成中央环保督察、“回头看”及草原生态环境问题专项督察反馈问题整改任务。

开放发展走深走实。营商环境进一步优化提升，招商引资和引技引智取得突破性进展，全方位、多层次、多元化的开放合作格局加速形成。深入推进“放管服”改革，全面落实市场准入负面清单制度，外资企业商务备案与工商登记实现一个窗口办理。招商引资取得新成效，预计新签约亿元以上项目710个，全市招商引资到位资金近2000亿元。积极融入东北振兴，加快推进“四辽铁通”协同创新合作，稳步推进与赤峰市联合申报蒙东承接产业转移合作示范区。主动参与中蒙俄经济走廊建设，成立蒙古国通辽商会，建立中蒙区域“3+3”合作机制，开行中欧班列98列。稳步发展跨境电子商务，加快促进国际贸易便利化。通辽机场年旅客吞吐量突破100万人次，霍林河机场通航运营。全区首条出区高铁“通新”高速铁路开通运营，铁路通车里程达到1148.2千米，电气化率达到71.8%。通辽市与吉林省、辽宁省实现高速公路网对接，与邻近盟市实现一级以上公路连接，主城区与各旗（县、市、区）实现高等级公路连接，实现乡乡通公路，建制村通水泥路、通班车。

共享发展普惠民生。脱贫攻坚成果显著，贫困人口全部脱贫、贫困旗县和贫困嘎查村全部摘帽出列。科左后旗获全国脱贫攻坚组织创新奖，扎鲁特旗百姓议贫会制度获全球扶贫优秀案例。居民收入持续增长，“十三五”期间，城乡居民收入年均增长6.5%和9.2%，城乡低保保障标准和补助水平有所提高。就业创业工作有序推进，城镇累计新增就业8.59万人，城镇登记失业率控制在4%以内。建设、提升、完善各级各类集中型创业园区和孵化基地21家，带动就业近1.1万人。城乡基本公共服务水平显著提升，成功创建全国文明城市和国家卫生城市。民族教育得到优先发展，高中阶段实施“两免”政策，高中阶段毛入学率达到95.01%，高于全区平均水平，现代职业教育加快发展。覆盖城乡居民的社会保障体系基本建成，基本医疗保险实现“六统一”，率先在自治区实现城乡医疗保险整合，基本实现异地就医结算。城乡公共文化服务体系不断完善，群众性文化活动广泛开展。主城区社区健身设施覆盖率达到85%以上，行政村体育设施覆盖率已经达到70%以上，初步形成全民健身组织网络。

治理能力显著提高。全面从严治党、依法治市向纵深发展，扫黑除恶专项斗争、煤炭资源领域违规违法问题专项整治取得重要成果，被中央政法委确定为第二批市域社会治理现代化试点创建城市。认真履行党建、意识形态“一岗双责”，坚决执行中央八项规定精神，全面推进政府系统党风廉政建设和反腐败工作。提高政治站位，以实际行动践行“两个维护”，不折不扣贯彻落实中央重大决策部署。从严从实加强自身建设，认真贯彻民主集中制，严肃党内政治生活，带头联系群众、改进作风，自觉履行好领导责任和示范责任。不断加强和创新社会治理，推进平安通辽、法治通辽建设，全力构筑维护国家安全和社会稳定的坚实屏障。社会治理特别是基层治理水平明显提高，推进市域社会治理，将风险隐患化解在萌芽、解决在基层。建成共享智慧型政府，提升政府治理现代化、智能化水平，依托“信用中国（内蒙古通辽）”网站等平台，加强全市信用体系建设，突出政府诚信建设，加强企业信用监管，在全国信用排名中入围百强。

“十三五”期间，全市各族人民深入落实习近平总书记考察内蒙古系列讲话精神，团结奋斗，贯彻五大发展理念，打赢精准脱贫、污染防治和防范化解重大风险三大攻坚战，经济综合实力稳步提升，现代产业体系逐步形成，城乡居民生活水平不断提升，生态文明建设成绩突出，加快形成开放协作新格局，民生福祉得到明显改善，砥砺奋进，扎实推进全面深化改革。“十三五”胜利收官，决胜全面建成小康社会取得决定性成就，为全面建设现代化通辽奠定了坚实基础。

第二节　面临形势

当前和今后一个时期，我国发展仍然处于重要战略机遇期，但机遇和挑战都有新的发展变化。从国际看，世界百年未有之大变局进入加速演变期，不稳定性、不确定性明显增加。从国内看，我国已转向高质量发展阶段，经济长期向好的基本面没有改变，继续发展具有多方面优势和条件，同时发展不平衡、不充分问题仍然突出。从全区看，新一轮西部大开发和东北振兴战略为蒙东地区加快发展创造重大机遇，但优化营商环境、培育增长新动能等任务仍然艰巨。自治区综合经济实力显著增强，北方生态安全屏障作用凸显，民生事业明显改善，但资源约束正不断趋紧，产业结构仍不够合理。

内外环境发生的深刻变化，为我市经济社会发展带来新的机遇。国家推动构建双循环发展新格局，有利于我市扩大开放，促进区域协同发展，以 5G、大数据、物联网为代表的新一轮技术革命，促进我市借助线上、线下融合，克服人才和技术短板，破解远离中心市场难题。聚焦新一代信息技术、高端装备制造、新材料、生物医药等领域，推动我市玉米生物、铝精加工、现代能源、镍基合金、中蒙医药和战略新兴产业蓬勃发展。沿海地区产业转移加速，我市电力、农牧、文化旅游等资源丰厚，具备承接产业转移、实现产业升级和多元化发展的条件。“一带一路”和“中蒙俄经济走廊”建设，有利于我市发挥物流大通道和泛口岸经济优势，加快形成全面开放新格局。新一轮西部大开发和东北振兴战略的有力实施，为我市提供了最直接、最现实的互通互动发展机遇。自治区“两个屏障”“两个基地”和“一个桥头堡”的战略定位，为我市加快将资源、生态、区位等比较优势转化为发展优势创造了巨大空间。

同时也要看到，我市实现高质量发展仍面临着不少困难和挑战，发展不平衡，尤其是发展不充分的问题比较突出。产业发展不充分，“原字号”产品特征明显，链条短、配套少、集群化程度低，三次产业融合不够、创新驱动力不足、生产力布局不尽合理，与周边城市的产业同质化竞争加剧。工业化与城镇化水平不高，工业总量小，对经济的支撑力较弱，城镇化率与全国、全区平均水平差距较大，吸纳人口、会聚人才、促进就业、增加收入的作用发挥不充分。民生保障有短板，群众整体收入水平不高，教育、医疗、住房、养老等公共服务水平距离群众需求还有差距。城市治理不够精细，营商环境有待进一步优化，市场主体缺乏活力，财政收支矛盾突出。生态文明建设已到“进则功成、不进则退”的历史关头，水粮矛盾尚未彻底破解，流域、沙地、草原、矿山等生态治理任务艰巨。思想与行动难以完全适应新时代发展要求，推动高质量发展的办法不多，在推进社会主义现代化建设过程中不同程度存在本领恐慌，亟须改变传统惯性思维。

我们必须充分正视这些矛盾和困难，在当前爬坡过坎的关键阶段深入谋划破解之道、发展之策，努力在新征程上把短板补起来、让弱项强起来，更要发挥好区位、交通和资源优势，利用好得天独厚的农牧业条件和煤电铝等优势产业基础。把握好重大战略机遇，特别是国家加快构建新发展格局、实施扩大内需战略，有利于我们加快打造在国内大循环中有影响力的产业链、供应链，有效吸引各类优质资源要素流入我市；国家支持“两新一重”建设，为我们补齐城镇化和基础设施短板提供了难得机遇；国家推进创新驱动和绿色发展，实施新一轮西部大开发和东北振兴战略，支持民族地区、自治区支持蒙东地区加快发展，这一系列政策利好叠加的机遇，都有利于我们摆脱传统路径依赖，重塑转型发展新优势，探索走出一条以生态优先、绿色发展为导向的高质量发展新路子，开创新时代现代化建设的新局面。

第二章　指导方针

第一节　指导思想

以习近平新时代中国特色社会主义思想为指导，深入贯彻党的十九大和十九届二中、三中、四中、五中全会精神，全面贯彻党的基本理论、基本路线、基本方略，全面落实习近平总书记关于内蒙古工作重要讲话重要指示批示精神，深入落实自治区党委的决策部署，统筹推进“五位一体”总体布局，协调推进“四个全面”战略布局，坚持党的全面领导，坚持以人民为中心，坚持新发展理念，坚持深化改革开放，坚持系统观念，坚持稳中求进工作总基调，以推动高质量发展为主题，以深化供给侧结构性改革为主线，以改革创新为根本动力，以满足人民日益增长的美好生活需要为根本目的，统筹发展和安全，更好服务融入新发展格局，坚定不移走以生态优先、绿色发展为导向的高质量发展新路子，紧紧围绕“两个屏障”“两个基地”和“一个桥头堡”的全区战略定位，加快建设现代化经济体系，以品牌建设引领转型升级，以品质提升、服务提效、人才提级、创新提能、生态提质推动高质量发展，加快打造千亿级绿色农畜产品、绿色煤电铝产业集群和百亿级现代能源示范、镍循环经济、蒙中医药产业集群，培育发展现代物流、文化旅游和战略性新兴产业，全面提升产业转型发展、城乡融合发展和创新社会治理水平，实现经济行稳致远、社会安定和谐，加快建设现代化区域性中心城市。

第二节　基本原则

坚持党的全面领导。坚持和完善党领导经济社会发展的体制机制，坚持不懈用习近平新时代中国特色社会主义思想武装头脑、指导实践、推动工作，不断提高贯彻新理念、融入新格局的能力和水平，把握方向、谋划全局，精细组织、推动落实，为实现高质量发展提供根本政治保证。

坚持以人民为中心。坚持人民主体地位，坚持共同富裕方向，始终做到发展为了人民、发展依靠人民、发展成果由人民共享，激发全市各族人民积极性、主动性、创造性，巩固共同团结奋斗、共同繁荣发展良好局面，促进社会公平，增进民生福祉，不断实现人民对美好生活的向往。

坚持新发展理念。把新发展理念贯穿发展全过程和各领域，以生态优先、绿色发展为导向，坚定不移深化改革，破除制约高质量发展、高品质生活的体制机制障碍，切实转变发展方式，推动质量变革、效率变革、动力变革，构建现代产业体系，实现更高质量、更有效率、更加公平、更可持续、更为安全的发展。

坚持深化改革开放。深入推进供给侧结构性改革，坚定不移扩大开放，提高资源配置效率，融入全国大市场、服务国内大循环，更好地服务国家粮食安全、能源安全、产业安全，深度融入“一带一路”和中蒙俄经济走廊建设，提高开放型经济发展水平。

坚持强化系统观念。统筹发展和安全，注重防范化解重大风险挑战，加强前瞻性思考、全局性谋划、战略性布局、整体性推进，更好发挥各方面积极性，加强系统治理、依法治理、综合治理、源头治理，稳步推进治理体系和治理能力现代化。

第三章　发展目标

未来较长时期，我市必须把握新发展阶段、贯彻新发展理念、融入新发展格局，深刻践行以人民为中心的发展思想，大力弘扬“蒙古马精神”，按照中央、自治区对2035年基本实现社会主义现代化战略安排的远景目标，明确我市阶段性发展目标。

第一节　远景目标

按照党中央和自治区党委提出的远景目标，结合我市实际展望2035年，全市将与全国全区同步基本实现社会主义现代化，现代化区域性中心城市功能充分提升。综合经济实力和绿色发展水平大幅跃升，经济总量和城乡居民人均收入与全区同步迈上新台阶，基本实现新型工业化、信息化、城镇化、农牧业现代化，符合战略定位的现代产业体系、基础设施体系、区域创新体系全面建成，形成开放协作、区域协同发展新格局；基本实现治理体系和治理能力现代化，基本建成法治政府、法治社会，人民平等参与、平等发展权利得到充分保障，安全保障体系更加健全，共建共治共享的社会治理格局更加完善；基本公共服务实现均等化，地区文化软实力全面增强，城乡居民素质、社会文明程度和各民族团结进步达到新高度；基本实现人与自然和谐共生的现代化，广泛形成绿色生产生活方式；城乡区域发展差距和居民生活水平差距显著缩小，各族人民生活更加美好，共同富裕取得实质性重大进展。

第二节　主要目标

锚定2035年远景目标，综合考虑现实条件和发展趋势，坚持目标导向和问题导向相结合，聚焦全区战略大局和我市战略任务，力争绿色农畜产品、现代能源“两个基地”和生态治理、社会治理“两个治理”走在全区前列，努力实现更高质量、更有效率、更加公平、更可持续、更为安全的发展目标。

经济发展更加高效。全面提升产业转型发展水平，产业基础高级化、产业链现代化水平明显提高，带动经济质量效益明显提升、增长潜力充分发挥，实现经济持续健康发展，力争经济增速高于全区平均水平，经济结构更加优化，新型工业化、信息化、城镇化和农牧业现代化实现新突破，优势特色产业的综合竞争力和品牌影响力显著提升，建设服务国家粮食安全、能源安全的绿色农畜产品生产基地和现代能源经济示范市，建设国家物流枢纽承载城市和全域旅游示范区、国际旅游目的地。

改革开放更加深入。加快形成高标准市场体系，市场活力、社会活力充分激发，高质量发展、高效能治理、高品质生活的体制机制更加完善；基本形成区域性创新平台体系、企业技术创新体系，创新政策环境明显改善，建设区域性创新和人才高地；营商环境持续优化，更高水平开放型经济体制基本形成，服务融入全国大市场的产业链供应链根植生成，建设国家级承接产业转移示范区，在融入新发展格局、建设我国向北开放重要桥头堡和服务东北振兴中构建内陆开放高地。

城乡发展更加融合。全面提升城乡融合发展水平，区域性中心城市能级和品质内涵充分提升，区域集聚、辐射、带动和服务功能增强，协调互动的城市体系更加完善，区域差异化协调发展格局基本形成，城乡融合发展体制机制和政策体系更加健全，城乡公共基础设施更加完备，新型城镇化加快推进，常住人口城镇化率接近全国目前水平，建设产城融合的百万人口中心城区；乡村振兴战略深入实施，脱贫攻坚成果进一步巩固拓展，美丽乡村建设取得新突破，形成功能互补、发展互促的城乡融合发展新格局，建设充满活力、富有特色、宜居宜业宜游的现代化区域性中心城市。

生态环境更加优美。生态优先、绿色发展成为自觉行动，国土空间开发保护格局得到优化，山水林田湖草沙系统治理取得明显成效，草原植被盖度和森林覆盖率持续提高，生物多样性保护得到加强，水资源紧缺矛盾得到缓解，绿色生产生活方式加快形成，产业生态化、生态产业化深入推进，资源能源利用效率大幅提高，节能减排治污持续强化，城乡人居环境进一步改善，生态系统质量和稳定性有效提升，生态安全屏障更加牢固。

人民生活更加幸福。城乡居民收入增速高于地区生产总值增速，收入倍差持续缩小；基本公共服务更加优质均衡，就业更加充分更有质量，高质量教育体系、卫生健康体系、社会保障体系和养老服务体系基本建成；社会文明程度显著提高，社会主义核心价值观深入人心，中华民族共同体意识深深扎根，公共文化服务体系和文化产业体系更加健全，人民思想道德素质、科学文化素质和身心健康素质全面提升，各族群众精神文化生活日益丰富，创建全国民族团结进步示范市。

治理效能更加彰显。全面提升创新社会治理水平，加强党的全面领导的组织体系、制度体系、工作机制更加完善，政治生态更加优化，新风正气蔚然成风，各民族大团结局面巩固发展，社会主义民主法治更加健全，各领域法治化水平全面提高，政府行政效率和公信力显著提升，重大风险防范化解能力、突发公共事件应急能力、自然灾害防御能力显著增强，社会治安防控水平不断提高，安全稳定屏障更加牢固，创建全国市域社会治理现代化试点合格城市。

第四章 战略布局

落实主体功能区战略，立足我市资源环境承载能力和国土空间开发适宜性，持续优化国土空间开发保护格局，合理安排区域产业发展布局，推动形成新型城镇化格局，为实现高质量发展奠定坚实基础。

第一节 国土空间开发保护格局

坚持生态优先、绿色发展的生态文明建设和高质量发展思想，统筹全域国土空间保护开发与整治修复，形成市域国土空间开发保护“一张图”。科学制定国土空间规划，最大限度保护生态环境、最大限度培植绿色优势，推动形成科学合理的农畜产品主产区、城镇化发展区、生态功能区三类主体功能区空间格局。在中部西辽河上游丘陵平原、北部大兴安岭南麓余脉的山地丘陵以及南部辽西山地边缘的浅山区周边区域建设农畜产品主产区，推进农牧业现代化发展；重点围绕304国道南北纵向、303国道东西横向交通轴线以及中部西辽河沿河平原布局城镇化发展区，促进产业、经济、人口高效聚集、融合发展；在罕山自然保护区、扎鲁特旗山地草原以及南部科尔沁沙地周边形成生态功能区，打造蒙东地区生态安全屏障，在北部打造霍扎地区绿色矿区和能源工业绿色廊道。强化国土空间用途管制，以资源环境承载能力和国土空间开发适宜性评价为基础，协调划定生态保护红线、永久基本农田保护红线、城镇开发边界。严守“三区三线”，构筑安全韧性的生态空间、绿色高效的农牧空间、多元宜居的城镇空间。

第二节　区域产业发展布局

利用各区域独特资源禀赋，合理安排生产力布局，构建规模大、竞争力强、成长性好、关联度高的产业集群，推动我市北、中、南部差异化协同发展。北部区域着力打造铝新材料产业基地，重点发展铝新材料产业，形成煤电铝经济走廊。加快建设国家大型铝工业新材料基地、现代煤化工生产示范基地、清洁能源示范基地，形成辐射东北乃至更大区域、对接俄蒙市场的经济合作区，打造进口资源加工和制造业产品出口加工基地。中部区域着力打造生物技术及战略性新兴产业基地,形成块状经济，产生头部企业，构建产业集群。南部区域着力打造镍循环经济及绿色农畜产品加工产业基地，深度融入东北经济一体化和绿色经济产业集聚区。加快发展现代服务业，大力推进商贸物流业、金融业、文化旅游业、商贸流通业和健康服务业发展。以中心城区为重点发展现代物流业，建设国家级物流枢纽承载城市。

第三节　新型城镇化格局

以建设现代化区域性中心城市为目标，加快推进以人为核心的新型城镇化，构建多中心带动、多层级联动、多节点互动的多样化新型城镇化格局。坚持高标准规划、高质量建设、高水平管理，科学修编城市规划，系统推进生态修复、城市修补，推动“两区联建”，做到新区建设与老城改造一起抓，地上设施与地下设施一起建，人、技、法一起管，实现城市管理网格化、精细化、智能化、法治化。统筹城市生产、生活、生态布局，科学划定城镇开发边界，依托主要交通干线培育重点镇，形成“以点串线”带动市域全面发展的规划结构。形成“一核双心多点，一轴一带三区”的空间结构，打造宜居宜业宜游的区域性中心城市。优化城市公共设施布局和重大生产力布局，强化用地等要素保障，拓展主城区城市发展空间，拉大城市骨架，建设功能集聚、要素齐全、设施先进的百万人口中心城区。建设功能完善的旗县城关镇，统筹城镇和园区规划建设，加强市政基础设施建设和基本公共服务保障，抓好老旧小区改造和社区建设，增强综合服务和吸纳就业功能。建设以重点镇为依托，一般建制镇为基础的城镇网络体系，通过高铁沿线建设辐射周边，将结构更紧密、联系更紧密的城市圈作为城镇群突破口，扩大人口流动量，引导农牧业转移人口就近就地城镇化。

第二篇　构建现代产业体系 推动绿色品牌引领“两个基地”和优势特色产业高质量发展

第五章　加快产业集群集约发展

充分发挥区位、交通和资源优势，利用农牧业优良条件和煤电铝产业基础，加快发展优势特色产业，推动优势产业向绿色化、高端化、集群化发展，重点打造两个千亿级、三个百亿级产业集群，延伸发展战略性新兴产业，构建产业转型升级新优势，加快推进工业现代化进程。

第一节　打造千亿级绿色农畜产品产业集群

以玉米、肉牛产业为基础，以奶牛、肉羊、生猪、特色经济作物等产业为补充，按照全产业链开发、全价值链提升的思路，推进关联产业集中、集聚、集约发展，争创国家级优势特色产业集群。巩固提升通辽黄玉米、科尔沁牛等区域公用品牌价值，推进“蒙字标”认证。到2025年，打造提升10个区域公用品牌，扶持推介100种农畜产品品牌，让生态绿色和安全健康成为通辽农畜产品的品牌标识，力争绿色农畜产品产业集群总产值达到1500亿元。

打造玉米全株产业链。着力发展食品级和医药级氨基酸、高附加值酶制剂、功能性淀粉糖等产品，推进玉米深加工向酸、糖、胶、素、药等方向发展，培育本土饲料企业，提高精深加工转化能力与副产物综合利用水平。到2025年，力争玉米转化能力达到600万吨，打造国家级原料药基地和全国最大的玉米生物发酵产业基地。建设规模化饲草料龙头加工企业20家以上，年生产反刍料100万吨。

完善肉类屠宰加工体系。推动屠宰加工企业提质升级，推进肉牛全牛产品开发利用，提升高端牛肉产品供给能力。发展精深加工技术和创新产品研发，开发冷鲜肉分割肉、调理肉制品、熟肉制品等主导产品，扩大中式肉制品生产。提高骨血、脏器、毛皮等屠宰副产品综合利用率，延伸产业链条、提高附加值。到2025年，本地肉牛屠宰加工量达到60万头，肉类深加工产品达到8万吨。

做大做强乳制品加工业。加快推动奶业振兴，丰富乳制品种类，支持新建或改扩建一批大型乳制品深加工项目。积极发展低温奶等液态乳制品产业，探索发展功能性营养配方奶粉等大宗乳粉制品产业，推进干酪、奶油、炼乳、乳糖、干酪素等奶制品产业。到2025年，乳制品加工能力达到300万吨。

大力发展粮油等优质副食品加工。围绕开鲁红干椒、库伦荞麦、奈曼甘薯、杂粮杂豆、水稻、玉米等特色优势产品抓加工转化，加快技术升级，深化品牌形象，扩大市场占有率并延伸产品价值链，打造国家级冷凉地区绿色安全水果蔬菜生产基地。到2025年，农畜产品加工转化率达到71%。

提升农牧业废弃物资源化利用水平。立足我市农牧业优势，建立健全畜禽粪污等农牧业有机废弃物收集、转化、利用体系。到2025年，大型养殖场畜禽粪污处理设施设备配套率达100%，秸秆综合利用率达到91%。

第二节　打造千亿级绿色煤电铝产业集群

依托煤电资源优势和东北重工业基地需求，以煤电铝循环产业链条为支撑，坚持延链补链强链并进，加快产业链往下游延伸、价值链向中高端攀升，推进煤电铝产业集中集聚集约发展，构建煤电铝上下游一体化发展产业链。到2025年，建设配套服务东北制造业、辐射全国大市场的铝新材料基地，建成国内最具成本竞争力的绿色环保铝工业基地。

充分发挥煤炭的基础保障作用，以优质产能保障煤炭供给。实施煤炭绿色开发利用示范工程，有序释放煤炭先进产能，加快退出低效产能，保障企业用煤需求。加强生产矿山标准化达标建设，推动智能化技术与煤炭产业融合发展，提升煤矿智能化水平。

推进电解铝产业智能化水平，提高产能综合利用率。发挥“智能车间”示范引领作用，提高电解铝企业在线诊断、电解槽智能控制、扒渣装卸等关键工位“机器换人”水平，形成全流程监视、全过程控制、全方位分析、全环节跟踪的管理系统，推进企业以智能化降本增效、提升竞争力。引导电解铝生产企业通过能源管理体系、环境管理体系和职业健康安全管理体系等第三方认证，提升企业现代化管理水平。配套铝深加工需求，承接电解铝产能转移，适度扩大电解铝产能规模。

推进产业链优化升级，大力发展高端铝业。聚焦铝深加工产品“能做多长做多长，能做多薄做多薄，能做多宽做多宽”的发展思路，加快推进以新型铝合金、高纯铝、电子铝箔、高性能有色金属及合金材料、高性能复合材料等为主的铝新材料产业。努力打造全国最大的铝箔基地、铝粉铝银浆生产基地和汽车用铝制品加工基地。

推动铝产业绿色循环可持续，全面推进霍扎产业一体化发展。推动电解铝企业绿色化改造，巩固电解铝烟气污染物超低排放工程成果。强化霍扎两地园区的联动效应，优化关键要素供给，实现霍扎两地园区一体化集成供能和能量梯级综合利用，降低企业运营成本，提高资源利用率。建成国内最具成本竞争力的绿色环保铝工业基地。

第三节　打造百亿级现代能源示范产业集群

加快新能源开发，持续优化能源结构，提升能源综合利用率，在现代能源领域开展试点，逐步形成多能互补、综合利用、集约高效的供能体系。进一步提升电网配置资源能力，充分利用特高压鲁固直流及配套电网工程，挖潜电力负荷中心和扎鲁特换流站外送中心“双核”电网格局优势，以建设区域“综合能源交易中心”为方向，提升区域内用能负荷中心和清洁能源汇集输出中心的经济效能。到2025年，可再生能源并网装机达2000万千瓦、占比45%以上，非水电可再生能源消费比重提升至14%以上，现代能源示范产业集群产值达350亿元。

能源供给安全保障。全力推进传统能源清洁高效利用与可再生能源深度开发利用“双轮驱动”，积极探索“风光火储一体化”“源网荷储一体化”实施路径，逐步构建以新能源发电为主，清洁高效煤电为基础，生物质发电、天然气调峰电站和储能设施为补充的多层次、多元化的能源供给体系。

能源绿色低碳发展。依托智能局域电网、增量配电网，全力推广多能互补集成优化供能模式，推动有色金属、装备制造等产业用能模式向清洁、绿色、高效方式转变。加大电能替代力度，全面实施乡村电气化提升工程，推动新能源公交车、光伏供暖及生物质发电等示范工程，提升城乡清洁用能水平。

强链补链集聚发展。加快集装备制造、节能减排、金融服务创新、能源综合应用等新能源开发全产业链建设。促进可再生能源与农业、建筑、生态等行业融合发展，与储能、氢能等产业融合发展，培育和引进一批能源高端装备和产品研发制造企业，推动低热值褐煤综合利用和煤化工产业高端示范，建设新一代电网友好型新能源示范电站。

第四节　打造百亿级镍循环经济产业集群

围绕以镍铁、铬铁、海绵铁及锰硅合金为主导的循环经济产业，着力做优做强镍铁材料、高性能新材料、零部件等领域，形成优势特色镍循环经济产业。到2025年，形成集镍基合金、不锈钢、新材料生产及深加工和现代物流于一体的自治区级新材料（特钢）循环经济产业园区，打造东北地区重要的镍基合金新材料加工基地；新增镍合金120万吨、不锈钢129万吨，镍合金总产能达到140万吨。

打造全产业链新材料基地及绿色循环经济产业样板。依托内蒙古和谊镍铬复合材料有限公司、经安有色金属材料有限公司镍铬锰合金项目优势，打造国内领先的镍铬锰合金“冶炼—热轧—酸洗—冷轧—制品”全产业链新材料基地及绿色循环经济产业样板。

打造高端有色金属产业基地及镍基合金新材料加工基地。建设以新型功能材料、高性能结构材料、高品质特殊钢为主的高端有色金属产业基地，打造镍基合金新材料加工基地，填补国内短缺的特种钢材市场。建立高效快捷的加工配送物流体系，形成新材料生产、深加工、资源循环利用的完整产业链。

大力提高镍循环经济资源综合利用水平。优化企业能源供给结构，提高新能源占比，降低能耗水平。以固废、废水、余热等回收利用为重点，配套发展机制砂、铸石、耐火保温材料等副产品资源化利用循环产业，构建起以镍铁合金、硅锰合金、高碳铬铁合金等产业链为主体，以镍渣资源化综合利用产业链为辅助，上下游一体化的绿色循环经济产业集群。

第五节　打造百亿级中蒙医药产业集群

深度开发中蒙医药具有原创优势的科技资源、文化资源和生态资源，依托国内最大的蒙药生产基地和蒙药材种植基地，推动中蒙西医结合、药食健同源、医康养一体化发展，推进中蒙药优势大品种开发推广，形成“一核一镇四大产业聚集区”的产业空间布局，提升“中国蒙医药之都”的市场影响力，打造百亿级中蒙医药产业集群。

推动中蒙医药产业标准化、创新化、品牌化，实现全产业链融合发展、集群发展。扩大中蒙药种植、加工链条，培育现代化中蒙药种植研发生产基地，打造集现代化蒙药生产、蒙医康养体验、蒙医蒙药文化旅游一体化的蒙药产业。围绕通辽市打造“国际蒙药之都”的定位，坚持食药健同源、医养康一体，加快推进内蒙古蒙药材城、蒙医医院、蒙中医药特色小镇等重点项目建设，着力引进培育一批中蒙医药加工企业，建设中蒙药材农业科技园区，建设中蒙药材集散地。

建设蒙医药技术创新中心。推动传统医药现代科技研发进程，创建民族医药科技创新平台，推进高校、科研机构、企业等多部门协同创新。积极参与自治区新药创制综合平台、国家蒙药中药新药临床试验关键技术平台等创新平台的建设与运营。扶持企业、科研院所、医疗机构联合研发蒙药产品及衍生品。推进蒙药股份、库伦蒙药、科尔沁药业等重点制药企业厂房改造建设、设备升级和检测能力提升。推动医疗机构制剂室和企业合作建立高标准市场化制剂生产中心。

提升通辽“中国蒙医药之都”知名度，扩大蒙药知名品牌市场影响力。举办国际性蒙医药学术论坛、蒙医药产业博览会，支持药品生产企业品牌宣传和开发。优选蒙医药特色技术及品种，进入国家“3年时间筛选50个中医治疗优势病种、100项适宜技术和100个疗效独特的中药品种计划”。推动出口产品由初级加工产品向高端制剂、自主创新类药物、保健品转变。提高中蒙医药产品和综合服务贸易出口能力。

第六章 加快发展现代服务业

按照“重点发展、集聚发展、融合发展、创新发展”的原则，坚持生产性服务业和生活性服务业并重、改造提升传统服务业和培育壮大新兴服务业并举、全产业链服务体系和多节点服务体系并行，重点发展物流业、金融业、文化旅游业、商贸流通业和健康服务业，围绕“一核两翼双体系”总体思路，实现以“服务通辽”引领产业结构转型升级，为高质量发展、高品质生活提供服务保障。

第一节 构建现代物流体系

充分发挥东北区域性物流中心和一级物流节点城市的综合优势，科学规划“一核一带两翼多节点”物流产业空间布局，加快谋划构建“通道＋枢纽＋网络”物流格局，统筹推进硬件和软件、渠道和平台建设。培育现代物流企业，推进物流业融合发展，推动物流降本增效提质。重点培育发展主城区及周边的开发区综合物流园区、科尔沁现代物流园区、通辽空港物流园区、木里图工业物流园区和蒙东煤炭交易中心，加快保税物流中心、沪通云仓、多式联运中心、国家煤炭储备基地等项目建设，补齐发展短板，提升优势产业，加强主导产业集群与物流融合。规划建设冷链物流园区，培育发展冷链供应链物流企业，加快推进运达冷链物流、保康仓储保鲜设施等项目，加强与京东等企业合作，建设国家骨干冷链物流基地。常态化运行中欧班列（通辽）和大连港集装箱及冷藏班列，推进与大连、锦州、营口等重要港口合作，推动区域通关一体化，贯通陆海空网联运主通道，构建南连港、北通欧的多式联运物流格局。创建智慧物流平台，探索建立统一的物流数据交换平台和信息服务中心，提升专业化智能化服务水平。到2025年，创建国家农产品仓储保鲜冷链物流全程试点县1个以上，加快构建高效、智能、绿色、安全的现代物流体系，打造国家物流枢纽承载城市。

第二节 推进商贸提质转型

以打造内蒙古东部商贸中心为目标，全力推进城乡市场体系建设。推进商业集聚区提档升级，重点提升万达、金叶、欧亚、百货大楼等商圈服务功能，加快维多利摩尔城等城市商贸综合体建设。实施特色商业街区示范建设工程，改造提升开发区笔克那达慕风情街和科尔沁区向阳步行街。优化城乡商业网点布局，完善消费物流基础配套，促进消费提质扩容。提升农产品流通服务功能，强化农畜产品集散，以中心城区为中心、各旗县城镇为节点，建立统一开放、布局合理、竞争有序的农产品市场体系。继续推进科左中旗成峰、开鲁雨田等牲畜交易市场改造升级，完善牛交易、牛金融等服务功能，拓展繁育、育肥、代养等业务范围。推动农产品批发市场和开鲁红干椒批发市场建设，构建符合新时代流通需求的农畜产品供应链体系。加强通辽电子商务产业园区和科尔沁电子商务产业园区等国家级、自治区级电商基地和电商园区建设，完善国家级电子商务进农村综合示范县项目配套设施，加快生鲜社区电商发展，全面推动县域电商服务中心发展，完善旗（县、市、区）、苏木镇（街道）、村（嘎查）三级物流配送体系，提升农畜产品进城、工业品下乡双向流通效率。

第三节 促进文旅融合发展

以创建全域旅游示范区和国际旅游目的地为目标，以打造科尔沁文化品牌为抓手，全面打造我市文化旅游产业新优势。优化发展布局，构建“一带三区”文化旅游产业发展格局。持续推进可汗山旅游区、科尔沁乌尼尔草原旅游区、哈民考古遗址公园、宝古图沙漠旅游区、银沙湾景区、扎鲁特旗山地草原旅游区等20个精品景区建设。到2025年，全市旅游产业综合收入预计达400亿元，年均增速12%左右。

构建融合发展文旅新业态。不断创新产品和服务方式，推动文旅产业转型升级。大力发展红色旅游，建设东蒙军政干部学校、麦新红色小镇、最可爱的人纪念馆等红色旅游项目。培育花季旅游新业态，建设乌旦塔拉五角枫公园、扎鲁特旗海日罕旅游区、霍林郭勒芍药谷、经济技术开发区薰衣草花园等项目。弘扬蒙古马精神，打造以经济技术开发区科尔沁马城为核心的马产业集聚区。发展工业旅游，推进蒙古王酒业、蒙牛乳业等工业游主题景区建设。积极引导和推动冰雪、温泉等旅游产品的建设，逐步实现四季旅游。推进乡村旅游健康发展，重点打造10个自治区级以上的乡村旅游示范村。大力发展夜间经济，实施主城区“科尔沁之夜”项目，提升那达慕风情园、科尔沁文化博览园等文化街区项目。创建“智慧旅游”App平台，加大旅游商品和版画、服饰、美食等文创产品的开发和营销力度，支持哲里木版画产业发展，启动“科尔沁甄选”区域公共品牌推广行动，研发“科尔沁礼物”系列产品，每年举办一届全市文创和旅游商品大赛。强化文旅品牌营销建设。全面实施城市品牌形象宣传计划，提升通辽旅游的影响力。打造通辽文旅媒体宣传矩阵，构建“文化旅游产业链+全渠道营销”体系，以首都、首府和大城市为重点开展主题推介，以京津冀、沈阳、长春、赤峰等周边城市为重点城市群，打造跨区域旅游精品线路。推进与长三角、珠三角地区的宣传合作，在上海、杭州等10个重点客源城市设立旅游联络处，与东部华侨城等企业建立引客合作渠道。统筹全市文化旅游节庆活动，打响“8·18”哲里木赛马节、内蒙古沙漠那达慕、科尔沁马拉松、霍林郭勒草原婚礼节等地方特色活动品牌，举办科尔沁旅游文化节。全面提升自驾游服务系统建设水平，引导14个自驾车露营地开展全国优秀自驾车露营地创建工作，将我市打造成为全国自驾游优秀旅游城市和北方地区重要的房车自驾游集散基地。巩固“通辽八珍味”蒙餐基础，创新特色蒙餐新业态。

第四节　加快健康产业发展

依托生态文化资源，大力发展生态康养、蒙医康养、温泉康养等健康服务产业。引入国内外专业的健康连锁机构，培育更多市场主体，进一步扩大市场投资规模，从自然康养、避暑康养、温泉康养、森林养老、健康医疗等维度拓展生态康养产品类型，加快药材种植、美容养生、健康保健等衍生产品研发，创新培育生态健康品牌。重点发展特许医疗、健康管理、康复康养等产业，形成完整的医疗健康产业链。发展蒙医养生康复疗养旅游，鼓励优质医疗机构与旅游景区合作，支持建设集休闲度假、医疗服务于一体的生态休闲疗养项目。到2025年，全面建成以居家为基础、社区为依托、机构为补充、信息为辅助、社会为主体、法制为保障，功能完善、服务优良、覆盖城乡，医养康养相结合、事业产业相促进的健康产业。

第五节　增强金融支撑能力

以做大金融产业规模、提升金融服务实体经济能力为目标，着力构建服务高效、安全稳定、适应经济社会发展多层次需求的金融体系，金融业增加值平均增速高于第三产业增加值平均增速。到2025年，力争全市银行业金融机构人民币存款余额达到1700亿元，年均增长5%；人民币贷款余额达到1500亿元，年均增长6%；存贷比达到88.23%；银行业不良贷款余额、不良贷款率控制在合理水平，力争实现“双降”。

构建多元化金融组织体系。建立金融机构引进激励机制，推动银行、保险、证券等金融机构在我市设立分支机构。推动驻市金融机构在县级设立分支机构，在镇、村设立便民服务网点。推动嘎查村金融综合服务室建设全覆盖，全市信用嘎查村占比达到100%。推动设立市级政府性中小微企业融资担保公司，鼓励和支持有条件的旗（县、市、区）设立融资担保公司。主动服务产融结合新力量，大力争取和支持优质金融租赁、融资租赁、产业基金、财务公司，以及消费金融、供应链金融等创新型金融落户发展。引导金融机构加大对主导产业和“三农三牧”的支持力度，推动农村信用社改制组建农商行。

提升全方位金融服务能力。保持重点领域和主导产业集群融资规模稳定增长。提高小微企业“首贷率”和信用贷款占比，降低小微企业综合融资成本。健全金融机构和融资主体常态、深度、全程融资对接工作机制。推动发展肉牛活体抵押物业务和建立企业应急转贷机制，为符合条件的中小微企业提供低息过桥服务。推动设立金融业发展专项资金，用于政府性融资担保公司资本金、过桥资金等动态补充和对金融机构的贴息、奖励等，解决财政对金融投入不足问题。

推进深层次金融改革创新。运用互联网技术和电子化平台，在有效防控金融风险基础上，积极开发数字化金融产品，优化再造银行业借贷发放流程和模式。推动建设智慧金融服务平台，整合纳税缴费、用水用电用气等信息资源，提升信用信息归集共享与应用水平。加强不动产抵押贷款和登记业务协同，积极拓宽融资渠道。加快推进农信社改制组建农村商业银行步伐，完善法人治理结构，增强经营实力。完善市旗(县区)、部门联动开展企业上市工作机制，实施企业上市数量倍增计划，提升企业上市质量，力争实现企业上市数量新突破。鼓励非挂牌上市企业更多通过股权方式融资。大力发展各类基金产品，形成覆盖企业全生命周期的基金集群。

第七章 发展战略性新兴产业

依托我市产业发展实际和产业基础，牢牢把握未来科技和产业发展重大机遇，紧贴主导产业集群部署创新链，加快引进和培育龙头企业，前瞻布局战略性新兴产业，加快发展新材料、高端装备制造等产业。鼓励传统产业向新兴产业转型，企业产品向高技术、高附加值产品转产，装备制造向智能化、信息化转化，推动产业向价值链高端跃升，做大做强一批战略性新兴产业。

第一节 培育特色新材料产业

推动新材料产业向多功能、智能化方向发展，增强产业配套保障和精深加工能力，积极建设全产业链新材料基地。以奈曼旗为重点，推进经安有色金属项目建设，围绕航空、汽车、造船等领域，引进实施高品质不锈钢、耐蚀合金材料加工项目。以霍林郭勒市、扎鲁特旗为重点，发展铝铜、铝镁、铝硅等高性能铝合金复合材料，以高纯铝为基础发展化成箔、亲水铝箔涂层产品。依托科尔沁区蓝宝石加工，强化蓝宝石研发与规模化生产，拓展蓝宝石晶体材料在航天、半导体、消费品等领域的应用，打造全球最大的蓝宝石生产基地。推进经济技术开发区可降解新材料产业园建设，以煤制乙二醇企业及项目建设为基础，围绕聚乙醇酸产品开发下游产品。

第二节 加快发展高端装备制造业

落实制造强国战略，开展高端装备制造产业培育计划，以风光储新能源装备制造、农牧业机械、汽车零部件、矿山设备机械为重点，积极承接东北经济区辐射带动和京津冀地区产业转移，加快建设龙马重工高端机械装备产业园和金风科技项目，打造全产业链的风电高端装备制造基地，重点发展农牧业机械、电力设备、汽车模具及零部件、轻工机械等领域，构建布局合理、结构优化、辐射带动力强的装备制造产业体系，建设东北制造业配套基地。

依托硅砂资源和产业基础，推进现有存量产能升级，积极引进实施硅砂深加工项目，提升整体规模效应。全市硅砂资源实施统一规划、统筹管理，保障原材料市场的繁荣稳定发展。加大硅砂产业的技术研发和人才培育、引进力度，逐步构建硅砂产业技术体系。重点培育并引进绿色铸造、特种玻璃制造等下游企业，加快硅砂产品的深度开发和多样化发展，逐步构建以铸造、玻璃、建材、涂料等为核心的“工业沙”，以科尔沁沙地治理为核心的“农牧沙”，以“蒙药+沙疗”为核心的“健康沙”，以宝古图、银沙湾沙漠游为核心的“旅游沙”，以沙文创为核心的“艺术沙”等特色产业集群，做优、做强硅砂产业。

第三节 推动发展生物医药产业

以科尔沁区、开鲁县、科左后旗为重点，积极承接国内先进的原料药生产企业和项目，提升原料药生产规模和质量效益。推进梅花生物、德胜生物以腺苷为原料进行深加工，开拓嘌呤相关的医药中间体产品。支持康臣药业尿毒清颗粒衍生品黄芪散微丸临床验证、完成碳酸镧原料生产线中试、开展缓痛止泻软胶囊工艺改造等相关项目研发。推进华曙生物、圣达生物、圣雪大成等现有原料药生产企业稳定生产，加快金玉锋玉米深加工、安洲药业利福霉素、华旭药业高端原料药生产等项目建设，培育打造国家级原料药基地。

第四节 大力发展节能环保产业

大力培育以“低碳”为特征的新兴产业，形成以高科技产业和现代服务业为主的低碳产业体系。发展生态修复产业，加强矿区生态修复及建设草原生态屏障。按照“减量化、再利用、资源化”原则，建立大宗工业固体废物综合利用加工基地，促进企业、产业、园区间资源共享、废物互为利用，构建循环产业链。推动低碳循环、治污减排、监测监控等核心环保技术、成套产品、装备设备研发。促进节能环保技术咨询、系统设计、设备制造、工程施工、运营管理等专业化服务综合发展，整合环保上下游产业链，大力发展环境服务综合体。充分利用“互联网+”等新技术，加快建设再生资源回收体系，以汽车拆解、废旧金属为重点，回收并实现对废钢铁、有色金属、塑料等材料的资源化利用。

第五节　积极发展新能源汽车产业

积极发展新能源汽车产业。重点推进新能源汽车整车生产，培育并带动锂电池、动力电池、内燃机、变速器等关键零部件发展。重点推进比亚迪新能源汽车、国泰新能源汽车制造产业园项目，打造新能源汽车样板工厂和示范基地。

第八章　加快数字化发展

顺应新一轮技术革命和产业变革趋势，立足通辽产业基础，推动传统产业数字化转型升级，培养数字经济特色产业，增强数字经济发展动力，推进数字产业、数字政府和数字社会建设，力争在蒙东地区率先迈入数字经济新时代，为实现高质量发展提供强有力支撑。

第一节　培育壮大数字经济

推动产业数字化。加快农牧业数字化转型，推进农牧业基础设施数字化，提高农牧业信息化水平，着力打造全域智慧农牧业，结合物联网、云计算、大数据等前沿技术，落地智能节水、测土配方施肥、作物生产监测等场景，推进数字农业示范基地和农业物联网应用示范点建设。启动建设智慧农业信息化管理中心，打造全市种植业数字化地图和云平台。开展大田种植数字农业建设试点，发展智慧气象。完善中国（通辽）农产品交易平台功能，深化加强与郑州玉米交易所、大连商品交易所合作，加快推进玉米电子交易和肉牛电子交易中心平台建设。实施信息进村入户工程，推广“通辽农牧业”App和“通辽现代农牧业”微信公众号等微平台，力争到2025年全市行政嘎查村实现全覆盖。加快工业数字化转型，积极打造综合性工业互联网应用平台，强化新型传感器、工业操作系统、数字化供应链管理等前沿技术在生产、储存以及运输过程中的应用，围绕主导产业集群构建平台基础设施，提升平台综合服务能力，整合生产工艺、运营管理等数据资源，汇聚生产能力、软件资源等制造资源，促进新一代信息技术和制造业的深度融合，形成智能制造产业生态体系，重点建设新材料产业数字工厂、智能车间，推进生物医药产业数字化、网络化、智能化转型升级。加快能源领域数字化转型步伐。加快服务业数字化转型，推进物流枢纽基础设施数字化升级改造，探索建设跨境电商综合试验区，积极发展数字化赋能下的平台经济、共享经济和体验经济，利用数字技术加强服务业对工业的服务能力，发展柔性制造。发展大数据交易市场，促进服务业不同领域和其他产业的深度融合。加强市场主体培育，鼓励电子商务、现代物流、文化旅游、健康养老等行业尽早实现数字化转型。

推进数字产业化。依托数据中心，整合我市信息资源，建立安全、环保、应急救援和公共服务一体化信息管理平台，形成数据资源开发利用生态，有效释放数据红利。加快建设通辽大数据产业园，积极引导电子商务、虚拟现实、智能穿戴、智能终端等大数据产业相关企业集聚发展，推动软件和信息服务企业向云计算服务和大数据应用企业转型，打造通辽新领域科技高地和重要经济增长极。支持企业和社会机构通过为政府服务加快相关数据资源积累，加强多方安全计算、数据匿名化、区块链等数据融合关键技术在多方数据融合应用创新领域的应用。

第二节　推进智慧社会建设

深化各领域基于物联网、云计算、大数据等前沿技术在智慧社会建设中的应用。建设城市大脑，实现城市运行生命体征感知、公共资源配置、宏观决策研究、事件预测预警、“城市病”治理等多种功能。推动智慧公安、智慧教育、智能交通、智慧健康医疗、智慧人社、智慧旅游等应用场景建设，促进公共服务便捷化、社会治理精细化、生活环境宜居化、产业发展现代化、基础设施智能化、发展机制长效化，建成“平台通、数据通、应用通”的通辽智能城市体系。

第三节　加快数字政府建设

依托自治区电子政务外网，推进政务信息资源整合共享，建设和完善人口、法人、空间地理、社会信用、电子证照库等基础数据库，进一步推动市域社会治理智能化指挥平台建设，构建贯通市级、旗（县、市、区）、乡镇苏木（街道）、嘎查村（社区）的四级信息综合、指挥调动、联动处置体系。建设国家示范智能数字档案馆(库)。健全数字要素资源管理体制机制，加强网络防护和政府数据资源管理。强化全市整体统筹、部门联动协同的互联网政务服务平台和互联网监管系统，利用自治区市场监管信息平台，初步实现全市“双随机、一公开”监管。构建线下办事大厅、线上政务服务平台、移动政务服务App、政务服务热线等政务服务模式，全面形成市、旗（县、市、区）、苏木乡镇（街道）、嘎查村（社区）四级政务服务体系，推动全市政务服务“一网通办”，实现更多政务服务事项“不见面审批”和“最多跑一次”，切实提升群众和企业的办事体验。

第九章 建设现代基础设施体系

坚持基础性、先导性、战略性方向，打造连接东西、贯通南北、通边达海的综合交通枢纽示范市，推进能源输送通道建设，建设惠及民生的重大水利工程，布局新型基础设施体系。

第一节 提升综合交通枢纽地位

完善铁路网络格局。着力构建融入国际国内双循环的综合通道，完善铁路运输体系，构筑高铁站综合交通枢纽，加强既有线路扩能提级改造，加快推进通辽至齐齐哈尔、长春、赤峰等高铁项目工作，畅通连接东北、华北及东北亚的铁路网。到2025年，铁路总规模达到1400千米左右，电气化率达到85%，复线率稳步提升，形成层次清晰、结构优化、布局合理、衔接顺畅的铁路网络格局。

优化公路网络格局。以“高效、绿色、智慧、共享、平安、法治”一体化发展为目标导向，建设“两环八横六纵六出口”公路网络，加强高速路网连接工程和各旗县公路的互联互通，促进国省公路改建升级，提高“外环”主骨架等级。以城市出口路和省道为重点，推进国省干线二级公路改造，提高农村牧区公路通达深度。到2025年，建成中心城区绕城高速，以“米字型”高速公路网络为骨架、以国省干线公路为支撑、以农村公路为基础，形成层次清晰、功能完善、覆盖广泛的公路网络格局。

升级航空运输网络。完善以通辽和霍林郭勒民用运输机场为主，以通用机场为补充的空港大通道。积极申建通辽机场国际航空口岸，推进通辽机场航站区改扩建，实现航线网络覆盖全国主要省会城市。加快各旗县通用机场建设和前期工作，推进部分通用机场升级为运输机场。到2025年，形成1个区域性支线枢纽机场、1个支线机场、6个通用机场组成的“1+1+6”多层级航空体系。

统筹布局综合交通枢纽。加强公共交通基础设施建设，促进综合交通枢纽的互联互通。以全面提升通辽市枢纽地位为导向，加强通道型、枢纽性、网络化的重大基础设施建设，建立辐射广泛、转换便利、能力充足、城乡一体的综合交通网络体系，把通辽建设成为蒙东地区重要的区域性交通枢纽城市。

第二节 加强水利基础设施建设

强化供水安全保障能力。落实最严格水资源管理制度，强化用水总量控制、用水效率控制、水功能区限制纳污“三条红线”的先导作用和刚性约束。在水资源配置上，优先利用再生水等非常规水源，充分利用地表水，合理使用地下水，做到优水优用。着力缓解水资源紧缺矛盾，坚持量水而行、节水为重，推广高效节水工程，集中力量建设一批重大供水工程。保障城乡饮水安全，推进城市水源地建设工程，实施农村牧区安全饮水工程。加强中水回用，提升再生水利用率，构建良性水循环系统。到2025年，年节约农业用水达到10亿立方米以上。

提升防洪抗旱保障能力。补齐防洪减灾体系短板，推进抗旱应急水源工程建设。实施病险水闸、水库除险加固工程，提升城市防洪排涝能力。推进山洪沟治理工程，建立和完善应对突发事件的应急机制，增强应急处置能力。到2025年，流域面积3000平方千米以上主要支流堤防达标率达到72%。

加强水生态环境保障能力。加快水网建设，保护与恢复河流湿地。以河湖长制为抓手，以“清四乱”为工作重点，建设生态和谐幸福河湖。到2025年，水土保持率达到45%，重要河湖水域岸线监管率达到60%。

第三节 推进能源输送通道建设

加快电力通道建设。优化电网主干网架结构，建设智能安全电网，推进新能源接网工程建设，优化电力生产和输送通道布局，提升经济便捷输送能力。积极推进鲁固直流稳定电源项目及源侧储能设施建设，加快跨省区输电通道扎青特高压配套外送百万风电基地建设，推进500千伏输变电等工程，完善以220千伏为主网架、各电压等级完善的供电保障体系。

推进油气管网建设。推进能源革命，完善能源产供储销体系，加快油气管道及储备设施建设。开展“气化通辽”工程一期项目，加快推进天然气长输管道及配套设施建设，逐步覆盖全市所有旗县。利用中俄东线途经通辽有利契机建设南、中、北三个方向的天然气支线管道，实现域内天然气管网互联互通。推进天然气管网向中心镇延伸，加快园区管网建设。统筹燃气管网、应急调峰储气设施、储气库建设并实现互联互通，提高应急保障能力。

优化能源路网布局。围绕建设现代能源经济示范市，完善能源产供储销体系，优化能源输送通道布局，强化能源安全保障。完善铁路公路运输网络，全面提升煤炭物流服务能力和现代化水平，加快建设立足蒙东、融入东北的煤炭应急仓储基地。改造提升集通线、通霍线运输能力，规划建设铁路沿线及周边煤矿、煤电、煤化工企业铁路专用线和煤炭仓储物流基地，推进公转铁增量、提高铁路运输比例。

第四节　建设新型基础设施体系

加快推进信息基础设施建设。加速建成5G网络，拓展信息化能源应用，重点推动5G无人矿区建设、区块链农牧产品原产地认证平台建设、视频直播人工智能监管平台建设、“网红经济”培育平台建设等一批依托于信息基础设施的数字经济应用场景发展，发挥5G网络在未来经济社会发展中的基础作用。到2025年，实现县级以上城区、重点区域5G网络全覆盖，统筹工业互联网平台建设，促进信息化与工业融合，实现生产要素的互联共享。构建数字经济产业园，鼓励多主体协同推动新经济应用场景创新，新增和扩建大数据中心，积极引进超级计算中心，争取探索先进计算落地实施，为本地和国家提供算力和存储能力保障，实现支撑多种信息化应用场景，实现资源统筹协调、进度可控高效。

全面推动融合基础设施建设。依托物联网技术，以智能交通基础设施和智慧能源基础设施为重点，全方位探索“新基建”特色创新应用。探索建立智慧农田试点，推动农业生产全过程精确化、智慧化、无人化，全面保障粮食稳产增产。加速建设智慧物流服务平台，整合全市物流仓库情况、货车情况、货物情况、货物品种、存量、价格等综合信息，为物流行业向商品交易和金融服务业升级提供基础。依托智慧物流平台，促进我市冷链物流发展，力争打造中国北方反季节果蔬物流与交易中心，在大型煤矿建设智能矿山，在煤电基地、风电场、光伏发电基地等建设智慧电厂，融合能源流、物流、人流、信息流等，构建完整现代的新一代服务体系。

协同促进创新基础设施建设。建设灵活制造业研发与生产平台（产业园），促进通辽制造业逐步具备研发与创新能力。依托超算中心，与高校、科研院所合作建立研究中心，推动数字孪生、边缘计算等前沿产业中心在通辽落地。整合高校、科研院所、企业、政府多方资源，打造协同创新中心，结合通辽市重点产业进行科技攻关和技术转化。在物联网、生物工程和蒙医药等重点方面进行科技攻关和相关企业孵化，促进通辽本地优势产业继续转型升级。加速构建区块链原产地认证服务平台，促进本地区农牧产品品牌保护。探索建立人工智能蒙汉语转化开发平台，促进民族团结。

第三篇　提升城乡发展品质　加快建设宜居宜业宜游的现代化区域性中心城市

第十章　加快推进新型城镇化建设

把推进以人为核心的新型城镇化摆上战略位置，充分释放城镇化潜力和空间，提升城镇化发展质量。健全城镇公共服务体系，打破阻碍劳动力自由流动的不合理壁垒，促进人力资源优化配置。促进城乡融合、扩大内需，为解决好“三农”难题、畅通经济循环创造条件。

第一节　提升区域性中心城市功能

着力提升城市能级和品质。充实区域性中心城市内涵，增强区域集聚、辐射、带动和服务功能。突出高起点规划引领，总规范围预设化、控规重点片区化、详规深度设计化、近规重点项目化，进一步优化空间布局结构，推动经济技术开发区设立行政新区，提升城市综合承载力、区域竞争力、辐射带动力。稳妥调减收缩型城市瘦身强体，强化规划的刚性约束作用，避免土地城镇化快于人口城镇化发展，开发住宅生活区保障大型商场、中小学校、医院、公园等要素配置，促进城市工业区、商务区、文教区、生活区、行政区、交通枢纽区科学衔接与混合嵌套。

实施城市更新行动。加快老城区改造提档、新城区高端提升、市政设施扩面提质，全面提升城市建设水平和运行效率。开展自治区级城市体检试点工作，找出城市发展症结，推进城市双修工作。优化城市路网结构，均衡道路系统，建立完整的城市道路桥梁布局。打通断头路。增强城市防洪排涝能力，统筹区域流域生态环境治理和城市建设，加快建设和完善城市防洪排涝设施体系。科学布局民生基础设施建设，构建较为完整的景观系统和绿道网。加强生活垃圾无害化处理，补齐生活垃圾分类终端短板。加强供热保障能力，继续推进中心城区热源热网建设。加强县城基础设施和公共服务设施建设，改善县城人居环境，提高县城承载能力，更好吸纳农业转移人口。推动“两区联建”，提高精细化管理水平，塑造城市特色风貌，提升城市文化魅力，展现城市时代风采，建设功能集聚、要素齐全、设施先进的百万人口中心城区。

推动“四城联创”。继续推进文明城市、卫生城市巩固提升，推进森林城市、安全发展示范城市等国家级城市品牌创建活动，在层级提升、功能提质上下功夫求实效。

推进“产城融合”。建设千亿级科尔沁工业园区，把开发区建成转型升级平台、创新发展引擎，打造集聚高端要素、高端产业、高端人才的中心城区，建设“一枢纽五中心”，即区域交通信息综合枢纽、区域产业科技创新中心、区域金融服务中心、区域教育文化中心、区域商贸物流中心、区域总部中心，建设充满活力、富有特色、宜居宜业宜游的现代化区域性中心城市。推动城东老工业区搬迁改造、河西片区产城融合项目实施，因地制宜发展新型文旅商业消费聚集区，提升城市品质和人居环境质量。

第二节　构建协调互动的城市体系

根据资源环境承载能力，构建科学合理的城镇化空间布局，引导人口向城镇化区域有序迁移，促进人口分布与生产力布局相匹配，提高集中集聚发展水平，促进城市和城关镇、小城镇功能互补、协同发展。推进以旗县城关镇为重要载体的城镇化建设，积极推动城关镇完善功能、提升品质，以奈曼中蒙医药小镇、开发区哲里木湛露温泉康养小镇为代表，立足实际打造一批黄牛小镇、果菜小镇、商贸小镇、文化小镇、旅游小镇，支持少数民族特色村镇建设，引导农牧业转移人口就近就地城镇化。抓住县城补短板机遇，实施强县工程，大力推动县城提质增效，加强县城基础设施和公共服务设施建设，改善县城人居环境，提高县城承载能力，更好吸纳农业转移人口。构建多中心带动、多层级联动、多节点互动的新型城镇化格局。

第三节　增强城市体系综合承载能力

完善基础设施建设。优化城镇功能布局，形成生产、生活、生态空间的合理结构，优化产业空间分工布局，因地制宜发展特色产业，强化基础设施和生态景观建设，提升城市星级酒店、游客集散中心等旅游服务功能，引进1～2家国际度假酒店或五星级酒店，建设一批精品酒店。加快提升便民市场、公共厕所、健身场所、托幼养老、医疗急救等公共服务水平，增强聚集产业、吸纳人口、服务城乡的综合承载能力。实施新型智慧城市行动，完善城市数字化管理平台和感知系统，实现城市管理网格化、精细化、智能化、法治化。建立健全社区为民服务综合平台，保障城市高效运行和突发事件快速智能响应。改善城市人居环境，提高物业管理和服务水平，让城市更加安全舒适、宜居宜业。

提高公共服务水平。强化城市生态修复和功能完善，推动发展城市新业态，完善和提升城市功能。加大教育资源供给，解决公办幼儿园及小学学位不足问题，加强城镇小区幼儿园配套，保障符合条件随迁子女能在居住地就学，随迁子女在公办学校就读比例达到100%。改革完善疾病预防控制体系，健全公共卫生重大风险研判、评估、决策、防控协同机制，完善重大疫情预警、救治和应急处置机制，强化重要物资储备。对公共服务设施进行适老化改造，构建城市养老服务体系，推动教育、医疗资源辐射周边，释放内需产力。整治城市环境卫生死角，健全污水收集处理和生活垃圾分类处理设施。健全城市人防工程规划建设体制机制，进一步完善人防工程体系建设。做到与城市总体建设相结合。以产兴城、以产聚人，集约高效发展城市产业，促进产业人口集聚。加强城市地下空间统一规划管理，结合新城建设和旧城改造，提升污水处理能力，到2025年，城市污水处理率达到99%，实现污水处理和再生水全利用。打造海绵城市，大力推进城市排水防涝设施建设，到2025年，城市建成区35%面积达到海绵城市建设标准要求。

第四节　加快提高常住人口城镇化率

把促进有能力在城镇稳定就业和生活的常住人口有序实现市民化作为首要任务，全面放开放宽城镇落户限制，建立健全居住证与基本公共服务供给衔接机制，建立完善有利于农牧民进城的就业、住房、教育、医疗和社会保障制度，提高农牧业转移人口融入城镇能力，加快实现城镇基本公共服务对常住人口全覆盖。维护进城落户农牧民土地承包权、宅基地使用权和集体收益分配权，引导其依法自愿有偿转让上述权益。深化“人地钱挂钩”等配套政策。推进农牧业转移人口市民化，加快提高常住人口城镇化率。完善财政性建设资金对吸纳低收入人口较多城镇基础设施投资的补助机制，在安排中央和自治区转移支付、基本建设投资时更能多考虑农牧业转移人口落户数量。重点解决城镇居民“住有所居”问题，规范房地产开发行为，实现房地产市场规范、有序、有度发展；着力解决住房结构性供给不足的矛盾，结合城镇棚户区改造和老旧小区改造，租购并举、因城施策，支持引导房地产业健康发展，加快构建以公租房、保障性租赁住房和共有产权住房为主体的住房保障体系。

第五节　科学确定城乡区域发展定位

突出生态优先、绿色发展导向，根据主体功能定位、现有基础条件和未来产业方向，发挥各地区比较优势，统筹区域差异化协调发展，构筑中心城市集聚经济、辐射周边、带动区域的支撑体系。健全区域互动融合、利益补偿和市场一体化发展机制，优化区域统筹、政策调控和发展保障机制，更好推动各地共同发展。严格控制新上资源型产业项目，积极培育消耗低、排放少、质量效益高的新兴产业，形成绿色化、开放型经济发展特色优势。

第十一章　实施乡村振兴战略

强化工农互促、城乡互补，持续深化农村牧区改革，提升乡村建设水平，加快补齐农村牧区产业、民生和基础设施短板。推动一二三产深度融合发展，建设全国高效节水现代农业示范区、井灌农业全程机械化作业示范区、中国草原肉牛精品示范区，打造国家高质量绿色农畜产品生产基地，建设产品绿色、产出高效、产业融合的全国绿色农牧业强市。建立健全现代乡村社会治理体制，推动乡村组织振兴，打造充满活力、和谐有序的善治乡村。加强乡风文明建设，接续推进脱贫致富、巩固拓展脱贫成果。

第一节　加快推进农牧业现代化

推广玉米籽粒直收，提升农牧业机械化水平。围绕粮食生产功能区、高效节水农业核心示范区集中连片推广玉米籽粒直收，加大玉米籽粒直收机械装备补贴力度，加快补齐高效植保、红干椒机械收获等各产业各环节机械化短板，打造全国井灌农业全程机械化作业示范区。力争到2025年，农作物耕种收综合机械化率90%以上，畜牧业机械化率50%左右。

加快农牧业产业化发展，保障绿色农畜产品供给。因地制宜调整品种结构和产业布局，抓好玉米、肉牛、肉羊、红干椒等区域特色农畜产品产业带和现代农牧业产业园区建设，到2025年，建成国家级产业园1个、自治区级3个。提升农畜产品加工水平，引进培育加工型龙头企业，力争2025年，国家级、自治区级、市级龙头企业分别达到7家、46家、75家，农畜产品加工转化率达到71%。推进品牌强农建设，积极打造通辽黄玉米、科尔沁牛、科尔沁肉羊等区域公用品牌。加快推进“科尔沁肉牛”标准化规模化养殖基地建设，打造中国草原肉牛精品示范市和高端乳品生产基地。发展农村电商，启动绿色农畜产品“登云”计划。补齐农畜产品仓储冷链物流短板。完善社会化服务体系。

提高农牧业科技化水平，增强创新发展能力。以肉牛、玉米种业技术创新中心为载体，加快实施“玉米杂交种选育推广”和“科尔沁肉牛新品种选育集成技术研究与示范推广”科技兴蒙行动重点专项。以通辽玉米园建设为引领，打造中国玉米种植“硅谷”，到2025年，筛选出优质高产耐密高抗易籽粒直收玉米品种10个以上。加快肉牛优良品种选育进程，力争到2025年，培育优质肉用和乳肉兼用后备种牛数量达到1000头，全市肉牛良种和改良种比例达到97%以上。强化高素质农牧民培育，广泛开展农牧民科技培训，切实提高经营管理能力和带富致富能力，力争到2025年，累计培育高素质农牧民1.5万人以上。

提高农牧业可持续发展水平，推动绿色高质量发展。推进高效节水高标准农田建设，稳步推进农业水价综合改革，巩固提升粮食综合生产能力。力争到2025年，按国家有关规定高标准农田应建尽建，打造全国规模最大的农业高效节水示范区。全面开展控肥增效、控药减害、控水降耗、控膜提效行动，到2025年，农药化肥用量继续保持负增长，当季地膜力争实现全部回收，畜禽粪污资源化利用率达到85%以上。

第二节　深化农村牧区改革

健全城乡融合发展机制，推动城乡要素平等交换、双向流动。深化土地制度改革，落实第二轮土地草牧场承包到期后再延长三十年政策，构建耕地保护长效机制，促进耕地占补平衡，稳妥慎重推进农村宅基地制度改革。深化农村牧区集体产权制度改革，健全集体资产管理制度，发展新型集体经济。培育新型经营主体，引导90%以上的嘎查村组建以党组织领办为主的合作社，提高农牧民的组织化程度，通过规模化经营，推动标准化生产，实现品牌化发展。力争到2025年，土地规模化经营比例达到50%以上。完善农牧业专业化社会化服务体系，推进农牧业适度规模经营和产业融合发展，健全农村牧区富余劳动力稳定转移就业的政策体系和服务体系。深化农村牧区金融改革，推动全市信用嘎查村建设全覆盖。建立完善农村牧区产权交易服务体系，推动形成旗（县、市、区）有中心、苏木乡镇有服务大厅（窗口）、嘎查村有服务点的服务格局。积极培育认定家庭农牧场，发展以龙头企业为引领，农牧民合作社和家庭农牧场跟进，小农牧户参与的农牧业产业化联合体。力争到2025年，规范化合作社达到8000个以上，旗县级以上示范家庭农牧场1000个以上，自治区级、盟市级示范联合体分别达到15家、16家。

第三节　实施乡村建设行动

统筹苏木乡镇和村庄规划建设，改善群众生产生活条件，持续提升水、电、路、通信、物流等基础设施水平。重点推进厕所革命。有效控制改厕成本，提高改厕质量，提升群众的改厕积极性、接受度和满意度。到2025年，全市农村牧区户用卫生厕所普及率达到80%以上，厕所粪污无害化处理或资源化利用率达到90%以上。提高垃圾和污水治理能力，优化农村牧区生活垃圾收运处置设施布局，健全完善收运处置体系建设。研究推广适合当地特点的农村牧区生活污水处理模式和治理技术。实施“牛出院、树进院”工程，转变牲畜养殖“小散脏”的传统饲养方式，加快实现人畜分离，加快建设产业兴旺、环境优美的新时代美丽宜居乡村。到2025年，90%以上的嘎查村建立起生活垃圾收运处置体系；200个嘎查村的生活污水有效治理任务；全市725个人畜分离嘎查村和2000个嘎查村庭院经济发展建设。推进牧区现代化示范区建设，以扎鲁特旗、科左中旗和科左后旗为核心，科学规划建设牧区现代化示范区。严格执行禁牧草畜平衡制度并落实保护措施，进一步加强草原生态保护建设。加快发展草原畜牧业。升级改造牧区饮水、电力、道路、通信和电子商务等方面生产生活设施，提升教育、卫生、文化、养老等基本公共服务能力，补齐民生公共服务短板。以集体产权制度改革、社会化服务体系构建、牧区文化旅游产业发展为重点，积极推进体制机制创新。到2025年，广大牧民的生产、经营和生活方式实现向现代化转变，牧区社会民生显著改善，畜牧业综合生产能力稳步提升，草原生态保护与畜牧业发展实现双赢。

第四节　健全乡村治理体系

以构建农村基层党组织为核心、政治法治德治自治智治“五治融合”的现代乡村社会治理体系为重点，强化基层基础，提高嘎查村干部履职服务能力，深入开展“红旗嘎查村”争创活动。建立健全党组织领导的自治、法治、德治相结合的乡村治理体系，完善嘎查村治理体制机制，健全以党务、村务、财务“三公开”的村级事务管理制度，推进以综治服务中心、警务联动中心、法律援助中心、信访服务中心、法院诉调对接中心为框架的“五心合一”镇级矛盾纠纷调解服务中心。创新协商议事形式和活动载体，丰富拓展民主参与渠道，完善党务、村务、财务公开制度。持续推进法治乡村、平安乡村建设，加强法治宣传教育，完善矛盾纠纷多元化解机制，以自治消化矛盾，以法治定纷止争，依法打击黑恶势力和非法宗教活动，营造良好法治环境。坚持和完善民族区域自治制度，不断健全民族工作法律法规体系，依法保障各民族公民合法权益。

第五节　加强乡风文明建设

发挥先进文化引领作用，加强基层文化产品供给，深入推进移风易俗，制定完善村规民约和村民自治章程，嘎查村全部建立“一约四会”，引导群众自觉摒弃不良风气。促进各民族交往交流交融，优化相互嵌入式的社会结构和社区环境，积极稳妥建设多民族共居社区。设立善行义举四德榜，健全完善道德模范、身边好人的嘉许礼遇和帮扶政策，树立德者有得的价值导向。加快建设嘎查村综合性文化服务中心，积极创建文明嘎查村和乡镇苏木，建设文明乡村。

第六节　巩固拓展脱贫成果

推进拓展脱贫攻坚成果同乡村振兴有效衔接，落实“四个不摘”要求，保持帮扶政策和财政投入力度总体稳定，健全解决相对贫困问题长效机制，完善防止返贫监测和帮扶机制。强化异地搬迁后续扶持。进一步提升农村公路、安全饮水、电力设施、人居环境、基本农田水利建设、生态建设等农村牧区生产生活基础设施条件。促进公共教育、医疗卫生、社会保障等资源向薄弱地区倾斜，逐步建立全民覆盖、普惠共享、城乡一体的基本公共服务体系框架。全面落实教育扶贫政策，建立“控辍保学”长效机制。巩固产业扶贫治本作用，加强资金资产项目管理，抓好肉牛、光伏、生态等扶贫产业，提高产业防贫精准度和收益贡献，增强内生发展能力。健全产业项目利益联结减贫带贫机制，通过适度规模种养殖，逐步实现贫困群众组织化发展产业，融入全市一、二、三产业发展。进一步推进智志双扶，全面清查资金投入和形成的资产，确权、分类、台账式动态管理扶贫资产，进一步完善资产收益资金、光伏扶贫收益等分配制度，加强集体经济产业化发展。推进就业扶贫和消费扶贫，加大脱贫人口技能培训和稳岗就业力度，深化京蒙扶贫协作和中央单位定点扶贫，推动优质农畜产品进入北京市场，带动脱贫地区产业持续发展。加强技能培训、就业补助、就业主体培育等就业服务措施，因需设定公益岗位。

第十二章　推动高质量就业增加人民收入

全面强化就业优先政策，健全有利于更充分更高质量就业促进机制，破解结构性就业矛盾，突出重点群体就业，支持创业带动就业、多渠道灵活就业和规范发展新就业形态，统筹完善城乡就业政策体系，健全就业公共服务体系，加强就业权益保障，有效应对失业风险，千方百计稳定和扩大就业，增加人民收入，提升民生福祉。

第一节　推动实现更高质量就业

完善就业政策服务体系。实施就业优先战略，健全促进产业发展拉动就业、创业带动就业、多渠道灵活就业机制。聚集全市煤电铝、蒙医药等传统优势产业和新基建、新能源、新材料、数字经济等新兴产业和领域，加快建立多极支撑的新兴产业体系。健全多方参与的就业形势研判机制和失业监测预警机制。完善覆盖城乡、功能齐全、布局合理、方便可及的公共就业创业服务体系。

突出抓好重点群体就业。全面做好高校毕业生就业创业工作，鼓励引导高校毕业生到基层特别是少数民族聚居旗县就业创业。大力发展农村牧区特色产业，促进农村牧区劳动力转移就业和返乡创业。深入实施十万大学生就业创业集聚计划和农牧民转移就业三年行动计划，广泛组织开展劳务对接和劳务协作。大力开展农牧民职业技能培训，促进农牧民工转移就业。分类保障、多点发力，统筹做好妇女、农牧民工、退役军人、残疾人、就业困难人员等重点群体就业创业。

促进创业带动就业。进一步深入实施就业创业工程，不断增强创业带动就业能力。支持建设一批自治区级和市级示范性创业孵化园区、“双创”示范基地和众创空间，全面落实创业园区孵化基地和就业技能实训基地“以奖代补”政策，坚持市场引领和政府引导并重、放开搞活和规范有序并举，强化政策服务供给，扶持多渠道灵活就业。

完善公共就业创业服务。完善市、旗（县、市、区）、乡镇苏木（街道）、嘎查村（社区）四级公共就业服务体系，依托互联网信息平台，整合大数据信息资源。建设人力资源服务产业园，促进人力资源服务产业高质量发展。到2025年，累计新增就业8万人。

第二节 努力提升城乡居民收入水平

完善收入分配政策。坚持按劳分配为主体、多种分配方式并存和初次分配、再分配调节并重原则，提高劳动报酬在初次分配中的比重，健全以税收、社会保障、转移支付为主要手段的再分配调节机制，不断缩小不同群体间的收入差距。

拓宽新型职业农牧民增收渠道。加快农牧民稳定转移就业，将新型职业农民培育纳入教育培训专项规划，定向培养新型职业农牧民。积极培育家庭农场、专业大户、农民合作社、农业企业等新型农业经营主体和农业社会化服务主体，发展适度规模经营。加快绿色农畜产品加工、文化旅游服务等产业发展，扩大劳务输出，促进农牧民转移就业。增加转移性收入，落实好农牧机具购置补贴、草原生态奖补、玉米生产者补贴等惠农惠牧政策，完善农村牧区社会保障机制。补齐工资性收入这个最大短板，增加财产性收入，提高以养殖业为主的经营性收入。推动现代农牧业与互联网深度融合，大力发展农畜产品电子商务。推动农牧业全产业链改造升级，鼓励农牧民共享一、二、三产业融合发展的增值收益。

稳步增加城镇居民收入。增加城镇居民工资性收入，落实好国家、自治区工资合理增长机制政策，健全完善人力资源市场服务体系。增加经营性收入，落实鼓励创新创业，将有创业意愿和培训需求的劳动者全部纳入培训范围。增加财产净收入，支持居民财产向资本转变，着力提高居民股权红利收入。鼓励居民利用家庭生活闲置资金，积极投资固定资产并出租，获得不动产收益。增加转移性收入，全面实施全民参保计划。

第十三章 建设高质量教育体系

全面贯彻党的教育方针，全面落实立德树人根本任务，坚持优先发展教育事业，健全学校、家庭、社会协同育人机制，着眼实现“幼有所育”“学有所教”，推动教育事业更加公平、更高质量发展，培养德智体美劳全面发展的社会主义建设者和接班人，加快提升教育现代化水平，办好人民满意的教育。

第一节 实现基本公共教育优质均衡发展

促进学前教育普及普惠发展。推动建立政府主导、公办民办并举的办园体制，重点扩大优质普惠学前教育资源。到2025年，学前三年毛入园率保持在95%以上，公办园占比在52%以上，普惠性幼儿园覆盖率达到85%以上，每千人拥有3岁以下婴幼儿托位数达到1.3个。

推进义务教育均衡发展和城乡一体化。着力改善乡村小规模学校和乡村寄宿制学校办学条件。推进义务教育联盟、中小学集团化办学，促进城乡义务教育优质均衡发展。到2025年，全市通过国家优质均衡发展达标的旗（县、市、区）占比达到25%。建立布局合理、学段衔接、普职融通的特殊教育体系，确保残疾儿童少年“上好学”。

推动普通高中优质特色多样化发展。促进普通高中优质发展，到2025年，全市创建自治区示范性高中5所，在校生占比达到55%。市级及以上优质高中达到20所，每个旗（县、市、区）至少建成2所市级优质普通高中。继续实施“高中阶段教育普及攻坚计划”，实现普通高中有质量的普及，高中阶段毛入学率达到95%。推动普通高中高质量有特色多样化的发展，建设2～3所综合高中、1～2所人文特色高中、1～2所科技高中。

推进民族教育质量和水平整体提高。深入开展民族团结进步教育，铸牢中华民族共同体意识。加大国家通用语言文字推广力度，积极推进国家统编教材使用工作。深化民族教育改革，不断改善民族学校办学条件，推进学校精细化管理。加大双语授课教师培养和培训力度，促进双语授课教师育人水平不断提高。

推进职业教育提质培优。推进职业教育职普融通、产教融合、育训兼融试点示范。提升高中阶段教育职普比，逐步实现高中阶段教育招生职普比例大体相当。加强中等职业学校基础能力建设，加强职业院校专业建设，提升高职院校办学水平。到2025年，职业院校“双师型”教师占专业课教师总数50%以上。做好1+X证书制度试点工作，推广“产教融合、校企合作”的“双元”育人模式。

第二节　着力打造高素质专业化教师队伍

全面加强师德师风建设，建立教师师德通报警示制度。提升教师专业素质能力，实施“中青年优秀校长培育工程”，开展中小学校长职级制改革试点。实施教师教育振兴行动计划，落实教师全员培训，加强与先进发达地区区域合作交流。推进义务教育教师“县管校聘”管理改革，实现旗（县、市、区）教育行政部门对中小学教师队伍的统筹管理。创新和规范中小学教师编制配备，探索公办幼儿园人员总量管理改革。健全县域交流轮岗机制，鼓励学科带头人和骨干教师到薄弱学校支教。进一步完善教师待遇提升保障机制，确保义务教育教师平均工资收入水平不低于当地公务员平均工资收入水平。深入实施农村牧区教师支持计划。

第三节　加快构建全民终身学习教育体系

畅通人才成长通道，完善招生入学、弹性学习制度，构建衔接沟通各级各类教育、认可多种学习成果的终身学习桥梁。拓宽学历教育渠道，鼓励学校和社会力量不断创新服务形式，为所有学习者提升学历水平提供更加便利的教育服务。搭建终身学习平台，实施教育信息化2.0行动计划，建立开放共享的终身学习线上服务平台。加强老年教育和社区教育，开展职业教育、社区教育、老年教育融通工作，鼓励和引导社区居民组建学习共同体。

第四节　持续深化教育体制机制改革

落实立德树人根本任务，持续推进义务教育“免试就近入学、划片招生”制度改革，完善初中学业水平考试，积极推进高中学校考试招生制度改革。深化教育评价制度改革，构建政府、学校、社会等多元评价主体参与的评价体系，完善督导评估结果运用，减少多头、重复评价，减少基层和学校负担。推进教育治理能力现代化，依法依规落实各级各类学校的办学自主权，支持和规范民办教育发展，巩固校外培训机构治理成果。

第十四章　全面保障人民健康

进一步落实大卫生、大健康理念和预防为主方针，推进卫生健康供给侧结构性改革，统筹解决好医疗卫生资源不足不均等短板问题，加快构建完善优质高效的公共卫生和医疗服务体系，提升全方位、全周期健康服务能力，全面推进高标准健康通辽建设。到2025年，全市人均期望寿命在2020年基础上提高1岁，每千人口床位数、医护人员数达到或超过自治区平均水平，居民主要健康指标优于自治区平均水平。

第一节　健全公共卫生服务体系

改革完善疾病预防控制体系。优化完善疾病预防控制机构职能设置，探索“一类保障二类管理”机制。推进市、旗两级疾病预防控制中心检验能力建设。市疾控中心建成高标准P2实验室，50%的旗（县、市、区）疾控实验室达到P2标准。强化重大传染病监测预警，加大新发传染病的防控力度。创新鼠疫、艾滋病、结核病、肝炎、布病等重点传染病、地方病防治工作机制，提升健康教育、慢病管理和残疾康复服务质量，重视精神卫生和心理健康。加强疫苗安全管理工作预防接种工作。

健全优化重大疫情救治体系。坚持平战结合、防治融合，全面加强公立医院传染病救治能力建设。迁址建设通辽市传染病医院，救治床位达到600张。所有旗县级综合医院、中蒙医院建设规范化发热门诊和“三区两通道”传染病区。

深入开展健康通辽行动。推动落实18项专项任务，引导群众建立正确健康观，加强早期干预，形成有利于健康的生活方式、生态环境和社会环境。加强全民应急救护培训体系建设，提高自救互救能力。到 2025 年，城乡居民健康素养水平达到 26%。

第二节　加强医疗服务体系建设

提升医疗卫生服务能力。加大卫生健康服务资源供给，到 2025 年，全市每千人口床位数达到 8 张，超过自治区平均水平。加大优质医疗资源供给，打造主城区优质医疗服务集群区。完成通辽市医院新院区建设，支持通辽市医院建设成为自治区级区域医疗中心。推动通辽市精神卫生中心、市传染病医院等专科医院建设，打造自治区领先水平专科医院。启动通辽市蒙医医院、通辽市妇幼保健院等项目建设。建设市、旗县两级医疗质量控制中心，提高优质医疗服务同质化水平。推进医疗资源下沉，开展新一轮旗县医院服务能力提升工程，加强 50 所苏木乡镇卫生院基础建设。实施中心卫生院能力提升工程，优化完善医疗急救站点布局。

强化学科和人才队伍建设。以京通、吉通、辽通等对外医疗卫生合作为抓手，引进项目、引进技术，开展科技攻关研究。完善学科建设投入和奖励机制，巩固提升学科建设水平，到 2025 年，国家和自治区级医学领先学科（专科）、重点学科达到 20 个以上。落实住院医师规范化培训、医学生订单定向免费培养、全科医生特设岗位计划等项目，加快儿科、产科、影像、超声、麻醉等紧缺实用型人才培养。实施卫生健康领军人才开发工程，培养领先学科、重点学科带头人。到 2025 年，面向社会公开考录招聘 1000 人以上，培养领军人才 200 人，新增全科医师 300 人。到 2025 年，全市每千人口执业（助理）医师数、注册护士数达到自治区平均水平。

第三节　深化医药卫生体制改革

加快建设分级诊疗体系，加强紧密型县域医共体建设，规范双向转诊服务，探索基层卫生人员实行县招乡用、乡聘村用，促进人才向基层流动。建立健全现代医院管理制度，落实公立医院经营管理和用人自主权，探索实行公立医院编制备案制改革，稳步提高医务人员薪酬水平。推进医保支付方式改革，加快形成按病种分值付费为主的多元复合支付方式，到 2025 年，基本实现按病种分值付费改革全覆盖。完善药品供应保障体系，加强医疗机构用药目录规范管理，推动医疗机构优先配备使用国家基本药物、医保目录药品和国家集采药品，积极推广临床总药师制度。强化医疗卫生综合监管，建立健全信息披露、信用体系与信息化相助力的医疗卫生行业综合监管体制与长效机制。

第十五章　健全社会保障体系

加强公共服务体系建设，筑牢重点群体关爱服务体系，做好关键时点、困难人群的基本生活保障，提高共建能力和共享水平，建立健全均等可及的基本公共服务体系，健全多层次的社会保障体系。

第一节　健全多层次社会保障体系

坚持应保尽保原则，强化社会保险扩面征缴，健全基本养老、基本医疗保险筹资和待遇调整机制，推进失业保险、工伤保险向职业劳动者覆盖，推进社保转移接续，健全灵活就业人员社保制度。深化社会保险制度改革，积极推进城镇企业职工养老保险全国统筹制度。全面推进机关事业单位养老保险改革制度。完善城乡居民基本养老保险制度，完善被征地农民社会保障政策，规范企业年金、职业年金制度，健全覆盖全民、城乡统筹、公平统一、可持续的多层次社会保障体系。深化医保支付方式改革，提高基金可持续保障能力，健全重大疾病医疗保险和救助制度，落实异地就医结算，稳步建立长期护理保险制度，积极发展商业医疗保险。落实好退休人员和城乡居民养老金调整政策，稳步提高待遇水平。完善社会保险基金预算管理制度，实现社会保险基金的安全可持续运行，推动实现财政对社会保障投入的规范化和制度化。完善社会保险基金监管制度，强化基金征缴、支付、管理和及时投资运营的监督检查。到 2025 年，基本养老保险参保人数达到 180 万人，失业保险参保人数 24.5 万人，工伤保险参保人数 26 万人，基本医疗保险参保率稳定在 95% 以上。

第二节　筑牢重点群体关爱服务体系

促进青年全面发展。实施“互联网 + 青年民族团结”行动。完善全民健康促进与教育体系，加强青年婚恋观、家庭观教育和引导。完善青年创业就业政策支持体系，健全青少年权益保护机制。完善青年社会保障机制，提升青年思想政治素养和全面发展水平。

健全退役军人服务保障体系。继续完善抚恤优待政策，组织实施烈士纪念设施提质改造工程。推动军人公墓建设，加强光荣院基础设施建设。提高军供保障能力，规划建设军供综合服务楼，加强军休服务管理机构用房和活动场所用房建设。推进设立“退役军人关爱基金”，提升退役军人和优抚对象的生活水平。深入做好拥军优属、拥政爱民工作，进一步融洽军政军民关系，争创全国双拥模范城“六连冠”目标。

健全残疾人服务体系。开展残疾预防，提升残疾人康复服务质量。改址扩建通辽市特殊教育学校，努力建成集教育、实训、就业、康复、托养一体的残疾人教育服务机构。健全残疾人服务体系，积极推进基层残联组织专项改革。建立特殊困难残疾人访视和帮扶制度，完善残疾人福利制度。到2025年，每个旗（县、市、区）至少建成或巩固2个市级残疾人就业基地。扩大公益性岗位安置残疾人就业，市县级福利彩票公益金本级使用部分，按15%的比例划出专项资金，用于支持残疾人康复和就业等。

健全社会事务管理服务体系。加强流浪乞讨人员救助管理站建设，重点提升关爱救助、应急救助服务能力。优化殡葬设施建设布局，加大建设投资力度，到2025年，苏木（乡镇）公益性安葬设施覆盖率达到100%，嘎查（村）生态安葬设施覆盖率达到30%。发展“互联网+殡葬”信息化建设，推动文明节俭治丧进程。推进精神卫生社会福利机构建设，积极探索多种供养模式。

建立健全分层分类的社会救助体系。加快构建政府主导、社会参与、制度健全、政策衔接、兜底有力的综合救助格局。推进城乡统筹发展，加快实现城乡救助服务均等化。完善最低生活保障和基本生活救助制度，加强分类动态管理。完善疾病应急救助、教育救助、住房救助、就业救助制度，健全自然灾害应急救助体系。建立政府救助和慈善救助衔接机制，健全政府购买社会工作服务的长效机制。

第十六章 促进人口长期均衡发展

坚持积极应对、共享共建、量力适度、创新开放的基本原则，提高老年人服务科技化水平，不断满足老年人多样化服务需求，加快构建有序衔接、综合连续的老年健康服务体系，将通辽市打造成老年友好型城市。

第一节 全面提高人口素质

统筹推进生育政策、服务管理制度、家庭发展支持体系和治理机制综合改革。健全完善对计划生育特殊家庭的倾斜政策，妥善解决计划生育特殊家庭的生活照料、养老保障、大病治疗和精神慰藉等问题。推动人口结构优化调整、人口素质不断提升、人口流动更加有序，构建生育友好型社会。加强出生人口性别比综合治理，出生人口性别比保持在正常范围内。构建有利于计划生育的家庭发展支持体系。

第二节 保护妇女儿童合法权益

坚持男女平等基本国策和儿童优先原则，保障妇女平等获得就学、就业、婚姻财产和参与社会事务等权利和机会。制定实施通辽市妇女儿童发展纲要（2021—2030年）保障农村牧区妇女土地权益，实施“和谐家”婚姻家庭矛盾纠纷排查化解项目。严厉打击暴力侵害妇女、拐卖妇女等违法犯罪行为。加强妇女思想引领，优化妇女发展环境。促进妇女就业创业，发挥“通辽巧娘”品牌作用，提升妇女就业创业技能。改善儿童成长环境，依法保障儿童生存权、发展权、受保护权和参与权，加强儿童福利机构建设。创建儿童安全环境，减少儿童伤害。依法严惩性侵害、家庭暴力、拐卖儿童、弃婴等违法犯罪行为。强化妇女儿童活动阵地建设，探索创新“妇女儿童活动中心”建设模式，为妇女儿童及其家庭提供游戏、娱乐、教育、卫生、社会心理支持和转介等服务。

第三节 积极应对人口老龄化

进一步做好老年人权益保障和优待工作，推动养老服务业及养老产业快速发展。推进幸福家庭创建，完善家庭赡养老人的支持体系。开展老年常见病、慢性病健康指导和综合干预，65岁以上老年人健康管理率达到70%以上。健全以社区为依托，预防保健、医疗救治、康复护理并重的老年健康服务体系。重点发展社区健康养老服务，推行社区卫生服务机构为老年人提供签约式服务。推动医疗卫生和养老服务融合发展，建立健全医疗机构和养老机构间的业务协作机制。支持养老机构按规定开办医疗机构，鼓励医疗机构将护理服务延伸至居民家庭。到2025年，养老机构护理型床位占比不低于55%。积极发展银色经济，推动老年产品市场提质扩容。实施发展老年大学行动计划，大力发展老年教育。到2025年，全市养老服务机构养老床位达到30000张，养老机构450家，培训养老服务人员2000人以上。

第十七章　提高社会文明程度

大力发展中国特色社会主义文化事业，形成助力实现中华民族伟大复兴的不竭动力和正向能量，增强“四个意识”，坚定“四个自信”，向全面建成社会主义现代化国家和实现中华民族伟大复兴的中国梦，再迈进扎实稳健的一步，进一步弘扬中华优秀传统文化，提升我市精神文明建设水平。

第一节　推进社会主义精神文明建设

培育和践行社会主义核心价值观。把社会主义核心价值观作为明德修身、立德树人的根本遵循，作为凝魂聚气、强基固本的基础工程，持续深化社会主义核心价值观宣传教育，通过教育引导、舆论宣传、文化熏陶、实践养成、制度保障等途径，着力在贯穿结合融入上下功夫，使之成为各族干部群众的道德规范和行为准则。

以先进模范引领道德风尚。精心选树道德模范、通辽好人、新时代好少年等先进典型，注重发现挖掘日常生活中的凡人善举、平民英雄，运用事迹报告、基层巡讲、文艺作品、公益广告等形式，多角度、多层面广泛宣传他们的先进事迹和突出贡献，让干部群众学有榜样、赶有标杆，树立鲜明时代价值取向。

深化群众性创建活动。深入开展文明城市、文明村镇、文明单位、文明校园、文明家庭创建活动，将社会公德、职业道德、家庭美德、个人品德建设贯穿创建活动全过程。深入实施《全面科学素质行动计划纲要（2021—2025—2035年）》，加强科普基础设施建设，大力推进科普信息化，提升全市公民科学素质。广泛开展文明服务、文明经营、文明交通、文明餐桌、文明旅游、文明上网、文明乡风等创评活动，不断提升公民社会文明程度。

拓展新时代文明实践中心建设。实行项目化运作、实体化运行，实现中心（站所）全覆盖，建设新时代文明实践中心媒体实验室，打造学习科学理论、宣传党的政策、践行主流价值、丰富文化生活、推动移风易俗的综合平台。深入开展培育文明风尚行动，深化爱国卫生运动，促进全民养成文明健康生活方式。开展“反对浪费、崇尚节约”教育实践活动，强化人们的公共意识、规则意识、文明意识。坚持文明创建与经济社会发展目标和战略相适应相匹配，加强顶层设计和总体规划，不断提升创建工作水平。不断理顺城市管理机制，促进文明城市创建常态化长效化。

第二节　大力繁荣发展公共文体事业

加强文物保护和非遗传承。全面深化以通辽地区为核心的西辽河流域作为中华文明发源地的相关考古研究，推进文物资源数字化建设，实施重大文物保护工程，夯实文物保护科技支撑。新组建市文化遗产保护中心。开展非物质文化遗产普查工作，建设科尔沁文化生态保护区数据库和非遗文化媒资库。建设一批非遗就业工坊、非遗传承基地（传习所），开展非物质文化遗产活化利用工程。在全市5个重点景区开展常态化演艺进景区活动。

繁荣科尔沁文化精品创作。继续推进文化精品创作奖励扶持工作，扶持重大主题文艺创作。加大对乌兰牧骑排练、演出场所等设施的投入力度，推动乌兰牧骑标准化建设。打造传承乌兰牧骑精神、市场化运营的文旅平台。创新乌兰牧骑文化惠民演出形式，实现各旗（县、市、区）乌兰牧骑队伍艺术创作和演出“一队一品”的特点。

完善公共文化服务体系。提升公共文化服务水平，健全公共文化服务体系。建设通辽市演艺中心，实施全市惠民演出工程，打造“四季演出季”“戏曲进乡村”等惠民演出品牌。推动图书馆、文化馆、群艺馆数字化工程，加快数字化云平台建设，实现资源共享。

推进融媒体深度发展。建设通辽市新媒体通信传输总站和通辽日报“新闻+政务服务商务”大型服务综合体，支持旗县融媒体中心建设，推动传统媒体和新兴媒体在体制机制、政策措施、流程管理、人才技术等方面加快融合步伐，建立以内容建设为根本、基础设施为依托、先进技术为支撑、创新管理为保障的全媒体传播体系。

促进体教融合发展。积极扶持体育综合体建设，加快体育小镇项目建设。积极举办国际国内体育赛事。引导企业在特色产业培育、融合发展、投融资等方面先行先试，着力培养一批领军型体育企业。提升竞技体育综合实力，力争实现全区十五运“保四争三”目标，全面启动备战“十六运”各项工作。以全区足球改革发展重点盟市为契机，加快我市足球“2+3”体系建设，深入推进足球改革发展。

第四篇　深入推进开放协作　更好服务融入新发展格局和我国向北开放重要桥头堡

第十八章　主动服务国内市场

坚持连接断点、畅通节点、打通堵点，促进生产、分配、流通、消费各环节良性循环，加快打造在国内大循环中有影响力的产业链、供应链，推进资源集聚集散、要素融汇融通，培育新的投资增长点、消费增长点。精准对接国内市场消费升级需求，增加优质商品和服务供给。加强与长三角、粤港澳大湾区等发达地区的招商合作，面向全国开展供需对接，融入国内市场供应体系，支持供应链企业与制造企业加强协作，更好地将本地名优产品引入国内市场，带动国内消费和投资流入。

第一节　多措并举扩大有效投资

以补齐短板扩大有效投资，发挥投资关键性作用，加快补齐发展和民生短板，保持合理有效投资稳定增长。聚焦地方优势产业升级、科技创新、城乡融合、基础设施、生态环保、民生改善等重点领域，加强重大项目库建设，完善项目储备和滚动接续实施机制，健全土地、能源、资金、环境容量等要素资源跟着项目走的综合协调保障机制。优化政府投资方向，创新政府投资方式，积极盘活存量优质资产，形成良性投资循环。用好中央预算内投资、专项债券和政策性金融，拓展民间投资空间，建立健全市场化合理回报机制。加强 PPP 项目投资和建设管理，规范有序推广 PPP 模式。争取更多上级资金使用。鼓励专项债券用作项目资本金，充分拉动民间投资。

第二节　以新业态新模式引领新型消费

以提供供给创造消费需求。顺应消费数字化、品质化、个性化、多元化趋势，支持实体商业数字化智能化发展，鼓励发展无接触式消费模式，积极发展健康消费、养老消费、假日消费、夜间消费、定制消费等业态和模式，形成服务消费新亮点。

精准对接国内市场消费升级需求。加强绿色、智能和定制化产品研发推广，增加优质商品和服务供给，提升肉牛、粮食等绿色农畜产品供给能力和市场占有率，推动“蒙字号”产品走向国内市场。

以完善机制激发消费潜力。完善消费促进消费体制机制，营造放心消费环境，推动线上线下消费有机融合。强化市场秩序监管，完善产品质量安全追溯和服务责任追溯机制，加强消费领域信用建设，畅通消费者维权渠道。

第三节　大力促进贸易优化升级

推动通辽市和沿海地区形成联动效应，加强对外开放的区域合作，探索“口岸＋腹地”对外开放模式，谋划中转加工、物流集散等项目，变通道枢纽为“落地经济”。不断扩大外贸进出口规模，提升对外贸易质量，调整外资结构，发展壮大服务贸易主体，对外商投资实行准入前国民待遇加负面清单管理制度。加强外贸综合服务企业培育，重点支持玉米生物、制鞋生产扩建、新型医药改造等项目，提升产品质量，增强国际市场竞争力。扩大跨境电子商务产业规模，鼓励自主品牌企业利用“跨境电商＋海外仓”模式拓展海外市场，打通线上销售渠道。积极培育镍合金、铝新产品、汽车玻璃、橡胶促进剂等工业产品新的出口增长点，发挥科尔沁肉牛和通辽黄金玉米品牌效应，加快打造开鲁红干椒、库伦荞麦、扎鲁特旗绿豆等知名品牌，建设面向东北亚各国的绿色农畜产品生产加工输出基地。重点推进国家级外贸转型升级基地——通辽肉牛基地建设，提升供港澳活牛质量。加大自治区外贸转型升级基地——通辽杂粮杂豆基地、开鲁红干椒产业基地、霍林河高端铝材产业基地建设力度，展现通辽品牌，提升国际知名度。

第十九章　对接服务周边城市

从差异化发展找准突破口，在产业配套、功能疏散、资源匹配、要素补充等方面，主动对接服务周边城市。深度融入东北振兴，积极参与“锡赤通朝锦”陆海通道建设，深化“铁四辽通”次区域合作，推动区域合作优势互补、互利共赢。提升开放协作层次，强化京蒙对接合作，主动承接京津冀、环渤海地区的辐射带动，实施一批经济合作、市场互动和科技创新等重大项目，鼓励探索“飞地经济”模式。强化与东部盟市的协同发展，加强与赤峰的协调联动，建设国家级承接产业转移示范区。

第一节　不断深化多层次区域协作

推进北部霍扎园区一体化。在霍林郭勒、扎哈淖尔园区现有产业发展基础上，推进各关联产业集中、集聚、集约发展。协调推进产业优化布局、重大项目引进建设、资源开发利用、园区基础设施建设、环境保护等项目。开展绿色制造体系创建，提高能源资源利用效率，建设绿色园区、绿色工厂、绿色矿山，发展清洁煤电。加强人才引进输入、科技项目落实，提升产业创新发展水平。建立成本分摊、利益分享、要素统配的管理体制机制，打造千亿级绿色煤电铝产业集群。

推动特殊类型地区振兴发展。积极推动贫困地区、民族地区、资源枯竭型地区振兴发展，霍林郭勒市继续实施独立工矿区搬迁改造，推动科尔沁城东老工业区搬迁改造工程，强化产业就业支撑，帮助搬迁人口尽快解决稳定发展问题。

强化与赤峰市的联动发展。与赤峰市联合开展“蒙东（通辽、赤峰）国家承接产业转移示范区”“改革能耗计算方式”等政策申报，争取得到国家的支持。共同推动“三北”高铁新通道、天山至开鲁至科尔沁区地方高速公路（现有国道 303 连接）等交通基础设施项目纳入国家和自治区规划。推动重大水利和轨道交通建设，同时推动通辽和赤峰在产业分工、文化交流、招商引资、对外开放等方面联动发展，增强区域性中心城市的支撑作用。

加强与国内经济发达地区协同发展。发挥优势、主动融入、服务大局，全面推进与有关地区的多领域开放合作，提升合作层次和水平。提前布局各类产业集聚区。加强与京津冀、长三角、珠三角、粤港澳大湾区等发达地区的招商合作，助推“飞地经济”。积极引进资金、科技、人才、信息等优质要素资源，逐步建立起全方位的合作共赢关系。

第二节　深度融入东北振兴和西部开发战略

全面融入东北经济区产业分工、要素配置、交通物流网络等市场体系。抓住新时代东北振兴战略的机遇，主动承接东北经济区辐射带动，重点围绕装备制造、清洁能源等建设东北制造业配套基地，到 2025 年，基本建成产业先进、结构合理、竞争力强、环境友好的国家级示范区。推动落实与沈阳、长春的战略合作框架协议，积极融入沈阳都市圈，与周边开展铁四辽通、通赤朝锦次区域合作和东西部对口合作，深入推进六市（盟）东北陆海新通道沿线地方政府联盟协作。加强与东北城市群各城市之间在发展目标、产业结构、功能定位等方面的沟通与衔接，强化产业、商贸、交通运输以及旅游等方面的合作，全面推进双边、多边和多层次、多形式的合作，形成区域经济一体化发展格局。

第三节　建设国家级承接产业转移示范区

加强园区整合，统一规划科尔沁区、经济技术开发区和科左后旗产业园区，集中打造自主创新与承接产业转移工业集中区，重点发展绿色农畜产品、现代蒙药、装备制造、硅砂深加工和商贸物流产业。积极推进产业从原材料初级加工向下游精深加工转变，大力培育先进制造业和高新技术产业，产业组织形态从传统块状经济向现代产业集群转变，配套发展现代服务业，加快工业园区实现由单纯生产制造向生产、生活、生态共生发展转变，成为全区工业转型升级的主阵地。

第二十章　积极服务“一带一路”倡议

以国内大循环为主体，充分利用好国内国际两个市场、两种资源，构建高水平开放型经济新体制，继续拓展开放型经济新空间，充分把握“一带一路”历史机遇，参与中蒙俄经济走廊建设。发挥内蒙古融入国家“一带一路”

倡议和"草原丝绸之路"经济带建设的重要节点城市主体作用，加强对外文化交流。扶持发展外向型经济，推动外贸提质增效，促进贸易与产业协调互动，重点推进国家级和自治区级外贸转型升级基地建设，加强通辽原产地优选产品跨境贸易与产业投资项目建设，深度融入共建"一带一路"。

第一节 加大外贸企业扶持力度

积极参与"一带一路"建设，努力推进"向北开放"与俄蒙合作，加大协调服务力度，引导企业有序进入国际市场。继续推行重点外贸企业包保服务责任制。加强银企对接，努力解决外经贸企业融资难问题。协同海关、外汇、国税等相关职能部门，积极推进国际贸易"单一窗口"建设，促使贸易便利化。支持推动中小企业转型升级，走"专精特新"国际化道路。发展跨境电子商务、外贸综合服务新业态新模式，推进激活优化一批、巩固提升一批、承接引进一批、鼓励支持一批工程。大力发展中小微外贸企业，不断扩大有实绩业务的外贸队伍。培育全市有外贸实绩企业规模化发展，打造进出口额超亿元企业10家。优化商品结构。鼓励企业发展高质量、新技术、高附加值产品，不断提高劳动密集型产品档次和附加值。支持高新技术、高成长性化工、装备制造、生物制药等产品出口。

第二节 持续加强对外经贸合作

加强与"一带一路"沿线国家经贸往来，支持有条件的企业在境外建设各类经贸合作园区，建设一批境外经贸合作的重要载体和产业集群。重点开拓中蒙俄经济走廊延伸国家市场，扩大与乌克兰等国家的贸易规模。加强与日韩、东南亚及港澳的交流合作，拓展向南开放的新空间。加强同泰国、越南、马来西亚的经贸往来，构筑向东盟开放的国际经贸大通道。加快实施"走出去"战略，引导各类所有制企业有序到境外特别是到俄、蒙、韩、日开展投资合作。加强与俄蒙在教育、医疗卫生、文化、旅游、体育等领域的交流合作，形成多层次、宽领域、高质量的合作交流格局。推进中蒙"3+3"区域合作。进一步引导外资投向，调整外资结构，引导玉米生物、生物制药农畜产品加工企业在东南亚、东北亚、东欧等地区投资布点。对外商投资实行准入前国民待遇加负面清单管理制度，支持中欧班列（通辽）常态化运营，推进"落地经济"，加强与满洲里、珠恩嘎达布其口岸及大连港、锦州港、营口港等港口协作，促进公铁海多式联运建设。积极组织企业参加"中国·内蒙古乌兰巴托商品展""俄罗斯食品展""东盟博览会""日本原料展"等国内外洽谈活动，促进对外经济合作。到2025年，外贸进出口总额达到38.7亿元，累计直接利用外资3000万美元。

第三节 持续推进精准招商选商

创新招商方式精准选商。在综合运用领导带队招商、城市战略合作招商、以商招商、产业链招商、网络招商、会展招商等招商方式的基础上，设立招商引资专项资金，探索实施委托代理招商方式，积极与专业招商机构、地区商会、专业协会、企业联盟等机构建立合作关系。通过全方位的营销手段进行园区推广，主动前往京津冀、环渤海、长三角等经济发达地区以及周边省市举办招商推介活动，全力推广"互联网+"招商模式，坚持"请进来"和"走出去"并举，动员社会各界力量促进招商引资工作取得实质性进展。

突出招商导向引领作用。坚持新发展理念，走生态优先、绿色发展为导向的高质量发展新路子，把招商引资工作与各项事业发展紧密结合，科学谋划，统筹推进。发挥招商引资对"稳投资""调结构"的促进作用，力争年均实现新签约亿元以上项目100个，年均实现招商引资到位资金100亿元，年均实现招商引资到位资金占全社会固定资产投资比例35%左右。

围绕重点产业精准招商。将全市产业园区作为招商引资新平台，打造一批推动经济长远发展和产业转型升级的招商新载体。围绕主导产业集群精准发力，确保现有企业做大做强的同时，在补链、延链的项目引进中实现"扩量"；围绕引进商贸物流、文化旅游、战略新兴、装备制造、新型基础设施建设等项目实现"提质"；围绕不断完善园区配套承载能力和优化营商环境实现"增效"。

建立完善招商联络机制。探索建立联络机制，对意向和签约项目，定人定责、专人跟踪，提供“保姆式”服务。坚持问题和结果导向，深化县级领导包联机制，从项目落地、开工、建设、投产一包到底，深入一线，定时总结分析，多渠道破解项目审批、用地、资金等要素制约。

第二十一章　高效服务市场主体

继续深化“放管服”改革，持续优化发展环境，促进民营经济发展，激发市场主体活力。加强社会信用体系建设，营造良好社会信用环境。多举措创新服务市场主体，努力营造稳定、公平、透明的营商环境。

第一节　深化“放管服”改革

推进市旗镇村四级政务服务体系建设，构建“一网、一门、一次”综合服务平台，推进“不见面审批”、异地可办、掌上办、自助办，推行以社会保障卡为载体的居民服务“一卡通”。全面推行国家统一的市场准入负面清单管理制度，推动“非禁即入”普遍落实。实施涉企经营许可事项清单管理，包容审慎监管新产业新业态。实行许可事项清单管理，深化商事制度改革，深入推进相对集中行政许可权改革，深化工程建设项目审批制度改革。

第二节　促进民营经济发展

严格落实国家、自治区确定的各项减税降费政策，降低民营企业各项成本。鼓励支持非公有制经济发展，进一步放开民营企业市场准入，破除招投标隐性壁垒。鼓励民营企业加快建立现代企业制度，持续完善公司治理结构，推进企业转型升级和优化重组。建立健全民营企业党建工作机制。引导民营企业筑牢守法合规经营底线，依法经营、依法治企、依法维权。鼓励民营企业参与共建“一带一路”、中蒙俄经济走廊等重大国家战略建设以及通辽产业集群建设。构建亲清政商关系，健全政商交往正负面清单，完善政企沟通协商制度。保护企业家合法权益，加大产权司法保护力度，严禁执法机关以查处经济纠纷为由直接插手、干预企业正常生产经营活动。

第三节　加强社会信用体系建设

创新事前环节信用监管，建立健全信用承诺制度，探索开展经营者准入前诚信教育。加强事中环节信用监管，全面建立市场主体信用记录，建立健全信用信息自愿注册机制，深入开展公共信用综合评价，大力推进信用分级分类监管。完善事后环节信用监管，健全失信联合惩戒对象认定机制，督促失信市场主体限期整改，深入开展失信联合惩戒。推进信用建设“红黑名单”制，强化社会信用体系宣传教育。拓展“信易+”产品应用场景。推进在行政审批、政府投资建设项目招投标、政府采购、土地交易、政府投资补助或贴息项目的选择、资质认定、专项资金安排等重点领域以及人才聘用、周期性检验、日常监督、评级评优等工作中开展信用核查。在食品药品安全、环境保护、产品质量、医疗卫生、工程建设、融资担保、文化旅游、民生保障等重点领域广泛使用信用报告、信用调查等信用产品和服务。

第五篇　推进人才强市战略，打造各类人才辈出和重点领域独具优势的区域人才高地

第二十二章　构建灵活开放引才机制

坚持人才是第一资源的理念，深入实施人才强市战略，以更加开阔的视野和更加开放的思维引才聚才、选才育才、用才留才，统筹解决好人才短缺和人才外流问题，更好满足我市高质量发展的人才需求。

第一节　健全完善引才用才政策体系

健全不唯地域、不求所有、不拘一格的引才用才政策体系，适应新形势变化，优化升级人才引进政策，增强政策、事业和产业吸引力，突出人才成长空间、创业平台等核心吸引点，提高引才用才精准性，建设“线上”“线下”引才双阵地，鼓励通辽籍大学生返通、市内高校毕业生留通、市外大学生来通就业创业，打造区域性招才引智品牌。启动“鸿雁回通”计划，组织和感召天南地北通辽人回乡投资创业。探索开展高校定向选才活动，在国内高校中择优选调一批党政机关企事业单位领导干部。探索机构式、团队式引才模式，引进知名高校科研院所到我市设立研发机构，采取“一事一议”的方式，通过项目资助、创新扶持、贷款贴息等，给予资金扶持。加大少数民族聚居地区、贫困地区的人才引进力度。

第二节　畅通“高精尖缺”引才渠道

围绕优势主导产业发展，定期发布人才需求信息，加大柔性引才引智力度，主动加强与科

研院所和中央定点帮扶单位沟通对接，鼓励采取兼职、客座、顾问、定期服务、合作开发等方式，重点引进科技领军人才和高水平创新团队。鼓励引进高层次人才利用先进技术、设备和资金等条件，与企事业单位开展合作研究或受聘担任管理、技术职务，提升产业技术攻关能力和科研水平。全面落实与高等院校战略合作协议，不断满足重点产业、重点项目人才需求。

第三节　提升引才平台承载能力

鼓励支持煤电铝、玉米、肉牛、中蒙医药等领域，培育建设自治区重点实验室、工程研究中心、产业创新中心、技术创新中心，扩大“铝加工年会”“蒙医药产业博览会”等论坛展会影响力。强化“博士直通车”工程，通过博士创业园吸纳、科技创新平台集聚、企事业单位引进，加快高端人才集聚。推进“人才驿站”扩面升级，积极发挥“通辽人才驿站”作用，支持“人才飞地”建设，组织开展跨区域性人才交流活动，实现“人才引进在大城市、科技研发在大城市、成果转化在通辽”的引人用人目标和协同创新模式。建立人才工作联系点，打造一批区域特色明显、行业特点鲜明、创新性强、成长性好的集聚各类产业人才的高端服务平台。依托创新型园区建设行动计划，建设集知识创造、技术创新和新兴产业培育为一体的创新核心区域。加快“人才改革试验区”建设，探索人才管理服务新模式，为产业转型升级提供人才支持。

第二十三章　创新人才培育机制

制定《通辽市中长期人才发展规划》，建立以地区发展和企业发展需求为导向的人才培养开发机制，统筹抓好高层次领军人才、专业技术人才、高技能人才、企业经营管理人才、党政人才、农村牧区实用人才和社会工作人才队伍建设。

完善提升“科尔沁英才”工程，围绕优势特色产业，开展人才需求预测，建立首席专家制度和导师制度，重点培育一批从事产业技术创新、科研成果产业化、技术难题攻关的高层次领军人才。加大哲学社会科学领域急需紧缺人才开发力度，推动科尔沁文化研究、高端智库人才建设取得新突破。

扩大专业技术人才队伍规模，提高专业技术人才创新能力，实施专业技术人才知识更新工程，加大青年拔尖人才选拔培养力度，选拔推荐“政府特殊津贴专家”、“自治区杰出专业技术人才”、“自治区突出贡献专家”、自治区“321人才工程”人选，开展专家服务基层活动，引导专业技术人才向基层、艰苦地区和一线岗位有序流动。

推行劳动者终身职业技能培训制度，开展定向培养、联合办学，建立产教融合、校企合作机制，大规模开展职业技能培训，落实技术工人待遇，打造十大产业培训基地，支持高技能人才培训基地和技能大师工作室建设，加快培育知识型、技能型、创新型高素质劳动者大军。

围绕“主导产业集群”、现代服务业和战略性新兴产业发展需求，以企业家和职业经理人为重点，依托区内外重点高校和战略合作地区培训资源，开展多层次的企业经营管理人才培训活动，加强区域间企业经营管理人才合作交流。

适应新时代发展需求和干部成长规律，开展大规模干部教育培训，注重培训选拔年轻干部和基层一线干部，加大女干部、少数民族干部和党外干部培养选拔和教育培训力度。

加强新形势下农村牧区实用人才队伍建设，为实施乡村振兴战略建设一支规模庞大、结构合理、作用发挥突出的农村实用人才队伍。

积极培育社会工作人才队伍，增强基层社会治理效能，不断满足基层群众多层次、多样化的服务需求，助力基层社会治理高水平提升。

第二十四章　激活人才发展内生动力

深化人才发展体制改革，破除阻碍人才发展的体制机制障碍，完善人才发展激励机制，畅通人才流动渠道，促进人才自由流动与高效配置，为构建“人才通辽”创造有利制度环境，形成“人尽其用”良好格局。

第一节　改革人才管理体制机制

坚持党管人才原则，健全完善各级党委人才工作领导机构，建立科学的决策机制、协调机制和督促落实机制，形成统分结合、上下联动、协调高效、整体推进的人才工作运行机制。克服人才管理中的行政化倾向，健全完善人才市场体系,发挥市场配置人才资源的决定性作用。克服“唯论文、唯职称、唯学历、唯奖项”问题,健全完善人才评价标准体系,落实好科技项目评审、人才评价、机构评估改革政策,加快推进重点领域人才分类评价改革。做好非公企业专业技术人才职称评审工作,贯通技能人才与专业技术人员职业发展通道。

第二节　完善人才激励机制

加大人才发展投入,优化财政支出结构,规范人才工程项目政府性支出,提高资金使用效益。建立政府、企业、社会多元投入机制,发挥人才发展专项资金、中小企业发展基金、产业投资基金等政府投入的引导和撬动作用。落实有利于人才发展的税收支持政策,健全鼓励创新创造的分配激励机制。依托各类科技创新平台、科技项目和科技成果转移转化平台,开展人才精准扶持激励。创新人才与资本、技术对接合作模式,探索推行“揭榜挂帅”等措施,面向全国公布一批重点产业技术攻关项目,对合作签约的项目给予资金支持。

第三节　畅通人才流动渠道

打破户籍、地域、身份、人事关系等制约,逐步破除党政机关、企事业单位、社会等各方面人才流动障碍,促进人才自由流动与高效配置。支持符合条件的高校、科研院所等事业单位科研人员离岗创业、兼职取酬,支持高校、科研院所等事业单位设置一定比例的创新型岗位,吸引科技研发、科技创新、科技成果推广等方面的人才兼职。扩大市属科研院所编制管理、职称评定、奖励性绩效工资分配等方面的自主权。定期从本地高校、科研院所、企事业单位等选派专业人才到市县两级挂职,有计划地选派市县党政领导班子成员到沿海发达地区挂职。探索高校企业人才“双向挂职”模式。鼓励具有硕士学位授予权的高校、科研院所聘任高层次人才担任研究生校外导师。

第二十五章　营造人才发展良好环境

全面提升人才服务水平,持续改善人才生活环境,减轻人才干事创业后顾之忧,为激发人才创造活力提供环境保障。显著增强人才成就感、获得感和归属感,在留住人才方面取得突破。

第一节　强化人才政治引领

落实党委联系服务专家制度,推动人才工作各职能部门直接联系一批高层次人才。大力弘扬“科学精神”和“工匠精神”,定期组织开展高层次人才国情研修活动、高层次专业技术人才素质能力提升等活动,激发爱国报国情怀。重视在中青年高层次人才中发展党员工作,引导更多优秀人才积极向党组织靠拢,不断增强各类人才的政治认同感和向心力。

第二节　推进人才全链条服务

深度融入东北振兴战略,主动承接京津冀、环渤海地区辐射带动,加强与战略合作城市的人才互访,主动做好产业、企业配套下的人才配套。完善人才服务保障体系,探索创新人才考核评价、职务晋升、工资待遇、社会保障等长效机制。打造自治区人才服务先进示范市,组建市场化、专业化人才服务团队,加强人才服务信息化建设,引进和培育一批具有区域竞争人力资源服务机构,探索建立“行政、事业、企业”三位一体的人才服务模式,为人才提供“一站式”“保姆式”服务。

第三节　强化人才待遇保障

强化人才住房、交通、医疗、教育等方面的服务保障措施,进一步优化人才“生活服务”“创业服务”“科技服务”“文化服务”等服务环境,落实落户居留、社会保险、医疗保障、人才公寓、配偶就业、子女入学、科研开发、项目申报、文化旅游等多方面的优惠政策,定期组织开展专家休假疗养、健康体检等活动,解决人才后顾之忧,让更多人才集聚通辽、深耕通辽。

第六篇　提升创新引领能力　构筑改革创新提能优势和更加牢固的安全稳定屏障

第二十六章　加强科技领域创新

坚持创新在现代化建设全局中的核心地位,按照“四个面向”战略方针,围绕我市重点产业集群和战略性新兴产业发展需求,促进科技、教育、产业、金融深度融合,大力提升区域科技创新能力,切实发挥好科技创新对实现高质量发展的支撑引领作用。

第一节　加强区域科技创新供给

推进重点领域技术创新。聚焦制约产业转型升级的突出短板,把促进优势特色产业延链补链强链作为主攻方向，瞄准主导产业发展需求，组织实施重大科技专项，开展前沿技术攻关，着力突破“卡脖子”技术问题。

推动科技成果转移转化。推进通辽科技大市场升级建设。推动科技服务业发展，培育和壮大从事研究开发、技术转移、创业孵化、科技金融等专业科技服务机构和行业组织。到2025年，建成自治区级科技成果转移转化示范区和示范基地各1个。

深化科技交流合作。以“科技兴蒙”行动“4+8+N”科技合作机制为契机，加强与科技强省的创新联动，与区外各类合作主体紧紧围绕推动产业转型升级、加强科技创新平台载体建设、加强人才交流培养等方面开展务实合作，推动创新资源、科技项目、人才技术与我市高质量发展所需实现精准对接。

第二节　强化企业创新主体地位

引导企业加大研发投入。促进各类创新要素向企业聚集，支持企业建设研发机构或技术创新中心，鼓励企业建立研发准备金制度，认真落实国家、自治区关于企业研究开发费用税前加计扣除政策等税收优惠政策，规范研发费用核算。推动重点领域、行业龙头企业项目、基地、人才、资金一体化配置。

培育科技型企业。实施“高新技术企业倍增计划”，到2025年，全市高新技术企业数达到100家。加快培育科技型中小企业，以新材料、高端装备制造、新能源、生物医药、现代农牧业等战略新兴产业领域为重点，建立健全相应配套政策和措施，推动科技型中小企业培育工作扎实推进。

引导产学研协同创新。鼓励企业牵头承担科技计划项目，支持企业和高校、科研院所共建重点实验室等创新平台，支持高校、科研院所在企业建立研发和成果转化基地、博（硕）士科研工作站，调动高校院所科研人员围绕企业技术需求开展前瞻性技术研发和新产品开发，促进企业创新能力的提升。

第三节　优化创新平台载体布局

积极推动通辽高新技术产业开发区晋升国家级高新区，加快建设自治区玉米种业技术、肉牛种业技术、蒙医药技术、铝新材料创新中心，联合内蒙古民族大学推进蒙医药实验室升级为国家重点实验室，到2025年，建成国家级高新区1个、国家级重点实验室1家、自治区级技术创新中心3家。推动通辽国家农业科技园区提质增效，加快建设自治区级、市级农业科技园区，示范引领地方特色产业发展。培育建设市级重点实验室、企业研发中心等创新平台，并推动升级为自治区级平台载体。

第二十七章　优化科技创新生态

加快完善科技创新体制机制，增加科研经费投入，推动科技金融深度融合，营造科技创新优良环境，为增强我市科技创新能力提供源源不断的动力。

第一节　完善科技创新体制机制

深入推进科技体制改革。成立由市政府主要领导挂帅的全市科技创新工作领导小组并充分发挥领导作用，推动政府职能从分钱、定项目转到定方针、定政策和创造环境、搞好服务上来。开展“厅市会商”联动协作，大力推进“科技兴蒙”行动。建立联席会议制度，实现科技与经济、成果与产业、项目与生产高度融合。建立科技创新管理信息系统和报告制度，完善科技信用体系建设。改进科技项目组织管理方式，实行竞争立项、定向委托、“揭榜挂帅”等制度，推动重点领域项目、基地、人才、资金一体化配置。大力发展新型研发机构。

完善科技计划体系。制定出台《通辽市科技计划项目管理办法》，规范市本级科技计划项目管理，进一步优化科技资源配置，充分调动科研人员的积极性和创造性，形成充满活力的科技管理和运行机制。加强基础研究，鼓励和支持高校、科研院所聚焦我市实现高质量发展中的关键科学问题，征集重点领域基础研究需求，特别是在中蒙医药、现代农牧业等产业开展基础研究和应用基础研究。大力争取国家和自治区自然科学基金立项资助。

第二节　多渠道增加创新投入

提高财政科学技术支出占一般公共预算支出的比重，发挥财政资金“四两拨千斤”作用。建立政府投入刚性增长机制和社会多渠道投入激励机制，完善财政科技投入管理办法，统筹安排对基础研究、应用技术研发与关键技术攻关、科技成果转化、科技创新平台（人才）体系建设、科技合作和科技创新环境建设等方面的投入。引导企业加大研发投入，带动社会和民间资本投入。到2025年，全社会研究与试验开发投入强度达到自治区平均水平以上。推进科技金融发展。鼓励金融机构创新金融产品，优化信贷流程，加大对科技型企业的信贷投放。建立健全科技金融服务体系，为科技型企业提供多样化的科技贷款融资通道。成立内蒙古自治区科技投资集团通辽分公司。

第三节　强化环境分区管控

全面实施“三线一单”管控体系。严守生态保护红线、环境质量底线、资源利用上线，建立生态环境准入清单。严格按照国家和自治区主体功能区规划功能定位，强化国土空间规划和用途管制，严守生态保护、基本农田、城镇开发等空间管控边界，着力提高生态环境基础数据的精细化、系统化水平。严格执行环境影响评价制度。坚持“点、线、面”统筹推进，坚持以国土空间规划为统领，实行项目环评审批与规划环评联动，形成高质量发展的助推力。

构建现代化监管体系。建设通辽北部地区生态环境智慧管控体系；推进生态环境监测与评估体系建设，开展全市生态系统状况调查评估与生态价值核算；从源头控制、全过程控制、上下联动等方面，大力推进全市生态环境治理体系和治理能力现代化。

第二十八章　推进经济体制改革

深化推进经济体制改革，加快转变政府职能，坚持和完善社会主义基本经济制度，发挥市场在资源配置中的决定性作用，有效激发市场主体活力，推动全市经济高质量发展，构建高效活力新通辽。

第一节　加快转变政府职能

全面实行政府权责清单制度，建设职责明确、依法行政的政府治理体系。持续简政放权，常态化做好行政权力事项动态调整，健全清单动态调整机制。深化行业协会、商会和中介机构改革，进一步清理整顿行政审批中介服务收费、行业协会商会收费、垄断行业收费等经营服务性收费，实施涉企行政事业性收费和政府性基金目录公示制度。健全重大政策事前评估和事后评价制度，畅通参与政策制定的渠道，提高决策科学化、民主化、法治化水平。完善政务服务考核制度，完成“好差评”系统与各级政务服务平台对接工作，制定差评反馈机制。

第二节　推进国有企业改革

做好全市国有经济“十四五”期间优化布局和结构调整，充分发挥国有企业在经济社会发展中的引领带动作用，推动国有资本向重要行业和关键领域集中，重点推进市属国有企业在农牧业、制造业、文旅产业、城市基础设施等领域布局和延伸，提升国有企业自主创新能力，做强做优做大国有资本和国有企业。加强国有企业党的领导和党的建设，推进党建与生产经营深度融合。推动国资监管与《国企改革三年行动方案》深度融合，积极稳妥分类分层推进国企改革。完善国有资产监管体制机制，实现以管资本为主的职能转变，促进国有资产保值增值。健全市场化经营机制，推行经理层成员任期制和契约化管理，完善市场化薪酬分配机制，灵活开展多种方式的中长期激励。

第三节　深化投融资体制改革

优化投资方向和结构，精准聚焦短板和薄弱环节，合理扩大有效投资。扩大政府性基金的引导作用和放大效应，加快地方融资平台的市场化转型。建立涵盖项目库、财政资金监管、政府采购等为一体的财经平台，覆盖所有预算单位和旗（县、市、区）、苏木乡镇，实现项目信息共享。强化预算约束和绩效管理，完善财政事权和支出责任划分，健全政府债务管理制度。加大信贷支持民营企业、小微企业以及有市场前景、技术竞争力企业力度，鼓励金融机构使用支小再贷款、再贴现资金。用好自治区政府企业纾困发展基金、政府性过桥融资工具及应急融资担保工具，拓宽企业直接融资渠道。

第四节　深化能源体制改革

深化电力体制改革，推动北部源网荷储一体化示范区建设，促进电网建设发展和提高配电运营效率。深化电力市场化改革，有序拓展电力多边交易品种和规模，持续扩大用户直供电的范围和交易电量，有效降低企业运行成本。

深化煤炭中长期合同制度改革，提高合同签约比例，充分利用信用手段加强履约监管。深化煤炭储备制度改革，将煤炭储备责任与煤炭生产、消费、进口相结合，全力提高煤炭储备能力。加快储气设施建设，完善储气调峰辅助服务市场机制，做好天然气供应保障工作。

第五节　推进要素价格市场化改革

有序推进土地要素市场化改革，严格土地利用管理，严格执行土地出让制度和用地标准、国家工业项目建设用地控制指标，健全土地资产产权制度。建设完善资本市场，提高金融资源配置效率，不断拓宽为实体经济服务的广度和深度，加大对通辽重点产业集群的资金投入力度，开展推进区域股权市场发展，加快推动后备企业上市、转板，完善企业上市服务体系，推进符合条件的企业进行跨境融资业务。加快要素市场化改革。完善规范城乡基准地价、标定地价的制定与发布制度，逐步建立与市场价格挂钩动态调整机制。推进国有企业工资决定机制改革，完善事业单位岗位绩效工资制度。引导市场主体依法合理行使要素定价自主权，推动政府定价机制由制定具体价格水平向制定定价规则转变。

第二十九章　深化社会治理创新

按照建设人人有责、人人尽责、人人享有的社会治理共同体要求，完善党委领导、政府负责、民主协商、社会协同、公众参与、法治保障、科技支撑的社会治理体系。坚持依法治市、系统治理，全面建设具有地区特色、时代特征的社会治理现代化模式，全力推动市域社会治理现代化试点创建工作，进一步完善社会治理格局，创新社会治理机制，形成社会治理和服务合力，确保人民安居乐业、社会安定有序。

第一节　全面推进依法治市

深入贯彻落实习近平法治思想，坚持党对全面依法治市工作的领导，坚决维护宪法法律权威，加强法治通辽建设。深入推进科学立法、民主立法、依法立法，加强城乡建设与管理、环境保护、历史文化保护等方面的立法工作。加强立法后评估，落实地方性法规、规章和规范性文件清理机制。持续开展法治政府示范创建活动，深入推进依法行政。严格规范公正文明执法，严格落实行政执法公示、行政执法全过程记录和重大行政执法决定法制审核制度，严格执行行政裁量权基准制度。深化综合行政执法体制改革，落实行政执法责任制和责任追究制度。健全行政执法与刑事司法衔接工作制度。强化行政权力制约监督，形成党内监督、人大监督、民主监督、司法监督、社会监督合力。全面推进行政复议体制改革，加大对违法和不当行政行为纠错力度。全面落实司法责任制，落实民事诉讼和刑事诉讼制度改革任务，落实综合治理、源头治理、标本兼治、重在治本的长效机制。加快推进智慧公检法司建设，建设政法大数据共享交换平台、跨部门协同办案系统和涉案财物集中管理平台。全面推进审判公开、检务公开、警务公开，加强人权司法保障。全面推进法治社会建设，实施“八五”普法规划，落实普法责任制，深化“法律七进”，强化“法治乌兰牧骑”普法金色品牌，落实《中华人民共和国民法典》，深化市域社会治理现代化试点建设和法治乡村建设，继续推进公共法律服务平台建设，坚持依法治网和以德润网相结合，培育良好的网络法治意识，全面提升社会治理法治化水平。

第二节　构建基层治理新格局

深入实施市域社会治理现代化“六大工程”，完善社会治理体系，健全基层民主协商制度，推进社会治理智能化，实现政府治理同社会调节、居民自治良性互动，建设人人有责、人人尽责、人人享有的社会治理共同体。推动社会治理重心向基层下移，向基层放权赋能，深化街道乡镇改革和综合执法体制改革，完善社区管理和服务机制，完善乡村多元治理方式，构建网格化管理、精细化服务、信息化支撑、开放共享的基层管理服务平台。发扬新时代“枫桥经验”，建强“五心合一”的矛盾纠纷化解服务中心综合体，健全“一号通办、街镇（苏木）统办”群众工作机制，集中推进重大信访积案清零和重点领域矛盾纠纷清源，推进社会矛盾纠纷多元预防调处化解。实施“清风引领”系列行动，制定实施“创新社会治理、弘扬新风正气”的具体意见，以优良党风政风带动社风民风。

第三十章 筑牢安全稳定屏障

坚持发展和安全并重，构建大安全格局，完善大平安体系，守住安全发展底线。坚定维护国家政权安全、制度安全、意识形态安全，提升网络安全保障能力，防范化解金融、债务等各领域风险。保障人民生命安全，坚决遏制重特大事故，提高防灾减灾抗灾救灾能力。维护社会稳定和安全，常态化开展扫黑除恶，建设人民满意的平安通辽。

第一节 守住不发生系统性金融风险底线

坚持可控有序适度，健全政府债务管理制度，有效防范化解债务风险。完善金融风险预防预警体系，开展清收化解不良贷款和打击恶意逃废银行债务专项行动，推动全市不良贷款率大幅下降。组建“通辽市金融纠纷人民调解委员会”“通辽市金融仲裁院”，建立金融领域矛盾纠纷便利、快捷、专业的多元化解机制。及时掌控和排查各类金融风险隐患和金融机构风险状况，加强风险早期介入和纠正。鼓励金融机构强化对民营和中小微企业的信贷支持，提高首贷率和信用贷款占比，探索设立企业流动性风险防控基金。

第二节 防范化解社会稳定风险

强化社会稳定风险预判，持续开展矛盾风险大排查大化解，关口前移、重心下移，完善社会矛盾纠纷多元预防调处化解综合机制，努力将各类社会矛盾化解在基层、萌芽状态。集中治理重复信访，化解信访积案，存量信访问题化解率达到90%。提高信访及时受理率、按时办结率和群众满意率，构建大信访大维稳工作格局。深入开展民意调查，广泛搜集问题线索，梳理各类风险因素，制定风险防控预案，形成社会稳定风险预判机制。加大司法救助力度，切实做好困难群众的救助工作，维护社会公平正义。将社会心理服务纳入城乡基本公共服务体系，健全社会心理服务体系和危机干预机制。加快构建社会稳定防范风险源头治理、动态管理和应急处置相结合的社会管理机制。建立健全社会风险评估、防范化解协同防控、责任落实机制，拓宽社情民意表达渠道，全面推行重大决策、重大工程、重大政策的社会稳定风险评估，完善公共决策社会公示制度、公众听证制度和专家咨询论证制度。继续健全社会稳定防范化解机制，建立“一站式”矛盾纠纷解决服务平台，完善人民调解、行政调解、司法调解联动工作体系，增强社会治安防控的整体性、协同性、精准性。

第三节 持续强化公共安全保障

深化“平安通辽”建设，依法规范信访秩序，深入排查化解社会矛盾，全力推动“事要解决”，密切关注人民群众反应强烈的社会治安问题。坚持立体化、法治化、专业化、智能化方向，构建数字化社会治安防控体系，推进“雪亮工程”建设，推动扫黑除恶专项斗争常态化，严厉打击各类违法犯罪活动。加快建设交通安全防护体系、监管场所，加强公安机关警力和装备保障。落实安全生产责任制，建立公共安全隐患排查和安全预防控制体系。全力压降一般事故，坚决遏制重特大事故。全面加强矿山、危险化学品和冶金工贸行业安全管理，实现医药卫生、食品安全、安全生产、建筑施工、道路交通、消防安全等各领域重大风险隐患排查全覆盖，落实风险防控责任，健全排查化解工作机制，强化源头治理。开展重要经济目标防护建设，建设蒙东应急物资储备中心、大数据智能应急响应中心和指挥平台。建设地震预警监测中心、气象灾害防御指挥中心，启动市县两级突发事件预警发布系统建设，全面开展自然灾害风险普查，持续优化消防救援体系，提高防灾减灾救灾能力。提高应对突发公共卫生事件的能力。全面构建市场监管重点领域智慧监管与风险防控体系，抓好“通辽好厨房”阳光监管扩面升级工作，创建国家食品安全示范城市。

第三十一章 扎实推进民族团结进步

坚持党对民族工作的全面领导，坚持民族区域自治制度，高举民族大团结旗帜，以铸牢中华民族共同体意识为主线，以加强各民族交往交流交融为根本途径，以“中华民族一家亲，同心共筑中国梦”为总目标，创建全国民族团结进步示范市，扎实推进我市民族团结进步事业不断发展。

第一节 铸牢中华民族共同体意识

深化中华民族共同体意识教育，引导各族群众牢固树立“三个离不开”思想，不断增强“五个认同”。开展“互联网＋民族团结”行动，加强“滴灌式”宣传和全媒体产品生产，制作一批民族团结进步优秀网络文化作品、公益广告、微电影等，唱响互联网平台铸牢中华民族共同体意识主旋律，讲好通辽民族团结进步故事。加强铸牢中华民族共同体意识的研究，成立铸牢中华民族共同体意识研究中心，利用多种途径，加快培养造就一批民族理论政策研究专业人才，建立通辽市民族理论重点人才库。推动“两后生”和农牧区壮年劳动力国家通用语言文字、职业技能培训全覆盖。

第二节　加快补齐民族地区基础设施短板

统筹考虑民族和区域因素，紧扣短板和问题，加快少数民族聚居地区经济转型升级和提质增效，全力推动高质量发展。加强交通基础设施建设，加强农村牧区改水，大力推进宽带网络建设，推进牧区现代化，以扎鲁特旗为重点，打造1～2个自治区级牧区现代化示范城镇。进一步加快补齐医疗、教育短板，以城乡各民族相互嵌入式为平台，从居住生活、工作学习、文化娱乐等日常环节入手，积极营造各民族共居共学共事共乐的社会条件，开展各族群众交流、培养、融洽感情的工作，逐步由空间嵌入拓展到经济、文化、社会和心理嵌入，形成密不可分的共同体。扶持民族贸易和民族特需商品生产，优化对民品民贸企业的服务。鼓励各族群众在民族地区和非民族地区、城市和乡村双向流动，加强民族地区农村社区基本公共服务建设，让民族地区留守人员得到更好的生产扶持、社会救助、人文关怀。

第三节　积极创建民族团结进步示范市

深化民族团结进步教育，以铸牢中华民族共同体意识为主线，全面深入持久开展民族团结进步创建工作。坚持以基层为重点，大力培育树立一批可复制的区域类、行业类、国家、自治区级和市级民族团结进步创建工作示范典型。全力推进创建全国民族团结进步示范市工作，到2025年，全市创建3～4个国家级民族团结进步示范单位；各旗（县、市、区）全部创建成自治区级民族团结进步示范旗（市县区）；创建10个自治区级民族团结进步示范单位；市本级命名500个市级民族团结进步示范单位；命名20个市级民族团结进步教育基地。到2025年，市本级表彰民族团结进步模范集体100个，模范个人200人。

第七篇　加强生态文明建设　构建全域生态安全屏障和绿色低碳循环发展经济体系

第三十二章　加快构建生态文明体系

实行最严格生态环境保护制度，加快生态文明体制改革，着力破解制约生态文明建设的体制机制障碍，建设以改善生态环境质量为核心的目标责任体系，全面优化生态文明治理体系，提升生态文明治理能力现代化水平，促进经济社会发展全面绿色转型，塑造通辽优美生态，筑牢生态安全屏障。

第一节　加强生态文明制度建设

保持加强生态文明建设战略定力，切实把生态保护建设摆在优先位置，作为高质量发展的重要前提和基础。探索自然资源资产产权制度，推动各类自然资源的确权登记，优化自然资源的权责管理机制。建立国土空间开发保护制度，构建更为合理的空间规划体系，推进科学编制规划工作，促进我市实现市县“多规合一”。加快实施资源总量管理和全面节约制度，对土地、能源、矿产、水资源等开发和利用进行严格管理，对森林、草原、湿地、农田等实施更有效的保护措施，建立社会全环节、全流程的资源循环利用体系。健全资源有偿使用和生态补偿制度，加快自然资源及其产品价格改革、资源环境税费改革，实现自然资源的合理利用和保值增值，探索建立多元化的生态补偿机制，提升生态保护修复资金使用效率。完善环境治理体系，在污染物排放许可、污染防治区域联动、农村环境治理、环境信息公开、生态环境损害赔偿、环境保护管理等方面加大改革力度。健全环境治理和生态保护市场体系，培育环境治理和生态保护市场主体，继续推进节能量、碳排放权、排污权、水权交易制度改革，构建绿色金融体系，全面提升生态环境治理与保护的市场化水平。

第二节　强化生态文明建设目标责任体系

严格落实党委、政府及各部门环境保护工作职责，提高政治站位，破除思想痼疾，倡导领导干部树立尊重自然、顺应自然、保护自然的发展理念。强化河湖长制，推行林长制，完善自然保护地等监管制度。构建体现区域特点、差异化的高质量发展指标体系、考核体系、统计体系，将环境保护、污染治理成效与官员的绩效直接挂钩，将生态文明建设融入工作的方方面面之中。认真落实生态环境保护“党政同责”“一岗双责”，建立《通辽市党委政府有关部门生态环境保护责任清单》，强化市生态环境保护委员会议事协调作用，建立专业委员会制度，实行领导干部生态环境损害责任追究制度和自然资源资产离任审计制度，对生态环境保护慢作为、不作为、乱作为等问题严肃查处，对损害生态环境的领导干部终身追责。加强地方性环境保护立法工作，建立生态环境保护行政执法和刑事司法衔接机制，完善生态环境保护领域民事、行政公益诉讼制度，依法严惩重罚生态环境违法犯罪行为。

第三十三章　实施生态保护与修复工程

深刻树立和践行绿水青山就是金山银山的发展理念，坚持保护优先、自然恢复为主，遵循“北保护、中节水、南治沙”的生态治理战略，加强草原、森林、湿地、沙地、矿山的保护和修复力度，大力推进西辽河流域水生态综合治理，统筹建设国家级自然保护地体系，创建国家森林城市，筑牢祖国北方重要生态安全屏障。

第一节　实施重点生态保护与修复工程

加强草原、森林保护力度，推进沙化土地生态保护修复。以系统思维推进生态建设，统筹实施科尔沁草原山水林田湖草沙综合治理，提升生态系统的质量和稳定性。加大退耕退牧、还草还湿力度，提升森林草原湿地生态系统质量。通过以草定畜牧、划区轮牧等方式，促进草畜平衡、草原资源可持续利用。采取补播改良、鼠虫病害和毒害草治理、人工建植草原植被等措施，加快恢复退化草原植被，提升草原生态功能和生产能力，到2025年，完成1000万亩草原修复任务。依托国家北方防沙带生态保护和修复等重点生态建设工程，采取封山育林、低效林改造、森林抚育等综合措施，营造珍贵彩色森林，推进森林景观绿化、美化、彩化、香化、文化，着力提高森林草原质量，推动建设稳定健康的以林草植被为主的自然生态系统。到2025年，完成营造林200万亩。认真落实国家《沙化土地封禁保护修复制度方案》，加大沙化土地修复和沙化土地封禁保护力度，健全沙地用途管制和沙区植被保护制度，严格管控沙区开发建设活动，促进沙区生态环境的进一步好转。加强抗旱节水技术研究和应用，全面提升防沙治沙科技水平，切实把防沙治沙责任和任务落到实处，多措并举，到2025年，完成科尔沁沙地林业生态综合治理1000万亩。统筹治沙与致富，鼓励发展沙区特色产业。

加强湿地保护与修复力度。认真落实《湿地保护修复制度方案》，加快建立系统完整的湿地保护修复制度。实施湿地保护修复工程，多措并举恢复湿地功能。完善湿地分级管理体系及相关管理办法，健全以国家公园、湿地自然保护区、湿地公园为主的湿地保护体系。完善湿地保护成效奖惩机制，制定湿地负面清单，建立完善湿地监测预警机制和评价体系，全面加强湿地监管。

开展绿色矿山建设工程。以霍林郭勒市、扎鲁特旗、科左后旗矿山为重点，对矿区环境进行全面评估，科学制定绿色矿山修复方案，按照相关标准扎实推进绿色矿山建设工作。加大对绿色矿山建设的资金支持力度，设立生态绿色基金，推动全域建设绿色矿山。加强对矿业废弃物的资源化开发，促进尾矿资源作为建筑材料的施工原料、矿井充填料等进行综合利用。持续开展矿山沙厂大排查大整治，加强执法管理力度，完善市旗联动、企业主建、第三方评估、社会监督的工作体系，建立健全矿山治理的长效机制。

第二节　推进西辽河流域水生态综合治理

加快成立西辽河流域管理机构。充分发挥制度优势，逐步实现纵向自上而下统一的西辽河流域水资源管理、横向协调各部门参与西辽河流域生态治理的体制机制。切实落实《内蒙古自治区水利厅关于印发西辽河流域水量分配方案的通知》中的分水方案，坚持量水而行、以水定需发展战略，保障全流域合理分配，优化水资源配置。

积极推进《内蒙古西辽河流域“量水而行”以水定需方案》。坚持问题导向，以赤峰、通辽两市为先行试点，按照近远结合、综合施策、突出重点的原则，对西辽河流域水资源实行统一调度，严格控制水资源开发利用程度。以切实解决水资源短缺加剧、水生态损害严重问题，建立内蒙古“量水而行”长效机制目标，对存在问题及成因进行梳理和系统分析，明确内蒙古西辽河流域“量水而行”以水定需的总体思路和治理目标，落实“管”“节”“控”“调”“保”相结合的综合治理措施与保障方案。

统筹开展《内蒙古西辽河流域“量水而行”以水定需治理措施与保障专题》。针对内蒙古西辽河流域目前的生态问题，摸清西辽河流域的情况，研究提出切实可行的修复措施和方案，主要包括强化用水总量管控、对流域全部地表水取水口进行核查登记、完善主要控制断面水量监测设施、对主要地表水灌区实施监测、开展内蒙古西辽河流域水量调度、对灌溉机电井进行核查登记、规范农业灌溉用机电井取用水手续、开展“以电折水”计量系数率定、开展综合试点实施方案编制、实施农业高效节水等工作。加快推进河道生态廊道修复治理工程。加大力度整治西辽河河道，修复和保护河道生态，保持河道畅通，逐步增强西辽河流域生态功能，促进西辽河流域生态环境质量持续好转，恢复通辽“母亲河”碧绿、纯净。

第三节　建设国家级自然保护地体系

加强生物多样性保护工作。落实《通辽市生物多样性保护与利用总体规划》《通辽市生物多样性保护示范区建设总体规划》，稳步推进罕山、大青沟、乌斯吐、老哈河南岸、乌旦塔拉等生物多样性示范区建设。完善物种保护、生态环境及生态气候监测体系，增加野生动物救助站、疫源疫病和生态气候监测站数量，启动霍林郭勒市、扎鲁特旗新一代天气雷达和双偏振雷达组网迁建，完成FY-4第二代静止卫星接收处理系统建设，构建生态修复型人工影响天气体系，建立高分卫星遥感综合应用平台。增加应急物资储备，提高动物救助、疫病监测和气象保障能力。加强野生动植物保护力度，严厉打击非法捕猎、盗采活动。加强社会宣传力度，增强人民群众生物多样性保护意识。

建立以国家级、自治区级自然保护地为主体的自然保护地体系。编制自然保护地发展规划，明确自然保护地发展目标。不断强化罕山、大青沟、乌斯吐、乌旦塔拉、双合尔湿地、荷叶花等国家级和自治区级自然保护区保护、建设和管理工作。进一步规范孟家段、静湖、胡力斯台淖尔、宝古图、银沙湾、敖伦等国家级自然公园的管理和建设工作。全面推进市、县级以下自然保护区整合优化工作，力争使全市的自然保护地数量和面积调整到65处63.5万公顷。加强自然保护地建设，通过采取自然恢复为主、人工适度干预为辅的措施，分区分类开展受损自然生态系统修复，重点开展陆生野生动物栖息地、迁徙廊道和废弃地修复。严格管制各类开发经营活动，创新自然资源使用制度。依法界定各类自然资源资产产权主体的权利和义务，保护原住居民权益。建立健全特许经营制度，强化自然保护地综合执法和监督检查工作，构建山水林田湖草沙系统发展的生态保护新局面。

第三十四章　持续改善生态环境质量

坚持以人民为中心的发展思想，开展全民共治、源头防治，突出精准治污、科学治污、依法治污，深入打好蓝天、碧水、净土三大保卫战，实施环境分区管制，强化生态环境监管能力，提供更多优质生态产品，不断满足人民群众日益增长的优美生态环境需要。

第一节　深入打好污染防治攻坚战

持续推进环境空气质量改善。城市空气质量全年优良天数比率持续稳定，AQI各项指标达到自治区要求，实施区域联防联控，协同控制细颗粒物和臭氧；提升精准治污水平，针对工业源、城市生活源、移动源、农业源等采取综合性管控措施，开展挥发性有机物（VOCs）全过程综合治理；加快推进中心城区原煤散烧污染治理，加强我市主城区建筑工地和城市道路扬尘管控，推进煤炭市场专项整治；有序推动新能源汽车替代；提升秸秆综合利用水平，严格禁止秸秆焚烧。

稳步推进水环境质量改善。强化全过程“三水”（水资源、水生态、水环境）统筹，持续优化地表水环境，积极推进《内蒙古西辽河流域“量水而行”以水定需方案》，强化重点流域水环境保护，全面开展水生态修复，保障流域生态基流，恢复生物多样性，制定我市水功能区管理办法，加强水功能区管控，地表水断面水质优良比例达到40%。保障居民饮水安全，提升集中式饮用水水源地安全保障达标建设和水源保护区规范化建设水平，地级城市集中式饮用水水源水质保持稳定。加快补齐城镇污水收集和处理设施短板，尽快实现污水管网全覆盖、全收集、全处理；进一步提升再生水利用水平，有效拓展再生水利用方向，再生水利用率稳步提升。

扎实推进土壤环境管控。综合推进农业农村污染防治，持续开展农药、化肥溯源管理和畜禽养殖污染防治，强化农业面源污染防治。严格建设用地环境管理，推进农用地分类管控，有序开展土壤污染治理与修复，到2025年，完成国家、自治区下达的受污染土地治理与修复任务。强化工业固体废物规范化管理，提高一般工业固体废物综合利用和处置水平；提升危险废物环境监管能力、利用处置能力和环境风险防范能力建设；提高医疗废物安全处置能力，加强全过程管理。强化重金属企业监管，动态更新全口径涉重金属企业排放整治清单，重点行业严格执行强制性清洁生产审核。

第二节　强化环境分区管控

全面实施“三线一单”管控体系。严守生态保护红线、环境质量底线、资源利用上线，建立生态环境准入清单。严格按照国家和自治区主体功能区规划功能定位，强化国土空间规划和用途管制，严守生态保护、基本农田、城镇开发等空间管控边界，着力提高生态环境基础数据的精细化、系统化水平。严格执行环境影响评价制度。坚持“点、线、面”统筹推进，坚持以国土空间规划为统领，实行项目环评审批与规划环评联动，形成高质量发展的助推力。

构建现代化监管体系。建设通辽北部地区生态环境智慧管控体系；推进生态环境监测与评估体系建设，开展全市生态系统状况调查评估与生态价值核算；从源头控制、全过程控制、上下联动等方面，大力推进全市生态环境治理体系和治理能力现代化。

第三十五章　推广绿色生产生活方式

坚定不移走绿色低碳循环发展之路，以产业生态化和生态产业化为目标，加快产业结构绿色转型，提升水资源使用效率，优化能源结构推动节能降碳，构建中国特色生态文化体系，促进人与自然和谐共生，推动形成绿色发展方式和生活方式。

第一节　推动产业绿色发展转型升级

打造产业融合发展的现代化绿色生态农牧经济。加快推进千万亩天然草原现代畜牧业示范工程，重点发展规模化养殖，紧抓“种”“繁”“育”各个环节，提升肉牛品质和养殖效益。推动农牧产业向深加工方向发展，以市场培育、科技创新、金融支持、“互联网+”等多种手段和政策，大力提升农牧产品附加值，推动农牧产业向下游产业链延伸，促进产品高端化发展。打造林沙产业全产业链条经济，建设百万亩林果基地，将商业林培育、优质饲草料种植、沙地西瓜、沙地杂粮、沙地葡萄、沙地中药为代表的特色林沙经济作物种植业，与林木深加工、生态建材、葡萄酒、中蒙医药等下游高附加值产业紧密衔接，并与沙漠文化、沙漠特色旅游等业态相结合，形成“优生态、强产业、稳增收”多维度一体化发展体系。

发展以绿色经济、循环经济为特色的现代工业。以霍林河循环经济示范工程为样本，降低煤电铝产业污染排放，实现煤电铝产业各种要素资源的高效利用，全面提升煤电铝产业一体化水平，实现经济效益与生态效益双增长。以科技驱动发展为抓手，大力引进创新所需的资金和人才要素，加快培育资源节约、生态友好的新材料、现代能源、中蒙医药、节能环保、高端装备制造等战略性新兴产业，到2025年形成新的经济增长极。大力提升现代化信息水平，全面加强5G、大数据、云计算中心、工业物联网等新型基础设施建设，以新一代信息技术促进产业转型升级。以工业园区作为依托，积极推进园区循环化改造进程，在产业链延链、补链、强链上下功夫，大力发挥产业集聚优势，全面提升产业现代化、绿色化水平，形成协同发展新格局。

构建以优美生态环境为特色的全域旅游业。依托优美的自然景观和深厚的民族文化资源，打好“国家园林城市”“中国优秀旅游城市”城市品牌，推动旅游模式和旅游产品的创新转型。

第二节　持续提升水资源利用效率

建立用水总量控制、用水效率控制和水功能区限制纳污控制“三条红线”。实施最严格的水资源管理制度。加大对超采区的治理力度，超采区禁止农业、工业建设项目和服务业新增取用地下水，并逐步削减超采量，严厉查处违规取水、用水，坚决杜绝浪费。持续推进水源置换，火电、煤化工等高耗水工业项目及具备水源置换条件的工业项目，城市景观、园林绿化等行业用水，严禁取用地下水，全部采用地表水或再生水。加快推进跨流域调水工程建设，全面缓解缺水、断流、地下水超采、生态系统脆弱等问题，从供给侧推动水资源采补平衡。到2025年，用水总量控制在21亿立方米以内。

第三节　优化能源结构推动节能降碳

促进节能降耗常态化。科学分解各旗（县、市、区）能耗总量、强度“双控”目标任务，强化责任考核；深化工业、能源、建筑、交通、商务、公共机构等重点领域节能降耗工作举措，不断巩固节能降耗成果；加强用能预算管理，推进重点用能单位能耗在线监测系统建设，强化对重点用能单位能耗管控；科学控制能耗增量、优化消减能耗存量，统筹抓好能耗“双控”和经济高质量发展；招商引资、产业布局要充分考虑区域能耗“双控”硬约束；坚决守住能耗“双控”底线。

开展低碳项目库建设。积极构建低碳能源体系，合理引导能源需求，加大煤炭消费总量控制力度，统筹推进煤炭清洁高效利用。强化能耗“双控”，大力推动农业、公共建筑、商业、交通运输等重点领域减排，开展自主贡献重点项目库建设。

大力增加生态碳汇。增加森林碳汇，大力加强国土绿化面积，实施国家林业重点工程；增加草原碳汇，持续推进退牧还草、退耕还草等草原修复工程，加大防沙治沙力度；增加农田、湿地碳汇，提升农业土壤碳汇和湿地储碳能力。

积极应对气候变化。开展温室气体清单编制工作；健全应对气候变化统计核算体系；积极探索碳排放交易制度；开展气候监测评估和气候可行性论证；加强气候变化人才队伍建设；形成应对气候变化工作多部门联席会议制度，为2030年之前实现碳达峰、2060年之前实现碳中和奠定坚实基础。

第四节　构建中国特色生态文化体系

倡导全社会加快形成以生态价值观念为准则的生态文化体系，加快完善生态文化宣传体系、教育体系，通过广泛开展生态文化宣传活动，打造一批集科普、宣传、体验、教育于一体的生态文化教育基地，打造具有通辽特色的森林文化、草原文化、湿地文化、沙漠文化和人与自然和谐发展文化，全面培养和提升公民的生态保护意识。加快形成全民绿色生活和消费方式，反对奢侈浪费和不合理消费，通过光盘行动、绿色出行、减少使用一次性物品、促进垃圾分类回收、推进塑料垃圾污染治理等多种方式，推动形成节约适度、绿色低碳、文明健康的生活方式和消费模式，促进绿色生活、绿色消费成为公众自觉行为，从“要我环保”向“我要环保”发展转变。

政府工作报告（摘录）

——2022年2月12日通辽市第六届人民代表大会第一次会议

通辽市市长　郭玉峰

一、第五届人民政府工作回顾

本届政府自2018年履职以来，坚持以习近平新时代中国特色社会主义思想为指导，深入学习贯彻习近平总书记对内蒙古重要讲话重要指示批示精神，全面贯彻落实中央、自治区决策部署和市委要求，紧紧团结和依靠全市各族人民，攻坚克难、砥砺奋进，较好地完成了市五届人大历次会议确定的目标任务，各项事业取得新成绩，与全国、全区一道进入全面小康社会。

经济发展稳中有进。坚持生态优先、绿色发展，扎实做好“六稳”“六保”工作，经济逐步恢复、总体稳中有进。全市地区生产总值达到1411.44亿元，年均增长2.7%，三次产业比重调整为23.6∶31.9∶44.5。农牧业连稳连丰，粮食总产量达到179.66亿斤，牧业年度牲畜存栏1143.9万头（只、口），通辽国家农业科技园区、现代农业产业园通过验收，我市被确定为科尔沁牛中国特色农产品优势区，农畜产品区域公用品牌价值位居自治区前列。主导产业聚链成势，绿色煤电铝、玉米生物制药、中（蒙）医药等产业稳步发展，镍基新材料、风电装备制造等百亿级项目落地实施，“五大产业集群”产值占到规模以上工业的94%。国家支持通辽在现代能源领域开展试点，新能源装机比重达到47%。现代服务业加快发展，我市被列入国家骨干冷链物流基地北部大通道承载城市，开发区综合物流园区获批全国第三批示范物流园区，科尔沁500公里风景大道获评“中国最受欢迎的十大自驾路线”，霍林郭勒市入选全区首个国家产融合作试点城市。

攻坚战役决战决胜。脱贫攻坚圆满收官，全市22.49万建档立卡贫困人口全部脱贫，历史性解决了绝对贫困问题，巩固拓展脱贫攻坚成果同乡村振兴有效衔接取得初步成效。污染防治成效明显，中央环保督察及“回头看”反馈问题全部完成整改，霍林河露天煤矿被生态环境部列为矿山生态修复典型。“四个千万亩”生态保护修复工程有效实施，林长制、河湖长制全面落实，建成高效节水高标准农田585万亩、绿色矿山82家，完成科尔沁沙地综合治理1060万亩、天然草原修复1000万亩，森林覆盖率达到23.78%，草原综合植被盖度提高到62%。西辽河流域生态综合治理得到国家重视支持，西辽河“母亲河”时隔20年获得生态补水。坚决有效防范化解各领域重大风险，政府隐性债务规模持续下降、风险总体可控。科学精准开展常态化疫情防控，守住了人民群众生命健康安全防线。

改革开放持续深化。新一轮政府机构改革顺利完成，农村牧区综合改革全面推进，国资国企等重点领域改革实现突破。挂牌成立市行政审批和政务服务局，取消下放市本级行政权力事项249项，市场主体由13.59万户增加到26.84万户。创新发展能力稳步增强，出台促进科技创新发展28条政策措施，各类科技创新平台达到218个，高新技术企业达到44家，获得国家和自治区科技进步奖33项，建成全区首个盟市级高分卫星应用中心，自治区玉米和肉牛种业技术创新中心、国家药监局中药（蒙药）质量控制重点实验室落户通辽。对外开放步伐加快，与沈阳、长春等城市建立战略合作关系，外引内联千万元以上项目675个，招商引资实现到位资金698亿元。

城乡面貌明显改观。城镇市政基础设施累计投入52亿元，改造棚户区2.1万套、老旧小区

560个，常住人口城镇化率达到50.03%。改造农村危房1.5万户，1/3以上农牧民用上了卫生厕所，行政嘎查村全部通硬化路，偏远农牧区用电升级改造全面完成。市县中心城区实现5G网络全覆盖，引绰济辽等重大水利工程启动实施，中俄东线天然气管道通辽境内工程建成投运，岷通天然气管道全线通气，建成高等级公路585公里，干线铁路电气化改造基本完成，通辽至沈阳、北京高铁相继通车，我市迈入“高铁时代”。

民生福祉持续增进。公共预算支出75%以上用于保障和改善民生。累计实现城镇新增就业6.1万人、高校毕业生就业6.6万人，城乡居民人均可支配收入分别达到37475元和18405元，年均分别增长5.5%和10.1%。覆盖城乡的教育、卫生、文化、体育、住房、养老、社保等民生事业全面进步，全域通过义务教育发展基本均衡县评估认定，基层公共文化服务体系标准化均等化建设走在全区前列，获评全国无偿献血先进市，双拥模范城实现“五连冠”。民族团结进步创建工作深入开展，民族语言授课学校国家统编教材使用工作全面推开。扫黑除恶专项斗争取得重大成果，食品药品安全监管、安全生产、防灾救灾、应急救援能力有效提升，一批重点疑难信访事项得到解决，社会安全稳定局面进一步巩固，我市被确定为第二批全国市域社会治理现代化试点城市。国防动员、双拥优抚、退役军人、人民防空等工作取得新进步，外事侨务、统计调查、广播电视、地震气象、史志档案等事业实现新发展，工商联、工会、共青团、妇联、科协、文联、残联、红十字会、关工委、老年体协、老年科协等组织都有新气象。

自身建设更加严实。坚持以党的建设统领政府工作，深入开展“不忘初心、牢记使命”主题教育和党史学习教育，以实际行动践行“两个维护”。扎实推进法治政府建设，修订完善市政府工作规则、议事决策规则，严格履行“三重一大”行政决策程序，实现市县乡村四级法律顾问全覆盖。自觉接受人大法律监督、政协民主监督，人大代表建议和政协提案全部按期办复。严格执行中央八项规定，驰而不息纠“四风”树新风，“三公”经费支出较2017年压减48%。动真碰硬推进环保、统计、煤炭、营商环境等领域整改整治，政府系统党风廉政建设和反腐败工作取得新成效。

各位代表，过去的一年，我们稳中求进、承压前行，用实干实效庆祝党的百年华诞。我们全力推动经济恢复增长。多措并举助企纾困，为市场主体减税降费8.9亿元、缓缴税金12.05亿元，规模以上工业企业利润总额增长91.7%、利润率提高3.9个百分点。全市地区生产总值增长4%，一般公共预算收入增长14.95%，社会消费品零售总额增长6.1%，进出口总额增长65.3%。我们稳妥应对化解重大风险。“11·5”最强暴风雪来袭，全市上下以雪为令、浴“雪”奋战，兄弟盟市千里驰援，众志成城打赢抗雪救灾保卫战。满洲里关联疫情突发，我们闻令而动、分秒必争，精准有序打赢疫情防控歼灭战，实实在在守护了百姓安康。部分旗县立项审批受限，市旗两级联手破困局，6个旗县全部退出中央预算内投资计划执行“黑名单”。我们加快推进产业转型升级。实施主导产业强链条夯基础项目156个，26户企业达到入规标准。信息传输、软件和信息技术服务业增长20.3%，服务业对经济增长贡献率达到73.2%。我们着力推动绿色低碳发展。成立市生态保护修复重大项目推进中心，成功争取并启动实施总投资近100亿元的科尔沁草原山水林田湖草沙一体化保护和修复工程、欧投行贷款造林项目。出台推进能耗“双控”促进高质量发展指导意见，完成自治区下达的节能降耗任务。我们努力改善城乡人居环境。实施市政基础设施补短板项目78个，启动中心城区市政园林管护市场化、环卫保洁一体化改革，开展违法建设专项整治，成功卫冕全国文明城市、国家卫生城市，捍卫了通辽荣誉。我们持续深化改革扩大开放。出台优化营商环境服务项目建设26条措施，优化重组市属五大集团，签署《赤峰市通辽市协同发展合作备忘录》，展开全员全域全季招商攻势，招商引资签约项目、到位资金分别增长86%和18%。我们用情用力打造高品质生活。市政府承诺办好的九件民生实事有效实施，“我为群众办实事”实践活动42项承诺事项全面完成，各项事业健康发展，社会大局保持稳定。

各位代表，回首过去四年，面对严峻复杂的发展形势，我们勠力同心、向难而行，经受住了疫情防控大考，打赢了三大攻坚战，见证了小康社会全面建成，实现了“十三五”规划圆满收官，踏上了实现第二个百年奋斗目标的新征程。四年的接续奋斗，全市发展理念和思路方向更加清晰，特色突出、集群发展的产业格局初步形成，发展环境和政治生态等方面的突出问题正在得到有效解决，通辽发展再次站到了新的历史起点。

四年的发展成就，来之不易、成之唯艰！这是以习近平同志为核心的党中央坚强领导的结果，是全市人民在市委带领下团结一心、艰苦奋斗的结果，是市人大、政协和社会各界有效监督、鼎力支持的结果。在此，我代表市人民政府，向全市广大干部群众，向人大代表、政协委员和各民主党派、工商联、人民团体、社会各界人士，向驻通解放军和武警部队，向关心支持和参与通辽建设发展的朋友们，表示衷心的感谢！

各位代表，船到中流浪更急，人到半山路更陡。我们清醒认识到，通辽正处在艰难而又极为重要的经济转型期，前进道路上面临着不少困难和挑战。我市欠发达的市情没有根本改变，发展不平衡不充分的问题比较突出，项目支撑乏力，投资持续低迷，一些企业经营困难，经济增长明显放缓，部分经济指标尚未恢复至合理区间。县域经济活力不足，政府化债压力巨大，改善民生、调控经济的能力严重受限。极端天气暴露出城市基础设施和公共服务管理存在明显短板。群众对教育、医疗、养老、托育、住房等方面还有不满意的地方。营商环境仍需改善，政务服务可及性、便利度有待提高。面对新形势新任务，政府系统一些党员干部成事能力、担当精神不足，思想意识跟不上、能力本领跟不上、学风作风跟不上的问题急需解决。我们将直面问题，加快思想破冰、问题破解、发展破局，努力把政府工作做得更好。

二、第六届人民政府奋斗目标和主要任务

未来五年，是我市奋进“十四五”、开启新征程，推动绿色转型、高质量发展的关键时期，也是通辽跨越追赶的战略机遇期、大有可为的黄金发展期。自治区第十一次党代会明确提出“重点建设赤峰、通辽‘双子星座’”，赋予了通辽发展新坐标、新定位、新使命；市第六次党代会明确提出“七个推动”的关键定位和重点目标，系统部署了今后五年的主要任务和重大举措。我们要锁定关键定位，把牢主攻方向，实施集中攻坚，把美好愿景变成发展实景，在新一轮发展竞争中增创通辽高质量发展新优势。

——坚持生态优先、绿色发展，加快推动经济社会发展全面绿色低碳转型。严格落实主体功能定位，统筹北部、中部、南部区域差异化协调发展，构建国土空间开发保护新格局。着力改善生态系统质量，推动生态文明示范市建设取得明显成效。持续打好污染防治攻坚战，守护蓝天碧水净土。全面推动绿色低碳发展，坚决落实碳达峰碳中和目标任务，实行全面节约战略，加快资源节约型、环境友好型社会建设步伐。

——坚持扬长避短、培优增效，构建支撑高质量发展的特色优势现代产业体系。大力发展现代农牧业，走出一条“全产业链开发、全价值链提升”的农牧业现代化新路子，建设高质量绿色农畜产品生产基地。加快推进工业转型升级，打造世界级小品种氨基酸生产基地、全国原料药和医药中间体生产基地，建设新能源就地消纳示范基地和全国先进的绿色能源装备制造基地。推动现代服务业提质增效，打造国家物流枢纽承载城市和骨干冷链物流基地，建设全域旅游示范区和休闲康养度假基地。

——坚持改革开放、创新驱动，在服务和融入新发展格局中培育发展新动能。聚焦优化营商环境深化“放管服”改革，推动有效市场和有为政府更好结合、改革和发展深度融合。积极融入共建“一带一路”，主动融入东北、深耕东北，主攻京津冀、面向环渤海，积极对接长三角、粤港澳大湾区，推动与赤峰市协同发展。深入落实“科技兴蒙”行动，大力实施人才强市战略，突出企业创新主体地位，大幅提升科技创新对高质量发展的战略支撑能力。

——坚持城乡统筹、以城带乡，加快提升区域中心城市能级和乡村振兴成效。建设产城融合发展先导区、示范区，推进老城区改造提档、新城区高端赋能，申报设立哲里木区，打造功能集聚、要素齐全、设施先进、宜居宜业的百万人口中心城区。推进城乡融合发展，构

建多中心带动、多层级联动、多节点互动的新型城镇化格局。坚持以乡村振兴统揽新时代“三农三牧”工作，促进农牧业高质高效、农村牧区宜居宜业、农牧民富裕富足。统筹推进基础设施建设，加快构建布局合理、互联互通的现代基础设施体系。

——坚持以人民为中心、促进共同富裕，更好满足人民日益增长的美好生活需要。始终把群众安居乐业、安危冷暖放在心上，用心用情用力办好民生事业。持续推动创业就业增收，深化分配制度改革，着力提高城乡居民收入水平。加强普惠性、基础性、兜底性民生建设，办好人民满意教育，实施健康通辽行动，健全多层次社会保障体系，切实增强公共服务保障能力。坚持以社会主义核心价值观引领文化建设，大力发展文化事业、文化产业，以高质量文化供给更好满足人民对美好生活新期待。

——坚持统筹发展和安全，加快推进市域治理体系和治理能力现代化。切实筑牢安全稳定屏障，坚决维护政治安全，全力维护社会稳定，创建国家安全发展示范城市。着力提升社会治理效能，深入落实“清风引领”系列行动，创建全国市域社会治理现代化试点合格城市。巩固发展民族团结大局，深化民族团结进步创建活动，促进各民族交往交流交融，推动新时代党的民族工作高质量发展。

三、2022 年工作安排

今年是党的二十大召开之年，是新一届市政府开局之年。根据市委六届二次全会暨全市经济工作会议部署，做好政府工作，要以习近平新时代中国特色社会主义思想为指导，全面贯彻落实党的十九大和十九届历次全会精神，深入贯彻落实习近平总书记对内蒙古重要讲话重要指示批示精神，认真贯彻落实自治区第十一次党代会和市第六次党代会精神，弘扬伟大建党精神，坚持稳中求进工作总基调，完整准确全面贯彻新发展理念，积极服务融入新发展格局，全面深化改革开放，坚持创新驱动发展，推动高质量发展，坚持以供给侧结构性改革为主线，统筹疫情防控和经济社会发展，统筹发展和安全，继续做好“六稳”“六保”工作，着力保障和改善民生，推动经济运行全面恢复到合理区间，保持社会大局和谐稳定，切实加快跨越追赶步伐，以优异成绩迎接党的二十大胜利召开。

全市经济社会发展的主要预期目标是：地区生产总值增长 7%；限额以上固定资产投资增长 30%；社会消费品零售总额增长 7%；一般公共预算收入增长 8%；城乡居民人均可支配收入分别增长 8% 和 9%；城镇新增就业 1.2 万人，城镇登记失业率控制在 5% 以内；生态环境质量持续改善，完成自治区下达的节能减排目标任务。

实现上述目标，我们要坚持稳字当头、稳中求进，全力稳住经济基本盘、稳定社会基本面，推动全市经济平稳运行、回归合理区间；坚持生态优先、绿色发展，保持战略定力，加快推动经济社会发展全面绿色转型；坚持项目为王、招商为要，为稳增长、扩投资、调结构、促转型提供源源不断的项目支撑；坚持系统观念、底线思维，始终绷紧安全发展这根弦；坚持创新实干、攻坚克难，鼓足方方面面的干劲推进改革、促进发展。

（一）坚持投资拉动与创新驱动协同发力，全力稳定经济增长。

发挥投资关键作用和消费基础作用，加快经济增长由要素驱动向创新驱动转变，打好打赢保稳促进的硬仗。

强化有效投资支撑。突出“项目兴市”，一切围着项目转，要素跟着项目走，一切为了项目干，抓实全流程、全周期“项目管家”服务，必保完成投资 350 亿元，全力以赴打一场项目投资的翻身仗。调整升级项目库，优化投资结构，提高投资效益，促进工业技改、先进制造、新兴产业和创新成果转化投资明显增长。建立争资立项责任目标和考核评价机制，确保争取上级项目资金增长 5% 以上。坚定不移推进全员全域全季招商，落实“五个一批”奖惩机制，着力提高项目签约率、落地率、成功率，年内新引进千万元以上项目翻一番、达到 510 个以上，到位资金增长 10% 以上。

促进消费扩容升级。出台促进商贸流通业发展政策，加快数字技术向线下赋能，提档升级城镇特色商业圈、步行街，实现“快递进村”行政嘎查村全覆盖，持续完善城乡市场体系。提升传统消费，扩大新型消费，开展“直播科尔沁·消费促进季”、“通辽网上年货节”、发放电子消费券等集中消费促进行动，推动接触型消费加快恢复。扶持壮大本土电商企业，做活做新农村电商，开展“放心消费”创建行动，让通辽的好产品走俏大市场。

扶持壮大市场主体。全面落实国家组合式规模性减税降费政策，推动各项政策直达快享、及早发力。严格规范涉企收费，严查乱摊派乱罚款，严禁拖欠民营企业中小企业账款。落实市场准入负面清单制度，加强全流程信用监管，依法平等保护产权和企业合法权益。推动落实金融系统向实体经济让利政策，全年新增各项贷款150亿元以上，为市场主体注入更多金融活水。开展“众创业、个转企”行动，市场主体增长20%以上，个体工商户转型升级为企业100户以上。

增强创新驱动能力。开展研发投入攻坚行动，全社会研发投入增长49%以上。实施“双倍增”“一提升”行动，新增高新技术企业20家以上，入库科技型中小企业50家。实施研发机构、科技平台“双百”培育计划，认证一批市级创新平台。聚焦重点产业、关键领域，组织实施一批科技专项，集中开展科技攻关。实施“鸿雁回通”计划，出台《通辽市人才引进实施办法》，提升全民科学素质，促进大众创业、万众创新。

防范化解经济金融风险。积极争取自治区政策支持，落实置换一批、贴息一批、划转一批、清零一批举措，采取非标高息债务剥离、降息、展期、转型平台公司债转股等方式，全力帮助旗县化解债务、轻装上阵。开展金融领域专项整治，推进高风险地方法人银行业金融机构风险处置，不良贷款率压降至4.5%以下。坚持“房住不炒”定位，促进房地产业良性循环和健康发展。

（二）坚持传统产业与新兴产业协同发力，夯实经济高质量发展根基。突出“一核三重”，强攻产业、决战工业，加快调结构、转功能、提质量。

促进农牧业提质增效。严守粮食安全底线，稳定粮食播种面积和产量，建设高效节水高标准农田20万亩、旱作高标准农田12万亩，改良盐碱化耕地16万亩，完成40万亩大豆种植任务。调整优化农牧业产业结构，重点发展节水高效特色、防灾避灾型农业，打造一批种植、养殖、林果等特色农畜产品优势区和优势农畜产品产业带，创建一批现代农业产业园、示范区和智慧农牧业试点园区。实施种业振兴、奶业振兴、肉牛产业高质量发展、产地环境净化、农牧业品牌建设系列行动，培育一批贯通产加销、融合农文旅的产业化联合体，推动农牧业集约化、规模化、高端化发展。

加快挺起工业脊梁。实施产业基础再造和产业链提升工程，打响工业转型升级攻坚战，确保规模以上工业增加值增长7%以上。聚焦玉米生物科技、绿色铝基新材料、镍基循环新材料、硅基新材料、新能源及装备制造、绿色农畜产品生产加工、现代中（蒙）医药产业集群化发展，推行产业链“链长制”、龙头企业“链主制”，实施延链补链强链项目186个，推动60个项目投产达效。推进企业智能化、绿色化改造，加快重点产业、重点企业绿电替代，实施一批技改升级、智能制造、节能节水改造项目，创建一批数字车间、绿色工厂、智慧矿山。开展规上企业护航、“专精特新”和“小升规”企业培育行动，新增“专精特新”企业4家、规上工业企业20户以上。实施园区强基提质工程，全面启动智慧园区建设，开展低碳（零碳）园区试点，完成园区区域评估，新增标准化厂房24万平方米以上。

推进服务业提档升级。申报建设国家物流枢纽承载城市，推进沪通云仓、科左中旗龙成现代物流园区、开发区和开鲁工业园区冷链物流园等项目建设，推动通辽保税物流中心、多式联运中心建成投运。积极发展近郊游、生态休闲游、乡村民俗游，布局建设阿古拉等一批特色旅游村镇，创建孝庄河文化产业带国家级旅游休闲街区，建设“通情达礼”文创商品实体店，提升打造孝庄园、大青沟、哈民遗址等品牌景区。加大金融机构引进力度，推动科尔沁区农信社改制组建农商行，大力发展绿色金融、科创金融，争创普惠金融发展示范区。

培育壮大新兴产业。实施新能源倍增行动，新增装机300万千瓦以上。强力推进龙马重工、金风科技等风机装备制造基地项目建设，力促风机整装产品年内下线。高质量开发利用硅砂战略资源，规划建设科左后旗硅砂精深加工产业园，加快凯盛、海螺硅基新材料和光电新材料项目落地。建设补网优网4G基站30个，新建5G基站632个，实现“五区”5G网络有效覆盖，推动新一代信息技术在各领域融合应用。推进金玉锋大健康产业园、华北制药生物发酵基地等项目建设。

（三）坚持改革开放与优化环境协同发力，增强高质量发展动力活力。立足服务融入新发展格局，一以贯之深化改革、扩大开放、优化环境，积蓄新动能，拓展新空间。

深化重点领域改革。完成国企改革三年行动任务，全面实行出资监管企业总会计师委派制，推行经理层成员任期制和契约化管理，市场化选聘职业经理人。全面推进财政资金绩效管理，开展财政资金股权投资改革试点。落实国家深化燃煤发电上网电价市场化改革措施，推动霍林河、奈曼、开发区增量配电业务改革试点运行见效。探索建立自然资源资产产权制度。稳妥推进农村牧区综合改革。

持续扩大开放合作。积极融入“向北开放”战略，培育俄蒙货物中转、加工、储藏、运输集散基地，发展“通道经济”“落地经济”。深化东北陆海新通道建设联盟协作，广泛参与区域经济分工合作。推动通赤合作走深走实，合力推进四个领域、29项合作事项，着力在长春—通辽—赤峰高铁、LXB供水工程、国家承接产业转移示范区建设等方面取得务实成果，擦亮赤峰、通辽“双子星”。

提升营商环境质量。持续深化“放管服”改革，完成市本级19个部门、135个行政审批事项划转，实现“一枚印章管审批”。完善四级便民服务体系，实现103项事项“一件事一次办”、90%以上政务服务事项“一网通办”、更多高频民生服务事项“掌上办”。推进“一制三化”改革，进一步减环节、减材料、减时限，推动涉企事项“一网统管”“全市通办”“全程帮代办”。建立完善企业诉求办理和政企沟通会商机制，做到企业“有求必应、无事不扰”。实行企业、群众对地区和行业主管部门季度打分测评制度，坚决惩处破坏营商环境行为，让投资者在通辽放心投资、舒心创业、安心发展。

（四）坚持新型城镇化与乡村振兴协同发力，加快构建城乡协调发展新格局。城乡一体、双轮驱动，打造现代化区域中心城市，让城乡更宜居、生活更美好。

提升城市功能品位。完成新一版城市详细规划修编，舍得拿出最好的地块搞绿地、建公园，用绿色软化钢筋水泥带来的压迫感。实施城市更新行动，加快森林公园康养社区、新工二路片区开发进度，建设一批中心城区路网完善、防洪防涝能力提升、生态绿化提质项目，实施一批城关镇补短板、强弱项市政基础设施项目。加强“智慧城市”建设及场景应用，推进中心城区市政园林管养和环卫保洁市场化、专业化、精细化管理，系统整治交通拥堵、停车困难、环境脏乱差等“城市病”，让文明城、卫生城、园林城的“金字招牌”更亮。

实施乡村振兴战略。推进巩固拓展脱贫攻坚成果同乡村振兴有效衔接，落实落细防止返贫监测帮扶和产业提升、京蒙协作等各项措施，坚决守住不发生规模性返贫的底线。实施乡村建设行动，完成村庄规划和乡村振兴重点帮扶村、示范村规划方案编制，升级农村电网1845公里，稳妥推进农村牧区户厕改造，启动建制镇污水处理试点工程，完成18个嘎查村污水处理试点项目，行政嘎查村生活垃圾收运处置体系覆盖率提高到40%。开展乡村治理、乡村发展行动，推进移风易俗，建设“外在美”与“内在美”有机统一的新时代美丽乡村。

增强基础承载能力。推进齐齐哈尔—乌兰浩特—通辽高铁项目前期，加快集通铁路电气化改造，开工建设红石—浑迪音一级路、保康—舍伯吐二级路技术改造项目，建成通辽高铁站与大广高速连接线（大兴路），实现奈曼通用机场通航。统筹抓好雨水收集、污水处理、中水回用设施建设，推进引绰济辽二期、乌兰哈达水库项目，开工建设LXB供水通辽支线工程。加快新能源项目配套电网工程建设，启动甘旗卡—库伦—义隆永天然气长输管道项目，推动燃气管道进旗县、进园区全覆盖。

（五）坚持高质量发展与高水平保护协同发力，提升绿色低碳发展水平。立足“双碳”背景，厚植生态优势，激发绿色动能，让绿色成为通辽发展最动人的色彩。

加大生态系统保护力度。加强生态环境分区精细化管控，全面排查、深入整治生态环境突出问题。落实严格的森林草原资源保护和水资源管理制度，抓好地下水超采区治理，申报建设阿日昆都楞、霍林郭勒国家草原自然公园。扎实推进科尔沁草原山水林田湖草沙一体化保护和修复工程、欧投行贷款造林项目，加强天然石英砂矿专项整治、全域矿山修复治理，完成科尔沁沙地综合治理和天然草原保护修复200万亩，建成绿色矿山16家，打造霍扎一体化绿色矿山示范区。

深入打好污染防治攻坚战。坚持精准科学依法治污，开展重污染天气消除、臭氧污染防治、噪声污染防治行动，强化秸秆焚烧管控和采暖燃煤污染、工业污染源、发酵企业异味治理，倡导中心城区禁止燃放烟花爆竹，持续改善城市空气质量。加强工业废水、城乡污水治理，开展入河排污口专项整治，加大水源地规范化建设力度，确保重点水功能区、10个地表水断面水质达标，系统改善松辽流域水生态环境。强化农牧业面源污染防治、工业固废综合利用、危废医废规范化管理，进一步提高农膜回收率、畜禽粪污资源化利用水平，有效管控农用地和建设用地土壤污染风险。

推进节约集约循环发展。编制通辽市碳达峰行动方案，系统谋划推动结构减碳、节能降碳、生态固碳。落实自治区“两率先”“两超过”目标要求，推进煤炭清洁高效利用、可再生能源高比例就地消纳。完善用能预算管理，坚决遏制“两高”项目低水平盲目发展，严格执行新建项目“两个先进”审查标准，突出抓好工业、建筑、交通、公共机构等重点领域节能，新释放用能空间优先用于发展绿色特色优势产业。加大批而未供和闲置土地处置力度，推进低效用地再开发和工矿废弃地复垦利用。全面推进资源节约型社会建设，让简约适度、绿色低碳成为时尚。

（六）坚持社会发展与改善民生协同发力，持续增进民生福祉。坚守节用裕民之道，优先保障民生支出，办好“雪中送炭”实事，不做“锦上添花”虚功，让民生关切温暖人心。

实施就业优先战略。分类保障高校毕业生、退役军人、失业人员等重点群体就业，兜底帮扶困难人员就业，开展属地院校专场招聘，实现高校毕业生就业1.5万人、农牧民稳定转移就业35万人。落实“创业内蒙古”行动，举办首届通辽赤峰联合创业大赛，建设通辽人力资源服务产业创业园。推进根治欠薪行动，让农民工不再伤“薪”忧“酬”。

着力提升教育质量。优化资源配置，实施义务教育薄弱环节改善与能力提升工程，改扩建中小学、幼儿园16所，用三年时间解决中心城区“入学难、入园难”问题。巩固“双减”成果，提升教学质量和课后服务水平。稳妥推进高考综合改革。实施职业教育“双高”“双优”计划。支持高等教育提质增效。提高特殊教育保障水平。规范发展民办教育。

推进健康通辽建设。完成市医院新院区项目主体装修工程，开工建设市传染病医院、蒙医医院、疾控中心项目，推进城市医疗集团、紧密型县域医共体和健康联合体建设，筑牢基层卫生网底，守好首道健康防线。推进医疗服务价格动态调整和医保支付方式改革，努力减轻群众就医负担。启动全民健身补短板工程，建成全民健身中心，全力备战自治区第十五届运动会。

加强公共文化服务。持续推进“书香通辽”建设，加快市图书馆、科技馆、博物馆开馆运营和市文化馆搬迁达标，推动“智慧广电”全覆盖。推进科尔沁文化（通辽）生态保护区创建工作，加强非遗传承保护和活化利用。

提高社会保障水平。深入实施全民参保计划，基本实现法定人员社保医保全覆盖。健全社保医保基金长效监管机制。完善分层分类社会救助制度体系，持续提高低保保障标准和补助水平。加强退役军人服务保障工作，巩固双拥模范城创建成果。全面落实妇女儿童“两纲”目标任务。加快构建幸福养老服务体系，建立未成年人家庭、学校、社会“三位一体”关爱机制，“一老一小”永远都是我们工作的重点。

维护社会和谐稳定。坚持人民至上、生命至上，科学精准、内紧外松、张弛有度，抓实抓细村居社区末端疫情防控，力争以最小的社会扰动换取最好的经济效果和社会效果。坚持以铸牢中华民族共同体意识为主线加强和改进民族工作，积极创建全国民族团结进步示范市。扎实推进平安通辽建设，严厉打击各类违法犯罪活动，着力提高应对强降雨、暴风雪等自然灾害和突发事件能力，强化食品药品、城镇燃气、工矿商贸等重点领域安全监管。加强生物安全风险防控。坚持和发展新时代“枫桥经验”，大力治理重复信访，化解信访积案。扎实开展“八五”普法。加强城乡社区治理和服务体系建设，提高市域治理能力和水平。支持国防和军队建设，做好国防动员、军民融合、人民防空等工作，军政军民团结一心共建美好家园。

各位代表，民之所需就是政之所向。我们将把群众的“急难愁盼”之事当成我们的大事心事，用情用力抓好十个方面民生实事，真正把实事办好、好事办实，让民生服务更有温度、民生福祉更有质感。

四、全面加强和改进政府自身建设

我们将恪尽职守、夙夜在公，靠实绩彰显绿色发展，用行动践行为民担当。

坚持依法履职，建设法治政府。深入践行习近平法治思想，忠实履行宪法法律赋予的职责，把政府工作全面纳入法治轨道。严格执行重大行政决策程序，坚决防止简单化、乱作为。强化契约精神，承诺必践诺，新官必须理旧账。依法接受人大监督，自觉接受政协监督，主动接受社会监督，让权力在阳光下运行。

坚持改革进取，建设创新政府。全面加强学习，深化调查研究，增强工作本领，提高能力素质和专业化水平。增强危机意识、追赶意识，唯实惟先、敢为敢闯，勇于向优者学、同快者比、跟强者争、朝高者攀，善于用市场化机制、改革的办法解难题、开新局。

坚持担当作为，建设实干政府。坚持经手就是责任，知责于心、担责于身、履责于行，绝不允许占着位子不干事、遇上矛盾绕着走。健全项目清单化工作机制，推行“穿透式”一线工作法，走出会场、直奔现场，一竿子插到底，坚决防止不落实、落不实。大兴求真务实之风，少说多做、崇尚实干，紧抓快干、马上就办，一锤接着一锤敲，一任接着一任干，确保说一件、干一件、成一件。

坚持为民清廉，建设服务政府。坚决落实以人民为中心的发展思想，建立政府决策直通百姓、群众诉求直达政府机制，到群众中去做政府工作，依靠群众做好政府工作。坦荡真诚地和企业家交朋友，用心用情地为企业送服务，构建清上加亲的政商关系。严格履行全面从严治党主体责任，严格落实中央八项规定精神，坚决反对形式主义、官僚主义。严控“三公”经费支出，用政府的紧日子换群众的好日子。

各位代表，九层之台，起于累土，征途漫漫，惟有奋斗！让我们更加紧密地团结在以习近平同志为核心的党中央周围，在市委的坚强领导下，踔厉奋发、笃行不怠，加快建设现代化区域中心城市，奋力谱写通辽高质量发展新篇章，以优异成绩迎接党的二十大胜利召开！

附件

通辽市 2022 年十方面民生实事

1. 完成改扩建中小学、幼儿园 12 所，增加学位 1705 个、园位 2190 个。新增婴幼儿托位 2251 个、达到 6688 个，每个旗（县、市、区）至少建成 1 所普惠性托育机构示范中心。

2. 开展就业技能培训 1.2 万人次以上，新增技能人才 1 万人，其中高技能人才 2000 人。

3. 提高计划生育特殊家庭住院护理险标准。

4. 建设居家社区养老服务中心 54 所，新增高龄、纳入分散供养特困人员、低保户家庭失能和部分失能老年人家庭养老床位 2000 张，养老机构失能和部分失能老年人护理型床位 3000 张。

5. 启动建设通辽中心福利园区。

6. 建设保障性租赁住房 369 套，实施棚户区改造 1270 户、老旧小区改造 127 个，农村牧区危房应改尽改。

7. 新建供热管网 97 公里，改造老旧小区供热管网 87 处，更新改造换热站 37 座。

8. 开展住宅物业管理提升年行动，实现中心城区和城关镇无物业小区物业管理全覆盖。

9. 建成中心城区 2 万亩“菜篮子”基地，全市露地蔬菜种植面积达到 110 万亩。

10. 实施国省干道病害路段修复 120 公里，新改建农村公路 200 公里。

统计资料

2021 年通辽市经济社会主要指标一览表

表 15

指　　标　　名　　称	2021 年指标值	比 2020 年增长（%）
一、人　口		
年末常住总人口（万人）	285.31	比 2020 年末减少 1.44 万人
其中：城镇人口	144.45	
出生人数（人）	16500	
出生率（‰）	5.79	
死亡人数（人）	23800	
死亡率（‰）	8.35	
自然增长率（‰）	–2.56	
二、经济总量		
地区生产总值（亿元）	1411.44	4.0
第一产业（亿元）	333.34	4.3
第二产业（亿元）	449.91	0.1
第三产业（亿元）	628.18	6.3
人均地区生产总值（元）	49346	4.9
三、农　业		
粮食产量（万吨）	898.32	3.9
其中：玉米产量（万吨）	837.43	4.4
牧业年度牲畜存栏数（万头、只）	1143.90	19.0
其中：牛（万头）	338.42	14.5
羊（万只）	578.98	
猪（万头）	216.54	36.1
肉类总产量（万吨）	63.69	20.45
牛奶产量（万吨）	36.5	9.21
禽蛋产量（万吨）	4.5	1.41
四、工　业		
全部工业增加值（亿元）	350.44	2.5
工业产品产量		
原煤产量（万吨）	4870.77	–0.6
发电量（亿千瓦时）	643.57	3.8
电解铝产量（万吨）	242.18	0.6
平板玻璃产量（万重量箱）	569.31	–1.9

续表15

指　标　名　称	2021年指标值	比2020年增长（%）
五、服务业		
批发零售和住宿餐饮业增加值（亿元）	113.73	7.0
公路里程（千米）	22770.1	
全年邮政行业业务收入（亿元）	5.81	
六、国内贸易		
社会消费品零售总额（亿元）	326.28	6.1
七、对外贸易		
外贸进出口总额（亿元）	55.26	65.3
八、财政、金融和保险		
全市公共财政预算收入（亿元）	87.94	15.0
全市金融机构人民币各项存款余额（亿元）	1574.69	12.4
九、人民生活		
全体居民人均可支配收入（元）	26657	8.8
其中：城镇常住居民人均可支配收入（元）	37475	7.7
农村牧区常住居民人均可支配收入（元）	18405	10.4
全体居民人均生活消费支出（元）	17794	14.9
其中：城镇常住居民人均消费支出（元）	21505	14.9
农村牧区常住居民人均消费支出（元）	14657	15.6

内蒙古各市盟2021年地区生产总值及增长情况表

表16

排名	地　区	2021年地区生产总值（亿元）	2020年地区生产总值（亿元）	实际增速（%）
	内蒙古自治区	20514.2	17389.8	6.3
1	鄂尔多斯市	4715.7	3533.7	7.0
2	包头市	3293.0	2787.4	8.5
3	呼和浩特市	3121.4	2800.7	6.5
4	赤峰市	1975.1	1763.6	5.7
5	通辽市	1411.4	1276.6	4.0
6	呼伦贝尔市	1355.0	1172.2	5.5
7	锡林郭勒盟	1017.7	839.8	5.8
8	巴彦淖尔市	983.0	874.0	4.3
9	乌兰察布市	903.6	826.9	5.6
10	乌海市	718.7	563.1	5.1
11	兴安盟	601.8	547.9	5.2
12	阿拉善盟	364.0	304.8	4.4

组织机构及单位简称、全称对照表

表 17

全　　称	简　　称
中共通辽市委员会	市　委
中共通辽市纪律检查委员会	市纪委
通辽市人民代表大会	市人大
通辽市人民政府	市政府
政协通辽市委员会	市政协
中国人民解放军内蒙古自治区通辽军分区	通辽军分区
中国人民武装警察部队通辽支队	武警通辽支队
市中级人民法院	市法院
市人民检察院	市检察院
中国国民党革命委员会通辽市总支委员会	民革通辽市总支委员会
中国民主同盟通辽市委员会	民盟通辽市委员会
中国民主建国会通辽市总支委员会	民建通辽市总支委员会
中国民主促进会通辽市总支委员会	民进通辽市总支委员会
中国农工民主党通辽市委员会	农工党通辽市委员会
九三学社通辽市委员会	九三学社通辽市委员会
市机构编制委员会办公室	市编办
市发展和改革委员会	市发改委
市工业和信息化局	市工信局
市科学技术局	市科技局
市民族事务委员会	市民委
市人力资源和社会保障局	市人社局
市交通运输局	市交通局
市卫生健康委员会	市卫健委
市市场监督管理局	市市场监管局
市文化旅游广播电视局	市文旅广电局
共青团通辽市委员会	团市委
市妇女联合会	市妇联
市文学艺术界联合会	市文联
市科学技术协会	市科协
市归国华侨联合会	市侨联
市残疾人联合会	市残联
市工商业联合会	市工商联
市供销合作总社	市供销社
国网内蒙古东部电力有限公司通辽供电公司	市供电公司
市烟草专卖局	市烟草局
中国人民银行通辽市支行	市人民银行
中共通辽市委台湾工作办公室	市台办
市精神文明建设委员会办公室	市文明办
市人民防空办公室	市人防办
中国电信股份有限公司通辽分公司	电信公司
中国联合网络通信有限公司通辽分公司	联通公司
中国移动通信集团内蒙古有限公司通辽分公司	移动公司
旗（县、市、区）人民政府	旗（县、市、区）政府
科尔沁左翼中旗	科左中旗
科尔沁左翼后旗	科左后旗
通辽经济技术开发区	开发区

索引

说　明

一、索引采用主题分析法编制。通过索引所选的主题词条，可以对具有独立检索意义的完整资料进行检索。

二、本索引按汉语拼音字母表（同音字按声调）顺序排列，即按照首字的音序、音调依次排列，首字相同时，则以第二个字排列，并依次类推。数字优先，顺序依 0 ~ 9。

三、索引词条用宋体字标明。数字表示该词条内容所在页码，后面的拉丁字母（a、b、c）表示栏别（从左到右）。

四、内文中的“特载”“专记”“大事记”“人物和荣誉”“附录”类目，以及随文照片、卷首图片、表格未作索引，类目标题索引词用棕色黑体表示，分目标题索引词用黑体表示。

五、本索引内容有交叉的词条，在索引中重复出现，可以通过同一词条的不同页码进行检索。

0~9

“12315”投诉 178b 179b
“12345”市民服务热线 97b 97c
“15 分钟健身圈”304c
“2021 年乡村优秀青年教师培养奖励计划”278c
“2021 通辽网上年货节”243a 247c
“9·18”人防警报试鸣 159c

A

爱国卫生 299c
安代舞 52c 53a 73b 289b 355c
安全生产监督管理 323b
敖伦国家级森林公园 330a

B

《巴拉根仓的故事》284b 284c
百万千瓦外送风电基地 206c
宝古图沙漠旅游区 238c 240c 330c 353c
保险证券 236b
“北疆工匠”123b
“北疆云·智慧公安”146c
备灾救灾 136c
殡葬管理 310b
不动产登记 88a 88b 96c 164b 164c 236a
不良贷款率 163b 171c 233c
不文明遛犬行为整治 218a

C

财税体制改革 168b
财政 166c
财政审计 172c
参政议政 103c
残疾人就业 133b 133c 135a 312c
残联 133b
草原保护 328b
测绘管理 164c
产业转型升级 59b 103a 129a 163a 168a

尘肺病防治 298c
成品油销售 247a
城市更新 208a
城市管理 217a
城市规划 207a
城市建设 207
城乡居民收入 312c
城乡居民消费 314c
初等教育 268b
初中语文名师工作坊 269c
《畜禽屠宰 HACCP 应用规范》195b
“创新先锋号”129a
创源合金轻质高强铝合金材料项目 202a
慈善事业 317b 318a
村（社区）换届选举 318a
村镇建设 220c

D

大气污染防治 88a 139b 331b
大青沟地质公园 329c
大青沟自然保护区 59a 239a 239c 321c 329c
代表工作 90a
档案管理 294a 340c
档案征集收集 294c
党风廉政建设 110a
党史学习教育 62b 62c 63a 68a 75a 76a 76c 78c 81c 82a 82b 94b 109a 113c 114a 114c 117b 117c 118c 121b 126b 127a 129c 137c 139c 148c 159a 273c 278b 289c 290a 292b 295b 296c 309a 318b
党校工作 82a
“党员额吉”127a 128a
导游管理 242c
道路桥梁 209b
地名管理 320c
地震监测 266a
第八届全国地方志优秀成果（年鉴类）293a
第七次全国人口普查工作 175a
第四届科尔沁运动大会 77a 123c 304c
典当行 170c 171b 237c
电子商务 247c
东北陆海新通道建设 251a
《东北陆海新通道沿线地方政府协作联盟协议》251a
东蒙军政干部学校 345c
对外及港澳贸易 252c
调研视察 105a

E

额仑国家草原自然公园 328c
二手房交易 248b 249a 249b

F

法律援助 75b 79c 115a 154c 324c
法律职业资格考试 154b
法院 149a
法治 139
法治通辽 89c 139c 152b 152c
法治政府建设 141c
防汛抗旱工作 229b 322b
防灾减灾 322b
房地产业 248a
房屋待售 248c
“放心肉菜示范超市”179b 179c 180a
非遗文化传承 283c
妇联 126b
妇幼保健 298b

G

改革工作 69a
高等教育 270c
高考加分改革 307c
高龄津贴 316c
高校毕业生就业 93a 310c 311a 311b 349c 350a
耕地保护 253b 327a
工商联 120c
工业 198
工业园区 255c
公安 143c
公共交通 209c
公共收费停车场专项整治 217b
公共文化 280a
公路养护 222c 356b
公务员管理 71c
公益诉讼检察 147c
共青团 124c
供电 212c
供港澳活牛任务 253a
供热 214c
供水和排水 210c
供销合作 245b
固定资产投资 95c 162a 162c 199b 203b 205c 253b 333b 337a 338b 342b 346c 348a 355a 356c
固体废物污染防治 332b
“光荣在党 50 年”纪念章 62c 75b 75c 77b 81a 156c 160c
广播影视 290c
硅砂及铸造业 204a

国家产融合作试点城市 91b
国家第四批节水型社会建设达标县 229b
国家级绿色工厂 199b 202a
国家肉牛产业集群 333c
国家通用语言文字 115c 139b 267c 268a 274b 307c
国家自然科学基金 271b 272c 273a 275a
国有资产监督管理 164c

H

哈民忙哈史前聚落遗址 57b
哈民遗址公园 238b 241a
海关 180b
罕山国家级自然保护区 60a 329b
杭州·通辽两地公共图书馆文旅交流周 283b
航空运输 223b
“皓日沁巧娘” 127b
合理膳食专项行动 302b 302c
河（湖）长制 230a
河湖“四乱”整治 230b
红十字会 136a
宏观经济调控 162a
“鸿雁回通”工作 252b
花吐古拉综合智慧能源 199c 205b
环境监管 332c
环境资源审计 173b
环境资源审判 149c
“黄牛之乡” 56b 194c 198c 346a
婚姻登记 310a 310b
霍林郭勒高新技术产业开发区 256a
霍林郭勒静湖国家湿地公园 330b
霍林郭勒市 336b
霍林郭勒市六十栋“三共三联”社区治理 140a
霍林河机场 224a

J

机动车管理 146b
机构编制管理 79c
机关事务管理 99b
“基层领头雁培训计划” 126c
吉尔嘎朗镇红色旅游项目 349a
疾病防控 297b
《蒙古马》 292a 292c
家畜改良 190c 191c
家庭农牧场 184a 184b 196c 333c 341c 355b
价格监管 175b
监督执纪 110b
检察 147a
建筑行业管理 218a
建筑节能 331b 335a
交通 邮政 通信 222
教师队伍建设 278a
教育 267
节能减排 331b
金辉粉体科技铝粉项目 202b
金界壕遗址 58c
金融监督管理 170C
金叶广场 123a 124a 179c 243a
锦州港（通辽）内陆港成立 251b
京蒙协作 63c 219a 221c 277b 345c 350a 351a 351b
经济管理 162
经济责任审计 173a
经贸合作 251
“警企联络员” 140c
竞技体育 305a
九三学社通辽市委员会 120a
就业创业 310c
居民生活服务业 250c
军事 156

K

开发园区 253a
开鲁红干椒 184b 252c
开鲁生物医药产业开发区 256b
开鲁县 338b
开鲁县自治区现代农业产业园 195c
勘界工作 320c
康复救助 133b 133c 134a
抗疫香囊 300b
科尔沁500千米风景大道 91b 241a
“科尔沁爱眼行”社会公益活动 316c
科尔沁草原山水林田湖草沙一体化修复和保护工程项目 325a
科尔沁潮尔史诗 283b 283c 308c
科尔沁炒米 56c 57a
“科尔沁非遗·传统美术展” 283c
科尔沁工业园区 199a 199b 200b 206a 255c 256a
科尔沁红高粱 181b 182a 187c
科尔沁黄牛交易市场 348b
科尔沁蒙古馅饼 56b
“科尔沁民歌”大赛 281b
科尔沁那达慕 55c 56a
科尔沁牛肉干 56a
科尔沁区 333a
科尔沁区城东水厂 211b
科尔沁区风电装备制造产业园 199c 205c

科尔沁肉牛 92a 190b 190c 191a 191b 195a 199c 200a 200c 258b 258c 342a 347b
科尔沁肉牛产业集群 200c
科尔沁沙地 48b 49a 55b 63b 92b 95c 114a 114b 118c 168b 239b 325b 327b 329a 330c 338c 346a 350c 352b 355b
科尔沁沙地综合治理 63b 92b 95c 168b 325b 327b 338c 350c 355b
科尔沁小米 187c
科尔沁叙事民歌 53c 54a 54c 55a
科尔沁艺术职业学院 55a 81a 216c 275c
科尔沁长跑大会 305b 305c
科尔沁左翼中旗国家现代农业产业园 194c
科技服务 260a
科技特派员 258a 259b 260a 275b
科技项目和成果 260b
科协 128a
科学技术 258
科左后旗 346a
科左中旗 341a
科左中旗产业园 257b 257c
可汗山草原旅游区 59a 240a
库伦饸饹 57a
库伦蒙药有限公司 355b
库伦旗 354c
库伦旗沙漠旅游系列文化周 241a
库伦三大寺 50a 59a 240a 355c
库伦通用机场 223c
库伦银沙湾国家沙漠公园 60a 330c
“跨省通办”223a 317a 317c
矿产资源开发 164a

L

劳动仲裁 155b
老干部工作 80c
老旧小区改造 208b 225c 254b 335a 343c 356b
老龄健康 299b
老中医药（蒙医药）专家学术经验继承工作结业考核 301a
粮食储备 95a 236b 245a
粮食和物资储备 245a
“辽河杯”全民运动会 335c
林业 草原 189b
林长制工作 327b
旅行社管理 242b
旅游厕所管理 242b
旅游管理 241c
旅游业 238
旅游资源 238b
律师行业管理 154b
“绿盾”行动 331a
绿色铝基新材料 202c
绿色煤电铝产业集群 198b 198c
绿色农畜产品产业 200a
绿色农畜产品产业集群 198b

M

马产业 191c
马兰花全国创业培训讲师大赛 312a
马头琴 52c 53b 55a 56a 283c
梅花企业大学 275b
梅花生物 199b 199c 200c 256a 275b 331c 334a 334c
煤电铝产业 201c
煤炭领域国企专项整治 166b
“美丽庭院”127a 127b
美丽乡村建设 106b 221b
蒙古椒 4 号 195c 261a
蒙古四胡 54b 54c
蒙商银行股份有限公司通辽分行 236a
蒙医乌拉灸术 284a
蒙医整骨 300b 300c 352a
孟家段湿地旅游区 59a 238c 240b 353c
民商事审判 149c
民生资金审计 173a
民事检察 147c
民主监督 104b
民族 宗教 306
明阳科技风光火储制研一体化示范项目 206b

N

奈曼宝古图国家沙漠公园 60a 330c 353b
奈曼甘薯 354a
奈曼工业园区 257a
奈曼经安镍基合金新材料项目 203b
奈曼麦饭石 51c
奈曼孟家段国家湿地公园 330a 353b
奈曼牧原农牧有限公司 184b 245b
奈曼旗 352b
奈曼旗孟家段湿地旅游区 59a 240b
奈曼旗通用机场 223c
奈曼王府 59a 131c 240b 282b 353c
南宝力皋吐博物馆 280b 357c
南宝力皋吐遗址 58b

内蒙古创新先锋号 275b
内蒙古第二届生涯教育高峰论坛 270b
内蒙古哈啾嗨餐饮管理有限公司 250c
内蒙古科尔沁牛业股份有限公司 348b
内蒙古民族大学 71c 99a 114a 114c 117a 118a 120c 132a 136c 138b 172b 192c 195b 252b 258c 271a 271c 272b 273a 284c 298b 299a 300b 300c 303c 311b 334c
“内蒙古网红打卡地” 238b 241a
内蒙古乌兰牧骑学院 276c
内蒙古银行通辽分行 235c
能源产业 205a
能源规划编制 205b
尿毒清颗粒 204c 205a 347c
农村“厕所革命” 221a
农村牧区危房改造 208b 220c 317b
农工民主党通辽市委员会 119a
农牧民转移就业 64a 310c 311b 311c 356b
农牧水利 232a
农牧业产业园区 194c
农业 184

O

欧亚购物中心 243a

P

排水管理 212a 217a
棚户区改造 208b 317b 331c
普法宣传教育 152b
普惠性幼儿园 64a 267a 268a 335c
普通高中教育 269c

Q

旗（县、市、区） 333
气象服务 265a
气象预报预警 265b
侨联 130a
荞麦 57a 57b 179a 186a 186c 187a 187b 187c 198c 248a 262b 355a 355b
秦汉长城 49b 50a 58b
“青春通辽”抖音号 125a
青龙山 48c 49a 49b 58b 162b 187a 208c 352c 353c
区划管理 320c
全国“扫黄打非”先进基层示范点 296c
全国“一村一品”示范村镇 185b
全国儿童青少年近视防控适宜技术试点县（区） 298a
全国绿色商场 243a 244b
全国名中医（蒙医）传承工作室建设项目 300c
全国示范性老年友善医疗机构 299c
全国脱贫攻坚先进集体 340a 341a
全国先进工作者 271a
全国乡村振兴职业技能大赛 311c
全国职业院校技能大赛 274c 276c
全面依法治市 68b 82b 143b 143c 152a
群众体育 304b

R

人大监督 89a
人大立法 139a
人口家庭 310a
人民防空 159c
人事管理 99a
人事任免 84a 85c 86a 86c 87a 87c 88c 89a
融资租赁公司 237c
肉类储备 245b
肉牛标准化养殖 190c
肉牛育种 190b

S

三个离不开 72c 107c 115b 307c 344a
三农科技服务金桥奖 261a
扫黑除恶专项斗争 64a 93a 148b 234a 340b 356a
“扫黄打非”工作 295c
森林资源保护 327b
山东龙马集团高端装备制造基地项目 205c
商贸服务业 243
商贸流通 243a
商品房库存 249c
商品房销售 248b
社会保险 314c
社会福利 316a
社会救助 315b
社会生活 310
社会组织管理 318b
社科联 137b
社区建设 317c
社区矫正 154a
审计 172b
生态环境质量 325a
生态建设 325

生猪产业 191c
声环境质量 325b 325c
食品药品监管 179c
史志档案 292c
史志工作 292c 293a
市场监督管理 177c
市场物价 314c
收入消费 312c
“双随机、一公开” 142a 176b 178c 179a 179b 181c 223a 289c 294c 296a 301c 302a 332c
水旱灾害监测预警平台 229b
水环境质量 325a 331c 354a
水价改革 228b
水利工程建设与管理 230c
水利行业管理 228a
水量调度 228c
水污染防治 331c 332a
水务 228
水质检测 211c
水资源保护 325c
税务 168c
司法行政 152a
司法鉴定 150b 154c
四好农村路 222c 333c

T

特金罕山 49a 49b
特殊教育 270c
提案工作 103a 104b 124c
体育 304
体育彩票 304b
体育产业 304a
添翼计划 316b
铁路 223a
通辽保税物流中心 250b
通辽承接产业转移开发区 256c 348a
通辽电网 212c 213a
通辽非公经济发展综合服务平台 121a
通辽谷润肉业有限公司 333c
通辽国家农业科技园区 91a 258a 258b 258c 259a 262b
通辽黄玉米 51c 52a 181b 196a 200b
通辽金锣食品有限公司 245b
通辽经济技术开发区 50c 102b 116b 144c 238c 240c 244a 253a 257b 280c 296c 300a 331c
通辽军分区 156a
通辽名优特品牌公益直播 248a
《通辽年鉴（2020）》293a
《通辽年鉴（2021）》293b
《通辽日报》72a 127a 174a 277a 289c 290a 300b 302c 308c
通辽市博物馆 50a 138a 280b 280c 281b 281c 284b
通辽市工业职业学校 74b 277a 277c
通辽市供热有限责任公司 215a
通辽广播电视台 72a 75c 104c 152c 291b 291c 292a 292b 292c 306b
通辽市广发草原食品有限责任公司 333c
《通辽市国土空间生态修复规划》325a
通辽市科技馆 208c
《通辽市蒙药保护发展条例》139b
通辽市明清肉制品有限公司 333c
通辽市青少年田径锦标赛 305c
通辽市人民代表大会 84
通辽市人民政府 91
通辽市首届冰雪嘉年华 304c
《通辽市突发事件总体应急预案（2021 年版）》321b
通辽市图书馆 73c 137c 138a 208c 280a 280b 280c 283b
通辽市文化馆 281a 284b
通辽市文史馆 102b
通辽市消防救援支队 322c 324a 324b
《通辽市新型城镇化发展规划（2021—2035）》207b
通辽市重点实验室 195b 262c 263b 275b
“通辽在线” 290c
通辽政务服务会客厅 97a
通辽职业学院 126c 137a 156c 220a 252b 262c 267a 273b 274a 275a 275b 277c 309a 311b
通信业 226a
“同心杯”语文朗读大赛 75c
统计 173c
土地供应 163c
土地资源保护 326c
土壤环境质量 63b 325a 325c
土壤污染防治 332a
退役军人就业 311a
退役军人事务 160a
脱贫攻坚成果巩固 219a

W

外贸转型升级基地建设 252c
外事及港澳台工作 97c
“万企帮万村”扶贫工作 122a
网络和信息安全 78c

维多利摩尔城 243a 244a
委员工作 106c
卫生监督 301b
卫生健康 297
未成年人检察 148a
文化 280
文学创作 288b
文化市场管理 295a
文化遗产保护 283c
文联 131c
文学 艺术 288a
乌力格尔 52a 52b 54c 61b 239a 280b 280c 283a 284a 284b 289b 355c 357c
污染防治 331b
无纸笔测试 269a
“五保户”赠送大青盐活动 247c
五个认同 72c 107c 115b 138a 138b 307a 307c 344a
五星级供电所 214c
“五一劳动奖章” 246c 271a 275a
武警通辽支队 159a
物流业 249c
物业管理 96a 100c 211b 244a 249c 254b
物资储备 136c 162c 245a 322b 352b

X

畜牧业 190b
行政检察 147c
行政审判 147c 149b 150a
西汉长城 58a
西辽河 48a 49b 49c 50a 50b 57b 63b 65c 87c 92b 95c 103c 187b 188b 211a 228c 230b 231a 231b 240b 289b 326a 330a 334a
西辽河网格化管理 326a
现代能源示范产业集群 198b 199a 205b
线上司法 150c
乡村振兴 219
乡村振兴专题研修班 71b 78b 83c
消防 324a
小额贷款公司 170c 171a 237c 357a
孝庄园旅游区 59a 238b 240a 241a 342c
新世纪大桥连接线及互通立交工程 168a 208a 209b
新闻出版 289b
信访改革 98b
信访工作 98a
“信易贷”工作 183b 183c
信用体系建设 182a
星创天地 259b 334b
星级酒店管理 242c
刑事检察 147b
刑事审判 86b 86c 89b 149c
学前教育 268a
“学习强国” 123b 127a 160c 277a 292b 292c 293b
巡察工作 110c
循环经济产业 202c
循环经济产业集群 198b 199a 202c

Y

烟草专卖 246a
盐碱化耕地改良 188b
盐业经营 247b
“阳光监管”工程 180b
“阳光招生” 269b
一般公共预算支出 166c 167b 338b 341b
“一村一品、一镇一业” 335c
“一网办、掌上办、一次办、帮您办” 97a
医院改革 297a
医政药政管理 302b
银行业 234b
银沙湾沙漠旅游景区 222b
应急管理 321
应急物资管护体系 322a
渔业 193a
誉州北自驾车露营地 357c
园林绿化 216b
运达农产品批发市场 243a 244a

Z

扎鲁特旗 356c
招商引资 251c
哲里木版画 54a 54b 123c 132a 132b 132c 133a 288a 289b 293b
哲里木盟 50a 50b 50c 53b 55a 159a 187b 276a 281a 281b
“哲里木云” 290c
征兵工作 157b
证券 236b 236c 237a 237b
政策性肉牛保险 236b 236c
政策研究 78a
政法委与综治 139c
政府投资项目审计 173b
政府债务化解 94c 167a 167b
政务服务 96b
知识产权保护 181b
知识产权宣传 181b

职业教育 277a
“智慧大农业” 333b
智慧法院 150b
智库建设 82c
中低压纯氢与掺氢燃气管道输送及其应用关键技术研发项目 260c
中国共产党通辽市第六届委员会第一次全体会议 66b
中国草原肉牛之都 59b 61b
中国电信通辽分公司 226a
中国共产党通辽市委员会 62
中国国民党革命委员会通辽总支委员会 113a
中国联通通辽分公司 227b
“中国蒙餐之都” 250c
“中国民间文化艺术之乡” 53a 355c 356b
中国民主促进会通辽总支委员会 117a
中国民主建国会通辽市总支部委员会 115c
中国民主同盟通辽市委员会 115a
中国农业银行股份有限公司通辽分行 235a
中国石油内蒙古通辽销售分公司 247a
中国乌力格尔之乡 61b 357c
中国移动通辽分公司 226c
“中华名小吃” 56b
中药学一级学科博士学位授权点 272a
中医药（蒙医药） 300a
中医药（蒙医药）产业集群 95c 198b 199a
种植业 185c
仲裁 155a
众创空间 258a 262b 262c 334b
重点传染病防控 297b
住房保障 317b
住房公积金管理 317c
铸牢中华民族共同体意识 64a 68c 69c 72b 74a 74b 75c 76a 76b 76c 79a 80c 81a 81c 82b 83a 83b 90a 102a 103c 105b 105c 107c 108a 113c 117b 123c 125b 126b 131c 132a 138a 138b 254b 268b 272b 274b 278b 292b 306b 306c 307a 307b 308a 309a 344a
专精特新“小巨人”企业 204c 233c
资本市场服务 236c
自然保护地保护 329a
自然资源管理 163b
自治区“云曙碧精神奖” 302b
自治区级非物质文化遗产 283c 343a 343b
自治区级绿色工业园区 199b
自治区级示范性创业园和创业孵化基地 334b
自治区民族团结进步示范区 335c
自治区双拥模范城 335c
自治区园林式单位 216c 273b
宗教工作 308c
总工会 123a
组织工作 69c